Steffen Hölldobler et al. (Hrsg.)

Ausgezeichnete Informatikdissertationen 2014

Im Auftrag der GI herausgegeben durch die Mitglieder des Nominierungsausschusses

Abraham Bernstein, Universität Zürich
Wolfgang Effelsberg, Universität Mannheim
Felix Freiling, Universität Erlangen-Nürnberg
Steffen Hölldobler (Vorsitzender), Technische Universität Dresden
Hans-Peter Lenhof, Universität des Saarlandes
Paul Molitor, Martin-Luther-Universität Halle-Wittenberg
Gustaf Neumann, Wirtschaftsuniversität Wien
Rüdiger Reischuk, Universität zu Lübeck
Nicole Schweikardt, Humbold-Universität zu Berlin
Myra Spiliopoulou, Otto-von Guericke-Universität Magdeburg
Harald Störrle, Technical University of Denmark
Sabine Süsstrunk, École Polytechnique Fédérale de Lausanne

Gesellschaft für Informatik e.V. (GI)

Lecture Notes in Informatics (LNI) - Dissertations
Series of the Gesellschaft für Informatik (GI), Volume D-15
ISBN 978-3-88579-419-6

Dissertations Editorial Board
Prof. Dr. Steffen Hölldobler (Chair), Technische Universität Dresden,
Fakultät für Informatik, Institut für Künstliche Intelligenz, 01062 Dresden

Abraham Bernstein, Universität Zürich
Wolfgang Effelsberg, Universität Mannheim
Felix Freiling, Universität Erlangen-Nürnberg
Steffen Hölldobler (Vorsitzender), Technische Universität Dresden
Hans-Peter Lenhof, Universität des Saarlandes
Paul Molitor, Martin-Luther-Universität Halle-Wittenberg
Gustaf Neumann, Wirtschaftsuniversität Wien
Rüdiger Reischuk, Universität zu Lübeck
Nicole Schweikardt, Humbold-Universität zu Berlin
Myra Spiliopoulou, Otto-von Guericke-Universität Magdeburg
Harald Störrle, Technical University of Denmark
Sabine Süsstrunk, École Polytechnique Fédérale de Lausanne

Series Editorial Board
Heinrich C. Mayr, Alpen-Adria-Universität Klagenfurt, Austria
(Chairman, mayr@ifit.uni-klu.ac.at)
Dieter Fellner, Technische Universität Darmstadt, Germany
Ulrich Flegel, Hochschule für Technik, Stuttgart, Germany
Ulrich Frank, Universität Duisburg-Essen, Germany
Johann-Christoph Freytag, Humboldt-Universität zu Berlin, Germany
Michael Goedicke, Universität Duisburg-Essen, Germany
Ralf Hofestädt, Universität Bielefeld, Germany
Michael Koch, Universität der Bundeswehr München, Germany
Axel Lehmann, Universität der Bundeswehr München, Germany
Peter Sanders, Karlsruher Institut für Technologie (KIT), Germany
Sigrid Schubert, Universität Siegen, Germany
Ingo Timm, Universität Trier, Germany
Karin Vosseberg, Hochschule Bremerhaven, Germany
Maria Wimmer, Universität Koblenz-Landau, Germany

Dissertations
Steffen Hölldobler, Technische Universität Dresden, Germany
Seminars
Reinhard Wilhelm, Universität des Saarlandes, Germany
Thematics
Andreas Oberweis, Karlsruher Institut für Technologie (KIT), Germany

© Gesellschaft für Informatik, Bonn 2015
printed by Köllen Druck+Verlag GmbH, Bonn

Vorwort

Die Gesellschaft für Informatik e.V. (GI) vergibt gemeinsam mit der Schweizer Informatik Gesellschaft (SI), der Österreichischen Computergesellschaft (OCG) und dem German Chapter of the ACM (GChACM) jährlich einen Preis für eine hervorragende Dissertation im Bereich der Informatik. Hierzu zählen nicht nur Arbeiten, die einen Fortschritt in der Informatik bedeuten, sondern auch Arbeiten aus dem Bereich der Anwendungen in anderen Disziplinen und Arbeiten, die die Wechselwirkungen zwischen Informatik und Gesellschaft untersuchen. Die Auswahl dieser Dissertationen stützt sich auf die von den Universitäten und Hochschulen für diesen Preis vorgeschlagenen Dissertationen. Jede dieser Hochschulen kann jedes Jahr nur eine Dissertation vorschlagen. Somit sind die im Auswahlverfahren vorgeschlagenen Kandidatinnen und Kandidaten bereits „Preisträger" ihrer Hochschule.

Die 30 Einreichungen zum Dissertationspreis 2014 belegen die zunehmende Bedeutung und auch die Bekanntheit des Dissertationspreises. Wie jedes Jahr wurden die vorgeschlagenen Arbeiten im Rahmen eines Kolloquiums im Leibniz-Zentrum für Informatik Schloss Dagstuhl von den Nominierten vorgestellt. Für die Mitglieder des Nominierungsausschusses war das persönliche Zusammentreffen mit den Nominierten der Höhepunkt der Auswahlarbeit, und für die Nominierten hat das Kolloquium sicher eine Reihe neuer Erfahrungen und wissenschaftlicher Kontakte geboten. Das wissenschaftlich sehr hohe Niveau der Vorträge, die regen Diskussionen und die angenehme Atmosphäre in Schloss Dagstuhl wurde von allen Teilnehmerinnen und Teilnehmern des Kolloquiums sehr begrüßt.

Wie in jedem Jahr fiel es dem Nominierungsausschuss sehr schwer, eine einzige Dissertation auszuwählen, die durch den Preis besonders gewürdigt wird. Mit der Präsentation aller vorgeschlagenen Dissertationen in diesem Band wird die Ungerechtigkeit, eine aus mehreren ebenbürtigen Dissertationen hervorzuheben, etwas ausgeglichen. Dieser Band soll zudem einen Beitrag zum Wissenstransfer innerhalb der Informatik und von den Universitäten und Hochschulen in die Bereiche Technik, Wirtschaft und Gesellschaft leisten.

Die beteiligten Gesellschaften zeichnen Herrn Dr. Dominik Herrmann für seine hervorragende Dissertation „Beobachtungsmöglichkeiten im Domain Name System: Angriffe auf die Privatsphäre und Techniken zum Selbstdatenschutz" mit dem Dissertationspreis 2014 aus.

Enthüllungen der letzten Jahre belegen, dass die Überwachung moderner Kommunikationsnetze auch in freiheitlichen Gesellschaften ein erschreckendes Ausmaß angenommen hat. Auch unbescholtene Bürger und Unternehmen müssen davon ausgehen, dass Nachrichten ausgespäht und Verbindungsdaten umfassend analysiert werden. Herr Herrmann untersucht in seiner Arbeit, wie viel Information über das Nutzerverhalten ein DNS-Server aus den simplen Anfragen nach IP-Adressen von Web-Servern gewinnen kann. Seine überraschenden Ergebnisse zeigen, dass bereits mit einfachen Analysetools eine sehr genaue Identifikation möglich ist und naheliegende Abwehrmassnahmen keinen wesentlich besseren Schutz erbringen. Um die Privatsphäre hinreichend zu schützen, werden geeignete Verfahren vorgeschlagen und detailliert analysiert.

Mit dieser Preisverleihung würdigen die beteiligten Gesellschaften – die Gesellschaft für

Informatik e.V. (GI), die Schweizer Informatik Gesellschaft (SI), die Österreichische Computergesellschaft (OCG) und das German Chapter of the ACM (GChACM) – eine herausragende wissenschaftliche Arbeit, die neue Verfahren aufzeigt, um die Privatsphäre in der digitalen Welt zu schützen.

Ein besonderer Dank gilt dem Nominierungsausschuss, der sehr effizient und konstruktiv zusammengearbeitet hat. Bei Frau Julia Koppenhagen und Frau Emmanuelle-Anna Dietz möchte ich mich für die Unterstützung bei der Entgegennahme der vorgeschlagenen Dissertationen, für die Organisation des Kolloquiums sowie für die Zusammenstellung und Anpassung der Beiträge an das Format der GI-Edition Lecture Notes in Informatik (LNI) bedanken. Für die finanzielle Unterstützung des Nominierungskolloquiums sei den beteiligten Gesellschaften gedankt. Die Gastfreundlichkeit und die hervorragende Bewirtung in Dagstuhl trugen zum Erfolg des Kolloquiums bei, wofür ich mich an dieser Stelle ebenfalls herzlich bedanke.

Steffen Hölldobler
Dresden im August 2015

Kandidaten für den
GI-Dissertationspreis 2014

Dr. Andreas Angerer	Universität Augsburg
Dr. rer. nat. Christopher Auer	Universität Passau
Dr. Christoph Berkholz	Rheinisch-Westfälische Technische Hochschule Aachen
Dr.-Ing. David Bermbach	Karlsruher Institut für Technologie
Dr. Karl Bringmann	Universität des Saarlandes
Dr.-Ing. Estefanía Cano	Technische Universität Ilmenau
Dr.-Ing. Tobias Distler	Friedrich-Alexander-Universität Erlangen-Nürnberg
Dr. Andrej Gisbrecht	Universität Bielefeld
Dr. rer. nat. Dominik Herrmann	Universität Hamburg
DDr. Steve Hoffmann	Universität Leipzig
Dr. rer. nat. Franziska Hufsky	Friedrich-Schiller-Universität Jena
Dr. Elsa Andrea Kirchner	Universität Bremen
Dr. Günter Klambauer	Johannes Kepler Universität Linz
Dr. Markus Lanthaler	Technische Universität Graz
Dr.-Ing. Kai Lawonn	Otto-von-Guericke-Universität Magdeburg
Dr. Florian Lemmerich	Julius-Maximilians-Universität Würzburg
Dr. rer. nat. Sven Linden	TU Kaiserslautern
Dr.-Ing. Norbert Manthey	Technische Universität Dresden
Dr. Dominik L. Michels	Rheinische Friedrich-Wilhelms-Universität Bonn
Dr.-Ing. Sascha Mühlbach	Technische Universität Darmstadt
Dr. rer. pol. Christian Reuter	Universität Siegen
Dr. Jan Rieke	Universität Paderborn
Dr. phil. nat. David Rohr	Johann Wolfgang Goethe-Universität Frankfurt am Main
Dr. Emanuel Sallinger	Technische Universität Wien
Dr. rer. nat. Wojciech Samek	Technische Universität Berlin
Dr. Melanie Schmidt	Technische Universität Dortmund
Dr. Farhan Tauheed	EPFL - Ecole Polytechnique Fédérale de Lausanne
Michael Tschuggnall, PhD	Leopold-Franzens-Universität Innsbruck
Dr.-Ing. Stephan Wenger	Technische Universität Braunschweig
Dr. rer. nat. Michael J. Ziller	Eberhard Karls Universität Tübingen

Mitglieder des Nominierungsausschusses für den GI-Dissertationspreis 2014

Von links nach rechts:

Prof. Dr.-Ing. Wolfgang Effelsberg	Universität Mannheim
Prof. Dr.-Ing. Felix Freiling	Universität Erlangen-Nürnberg
Prof. Dr. Gustaf Neumann	Wirtschaftsuniversität Wien
Prof. Dr. Myra Spiliopoulou	Otto-von-Guericke-Universität Magdeburg
Prof. Dr. Sabine Süsstrunk	École Polytechnique Fédérale de Lausanne
Prof. Dr. Nicole Schweikardt	Humbold-Universität zu Berlin
Prof. Dr. Harald Störrle	Technical University of Denmark
Prof. Dr. Hans-Peter Lenhof	Universität des Saarlandes
Prof. Dr. Paul Molitor	Martin-Luther-Universität Halle-Wittenberg
Prof. Dr. Abraham Bernstein	Universität Zürich
Prof. Dr. Rüdiger Reischuk	Universität zu Lübeck

Nicht im Bild:

Prof. Dr. Steffen Hölldobler (Vorsitzender) Technische Universität Dresden

Inhaltsverzeichnis

Andreas Angerer
Objektorientierte Software für Industrieroboter 9

Christopher Auer
Planare Graphen und ihre Dualgraphen auf Zylinderoberflächen 19

Christoph Berkholz
Untere Schranken für heuristische Algorithmen 29

David Bermbach
*Messbarkeit und Beeinflussung von Eventual-Consistency
in Verteilten Datenspeichersystemen* 39

Karl Bringmann
Generierung diskreter Zufallsvariablen und Berechnung der Fréchetdistanz 49

Estefania Cano
Tonhöheninformierten Trennung in Solo-Begleitspuren 59

Tobias Distler
Ressourceneffiziente Fehler- und Einbruchstoleranz 69

Andrej Gisbrecht
Innovationen für die distanzbasierte Datenvisualisierung 79

Dominik Herrmann
*Beobachtungsmöglichkeiten im Domain Name System:
Angriffe auf die Privatsphäre und Techniken zum Selbstdatenschutz* 89

Steve Hoffmann
*Genominformatische Verfahren zur Analyse
von Daten der Hochdurchsatzsequenzierung* 99

Franziska Hufsky
*Neue Methoden zur Analyse
von Fragmentierungsmassenspektren kleiner Moleküle* 109

Elsa Andrea Kirchner
Intrinsische Intentionserkennung in Technischen Systemen 119

Günter Klambauer
*Techniken des maschinellen Lernens zur Analyse
von Hochdurchsatz-DNA- und RNA-Sequenzierungsdaten* 129

Markus Lanthaler
*Standardisierung von Web APIs durch die Kombination
der Prinzipien von REST und Linked Data* 139

Kai Lawonn
Illustrative Visualisierung von medizinischen Datensätzen 149

Florian Lemmerich
Neue Techniken zur effizienten und effektiven Subgruppenentdeckung 159

Sven Linden
Das LIR Raumunterteilungssystem angewendet auf die Stokes Gleichungen 169

Norbert Manthey
Modernes Sequentielles und Paralleles SAT Solving 179

Dominik L. Michels
Semianalytische Algorithmen für Steife Cauchyprobleme 189

Sascha Mühlbach
*Rekonfigurierbare Architekturen und Werkzeuge
für Anwendungen der Netzwerksicherheit* 199

Christian Reuter
*Emergente Kollaborationsinfrastrukturen – Technologiegestaltung
am Beispiel des inter-organisationalen Krisenmanagements* 209

Jan Rieke
Modellkonsistenz-Management im Systems Engineering 219

David Rohr
*Über die Entwicklung, die Möglichkeiten und die Grenzen effizienter Algorithmen
auf modernen parallelen Computerarchitekturen in verschiedenen Anwendungen* 229

Emanuel Sallinger
*Prinzipien der Informationsintegration:
Analyse, Optimierung und Management von Schematransformationen* 239

Wojciech Samek
Über die robuste räumliche Filterung von EEG in nichtstationären Umgebungen 249

Melanie Schmidt
*Kernmengen und Datenstromalgorithmen für das k-means Problem
und verwandte Zielfunktionen im Clustering* 259

Farhan Tauheed
*Skalierbare Analyse von räumlichen Daten
in großangelegten wissenschaftlichen Simulationen* 269

Michael Tschuggnall
*Intrinsische Plagiatserkennung und Autorenerkennung
mittels Grammatikanalyse* 279

Stephan Wenger
*Regularisierte Optimierungsverfahren für Rekonstruktion
und Modellierung in der Computergraphik* 289

Michael J. Ziller
*Verständnis von zellulären Zuständen und Zellzustandsübergängen
durch integrative Analyse epigenetischer Veränderungen* 299

Objektorientierte Software für Industrieroboter[1]

Andreas Angerer[2]

Abstract: Industrieroboter werden heutzutage in vielen Bereichen der Fertigungsindustrie eingesetzt und entlasten dort Menschen von schweren und sich wiederholenden Tätigkeiten. Ihr breiterer Einsatz wird jedoch immer mehr durch veraltete herstellerspezifische Programmiersprachen und proprietäre Software-Ökosysteme limitiert. In dieser Arbeit wird ein objektorientiertes Software-Design vorgestellt, mit dem sich Anwendungen für Industrieroboter mit Standard-Programmiersprachen entwickeln lassen. Dabei ist es erstmals gelungen, moderne Programmiersprachen mit den für die Industrierobotik nötigen Echtzeitanforderungen zu verbinden und gleichzeitig die Flexibilität der Programmierschnittstelle zu erhöhen. Die entwickelten Softwarekonzepte wurden in einer Referenzimplementierung umgesetzt und anhand mehrerer anspruchsvoller Applikationen evaluiert. Bereits heute werden die Ergebnisse dieser Arbeit in der KUKA Sunrise Steuerung für den seit Kurzem erhältlichen Roboter LBR iiwa eingesetzt.

1 Einführung

Über 1,3 Millionen Industrieroboter sind – nach Schätzung der International Federation of Robotics (IFR) [IF14] – heute weltweit in Betrieb. Sie übernehmen vor allem in der Fertigungsindustrie schwere, sich wiederholende Tätigkeiten, die sie mit sehr hoher Geschwindigkeit und Präzision ausführen. Gerade in der Automobilindustrie, dem laut IFR nach wie vor größten Markt für Industrieroboter, wäre eine ökonomische Produktion ohne hohen Automatisierungsgrad nicht denkbar. Industrieroboter führen jedoch auch viele Tätigkeiten durch, die Menschen nicht oder nur schwer selbst übernehmen könnten. In der Fertigungsindustrie gehört dazu beispielsweise der Transport schwerer Bauteile wie Autokarosserien. In anderen Bereichen, wie der Chemie- oder Atomindustrie, werden Industrieroboter auch in gesundheitsgefährdenden Umgebungen eingesetzt, zum Beispiel beim Rückbau von Atomkraftwerken.

Industrieroboter gibt es bereits seit über 50 Jahren. Die grundsätzlichen mechanischen, mathematischen und algorithmischen Methoden, die für ihren Betrieb nötig sind, sind gut erforscht und haben sich in den letzten 20 Jahren nicht wesentlich weiterentwickelt. Zwischenzeitlich galt die industrielle Robotik in der Forschung sogar bereits als gelöstes Problem [HNP08]. Verschiedene Trends wie der verstärkte Einsatz von Sensorik, die Erweiterung von einzelnen Robotern zu Teams mehrerer Roboter sowie die engere Zusammenarbeit von Robotern und Menschen bringen die existierenden Steuerungen jedoch an ihre Grenzen. Vor diesem Hintergrund fand dieses spannende, interdisziplinäre Forschungsfeld in den letzten Jahren wieder mehr Beachtung.

---

[1] Englischer Titel der Dissertation: "Object-oriented Software for Industrial Robots"
[2] Institut für Software & Systems Engineering, Universität Augsburg, andreas.angerer@gmail.com

Das Feld der Softwaretechnik hat sich in den letzten Jahrzehnten substantiell weiterentwickelt. Die Entstehung von Softwareentwicklungsprozessen, neuen Modellierungsansätzen, Programmiersprachen sowie zahlreicher Entwicklungswerkzeuge, Bibliotheken und Plattformen haben die Softwareentwicklung weiter in Richtung einer Ingenieursdisziplin gebracht. Der Stand der Technik bei der Entwicklung von Software für Industrieroboter hinkt dem jedoch hinterher: Die meisten Software-Ökosysteme[3] in diesem Bereich sind stark proprietär und werden von den Roboterherstellern selbst oder von einem relativ kleinen Kreis an Systemintegratoren entwickelt. Während für klassische Einsatzgebiete von Industrierobotern – wie das Schweißen oder Lackieren – durchaus branchenspezifische Softwareunterstützung existiert, sind andere Anwenderkreise auf sich selbst gestellt. Bei der Entwicklung einer für sie passenden Softwarelösung sind sie durch die proprietären Entwicklungsplattformen limitiert. Sie können kaum von den Werkzeugen und Methoden der modernen Softwaretechnik profitieren, wie zum Beispiel objektorientiertes Design, serviceorientierte Architekturen, Test- und Debugging-Frameworks oder hochentwickelte integrierten Entwicklungsplattformen. Im Gegenteil: Werden solche Technologien eingesetzt, ergibt sich daraus ein beträchtlicher Aufwand für die Integration mit dem eingesetzten Robotersystem, wie einige dokumentierte Beispiele ([GY07], [PVA09]) zeigen.

Was macht es nun so schwierig, moderne Programmiersprachen und ihre mächtigen Ausführungsplattformen für Industrieroboter einzusetzen? Diese Frage wurde zu Beginn des SoftRobot-Projekts näher untersucht. In diesem Projekt[4] arbeiteten die Universität Augsburg, die KUKA Laboratories GmbH[5] und die MRK Systeme GmbH zusammen. Die wesentliche Herausforderung ergab sich unmittelbar aus den größten Stärken heutiger Industrieroboter: ihre Geschwindigkeit und Präzision. KUKA garantiert für fast alle ihrer Roboter eine Wiederholgenauigkeit von mindestens $\pm 0,1$ Millimeter. Das bedeutet, dass ein programmierter Ablauf auch bei beliebig vielen Wiederholungen immer bis auf ein Zehntel Millimeter genau gleich ausgeführt wird – und das bei Geschwindigkeiten von bis zu 3 Metern pro Sekunde. Umgekehrt heißt das, dass etwa eine zeitliche Verzögerung von einer Millisekunde bei der Ausführung eines Steuerungs-Algorithmus bereits zu einer Abweichung von 3 Millimetern führen und damit die gewünschte Wiederholgenauigkeit deutlich überschreiten würde. Auf diese Art von strikten zeitlichen Garantien – man spricht hier auch von harten Echtzeit-Anforderungen – sind moderne Ausführungsplattformen wie die Java- oder .NET-Plattform nicht ausgelegt. Durch ihre automatische Speicherverwaltung erlauben sie zwar eine wesentliche effizientere Entwicklung von Software [Ph99], diese ist allerdings gleichzeitig eine inhärente Quelle von zeitlichem Indeterminismus bei der Ausführung. Zur Erfüllung harter Echtzeitanforderungen müssten jedoch nicht nur die Ausführungsplattformen (z.B. Programminterpreter), sondern auch alle eingesetzten Bibliotheken gezielt angepasst werden. Dieser Ansatz würde das Ziel konterkarieren, die Welt der modernen Software-Ökosysteme für Industrieroboter zugänglich zu machen.

Um eine neue Generation von Industrieroboter-Steuerungen zu schaffen (vgl. Abbildung 1), wurde im SoftRobot-Projekt ein anderer Ansatz verfolgt. Nach einer Analyse

---

[3] damit ist hier die Gesamtheit von Programmiersprachen, Entwicklungswerkzeugen und Schnittstellen gemeint
[4] SoftRobot wurde im Rahmen des Förderprogramms „Informations- und Kommunikationstechnik Bayern" von der Bayerischen Staatsregierung und der EU gefördert.
[5] zu Beginn des Projekts stattdessen die KUKA Roboter GmbH

Objektorientierte Software für Industrieroboter 13

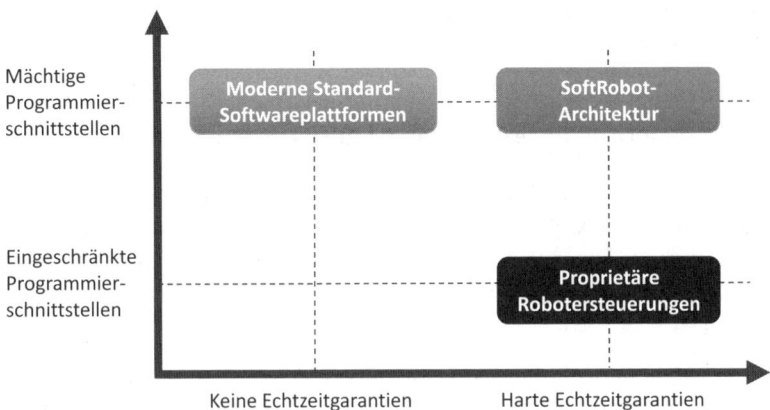

Abb. 1: Das Ziel des SoftRobot-Projekts bestand in der Harmonisierung zweier Dimensionen: Ein hoher Grad an Echtzeitfähigkeit (horizontale Achse) bei gleichzeitig hoher Mächtigkeit der Programmierschnittstelle (vertikale Achse). Existierende proprietäre Robotersteuerungen (rechts unten) bieten harte Echtzeitgarantien, weisen aber Limitierungen bei der Programmierung auf. Moderne Softwareplattformen wie die Java- oder .NET-Plattform (links oben) bieten mächtige Programmierschnittstellen, aber in der Regel keine Garantien hinsichtlich des Zeitverhaltens. Die SoftRobot-Architektur hingegen kann beides vereinen.

aller für die KUKA-Steuerung verfügbarer Programmpakete stellte sich heraus, dass alle eine gemeinsame Charakteristik aufweisen: Sie lassen sich unterteilen in eine abgeschlossene Menge von *Echtzeit-Patterns*, also wiederkehrende Muster von Operationen mit harten Echtzeitanforderungen, und eine Ablauflogik, die diese Echtzeit-Operationen „orchestriert", selbst jedoch keine harten zeitlichen Schranken einhalten muss [Ho09]. Dieser Aufteilung folgt die *SoftRobot-Architektur*. Echtzeit-Operationen werden vom *Robot Control Core (RCC)* ausgeführt, während die Ablauflogik eines Roboterprogramms sowie die flexible Definition und Parametrisierung der Echtzeit-Operationen mit der objektorientierten *Robotics API* beschrieben werden können. Applikationsentwickler müssen sich dadurch insbesondere keine Sorgen machen, dass ihre Programme durch zeitaufwändige Berechnungen die Performanz der Robotersteuerung beeinträchtigen.

Diese Arbeit beschäftigt sich mit dem Softwaredesign der Robotics API. Es gelang, dieses Design *Programmiersprachen-unabhängig* zu gestalten. Das bedeutet, dass eine Implementierung in jeder modernen, objektorientierten Programmiersprache möglich ist und keine besonderen Anforderungen an die Echtzeitfähigkeit der Ausführungsumgebung stellt. Das Design ist darüber hinaus *Hersteller-unabhängig*, so dass mit der Referenzimplementierung inzwischen Industrieroboter vier unterschiedlicher Hersteller unterstützt werden können. Durch gezielte Erweiterungspunkte, eine explizite Modellierung von Sensoren sowie ein feingranulares Modell von Roboter-Operationen kann die Robotics API die Schwächen heutiger Roboterprogrammiersprachen beseitigen und bleibt gleichzeitig *erweiterbar*. Schließlich ermöglicht es insbesondere das angesprochene Kommando-

Modell, die nötigen Echtzeit-Anforderungen bei der Ausführung von Roboter-Operationen im RCC zu gewährleisten.

2 Objektorientierte Modelle für Industrieroboter

Die Robotics API verknüpft wie in Abbildung 2 dargestellt fünf Modelle miteinander, die zusammen eine flexible und mächtige Programmierschnittstelle für Industrieroboter bilden. Existierende Forschungsansätze beschäftigen sich nur mit Teilaspekten dieser Modelle und liegen teilweise auch dem Design der Robotics API zugrunde. Eine Verknüpfung aller wichtigen Teile – wie in der Robotics API – gelang bisher jedoch nicht.

Das *Device Model* erlaubt eine Modellierung aller Arten steuerbarer Geräte. Es ist auf der einen Seite generisch genug, um eine große Vielzahl unterschiedlicher Geräte wie Roboterarme, Linearachsen, Roboterwerkzeuge und mobile Roboterplattformen abbilden zu können. Auf der anderen Seite ermöglicht es eine ausreichende Detaillierung, um auch feine Unterschiede zwischen verschiedenen Geräten auszudrücken.

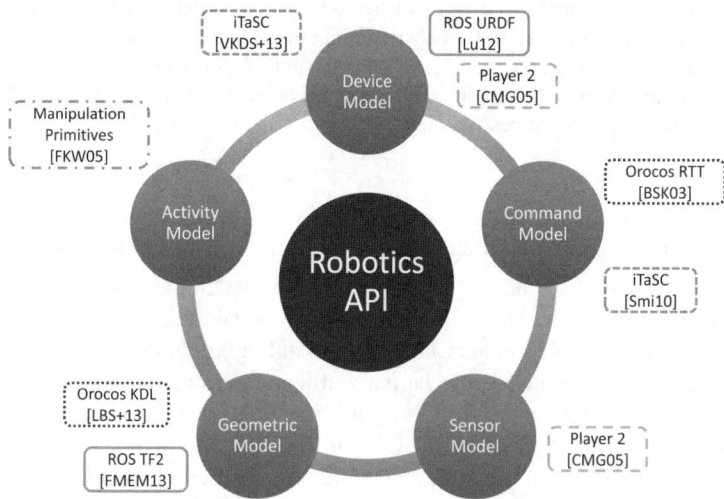

Abb. 2: Die Robotics API ist aus fünf zusammenhängenden Modellen aufgebaut. Im Zusammenspiel ermöglicht sie die Modellierung steuerbarer Geräte, die Beschreibung echtzeitkritischer Operationen dieser Geräte, den Zugriff auf alle Arten von Echtzeit-Daten, die Beschreibung geometrischer Beziehungen und schließlich die kontextabhängige Planung von Roboteraktionen. Existierende Forschungsansätze wie das populäre ROS, Orocos, das Player-Projekt oder auch industrienähere Forschung zu Manipulation Primitives decken bis heute jeweils nur Teile der hier beschriebenen Aspekte ab.

Zur echtzeitkritischen Steuerung dieser Geräte enthält die Robotics API das *Command Model*. Damit ist es möglich, elementare Operationen der Geräte, wie zum Beispiel Bewegungen oder Werkzeugaktionen, zu definieren und diese zu komplexen Abläufen zu kombinieren. Die Abläufe müssen dabei nicht starr vorgegeben sein, sondern können etwa auf Gegebenheiten der Umgebung oder Fehler während der Ausführung feingranular reagieren – vom Umplanen einer Operation über Warnmeldungen bis hin zum sicheren Abbruch der Tätigkeit. Das besondere Softwaredesign des Command Model erlaubt es, all dies auf die datenfluss-basierte Schnittstelle des Robot Control Core abzubilden und dadurch mit harten Echtzeit-Garantien auszuführen.

Eine wichtige Voraussetzung für flexiblere Roboterapplikationen ist der Einsatz von Sensoren und die geeignete Verarbeitung der gelieferten Daten zur Laufzeit. Dafür stellt das *Sensor Model* die passenden Konzepte bereit. Daten des Roboters selbst, seiner Werkzeuge oder dedizierter Sensorik aller Art können fusioniert und so der Zustand des Robotersystems und der Umgebung bestimmt werden. Dieser Zustand und der Ausführungsfortschritt von Roboteroperationen können die Grundlage der oben erwähnten, feingranularen Reaktionen bilden. So ist es zum Beispiel beim Bahnschweißen entscheidend, den Schweißbrenner so schnell wie möglich vom Werkstück weg zu bewegen, wenn während des Schweißvorgangs durch einen Sensor ein Fehler erkannt wird. Andernfalls kann das zu schweißende Teil irreparabel beschädigt werden. Die Robotics API unterstützt auch die Verarbeitung und Fusion von Sensordaten in harter Echtzeit.

In Roboteranwendungen ist es nötig, räumliche Zusammenhänge zu definieren – sowohl zur Beschreibung struktureller Eigenschaften („Wo ist der Roboter montiert?") als auch zur Parametrisierung von Operationen („Wohin soll das Werkstück transportiert werden?"). Das *Geometric Model* der Robotics API stützt sich auf etablierte mathematische Formalismen ab und verknüpft diese mit dem Command Model und Sensor Model. Es können nicht nur statische, sondern auch dynamische Aspekte beschrieben werden. Komplexe geometrische Bedingungen lassen sich so zur Laufzeit überwachen und es kann entsprechend reagiert werden.

Für eine einfache Benutzbarkeit der Robotics API durch Anwendungsentwickler kommt dem *Activity Model* eine entscheidende Bedeutung zu. Aufbauend auf das Command Model stellt es ein einfach zu benutzendes und elegantes Modell typischer Aktivitäten von Industrierobotern zur Verfügung. Die Ausdrucksstärke des Command Model wird dabei mit den Konzepten des Device Model, Sensor Model und Geometric Model kombiniert. Das so entstehende Ausführungsmodell beinhaltet Meta-Daten über die ausgeführten Operationen: Wo lag das Ziel einer Bewegung? Hat sich dieses Ziel selbst bewegt, weil es zum Beispiel auf einem Förderband liegt? Welche Kraft wurde vom Roboter auf seine Umgebung aufgebaut? Auf Basis dieser Daten können Aktionen kontextabhängig geplant und ausgeführt werden und dem Entwickler hilfreiches Feedback gegeben werden.

Abbildung 3 zeigt die objektorientierte Struktur des Command Model. Es basiert auf dem in der Softwaretechnik etablierten *Command Pattern* von Gamma et al. [Ga94]. Dieses behandelt jedoch nicht den Aspekt der Ausführung von Kommandos mit der Garantie harter Echtzeit. Wir haben die Struktur des Command Model deswegen im Vergleich zum Command Pattern angepasst, so dass es sich zur Beschreibung echtzeitkritischer Operationen in der Industrierobotik eignet. Eine besondere Bedeutung kommt dem internen Design des *TransactionCommand* zu: Es ermöglicht eine flexible Orchestrierung interner Commands abhängig von Sensorwerten und dem Ausführungsfortschritt, wie oben beschrieben. Instanzen des Command Models beschreiben somit echtzeitfähige Abläufe, die von einer deterministischen Steuerung ausgeführt werden können.

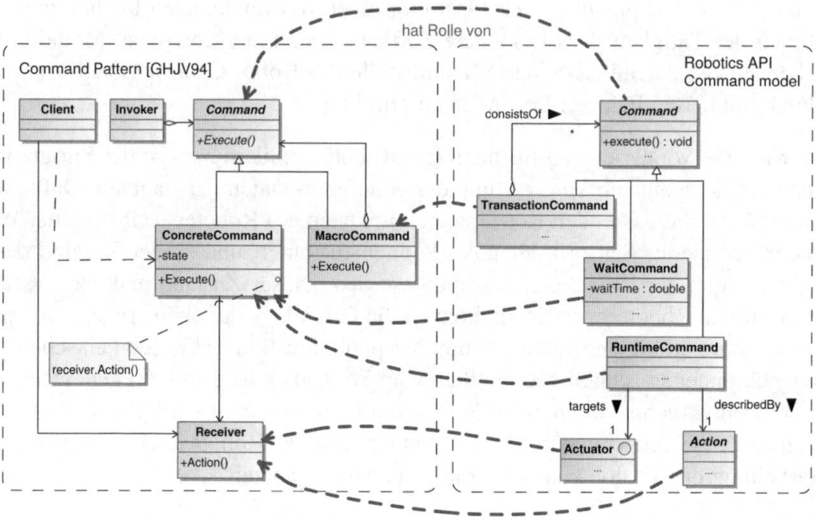

Abb. 3: [An14] Ein zentraler Bestandteil der Robotics API ist das Command Model, das eine Abwandlung des Command Pattern darstellt. Die konkreten Kommandos RuntimeCommand und WaitCommand im Command Model verfügen daher über keine spezifische Implementierung einer Ausführungsmethode. Stattdessen wird bei einem RuntimeCommand die auszuführende Aktion durch eine *Action* („Was soll ausgeführt werden?") und einen *Actuator* („Wer soll es ausführen?") beschrieben. Ein *WaitCommand* definiert hingegen nur eine Warteaktion für eine gegebene Zeit.

Mit dem Design der Robotics API ist es gelungen, die Grundlage für den Einsatz moderner Programmiersprachen und Softwareplattformen zur Steuerung von Industrierobotern zu legen. Sie beinhaltet nicht nur ein umfassenderes Gesamtmodell als der bisherige Stand der Forschung und Technik, sondern berücksichtigt im Gegensatz zu den meisten existierenden Ansätzen auch harte Echtzeit-Anforderungen. Im Vergleich mit heutigen industriellen Robotersteuerungen ist die Robotics API eine wesentlich flexiblere und besser erweiterbare Plattform auf dem Stand aktueller Softwaretechnik.

3 Evaluation

Um die Frage zu beantworten, wie erweiterbar diese Plattform wirklich ist, untersucht die Arbeit die Wiederverwendbarkeit unterschiedlicher Komponenten der Referenzimplementierung der SoftRobot-Architektur. Als Indikator für Wiederverwendbarkeit dient die Verteilung der Programmcode-Zeilen. Zwar ist dies kein präzises Maß für Wiederverwendbarkeit, die Deutlichkeit der Ergebnisse spricht jedoch für sich. Weiterhin stellt die Arbeit mehrere Applikationen mit ganz unterschiedlichen Anforderungen vor, denen die Robotics API durchwegs gerecht werden kann.

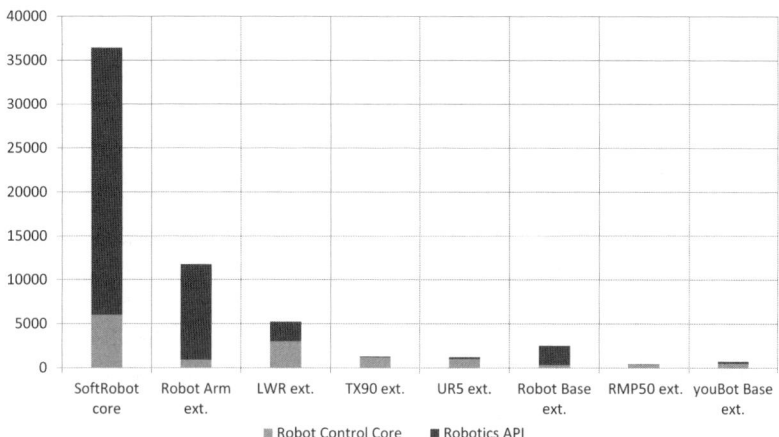

Abb. 4: Die Verteilung des Programmcodes innerhalb einzelner Teile der SoftRobot-Architektur. Die horizontale Achse zeigt acht verschiedene Teile der SoftRobot-Referenzimplementierung: Die Kernkomponente (*SoftRobot core*), die *Robot Arm extension*, darauf aufbauend die Erweiterungen für die drei Roboterarme KUKA LBR, Stäubli TX90 und Universal Robots UR5, schließlich die *Robot Base extension* für mobile Roboter und darauf aufbauend die Erweiterungen für die Geräte Segway RMP50 und die KUKA youBot-Plattform. Die vertikale Achse zeigt die Anzahl der Programmcode-Zeilen (Lines of Code), aufgeteilt nach Robot Control Core und Robotics API.

Abbildung 4 zeigt die Verteilung der Programmcode-Zeilen (Lines of Code, LOC) und liefert zwei wichtige Erkenntnisse: Zum einen erlaubt es das Softwaredesign der Robotics API, sehr viel Funktionalität in abstrakten, generischen Komponenten zu implementieren. Insbesondere die Einbindung neuer Geräte ist dadurch sehr einfach möglich und erfordert zum Beispiel für einen Stäubli TX90 Roboterarm nur wenige Dutzend Zeilen Programmcode. Zum anderen gelang es, einen Großteil der Funktionalität der gesamten SoftRobot-Plattform innerhalb der Robotics API zu implementieren und den im RCC nötigen Code bei Erweiterungen auf ein Minimum zu reduzieren. Bei der Betrachtung der umfangreichen Kernkomponente der Architektur fällt auf, dass über 80% des Programmcodes auf die Robotics API entfällt. Dieser Teil der Robotics API enthält überwiegend abstrakte Implementierungen der schon vorgestellten fünf Modelle, die dann in sogenannten *extensions* weiter verfeinert werden. Die Kernkomponente der Architektur ist so generisch gehalten, dass sogar das Konzept eines Roboterarms erst durch die *Robot Arm extension* eingeführt wird. Das Ziel dieser extremen Reduktion der Kernkomponente war es, so weit wie möglich versteckte Annahmen bei der Implementierung generischer Konzepte zu eliminieren.

Im Rahmen der Arbeit wurden verschiedene herausfordernde Applikationen mit hoch entwickelten Leichtbaurobotern von KUKA umgesetzt. Diese Roboter zeichnen sich unter anderem durch eine integrierte Kraft-Momenten-Sensorik aus. Sie erlaubt neuartige, feinfühlige Manipulationsaufgaben, erhöht aber gleichzeitig die Anforderungen an die Mächtigkeit der Programmierschnittstelle.

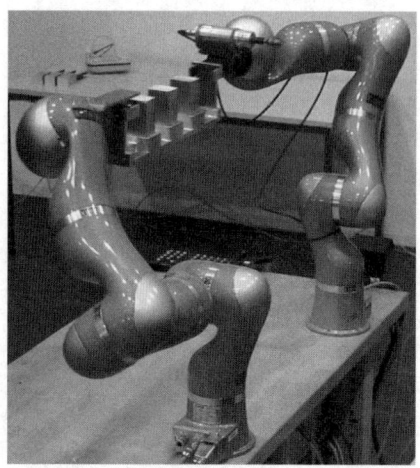

Die aufwändigste mit der Robotics API umgesetzte Applikation ist die *Intelligente Fertigungszelle* [An14]. Zwei Leichtbauroboter arbeiten gemeinsam daran, Werkstücke aus Einzelteilen zu montieren. Dabei transportieren sie zunächst gemeinsam Werkstückträger mit den Einzelteilen auf eine Werkbank (siehe Abbildung 5), um diese anschließend koordiniert und unter Einsatz der Kraftsensorik zusammenzufügen und zu verschrauben. Beim gemeinsamen Transport teilen sich die Roboter die Last, müssen jedoch präzise synchronisiert werden, um Verspannungen und dadurch Beschädigungen zu vermeiden. Beim Fügen und Verschrauben werden Prozessunsicherheiten durch die „Feinfühligkeit" der Kraftsensoren ausgeglichen. Die Prozessschritte orientieren sich am menschlichen Vorgehen: So wird zum Beispiel beim Schraubvorgang mit einem Elektroschrauber zunächst Kraft auf die Schraube aufgebaut, um den Schrauber dann zu starten und kraftgesteuert der Schraubenbewegung nachzuführen.

Abb. 5: Gemeinsamer Transport in der Intelligenten Fertigungszelle.

Zwei weitere Beispiele veranschaulichen die Reduzierung des Aufwands bei der Integration eines Industrieroboters mit zusätzlichen Geräten. Die *PortraitBot*-Applikation macht aus einem Roboterarm einen Porträt-Maler. Dazu werden eine Standard-Webcam und frei verfügbare Java-Bibliotheken zur Bildverarbeitung eingesetzt. Die Roboterbewegung selbst wird mit der Robotics API mit wenigen Programmzeilen in der Java-Umgebung realisiert, ohne den Umweg über die Generierung von proprietärem Code und dessen aufwändige Übertragung an eine herkömmliche Robotersteuerung. Die Applikation *Tangible Teleoperation* setzt ein sogenanntes *tangible user interface*, oder auch *Gegenständliche Benutzerschnittstelle*, zur Fernsteuerung von Robotern ein. In dieser Applikation wird die heute mögliche Interoperabilität zwischen unterschiedlichen Softwareplattformen ausgenutzt: Die Tangible Teleoperation Applikation wurde vollständig in C# auf der .NET-Plattform entwickelt, um Microsoft PixelSense[6] als Eingabegerät verwenden zu können. Auch in diesem Fall ist es durch die Robotics API gelungen, den Systemintegrationsaufwand mit einer Robotersteuerung zu vermeiden. Wie hoch dieser Aufwand sein kann, zeigte ein Experiment: Das *Fernbediente Manipulator-Steuersystem* von Projektpartner MRK Systeme, ein industrielles Fernsteuerungssystem für Industrieroboter, wurde von einer Person in etwa 2 Wochen auf die Robotics API portiert und konnte ohne Einschränkungen betrieben werden. Bei der Portierung wurde lediglich eine von MRK selbst entwickelte Schnittstelle zum verwendeten Robotersystem ersetzt. Diese Schnittstelle war ursprünglich mit einem Aufwand von 2 Personenmonaten entwickelt worden. Die Robotics API hätte diesen Aufwand also auf etwa ein Viertel reduziert.

---

[6] http://www.microsoft.com/en-us/pixelsense/default.aspx

4 Zusammenfassung und Ausblick

Der breite Einsatz von Industrierobotern wurde bis heute zunehmend durch ihre proprietären Software-Ökosysteme begrenzt. Das Forschungsprojekt SoftRobot hat diese Limitierung aufgehoben, indem die Softwareentwicklung für Industrieroboter auf das Niveau des modernen Software Engineering gehoben wurde. Durch ein Programmiersprachen- und Hersteller-unabhängiges objektorientiertes Softwaredesign trägt diese Arbeit wesentlich dazu bei, dass das Ziel erreicht wurde. Mit der Robotics API kann in Zukunft wesentlich schneller und effizienter Software für Industrieroboter entwickelt werden, da ein riesiges Ökosystem an Bibliotheken und Entwicklungswerkzeugen zur Verfügung steht, das sich ständig vergrößert. Dabei ist die umfangreiche Kernkomponente der Referenzimplementierung so allgemein gehalten, dass eine Erweiterung auf viele weitere steuerungstechnische Bereiche machbar erscheint. Die Ergebnisse dieser Arbeit werden bereits jetzt in der Praxis eingesetzt: Die KUKA Laboratories GmbH präsentierte auf der Hannover Messe 2013 den Roboter LBR iiwa, dessen „Steuerungssystem der Zukunft"[7] mit seiner Java-basierten Programmierschnittstelle die in dieser Arbeit entwickelten Konzepte in die Industrie bringt.

Literaturverzeichnis

[An14] Angerer, Andreas: Object-oriented Software for Industrial Robots. Dissertation, University of Augsburg, Mar 2014.

[BSK03] Bruyninckx, Herman; Soetens, Peter; Koninckx, Bob: The Real-Time Motion Control Core of the Orocos Project. In: Proc. 2003 IEEE Intl. Conf. on Robot. & Autom. Seoul, Korea, S. 2766–2771, Mai 2003.

[CMG05] Collett, Toby; MacDonald, Bruce; Gerkey, Brian: Player 2.0: Toward a Practical Robot Programming Framework. In: Proc. 2005 Australasian Conf. on Robotics and Automation. Sydney, Australia, Dezember 2005.

[FKW05] Finkemeyer, Bernd; Kröger, Torsten; Wahl, Friedrich M.: Executing Assembly Tasks Specified by Manipulation Primitive Nets. Advanced Robotics, 19(5):591–611, 2005.

[FMEM] Foote, Tully; Marder-Eppstein, Eitan; Meeussen, Wim: , tf2 - ROS Wiki. http://wiki.ros.org/tf2 (accessed Jul. 2013).

[Ga94] Gamma, Erich; Helm, Richard; Johnson, Ralph; Vlissides, John: Design patterns: Elements of reusable object-oriented software. Addison Wesley, 1994.

[GY07] Ge, Jing Guo; Yin, Xing Guo: An Object Oriented Robot Programming Approach in Robot Served Plastic Injection Molding Application. In: Robotic Welding, Intelligence & Automation. Jgg. 362 in Lect. Notes in Control & Information Sciences. Springer, S. 91–97, 2007.

[HNP08] Hägele, Martin; Nilsson, Klas; Pires, J. Norberto: Industrial Robotics. In (Siciliano, Bruno; Khatib, Oussama, Hrsg.): Springer Handbook of Robotics, Kapitel 42, S. 963–986. Springer, Berlin, Heidelberg, 2008.

---

[7] siehe http://www.kuka-labs.com/de/service_robotics/robot_control_system/

[Ho09]   Hoffmann, Alwin; Angerer, Andreas; Ortmeier, Frank; Vistein, Michael; Reif, Wolfgang: Hiding Real-Time: A new Approach for the Software Development of Industrial Robots. In: Proc. 2009 IEEE/RSJ Intl. Conf. on Intell. Robots and Systems, St. Louis, MO, USA. IEEE, 2009.

[IF14]   IFR Statistical Department: , World Robotics 2014 - Executive Summary. http://www.worldrobotics.org/index.php?id=downloads, 2014. (accessed Jan. 2015).

[La13]   Laet, Tinne De; Bellens, Steven; Smits, Ruben; Aertbelien, Erwin; Bruyninckx, Herman; Schutter, Joris De: Geometric Relations between Rigid Bodies (Part 1) – Semantics for Standardization. IEEE Robot. & Autom. Mag., S. 84–93, Jun 2013.

[Lu12]   Lu, David: , URDF and You.   Talk at ROSCon 2012, May 2012. http://www.cse.wustl.edu/ dvl1/?p=93 (accessed Feb. 2014).

[Ph99]   Phipps, Geoffrey: Comparing Observed Bug and Productivity Rates for Java and C++. Softw. Pract. Exper., 29(4):345–358, April 1999.

[PVA09]   Pires, J. Norberto; Veiga, Germano; Araújo, Ricardo: Programming by demonstration in the coworker scenario for SMEs. Industrial Robot, 36(1):73–83, 2009.

[Sm10]   Smits, Ruben: Robot Skills: Design of a constraint-based methodology and software support. Dissertation, Katholieke Universiteit Leuven - Faculty of Engineering, Kasteelpark Arenberg 1, B-3001 Leuven (Belgium), Mai 2010.

[Va13]   Vanthienen, D.; Klotzbuucher, M.; De Schutter, J.; De Laet, T.; Bruyninckx, H.: Rapid application development of constrained-based task modelling and execution using domain specific languages. In: Intelligent Robots and Systems (IROS), 2013 IEEE/RSJ International Conference on. S. 1860–1866, Nov 2013.

Andreas Angerer, geboren am 12. Juli 1984, studierte von 2003 bis 2006 Angewandte Informatik in Augsburg, bevor er 2006 in den Elite-Masterstudiengang „Software Engineering" der Universität Augsburg, TU München und LMU München wechselte. Seit seinem Abschluss im Jahr 2008 arbeitet er als wissenschaftlicher Mitarbeiter am Lehrstuhl für Softwaretechnik der Universität Augsburg und promovierte dort im Mai 2014. Als Postdoktorand forscht er seitdem in verschiedenen Kooperationen mit Unternehmen und Forschungseinrichtungen wie dem Deutschen Zentrum für Luft- und Raumfahrt weiter im Bereich moderne Softwarearchitekturen für Industrieroboter.

Planare Graphen und ihre Dualgraphen auf Zylinderoberflächen[1]

Christopher Auer[2]

Abstract: Die Arbeit beschäftigt sich mit planaren Zeichnungen ungerichteter und gerichteter Graphen auf Zylinderoberflächen. Im ungerichteten Fall werden die Knoten auf einer Linie parallel zur Zylinderachse positioniert, während die Kanten diese Linie nicht schneiden. Es wird gezeigt, dass eine planare Zeichnung genau dann möglich ist, wenn die Kanten des Graphen in einer double-ended queue (Deque) verarbeitet werden können. Als Konsequenz ergibt sich, dass die Deque genau die planaren Graphen mit Hamiltonpfad charakterisiert. Dies erweitert die bereits bekannte Charakterisierung planarer Graphen mit Hamiltonkreis durch den Doppelstack. Im gerichteten Fall verlaufen die Kantenkurven entweder in Richtung der Zylinderachse (**SUP**) oder um die Achse herum (**RUP**). Die Arbeit charakterisiert **RUP**-Graphen und zeigt, dass **RUP** und **SUP** ihre Rollen tauschen, wenn man Graph und Dualgraph betrachtet. Mit Hilfe dieser Charakterisierung wird ein Erkennungs-Algorithmus für **RUP**-Graphen entwickelt.

1 Einführung

Eine planare Zeichnung eines Graphen weist den Knoten unterschiedliche Punkte in der Ebene zu und bildet die Kanten auf einfache Jordankurven ab, die keine gemeinsamen Punkte besitzen außer an gemeinsamen Knoten. Setzt man nun in die durch die Zeichnung abgegrenzten Regionen Flächenknoten und verbindet zwei benachbarte Flächenknoten durch eine Kante, so erhält man den Dualgraphen. Die vorliegende Arbeit betrachtet zwei spezielle Arten von Graph-Zeichnungen und deren Dualgraphen auf der 3D-Zylinderoberfläche. Zunächst werden linear-zylindrische Zeichnungen verwendet um neue neue Einsichten in die Arbeitsweise fundamentaler Datenstrukturen wie dem Stack, der Queue und der Deque zu gewinnen (Kapitel 2). In diesen Zeichnungen werden die Knoten auf einer Linie platziert werden, die parallel zur Zylinderachse verläuft, während die Kanten diese Linie nicht schneiden dürfen. Im zweiten Teil der Arbeit werden rollend aufwärtsplanare Zeichnungen von gerichteten Graphen charakterisiert (Kapitel 3). In diesem Fall müssen die Kantenkurven entweder in Richtung der Zylinderachse verlaufen („standing upward planar", **SUP**) oder sich um die Achse herumbewegen („rolling upward planar", **RUP**). Hier wird ein „Ampèresches Gesetz" hergeleitet, das **SUP** und **RUP** über deren Dualgraphen in Beziehung setzt.

---
[1] Englischer Titel der Dissertation: „Planar Graphs and their Duals on Cylinder Surfaces"
[2] Universität Passau, auerc@fim.uni-passau.de

2 Linear-zylindrische Zeichnungen

2.1 Graph-Layouts in Datenstrukturen

Linear-zylindrische Zeichnungen spielen inbesondere im Zusammenhang mit Graph-Layouts in Datenstrukturen wie dem Stack, dem Doppelstack, der Queue und der Deque eine wichtige Rolle. In einem Graph-Layout werden die Kanten eines Graphen in einer Datenstruktur verarbeitet. Ein *lineares Layout* legt dabei die Verarbeitungsreihenfolge der Knoten fest. An jedem Knoten werden zuerst alle Kanten zu Vorgängern im linearen Layout aus der Datenstruktur entfernt und danach alle Kanten zu Nachfolgern in die Datenstruktur eingefügt. Dies muss nach den durch die Datenstruktur festgelegten Regeln geschehen wie z.B. „last in, first out" (LIFO) bei einem Stack (Stapel) und „first in, first out" (FIFO) bei einer Queue (Warteschlange).

Abbildung 1(a) zeigt ein *Stack-Layout*, wobei die gestrichelte Kante für den Moment ignoriert wird. Die Knoten sind auf der gepunkteten horizontalen Linie gemäß dem linearen Layout angeordnet und die Kanten sind als Bögen oberhalb gezeichnet. Der Inhalt des Stacks vor und nach der Verarbeitung des jeweiligen Knoten ist unterhalb dargestellt. An Knoten 2 wird die Kante e_1 vom Stack entfernt und die Kante e_5 wird eingefügt. Kante e_4 (gestrichelt) muss am Knoten 2 vor Kante e_5 auf den Stack gelegt werden. Der Inhalt des Stacks unmittelbar vor der Verarbeitung von Knoten 3 ist somit (e_5, e_4, e_2, e_3) (von oben nach unten zu lesen). An Knoten 3 kann Kante e_2 nicht vom Stack entfernt werden, da e_4 über ihr auf dem Stack liegt. Wie in Abb. 1(a) zu sehen ist, kreuzen sich e_2 und e_4. Für ein gegebenes lineares Layout ist eine kreuzungsfreie Darstellung wie in Abb. 1(a) genau dann möglich wenn alle Kanten im Stack verarbeitet werden können. Dies entspricht einer gültigen Schachtelung der Kanten, wie sie zum LIFO-Prinzip des Stacks passt.

Dieser Zusammenhang zwischen Datenstrukturen und Planarität reicht sehr tief. Bernhart und Kainen haben gezeigt, dass die Graphen mit einem Stack-Layout (*Stack-Graphen*) genau die Graphen sind, die eine planare Zeichnung besitzen in der alle Knoten an der Außenfläche liegen [BK79]. In einem Doppelstack-Layout wird jede Kante in einem von zwei Stacks verarbeitet und es kann ähnlich dargestellt werden wie in Abb. 1(a), wobei die Kanten oberhalb der gepunkteten Linie im ersten und die Kanten unterhalb im zweiten Stack verarbeitet werden. Die Doppelstack-Graphen sind die Subgraphen von planaren Graphen mit einem Hamiltonkreis [BK79], d.h. einem geschlossenem Weg durch den Graphen in dem jeder Knoten genau einmal besucht wird.

In einem Queue-Layout müssen die Kanten auf einer Seite einer linear verketteten Liste eingefügt und auf der anderen Seite entfernt werden. Ein Queue-Layout ist in Abb. 1(c) dargestellt, wobei das Einfügen von Kante $\{2,3\}$ (gestrichelt) das Queue-Layout zerstört. Das FIFO-Prinzip der Queue stellt sich in Kantenkreuzungen dar: Zwei Kanten, die keinen gemeinsamen Endpunkt besitzen, sich aber zu einem Zeitpunkt gleichzeitig in der Queue befinden, müssen sich in dieser Darstellung kreuzen. Es darf also keine vollständigen Schachtelungen geben, wie z.B. bei $\{1,5\}$ und $\{2,3\}$. In Abb. 1(c) ist das FIFO-Prinzip zwar durch die Kreuzungen sichtbar, diese erschweren allerdings auch die Lesbarkeit der Darstellung. Eine planare Darstellung von Queue-Graphen ist deshalb wünschenswert

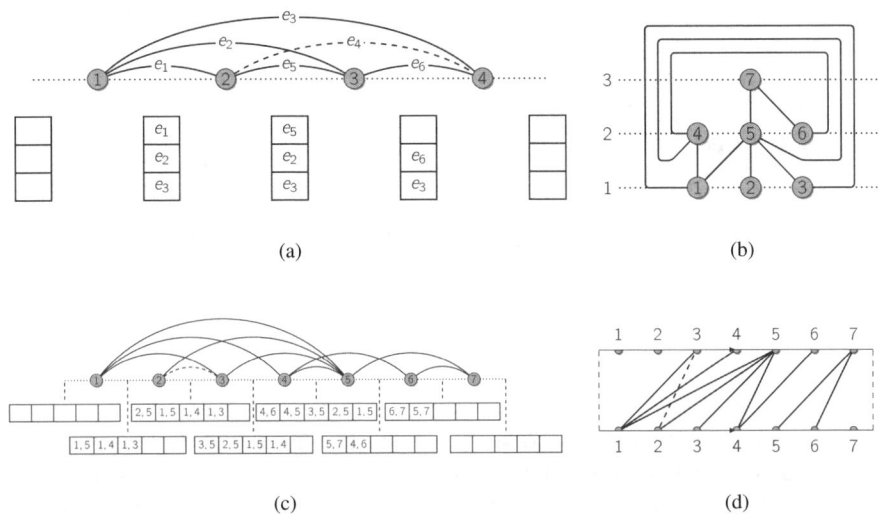

Abbildung 1: Beispiele für Graph-Layouts im Stack, Doppelstack und der Queue.

und auch möglich: Heath und Rosenberg haben in [HR92] die Queue-Graphen als die Graphen charakterisiert, die eine *Level-planare Zeichnung mit Bögen* („arched leveled-planar") besitzen (Abb. 1(b)). In dieser Darstellung werden die Knoten auf horizontale Level platziert. Kanten sind nur zwischen benachbarten Level möglich oder als Bögen vom Knoten ganz links zu Knoten, die von rechts unterhalb desselben Levels ohne Kreuzungen erreichbar sind. Zwar ist diese Art der Darstellung planar, ein fehlerhaftes Queue-Layout ist mit ihr allerdings nur schwer zu erkennen: Die das Queue-Layout zerstörende Kante $\{2,3\}$ kann zwar nicht in legaler Weise in Abb. 1(b) eingefügt werden, aber eine andere Aufteilung der Knoten auf Level könnte prinzipiell zu einem gültigen Layout führen.

Die Dissertation erweitert das Studium von Graph-Layouts auf die Deque, einer doppelt verketteten Liste, in die Elemente auf beiden Seiten, Kopf und Fuß, eingefügt und entfernt werden können. Planarität spielt auch für die Deque eine wichtige Rolle. Um dies zu sehen wird eine neue Darstellungsart auf der Zylinderoberfläche eingeführt in der eine ungültige Deque-Operation sofort als Kreuzung sichtbar ist. Diese führt auch zu einer neuen Darstellungsart von Queue-Graphen, die die oben geschilderten Probleme nicht aufweist.

2.2 Deque-Graphen und linear-zylindrisch Zeichnungen

In einer linear-zylindrischen Zeichnung auf der Oberfläche des rollenden Zylinders werden die Knoten auf der *Frontlinie*, einem Liniensegment parallel zur Zylinderachse, auf unterschiedlichen Positionen platziert und die Kantenkurven dürfen die Frontlinie nicht schneiden. Ein Beispiel für eine linear-zylindrische Zeichnung zeigt Abb. 2(a) in der die Frontlinie gepunktet dargestellt ist. Eine ebene Darstellung erhält man, indem man die

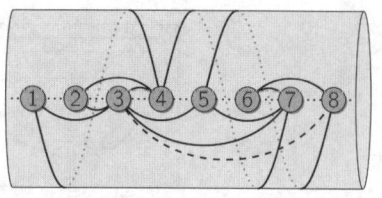 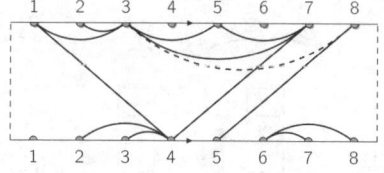

(a) Eine linear-zylindrische Zeichnung (b) Die „aufgebogene" Zylinderoberfläche

Abbildung 2: Linear-zylindrische Zeichnungen

Zylinderoberfläche entlang der Frontlinie aufschneidet und den Zylindermantel aufbiegt. Abbildung 2(b) zeigt das Resultat wobei die obere und untere Kante des Rechtecks identifiziert sind und mit der Frontlinie übereinstimmen. Graphen, die eine linear-zylindrische Zeichnung ohne Kreuzungen erlauben, heißen *linear-zylindrisch planar*. Ihre Charakterisierung bildet folgendes Theorem der Dissertation:

Theorem. *Die linear-zylindrisch planaren Graphen sind genau die Deque-Graphen.*

Dem Beweis liegt folgende Idee zugrunde. Wie in Abbildungen 2(a) and 2(b) zu sehen ist, beginnt bzw. endet jede Kantenkurve in einer linear-zylindrischen Zeichnung entweder ober- oder unterhalb der Frontlinie. Beispielsweise beginnt und endet Kante {2,4} oberhalb während Kante {1,4} unterhalb beginnt und oberhalb endet. Aus einer linear-zylindrisch planaren Zeichnungen lässt sich ein gültiges Deque-Layout wie folgt ableiten. Die Reihenfolge der Knoten auf der Frontlinie definiert das lineare Layout, d.h. die Verarbeitungsreihenfolge der Knoten. Indem man den Bereich oberhalb der Frontlinie mit dem Kopf und der Bereich unterhalb der Frontlinie mit dem Fuß der Deque assoziiert, läßt sich für jede Kante festgelegen auf welcher Seite der Deque sie eingefügt und entfernt wird. Kante {2,4} in Abbildungen 2(a) and 2(b) wird somit am Kopf der Deque eingefügt und entfernt während Kante {1,4} am Fuß eingefügt und vom Kopf entfernt wird.

Konsequenterweise muss sich eine in einer linear-zylindrischen Zeichnung unvermeidbare Kreuzung in einer ungültigen Deque-Operation äußern. Dazu ist folgende Beobachtung hilfreich: eine gedachte vertikale Linie, platziert zwischen den Knoten 2 und 3 in Abb. 2(b), schneidet die Kanten {2,4}, {1,4}, {1,3} und {2,3} in dieser Reihenfolge von unten nach oben. Dies entspricht genau dem Inhalt der Deque in dieser Reihenfolge vom Kopf zum Fuß unmittelbar vor der Verarbeitung von Knoten 3. Wird diese gedachte vertikale Linie nun unmittelbar vor die Kreuzung zwischen den Kanten {3,8} und {4,7} gelegt, so ergibt sich für den Inhalt der Deque {5,8}, {4,7}, {3,8}, {3,7} und {5,7}. Nach Abb. 2(b) muss die Kante {4,7} vor der Kante {3,8} vom Fuß der Deque entfernt werden, da beide unterhalb der Frontlinie enden. Dies ist aber nur möglich, indem die Kanten in der Deque ihre Positionen tauschen, was keiner gültigen Deque-Operation entspricht.

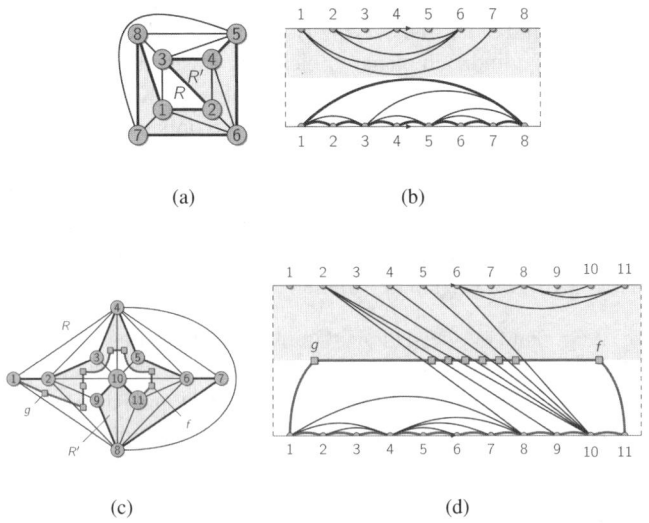

Abbildung 3: Der Unterschied zwischen Doppelstack- und Deque-Graphen im Dualgraphen

2.3 Deque-Graphen und Doppelstack-Graphen

Verlangt man bei einer Deque, dass Elemente immer nur auf der Seite entfernt werden auf der sie auch eingefügt wurden, so erhält man den Doppelstack. Ein Doppelstack-Graph ist somit auch immer ein Deque-Graph. Eine Deque erlaubt zusätzlich noch *Queue-Kanten*, die sie durchwandern. Dies wirft die Frage nach dem Unterschied zwischen Doppelstack- und Deque-Graphen auf, dessen Antwort im folgenden skizziert wird.

In Abb. 2(b) lassen sich die Kanten $\{1,2\}$, $\{4,5\}$, $\{5,6\}$ und $\{7,8\}$ einfügen ohne Kreuzungen zu erzeugen. Der daraus resultierende Graph besitzt einen Hamiltonweg entlang der Frontlinie, d.h., einen einfachen Weg, der jeden Knoten einmal besucht. Außerdem gilt mit den Ergebnissen von oben, dass jeder Deque-Graph planar ist. Somit ist jeder Deque-Graph der Subgraph eines planaren Graphen mit einem Hamiltonweg. In der Dissertation wird auch die umgekehrte Richtung gezeigt:

Theorem. *Die Deque-Graphen sind die Subgraphen von planaren Graphen mit einem Hamiltonweg.*

Da die Doppelstack-Graphen die Subgraphen von planaren Graphen mit einem *Hamiltonkreis* sind [BK79], lässt sich oben gestellte Frage beantworten: Die Möglichkeit der Deque Queue-Kanten zu verarbeiten entspricht dem Unterschied zwischen Hamiltonkreisen und -wegen in planaren Graphen.

Diese Aussage lässt sich mit Hilfe des Dualgraphen präzisieren. Abbildung 3(a) zeigt eine planare Zeichnung eines Graphen mit einem Hamiltonkreis (fett hervorgehobene

Kanten). Es handelt sich dabei also um einen Doppelstack-Graphen und somit auch um einen Deque-Graphen mit einer linear-zylindrisch planaren Zeichnung ohne Queue-Kanten (Abb. 3(b)). Die linear-zylindrisch planare Zeichnung lässt sich hierbei direkt aus Abb. 3(a) ableiten, indem man als lineares Layout die Reihenfolge der Knoten auf dem Hamiltonkreis verwendet. Welcher Knoten der erste des linearen Layouts ist, ist dabei unerheblich. Der Hamiltonkreis teilt die Ebene in Abb. 3(a) in zwei Regionen R und R'. Identifiziert man nun R mit dem Kopf und R' mit dem Fuß der Deque, so kann daraus für jede Kante abgelesen werden auf welcher Seite sie verarbeitet wird. Kante $\{1,3\}$ befindet sich vollständig in R und wird damit am Kopf eingefügt und entfernt bzw. beginnt und endet oberhalb der Frontlinie in Abb. 3(b). Die Region der Kanten auf dem Hamiltonkreis sei auf R festgelegt.

Abbildung 3(c) zeigt den Goldner-Harary-Graphen [GH75], den kleinsten maximal planaren Graphen ohne Hamiltonkreis. Dieser Graph besitzt einen Hamiltonweg (hervorgehobene Kanten) und ist somit ein Deque-Graph (jedoch kein Doppelstack-Graph). Die entsprechende linear-zylindrisch planare Zeichnung ist in Abb. 3(d) dargestellt und sie wird wie folgt ermittelt. Die Endpunkte des Hamiltonwegs 1 und 11 können über den Dualgraphen miteinander verbunden werden. Dazu verbindet man Knoten 11 mit einem anliegenden Flächenknoten, hier f, und wandert dann auf dem Dualgraphen zu einem Flächenknoten, der an Knoten 1 anliegt, hier g. Dabei wird keine der Kanten des Hamiltonwegs geschnitten und so ergibt sich auch hier eine Teilung der Ebene in zwei Regionen R und R'. Wie zuvor wird R mit dem Kopf und R' mit dem Fuß der Deque identifiziert. So befindet sich z.B. Kante $\{1,4\}$ vollständig innerhalb von R und ist somit eine Kante die am Kopf eingefügt und entfernt wird. Kante $\{2,8\}$ beginnt innerhalb von R' und endet innerhalb von R. Dies entspricht in Abb. 3(d) einer Kante, die sich um den Zylinder herumbewegt, und somit einer Queue-Kante, die am Fuß eingefügt und am Kopf der Deque entfernt wird. Der Unterschied zwischen Doppelstack und Deque entspricht also dem Verbindungslinie zwischen den Endpunkten des Hamiltonwegs, der die Queue-Kanten schneidet.

2.4 Linear-zylindrische Zeichnungen von Queue-Graphen

Da die Queue ein Spezialfall der Deque ist, in der die Elemente am Kopf eingefügt und am Fuß entfernt werden, lassen sich linear-zylindrische Zeichnungen direkt auf Queue-Layouts anwenden. Abbildung 1(d) zeigt die linear-zylindrisch planare Zeichnung des Queue-Layouts aus Abbildungen 1(b) and 1(c). Letztere Darstellungsarten repräsentieren das FIFO-Prinzip bzw. dessen Verletzung nicht ausreichend (Abb. 1(b)) oder sind wegen vieler Kreuzungen unübersichtlich (Abb. 1(c)). Die linear-zylindrisch planare Darstellung in Abb. 1(d) hat diese Probleme nicht, da das FIFO-Prinzip durch die Planarität der Zeichnung unmittelbar repräsentiert ist. Somit ist aus den Kreuzungen (z.B. durch Kante $\{2,3\}$) sofort ersichtlich, ob und durch welche Kanten das Queue-Layout zerstört wird.

2.5 Weitere Ergebnisse und Zusammenfassung

Für das Entscheidungsproblem „Ist ein Graph ein Deque-Graph?" wird gezeigt, dass es $\mathcal{NP}$-vollständig ist. Das ergänzt die entsprechenden Resultate zur $\mathcal{NP}$-Vollständigkeit

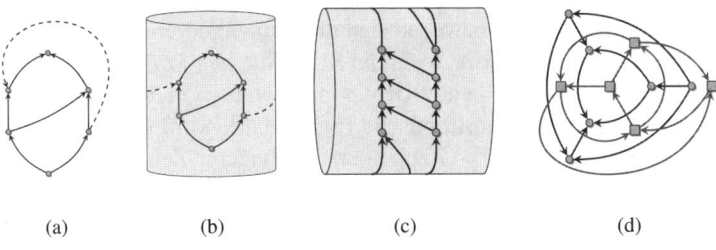

Abbildung 4: Aufwärtsplanare Zeichnungen und gerichtete Dualgraphen

bei Doppelstack- und Queue-Graphen [Wi82, HR92]. Außerdem wird in der Dissertation gezeigt, dass Queue-Graphen eine „selbst-duale" Struktur besitzen, d.h. die Struktur von Queue-Graphen spiegelt sich in deren Dualgraphen wider.

Nicht jeder maximal planare Graph ist ein Deque-Graph [He07]. Dies führt zu der Frage nach einer Operation um die die Deque ergänzt werden muss, so dass sie genau alle planaren Graphen charakterisiert. In der Dissertation wird die Deque um eine „Split"-Operation erweitert was zur *teilbaren Deque* führt. Es wird gezeigt, dass ein Graph genau dann planar ist wenn er ein Layout in der teilbaren Deque besitzt. Für den Beweis wird ein Algorithmus entworfen, der prüft ob eine gegebene zyklische Anordnung der Kanten um jeden Knoten eine planare Zeichnung erlaubt.

In der Dissertation wurde die Klassifikation planarer Graphen mittels Datenstrukturen vervollständigt. Als nützliches Werkzeug zum Studium der Arbeitsweise fundamentaler Datenstrukturen wurden linear-zylindrische Zeichnungen eingeführt. Diese bringen nicht nur Einsichten zur Arbeitsweise der Deque sondern auch zur Queue und zum Doppelstacks.

3 Zylindrisch aufwärtsplanare Graphen

Der Standard-Algorithmus zum Zeichnen gerichteter Graphen ist das Verfahren von Sugiyama [STT81]. Eine grundlegende Idee darin ist, die Kantenrichtung in eine geometrische Richtung zu transformieren. Verlaufen alle Kantenkurven streng monoton steigend in y-Richtung von ihrem Start- zu ihrem Endpunkt so spricht man von einer *Aufwärtszeichnung* und im planaren Fall von einer *aufwärtsplanaren* Zeichnung. Letztere spielen im Graph Drawing eine wichtige Rolle. Abbildung 4(a) (ohne die gestrichelte Kante) zeigt einen **UP**-Graphen („upward planar graph"). Fügt man die gestrichelten Kante ein, so ist keine aufwärtsplanare Zeichnung in der Ebene mehr möglich [Di99, S. 171]. Auf der Oberfläche des stehenden Zylinders hingegen kann die gestrichelte Kante um den Zylinder herumgeführt werden (Abb. 4(b)). Graphen die eine solche Zeichnung zulassen heißen **SUP** („standing upward planar"). Während im ungerichteten Fall die Ebene und der Zylindermantel bezüglich Planarität äquivalent sind, ist im gerichteten Fall überraschenderweise der stehende Zylinder mächtiger als die Ebene.

Die Dissertation beschäftigt sich mit Aufwärtsplanarität auf dem rollenden Zylinder (**RUP**, „rolling upward planar"). Hier bewegen sich die Kantenkurven in einer Richtung um die Zylinderachse herum (Abb. 4(c)). Während **SUP**-Graphen azyklisch sind, können **RUP**-Graphen Zyklen enthalten. **UP**- und **SUP**-Graphen wurden in der Vergangenheit intensiv auf charakterisierende und algorithmische Eigenschaften hin untersucht. Im Gegensatz dazu rückte die Klasse der **RUP**-Graphen erst in jüngerer Zeit bei der Erweiterung des Sugiyama-Frameworks auf zyklische Darstellungen [Ba12, Br14] in den Fokus.

3.1 Das Ampèresches Gesetz aufwärtsplanarer Graphen

Für die Charakterisierung aufwärtsplanarer Graphen spielen *azyklische Dipole* eine wichtige Rolle. Ein azyklischer Dipol ist ein azyklischer Graph mit genau einer Quelle s und genau einer Senke t (Abbildungen 4(a) und 4(b)). Ein Graph ist genau dann **SUP**, wenn er durch Kanten planar zu einem azyklischen Dipol ergänzt werden kann [Ha01]. Verlangt man zusätzlich die Kante von s nach t, so erhält man **UP**, die aufwärtsplanaren Graphen in der Ebene [Ke87]. Diese Art der Charakterisierung kann für **RUP**-Graphen nicht angewandt werden, da diese Zyklen enthalten können. Azyklische Dipole spielen dafür bei den gerichteten Dualgraphen von **RUP**-Graphen eine wichtige Rolle. Abbildung 4(d) zeigt eine planare Zeichnung eines gerichteten Graphen (Knoten runder Form) und dessen Dualgraph (Knoten eckiger Form). Die Richtung einer Kante im Dualgraphen ist dabei so gewählt, dass in Blickrichtung der dualen Kante die (primale) Kante von rechts nach links verläuft. Wie in Abb. 4(d) zu sehen ist, ist der primale Graph azyklisch während der Dualgraph stark zusammenhängend ist, d.h. jedes Paar von Knoten ist durch einen gerichteten Pfad verbunden. Dies gilt allgemein: Azyklizität und starker Zusammenhang tauschen ihre Rollen vom Primal- zum Dualgraphen.

Der erste Schritt der vollständigen Charakterisierung von **RUP**-Graphen ist das Ampèresche Gesetz aufwärtsplanarer Graphen, dessen Name eine physikalische Interpretation nahelegt. Abbildung 5(a) zeigt einen elektrischen Leiter an dem eine Spannungsquelle einen Stromfluss $\vec{I}$ erzeugt. Das Ampèresches Gesetz besagt, dass dieser Strom ein Magnetfeld $\vec{B}$ induziert, das sich um den Leiter windet. Abbildung 5(b) zeigt einen azyklischen Dipol, der aufwärtsplanar auf dem stehenden Zylinder gezeichnet ist (Knoten runder Form). Legt man nun eine Spannungsquelle an die „elektrischen Kontakte" s und t an, so induziert dies den gerichteten Dualgraphen (Knoten rechteckiger Form), der sich wie das Magnetfeld um den Zylinder windet. Der Dualgraph ist ein stark zusammenhängender **RUP**-Graph. Stehender und rollender Zylinder tauschen somit ihre Rollen vom Primal- zum Dualgraphen.

Theorem. *Ein stark zusammenhängender Graph ist genau dann ein **RUP**-Graph wenn sein Dualgraph ein azyklischer Dipol ist.*

Diese Charakterisierung stark zusammenhängender Graphen wird in zwei weiteren Schritten auf allgemeine Graphen erweitert. Zunächst werden abgeschlossene Graphen betrachtet, d.h. Graphen ohne Quellen und Senken. Für diese wird eine „high-level" Beschreibung eingeführt, die einen abgeschlossenen Graphen in seine azyklischen Komponenten (Transits) und seine stark zusammenhängenden Komponenten (Verbünde) aufteilt. Es wird gezeigt,

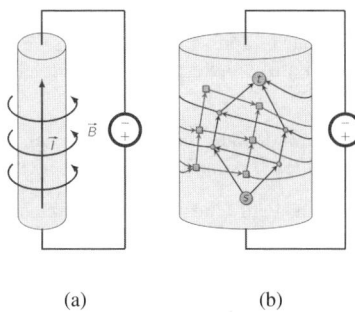

(a)   (b)

Abbildung 5: Das Ampèresche Gesetz des Elektromagnetismus und für aufwärtsplanare Graphen

dass Transits und Verbünde ihre Rollen vom Primal- zum Dualgraph tauschen. Basierend auf diesen Ideen wird die Definition des azyklischen Dipols auf *(allgemeine) Dipole* erweitert, die Zyklen enthalten dürfen. Dies führt zur Verallgemeinerung des Ampèreschen Gesetzes.

Theorem. *Ein abgeschlossener Graph ist **RUP** gdw. sein Dualgraph ein Dipol ist.*

Außerdem kann jeder **RUP**-Graph durch Kanten zu einem abgeschlossenen **RUP**-Graphen ergänzt werden, was zur gewünschten Charakterisierung von **RUP**-Graphen führt:

Theorem. *Ein Graph G ist genau dann ein **RUP**-Graph wenn er der Subgraph eines abgeschlossenen planaren Graphen H ist, dessen Dualgraph ein Dipol ist.*

3.2 Ein RUP-Erkennungsalgorithmus für abgeschlossene Graphen

Das Erkennen von **UP**- und **SUP**-Graphen ist $\mathcal{NP}$-vollständig [GT01, HRK98]. Im Falle von azyklischen Dipolen, ist die Erkennung jedoch effizient lösbar. Die Komplexität scheint somit in der Ergänzung des Graphen zu einem planaren azyklischen Dipol zu liegen. Für **RUP**-Graphen ist die Situation ähnlich: Im Allgemeinen ist die Erkennung $\mathcal{NP}$-vollständig [Br14]. Für den Fall von abgeschlossenen Graphen wird in der Arbeit ein Linearzeit-Algorithmus entwickelt, der entscheidet ob der Graph **RUP** ist. Der Algorithmus verwendet die vorher beschriebene Charakterisierung von **RUP**-Graphen über deren Dualgraphen. Dazu werden bekannte Strukturen, wie der block-cut tree und der SPQR-Baum [DBT96], so erweitert, dass sie auf gerichtete Dualgraphen anwendbar sind.

3.3 Zusammenfassung

Die gewonnen Erkenntnisse und entwickelten algorithmischen Werkzeuge sind für das Studium von Aufwärtsplanariät über Zylinderoberflächen hinaus nützlich. So lässt sich der Erkennungsalgorithmus leicht für die Aufwärtsplanarität auf dem Torus erweitern. Außerdem können die Erweiterungen von block-cut trees und SPQR-Bäume auf gerichtete Dualgraphen durch ihre Allgemeinheit auch in anderen Kontexten Anwendung finden.

Literatur

[Au14] Auer, Christopher: Planar Graphs and their Duals on Cylinder Surfaces. Dissertation, Lehrstuhl für Informatik mit Schwerpunkt Theoretische Informatik, Universität Passau, Germany, Januar 2014.

[Ba12] Bachmaier, Christian; Brandenburg, Franz J.; Brunner, Wolfgang; Fülöp, Raymund: Drawing Recurrent Hierarchies. J. Graph Alg. App., 16(2):151–198, 2012.

[BK79] Bernhart, Frank; Kainen, Paul Chester: The Book Thickness of a Graph. J. Combin. Theory, Ser. B, 27(3):320–331, 1979.

[Br14] Brandenburg, Franz J.: Upward Planar Drawings on the Standing and the Rolling Cylinders. Computational Geometry, 47(1):25–41, 2014.

[DBT96] Di Battista, Giuseppe; Tamassia, Roberto: On-Line Planarity Testing. SIAM J. Comput., 25(5):956–997, 1996.

[Di99] Di Battista, Giuseppe; Eades, Peter; Tamassia, Roberto; Tollis, Ioannis G.: Graph Drawing: Algorithms for the Visualization of Graphs. Prentice Hall, 1999.

[GH75] Goldner, A.; Harary, Frank: Note on a Smallest Nonhamiltonian Maximal Planar Graph. Bull. Malaysian Math. Soc., 6(1):41–42, 1975.

[GT01] Garg, Ashim; Tamassia, Roberto: On the Computational Complexity of Upward and Rectilinear Planarity Testing. SIAM J. Comput., 31(2):601–625, 2001.

[Ha01] Hashemi, S. Mehdi: Digraph Embedding. Discrete Math., 233(1–3):321–328, 2001.

[He07] Helden, Guido: Hamiltonicity of Maximal Planar Graphs and Planar Triangulations. Dissertation, Rheinisch-Westfälische Technische Hochschule Aachen, 2007.

[HR92] Heath, Lenwood Scott; Rosenberg, Arnold L.: Laying Out Graphs Using Queues. SIAM J. Comput., 21(5):927–958, 1992.

[HRK98] Hashemi, S. Medi; Rival, Ivan; Kisielewicz, Andrzej: The Complexity of Upward Drawings on Spheres. Order, 14:327–363, 1998.

[Ke87] Kelly, David: Fundamentals of Planar Ordered Sets. Discrete Math., 63:197–216, 1987.

[STT81] Sugiyama, Kozo; Tagawa, Shojiro; Toda, Mitsuhiko: Methods for Visual Understanding of Hierarchical System Structures. IEEE Trans. Syst., Man, Cybern., 11(2):109–125, 1981.

[Wi82] Wigderson, Avi: The complexity of the Hamiltonian Circuit Problem for Maximal Planar Graphs. Bericht, Department of EECS, Princeton University, 1982.

Christopher Auer wurde am 6. April 1982 in Passau geboren. Er studierte zunächst an der Ostbayerischen Technischen Hochschule Regensburg (Dipl.-Inf.) und der Universität Passau (MSc.) Informatik und schloß beides mit Auszeichnung ab. Vom Wintersemester 2008 an bis zum Wintersemester 2014 forschte Herr Auer am Lehrstuhl von Prof. Dr. Franz J. Brandenburg im Bereich der Graphentheorie und insbesondere im Forschungsgebiet „Zeichnen von Graphen", zu dem er mehrere Fachartikel auf internationalen Konferenzen vorstellte. Seine Promotion schloss er im November 2014 ab. Seit Juli 2014 arbeitet Herr Auer bei Ravensburger Digital an der Entwicklung von hybriden Spielkonzepten.

Untere Schranken für heuristische Algorithmen[1]

Christoph Berkholz[2]

Abstract: Dieser Beitrag ist eine deutschsprachige Zusammenfassung der Dissertation des Autors. In der Dissertation werden drei verwandte heuristische Verfahren zum Lösen schwerer Probleme untersucht: der k-Konsistenztest für das Constraint-Satisfaction-Problem, Resolution beschränkter Weite für 3-SAT und der Knotenpartitionierungsalgorithmus für das Graphisomorphieproblem. Die Hauptergebnisse der Dissertation sind untere Schranken an die Zeitkomplexität der Verfahren. In diesem Beitrag werden die untersuchten Verfahren eingeführt und die erzielten unteren Schranken vorgestellt.

1 Einführung

In allgemeinen Suchproblemen, sogenannten Constraint-Satisfaction-Problemen, soll eine Menge von Variablen Werte erhalten, sodass alle „Constraints" erfüllt sind. Die meisten Probleme in NP lassen sich auf natürliche Weise in diesem Rahmen beschreiben. Ein Beispiel ist das Erfüllbarkeitsproblem für aussagenlogische Formeln in konjunktiver Normalform (3-SAT); hier sind die Klauseln die Constraints, welche die Belegung der Booleschen Variablen einschränken. Auch logische Puzzle wie Sudoku passen in diesen Rahmen. Hier sind die Variablen die leeren Kästchen, welchen Werte von 1 bis 9 zugewiesen werden sollen. Die Constraints sind hierbei, dass in jeder Zeile, jeder Spalte und in jedem Block keine Zahl doppelt vorkommt. Solche Suchprobleme lassen sich im Allgemeinen nicht in Polynomialzeit lösen. Grund dafür ist, dass die Anzahl der möglichen Lösungen exponentiell in der Eingabegröße ist. Aus theoretischer Sicht impliziert die etablierte komplexitätstheoretische Annahme $P \neq NP$, dass es keine exakten Polynomialzeitalgorithmen für das Constraint-Satisfaction-Problem gibt.

Da das CSP und der prominente Spezialfall 3-SAT von hoher praktischer Relevanz sind, ist es dennoch nötig möglichst effiziente Algorithmen zu entwickeln. Aus dieser Einsicht heraus beschäftigen sich ganze Forschungsfelder, *Constraint Programming* und *SAT-Solving*, mit dem effizienten Lösen des CSPs und des 3-SAT Problems.

Um den Suchraum zu verkleinern, werden in den Algorithmen häufig heuristische Verfahren verwendet. Das einfachste und zugleich am weitesten verbreitete Verfahren ist, lokal inkonsistente Belegungen auszuschließen. Hierbei werden iterativ Mengen von k Variablen betrachtet, um inkonsistente Belegungen aufzuspüren. Dieses generische Verfahren wird für kleine Werte von k intensiv in praktischen Algorithmen für solche Suchprobleme eingesetzt, beispielsweise als *Arc Consistency Test* für allgemeine Constraint-Netzwerke, als *Unit Propagation* in SAT-Solvern, oder als *Color Refinement* in Algorithmen für das

---

[1] Englischer Originaltitel der Dissertation [Be14a]: „Lower Bounds for Heuristic Algorithms".
[2] KTH Royal Institute of Technology, CSC, 10044 Stockholm, Sweden, berkho@kth.se.

Graphisomorphieproblem. Wenn die Anzahl k der lokal betrachteten Variablen größer gewählt wird, werden diese Heuristiken wesentlich stärker. Allerdings erhöht sich damit auch die Laufzeit, welche meist die Form $n^{O(k)}$ hat. Dies bedeutet, dass für jedes feste k der Konsistenztest zwar in Polynomialzeit liegt, der Grad des Polynoms allerdings linear in k wächst. Das wirft die Frage auf, ob dieser (aus praktischer Sicht) dramatische Anstieg der Laufzeit vermeidbar und der Konsistenztest beispielsweise in $O(2^k n)$ oder wenigstens $O(n^{\sqrt{k}})$ durchgeführt werden kann. Die Hauptergebnisse der Dissertation schließen diese Möglichkeit aus. Sowohl für binäre Constraint-Netzwerke als auch für 3-SAT Formeln ist es nicht möglich, den Konsistenztest in $O(n^{\varepsilon k})$, für ein absolutes $\varepsilon > 0$, zu implementieren. Diese unteren Schranken an die Zeitkomplexität der Entscheidungsprobleme gelten für allgemeine Berechnungsmodelle (etwa Mehrband-Turingmaschinen) und kommen ohne komplexitätstheoretische Annahmen aus. Dies ist insofern überraschend, als es kaum natürliche Entscheidungsprobleme gibt, für die explizite untere Schranken an die Laufzeit bewiesen werden können.

Ein weiterer Beitrag der Dissertation sind untere Schranken in eingeschränkten Berechnungsmodellen. Hier werden zwei algorithmische Techniken untersucht. Zum einen *Constraint-Propagierung*, welches das gängige Verfahren ist, um k-Konsistenz-Algorithmen für das CSP zu implementieren, und zum anderen *Partitionsverfeinerung*, die dem Knotenpartitionierungsalgorithmus für das Graphisomorphieproblem zu Grunde liegt. Für solche eingeschränkten Berechnungsmodelle können wir noch stärkere untere Schranken beweisen. In ihrer Aussagekraft sind diese etwa vergleichbar mit der $\Omega(n \log n)$ unteren Schranke für vergleichsbasierte Sortieralgorithmen.

In den nächsten drei Abschnitten werden die untersuchten heuristischen Verfahren für CSP, 3-SAT und Graphisomorphie vorgestellt und die erzielten unteren Schranken diskutiert.

2 Lokale Konsistenz von Constraint-Netzwerken

Eine Instanz des CSPs besteht aus einer Menge von Variablen X, einem Wertebereich D und einer Menge C von Constraints. Ein Constraint hat die Form $((x_1,\ldots,x_r),R)$, wobei $(x_1,\ldots,x_r)$ ein r-Tupel von Variablen und R eine r-stellige Relation über dem Wertebereich ist. Die Relation R beschreibt hierbei die Menge aller zulässigen Wertekombinationen für die Variablen $x_1,\ldots,x_r$. Ziel ist es nun eine Belegung der Variablen $\alpha \colon X \to D$ zu finden, die alle Constraints erfüllt. Das heißt, $(\alpha(x_1),\ldots,\alpha(x_r)) \in R$ für alle Constraints $((x_1,\ldots,x_r),R) \in C$. Viele Entscheidungsprobleme in NP lassen sich auf natürliche Weise als CSP formulieren. Ein Beispiel ist zu entscheiden, ob ein gegebener Graph $G = (V,E)$ 3-färbbar ist. Die entsprechende CSP-Instanz enthält eine Variable für jeden Knoten ($X := V$), welche als Werte eine der drei Farben annehmen kann ($D := \{1,2,3\}$). Weiterhin gibt es für jede Kante $\{v_1,v_2\} \in E$ ein Constraint $((v_1,v_2),[(1,2),(1,3),(2,1),(2,3),(3,1),(3,2)])$, welches besagt, dass zwei benachbarte Knoten mit unterschiedlichen Farben gefärbt werden müssen.

Der *k-Konsistenztest* [Fr78] ist eine Heuristik zum Einschränken des Suchraumes. Dies wird dadurch erreicht, dass iterativ die möglichen Belegungen der Variablen eingeschränkt werden. Zunächst einmal ist jede partielle Belegung von Variablen, welche keine Constraints verletzt, lokal *konsistent*. Anschließend werden wiederholt konsistente Belegungen von $\ell < k$ Variablen betrachtet. Wenn sich eine solche Belegung nicht zu einer konsistenten Belegung von $\ell + 1$ Variablen erweitern lässt, kann sie auch nicht Teil einer globalen erfüllenden Belegung sein und wird daher als inkonsistent markiert. Dieser Prozess wird so lange wiederholt, bis keine neuen Belegungen inkonsistent werden. Wenn am Ende des Verfahrens noch konsistente Belegungen der Variablen möglich sind, dann *besteht* die CSP-Instanz den k-Konsistenztest. Im Folgenden wird der Algorithmus in Pseudocode angegeben, hierbei bezeichnet $\mathscr{H}$ die Menge der konsistenten Belegungen.

Algorithm 1 k-Konsistenztest

Eingabe: Eine CSP-Instanz (X,D,C).
$\mathscr{H} \leftarrow$ Menge aller Belegungen von $\leq k$ Variablen, die keine Constraints verletzen.
repeat
    if es gibt $h \in \mathscr{H}$, $|h| < k$, $x \in X$, sodass $h \cup \{x \mapsto a\} \notin \mathscr{H}$ für alle $a \in D$ **then**
        Entferne h und alle Erweiterungen $g \supseteq h$ aus $\mathscr{H}$.
until $\mathscr{H}$ bleibt unverändert.
if $\mathscr{H} \neq \emptyset$ **then** akzeptiere.
else verwerfe.

Da höchstens $|X|^{k-1}|D|^{k-1}$ partielle Belegungen als inkonsistent markiert werden, kann der Algorithmus in Polynomialzeit implementiert werden. Der beste bekannte Algorithmus [Co89] hat eine Laufzeit von $O(n^{2k})$, wobei n die Größe der Eingabe bezeichnet. Die Dissertation beschäftigt sich nun mit der Frage, ob der k-Konsistenztest schneller implementiert werden kann.

2.1 Untere Schranken für Konsistenztests

Das Hauptergebnis ist, dass es prinzipiell unmöglich ist (wesentlich) schneller zu entscheiden, ob eine gegebene CSP-Instanz den k-Konsistenztest besteht.

Satz 1 ([Be12a]). *Für jedes k ist es nicht möglich in Zeit $O(n^{\frac{k-3}{12}})$ zu entscheiden, ob eine gegebene CSP-Instanz der Größe n den k-Konsistenztest besteht.*

Diese untere Schranke gilt für deterministische Mehrband Turing-Maschinen und beruht nicht auf komplexitätstheoretischen Annahmen. Dass es Entscheidungsprobleme in P gibt, welche für eine feste Konstante c nicht schneller als in Zeit $O(n^c)$ berechenbar sind, geht aus dem deterministischen Zeithierarchiesatz hervor und kann mit einem Diagonalisierungsargument gezeigt werden. So kann man beispielsweise nicht in Zeit $O(n^c)$ entscheiden, ob eine gegebene Turing-Maschine nach n^{c+1} Schritten hält. Weitere Probleme, für die man solche unteren Schranken beweisen kann, sind meist ähnlich beschaffen. Anwendung auf „natürliche" Entscheidungsprobleme hat diese Methode bisher nicht direkt ermöglicht. Satz 1 zeigt nun, dass solche unteren Schranken auch für den aus der Praxis motivierten Konsistenztest gelten. Um diesen Satz zu beweisen, wird in der Dissertation eine Spielcharakterisierung des Konsistenztests, das *existentielle Pebblespiel*, verwendet. Der Zusammenhang zu diesem logischen Pebblespiel, welches die Ausdrucksstärke des existentiell-positiven Fragments der Logik erster Stufe mit beschränkter Variablenzahl charakterisiert, wurde von Kolaitis und Vardi aufgedeckt [KV00].

Dieses Spiel wird von zwei Spielern, Spoiler und Duplicator, auf einer CSP-Instanz gespielt. Die Konfigurationen des Spiels sind partielle Belegungen $h\colon X \to D$ von höchstens k Variablen. Ausgehend von der leeren Belegung $h = \emptyset$ werden in jeder Runde die folgenden Schritte wiederholt.

- Falls $|h| = k$, löscht Spoiler Belegungen aus h, sodass $|h| < k$.
- Spoiler fragt nach der Belegung einer Variablen $x \in X$.
- Duplicator antwortet mit einem Wert $a \in D$.
- Die neue Konfiguration ist $h := h \cup \{(x \mapsto a)\}$.

Das Spiel dauert solange, bis die aktuelle Belegung h ein Constraint verletzt. Falls dies irgendwann geschieht, gewinnt Spoiler das Spiel. Wenn Duplicator so spielen kann, dass dies niemals geschieht, hat sie eine *Gewinnstrategie* für das Spiel. Der Zusammenhang zum k-Konsistenztest ist nun, dass Duplicator genau dann eine Gewinnstrategie für das Spiel hat, wenn die CSP-Instanz den k-Konsistenztest besteht.

Um Satz 1 zu beweisen, wird in der Dissertation eine binäre[3] CSP-Instanz konstruiert, auf der es schwer ist zu entscheiden, ob Duplicator eine Gewinnstrategie besitzt. Diese Konstruktion ist sehr komplex und besteht aus mehreren Bausteinen (*Gadgets*). Um die Existenz von Gewinnstrategien auf dieser Konstruktion zu beweisen, ist es nötig die Strategien modular zu zerlegen. Daher werden zunächst Methoden entwickelt, um partielle Strategien auf den Gadgets zu globalen Strategien zusammenzusetzen. Unter anderem werden *kritische Strategien* eingeführt, welche Duplicator erlauben den Spielfluss zu kontrollieren. Mit Hilfe dieser Methoden wird anschließend gezeigt, dass beide Spieler auf der konstruierten CSP-Instanz Turing-Maschinen mit Laufzeit n^k simulieren können. Der Beweis nutzt dabei aus, dass deterministische Turing-Maschinen mit Laufzeit $O(n^k)$ von alternierenden Turing-Maschinen mit Platz $O(k \log n)$ simuliert werden können [CKS81]. Weiterhin können diese alternierenden Turing-Maschinen als Zwei-Personen-Spiel aufgefasst werden [AIK84], in welchem der erste Spieler die existentiellen und der zweite Spieler die universellen nichtdeterministischen Schritte simuliert. Dieses alternierende Zwei-Personen-Spiel wird nun von Spoiler und Duplicator auf der konstruierten CSP-Instanz nachgeahmt.

---

[3] Eine CSP-Instanz ist *binär*, wenn jedes Constraint auf zwei Variablen definiert ist. Ein Beispiel ist die eingangs beschriebene CSP-Instanz für 3-Färbbarkeit.

2.2 Untere Schranken für Constraint-Propagation

Als *Constraint-Propagation* wird in der künstlichen Intelligenz das Vorgehen bezeichnet neue Constraints abzuleiten, welche aus den bereits gegebenen folgen. Der k-Konsistenztest, für $k = 2$ auch als Kantenkonsistenz und für $k = 3$ als Pfadkonsistenz bekannt, gilt als der Prototyp für solche Verfahren. Hier besteht ein Ableitungsschritt daraus, eine neue inkonsistente Belegung abzuleiten, welche sich – gemäß der oben beschriebenen Regel – nicht zu einer konsistenten Belegung erweitern lässt. Alle bekannten Algorithmen, insbesondere die zahlreichen Algorithmen für Knoten- und Pfadkonsistenz, folgen diesem Ableitungsprozess. Sie unterscheiden sich im Wesentlichen darin, welche Datenstruktur sie verwenden und in welcher Reihenfolge die Ableitungsschritte durchgeführt werden. Auch bestehende Ansätze zur Parallelisierung des k-Konsistenztests folgen dem Constraint-Propagation Paradigma und führen die Ableitungsschritte parallel aus. Einen gute Einführung in diese Thematik gibt der Übersichtsartikel von Bessiere im *Handbook of Constraint Programming* [Be06].

Einen negativen Effekt auf die Laufzeit von sequentiellen und parallelen Constraint-Propagation Algorithmen haben lange Ketten von sequentiell abhängigen Ableitungsschritten, in denen Belegungen erst inkonsistent werden, wenn vorhergehende Belegungen als inkonsistent markiert wurden. Das wirft die Frage auf, wie groß die Anzahl der sequentiell abhängigen Ableitungsschritte höchstens werden kann. Eine triviale obere Schranke ist hier $|X|^{k-1}|D|^{k-1}$, die Anzahl aller möglichen partiellen Belegungen. Das nächste Ergebnis zeigt, dass im schlimmsten Fall fast alle Ableitungsschritte nacheinander ausgeführt werden müssen.

Satz 2 ([Be14b]). *Für jedes $k \geq 2$ gibt es CSP-Instanzen (X,D,C), welche $\Omega(|X|^{k-1}|D|^{k-1})$ sequentielle Ableitungsschritte benötigen, bevor der k-Konsistenztest fehlschlägt.*

Dieser Satz liefert eine untere Schranke an die Laufzeit aller gängigen parallelen und sequentiellen k-Konsistenzalgorithmen und trifft insbesondere auch Aussagen zu den praktisch relevanten Fällen $k = 2$ und $k = 3$. Auf der anderen Seite gilt diese untere Schranke nur in einem eingeschränkten Berechnungsmodell und setzt (im Gegensatz zu Satz 1) voraus, dass die Algorithmen das Constraint-Propagation Schema umsetzen. Der Beweis des Satzes beruht wiederum auf der oben erwähnten Spielcharakterisierung. Der Zusammenhang besteht darin, dass die minimale Anzahl der sequentiellen Ableitungsschritte der minimalen Anzahl von Runden entspricht, die Spoiler benötigt, um das existentielle k-Pebblespiel zu gewinnen. Auch in diesem Fall wird eine recht komplexe CSP-Instanz konstruiert, auf der Spoiler zwar in jedem Fall gewinnt, Duplicator aber die Möglichkeit hat Spoilers Sieg $\Omega(|X|^{k-1}|D|^{k-1})$ Runden hinauszuzögern. Um Duplicators Strategie zu entwerfen, werden auch hier die bereits skizzierten modularen Zerlegungen in kritische Strategien verwendet.

3 Resolutionswiderlegungen kleiner Weite

Im 3-SAT Problem ist die Eingabe eine Menge disjunktiver Klauseln, von denen jede höchstens drei Literale enthält. Dieses klassische Problem war eines der ersten, die als NP-vollständig klassifiziert wurden, und nimmt eine herausragende Stellung in der Informatik ein. Wie eingangs erwähnt, ist das 3-SAT Problem ein spezielles Constraint-Satisfaction-Problem. Hierbei entspricht jede Klausel einem dreistelligem Constraint, das als Belegungen der zugrunde liegenden Variablen nur die erfüllenden Belegungen der Klausel zulässt. Eine grundlegende Methode zum Testen der Erfüllbarkeit einer Klauselmenge ist *Resolution*. Die Resolutionsregel erlaubt neue Klauseln nach folgender Vorschrift abzuleiten:

$$\frac{\gamma \cup \{x\} \quad \delta \cup \{\neg x\}}{\gamma \cup \delta}$$

Es ist einfach zu sehen, dass diese Regel korrekt ist: eine Belegung, die $\gamma \cup \{x\}$ und $\delta \cup \{\neg x\}$ erfüllt, muss auch $\gamma \cup \delta$ erfüllen. Eine *Resolutionswiderlegung* ist eine durch mehrere Anwendungen der Resolutionsregel gewonnene Ableitung der leeren Klausel. Das Suchen nach einer Resolutionswiderlegung bietet eine vollständige Methode zum Testen der Erfüllbarkeit einer Klauselmenge, da eine Klauselmenge genau dann unerfüllbar ist, wenn sie eine Resolutionswiderlegung hat. Viele SAT-Solver beruhen im Kern auf dieser Form des Schließens. Beispielsweise kann die DPLL-Prozedur [DLL62] als Suche nach einer baumartigen Resolutionswiderlegung aufgefasst werden. Auch moderne CDCL SAT-Solver, welche das Prinzip des Klausel-Lernens [BS97, MSS99] benutzen und aktuell zu den schnellsten SAT-Solvern zählen, folgen ebenfalls einer Ableitung im Resolutionskalkül.

Im schlechtesten Fall kann die Länge einer Resolutionswiderlegung exponentiell in der Größe der Klauselmenge wachsen. Dies wurde zuerst von Haken [Ha85] für eine Klauselmenge, die auf dem Schubfachprinzip beruht, nachgewiesen. Eine Heuristik, um Resolutionswiderlegungen in Polynomialzeit zu finden, ist das Suchen nach Widerlegungen beschränkter Weite. Die *Weite* einer Resolutionswiderlegung ist die maximale Anzahl an Literalen, die in einer Klausel in der Ableitung vorkommen. Da es über n Variablen nur $O(n^k)$ verschiedene Klauseln mit höchstens k Literalen gibt, haben Resolutionswiderlegungen konstanter Weite höchstens polynomielle Länge und können mit dynamischer Programmierung in Zeit $O(n^{k+1})$ gefunden werden. Diese Heuristik wurde bereits in den 1970'er Jahren von Galil vorgeschlagen [Ga77] und erlangte erneute Aufmerksamkeit durch die Arbeit von Ben-Sasson und Widgerson [BSW01].

In der Dissertation wird nun die Frage untersucht, wie schwer es ist zu entscheiden, ob eine Resolutionswiderlegung der Weite k existiert. Wie oben beschrieben, kann man dieses Problem in Zeit $O(n^{k+1})$ lösen, indem nacheinander alle möglichen Klauseln der Größe höchstens k abgeleitet werden. Der nächste in der Dissertation bewiesene Satz besagt, dass dieser triviale Ansatz die (nahezu) bestmögliche Laufzeit liefert.

Satz 3 ([Be12b]). *Für jedes k ist es nicht möglich in Zeit $O(n^{\frac{k-3}{12}})$ zu entscheiden, ob eine gegebene 3-SAT Formel der Größe n eine Resolutionswiderlegung der Weite k besitzt.*

Der Beweis dieses Satzes stützt sich wiederum auf eine Spielcharakterisierung. In der Beweiskomplexitätstheorie können Beweissysteme oft durch Zwei-Personen-Spiele, sogenannte *prover-adversary games*, charakterisiert werden. Für Resolution wurde ein entsprechendes Spiel von Pudlak [Pu00] eingeführt. Atserias und Dalmau [AD08] haben gezeigt, dass die Variante dieses Spiels für Resolution beschränkter Weite als existentielles Pebblespiel auf der CSP-Kodierung der 3-SAT Formel aufgefasst werden kann. Die Konfigurationen bestehen aus partiellen Belegungen von k booleschen Variablen. In jeder Runde löscht Spoiler ggf. Belegungen und fragt nach der Belegung einer Variablen x, Duplicator antwortet mit $x \mapsto 0$ oder $x \mapsto 1$. Spoiler gewinnt, wenn die aktuelle Belegung eine Klausel falsifiziert. Für den Beweis des Satzes können daher ähnliche Techniken zur Konstruktion schwerer Instanzen und zur Komposition von partiellen Strategien verwendet werden, wie für den k-Konsistenztest auf binären CSP-Instanzen. Eine direkte Reduktion der beiden Resultate aufeinander ist aber nicht möglich. (Dieser Ansatz wurde schon von Hertel und Urquhart verfolgt [HU06], letztlich aber wieder fallengelassen [HU09].) Daher wird in der Dissertation eine 3-SAT Formel konstruiert, die es beiden Spielern erlaubt das alternierende Zwei-Personen-Spiel (und damit alternierende Turing-Maschinen) zu simulieren.

Im Zuge des Beweises von Satz 3 werden zwei weitere Komplexitätsresultate über Resolutionswiderlegungen beschränkter Weite gezeigt. Das erste Resultat betrachtet die Komplexität des Resolutionsweiteproblems, wenn der Parameter k Teil der Eingabe ist, und löst ein offenes Problem von Vardi (siehe [He08]).

Satz 4 ([Be12b]). *Gegeben eine 3-SAT Formel α und ein Parameter k. Es ist* EXPTIME-*vollständig zu entscheiden, ob α eine Resolutionswiderlegung der Weite k besitzt.*

Ein zweites Resultat beschäftigt sich mit regulären Resolutionswiderlegungen, welche aus beweistheoretischer Sicht zwischen Resolution und baumartiger Resolution liegen. Unter zu Hilfenahme der von Hertel [He08] eingeführten regulären Variante des existentiellen Pebblespiels wird in der Dissertation mit dem Beweis des folgenden Satzes ein offenes Problem von Urquhart [Ur11] gelöst.

Satz 5 ([Be12b]). *Gegeben eine 3-SAT Formel α und ein Parameter k. Es ist* PSPACE-*vollständig zu entscheiden, ob α eine reguläre Resolutionswiderlegung der Weite k besitzt.*

4 Der Partitionierungsalgorithmus für Graphisomorphie

Im dritten Teil der Dissertation wird das Graphisomorphieproblem (GI) betrachtet. Ein Isomorphismus zwischen zwei Graphen $G = (V(G), E(G))$ und $H = (V(H), E(H))$ ist eine bijektive Abbildung $f: V(G) \to V(H)$, die Kanten auf Kanten und nicht-Kanten auf nicht-Kanten abbildet. Formal, $\{v, w\} \in E(G) \iff \{f(v), f(w)\} \in E(H)$ für alle $v, w \in V(G)$. Das Graphisomorphieproblem ist nun zu entscheiden, ob es einen Isomorphismus zwischen zwei gegebenen Graphen gibt. Für dieses Problem sind keine Polynomialzeitalgorithmen bekannt und es ist nötig mit heuristischen Ansätzen den Suchraum zu verkleinern.

Eine einfache Methode, die in den frühen 1970'er Jahren aufkam, ist Knotenpartitionierung (engl. *color refinement*). Dieses Verfahren hat sich als sehr nützlich herausgestellt und wird routinemäßig in vielen GI-Solvern eingesetzt. Ziel des Verfahrens ist es, die Knotenmengen eines Graphen in Klassen ähnlicher Knoten zu unterteilen. Ähnlichkeit bedeutet in diesem Zusammenhang, dass kein Isomorphismus unähnliche Knoten aufeinander abbildet. Der erste Schritt in diesem Verfahren ist es, die Knoten bezüglich der Anzahl ihrer Nachbarn zu unterteilen. Dies ist gerechtfertigt, da kein Isomorphismus Knoten mit verschiedenen Graden aufeinander abbilden kann. Im nächsten Schritt werden die so entstandenen Klassen weiter unterteilt. Die Knoten werden nun nach der Anzahl der Nachbarn in einer anderen Klasse unterschieden. Zwei Knoten vom Grad fünf sind sich beispielsweise unähnlich, wenn der eine Knoten drei Nachbarn vom Grad sieben hat, der andere aber nur zwei. Dieses Verfahren wird solange iteriert, bis sich die Klassen stabilisieren und alle Knoten einer Klasse die gleiche Anzahl an Nachbarn in jeder anderen Klasse haben.

Algorithm 2 Knotenpartitionierung

    Eingabe: Ein Graph $G = (V(G), E(G))$.
    Partition $\pi \leftarrow \{V(G)\}$.
    repeat
        for all $R \in \pi, S \in \pi$ **do**
            Sei $S_1, \ldots, S_\ell$ die Unterteilung von S bezüglich der Anzahl von Nachbarn in R.
            $\pi \leftarrow (\pi \setminus S) \cup \{S_1, \ldots, S_\ell\}$.
    until π ist stabil.

Der teuerste Schritt im Knotenpartitionierungsalgorithmus ist das Zählen der Nachbarn in R für jeden Knoten aus S, wofür alle Kanten zwischen R und S betrachtet werden müssen. An dieser Stelle kann der Algorithmus durch eine geschickte Auswahl der zu verfeinernden Klassen optimiert werden. Cardon und Crochemore [CC82] haben gezeigt, dass damit eine Laufzeit von $O(n \log n)$ erreicht werden kann (hierbei wird mit $n = |V(G)| + |E(G)|$ die Größe der Eingabe bezeichnet). Die verwendete Verfeinerungsstrategie folgt dabei im Wesentlichen dem von Hopcroft entwickelten Algorithmus zum Minimieren endlicher Automaten [Ho71].

In der Dissertation wird nun der Frage nachgegangen, ob die Laufzeit mit einer noch geschickteren Auswahl der zu verfeinernden Klassen weiter verbessert werden kann. Die Antwort ist auch hier wieder negativ. Satz 6 besagt, dass selbst bei einer nichtdeterministischen optimalen Auswahl an Klassen die Zeitkomplexität des Algorithmus nicht verbessert werden kann. Die untere Schranke gilt allerdings nicht allgemein für Turing-Maschinen sondern nur unter der Annahme, dass der Algorithmus iterativ Klassen miteinander verfeinert und dafür alle Kanten zwischen den beiden Klassen betrachtet werden müssen.

Satz 6 ([BBG13]). *Es gibt eine Familie von Graphen, auf der jede Verfeinerungsstrategie* $\Omega(n \log n)$ *Berechnungsschritte benötigt.*

5 Fazit

In der Dissertation wurden Techniken entwickelt und angewandt, um untere Schranken für heuristische Algorithmen zu beweisen. Der Fokus lag dabei auf Heuristiken für CSP, 3-SAT und Graphisomorphie, welche durch lokale Einschränkungen der Variablenbelegung den Suchraum dieser Probleme verkleinern. Als Hauptergebnisse wurden explizite untere Schranken an die Laufzeit von Turing-Maschinen für den k-Konsistenztest (Satz 1) und Resolutionswiderlegungen beschränkter Weite (Satz 3) bewiesen. Es wurden außerdem in eingeschränkteren Berechnungsmodellen scharfe untere Schranken für den k-Konsistenztest (Satz 2) und den Knotenpartitionierungsalgorithmus (Satz 6) erzielt.

Literaturverzeichnis

[AD08] Atserias, Albert; Dalmau, Víctor: A combinatorial characterization of resolution width. J. Comput. Syst. Sci., 74(3):323–334, Mai 2008.

[AIK84] Adachi, Akeo; Iwata, Shigeki; Kasai, Takumi: Some combinatorial game problems require $\Omega(n^k)$ time. J. ACM, 31, 1984.

[BBG13] Berkholz, Christoph; Bonsma, Paul; Grohe, Martin: Tight Lower and Upper Bounds for the Complexity of Canonical Colour Refinement. In: Proceedings of the 21st European Symposium on Algorithms (ESA'13). S. 145 – 156, 2013.

[Be06] Bessiere, Christian: Chapter 3 - Constraint Propagation. In (Francesca Rossi, Peter van Beek; Walsh, Toby, Hrsg.): Handbook of Constraint Programming, Jgg. 2, S. 29 – 83. 2006.

[Be12a] Berkholz, Christoph: Lower Bounds for Existential Pebble Games and k-Consistency Tests. In: Proceedings of the 27th Annual IEEE Symposium on Logic in Computer Science (LICS'12). S. 25–34, 2012.

[Be12b] Berkholz, Christoph: On the Complexity of Finding Narrow Proofs. In: Proceedings of the 53th IEEE Symposium on Foundations of Computer Science (FOCS'12). S. 351–360, 2012.

[Be14a] Berkholz, Christoph: Lower Bounds for Heuristic Algortihms. Dissertation, RWTH Aachen University, 2014.

[Be14b] Berkholz, Christoph: The Propagation Depth of Local Consistency. In: Proceedings of the 20th International Conference on Principles and Practice of Constraint Programming (CP'14). S. 158–173, 2014.

[BS97] Bayardo, Jr., Roberto J.; Schrag, Robert C.: Using CSP Look-back Techniques to Solve Real-world SAT Instances. In: Proceedings of the Fourteenth National Conference on Artificial Intelligence and Ninth Conference on Innovative Applications of Artificial Intelligence (AAAI'97/IAAI'97). S. 203–208, 1997.

[BSW01] Ben-Sasson, Eli; Wigderson, Avi: Short proofs are narrow - resolution made simple. J. ACM, 48(2):149–169, 2001.

[CC82] Cardon, A.; Crochemore, M.: Partitioning a graph in $O(|A|\log_2|V|)$. Theoretical Computer Science, 19(1):85 – 98, 1982.

[CKS81] Chandra, Ashok K.; Kozen, Dexter C.; Stockmeyer, Larry J.: Alternation. J. ACM, 28(1):114–133, Januar 1981.

[Co89] Cooper, Martin C.: An optimal k-consistency algorithm. Artificial Intelligence, 41(1):89–95, 1989.

[DLL62] Davis, Martin; Logemann, George; Loveland, Donald: A Machine Program for Theorem-proving. Commun. ACM, 5(7):394–397, Juli 1962.

[Fr78] Freuder, Eugene C.: Synthesizing constraint expressions. Commun. ACM, 21:958–966, November 1978.

[Ga77] Galil, Zvi: On Resolution with Clauses of Bounded Size. SIAM Journal on Computing, 6(3):444–459, 1977.

[Ha85] Haken, Armin: The intractability of resolution. Theoretical Computer Science, 39(0):297–308, 1985.

[He08] Hertel, Alexander: Applications of Games to Propositional Proof Complexity. Dissertation, University of Toronto, 2008.

[Ho71] Hopcroft, J.E.: An n log n algorithm for minimizing states in a finite automaton. In: Theory of Machines and Computations, S. 189–196. Academic Press, 1971.

[HU06] Hertel, Alex; Urquhart, Alasdair: The Resolution Width Problem is EXPTIME-Complete. Bericht 133, 2006.

[HU09] Hertel, Alex; Urquhart, Alasdair: Comments on ECCC Report TR06-133: The Resolution Width Problem is EXPTIME-Complete. Bericht 003, 2009.

[KV00] Kolaitis, Phokion G.; Vardi, Moshe Y.: A Game-Theoretic Approach to Constraint Satisfaction. In: Proceedings of the 17th National Conference on Artificial Intelligence (AAAI'00). S. 175–181, 2000.

[MSS99] Marques-Silva, J.P.; Sakallah, K.A.: GRASP: a search algorithm for propositional satisfiability. Computers, IEEE Transactions on, 48(5):506–521, 1999.

[Pu00] Pudlak, Pavel: Proofs as Games. The American Mathematical Monthly, 107(6):541–550, 2000.

[Ur11] Urquhart, Alasdair: , Width and size of regular resolution proofs. Talk given at the Banff Proof Complexity Workshop, 2011.

Christoph Berkholz hat im Jahr 2005 sein Abitur am Theodor-Fontane Gymnasium in Strausberg abgelegt. Anschließend studierte er an der Humboldt-Universität zu Berlin den Diplomstudiengang Informatik. Seine Diplomarbeit im Gebiet der Schaltkreiskomplexitätstheorie wurde dort mit dem Institutspreis ausgezeichnet. Nach Abschluss des Studiums im Jahr 2010 arbeitete er zunächst als Doktorand an der Humboldt-Universität und wechselte zwei Jahre später zusammen mit seinem Doktorvater Martin Grohe an die RWTH Aachen, wo er im Dezember 2014 seine Dissertation verteidigte. Zur Zeit forscht er im Rahmen eines eingeworbenen Postdoktorandenstipendiums des DAAD an der KTH Stockholm im Bereich der Beweiskomplexitätstheorie.

Messbarkeit und Beeinflussung von Eventual-Consistency in verteilten Datenspeichersystemen[1]

David Bermbach[2]

Abstract: Cloudspeicherdienste und NoSQL-Systeme, die sich zunehmend größerer Beliebtheit erfreuen, bieten meist weder transaktionale Features noch strikte Konsistenzgarantien. Stattdessen wird mit Eventual-Consistency lediglich garantiert, dass alle Schreiboperationen irgendwann – jedoch zu einem undefinierten Zeitpunkt – auf allen Replika ausgeführt werden. Die Unsicherheit, wann dies passiert, stellt dabei Anwendungsentwickler, die ein solches System nutzen möchten, vor große Schwierigkeiten, da es jederzeit möglich ist, dass veraltete Daten gelesen werden oder parallele Updates zu weitergehenden Problemen führen.

Mit dieser Arbeit wird erstmals ermöglicht, durch Experimente und Simulationen Wissen über den Grad der Inkonsistenz zu gewinnen und mit ebenfalls vorgestellten Verfahren auf Basis dieses Wissens Inkonsistenzen in der Anwendungsschicht aufzulösen oder sogar durch eine Middlewareschicht zusätzliche Konsistenzgarantien zu geben.

1 Motivation

Hohe Verfügbarkeit und Fehlertoleranz aber auch geringe Antwortzeiten sind für die meisten Anwendungen von größter Wichtigkeit. Typischerweise erreicht man dies durch Replikation, d.h. man führt mehrere lose gekoppelte Instanzen dieser Anwendung parallel auf verschiedenen Maschinen aus. Je mehr Instanzen dabei verwendet werden und je größer deren Unabhängigkeit und geographische Verteilung, desto größer ist auch die Wahrscheinlichkeit, dass stets zumindest eine der parallelen Instanzen verfügbar ist. Für zustandslose Systeme, wie sie bspw. in der Anwendungsschicht vorherrschen, kann dies als ein weitgehend gelöstes Problem betrachtet werden, z.B. [LV11]. Für zustandsbehaftete Systeme hingegen, hierunter fallen alle Arten von Datenbank- oder Speichersystemen, ist dies alles andere als trivial, da dabei sichergestellt werden muss, dass bei Schreiboperationen alle Replika aktualisiert werden. In diesem Kontext müssen u.A. die Konsistenztradeoffs des CAP-Theorems [Br00] und des PACELC-Modells [Ab12] beachtet werden.

Da insbesondere im Webkontext aber auch in anderen Bereichen oftmals Verfügbarkeit, Skalierbarkeit und geringe Latenzen als wichtiger als strikte Konsistenzgarantien und transaktionale Interfaces erachtet werden, hat dies dazugeführt, dass es neben den klassischen relationalen Datenbanken mit transaktionalen Features und strikten Konsistenzgarantien heutzutage ein Vielzahl von Speicherlösungen gibt, die bewusst auf reduzierte Konsistenzgarantien setzen, um ihre Verfügbarkeits-, Skalierbarkeits oder Performanceziele erreichen

---
[1] Englischer Titel der Dissertation: "Benchmarking Eventually Consistent Distributed Storage Systems"
[2] Technische Universität Berlin, Information Systems Engineering Research Group, Einsteinufer 17, 10587 Berlin, db@ise.tu-berlin.de

zu können. Diese Systeme werden, da sie typischerweise nicht SQL als Anfragesprache nutzen, als NoSQL (*Not Only SQL*) bezeichnet. In diese Kategorie fallen neben Opensourcesystemen wie bspw. Cassandra [LM10] oder dem Hadoopstack[2] insbesondere auch nahezu alle dem Autor bekannten Cloudspeicherdienste. Darunter sind auch so populäre Dienste wie Amazon S3[3], das bspw. Dropbox[4] zu Grunde liegt und bereits im April 2013 bei bis dato exponentiellem Wachstum mehr als $2*10^{12}$ Objekte gespeichert und gleichzeitig 1,1 Millionen Anfragen pro Sekunde beantwortet hatte [Ba13b]. Allein hierin sieht man die große wirtschaftliche Bedeutung und Verbreitung dieser Systeme und Dienste.

2 Problemstellung

Während Anwendungen die gute Performance sowie hohe Verfügbarkeit und Skalierbarkeit der ihnen zu Grunde liegenden neuen Speichersysteme zu Gute kommen, führen jedoch gleichzeitig die reduzierten Konsistenzgarantien des Speichersystems zu massiven Problemen in der Anwendungsschicht: Es gibt bspw. keine Garantie dafür, dass ein gelesener Wert aktuell ist oder auch nur dass er nicht älter als der zuletzt gelesene Wert ist. Die einzige Garantie, die Eventual-Consistency gibt, ist, dass nach einer hinreichend langen Zeit ohne weitere Schreibrequests oder Fehler im System alle Replika in Richtung einer gemeinsamen Datenversion kovergieren. Dies bedeutet insbesondere auch, dass Anwendungen die Konfliktauflösung aufgezwungen wird, obwohl diese Verantwortlichkeit eigentlich entsprechend der Prinzipien von Schichtenarchitekturen und Replikationstransparenz in der Datenspeicherschicht liegen sollte.

Gleichzeitig bedeutet eine schwache Garantie jedoch nicht, dass die Probleme für jede Anwendungen immer real beobachtbar sind – dies hängt nicht zuletzt vom Zusammenspiel von Anwendungsworkload und konkretem Speichersystem ab. Da die Behandlung von Inkonsistenzen – sofern überhaupt möglich – technisch aufwändig und somit teuer ist, stellt sich aus ökonomischer Sicht die Frage, wann es sich überhaupt lohnt, entsprechende Mechanismen zu implementieren, bzw. wann es möglicherweise günstiger ist, monetäre Kompensationsmechanismen zu nutzen.

Ein Beispiel hierfür wäre ein Onlinehändler, bei dem zwei Kunden gleichzeitig das letzte Buch, was auf Lager ist, bestellen. Beide sehen in ihrem Webclient, dass das Buch verfügbar ist, und ihre jeweilige Bestellung wird von zwei verschiedenen Datenbankreplika angenommen. Zwangsläufig kann nun nur einer der beiden Kunden beliefert werden, so dass der jeweils andere verärgert wird. In solchen Fällen ist es nicht unüblich, der Verärgerung vorzubeugen, indem man dem Kunden als Form der monetären Kompensation einen Warengutschein schenkt. Die Alternative hierzu wäre, dass bei Annahme einer Bestellung über eine Form von Consensusprotokoll sichergestellt wird, dass nur ein Kunde gleichzeitig das letzte Buch bestellen kann. Ob es sich nun aus ökonomischer Sicht lohnt, technische Mittel wie bspw. ein Consensusprotokoll zu verwenden, oder ob eine monetäre Kompensation günstiger ist, hängt damit von den folgenden vier Fragen ab:

---

[2] hadoop.apache.org
[3] aws.amazon.com/s3
[4] dropbox.com

1. Wie oft kommt es vor, dass der Lagerbestand für ein Produkt so niedrig ist?
2. Wie schnell synchronisiert das System seine Replika und stellt damit sicher, dass nur aktuelle Werte gelesen werden?
3. Wie häufig kommt es vor, dass es innerhalb des dadurch definierten Zeitfensters überhaupt mehr als einen Kauf des gleichen Produkts gibt?
4. Was kostet die monetäre Kompensation eines Kunden?

Die Fragen 1 und 4 lassen sich leicht durch die entsprechenden Unternehmensabteilungen bzw. durch historische Daten beantworten. Frage 3 lässt sich (mit Hilfe von Frage 2) beantworten, wenn man sich Workloadstatistiken des Onlinehändlers anschaut. Frage 2 hingegen ist ohne die diesem Artikel zu Grunde liegende Dissertation [Be14] nicht beantwortbar.

3 Beiträge der Dissertation

Neben der Inkonsistenzart aus dem Beispiel des Onlinehändlers gibt es noch einige weitere Inkonsistenzarten, die darüberliegende Anwendungen auf jeweils unterschiedliche Art und Weise beeinflussen. Je nach Art können dabei entstehende Konflikte ohne die Antwort zu obiger Frage 2 gar nicht oder nur sehr aufwändig aufgelöst werden. Die Dissertation, auf der dieser Artikel beruht, versucht daher, diese Frage für gegebene Speichersysteme möglichst allgemeingültig und für alle diese Konfliktarten zu beantworten.

Dies erfolgt einerseits auf Basis neuartiger Benchmarks aber auch mit Hilfe ebenso neu entwickelter Simulationsverfahren. Die Arbeit geht jedoch noch einen Schritt weiter und zeigt auch auf, wie das dadurch gewonnene Wissen genutzt werden kann, um Inkonsistenzen aus einer Anwendungssicht zu behandeln. Damit bietet die Dissertation nicht nur Anwendungsentwicklern die Möglichkeit, besser mit Inkonsistenzen umzugehen, sondern sie liefert auch das notwendige Handwerkszeug, um verteilte Speichersysteme, die nur Eventual-Consistency garantieren, in ihrem tatsächlichen Konsistenzverhalten zu untersuchen und Einflussfaktoren damit besser oder überhaupt erstmals verstehen zu können.

Daher beinhaltet die Dissertation die folgenden Beiträge, die über bestehende Ansätze hinausgehen:

1. *Aussagekräftige Konsistenzmetriken*: Die Arbeit entwickelt auf Basis von Literaturrecherche eine Menge an Konsistenzmetriken, die es ermöglicht, Konsistenzverhalten für alle Konsistenzperspektiven, -dimensionen und -modelle zu beschreiben. Dabei sind Grundanforderungen, dass diese Metriken präzise sind, auf überflüssige Aggregationen verzichten und direkte Aussagekraft für mindestens eine der potentiellen Zielgruppen (Anwendungsentwickler, Datenbankentwickler oder Forscher) haben.

2. *Modellierung und Simulation von Konsistenzverhalten*: Anschließend werden die Haupteinflussfaktoren auf Konsistenzverhalten identifiziert und im Modell eines

verteilten Speichersystems berücksichtigt. Aus Basis dieses Modells werden danach zwei verschiedene Simulationsverfahren vorgestellt, die mit jeweils unterschiedlicher Nutzungskomplexität das Konsistenzverhalten des modellierten Speichersystems approximieren können. Dabei werden die zuvor entwickelten Konsistenzmetriken zur Beschreibung der Ergebnisse benutzt.

3. *Benchmarking von Konsistenzverhalten*: Da Simulationen zwar kostengünstig und schnell sind, aber nie genauer als das zugrundeliegende Modell und die Inputdaten sein können, entwickelt die Arbeit anschließend Messverfahren für die verschiedenen Konsistenzarten, die im Rahmen von Benchmarks das Konsistenzverhalten des jeweiligen Systems experimentell untersuchen können.

4. *Behandlung von Inkonsistenzen*: Um den Nutzen der so gewonnenen Informationen zu demonstrieren, diskutiert die Dissertation abschließend, wie diese Informationen im konkreten Anwendungsszenario eines Webshops genutzt werden können. Dies kann in weiten Teilen nicht usecase-unabhängig beschrieben werden, da für die Auflösung einiger Inkonsistenzarten neben dem Wissen über Konsistenzverhalten auch anwendungsspezifisches Wissen notwendig ist. Für einen Teil der usecase-unabhängigen Konfliktauflösungsverfahren wird darüberhinaus jedoch auch noch eine Middlewarekomponente vorgestellt, die zwischen Anwendung und Speichersystem liegend für die Anwendung Konsistenzgarantien geben kann, die das Speichersystem selbst nicht geben kann.

Um diese Beiträge zu stützen, beinhaltet die Arbeit auch die prototypische Entwicklung aller vorgestellten Simulations- und Benchmarkingverfahren sowie der Middlewarekomponente. Die jeweiligen Softwareartefakte werden genutzt, um über eine Vielzahl von Messungen und Experimenten das Konsistenzverhalten von Amazon S3, Apache Cassandra, MongoDB[5] und Amazon DynamoDB[6] exemplarisch zu untersuchen, sowie die Simulationsansätze und das korrekte Verhalten der Middlewarekomponente zu demonstrieren.

4 Verwandte Arbeiten

Da das Themenfeld noch sehr neu ist und die Probleme erst seit Mitte der 2000er für größere Gruppen von Anwendungsentwicklern relevant geworden sind, gibt es relativ wenige direkt verwandte Arbeiten. Die, die es für die einzelnen Bereiche gibt, sind entweder erst später publiziert worden als die jeweils der Dissertation zu Grund liegenden Publikationen und stellen alternative Ansätze zu Einzelaspekten dar ([GLS11, Ra12, ZK12, Ba13a]). Alternativ sind diese Arbeiten auf unterschiedliche Art und Weise in ihrer Anwendbarkeit eingeschränkt, indem sie bspw. nur für ein konkretes Speichersystem nutzbar sind oder Inkonsistenzen nur unter bestimmten Annahmen detektieren können ([Wa11, An10, Pa11, Ba12]).

In jedem Fall ist die (diesem Artikel zu Grunde liegende) Dissertation die erste Arbeit, die das Zusammenspiel von Simulation und Benchmarking von Konsistenzverhalten sowie

---
[5] mongodb.org
[6] aws.amazon.com/dynamodb

die Nutzung derer Ergebnisse beschreibt. Weitere verwandte Arbeiten sind nicht direkt verwandt und stellen somit keine unmittelbaren Alternativansätze zu den Beiträgen dieser Arbeit dar (z.B. [KMF10, Co10]).

5 Untersuchung von Konsistenzverhalten

In diesem Abschnitt soll als Beispiel für die Beiträge der Arbeit eines der Benchmarkingverfahren vorgestellt werden. Es versucht für Eventual-Consistency die Frage zu beantworten, wie lange es nach einer Schreiboperation eigentlich dauert, bis Anwendungsclients stets den zuletzt geschriebenen Wert lesen, wie groß also das Inkonsistenzfenster, die sogenannte Staleness, ist. Dies entspricht auch in etwa der Frage 2 aus Abschnitt 2 und beantwortet bezogen auf Eventual-Consistency die plakative Frage nach "How soon is eventual?".

5.1 Staleness als Metrik

Die Staleness-Metrik, die hier verwendet werden soll, ist die sogenannte t-Visibility, die bezogen auf Staleness gewissermaßen das Worst-Case-Verhalten beschreibt; t-Visibility ist dabei eine Dichtefunktion, die beschreibt, mit welcher Häufigkeit welches Inkonsistenzfenster für Anwendungsclients beobachtbar ist. Das Inkonsistenzfenster ist dabei für Systeme mit Eventual-Consistency definiert als das Zeitintervall zwischen dem Start einer Schreiboperation und dem frühestmöglichen Zeitpunkt, für den gilt, dass eine Leseoperation garantiert immer die aktuelle Datenversion liest.

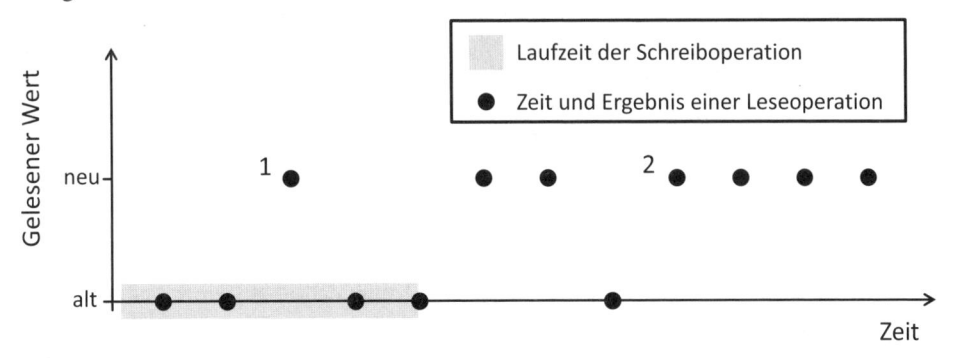

Abb. 1: Beispiel für die Bestimmung von Staleness

5.2 Messung von Staleness

Aus der Metrik t-Visibility leitet sich schon unmittelbar der Grundansatz des Messverfahrens ab, nämlich einen Wert zu schreiben und dann über eine große Menge an Leseoperationen zu beobachten, ab wann der überschriebene Wert beim Lesen nicht mehr zurückgegeben wird. Hierbei ist es wichtig zu beachten, dass der Zeitpunkt, an dem das erste Mal der neue Wert gelesen wird (Punkt 1 in Abb. 1), in den allermeisten Fällen nicht mit dem Zeitpunkt identisch ist, ab dem garantiert nur noch der neue Wert zurückgegeben wird (Punkt 2 in Abb. 1), aber nur letzterer für die Messung von t-Visibility relevant ist. Demzufolge ergibt sich für einen einzelnen t-Visibility-Messwert im Beispiel aus Abb. 1 das Intervall, das durch den Beginn des grau hinterlegten Bereiches und Punkt 2 definiert ist. Wenn man dies hinreichend oft wiederholt (d.h. die Sequenz aus Schreiben und sehr oft Lesen), erhält man eine Stichprobe, aus der sich dann die Dichtefunktion von t-Visibility berechnen lässt. Oft ist es aber auch interessant, die Messwerte in chronologischer Reihenfolge zu betrachten, um sicherzustellen, dass man durch die Aggregation keine Periodizitäten oder Trends verschleiert.

Was ebenfalls beim Betrachten von Abb. 1 auffällt, ist, dass die Messgenauigkeit durch den Abstand der schwarzen Punkte, d.h. durch den Abstand zweier Leseoperationen, und durch die Größe der schwarzen Punkte, d.h. die Leselatenz, bestimmt wird. Aus diesem Grund ist es wichtig, die Messung verteilt durchzuführen, indem man mehrere Maschinen gleichzeitig lesen lässt. Hierbei entsteht zwar das Problem der Uhrensynchronisation, was die Messgenauigkeit ebenfalls beeinträchtigt, aber dennoch deutlich genauere Messungen als mit einer Messmaschine ermöglicht. Dabei ist es jedoch wichtig, diese Maschinen möglichst nahe zu den Replika zu positionieren, um die Leselatenz zu minimieren. Bei geografisch verteilten Replika ist dies folglich ebenfalls nur über eine verteilte Messung möglich. Die Berechnung der Metrik ändert sich durch die Verteilung jedoch nicht – die Beispielpunkte in Abb. 1 liegen dann nur verteilt auf unterschiedliche Maschinen als Messwert vor.

Neben diesen Punkten gibt es noch ein weiteres Argument pro Verteilung: Das Konzept von "sticky sessions", was häufig verwendet wird, sorgt dafür, dass ein Clientrequest immer zum gleichen Server geroutet wird. Wenn man auch für Speichersysteme, die einen solchen Load Balancer nutzen, Staleness messen möchte, benötigt man mindestens genauso viele verteilte Messclients wie Replika. In unseren Experimenten hat es sich bewährt, für ein Speichersystem mit 3 Replika eine Anzahl von 12 Messclients nur zum Lesen (Reader) sowie je eine weitere dedizierte Maschine zum Schreiben (Writer) und zum Sammeln der Messergebnisse zu verwenden.

Um zwischen den Messungen nicht unnötig viel Zeit mit warten zu verbringen und gleichzeitig auch identifizieren zu können, ob womöglich gerade sogar der Vorgänger des "alten" Wertes gelesen wurde, schreibt der Writer eine Kombination aus einer Versionsnummer und seinem lokalen Timestamp. Die Reader können dann entsprechend über die Versionsnummer das Alter in Versionen und den t-Visibility-Messwert über den Timestamp bestimmen.

5.3 Staleness-Messwerte bei Amazon S3

Als ein Beispiel, wie t-Visibility-Messwerte für reale Systeme aussehen, sollen hier unsere Experimente mit Amazon S3 im August 2011 dienen, da diese besonders deutlich illustrieren, wie wichtig es ist Konsistenzverhalten zu untersuchen. Amazon S3 ist ein sogenannter

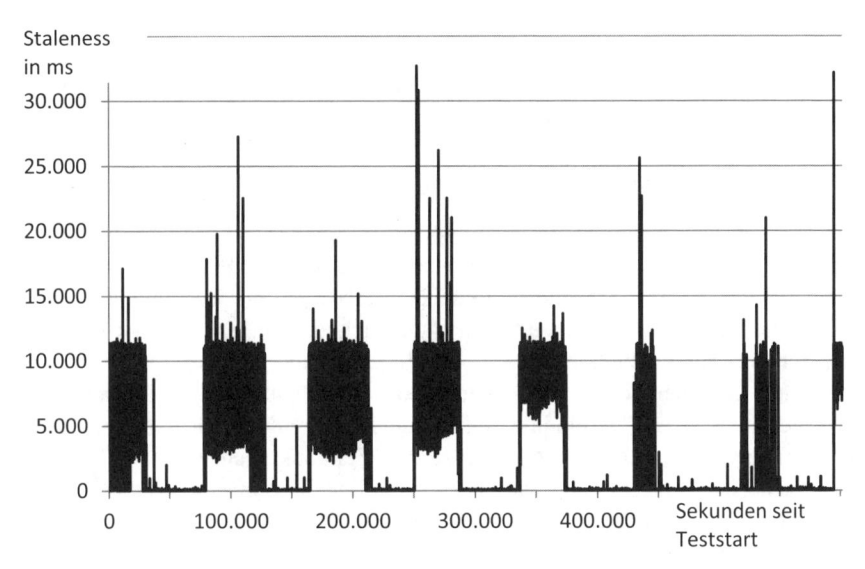

Abb. 2: Staleness-Messwerte für Amazon S3 (2011)

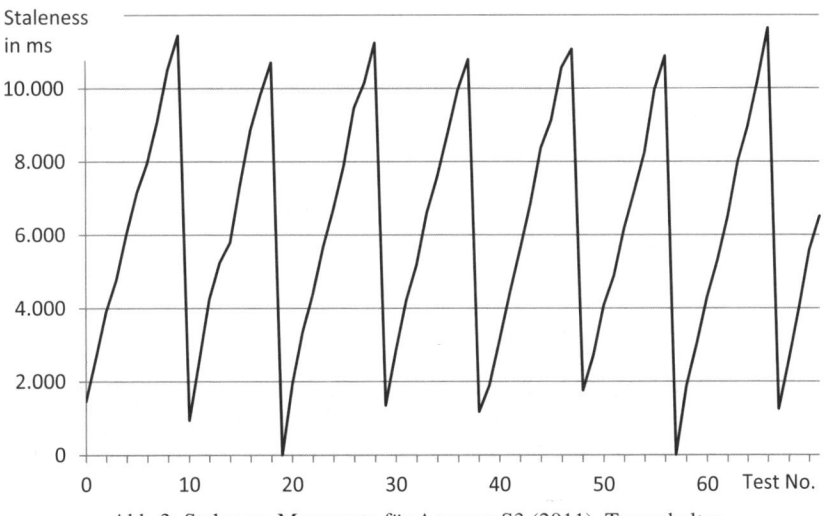

Abb. 3: Staleness-Messwerte für Amazon S3 (2011), Tagverhalten

Key-Value-Store, d.h. eigentlich ein verteilter Hashtable jedoch mit sogenannten Buckets, die eine hierarchische Struktur ermöglichen, der mit einem CRUD-Interface eher begrenzte Querymöglichkeiten aufweist. S3 garantiert lediglich Eventual-Consistency, aber wir wollten untersuchen "wie inkonsistent" die Daten denn eigentlich sind. Dafür erstellten wir ein Bucket und eine Testdatei in der Amazon-Region eu-west und starteten auf EC2[7] m1.small-Instanzen[8] in der gleichen Region – im oben beschriebenen (12,1,1)-Setup. Als Intervall zwischen zwei Schreiboperationen stellten wir 10 Sekunden ein, während die Reader einfach möglichst viele Leseoperationen erzeugten.

Abb. 2 zeigt die Ergebnisse dieses einwöchigen Tests (Start Montag 29.8.2011, später Vormittag) als Zeitreihe der Einzelmesswerte. Entgegen der Erwartung von zufällig verteilten Werten, lassen sich klare Periodizitäten erkennen, die jeweils vollkommen unterschiedliches Konsistenzverhalten für Tag und Nacht zeigen. Noch kurioser wird es, wenn man sich die Messergebnisse während des Tages genauer anschaut, wo man weitere Periodizitäten erkennen konnte. Abb. 3 zeigt das Tagverhalten von S3 im Jahr 2011 – eine Art Sägezahnmuster. In Verbindung mit weiteren (allesamt reproduzierbaren) Benchmarks liegt die Vermutung nahe, dass Amazon zu dem Zeitpunkt Updates entweder nach Ablauf eines fixen Zeitraums oder alternativ nach Eintreffen eines zweiten Requests für das gleiche Bucket propagiert hat. Infolgedessen hatte der Autor im Folgenden mehrfach Kontakt mit Amazon und konnte im Zeitraum 2011 bis 2013 in Reaktion auf die Interaktion jeweils massive Veränderungen im Konsistenzverhalten von S3 beobachten – offensichtlich wurde die Implementierung von S3 angepasst, um bessere Konsistenzergebnisse erzielen zu können.

6 Zusammenfassung

In modernen Anwendungen mit ihren Anforderungen an Skalierbarkeit, Verfügbarkeit und Performance ist es fast undenkbar, Datenbanken und Speichersysteme zu verwenden, die strikte Konsistenz garantieren. Die Nutzung von Systemen, die nur Eventual-Consistency garantieren, kommt jedoch mit eigenen Problemen, da dort auf einmal der Anwendungsentwickler dafür verantwortlich ist, Inkonsistenzen und Konflikte aufzulösen, was er nur schwer oder sogar gar nicht kann.

In der diesem Artikel zu Grunde liegenden Dissertation [Be14] wurden daher nach einer detaillierten Diskussion von Grundlagen und verwandten Arbeiten zunächst Anforderungen an Konsistenzmetriken aus der Literatur abgeleitet und eine Menge an entsprechenden Metriken entwickelt. Anschließend wurden die Haupteinflussfaktoren auf Konsistenzverhalten identifiziert und im Modell eines Speichersystems berücksichtigt, auf Basis dessen dann zwei Simulationsansätze für diverse Konsistenzmetriken entwickelt wurden. Als dritter Beitrag wurden anschließend für jede der Konsistenzmetriken Messverfahren vorgestellt.

---

[7] aws.amazon.com/ec2
[8] EC2 ist der Amazondienst, der virtuelle Maschinen zur Verfügung stellt.

Im Anschluss daran wurden die Anwendbarkeit und die Anwendung der vorgestellten Ansätze in Bezug auf die Dimensionen Proof-of-Concept, Korrektheit und Relevanz demonstriert. Dazu wurden zunächst die Implementierungen aller Beiträge vorgestellt und anschließend die Ergebnisse einer Vielzahl von Simulationsläufen und Benchmarks präsentiert und miteinander verglichen. Final wurde dann der Nutzen der gewonnenen Informationen im Rahmen eines Usecases und der neuentwickelten Middlewarekomponente aufgezeigt.

In diesem Artikel konnte aus Platzgründen nur ein grober Überblick über die Beiträge der zu Grunde liegenden Dissertation gegeben werden. Exemplarisch wurden jedoch eine Metrik und das dazugehörige Benchmarkingverfahren etwas detaillierter vorgestellt sowie ein Beispielmessergebnis präsentiert. Für alle Details und die übrigen Forschungsbeiträge sei an dieser Stelle auf die vollständige Dissertation [Be14] oder die ihr zu Grunde liegenden Publikationen verwiesen.

Literaturverzeichnis

[Ab12]   Abadi, Daniel: Consistency Tradeoffs in Modern Distributed Database System Design: CAP is Only Part of the Story. IEEE Computer, 45(2):37–42, Februar 2012.

[An10]   Anderson, Eric; Li, Xiaozhou; Shah, Mehul A.; Tucek, Joseph; Wylie, Jay J.: What Consistency Does Your Key-value Store Actually Provide? In: Proceedings of the 6th Workshop on Hot Topics in System Dependability (HOTDEP). HotDep'10, USENIX Association, Berkeley, CA, USA, S. 1–16, 2010.

[Ba12]   Bailis, Peter; Venkataraman, Shivaram; Franklin, Michael J.; Hellerstein, Joseph M.; Stoica, Ion: Probabilistically Bounded Staleness for Practical Partial Quorums. Proceedings of the VLDB Endowment, 5(8):776–787, April 2012.

[Ba13a] Bailis, Peter; Ghodsi, Ali; Hellerstein, Joseph M.; Stoica, Ion: Bolt-on Causal Consistency. In: Proceedings of the 33rd International Conference on Management of Data (SIGMOD). SIGMOD '13, ACM, New York, NY, USA, S. 761–772, 2013.

[Ba13b] Bar, Jeff: Amazon S3 Two Trillion Objects, 1.1 Million Requests / Second. `https://aws.amazon.com/de/blogs/aws/amazon-s3-two-trillion-objects-11-million-requests-second/` (abgerufen am 11.02.2015), 2013.

[Be14]   Bermbach, David: Benchmarking Eventually Consistent Distributed Storage Systems. Dissertation, Karlsruher Institut für Technologie, Februar 2014. KIT Scientific Publishing.

[Br00]   Brewer, Eric: PODC Keynote. `http://www.cs.berkeley.edu/~brewer/cs262b-2004/PODC-keynote.pdf` (accessed Jun 27,2013), 2000.

[Co10]   Cooper, Brian F.; Silberstein, Adam; Tam, Erwin; Ramakrishnan, Raghu; Sears, Russell: Benchmarking Cloud Serving Systems with YCSB. In: Proceedings of the 1st Symposium on Cloud Computing (SOCC). SOCC '10, ACM, New York, NY, USA, S. 143–154, 2010.

[GLS11] Golab, Wojciech; Li, Xiaozhou; Shah, Mehul A.: Analyzing Consistency Properties for Fun and Profit. In: Proceedings of the 30th Symposium on Principles of Distributed Computing (PODC). PODC '11, ACM, New York, NY, USA, S. 197–206, 2011.

[KMF10] Klems, Markus; Menzel, Michael; Fischer, Robin: Consistency Benchmarking: Evaluating the Consistency Behavior of Middleware Services in the Cloud. In (Maglio, Paul; Weske, Mathias; Yang, Jian; Fantinato, Marcelo, Hrsg.): Service-Oriented Computing, Jgg. 6470 in Lecture Notes in Computer Science, S. 627–634. Springer Berlin Heidelberg, 2010.

[LM10] Lakshman, Avinash; Malik, Prashant: Cassandra: A Decentralized Structured Storage System. SIGOPS Operating Systems Review, 44(2):35–40, April 2010.

[LV11] Li, Han; Venugopal, Srikumar: Using Reinforcement Learning for Controlling an Elastic Web Application Hosting Platform. In: Proceedings of the 8th International Conference on Autonomic Computing (ICAC). ICAC '11, ACM, New York, NY, USA, S. 205–208, 2011.

[Pa11] Patil, Swapnil; Polte, Milo; Ren, Kai; Tantisiriroj, Wittawat; Xiao, Lin; López, Julio; Gibson, Garth; Fuchs, Adam; Rinaldi, Billie: YCSB++: Benchmarking and Performance Debugging Advanced Features in Scalable Table Stores. In: Proceedings of the 2nd Symposium on Cloud Computing (SOCC). SOCC '11, ACM, New York, NY, USA, S. 9:1–9:14, 2011.

[Ra12] Rahman, Muntasir Raihan; Golab, Wojciech; AuYoung, Alvin; Keeton, Kimberly; Wylie, Jay J.: Toward a Principled Framework for Benchmarking Consistency. In: Proceedings of the 8th Conference on Hot Topics in System Dependability (HOTDEP). HotDep'12, USENIX Association, Berkeley, CA, USA, S. 8–8, 2012.

[Wa11] Wada, Hiroshi; Fekete, Alan; Zhao, Liang; Lee, Kevin; Liu, Anna: Data Consistency Properties and the Trade-offs in Commercial Cloud Storages: the Consumers' Perspective. In: Proceedings of the 5th Conference on Innovative Data Systems Research (CIDR). S. 134–143, January 2011.

[ZK12] Zellag, Kamal; Kemme, Bettina: How Consistent is Your Cloud Application? In: Proceedings of the 3rd Symposium on Cloud Computing (SOCC). SOCC '12, ACM, New York, NY, USA, S. 6:1–6:14, 2012.

David Bermbach wurde am 11. Juni 1984 in Mainz geboren. Nach seinem Abitur im Jahr 2004 und Zivildienst in Wolfenbüttel, studierte er von 2005 bis 2010 Wirtschaftsingenieurwesen am Karlsruher Institut für Technologie (KIT), wo er sich jedoch schon früh auf Informatikinhalte spezialisierte und diese auch in diversen nationalen und internationalen Industriepraktika vertiefen konnte. Nach Abschluss seines Studiums, arbeitete er als wissenschaftlicher Mitarbeiter am KIT sowie als Dozent an der DHBW Karlsruhe. Am 10. Februar 2014 wurde er am KIT mit Auszeichnung zum Dr.-Ing. promoviert.

Seit Juni 2014 arbeitet er als Postdoc in der Gruppe von Prof. Dr. Stefan Tai an der TU Berlin. Seine Publikationen wurden mit je einem Best-Paper-Award und einem Best-Paper-Runner-Up-Award ausgezeichnet.

Generierung diskreter Zufallsvariablen und Berechnung der Fréchetdistanz[1]

Karl Bringmann[2]

Abstract: Im ersten Teil dieser Dissertation untersuchen wir das fundamentale Problem der Generierung von Zufallsvariablen mit einer gegebenen diskreten Wahrscheinlichkeitsverteilung. Wir erweitern die klassische Lösung dieses Problems, Walkers Aliasmethode, in verschiedene Richtungen: Wir verbessern ihren Speicherbedarf, lösen den Spezialfall von sortierter Eingabe und untersuchen das Ziehen von natürlichen Verteilungen auf Maschinen mit beschränkter Präzision. Als Anwendung beschleunigen wir die Simulation eines physikalischen Modells.

Der zweite Teil dieser Dissertation gehört zum Gebiet der Geometrie und handelt von Algorithmen für die Fréchetdistanz, einem beliebten Ähnlichkeitsmaß für Kurven, das in quadratischer Zeit berechnet werden kann (bis auf logarithmische Faktoren). Wir zeigen die erste bedingte untere Schranke für dieses Problem: Unter der starken Exponentialzeithypothese ist keine Verbesserung der quadratischen Laufzeit um einen polynomiellen Faktor möglich. Zusätzlich präsentieren wir einen verbesserten Approximationsalgorithmus für realistische Eingabekurven.

1 Generierung diskreter Zufallsvariablen

Das Ziehen einer Zufallszahl mit einer gegebenen Wahrscheinlichkeitsverteilung ist ein fundamentales Problem im Bereich der randomisierten Algorithmen und ist heute wichtiger denn je, da in vielen Wissenschaften Computersimulationen mit Modellen durchgeführt werden, die eine Zufallskomponente enthalten. Wir betrachten dieses Gebiet aus der Perspektive der Algorithmentheorie. Dabei nehmen wir an, dass perfekter uniformer Zufall generiert werden kann, und untersuchen, inwiefern wir davon ausgehend von weiteren Verteilungen ziehen können. Das zentrale Problem im ersten Teil dieser Dissertation [Bri14a] ist das *proportionale Ziehen*. Hierbei sind nicht-negative Zahlen $p_1, \ldots, p_n$ gegeben, welche eine Wahrscheinlichkeitsverteilung über $\{1, \ldots, n\}$ definieren, indem die Zahl i eine Wahrscheinlichkeit proportional zu p_i hat, d.h. indem i mit Wahrscheinlichkeit $\frac{p_i}{\sum_j p_j}$ gezogen wird. Die Aufgabe ist es, eine Datenstruktur zu bauen, die auf Anfrage eine Zahl von der Eingabeverteilung zieht und zurückgibt. Die klassische Lösung dieses Problems ist die vierzig Jahre alte Aliasmethode von Walker [Wal74], die eine Anfragezeit von $O(1)$ hat, d.h. von der Eingabeverteilung zu ziehen ist in konstanter Zeit möglich, und eine Vorberechnungszeit von $O(n)$ benötigt, d.h. die Datenstruktur wird in Zeit $O(n)$ aufgebaut. Man sieht leicht, dass beide Laufzeiten der Aliasmethode optimal sind, dass also insbesondere keine Datenstruktur eine garantierte Vorberechnungszeit von $o(n)$ auf allen Eingabeverteilungen haben kann, da bei Verteilungen der Form $0, \ldots, 0, 1, 0, \ldots, 0$ das Ziehen von der Verteilung dem Finden der Eins gleichkommt, sodass das Suchen in

---

[1] Englischer Titel der Dissertation: "Sampling from Discrete Distributions and Computing Fréchet Distances"
[2] ETH Zürich, Institut für Theoretische Informatik, Universitätsstrasse 6, 8092 Zürich, karlb@inf.ethz.ch

einem unsortierten Array auf proportionales Ziehen reduziert werden kann. Wir erweitern diese klassische Datenstruktur folgendermaßen in verschiedene Richtungen:

Optimaler Speicherbedarf Während die Laufzeitschranken gut verstanden sind, hat der Speicherbedarf von Algorithmen zur Generierung von Zufallsvariablen bisher wenig Aufmerksamkeit erhalten. Dies liegt vor allem daran, dass solche Algorithmen typischerweise auf dem RealRAM-Modell analysiert werden, in dem jede Speicherzelle eine beliebige reelle Zahl speichern kann, also insbesondere beliebig viele Bits an Information. Ein realistischeres Maschinenmodell ist die WordRAM, bei der jede Speicherzelle $w = \Omega(\log n)$ Bits speichert. Wir zeigen, dass Walkers Aliasmethode auf der WordRAM implementiert werden kann und dort einen Speicherbedarf von $n(w + 2\lg n + O(1))$ Bits hat [BL13]. Da das bloße Speichern der Eingabeverteilung $p_1, \ldots, p_n$ insgesamt nw Bits benötigt, hat Walkers Aliasmethode eine *Redundanz* von $2n \lg n + O(n)$ Bits. Wir untersuchen ob dieser Speicherbedarf verringert werden kann. Dabei konzentrieren wir uns auf zwei Modelle von Datenstrukturen, die dem Gebiet der "succinct data structures" entlehnt sind: Im systematischen Modell, in dem die Eingabe $p_1, \ldots, p_n$ schreibgeschützt ist, präsentieren wir für jedes r eine Datenstruktur mit einer Redundanz von $r + O(w)$, einer erwarteten Anfragezeit von $O(n/r)$ und einer Vorberechnungszeit von $O(n)$. Für $r = n$ verbessert dies die Redundanz der Aliasmethode bereits um einen Faktor $\Omega(\log n)$, obwohl die Aliasmethode nicht systematisch ist. Wir ergänzen diese Datenstruktur um eine untere Schranke, die zeigt, dass unser Kompromiss zwischen Redundanz und Anfragezeit für systematische Datenstrukturen optimal ist. Im nicht-systematischen Modell, in dem die Eingabe geschickter kodiert werden kann als sie einen Wert nach dem anderen zu speichern, veranschaulichen wir einen überraschenden Unterschied zum systematischen Modell: Mit nur einem Bit Redundanz ist es möglich, eine optimale erwartete Anfragezeit von $O(1)$ und Vorberechnungszeit von $O(n)$ zu erhalten. Diese Ergebnisse verbessern nicht nur den Speicherbedarf der klassischen Lösung zur Generierung diskreter Verteilungen, sie liefern zudem die stärkste Separierung zwischen systematischen und nicht-systematischen Datenstrukturen. Außerdem sind unsere Datenstrukturen genauso einfach wie Walkers Aliasmethode und sollten auch praktisch effizient sein.

Eingeschränkte Verteilungen Da die Vorberechnungs- und Anfragezeiten von Walkers Aliasmethode im Sinne der Worst-Case-Analyse optimal sind, untersuchen wir Situationen, in denen zusätzliches Wissen über die Eingabeverteilung vorhanden ist. In erster Linie betrachten wir die Garantie, dass die Eingabeverteilung $p_1, \ldots, p_n$ sortiert ist. Wir zeigen, dass in diesem Fall die Vorberechnungszeit auf $O(\log n)$ reduziert werden kann, während die erwartete Anfragezeit nach wie vor $O(1)$ ist. Dies bedeutet, dass unsere Datenstruktur nach dem Ziehen der ersten Zufallsvariablen nur einen Bruchteil der Eingabezahlen gelesen hat. Die Vorberechnungszeit kann auf Kosten der Anfragezeit noch weiter verringert werden. Genauer können wir jede erwartete Anfragezeit $O(t)$ nach einer Vorberechnungszeit von $O(\log_t n)$ erreichen. Insbesondere gibt es eine Datenstruktur mit Vorberechnungs- und erwarteter Anfragezeit $O(\log n / \log \log n)$. Wir ergänzen diesen Kompromiss zwischen Vorberechnungs- und Anfragezeit durch eine passende untere Schranke.

Generierung zufälliger Teilmengen Beim *Teilmengenziehen* sind $p_1, \ldots, p_n$ gegeben und wir betrachten n unabhängige Ereignisse, wobei Ereignis i mit Wahrscheinlichkeit p_i auftritt. Die Aufgabe ist es, die Menge der eintretenden Ereignisse zu generieren. Dieses Problem kann als Verallgemeinerung des proportionalen Ziehens gesehen werden, weil wir zeigen, dass jede Datenstruktur für das Teilmengenziehen in eine Datenstruktur für proportionales Ziehen umgewandelt werden kann ohne die asymptotische Laufzeit zu beeinträchtigen [BP12]. Wie für proportionales Ziehen untersuchen wir auch für das Teilmengenziehen sortierte und unsortierte Eingabesequenzen und präsentieren in beiden Fällen neue Datenstrukturen mit einer optimalen Kurve von Kompromissen zwischen Vorberechnungs- und Anfragezeit. Die Situation für das Teilmengenziehen ist komplexer, da die Laufzeit nun nicht mehr nur von der Eingabegröße n sondern auch von der erwarteten Größe μ der gezogenen Teilmenge abhängt. Beispielsweise entwerfen wir eine Datenstruktur für das Teilmengenziehen auf sortierter Eingabe mit Vorberechnungs- und erwarteter Anfragezeit $O(1 + \mu + \frac{\log n}{\log(\log(n)/\mu)})$, allerdings ist dies nur ein Punkt auf einer optimalen Kurve von Kompromissen zwischen Vorberechnungs- und Anfragezeit.

Spezielle Verteilungen Besonders schnelle Methoden zur Generierung von Zufallsvariablen sind für die speziellen Verteilungen bekannt, die in der Wahrscheinlichkeitstheorie allgegenwärtig sind, z.B. Bernoulliverteilung, geometrische Verteilung und Binomialverteilung. Um beispielsweise von der geometrischen Verteilung $\text{Geo}(p)$ zu ziehen reicht es, die einfache Formel $\lceil \frac{\log R}{\log(1-p)} \rceil$ auszuwerten, wobei R eine uniform zufällige reelle Zahl in $(0, 1)$ ist. Im RealRAM-Modell, in dem Operationen auf reellen Zahlen in konstanter Zeit möglich sind, kann diese Formel in Zeit $O(1)$ ausgewertet werden. Auf realen Computern wird die Formel allerdings typischerweise mit der üblichen Fließkommapräzision verwendet, sodass sie nicht exakt ist. Daher untersuchen wir die Frage, ob man von den genannten speziellen Verteilungen auf einem Maschinenmodell mit beschränkter Präzision (wie der WordRAM) exakt und effizient ziehen kann [BF13]. Wir beweisen, dass auf der WordRAM eine Zufallsvariable mit geometrischer Verteilung $\text{Geo}(p)$ in erwarteter Laufzeit $O(1 + \log(1/p)/w)$ generiert werden kann. Die ist optimal, da es asymptotisch der erwarteten Anzahl an Speicherzellen für die Ausgabe entspricht. Um diese Laufzeit zu erreichen, müssen wir auf obige einfache Formel verzichten, da es ein bekanntes offenes Problem ist, ob Logarithmen in linearer Zeit berechnet werden können. Zusätzlich präsentieren wir optimale WordRAM-Algorithmen sowohl für die Bernoulli- und Binomialverteilung als auch für Erdős-Rényi-Zufallsgraphen.

Anwendungen Unsere Einsichten zu den bisher untersuchten grundlegenden Problemen der der randomisierten Algorithmik finden eine Anwendung in der Generierung von komplexen, physikalisch motivierten Zufallsstrukturen. Betrachten wir den folgenden exemplarischen Prozess. Das interne diffusionsbegrenzte Wachstum (engl. Internal Diffusion Limited Aggregation, IDLA [MD86]) plaziert Partikel auf dem anfangs leeren Gitter $\mathbb{Z}^2$. In jedem Schritt entsteht ein neues Partikel am Koordinatenursprung und folgt einer zufälligen Irrfahrt, bis es auf einen freien Gitterpunkt trifft, welchen es besetzt. Dieser Prozess modelliert bestimmte chemische und physikalische Phänomene wie Korrosion und das Schmelzen eines Festkörpers um eine Wärmequelle. Dabei bildet sich ungefähr ein Kreis heraus. Dieses Verhalten rigoros zu beweisen ist ein schweres mathematisches Problem, das erst kürzlich gelöst wurde [JLS12]. Aus Sicht der Informatik ist die Generierung der IDLA-Struktur nach Plazieren von n Partikeln ein algorithmisches Problem. Die triviale Simulation des Prozesses benötigt eine erwartete Laufzeit von $\Theta(n^2)$. Wir präsentieren einen Algorithmus mit Laufzeit $O(n \log^2 n)$ und Speicherbedarf $O(\sqrt{n} \log n)$ [BKP+14], was Experimente mit viel größeren IDLA-Strukturen ermöglicht.

2 Berechnung der Fréchetdistanz

Der zweite Teil dieser Dissertation gehört zum Gebiet der algorithmischen Geometrie und behandelt Algorithmen zur Berechnung der Fréchetdistanz, einem beliebten Ähnlichkeitsmaß für Kurven. Intuitiv ist die Fréchetdistanz zweier Kurven P, Q die minimale Länge einer Leine mit der man einen Hund und seinen Halter verbinden kann während sie P beziehungsweise Q ablaufen ohne umzukehren. Zur Definition dieses Maßes sehen wir eine Kurve als eine stetige Abbildung $P \colon [0,1] \to \mathbb{R}^d$ an. Eine *Traversierung* einer Kurve ist eine stetige, monoton wachsende Funktion $\phi \colon [0,1] \to [0,1]$, sodass $P \circ \phi$ eine Reparametrisierung der Kurve P ergibt. Die Fréchetdistanz zweier Kurven P_1, P_2 ist nun definiert als $\min_{\phi_1, \phi_2} \max_{0 \le t \le 1} \|P_1(\phi_1(t)) - P_2(\phi_2(t))\|$, wobei ϕ_1, ϕ_2 über alle Traversierungen laufen. Dabei geben ϕ_1 und ϕ_2 die variablen Geschwindigkeiten an, mit denen der Hund und sein Herrchen die Kurven P_1 beziehungsweise P_2 ablaufen, und die Länge der Leine wird bestimmt durch die maximale Distanz $\max_{0 \le t \le 1} \|P_1(\phi_1(t)) - P_2(\phi_2(t))\|$, die Hund und Herrchen annehmen.

Alt und Godau führten dieses Maß 1991 in der algorithmischen Geometrie ein [AG95, God91]. Für Polygonzüge P_1 und P_2 mit n beziehungsweise m Eckpunkten, $n \geq m$, entwarfen sie einen Algorithmus mit Laufzeit $O(nm \log(nm))$. Seit Alt und Godaus wegweisender Arbeit ist die Fréchetdistanz zu einem fruchtbaren Teilgebiet der algorithmischen Geometrie geworden, in der viele Varianten und Verallgemeinerungen untersucht werden (siehe z.B. [AB10, DHPW12, CCdVE+10, BBW09]). Als natürliches Maß für die Ähnlichkeit zweier Kurven hat die Fréchetdistanz viele Anwendungen gefunden, beispielsweise in der Verifikation von Unterschriften (siehe z.B. [MP99]), dem Abgleichen von Karten und Trackingdaten (siehe z.B. [BPSW05]) und der Analyse sich bewegender Objekte (siehe z.B. [BBG+11]).

Quadratische Zeitkomplexität? In den letzten Jahren wurden verbesserte Algorithmen für mehrere Varianten der Fréchetdistanz gefunden. Agarwal et al. [AAKS13] zeigten, dass eine diskrete Variante der Fréchetdistanz in subquadratischer Zeit $O\left(nm \frac{\log \log n}{\log n}\right)$ berechnet werden kann. Buchin et al. [BBMM14] entwarfen einen Algorithmus für die klassische Fréchetdistanz mit einer Laufzeit von $O(n^2 \sqrt{\log n} (\log \log n)^{3/2})$ auf der Real RAM und $O(n^2 (\log \log n)^2)$ auf der Word RAM. Diese Resultate berühren allerdings nicht die offene

Frage, ob es einen *stark subquadratischen*[3] Algorithmus für die Fréchetdistanz gibt, also einen Algorithmus mit Laufzeit $O(n^{2-\delta})$ für eine Konstante $\delta > 0$.

Die einzige bekannte untere Schranke zeigt, dass das Berechnen der Fréchetdistanz Zeit $\Omega(n \log n)$ benötigt (im algebraischen Entscheidungsbaummodell [BBK+07]), dies ähnelt dem bekannten Fakt, dass vergleichsbasiertes Sortieren Zeit $\Omega(n \log n)$ benötigt. Die typische Art und Weise (bedingte) quadratische untere Schranken für geometrische Probleme zu zeigen ist 3SUM-Härte [GO95]. Tatsächlich stellte Helmut Alt die Vermutung auf, die Fréchetdistanz sei 3SUM-hart [BBMM14], allerdings ist diese Vermutung nach wie vor offen. Statt eine Verbindung zwischen der Fréchetdistanz und 3SUM zu zeigen, betrachten wir die starke Exponentialzeithypothese.

Starke Exponentialzeithypothese Die starke Exponentialzeithypothese (engl. Strong Exponential Time Hypothesis) wurde von Impagliazzo, Paturi und Zane [IPZ01, IP01] eingeführt und postuliert, dass es keine Algorithmen für das Erfüllbarkeitsproblem gibt, die viel schneller sind als die erschöpfende Suche. Dies erlaubt bedingte untere Schranken für weitere Probleme zu beweisen. Um die starke Exponentialzeithypothese zu definieren, erinnern wir an das k-SAT-Problem: Die Eingabe ist eine Formel ϕ mit N Variablen und M Klauseln, die ODER-Verknüpfungen von k negierten oder unnegierten Variablen sind. Die Aufgabe ist zu entscheiden, ob es eine Wahrheitswertbelegung der Variablen gibt, die alle Klauseln von ϕ erfüllt.

Starke Exponentialzeithypothese: *Es gibt kein $\delta > 0$, sodass für alle k das k-SAT-Problem einen $O((2-\delta)^N)$-Algorithmus hat.*

Wir erinnern daran, dass eine erschöpfende Suche zur Lösung des Erfüllbarkeitsproblems Zeit $O^*(2^N)$ benötigt. Die schnellsten Algorithmen für k-SAT sind Varianten des bekannten PPSZ-Algorithmus [PPSZ05] und haben eine Laufzeit, die nur etwas schneller ist als eine erschöpfende Suche, nämlich von der Form $O(2^{(1-c/k)N})$ für eine Konstante $c > 0$. Insbesondere ist also kein Algorithmus für k-SAT mit Laufzeit $O(1.99^N)$ bekannt. Daher ist SETH eine vernünftige Annahme, die eine Barriere formalisiert, die mit heutigen Methoden undurchdringbar scheint. Es ist bekannt, dass es die starke Exponentialzeithypothese sogar erlaubt, bedingte untere Schranken für Polynomialzeitprobleme zu zeigen, z.B. für k-Dominating Set [PW10] und den Durchmesser von dünnbesetzten Graphen [RVW13]. Wir zeigen eine ähnliche untere Schranke für die Fréchetdistanz.

Hauptresultat Unser Hauptresultat des zweiten Teils dieser Dissertation liefert ein starkes Indiz dafür, dass die Fréchetdistanz keine stark subquadratischen Algorithmen hat.

Wir beweisen, dass es unter der starken Exponentialzeithypothese für kein $\delta > 0$ einen Algorithmus mit Laufzeit $O(n^{2-\delta})$ für die Fréchetdistanz gibt [Bri14b].

---

[3] Wir nutzen die Bezeichnung *stark subquadratisch* um zwischen einer polynomiellen Verbesserung von der Form $O(n^{2-\delta})$ und logarithmischen Verbesserungen wie dem $O(n^2 \log\log n / \log n)$-Algorithmus von Agarwal et al. [AAKS13] zu unterscheiden.

Da die starke Exponentialzeithypothese eine glaubhafte Annahme ist, kann man es durch dieses Resultat als unwahrscheinlich ansehen, dass die Fréchetdistanz stark subquadratische Algorithmen besitzt. Insbesondere würde ein stark subquadratischer Algorithmus für die Fréchetdistanz nicht nur verbesserte Algorithmen für das Erfüllbarkeitsproblem liefern, sondern auch für weitere Probleme wie HittingSet, SetSplitting und NAE-SAT über die Reduktionen in [CDL+12]. Alternativ, im Geiste von Pătraşcu und Williams [PW10], kann man unser Resultat auch als möglichen Angriff auf das Erfüllbarkeitsproblem ansehen, da nun schnellere Algorithmen für die Fréchetdistanz einen möglichen Weg zu verbesserten Erfüllbarkeitsalgorithmen darstellen. Auf jeden Fall sollte man sich bewusst sein, dass schnellere Algorithmen für die Fréchetdistanz zu finden mindestens so schwer ist wie ein Durchbruch für das Erfüllbarkeitsproblem, was unmöglich sein könnte.

Wir weisen darauf hin, dass unsere unteren Schranken (soweit nicht anders angegeben) für Kurven in der Euklidischen Ebene gelten, und damit auch für Kurven im $\mathbb{R}^d$ für jedes $d \geq 2$.

Beweisskizze des Hauptresultats Um unser Hauptresultat zu zeigen, entwerfen wir eine Reduktion von k-SAT auf die Fréchetdistanz. Gegeben eine k-SAT-Instanz φ, partitionieren wir ihre Variablen in zwei gleich große Mengen V_1, V_2. Um eine erfüllende Belegung von φ zu finden, müssen wir Belegungen b_1 von V_1 und b_2 von V_2 wählen, sodass jede Klausel von b_1 oder b_2 erfüllt wird. Wir konstruieren zwei Kurven P_1, P_2, wobei P_k für die Wahl von b_k verantwortlich ist. Die Kurve P_k besteht aus je einem *Belegungsgadget* für jede Belegung von V_k. Belegungsgadgets bestehen aus je einem *Klauselgadget* für jede Klausel von φ, das kodiert, ob die Klausel von der Belegung erfüllt wird. Weiterhin stellen wir sicher, dass die Belegungsgadgets von Belegungen b_1 von V_1 und b_2 von V_2 genau dann eine Fréchetdistanz kleiner gleich 1 haben, wenn (b_1, b_2) eine erfüllende Belegung von φ darstellt. In P_1 und P_2 verknüpfen wir diese Belegungsgadgets mit weiteren Kurvenabschnitten um ein logisches ODER zu simulieren, welches erzwingt dass zwei Belegungsgadgets parallel abgelaufen werden. Wenn φ nicht erfüllbar ist, dann hat jedes Paar von Belegungsgadgets Fréchetdistanz größer als 1, und somit haben auch P_1, P_2 eine Fréchetdistanz größer als 1. Wenn andererseits eine erfüllende Belegung (b_1, b_2) für φ existiert, dann stellen wir sicher, dass P_1 und P_2 abgelaufen werden können während im Prinzip nur die Belegungsgadgets zu b_1, b_2 parallel abgelaufen werden, was eine Fréchetdistanz kleiner gleich 1 liefert.

Da die Kurven P_1, P_2 ein Belegungsgadget für jede Belegung von einer Hälfte der Variablen haben und da wir sicherstellen, dass die Größe von Belegungsgadgets polynomiell in der Anzahl an Klauseln M ist, haben die konstruierten Kurven $n = O^*(2^{N/2})$ Eckpunkte. Also würde jeder Algorithmus für die Fréchetdistanz mit Laufzeit $O(n^{2-\delta})$ einen Algorithmus für k-SAT mit Laufzeit $O^*(2^{(1-\delta/2)N})$ liefern, was der starken Exponentialzeithypothese widerspricht.

Erweiterungen Wir erweitern unser Hauptresultat in zwei wichtige Richtungen: Wir zeigen Approximationshärte und liefern scharfe untere Schranken für den Fall, dass eine

Kurve viel weniger Eckpunkte hat als die andere, $m \ll n$. Um unser Resultat ausdrücken zu können, formalisieren wir zuerst was es bedeutet, dass eine Aussage "eingeschränkt auf $m \approx n^\gamma$ für alle γ gilt". Eine Aussage gelte für *jede polynomielle Einschränkung von* $n^{\gamma_0} \leq m \leq n^{\gamma_1}$, falls für alle $\delta > 0$ und $\gamma_0 + \delta \leq \gamma \leq \gamma_1 - \delta$ die Aussage eingeschränkt auf $n^{\gamma-\delta} \leq m \leq n^{\gamma+\delta}$ gilt.

Wir beweisen, dass es unter der starken Exponentialzeithypothese für kein $\delta > 0$ eine 1.001-Approximation für die Fréchetdistanz mit Laufzeit $O((nm)^{1-\delta})$ gibt. Dies gilt für jede polynomielle Einschränkung von $1 \leq m \leq n$ [Bri14b].

Realistische Eingabekurven Wie wir gesehen haben, stellt die quadratische Zeitkomplexität anscheinend eine Barriere für die Fréchetdistanz dar. Da diese Laufzeit für viele Anwendungen zu groß ist, gibt es einige Ansätze, diese Barriere wenigstens für realistische Instanzen zu durchbrechen. Zu diesem Zweck wurden mehrere eingeschränkte Klassen von Kurven untersucht, siehe Rückgratkurven [AHPK+06], κ-beschränkte und κ-geradlinige Kurven [AKW04] und Kurven von ϕ-geringer Dichte [DHPW12]. Das gängigste Modell realistischer Kurven sind die sogenannten *c-gepackten Kurven*. Eine Kurve π in $\mathbb{R}^d$ ist c-gepackt, wenn für jeden Punkt $z \in \mathbb{R}^d$ und jeden Radius $r > 0$ die Gesamtlänge von π im Ball $B(z,r)$ höchstens cr ist, wobei $B(z,r)$ der Ball mit Radius r und Mittelpunkt z ist. Dieses Modell ist aus praktischer Sicht gut begründet. Driemel et al. [DHPW12] führten c-gepackte Kurven ein und entwarfen eine $(1+\varepsilon)$-Approximation für die Fréchetdistanz auf c-gepackten Kurven im euklidischen Raum $\mathbb{R}^d$, $d \geq 2$, mit Laufzeit $O(cn/\varepsilon + cn \log n)$. Darüber hinaus sind bereits viele Varianten der Fréchetdistanz auf diesem Modell realistischer Kurven untersucht worden [CDG+11, HPR11, DHP13, GS13].

Für kleine c und $1/\varepsilon$ läuft der Algorithmus von Driemel et al. in nahezu linearer Zeit. Allerdings ist es nicht klar, ob die Abhängigkeit von c und ε optimal ist, wenn c und $1/\varepsilon$ mit n wachsen können. Beispielsweise benötigt dieser Algorithmus selbst für $c = O(1)$ quadratische Laufzeit um eine $(1+\frac{1}{n})$-Approximation zu berechnen - in ungefähr der gleichen Zeit kann man stattdessen den exakten Algorithmus von Alt und Godau ausführen, der keine Annahmen an die Eingabe stellt. Wir liefern ein starkes Indiz dafür, dass der Algorithmus von Driemel et al. für jede Konstante $0 < \varepsilon \leq 0.001$ eine optimale Abhängigkeit von c und n hat.

Wir beweisen, dass es unter der starken Exponentialzeithypothese für kein $\delta > 0$ eine $(1+\varepsilon)$-Approximation für die Fréchetdistanz auf c-gepackten Kurven mit Laufzeit $O((cn)^{1-\delta})$ gibt. Dies gilt für jede polynomielle Einschränkung von $1 \leq c \leq n$ [Bri14b].

Da wir diese Aussage für alle polynomiellen Einschränkungen beweisen, schließen wir beispielsweise eine 1.001-Approximation mit Laufzeit $O(c^2 + n)$ aus. Bezüglich der Abhängigkeit von ε zeigen wir eine bedingte untere Schranke in jeder Dimension $d \geq 5$. Diese weicht von der Laufzeit von Driemel et al. nur um einen Faktor $\sqrt{\varepsilon}$ ab.

Wir beweisen, dass es unter der starken Exponentialzeithypothese für kein $\delta > 0$ eine $(1+\varepsilon)$-Approximation für die Fréchetdistanz auf c-gepackten Kurven in $\mathbb{R}^d$, $d \geq 5$, mit

Laufzeit $O(\min\{cn/\sqrt{\varepsilon},n^2\}^{1-\delta})$ gibt. Dies gilt für genügend kleines $\varepsilon > 0$ und für jede polynomielle Einschränkung von $1 \leq c \leq n$ und $\varepsilon \leq 1$ [Bri14b].

Dies lässt noch immer eine Lücke zwischen dem besten bekannten Algorithmus und unserer bedingten unteren Schranke. Wir schließen diese Lücke, indem wir einen schnelleren Algorithmus mit Laufzeit $O(cn\log^2(1/\varepsilon)/\sqrt{\varepsilon}+cn\log n)$ präsentieren [BK14]. Dieser Algorithmus hat eine optimale Abhängigkeit von n, c und ε (abgesehen von Faktoren geringerer Ordnung, unter der starken Exponentialzeithypothese und in hohen Dimensionen). Die Idee des verbesserten Algorithmus basiert auf Eigenschaften, die es unmöglich machen, bessere bedingte untere Schranken zu zeigen. Dies zeigt, dass bedingte untere Schranken nicht nur die Schwere von Problemen aufzeigen, sondern auch algorithmische Verbesserungen inspirieren können, indem sie lösbare Klassen von Instanzen nahelegen. Die optimale Laufzeit in den Dimensionen $d = 2,3,4$ zu bestimmen bleibt ein schweres offenes Problem.

Literaturverzeichnis

[AAKS13]   Pankaj Agarwal, Rinat Ben Avraham, Haim Kaplan und Micha Sharir. Computing the Discrete Fréchet Distance in Subquadratic Time. In *Proc. 24th ACM-SIAM Symposium on Discrete Algorithms (SODA'13)*, Seiten 156–167, 2013.

[AB10]   Helmut Alt und Maike Buchin. Can we compute the similarity between surfaces? *Discrete & Computational Geometry*, 43(1):78–99, 2010.

[AG95]   Helmut Alt und Michael Godau. Computing the Fréchet distance between two polygonal curves. *International Journal of Computational Geometry & Applications*, 5(1-2):78–99, 1995.

[AHPK+06]   Boris Aronov, Sariel Har-Peled, Christian Knauer, Yusu Wang und Carola Wenk. Fréchet distance for curves, revisited. In *Proc. 14th Annual European Symposium on Algorithms (ESA'06)*, Jgg. 4168 of *LNCS*, Seiten 52–63. Springer, 2006.

[AKW04]   Helmut Alt, Christian Knauer und Carola Wenk. Comparison of distance measures for planar curves. *Algorithmica*, 38(1):45–58, 2004.

[BBG+11]   Kevin Buchin, Maike Buchin, Joachim Gudmundsson, Maarten Löffler und Jun Luo. Detecting commuting patterns by clustering subtrajectories. *International Journal of Computational Geometry & Applications*, 21(3):253–282, 2011.

[BBK+07]   Kevin Buchin, Maike Buchin, Christian Knauer, Günter Rote und Carola Wenk. How difficult is it to walk the dog? In *Proc. 23rd European Workshop on Computational Geometry (EWCG'07)*, Seiten 170–173, 2007.

[BBMM14]   Kevin Buchin, Maike Buchin, Wouter Meulemans und Wolfgang Mulzer. Four Soviets Walk the Dog - with an Application to Alt's Conjecture. In *Proc. 25th ACM-SIAM Symposium on Discrete Algorithms (SODA'14)*, Seiten 1399–1413, 2014.

[BBW09]   Kevin Buchin, Maike Buchin und Yusu Wang. Exact algorithms for partial curve matching via the Fréchet distance. In *Proc. 20th ACM-SIAM Symposium on Discrete Algorithms (SODA'09)*, Seiten 645–654, 2009.

[BF13] Karl Bringmann und Tobias Friedrich. Exact and efficient generation of geometric random variates and random graphs. In *Proc. 40th International Colloquium on Automata, Languages, and Programming (ICALP'13)*, Jgg. 7965 of *LNCS*, Seiten 267–278. Springer, 2013.

[BK14] Karl Bringmann und Marvin Künnemann. Improved approximation for Fréchet distance on c-packed curves matching conditional lower bounds, 2014. Eingereicht, http://arxiv.org/abs/1408.1340.

[BKP+14] Karl Bringmann, Fabian Kuhn, Konstantinos Panagiotou, Ueli Peter und Henning Thomas. Internal DLA: Efficient Simulation of a Physical Growth Model. In *Proc. 41th International Colloquium on Automata, Languages, and Programming (ICALP'14)*, Jgg. 8572 of *LNCS*, Seiten 247–258. Springer, 2014.

[BL13] Karl Bringmann und Kasper Green Larsen. Succinct Sampling from Discrete Distributions. In *Proc. 45th Annual ACM Symposium on Symposium on Theory of Computing (STOC'13)*, Seiten 775–782. ACM, 2013.

[BP12] Karl Bringmann und Konstantinos Panagiotou. Efficient Sampling Methods for Discrete Distributions. In *Proc. 39th International Colloquium on Automata, Languages, and Programming (ICALP'12)*, Jgg. 7391 of *LNCS*, Seiten 133–144. Springer, 2012.

[BPSW05] Sotiris Brakatsoulas, Dieter Pfoser, Randall Salas und Carola Wenk. On mapmatching vehicle tracking data. In *Proc. 31st International Conference on Very Large Data Bases (VLDB'05)*, Seiten 853–864, 2005.

[Bri14a] Karl Bringmann. Sampling from Discrete Distributions and Computing Fréchet Distances, 2014. Dissertation. http://scidok.sulb.uni-saarland.de/volltexte/2015/5988/.

[Bri14b] Karl Bringmann. Why walking the dog takes time: Frechet distance has no strongly subquadratic algorithms unless SETH fails. In *Proc. 55th Annual IEEE Symposium on Foundations of Computer Science (FOCS'14)*, Seiten 661–670, 2014.

[CCdVE+10] Erin Wolf Chambers, Éric Colin de Verdière, Jeff Erickson, Sylvain Lazard, Francis Lazarus und Shripad Thite. Homotopic Fréchet distance between curves or, walking your dog in the woods in polynomial time. *Computational Geometry*, 43(3):295–311, 2010.

[CDG+11] Daniel Chen, Anne Driemel, Leonidas J. Guibas, Andy Nguyen und Carola Wenk. Approximate Map Matching with respect to the Fréchet Distance. In *Proc. 13th Workshop on Algorithm Engineering and Experiments (ALENEX'11)*, Seiten 75–83, 2011.

[CDL+12] Marek Cygan, Holger Dell, Daniel Lokshtanov, Dániel Marx, Jesper Nederlof, Yoshio Okamoto, Ramamohan Paturi, Saket Saurabh und Magnus Wahlström. On Problems as Hard as CNF-SAT. In *Proc. 27th IEEE Conference on Computational Complexity (CCC'12)*, Seiten 74–84, 2012.

[DHP13] Anne Driemel und Sariel Har-Peled. Jaywalking your dog: computing the Fréchet distance with shortcuts. *SIAM Journal on Computing*, 42(5):1830–1866, 2013.

[DHPW12] Anne Driemel, Sariel Har-Peled und Carola Wenk. Approximating the Fréchet distance for realistic curves in near linear time. *Discrete & Computational Geometry*, 48(1):94–127, 2012.

[GO95] Anka Gajentaan und Mark H. Overmars. On a class of $O(n^2)$ problems in computational geometry. *Computational Geometry: Theory and Applications*, 5(3):165–185, 1995.

[God91] Michael Godau. A natural metric for curves - computing the distance for polygonal chains and approximation algorithms. In *Proc. 8th Symposium on Theoretical Aspects of Computer Science (STACS'91)*, Jgg. 480 of *LNCS*, Seiten 127–136. Springer, 1991.

[GS13] Joachim Gudmundsson und Michiel Smid. Fréchet Queries in Geometric Trees. In *Proc. 21st Annual European Symposium on Algorithms (ESA'13)*, Jgg. 8125 of *LNCS*, Seiten 565–576. Springer, 2013.

[HPR11] Sariel Har-Peled und Benjamin Raichel. The Fréchet Distance Revisited and Extended. In *Proc. 27th Annual Symposium on Computational Geometry (SoCG'11)*, Seiten 448–457, 2011.

[IP01] Russell Impagliazzo und Ramamohan Paturi. On the Complexity of k-SAT. *Journal of Computer and System Sciences*, 62(2):367–375, 2001.

[IPZ01] Russell Impagliazzo, Ramamohan Paturi und Francis Zane. Which Problems Have Strongly Exponential Complexity? *Journal of Computer and System Sciences*, 63(4):512–530, 2001.

[JLS12] David Jerison, Lionel Levine und Scott Sheffield. Logarithmic fluctuations for internal DLA. *Journal of the American Mathematical Society*, 25:271–301, 2012.

[MD86] Paul Meakin und J. M. Deutch. The formation of surfaces by diffusion limited annihilation. *The Journal of Chemical Physics*, 85:2320, 1986.

[MP99] Mario E. Munich und Pietro Perona. Continuous dynamic time warping for translation-invariant curve alignment with applications to signature verification. In *Proc. 7th IEEE International Conference on Computer Vision*, Jgg. 1, Seiten 108–115, 1999.

[PPSZ05] Ramamohan Paturi, Pavel Pudlák, Michael E. Saks und Francis Zane. An improved exponential-time algorithm for k-SAT. *Journal of the ACM*, 52(3):337–364, 2005.

[PW10] Mihai Pătraşcu und Ryan Williams. On the possibility of faster SAT algorithms. In *Proc. 21st ACM-SIAM Symposium on Discrete Algorithms (SODA'10)*, Seiten 1065–1075, 2010.

[RVW13] Liam Roditty und Virginia Vassilevska Williams. Fast approximation algorithms for the diameter and radius of sparse graphs. In *Proc. 45th Annual ACM Symposium on Symposium on Theory of Computing (STOC'13)*, Seiten 515–524, 2013.

[Wal74] A. J. Walker. New Fast Method for Generating Discrete Random Numbers with Arbitrary Distributions. *Electronic Letters*, 10(8):127–128, 1974.

Karl Bringmann studierte sowohl Mathematik als auch Informatik an der Universität des Saarlandes und erhielt seine MSc-Abschlüsse im Jahr 2011. Von 2011 bis 2014 war er Doktorand am Max-Planck-Institut für Informatik, Saarbrücken, und an der Universität des Saarlandes. Seit September 2014 ist er Postdoktorand am Institut für Theoretische Informatik der ETH Zürich. Die zentralen Gebiete seiner Arbeit sind randomisierte Algorithmen, algorithmische Geometrie und untere Schranken. Während seiner akademischen Laufbahn wurde er durch ein Stipendium der Studienstiftung des deutschen Volkes, ein Google European Doctoral Fellowship, sowie ein ETH Zurich Postdoctoral Fellowship gefördert.

Tonhöheninformierten Trennung in Solo- und Begleitspuren[1]

Estefanía Cano[2]

Abstract: Diese Veröffentlichung im Forschungsgebiet der Klangquellentrennung befasst sich speziell mit der Separierung von einzelnen Musikinstrumenten aus bereits gemischten Audio-Signalen. Eine Methode zur tonhöheninformierten Trennung in Solo- und Begleitspuren wird detailliert beschrieben. Die praktische Anwendbarkeit der vorgestellten Methode wird anhand der Integration in die Musiklernsoftware Songs2See erläutert. Des Weiteren werden die Ergebnisse eine Studie im Hinblick auf Anwendbarkeit für die harmonisch/perkussive Klangquellentrennung präsentiert, welche die Klänge verschiedener musikalischer Instrumente untersucht.

1 Einleitung

Wir sind den ganzen Tag unterschiedlichsten Geräuschen ausgesetzt. Verkehrslärm, Stimmen, Blätter, die sich im Wind wiegen. Alles wirkt gleichzeitig auf uns ein. Auch Musik besteht aus dem Zusammenspiel verschiedener Klangquellen. Was wir als Musikliebhaber heute auf CD oder als digitalen Download kaufen, ist ein fertiger Mix aus verschiedenen Instrumenten, Stimmen und Geräuschen, die alle gemeinsam erklingen und ihren Teil zum akustischen Gesamteindruck beitragen. Dadurch entstehen jedoch auch Nachteile für den Hörer: Nachträgliche Korrekturen der Audioaufnahme, wie beispielsweise die Reduzierung der Lautstärke einzelner Instrumente oder den Klang von alten Mono-Aufnahmen an heutige Stereo- oder Mehrkanalstandards anzupassen, wird durch die Verschmelzung der Klangquellen während der Aufnahme meist unmöglich.

Doch nicht nur für die nachträgliche Bearbeitung von fertigen Musiktiteln benötigt man idealerweise die einzelnen Instrumentenspuren. Auch für das Üben von Instrumenten können die getrennten Spuren den Lernprozess deutlich erleichtern. Viele Feinheiten werden erst wahrnehmbar, wenn die Melodiestimme isoliert gehört werden kann. Hat man die Melodie mit seinem eigenen Instrument einstudiert, gilt es als nächsten Schritt, das Erlernte im Band-Kontext anzuwenden. Hierfür eignen sich besonders Aufnahmen, in welchen das Melodieinstrument komplett ausgeblendet wurde. Die Erzeugung dieser Audiodaten ist bei bereits aufgenommenen und abgemischten Musikstücken jedoch nicht mehr möglich.

Die Klangquellentrennung, ein relativ neues Forschungsgebiet der Informatik, versucht hier Abhilfe schaffen und das fertige Musikstück wieder in seine einzelnen Bestandteile zu zerlegen.

---

[1] Englischer Titel der Dissertation: Pitch-informed Solo and Accompaniment Separation
[2] Technische Universität Ilmenau, cano@idmt.fraunhofer.de

2 Dissertationsschwerpunkte

Im Rahmen meiner Dissertation am Fraunhofer-Institut für Digitale Medientechnologie IDMT in Ilmenau galt es, dem Musikliebhaber genau diese Klangquellentrennung zu ermöglichen. Im Forschungsprojekt *Songs2See* entwickelten meine Kollegen und ich eine Musiklernsoftware, welche verschiedene Instrumente unterstützt und es dem Nutzer ermöglicht, jeden beliebigen Musiktitel als Übungsinhalt aufzubereiten. Dabei wurde auf bestehende Technologien des Fraunhofer IDMT aus dem Bereich des Music Information Retrieval (MIR) zur Informationsgewinnung aus dem Musiksignal zurückgegriffen. Diese beinhalten beispielsweise eine automatische Tonerkennung. Jedoch fehlte es an Technologien für die Aufteilung beliebiger Musikstücke in Begleit- und Melodieinstrumentspuren, welchen sich die vorliegende Arbeit vorrangig widmet.

Im zweiten Teil der Arbeit wurde ein Experiment zur besseren Modellierung der Zusammenhänge zwischen Magnitude, Phase und Feinfrequenz von isolierten Instrumententönen durchgeführt. Diese Studie sollte das Verständnis des klanglichen Verhaltens fördern und dadurch zu einer Verbesserung der Klangquellentrennung beitragen. Während der Arbeiten an der Studie ergaben sich neue Erkenntnisse hinsichtlich der Phaseninformationen. Die Ergebnisse versprachen großen Nutzen zur Unterscheidung von harmonischen Instrumenten, beispielsweise Saxophon, und perkussiven Instrumenten, beispielsweise Schlagzeug, so dass zusätzlich ein System für die harmonisch-perkussive Trennung entwickelt und getestet wurde. Diese Art der Quellentrennung wird unter anderem bei der Wiederaufbereitung von Mono-Aufnahmen in Stereo-Signale verwendet [Fi11].

3 Stand der Technik

Die Klangquellentrennung hat sich erst in den letzten Jahren als Forschungsgebiet etabliert. Erste Varianten nutzten Equalizer Algorithmen. Diese dämpfen gezielt Frequenzbereiche, in denen das Instrument vermutet wird. Im Allgemeinen ist der Klang eines einzelnen Instrumentes jedoch nicht auf eine konkrete Frequenz, beispielsweise 400 Hz, zu begrenzen. Vielmehr setzt er sich dieser aus der Grundfrequenz sowie mehreren Obertönen zusammen, die einer Vielfachen der Grundfrequenz entsprechen (400 Hz, 800 Hz, 1200 Hz, etc.) [Br96]. Dies verdeutlicht die Nachteile, welche durch das Dämpfen einzelner Frequenzbereiche entstehen: Nicht ein einzelnes Instrument wird in der Lautstärke reduziert, sondern nur der Klang der Gesamtkomposition verändert.

Andere Ansätze verwenden Informationen, welche aus dem Stereoklangbild erlangt werden können: Oftmals klingt das Solo-Instrument auf beiden Kanälen gleich stark, während andere Instrumente nur links oder rechts zu hören sind. Durch Differenzbildung beider Kanäle bleibt nur das Gemeinsame - das Melodieinstrument - übrig. Von dieser Grundannahme kann jedoch nicht immer ausgegangen werden, da sich die tragende Stimme je nach Mix auch beispielsweise nur links befinden kann. Für ältere Aufnahmen aus der ersten Hälfte des 20. Jahrhunderts liegt zudem meist nur eine Monofassung vor, so dass dieser Ansatz für den Anwendungsfall auf beliebige Musiktitel nicht in Betracht kam und nur Verfahren für Einkanal-Aufnahmen berücksichtigt wurden. Neuere Lösungsversuche auf diesem Forschungsgebiet nutzen beispielsweise Nicht-Negative Matrix-Faktorisierung [Le01], Tensor-Faktorisierung [FCC05] sowie verschiedene Filter [Li13]. Obwohl die publizierte Ergebnisse auf das Potential dieser Ansätze hindeuten, bringen sie zwei entscheidende Nachteile für den Einsatz in Songs2See mit sich: Sie benötigen umfangreiches Zusatzwissen über die zu trennende Quellen und sie verursachen aktuell einen enormen Rechenaufwand, welcher dem Endanwender einer Musiklernsoftware nicht zumutbar ist.

4 Eigener Ansatz

Im Rahmen dieser Dissertation wurde die tonhöhen-informierte Quellentrennung (pitch-informed source separation) als Ansatz gewählt. Hierbei werden lediglich Information über die gespielten Töne der Hauptstimme benötigt, um diese zu isolieren. Damit eignet sich dieser Ansatz dazu, das dominante Instrument aus einem Musikstück zu extrahieren, unabhängig von der Art des Instrumentes, der Begleitung und der Stilrichtung. Für die vorliegende Arbeit werden nur einstimmige Melodieinstrumente in Betracht gezogen. Die Musikaufnahmen liegen monaural vor, es kann also keine zusätzliche Information aus der Verteilung der Instrumente im Stereo-Panorama gewonnen werden.

Das entwickelte System ist im folgenden Ablaufdiagramm dargestellt.

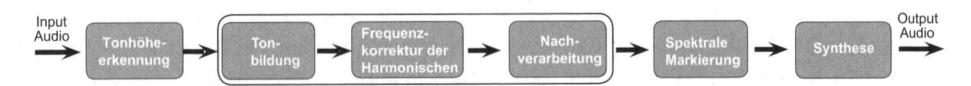

Abb. 1: Ablaufdiagramm des entwickelten Systems

4.1 Tonhöhenerkennung - Pitch Detection

Bei der Pitch Detection wird zunächst die Tonhöhe des Melodieinstrumentes extrahiert. Tonhöhe bedeutet hierbei die als Grundton wahrgenommen Frequenz zu einem konkreten Zeitpunkt im Lied. Für den Ton C4 liegt die ideale Grundfrequenz bei 261,63 Hz. Für reale Instrumente ergeben sich leichte Abweichungen während des Ein- und Ausschwingvorganges des Tones. Eine kontinuierliche Folge dieser Frequenzen dient als Eingangsinformation für die folgenden Schritte, siehe Abbildung 2. Die Extraktion dieser Grundfrequenzen geschieht automatisch durch des Einsatz der Melodieerkennungsalgoritmus von K. Dressler [Dr11], welcher am Fraunhofer IDMT entwickelt wurde. Diese Erkennung wurde speziell für fertig gemischte Musik mit einer Vielzahl an gleichzeitig klingenden Instrumenten entwickelt. Die Qualität der Erkennnung wurde in mehrenen Evaluationskampagnen bestätigt [Sa13].

4.2 Tonbildung - Tone Formation

Im folgenden Schritt werden anhand dieser Grundfrequenzen Ton-Objekte erstellt, welche die Anfangszeit, die Dauer sowie die konkrete Tonhöhe beinhalten. Sie entstehen durch

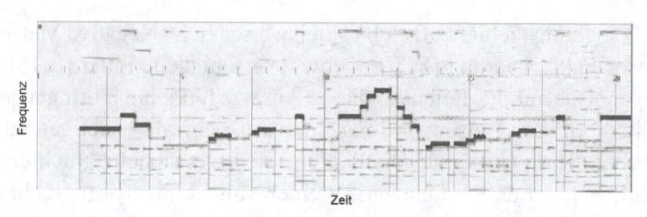

Abb. 2: Magnitudenspektrogamm eines Audiosignales und extrahierter Grundfrequenzverlauf in violett

die Zusammenfassung mehrerer aufeinanderfolgender ähnlicher Grundfrequenzen zu einzelnen Tönen. Die Ton-Objekte sind notwendig, um das Audio-Signal in musikalisch sinnvolle Bereiche zu unterteilen. Des Weiteren ermöglichen sie die Nutzung bekannter Charakteristiken von Tönen, beispielsweise die erwähnten Ein- und Ausschwingvorgänge, um das Ergebnis der Klangquellentrennung zu verbessern. Zusätzlich reduziert diese Zusammenfassung den Rechenaufwand, da weniger Daten verarbeitet werden müssen.

4.3 Frequenzkorrektur der Harmonischen - Harmonic Series Refinement

Das Ziel dieses Verarbeitungsschrittes besteht darin, eine Folge von Obertönen zu finden, welche das Solo-Instrument repräsentieren und zu den Parametern der erzeugten Ton-Objekte passen. Dafür werden folgenden Annahmen getroffen: (1) Jeder Oberton darf einen Viertelton von dem idealen Vielfachen der Grundfrequenz abweichen. (2) Die Obertonstruktur von Stimme, Blas- und Saiteninstrumenten sind bekannt.
Um eine Suche nach Obertönen zu ermöglichen, werden das Magnituden- und Phasen-Spektrogramm mittels Kurzzeit-Fourier-Transformation (STFT) mit einer Fenstergröße von 2048 Samples und einer Sprungweite von 256 Samples aus dem Audiosignal berechnet. Beide Spektrogramdarstellungen werden später zur Manipulation und Resynthese ebenfalls genutzt. Für jeden Oberton wird eine iterative Suche im erwarteten Bereich des Magnitudenspektrums durchgeführt (siehe Abbildung 3). Das lokale Maximum mit der höchsten Amplitude im Suchbereich wird als harmonischer Oberton in Betracht gezogen. Als Ergebnis erhält man für jeden Frame (alle 256 Samples) der Ton-Objekte das harmonische Spektrum des Solo-Instrumentes.

4.4 Nachverarbeitung - Post-Processing

Folgende Nachverarbeitungsschritte verfeinern das harmonische Spektrum des Solo-Instrumentes und sind entscheidend für die klangliche Qualität der erzeugten Audio-Dateien:
(1) Zuerst werden die Notenanfänge verfeinert, da diese während der Pitch Detection oft verpasst werden. Viele Instrumente weisen einen breitbandiges Spektrum auf, bevor ein stabiler Ton erklingt. Entsprechend reagiert die Erkennung leicht verzögert. Für die Separierung ist die korrekte Zuordnung dieser Anschläge zu der Solospur jedoch wichtig, da dies stark den Klang des Instrumentes prägt. Zur Korrektur wird die harmonische Struktur

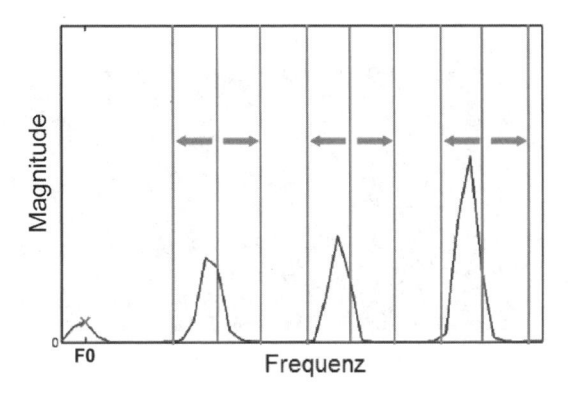

Abb. 3: Grundfrequenz (F0) und drei Obertöne, rot die ideale Postion, grün der Suchbereich

des ersten Frames auf einen Bereich von 70 Millisekunden vor dem erkannten Anschlagszeitpunkt ausgedehnt. Dieser Wert wurde in Studien als durchschnittliche Dauer für den Einschwingvorgang verschiedener Instrumente gefunden [LC65].
(2) Anschließend wird versucht, die Anteile perkussiver Instrumente zu reduzieren, welche fälschlicherweise dem Solo-Instrument zugeordnet wurden. Diese Artefakte entstehen durch die Überlagerung der Klänge und sind im Spektralbereich als vertikale Linien sichtbar. In Anlehnung an [Fi10] wird ein Median-Filter über die Zeit-Achse des Spektrogramms angewendet, welcher diese Störungen beseitigt soll.
(3) Ein Merkmal musikalischer Klangquellenist ist eine Folge von Obertönen, welche nicht unabhängig voneinander verlaufen, sondern zeitlich korrelieren. Dieses Phänomen wird als *Common Amplitude Modulation (CAM)* bezeichnet und ist wichtig für die auditive Wahrnehmung [WLW08]. Für jeden Oberton wird die Magnituden-Hüllkurve mit den Hüllkurven der anderen Obertöne korreliert. Anschließend wird die Hüllkurve mit der größten durchschnittlichen Korrelation ausgewählt und alle anderen damit gewichtet. Dadurch werden die Hüllkurven der Obertöne aneinander angepasst, um das erwähnte Phänomen besser zu erfüllen.

4.5 Spektrale Maskierung - Spectral Masking

Durch die vorhergehenden Methoden wird eine sehr gute Annäherung des Spektrums eines Solo-Instrumentes erreicht. Hieraus wird eine Maske im Zeit-Frequenz-Bereich erstellt, welche die spektralen Bereiche markiert, die als Solo-Instrument eingestuft werden (siehe Abbildung 4). Das Magnituden-Spektrogramm des Soloinstrumentes wird mit Hilfe des Hadamard-Produktes aus dem ursprünglichen Magnituden-Spektrogramm des Audiomischsignales und der Maske erzeugt. Das Magnituden-Spektrogramm der Begleitspur entsteht durch die Subtraktion des Solo-Spektrogramms vom Spektrogramm des Audiomischsignales.

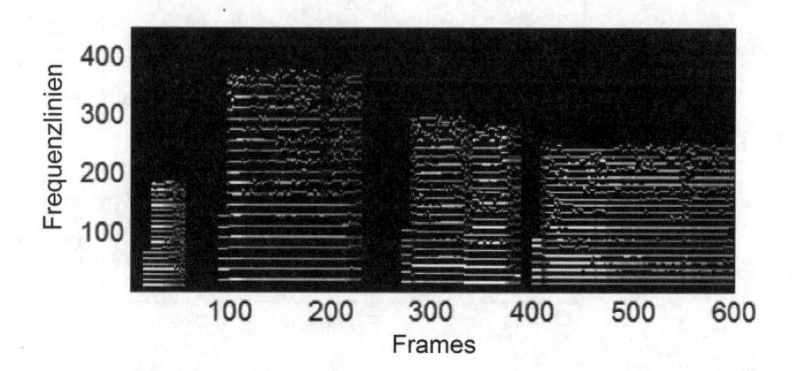

Abb. 4: Beispielhafte spektrale Maske

4.6 Synthese - Re-synthesis

Das erhaltene Magnituden-Spektrogramm des Solo-Instrumentes sowie das Phasen-Spektrogramm des Audiomischsignales werden verwendet, um das komplexe Spektrogramm zu erstellen. Aus diesem wird mittels der inversen STFT das Audiosignal der Solostimme gewonnen. Gleiches gilt für die Begleitspur.

5 Evaluation

5.1 Nutzerstudie

Als ein Anwendungsszenario für die Klangquellentrennung in Solo- und Begleitspur wurde ein Hörtest mit 10 Personen im Alter zwischen 27 und 34 Jahren mit unterschiedlichem musikalischem Vorwissen durchgeführt, der die Qualitätsanforderungen an die Quellentrennung im Kontext von Musiklernsoftware evaluieren sollte. Die Ergebnisse dieses Hörtests verdeutlichen, dass die Möglichkeit, die Lautstärke von Solo- und Begleitspur zu verändern ein hilfreiches Feature für Musiklernsoftware darstellt. Außerdem zeigte sich, dass für Solo- und Begleitspur unterschiedliche Qualitätskriterien gelten.

5.2 Automatische Evaluation

Des Weiteren wurde die vorgestellte Methode zu den Evaluationskampagnen SiSEC 2011 und SiSEC 2013 eingereicht [ANV12]. Dort konnten vergleichbare Ergebnisse im Hinblick auf perzeptuelle Bewertungsmaße erzielt werden. Im Gegensatz zu den anderen eingereichten Algorithmen benötigte das hier beschriebene Verfahren nur einen Bruchteil der Verarbeitungszeit. Da der Datensatz dieser Kampagnen nur Gesang als Melodieinstrument beinhaltet, wurde eine zusätzliche Evaluation auf einem Datensatz mit einer Vielzahl von

Melodieinstrumenten durchgeführt. Die Qualität des State of the Art-Referenzalgorithmus [RP13] wurde hierbei übertroffen.

6 Instrumentenanalyse

Um die Schätzung der spektralen Komponenten von Solo-Instrumenten und damit die Qualität der Quellentrennung zu verbessern, wurde in einer weiteren Studie das Verhalten der Parameter Magnitude, Phase und Frequenz untersucht. Diese lassen sich mit Hilfe der bereits erwähnten STFT berechnen. Für die ersten zehn Obertöne aller Instrumente wurden die jeweiligen Differenzen der Magnitude zwischen aufeinanderfolgenden Frames analysiert. Dabei zeigte sich, dass die durchschnittliche Änderung kleiner als 2% ist. Nur bei Gitarre und Klavier ergaben sich größere Abweichungen. Dies erklärt sich durch die Art der Tonerzeugung: Nur bei diesen beiden Instrumenten wird die Saite zur Tonerzeugung angeschlagen, was zu zeitlich weniger stabilen Tönen führt.

Für die Frequenzanalyse wurden die Positionen der ersten zehn Obertöne untersucht und die durchschnittliche Abweichung von der zu erwartenden Frequenz berechnet. Alle Instrumente außer Gitarre und Piano wiesen Abweichungen von weniger als ±1% auf. Höhere Obertöne wichen dabei stärker ab als die ersten Vielfachen der Grundfrequenz. Auch diese Ergebnisse unterstreichen, dass sich Saiteninstrumente, bei welchen die Saite zur Tonerzeugung angeschlagen wird, inharmonischer verhalten.

Hinsichtlich der Phase wurden die Parameter *Phase Expectation* und *Phase Coupling* analysiert. Für die Phase Expectation wird angenommen, dass die Phasenänderung einer harmonischen Klangquelle vorhergesagt werden kann. Das Phase Coupling beschreibt, dass sich die Phasen-Abweichung zwischen zwei Frames in drei harmonisch zusammengehörenden Obertönen gleicht. Mit Hilfe der Phase Expectation konnten Phasenänderungen mit großer Genauigkeit vorhergesagt werden. Die Überprüfung des Phase Coupling erfolgte, indem die Phase jedes Obertones durch die Phasen der zwei harmonisch zugehörigen Obertöne berechnet wurde. Für alle Instrumente nahm der Schätzungsfehler für Obertöne höherer Ordnung zu, trotzdem blieb der maximale Fehler unter 0,4 rad.

7 Harmonisch/Perkussive Klangquellentrennung

Die Ergebnisse der Phasenanalyse, speziell der Phase Expectation, wurden genutzt, um einen neuen Ansatz der Quellentrennung zwischen harmonischen und perkussiven Instrumenten zu testen. Der grundlegende Ansatz baut darauf auf, dass die Phasenänderung zwischen aufeinander folgenden Frames für harmonische Instrumente vorhergesagt werden kann, während die Phasenänderung perkussiver Instrumente ein höherer Prädiktionsfehler entsteht. Durch diese Analyse werden die einzelnen Bereiche des Magnituden-Spektrogramms den zwei Kategorien zugeordnet. Durch das gleiche spektrale Maskierungsverfahren wie bei der tonhöhen-informierten Quellentrennung werden die Spektrogramme von Solo- und Begleitstimme erhalten und anschließend in den Zeitbereich zurück transformiert. Eine Evaluation ergab eine verbesserte perzeptuelle Qualität der harmonischen und perkussiven Signale gegenüber vergleichbaren Methoden [Fi10] nach dem Stand der Technik.

8 Fazit

In dieser Dissertation wurden neuartige Ansätze zur Klangquellentrennung entwickelt, welche die Ergebnisse in verschiedenen Anwendungsbereichen verbessern. Die Ergebnisse der Instrumentenanalyse wurden genutzt, um die Trennung harmonischer und perkussiver Quellen anhand der Phaseninformation akkurat durchzuführen. Der vorgestellte Algorithmus der tonhöhen-informierten Quellentrennung zeigte sich als robuste und schnelle Methode für die Separation von Solo-Instrument und Begleitung heraus, was durch Nutzerstudien sowie wissenschaftliche Evaluationskampagnen unterstützt wurde. Die Verwendung des entwickelten Systems in der mittlerweile kommerziell verfügbaren Musiklernsoftware Songs2See demonstriert die Praxistauglichkeit. Die Bedeutung der Marktreife von Technologien aus dem Gebiet des Music Information Retrieval belegt die Auszeichnung des Songs2See-Teams, bestehend aus Christian Dittmar, Sascha Grollmisch und Estefania Cano Ceron, mit dem Innovations- und Entrepreneurpreis 2012 durch die Gesellschaft für Informatik.

Literaturverzeichnis

[ANV12] Araki, Shoko; Nesta, Francesco; Vincent, Emmanuel: The 2011 Signal Separation Evaluation Campaign (SiSEC2011): Audio Source Separation. In: Latent Variable Analysis and Signal Separation. S. 414–422, 2012.

[Br96] Brown, Judith C.: Frequency Ratios of Spectral Components of Musical Sounds. Journal of the Acoustical Society of America, 99(2):1210–1218, 1996.

[Dr11] Dressler, Karin: Pitch Estimation by the Pair-Wise Evaluation of Spectral Peaks. In: AES 42nd International Conference on Semantic Audio. Ilmenau, Germany, S. 1–10, 2011.

[FCC05] Fitzgerald, Derry; Cranitch, Matt; Coyle, Eugene: Non-Negative Tensor Factorisation for Sound Source Separation. In: Irish Signals and Systems Conference. Dublin, Ireland, 2005.

[Fi10] Fitzgerald, Derry: Harmonic/Percussive Separation Using Median Filtering. In: 13th International Conference on Digital Audio Effects (DAFx-10). Graz, Austria, S. 10–13, 2010.

[Fi11] FitzGerald, Derry: Upmixing from mono; a source separation approach. In: 17th International Conference on Digital Signal Processing. Corfu, Greece, 2011.

[LC65] Luce, David; Clark, Melville Jr.: Durations of Attack Transients of Nonpercussive Orchestral Instruments. Journal of the Audio Engineering Society (AES), 13(3):194–200, 1965.

[Le01] Lee, Daniel D; Laboratories, Bell; Hill, Murray; Ý, H Sebastian Seung: Algorithms for Non-negative Matrix Factorization. 1, MIT Press, Lee2001, S. 556–562, 2001.

[Li13] Liutkus, Antoine; Durrieu, Jean-Louis; Daudet, Laurent; Richard, Gaël: An Overview of Informed Audio Source Separation. In: 14th International Workshop on Image and Audio Analaysis for Multimedia Interactive Services. Paris, France, S. 3–6, 2013.

[RP13] Rafii, Zafar; Pardo, Bryan: REpeating Pattern Extraction Technique (REPET): A Simple Method for Music / Voice Separation. IEEE Transactions on Audio, Speech and Language Processing, 21(1):73–84, 2013.

[Sa13] Salamon, Justin; Gómez, Emilia; Ellis, Daniel P. W.; Richard, Gaël: Melody Extraction from Polyphonic Music Signals : Approaches, Applications and Challenges. IEEE Signal Processing Magazine, 2013.

[WLW08] Woodruff, John; Li, Yipeng; Wang, DL: Resolving Overlapping Harmonics for Monaural Musical Sound Separation using Pitch and Common Amplitude Modulation. In: 9th International Society for Music Information Retrieval Conference (ISMIR 2008). Philadelphia, USA, S. 538–543, 2008.

Estefanía Cano absolvierte ein Studium der Elektrotechnik (B.Sc.) an der Universidad Pontificia Bolivariana - Kolumbien, ein Musikstudium (B.A.) an der Universidad de Antioquia - Kolumbien und ein Musikingenieursstudium an der University of Miami - USA.

Seit 2009 forscht Dr. Cano am Fraunhofer-Institut für Digitale Medientechnologie IDMT, wo sie ihre Dissertation mit dem Titel *Tonhöheninformierten Trennung in Solo- und Begleitspuren* im Jahr 2014 erfolgreich verteidigte.

Ihr Forschungsschwerpunkt ist die Klangquellentrennung, insbesondere in den Bereichen Tonhöheninformierten Klangquellentrennung und Harmonisch/Perkussive Klangquellentrennung. Ihre weiteren Forschungsinteressen liegen in der Analyse und Modellierung von musikalischen Klängen, der Nutzung von Phaseninformationen im Music Information Retrieval, der Klassifikation von Musikinstrumenten und dem Einsatz von Techniken des Music Information Retrieval für musikwissenschaftliche Analysen.

Ressourceneffiziente Fehler- und Einbruchstoleranz[1]

Tobias Distler[2]

Abstract: Byzantinisch fehlertolerante Replikation erlaubt es, Systemen die Verfügbarkeit und Zuverlässigkeit von netzwerkbasierten Diensten sogar dann zu garantieren, wenn einige der Replikate, beispielsweise als Folge eines Einbruchs, willkürliches Fehlverhalten zeigen. Obwohl derartige Vorfälle bereits zu schwerwiegenden Dienstausfällen geführt haben, werden existierende Ansätze aus dem Bereich der byzantinischen Fehlertoleranz aufgrund ihres hohen Ressourcenbedarfs weiterhin kaum für den Produktiveinsatz genutzt. Diese Dissertation präsentiert Protokolle und Techniken zur Steigerung der Ressourceneffizienz von byzantinisch fehlertoleranten Systemen. Als Ausgangsbasis dient dabei jeweils die Verwendung zweier Betriebsmodi: Im Normalbetriebsmodus senkt ein System seinen Ressourcenverbrauch so weit, dass Fortschritt nur noch gewährleistet ist, solange sich alle Replikate korrekt verhalten. Im Fehlerbehandlungsmodus stehen dagegen zusätzliche Ressourcen zur Verfügung, um Fehler tolerieren zu können. Ein zentrales Resultat dieser Arbeit ist die Erkenntnis, dass passive Replikation ein effektives Mittel zur Implementierung eines ressourceneffizienten Normalbetriebsmodus darstellt. Darüber hinaus belegen Evaluierungsergebnisse, dass eine verbesserte Ressourceneffizienz auch zu einer Steigerung der Leistungsfähigkeit führen kann.

1 Einleitung

Netzwerkbasierte Dienste werden von ihren Betreibern zunehmend als unentbehrlich angesehen; entweder weil ihr Ausfall direkt zu ökonomischen Verlusten führt, wie etwa bei elektronischen Handelssystemen, oder weil die Verfügbarkeit anderer Dienste von ihnen abhängt, wie es beispielsweise bei Netzwerkdateisystemen [Sun89] oder Koordinierungsdiensten [HKJR10] der Fall ist. Folglich ist es von zentraler Bedeutung, Systeme in die Lage zu versetzen, Fehler in ihren Komponenten tolerieren zu können. Gängige Praxis ist hierbei die Tolerierung von Komponentenausfällen durch Replikation, also die Einführung von Redundanz. Leider zeigt sich jedoch immer wieder, dass die Widerstandsfähigkeit eines Systems gegen Ausfälle allein nicht ausreicht, nämlich genau dann, wenn Störungen auf willkürliches Fehlverhalten zurückzuführen sind [Ama08, App08]. Das Konzept der byzantinisch fehlertoleranten Replikation [LSP82] stellt ein Mittel zur Lösung derartiger Probleme dar, da das zugehörige Fehlermodell explizit beliebiges Fehlverhalten von Systemkomponenten einschließt. Im Besonderen gilt dies auch für Szenarien, in denen ein Angreifer nach einem erfolgreichen Einbruch einen Teil der Replikate kontrolliert und mit ihrer Hilfe aktiv versucht, andere Replikate an der Erfüllung ihrer Aufgaben zu hindern.

Trotz ihrer Vorteile und kontinuierlichen Verbesserungen hinsichtlich Performanz [CL99], Skalierbarkeit [YMV+03] und Implementierungsaufwand [GKQV10] sind byzantinisch fehlertolerante Systeme im Bereich der netzwerkbasierten Dienste aktuell noch nicht im breiten Praxiseinsatz. Als einer der Hauptgründe hierfür wurde der *hohe Ressourcenbedarf*

---
[1] Englischer Titel der Dissertation: „*Resource-efficient Fault and Intrusion Tolerance*" [Dis14]
[2] Friedrich-Alexander-Universität Erlangen-Nürnberg (FAU), Department Informatik, Lehrstuhl für Informatik 4: Verteilte Systeme und Betriebssysteme, `distler@cs.fau.de`

existierender Ansätze identifiziert [KR09]: Im allgemeinen Fall benötigt ein byzantinisch fehlertolerantes System mindestens $3f + 1$ Replikate, um das willkürliche Fehlverhalten von bis zu f dieser Replikate tolerieren zu können. Hinzu kommt der im Vergleich zu ausfalltoleranten Systemen erhöhte Bedarf an Netzwerkressourcen und Rechenkapazität, der für die Ausführung eines byzantinisch fehlertoleranten Einigungsprotokolls anfällt.

Ziel dieser Dissertation ist die Entwicklung neuer Protokolle und Techniken, mit denen sich die Ressourceneffizienz byzantinisch fehlertoleranter Systeme steigern lässt, um so ihren breiten Einsatz in der Praxis zu ermöglichen. Alle im Weiteren präsentierten Ansätze beruhen dabei auf derselben Grundidee: einer klaren Trennung zwischen Normalbetrieb und Fehlerbehandlung. Die fundamentale Erkenntnis hierfür ist, dass es im Normalbetrieb ausreicht, Fehler erkennen (oder sie zumindest vermuten) zu können, wogegen sie im Zuge der Fehlerbehandlung tatsächlich toleriert werden müssen, und dass Ersteres im Allgemeinen weniger Ressourcen erfordert als Letzteres. Traditionelle Herangehensweisen [CL99, YMV+03, VCB+11] sehen dagegen vor, dass byzantinisch fehlertolerante Systeme jederzeit ihren Ressourcenbedarf auf die maximale Anzahl zu tolerierender Fehler ausrichten, sich also quasi in einem Dauerzustand der Fehlerbehandlung befinden.

In der Implementierung eines Systems lässt sich eine Trennung zwischen Normal- und Fehlerfall durch zwei Betriebsmodi realisieren: Befindet es sich im *Normalbetriebsmodus*, reduziert ein System seinen Ressourcenverbrauch, indem es beispielsweise die Anzahl der Replikate verringert, auf denen eine Client-Anfrage redundant ausgeführt wird. Insbesondere ist es einem System in diesem Modus auch erlaubt, auf Protokolle zurückzugreifen, die Ressourcen sparen, indem sie nur Fortschritt garantieren, solange sich alle Beteiligten korrekt verhalten. Da ein System im Normalbetriebsmodus nicht in der Lage ist, beim Auftreten von Fehlern Verfügbarkeit zu gewährleisten, muss jederzeit ein Wechsel in den *Fehlerbehandlungsmodus* möglich sein. In diesem stehen dann widerstandsfähigere Protokolle zur Verfügung, die durch den Einsatz zusätzlicher Ressourcen Fehler tolerieren können, etwa indem sie eine Client-Anfrage von weiteren Replikaten bearbeiten lassen.

Je seltener Fehlersituationen während des Betriebs auftreten, desto länger ist es einem System mit Hilfe des Normalbetriebsmodus möglich, seine Ressourceneffizienz zu steigern. Im Rahmen dieser Dissertation werden, jeweils anhand einer Prototypimplementierung, drei Ansätze für die Realisierung des Normalbetriebsmodus präsentiert und evaluiert:

- SPARE (Abschnitt 3) nutzt die speziellen Eigenschaften virtueller Maschinen, um einen Teil der Replikate in einen ressourcensparenden Zustand zu versetzen. Das System kombiniert erstmals byzantinische Fehlertoleranz mit passiver Replikation.

- REBFT (Abschnitt 4) verallgemeinert den SPARE-Ansatz und ermöglicht so das erste byzantinisch fehlertolerante System, bei dem es zur Einleitung der Fehlerbehandlung ausreicht, wenn eines der im Normalfall aktiven Replikate fehlerfrei ist.

- ODRC (Abschnitt 5) nutzt während des Normalbetriebs frei werdende Ressourcen zur Steigerung der Performanz und widerlegt die allgemeine Ansicht, dass byzantinische Fehlertoleranz notwendigerweise mit Leistungseinbußen verbunden ist.

Abschnitt 2 diskutiert zuvor den Ressourcenverbrauch traditioneller Systeme anhand eines Beispiels. Abschnitt 6 fasst schließlich die wichtigsten Ergebnisse der Arbeit zusammen.

2 Systemmodell und Problemanalyse

Im Folgenden wird anhand des für den Bereich der einigungsbasierten byzantinisch fehlertoleranten Systeme bahnbrechenden PBFT [CL99] der grundsätzliche Aufbau solcher Systeme erläutert sowie deren Einsatz von Ressourcen analysiert. Abbildung 1a zeigt, dass sich die Systeme in drei Stufen einteilen lassen: Eine Gruppe von Clients nutzt den angebotenen Dienst durch das Senden von Anfragen. Die Anfragen werden von Replikaten der *Einigungsstufe* [YMV$^+$03] unter Verwendung eines byzantinisch fehlertoleranten Protokolls in eine global eindeutige Reihenfolge gebracht, in der Replikate der *Ausführungsstufe* sie schließlich bearbeiten. Die Unterscheidung zwischen Einigungs- und Ausführungsreplikat dient dabei vor allem der Kennzeichnung der jeweiligen Aufgaben. In den meisten Systemen (darunter PBFT) sind beide Funktionen in einem gemeinsamen Replikat realisiert.

Der Einsatz des Einigungsprotokolls stellt sicher, dass korrekte Ausführungsreplikate alle Anfragen in derselben Reihenfolge bearbeiten und somit einen konsistenten Zustand aufweisen. Dies gilt insbesondere auch dann noch, wenn bis zu f der $3f+1$ Einigungsreplikate fehlerhaft sind. Abbildung 1b zeigt, dass für die Einigung in PBFT mehrere Protokollphasen erforderlich sind: In der PREPREPARE-Phase schlägt das Anführerreplikat R_1 eine vom Client erhaltene Anfrage zur Einigung vor. Als Absicherung gegen einen fehlerhaften Anführer vergewissern sich die anderen Replikate in der PREPARE-Phase anschließend, dass sie über denselben Vorschlag abstimmen. Die Annahme der Anfrage erfolgt schließlich in der COMMIT-Phase. Um Fehler tolerieren zu können, schreitet ein Replikat jeweils erst in die nächste Phase voran, wenn ihm mindestens $2f+1$ übereinstimmende PREPAREs bzw. COMMITs für dieselbe Anfrage vorliegen. Wird diese Anforderung innerhalb einer bestimmten Zeitspanne nicht erfüllt, votiert ein Replikat für die Initiierung eines (hier nicht näher betrachteten) Protokolls zur Ablösung des Anführers.

Nach erfolgreicher Einigung wird eine Anfrage von jedem der Replikate bearbeitet und das Ergebnis als Antwort an den Client gesendet. Dieser akzeptiert das Resultat erst nach Erhalt von $f+1$ identischen Antworten, um gewährleisten zu können, dass mindestens eine dieser Antworten von einem korrekten Replikat stammt und somit richtig ist.

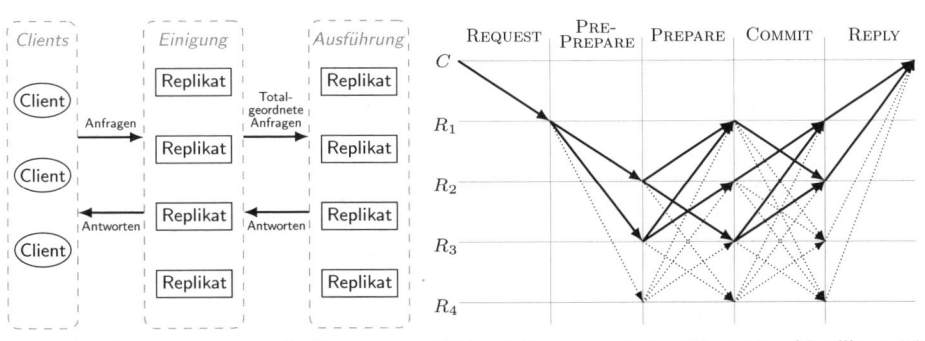

(a) Aufteilung in drei logische Stufen

(b) Nachrichtenfluss zwischen Client (C) und Replikaten (R)

Abb. 1: Überblick über die Architektur und das Einigungsprotokoll von PBFT [CL99] für $f = 1$.

Wie auch andere byzantinisch fehlertolerante Systeme [YMV+03, VCB+11] ist PBFT darauf ausgelegt, zu jeder Zeit die Existenz von f fehlerhaften Replikaten anzunehmen und durch Einsatz entsprechender Redundanzen zu tolerieren. Dies führt dazu, dass das System in Zeiten weniger oder keiner Fehler deutlich mehr Ressourcen verbraucht als eigentlich nötig sind, um unter solchen Bedingungen Fortschritt zu erzielen: Verhalten sich alle Beteiligten korrekt, reichen beispielsweise 13 der 29 gesendeten Nachrichten zum erfolgreichen Abschluss eines Protokolldurchlaufs aus, wie in Abbildung 1b anhand der durchgezogenen Linien illustriert ist. Ebenso tragen in diesem Fall nur zwei (d. h. $f+1$) der vier Ausführungen der Anfrage zur Akzeptanz der Antwort durch den Client bei. Ziel des in dieser Dissertation verfolgten Ansatzes ist es, dieses Potenzial durch die Einführung eines Normalbetriebsmodus zur Steigerung der Ressourceneffizienz zu nutzen. Im Folgenden werden drei Möglichkeiten präsentiert, einen solchen Modus bereitzustellen.

3 Ressourceneffiziente virtualisierungsbasierte Replikation

Der Einsatz von Virtualisierung [BDF+03] erlaubt es Datenzentren, die Dienste verschiedener Nutzer isoliert voneinander auf denselben physischen Rechnern zu betreiben und dadurch Kosten zu sparen. Das hier vorgestellte SPARE[3] zeigt, wie sich mit Hilfe eines auf virtualisierte Umgebungen zugeschnittenen Ansatzes ein ressourceneffizienter Infrastrukturdienst realisieren lässt, der byzantinische Fehlertoleranz für die fehleranfälligsten Teile des Systems bereitstellt: die in virtuellen Maschinen laufenden Anwendungen der Nutzer.

Architektur Wie in Abbildung 2 dargestellt, umfasst SPARE $f+1$ physische Server, auf denen jeweils drei virtuelle Maschinen (VMs) betrieben werden: zwei Nutzer-VMs mit jeweils einem Ausführungsreplikat (inkl. Betriebssystem und Anwendung) und eine privilegierte VM mit der SPARE-Logik, dem *Replikat-Manager*. Alle Replikat-Manager sind über ein privates (partiell synchrones) Netzwerk miteinander verbunden. Clients kommunizieren über ein separates öffentliches (potentiell asynchrones) Netzwerk mit dem Dienst. Da SPARE Nutzer-VMs keinen direkten Netzwerkzugriff gewährt, wird jede ihrer Interaktionen mit der Außenwelt über den lokalen Replikat-Manager abgewickelt.

Fehlermodell Aktuell in Datenzentren genutzte Systeme bieten ausschließlich Schutz gegen Komponentenausfälle. SPARE geht mit seinem hybriden Fehlermodell einen Schritt weiter: Während in dem vom Datenzentrumsbetreiber betreuten Teil der Infrastruktur (der Virtualisierungsschicht, den privilegierten VMs und den Replikat-Managern etc.) ebenfalls nur Ausfälle toleriert werden können, bietet das System dagegen byzantinische Fehlertoleranz für die in Nutzer-VMs ausgeführten Dienstreplikate [RK07]. Eine derartige Unterscheidung fußt auf der Beobachtung, dass die Betreiber von Datenzentren ihre eigenen Systeme regelmäßig warten und ihnen daher vertrauen, wogegen Nutzer in den gemieteten virtuellen Maschinen oftmals vergleichsweise einfach anzugreifenden Code ausführen.

Normalbetrieb Von Clients an den Dienst gestellte Anfragen werden von den jeweiligen Replikat-Managern abgefangen und zunächst mittels eines (ausfalltoleranten) Einigungsprotokolls im privaten Netzwerk geordnet. Anschließend lassen die Replikat-Manager die

---
[3] „spare" (engl.): 1. sparsam; 2. Ersatz, Reserve.

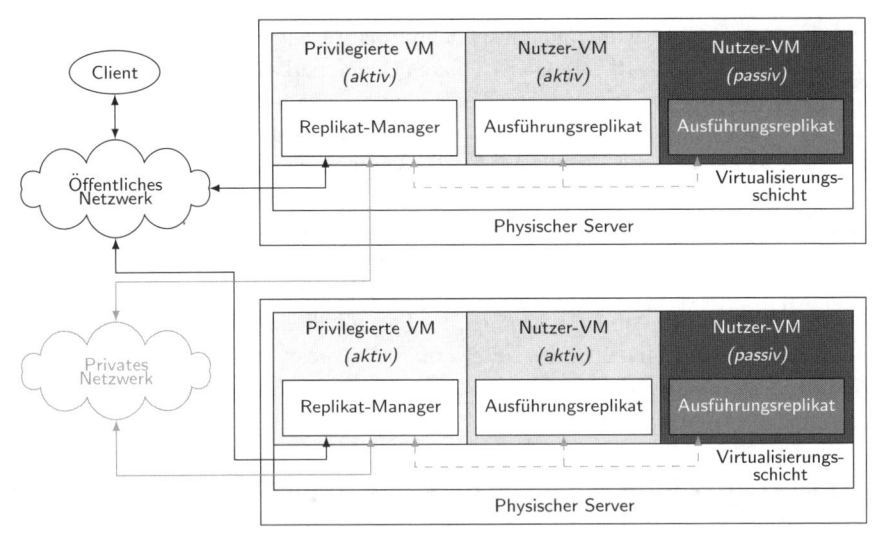

Abb. 2: Einsatz von physischen und virtuellen Maschinen (VMs) in SPARE für $f = 1$.

Anfragen von den Ausführungsreplikaten der lokalen Nutzer-VMs bearbeiten und sammeln deren Antworten. Bevor ein Client sein Ergebnis erhält, wird dessen Korrektheit zunächst von einem Replikat-Manager auf Basis der Antworten unterschiedlicher Replikate verifiziert. Da hierfür in Abwesenheit von Fehlern $f + 1$ Antworten ausreichen (siehe Abschnitt 2), nutzt SPARE folgenden Ansatz zur Senkung seines Ressourcenverbrauchs: Solange sich das System im Normalbetriebsmodus befindet, wird jede Anfrage nicht von allen $2f + 2$ Dienstreplikaten ausgeführt, sondern nur von $f + 1$ *aktiven* (siehe Abbildung 2). Die virtuellen Maschinen der restlichen $f + 1$ *passiven* Replikate befinden sich dagegen die meiste Zeit in einem ressourcensparenden Modus, in dem sie nicht lauffähig sind und daher auch nicht vom System eingeplant werden. Um im Fehlerfall dennoch auf sie zurückgreifen zu können, aktualisiert SPARE ihre Zustände in regelmäßigen Abständen. Hierzu wecken die Replikat-Manager die passiven Replikate kurzzeitig auf und versorgen sie mit den neusten Zustandsänderungen. Diese wurden zuvor von den aktiven Replikaten jeweils bei der Bearbeitung modifizierender Anfragen bereitgestellt und von den Replikat-Managern gepuffert sowie (analog zum Verfahren bei Antworten) per Vergleich verifiziert.

Fehlerbehandlung Fehler in aktiven Ausführungsreplikaten können dazu führen, dass die Verifikation von Antworten und/oder Zustandsänderungen aufgrund einer zu geringen Zahl identischer Exemplare stockt. In solchen Fällen wechselt SPARE in den Fehlerbehandlungsmodus und aktiviert einige der passiven Replikate. Wie viele passive Replikate hierbei beteiligt sind, hängt von der Anzahl der voraussichtlich noch zum erfolgreichen Abschluss der Verifikation benötigten Exemplare ab. Im Zuge der Aktivierung sorgen die Replikat-Manager dafür, dass die passiven Replikate zunächst die letzten Zustandsänderungen einspielen, bevor sie die betroffenen Anfragen bearbeiten. Auf diese Weise wird sichergestellt, dass die Replikate zu konsistenten Ergebnissen kommen. Nach Behandlung der Fehlersituation kehrt SPARE in den Normalbetriebsmodus zurück.

Evaluierung SPARE wurde auf Basis der Virtualisierungssoftware Xen [BDF+03] implementiert und mittels RUBiS [RUB], einem Benchmark für Middleware-Systeme, evaluiert. Im Fokus der Experimente stand dabei der Vergleich zu zwei verwandten Ansätzen: CRASH, einem Infrastrukturdienst, der ausschließlich Ausfalltoleranz für in Nutzer-VMs betriebene Anwendungen bietet und APPBFT, einem auf aktiver Replikation basierenden System, das wie SPARE byzantinische Fehlertoleranz für Dienstreplikate bereitstellt, allerdings $2f+1$ physische Server benötigt und über keinen ressourcensparenden Normalbetriebsmodus verfügt [RK07]. Die Ergebnisse der Experimente zeigen, dass sich der Ressourcenverbrauch in SPARE durch den Einsatz von passiven Replikaten signifikant senken lässt: Im Vergleich zu APPBFT benötigt das System 30% weniger Prozessorleistung und sendet 8% weniger Daten über das Netzwerk. SPARE belegt somit kaum mehr Ressourcen (Prozessor: 1%, Netzwerk: 2%) als ein vergleichbares ausfalltolerantes System (CRASH).

4 Passive byzantinisch fehlertolerante Replikation

Anhand von SPARE konnte gezeigt werden, dass passive Replikation eine effektive Methode darstellt, um in virtualisierten Umgebungen Ressourcen auf Ebene der Ausführungsreplikate zu sparen. Im Folgenden wird mit REBFT[4] ein Ansatz präsentiert, der das Prinzip auf die Einigungsstufe erweitert und auch in nicht-virtualisierten Szenarien einsetzbar ist.

Replikate Aktive Replikate beteiligen sich in REBFT sowohl an der Einigung von Anfragen als auch an deren Ausführung. Passive Replikate reduzieren dagegen im Normalbetriebsmodus ihren Ressourcenbedarf, indem sie weder Einigungsnachrichten anderer Replikate erhalten noch eigene senden, und darüber hinaus auch keine Anfragen bearbeiten. Um sie trotzdem bei Bedarf zur Fehlerbehandlung nutzen zu können, werden passive Replikate mittels von aktiven Replikaten stammenden Zustandsänderungen aktuell gehalten.

Moduswechsel Die Anzahl der passiven Replikate ist mit f so gewählt, dass ein System im Normalbetriebsmodus in der Lage ist, Fortschritt zu erzielen, solange alle aktiven Replikate sich korrekt verhalten. Ist dies nicht (mehr) der Fall, schaltet das System in den Fehlerbehandlungsmodus. Neben der Aktivierung der passiven Replikate erfolgt hierbei auch ein Wechsel des Einigungsprotokolls, um ab diesem Zeitpunkt bei der Einigung von Anfragen alle noch im System verfügbaren korrekten Replikate einbeziehen und somit Fehler tolerieren zu können. Eine zentrale Herausforderung besteht in diesem Zusammenhang darin, zu garantieren, dass ein solcher Protokollwechsel selbst dann zuverlässig und konsistent durchgeführt wird, wenn bis zu f der am bisherigen, ressourceneffizienten Einigungsprotokoll beteiligten Replikate fehlerhaft sind, und mitunter sogar versuchen, das Umschalten auf den Fehlerbehandlungsmodus zu verhindern. REBFT stellt dies durch den Einsatz von *Abbruchhistorien* sicher, in denen jedes aktive Replikat zu Beginn der Modusumschaltung seine lokale Sicht auf den Fortschritt des Normalbetriebsprotokolls zum Zeitpunkt des Abbruchs darlegt. Die lokalen Historien verschiedener Replikate werden anschließend zu einer globalen Abbruchhistorie vereint. Diese bildet die Ausgangsbasis für den Start der Fehlerbehandlung und ermöglicht somit einen konsistenten Moduswechsel.

---

[4] Ressource-efficient Byzantine Fault Tolerance

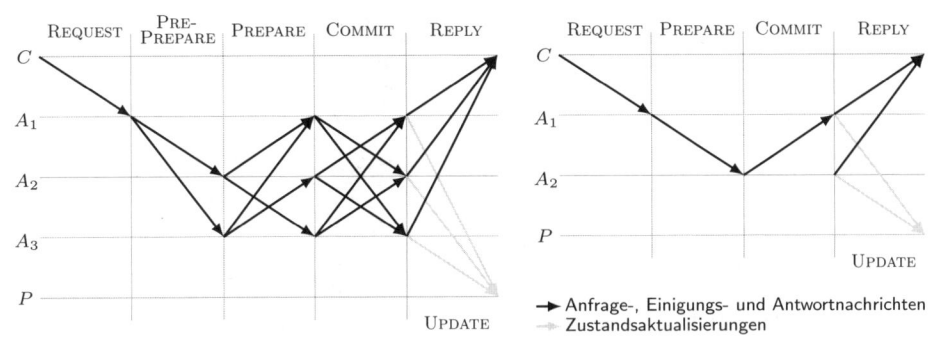

Abb. 3: Nachrichtenfluss während des Normalbetriebs in REPBFT (links) bzw. REMINBFT (rechts) zwischen einem Client (C) und den aktiven (A) sowie passiven (P) Replikaten für $f = 1$.

Anwendung auf existierende Systeme Als Beleg dafür, dass es sich bei REBFT um einen generischen Ansatz handelt, wird das Prinzip in dieser Arbeit in zwei Systemen umgesetzt: PBFT [CL99] und MinBFT [VCB+11]; letzteres benötigt aufgrund der Verwendung von als vertrauenswürdig eingestufter Spezial-Hardware nur $2f + 1$ Replikate zur Tolerierung von bis zu f byzantinischen Fehlern. Die resultierenden Varianten REPBFT und REMINBFT nutzen ihre ursprünglichen Einigungsprotokolle zur Fehlerbehandlung. Die ressourcensparende Einigung während des Normalbetriebs sowie die Modusumschaltung sind dagegen jeweils als zusätzliche Unterprotokolle realisiert [GKQV10]. Dies zeigt, dass sich der REBFT-Ansatz effizient in existierende Implementierungen integrieren lässt. Abbildung 3 präsentiert die Normalbetriebsprotokolle beider Systeme, bei denen die Anzahl der Nachrichten im Vergleich zu den ursprünglichen Einigungsprotokollen signifikant reduziert ist (vergleiche PBFT, Abbildung 1). Trotzdem können sowohl REPBFT als auch REMINBFT aufgrund ihrer auf Abbruchhistorien basierenden (in dieser Zusammenfassung nicht näher beschriebenen) Umschaltprotokolle bei Bedarf einen zuverlässigen Wechsel in den Fehlerbehandlungsmodus garantieren. REMINBFT ist dabei das erste byzantinisch fehlertolerante System, das in der Lage ist, Situationen zu tolerieren, in denen bis auf eines alle im Normalfall aktiven Replikate byzantinisches Fehlverhalten zeigen.

Evaluierung Da der Einfluss passiver Ausführungsreplikate bereits in SPARE analysiert wurde, stand bei der Evaluierung von REBFT das Einigungsprotokoll im Mittelpunkt. Besonders geeignet sind hierfür Experimente, bei denen die Größen für Anfrage- und Antwortnachrichten variiert werden [CL99, GKQV10, VCB+11, YMV+03]. Die Ergebnisse zeigen, dass REPBFT und REMINBFT insbesondere bei großen Anfragen deutliche Vorteile gegenüber PBFT bzw. MinBFT aufweisen: So sinkt etwa für 4 KB große Anfragen die Prozessorlast um 31% bzw. 38% und das über Netzwerk zu übertragende Datenvolumen um 33% bzw. 48%. Im gleichen Zug führt der geringere Mehraufwand während des Normalbetriebs zu einer Steigerung des maximalen Anfragedurchsatzes um 34% bzw. 71%. Weitere Experimente zeigen, dass die Einführung des Normalbetriebsmodus im Fehlerfall keine negativen Folgen nach sich zieht: Der Effekt der Modusumschaltung auf den Systemdurchsatz ist vergleichbar mit dem eines Anführerwechsels in PBFT bzw. MinBFT.

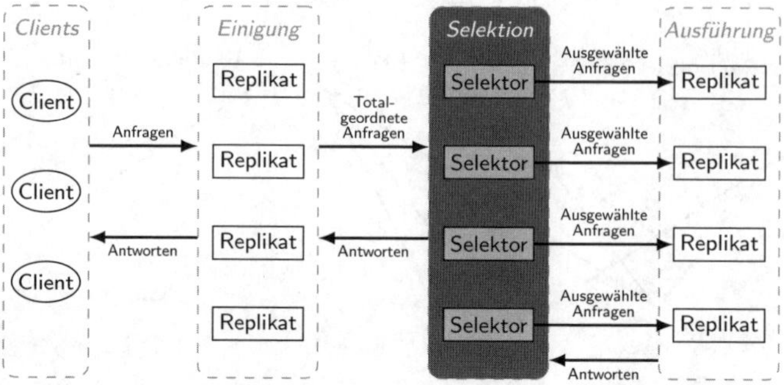

Abb. 4: Einführung einer Selektionsstufe zur Auswahl der je Replikat zu bearbeitenden Anfragen.

5 Bedarfsabhängige Replikatkonsistenz

SPARE und REBFT haben gezeigt, wie sich in einem byzantinisch fehlertoleranten System außerhalb von Fehlerbehandlungen Ressourcen einsparen lassen. Im Unterschied dazu wird in diesem Abschnitt mit ODRC[5] ein Ansatz präsentiert, der die Ressourceneffizienz eines Systems dadurch steigert, dass er während des Normalbetriebs unter Verwendung der vorhandenen Ressourcen die Leistungsfähigkeit des Systems erhöht.

Selektive Ausführung ODRC zielt auf byzantinisch fehlertolerante Systeme ab, deren Struktur die in Abschnitt 2 erläuterten drei logischen Stufen aufweist [CL99, YMV$^+$03, VCB$^+$11]. Wie in Abbildung 4 dargestellt, wird dem bestehenden System hierbei eine zusätzliche Stufe, die *Selektionsstufe*, zwischen Einigung und Ausführung hinzugefügt, die für jedes Ausführungsreplikat jeweils einen eigenen *Selektor* bereitstellt. Dieser entscheidet darüber, welche der geeinigten Anfragen das ihm zugeteilte Replikat bearbeitet und welche nicht. Im Unterschied zu traditionellen Ansätzen wird bei ODRC eine Anfrage nicht von allen Replikaten ausgeführt, sondern nur von einer Untergruppe aus $f+1$ Replikaten. Wie in Abschnitt 2 erläutert, reicht dies während des Normalbetriebs jedoch aus, um die Verifikation der zugehörigen Antwort auf Client-Seite erfolgreich abzuschließen. Da für verschiedene Anfragen unterschiedliche Untergruppen zuständig sind, verteilt sich die Gesamtlast im System. Dies führt dazu, dass bei ODRC bisher belegte Ressourcen frei werden und für die Bearbeitung zusätzlicher Anfragen zur Verfügung stehen.

Normalbetrieb Die Auswahl der jeweils für die Bearbeitung einer Anfrage zuständigen Replikatuntergruppe erfolgt in ODRC auf Basis einer systemweit eindeutigen und jedem Selektor bekannten (anwendungsspezifischen) Abbildungsvorschrift, die jedes Objekt des Anwendungszustands genau $f+1$ Selektoren im System zuordnet. Während des Normalbetriebs hat ein Selektor dafür zu sorgen, dass die ihm zugeordneten Objekte auf seinem Ausführungsreplikat aktuell gehalten werden. Dieser Aufgabe kommt ein Selektor nach, indem er sämtliche Anfragen zur Bearbeitung auswählt, die auf ihm zugeordnete Objekte zugreifen. Alle Anfragen, die diese Anforderung nicht erfüllen, werden dagegen vom Selektor gepuffert und erst bei Bedarf im Rahmen einer Fehlerbehandlung ausgeführt.

---

[5] <u>O</u>n <u>D</u>emand <u>R</u>eplica <u>C</u>onsistency

Fehlerbehandlung Die Reduzierung der Anzahl redundanter Ausführungen im Normalbetrieb auf $f+1$ hat zur Folge, dass ein Client bei Auftreten eines Fehlers (zunächst) über zu wenige Antworten verfügt, um das Ergebnis verifizieren zu können. In einem solchen Fall signalisiert der betroffene Client dem System die Ausnahmesituation und leitet dadurch die Fehlerbehandlung ein. Während dieser wählen nun auch die restlichen Selektoren die entsprechende Anfrage zur Bearbeitung aus, so dass der Client weitere Antworten erhält und somit die Verifikation des Resultats abschließen kann. Da ein Selektor im Rahmen von Fehlerbehandlungen Anfragen auswählen muss, die auf ihm nicht zugeordneten Objekten arbeiten, hat er dabei zunächst dafür zu sorgen, dass die Zustände der betroffenen Objekte auf seinem Replikat aktualisiert werden. Hierzu wählt der Selektor zusätzlich all jene der gepufferten Anfragen zur Bearbeitung aus, die auf diese Objekte wirken. Der Aufwand zur Herstellung der Replikatkonsistenz in ODRC ist also abhängig vom konkreten Bedarf der jeweiligen Fehlerbehandlung. Bisherige Ansätze [CL99, YMV$^+$03, VCB$^+$11] halten Replikate dagegen bereits vorsorglich konsistent, indem sie (auch in Abwesenheit von Fehlern) sämtliche Client-Anfragen von allen Replikaten bearbeiten lassen.

Evaluierung Die Evaluierung von ODRC erfolgte auf Basis byzantinisch fehlertoleranter Implementierungen zweier für Datenzentren essentieller Dienste: einem Netzwerkdateisystem (NFS [Sun89]) sowie einem Koordinierungsdienst (ZooKeeper [HKJR10]). In beiden Fällen zeigen die Ergebnisse der Experimente, dass die selektive Ausführung von Anfragen in ODRC während des Normalbetriebs zu signifikanten Leistungssteigerungen führt. So lässt sich im Vergleich zu PBFT beispielsweise ein um 53% höherer Schreibdurchsatz für NFS erzielen. Hervorzuheben ist hierbei insbesondere die Tatsache, dass der von ODRC erzielte Maximaldurchsatz auch um 45% über dem einer nicht-fehlertoleranten Standard-NFS-Implementierung liegt. Dies ist bemerkenswert, da nach allgemeiner Ansicht der Mehraufwand für byzantinische Fehlertoleranz notwendigerweise zu (je nach Anwendungsfall mehr oder weniger starken) Leistungseinbußen führt. ODRC zeigt dagegen, dass sich die zur Tolerierung byzantinischer Fehler erforderlichen Ressourcen während des Normalbetriebs zur Steigerung der Performanz eines Systems nutzen lassen.

6 Zusammenfassung

In traditionellen byzantinisch fehlertoleranten Systemen beteiligen sich zu jedem Zeitpunkt alle korrekten Replikate aktiv an der Einigung und Ausführung von Anfragen, auch wenn dadurch in Abwesenheit von Fehlern mehr Ressourcen verbraucht werden als nötig wären, um Fortschritt zu erzielen. Diese Arbeit hat gezeigt, dass es durch die Einführung eines Normalbetriebsmodus möglich ist, die Ressourceneffizienz solcher Systeme signifikant zu steigern. Hierfür wurden verschiedene Ansätze zur Realisierung eines Normalbetriebsmodus präsentiert und evaluiert, die sich hinsichtlich ihrer Zielsetzung unterscheiden: Der erstmalige Einsatz von passiver Replikation in Kombination mit byzantinischer Fehlertoleranz hat sich als effektives Mittel zur Einsparung von Ressourcen erwiesen. Im Gegensatz dazu erlaubt es die selektive Ausführung von Anfragen, während des Normalbetriebs freie Ressourcen zur Leistungssteigerung zu nutzen. Diese Flexibilität schafft die Voraussetzung für den breiten Praxiseinsatz ressourceneffizienter Systeme, die nicht nur in der Lage sind Komponentenausfälle zu tolerieren, sondern darüber hinaus auch Einbrüche.

Literaturverzeichnis

[Ama08] Amazon S3 Event. http://status.aws.amazon.com/s3-20080720.html, 2008.

[App08] Google App Engine Outage. https://groups.google.com/forum/#!topic/google-appengine/985VmzuLMDs, 2008.

[BDF+03] Paul Barham, Boris Dragovic, Keir Fraser, Steven Hand, Tim Harris, Alex Ho, Rolf Neugebauer, Ian Pratt und Andrew Warfield. Xen and the Art of Virtualization. In *Proc. of the 19th Symp. on Operating Systems Principles*, Seiten 164–177, 2003.

[CL99] Miguel Castro und Barbara Liskov. Practical Byzantine Fault Tolerance. In *Proc. of the 3th Symp. on Operating Systems Design and Implementation*, Seiten 173–186, 1999.

[Dis14] Tobias Distler. *Resource-efficient Fault and Intrusion Tolerance*. Dissertation, Friedrich–Alexander–Universität Erlangen–Nürnberg (FAU), 2014.

[GKQV10] Rachid Guerraoui, Nikola Knežević, Vivien Quéma und Marko Vukolić. The Next 700 BFT Protocols. In *Proc. of the 5th European Conf. on Computer Systems*, Seiten 363–376, 2010.

[HKJR10] Patrick Hunt, Mahadev Konar, Flavio P. Junqueira und Benjamin Reed. ZooKeeper: Wait-free Coordination for Internet-scale Systems. In *Proc. of the 2010 USENIX Annual Technical Conf.*, Seiten 145–158, 2010.

[KR09] Petr Kuznetsov und Rodrigo Rodrigues. BFTW3: Why? When? Where? Work. on the Theory and Practice of Byzantine Fault Tolerance. *SIGACT News*, 40(4):82–86, 2009.

[LSP82] Leslie Lamport, Robert Shostak und Marshall Pease. The Byzantine Generals Problem. *ACM Transactions on Programming Languages and Systems*, 4(3):382–401, 1982.

[RK07] Hans P. Reiser und Rüdiger Kapitza. Hypervisor-based Efficient Proactive Recovery. In *Proc. of the 26th Symp. on Reliable Distributed Systems*, Seiten 83–92, 2007.

[RUB] RUBiS: Rice University Bidding System. http://rubis.ow2.org/.

[Sun89] Sun Microsystems. NFS: Network File System Protocol Specification. RFC 1094, 1989.

[VCB+11] Giuliana Santos Veronese, Miguel Correia, Alysson Neves Bessani, Lau Cheuk Lung und Paulo Veríssimo. Efficient Byzantine Fault Tolerance. *IEEE Transactions on Computers*, 62(1):16–30, 2011.

[YMV+03] Jian Yin, Jean-Philippe Martin, Arun Venkataramani, Lorenzo Alvisi und Mike Dahlin. Separating Agreement from Execution for Byzantine Fault Tolerant Services. In *Proc. of the 19th Symp. on Operating Systems Principles*, Seiten 253–267, 2003.

Tobias Distler studierte von 2003 bis 2008 Informatik an der Friedrich-Alexander-Universität Erlangen-Nürnberg (FAU). Seit seinem Abschluss arbeitet er dort als wissenschaftlicher Mitarbeiter bei Prof. Dr.-Ing. Wolfgang Schröder-Preikschat am Lehrstuhl für Verteilte Systeme und Betriebssysteme. Neben einer Lehrtätigkeit in den Bereichen Verteilte Systeme, Middleware und Cloud-Computing umfasst seine Arbeit die Forschung auf den Gebieten Zuverlässigkeit, Sicherheit und Byzantinische Fehlertoleranz. Diese bilden auch den Schwerpunkt seiner Beiträge zu dem durch die DFG geförderten REFIT-Projekt, für die er 2012 einen *IBM Ph.D. Fellowship Award* erhielt. Im Juni 2014 promovierte Tobias Distler mit Auszeichnung an der Technischen Fakultät der FAU.

Innovationen für die distanzbasierte Datenvisualisierung[1]

Andrej Gisbrecht[2]

Abstract: Die Arbeit adressiert das im Zuge stetig wachsender digitaler Datenmengen hoch relevante Gebiet der Datenvisualisierung durch Dimensionsreduktion. Im Zentrum stehen Problemstellungen für komplexe Situationen, wie etwa heterogene nichtvektrorielle Datensätze, rauschbehaftete oder falsch gestellte Problemstellungen, sowie extrem große Datenmengen. Im Rahmen der Arbeit wurden für diese Probleme jeweils effiziente Lösungen entwickelt und vergleichend evaluiert. Zudem gelingt es in der Arbeit erstmalig, mathematisch exakte Garantien für den wichtigen Fall nichtmetrischer Daten bereitzustellen.

1 Einführung

Der technologische Fortschritt in Bereichen der Messtechnik, Speichermedien und der Netzwerkinfrastruktur hat dazu geführt, dass die Menge an Daten, welche gesammelt und elektronisch gespeichert werden können, dramatisch ansteigt [HL11]. Dies hat wichtige Auswirkungen in verschiedenen Anwendungsbereichen, wie z.B. in der DNA-Sequenzierung und der Entschlüsselung des Genoms, im Internet und dort entstehenden sozialen Netzwerken, bei der Wettervorhersage durch die gemessenen Umweltbedingungen, bei der Digitalisierung von Büchern, Musik und Videoaufnahmen, als auch in vielen anderen Bereichen. Dieses gewaltiges Wachstum an digitalen Informationen und die damit verbundenen hohen potentiellen sozialen und ökonomischen Auswirkungen, haben dazu geführt, dass der Begriff 'Big Data' als eines der wichtigsten Probleme des Jahrhunderts benannt wurde [Ho13]. Die zunehmende Digitalisierung der Gesellschaft bringt sowohl Möglichkeiten als auch Herausforderungen mit sich: einerseits, verspricht die Analyse der gesammelten Daten neue Einsichten in bestehende Vorgänge und die Eröffnung neuer Forschungszweige; andererseits, sind die kognitiven Fähigkeiten eines Menschen begrenzt, wie z.B. bei der Verfolgung von mehreren unterschiedlichen Objekten gleichzeitig, so dass sogar Experten mit unverarbeiteten Informationen, in Form von z.B. einer Tabelle, schnell überfordert werden. Eine der wichtigsten damit zusammenhängenden Fragestellungen, ist deswegen, wie man solche Mengen an digitalen Daten für Menschen begreifbar macht.

Eine Möglichkeit auf die Daten direkt zuzugreifen, dabei aber das Problem der großen und hochdimensionalen Datensätze zu umgehen, ist es die Daten zu visualisieren. Dabei kann man die beeindruckenden kognitiven Fähigkeiten eines Menschen, visuelle Informationen zu verarbeiten, ausnutzen: so können die Menschen strukturelle Formen in visuellen Darstellungen wie Gruppen oder Ausreißer sofort erkennen. Deswegen bietet die Visualisierung eine hervorragende Methodik um eine interaktive Analyse von großen Mengen

---
[1] Englischer Titel der Dissertation: "Advances in dissimilarity-based data visualisation".
[2] Cognitive Interaction Technology - Exzellenzcluster, Universität Bielefeld, AG Theoretische Informatik, Inspiration 1, 33619 Bielefeld, Deutschland, agisbrecht@techfak.uni-bielefeld.de

digitaler Information zu ermöglichen. Es existieren unterschiedliche Ansätze um diese Aufgabe zu bewerkstelligen, z.B. durch die Benutzung von speziellen Formen wie Diagrammen, Kreisgrafiken, Graphen, parallelen Koordinaten oder ähnlichen. Solche Technologien können kombiniert werden mit passenden interaktiven Strategien, untersucht z.B. im Bereich der visuellen Analytik. Eine andere Möglichkeit die Daten zu visualisieren basiert auf der Aufgabe sehr hochdimensionale Daten passend zu verarbeiten, wobei sich hier die Dimensionalität im zweistelligen Bereich bewegen kann, bis hin zu einigen Millionen Dimensionen. Auf diesem Gebiet ist das Feld der nichtlinearen Dimensionsreduktion entstanden, welches einen sehr wichtigen Bereich des maschinellen Lernens darstellt [LV07].

Der Fokus der hier zusammengefassten Dissertation liegt auf den Methoden der Dimensionsreduktion. Das heißt die Daten sind gegeben als Punkte im hochdimensionalen Vektorraum und das Ziel ist es eine niedrigdimensionale Projektion dieser Daten zu konstruieren, so dass so viel Struktur wie möglich erhalten bleibt. Dadurch dass die Daten nach 2D oder 3D abgebildet werden können, werden diese für Menschen direkt visuell zugreifbar. Da es nicht a priori klar ist, was genau der Term 'Struktur' bedeutet, sind viele Formalisierungen entstanden, welche unterschiedliche Ziele verfolgen, angefangen bei der Distanzerhaltung, über Mannigfaltigkeitsextraktion, bis hin zur der Nachbarschaftserhaltung. Des Weiteren unterscheiden sich die Methoden im Bezug auf die Datenrepräsentation, so sind nicht alle Daten explizit als Vektoren gegeben, stattdessen können sie in Form von paarweisen Relationen wie Ähnlichkeiten und Unähnlichkeiten angegeben werden. In diesem Fall besteht eine zusätzliche Herausforderung darin, dass solche relationale Daten quadratischen Speicherplatz benötigen, da die Anzahl an paarweisen Relationen quadratisch mit der Anzahl der Objekte steigt.

Die steigende Komplexität der Daten bringt nicht nur Herausforderungen für die Benutzer mit sich welche diese inspizieren wollen, sondern auch für die dafür verwendeten Algorithmen: unterschiedliche Anwendungsgebiete führen zu spezialisierten Problemstellungen, welche ausgeklügelte Techniken zur Lösung erfordern. Deswegen stellt sich die Frage, wie die Methoden der Dimensionsreduktion umgewandelt werden können damit sie die Anforderungen der jeweiligen Aufgabenstellung erfüllen können. Große Datensätze können nicht mit Methoden analysiert werden, welche mehr als konstanten Speicherplatz und mehr als lineare Laufzeit benötigen. Deswegen müssen solche Verfahren angepasst werden, um diese Einschränkungen zu erfüllen. Des Weiteren entstehen immer mehr komplexe Daten auf den Gebieten der Bioinformatik und der Textverarbeitung. Diese Daten können mit Vektoren häufig nicht zuverlässig repräsentiert werden, was dazu führt dass sich die Algorithmen nicht auf vektorielle Darstellungen beschränken dürfen, sondern auch mit den problemspezifischen ähnlichkeitsbasierten Daten umgehen können müssen. Außerdem, sind in großen Datensätzen häufig Rauschen oder irrelevante Informationen enthalten, weswegen Methoden benötigt werden, welche sich auf relevante Informationen fokussieren um eine zuverlässige Datenverarbeitung zu garantieren.

In der hier zusammengefassten Dissertation wurden Methoden erarbeitet, welche mit solchen Problemstellungen umgehen können. Die wissenschaftlichen Beiträge der Dissertation befassen sich mit den folgenden Problemstellungen:

- Wie integriert man Vorwissen in den Prozess der Datenvisualisierung? Es werden zwei Ansätze vorgestellt: Das Lernen der Metrik durch das Relevanzlernen und Metrikadaption basierend auf der Fisher-Information.

- Wie erweitert man vektorielle Methoden der Dimensionsreduktion für nichtvektorielle Daten, welche nur in Form von paarweisen Unähnlickeiten gegeben sind? Es wird eine Erweiterung der generativen topographischen Abbildung (generative topographic mapping - GTM) vorgestellt.

- Wie erzeugt man bei nicht-parametrischen Methoden eine explizite Abbildungsfunktion für neue Daten? Es wird eine generelle Technik vorgestellt, welche für jede Visualisierungsmethode eine explizite Abbildung berechnet. Dies wird anhand von t-Distributed Stochastic Neighbor Embedding (t-SNE) demonstriert.

- Wie verbessert man die Recheneffizienz der nichtlinearen Methoden? Es wird die Nyström-Approximation in unähnlichkeitsbasierte Algorithmen integriert um lineare Laufzeitkomplexität zu erreichen. Dazu wird ein formaler Beweis vorgestellt, welcher die Nyström-Approximation auch für indefinite symmetrische Matrizen generalisiert. Darauf basierend wird ein Verfahren vorgestellt, um in linearer Zeit die Eigenwertzerlegung zu berechnen und die Eigenwertkorrektur durchzuführen.

Die behandelten Problemstellungen sind schematisch in der Tabelle 1 dargestellt.

| Problem | Relationale | Neue | Effizienz | | Relevanz |
Methode	Daten	Daten	vektoriell	relational	Learnen
GTM	?	√	√	?	?
t-SNE	√	?	?	?	?

Tab. 1: In der Dissertation behandelten Fragestellungen.

2 Relevanzlernen

Für die Demonstration des Relevanzlernens wird GTM verwendet [BSW98]. Dies ist eine probabilistische alternative zu der selbstorganisierenden Karte (SOM). GTM erzeugt ein generatives stochastisches Modell der Daten $\mathbf{x} \in \mathbb{R}^D$ indem eine Mixtur der Gauß-Verteilungen, induziert durch latente Punkte $\mathbf{w}$ auf einem regulären Gitter, die Datenverteilung erzeugt.

Das Prinzip des Relevanzlernens wurde eingeführt in [HV02] als eine besonders einfache und effiziente Methode um prototypenbasierte Klassifikatoren an besondere Aufgabenstellungen anzupassen. Es wird die Relevanz der einzelnen Dimensionen bewertet indem die Euklidische Metrik durch ihre gewichtete Form substituiert wird

$$d_\lambda(\mathbf{x},\mathbf{t}) = \sum_{d=1}^{D} \lambda_d^2 (x_d - t_d)^2, \qquad (1)$$

wobei die Metrikparameter λ, parallel zum Lernen der Prototypenpositionen, basierend auf der Klassifikationsaufgabe trainiert werden. Dieses Prinzip kann generalisiert werden

[SBH09], indem man die Kombinationen zwischen je zwei Dimensionen bewertet. In diesem Fall wird eine quadratische Matrix Ω als Parameter verwendet und die generalisierte Metrik hat die Form

$$d_\Omega(\mathbf{x},\mathbf{t}) = (\mathbf{x}-\mathbf{t})^T \Omega^T \Omega (\mathbf{x}-\mathbf{t}). \qquad (2)$$

In der Dissertation wurde GTM mit dem Prinzip des Relevanzlernens erweitert.

Die Metrikparameter werden bezüglich einer Kostenfunktion gelernt, wobei es verschiedene Möglichkeiten gibt. Es wurden Varianten basierend auf generalized relevance und robust soft learning vector quantization untersucht. So ist z.B. bei robust soft das Ziel das statistische Modell, welches die Daten beschreibt, zu optimieren [SO03]. Es wird die Wahrscheinlichkeit maximiert, dass ein Punkt vom Prototypen der korrekten Klasse generiert wurde im Bezug auf die Gesamtwahrscheinlichkeit:

$$E(\Theta) = \sum_n E_n(\Theta) = \sum_n \log\left(\frac{\sum_{k|c(\mathbf{t}_k)=l_n} p(\mathbf{w}_k)p(\mathbf{x}_n|\mathbf{w}_k,\mathbf{W},\beta)}{p(\mathbf{x}_n|\mathbf{W},\beta)}\right), \qquad (3)$$

wobei l_n das Label des n-ten Datenpunkts, $p(\mathbf{x}_n|\mathbf{w}_k,\mathbf{W},\beta)$ die Wahrscheinlichkeit, dass k-tes Prototyp n-tes Punkt erzeugt, $p(\mathbf{x}_n|\mathbf{W},\beta)$ die Wahrscheinlichkeit für n-tes Punkt, $c(\mathbf{t}_k)$ und $p(\mathbf{w}_k)$ das Label bzw. die Wahrscheinlichkeit des k-ten Prototyps sind.

Der Vorteil dieses Ansatzes wird bei der Visualisierung des *Phoneme* Datensatzes in Abbildung 1 klar erkennbar. Dieser Datensatz beschreibt 13 unterschiedliche Phoneme mit 3656 Punkten mit jeweils 20 Dimensionen. Wie man sieht, sind beim klassischen GTM jedem Prototypen die Punkte aus unterschiedlichen Klassen zugeordnet, während bei Relevanz GTM die Metrik so gelernt wurde, dass nur Punkte aus der selben Klasse in einem rezeptiven Feld sind.

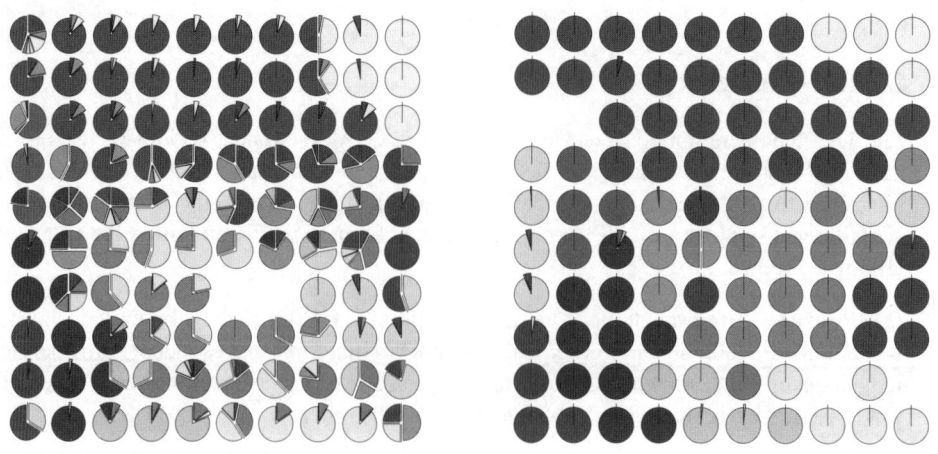

Abb. 1. Visualisierung des *Phoneme* Datensatzes mit GTM. Links ist die klassische Variante, rechts wurde Relevanzlernen verwendet. Die Kreisdiagramme geben an wie viele Punkte der jeweiligen Klasse im rezeptiven Feld des Prototypen sind. Wie man sehen kann, erreicht überwachtes Lernen eine bessere Separation der Klassen.

3 Relationale Daten

Die Komplexität der Daten steigt und immer häufiger können diese Daten nicht hinreichend gut in vektorieller Form dargestellt werden. Stattdessen werden die Daten in paarweisen (Un)Ähnlichkeiten repräsentiert. Das Problem dabei ist, dass klassische Verfahren mit solchen Daten nicht umgehen können. Deswegen wurde in der Dissertation die GTM diesbezüglich erweitert. Als Grundlage dient ein Trick [HB94], welcher es erlaubt die Prototypen implizit darzustellen auch wenn man die explizite vektorielle Form nicht kennt. Die Prototypen werden als eine lineare Kombination der Punkte dargestellt:

$$\mathbf{t}_k = \sum_{n=1}^{N} \alpha_{kn} \mathbf{x}_n \text{ wobei } \sum_{n=1}^{N} \alpha_{kn} = 1. \qquad (4)$$

In weiteren Rechnungen können die Prototypen nun in Form von Koeffizienten α_n repräsentiert werden, so kann man die Distanz zwischen einem Prototypen und einem Datenpunkt berechnen als:

$$d(\mathbf{x}_n, \mathbf{t}_k) = [\mathbf{D}\alpha_k]_n - \frac{1}{2} \cdot \alpha_k^T \mathbf{D}\alpha_k, \qquad (5)$$

wobei $\mathbf{D}$ die quadratische Matrix ist, welche die paarweisen Unähnlichkeiten zwischen allen Punkten angibt. Basierend darauf ist es nun möglich GTM neu zu formulieren so dass es relationale Daten visualisieren kann.

Ein Beispiel dafür ist in Abbildung 2 dargestellt. Hier wurden mit Relational GTM drei Datensätze abgebildet: *cat cortex* welches aus anatomischen Studien des Katzengehirns stammt und 65 kortikale Gebiete aus vier Klassen beschreibt; *proteins* welches 226 globine Proteine aus fünf Klassen, basierend auf evolutionärer Distanz vergleicht; und *aural sonar* welches Unähnlichkeiten zwischen 100 Sonarsignalen beschreibt und aus zwei Klassen, 'Treffer' und 'Rauschen', besteht.

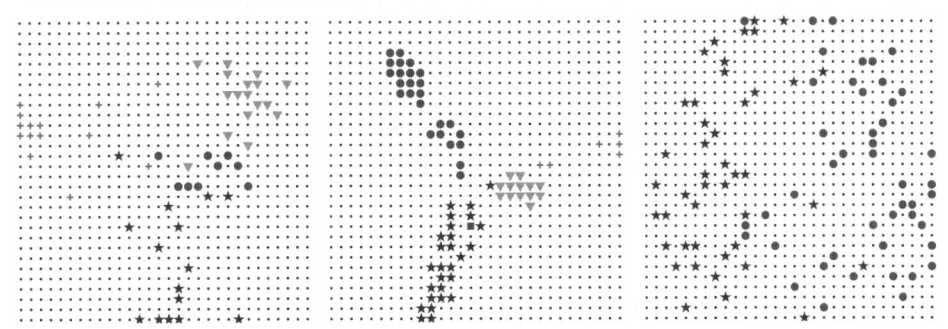

Abb. 2: Visualisierung der Datensätze *cat cortex*, *proteins* und *aural sonar* (von links nach rechts) mit Relational GTM.

4 Nyström-Approximation

Daten, welche durch eine (Un)Ähnlichkeitsmatrix gegeben werden, benötigen quadratische Speicherkapazität. Es ist klar, dass Algorithmen, welche auf diesen Matrizen operieren, mindestens quadratische, häufig aber kubische Rechenkomplexität benötigen. In Hinblick auf 'Big Data' bedeutet das, dass die Datensätze gar nicht vollständig gespeichert werden können und die Algorithmen nicht praktikabel sind. Um dieses Problem zu umgehen wurde auf dem Gebiet der kernelbasierten Methoden die Nyström-Approximation eingeführt [WS01]. Diese Methode wurde jedoch nur für positiv definite Kernelmatrizen definiert, so dass nichtmetrische (Un)Ähnlichkeiten damit nicht approximiert werden konnten. In der Dissertation wurde ein Beweis geliefert, dass die Nyström-Approximation für beliebige symmetrische Matrizen anwendbar ist. So dass viele relationale Methoden nun in linearer Laufzeit durchgeführt werden können.

Relationale Daten, welche z.B. aus einem Sequenzalignment der Gensequenzen, generiert werden, erfüllen nicht notwendigerweise die metrischen Eigenschaften, wie z.B. die Dreiecksungleichung. Das bedeutet, dass solche Daten nicht im Euklidischen Raum eingebettet werden können. Sie können jedoch stets, mithilfe einer symmetrischen Bilinearform, in einem sogenannten pseudo-Euklidischen Raum repräsentiert werden [PD05]:

$$\langle \mathbf{x}, \mathbf{y} \rangle_{p,q} = \sum_{i=1}^{p} x_i y_i - \sum_{i=p+1}^{p+q} x_i y_i = \mathbf{x}^\top \mathbf{I}_{p,q} \mathbf{y}, \qquad (6)$$

wobei $\mathbf{I}_{p,q}$ eine Diagonalmatrix mit p Einträgen gleich 1 und q Einträgen gleich -1 ist. Somit erzeugen Skalarprodukte in diesem Raum die Ähnlichkeiten und Distanzen die Unähnlichkeiten. Es können auch Transformationen hergeleitet werden, welche diese beide Darstellungen ineinander umformen können. Wenn man von einer Ähnlichkeitsmatrix ausgeht, dann kann man mittels Eigenwertzerlegung die Darstellung aus der Gleichung 6 rekonstruieren. Falls man in dieser Zerlegung die Eigenwerte korrigiert, indem man die absoluten Beträge nimmt, oder negative Werte abschneidet, bekommt man eine positiv definite Matrix welche als Kernel weiter verwendet werden kann. Diese Transformationen sind schematisch in Abbildung 3 dargestellt. Wie man jedoch sehen kann, haben diese Transformationen quadratischen bis kubischen Aufwand, so dass sie in der Praxis zu langsam sind.

Die Nyström-Approximation erlaubt es eine Matrix mit einer anderen Matrix, welche aber einen kleinen Rang hat, zu approximieren [WS01]:

$$\hat{\mathbf{S}} = \mathbf{S}_{N,m} \mathbf{S}_{m,m}^{-1} \mathbf{S}_{m,N}, \qquad (7)$$

wobei $\mathbf{S}_{N,m}$ ein linearer Teil der gesamten Matrix ist, welcher aus Relationen zwischen allen N Punkten und m Punkten, die auch als Landmarken bezeichnet werden, besteht. Die Matrix $\mathbf{S}_{m,m}^{-1}$ ist die Pseudoinverse der Matrix der Relationen zwischen den Landmarken. Die Darstellung aus der Gleichung 7 erlaubt es nun die Transformationen in Abbildung 3 durch geschicktes Klammern in linearer Laufzeit durchzuführen.

Mit diesen Transformationen und der approximierten Form der Matrix ist es möglich diverse relationale Algorithmen in linearer Zeit zu berechnen. Außerdem, können beliebige (Un)Ähnlichkeiten zu gültigen Kernen transformiert werden, so dass diese mit der großen Masse an Kernelmethoden verarbeitet werden können.

```
        Transformation
   klassisch O(N²), approximiert O(m²N)
S ──────────────────────────────────────► D
   ◄──────────────────────────────────────
        Double-Centering
   klassisch O(N²), approximiert O(m²N)
```

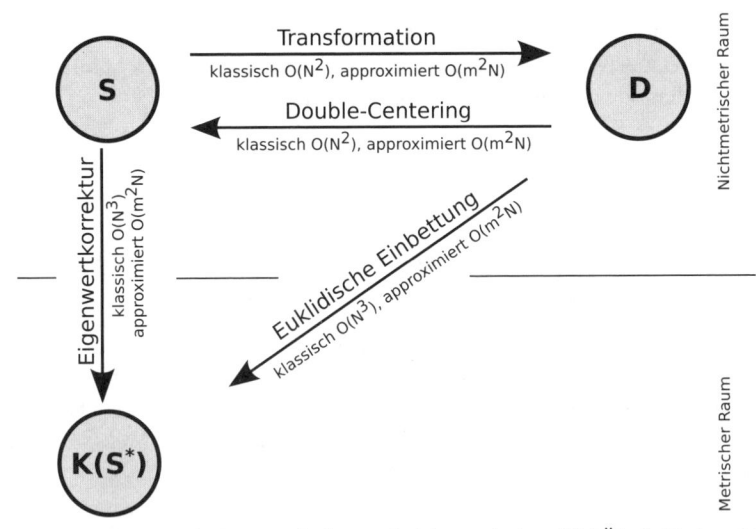

(Eigenwertkorrektur: klassisch O(N³), approximiert O(m²N); Euklidische Einbettung: klassisch O(N³), approximiert O(m²N); K(S*); Nichtmetrischer Raum; Metrischer Raum)

Abb. 3: Transformationen zwischen metrischen und nichtmetrischen (Un)Ähnlichkeiten. Mit der Approximation wird dabei ein linearer Aufwand erreicht.

5 Explizite Abbildung

Obwohl die Nyström-Approximation bei vielen Methoden den Rechenaufwand verbessern kann, ist sie leider nicht immer anwendbar. Unter anderem nicht bei dem t-distributed stochastic neighbour embedding (t-SNE) [vdMH08], welches eine der besten und populärsten Methoden für Dimensionsreduktion ist. Es berechnet für alle Paare von Punkten die Wahrscheinlichkeit, dass diese Punkte benachbart sind, sowohl im hochdimensionalen als auch im niedrigdimensionalen Raum. Die Projektionen der Punkte werden optimiert, indem man die Kullback-Leibler-Divergenz der beiden Wahrscheinlichkeiten minimiert. Da t-SNE einen quadratischen Aufwand hat, ist es leider nicht für sehr große Datensätze geeignet. Zudem generiert t-SNE eine Visualisierung nur für gegebene Daten, falls neue Daten hinzukommen, muss die ganze Abbildung neu trainiert werden. Dies ist ein sehr großer Nachteil bei Anwendungen mit kontinuierlich aufgenommenen Messwerten.

Um dieses Problem zu lösen, wurde ein allgemeines Verfahren vorgestellt, welches eine explizite Abbildungsvorschrift lernt, nicht nur für t-SNE, sondern für jede beliebige Dimensionsreduktion. Die explizite Abbildung kann nicht nur bei wachsenden Datensätzen angewendet werden, sondern auch bei sehr großen Datenmengen: die Projektion wird auf einer kleinen Teilmenge gelernt, und auf verbleibende Daten in linearer Zeit erweitert. Damit kann also für beliebig komplexe Methoden ein linearer Aufwand erreicht werden.

Sind hochdimensionale Daten $\mathbf{x}_j$ gegeben, sowie deren niedrigdimensionale Abbilder $\mathbf{y}_j$, lässt sich eine Abbildung von $\mathbf{x}$ nach $\mathbf{y}$ definieren:

$$\mathbf{x} \mapsto \mathbf{y}(\mathbf{x}) = \sum_j \alpha_j \cdot \frac{k(\mathbf{x}, \mathbf{x}_j)}{\sum_l k(\mathbf{x}, \mathbf{x}_l)}, \qquad (8)$$

wobei α_j Parameter sind, welche gelernt werden müssen, und $k(\mathbf{x},\mathbf{x}_j) = \exp(-0.5\|\mathbf{x}-\mathbf{x}_j\|^2/\sigma_j^2)$ ein Gauß-Kern mit Varianz σ_j^2 ist. Die Parameter dieser Abbildung lassen sich mithilfe der Methode der kleinsten Quadrate bestimmen:

$$\mathbf{A} = \mathbf{K}^{-1} \cdot \mathbf{Y}, \tag{9}$$

wobei $\mathbf{A}$ die Matrix der Parameter α_j ist, $\mathbf{Y}$ Matrix der Projektionen $\mathbf{y}_j$ und $\mathbf{K}^{-1}$ die Inverse der Matrix $\mathbf{K}$, gegeben durch $[\mathbf{K}]_{i,j} = k(\mathbf{x}_i,\mathbf{x}_j)/\sum_l k(\mathbf{x}_i,\mathbf{x}_l)$.

Durch diese effiziente Abbildung können Ansätze realisiert werden, welche zwar theoretisch sehr interessant sind, jedoch aufgrund von hoher Komplexität nicht praktikabel. So kann z.B. das Konzept des Relevanzlernens zu einer Riemannschen Metrik generalisiert werden [PKK04]. Dabei wird an jedem Punkt $\mathbf{x}$ des Raumes eine Metrik definiert, welche durch die Fisher-Informations-Matrix gegeben ist:

$$\mathbf{J}(\mathbf{x}) = E_{p(c|\mathbf{x})}\left\{\left(\frac{\partial}{\partial \mathbf{x}}\log p(c|\mathbf{x})\right)\left(\frac{\partial}{\partial \mathbf{x}}\log p(c|\mathbf{x})\right)^T\right\}, \tag{10}$$

wobei E den Erwartungswert bezeichnet und $p(c|\mathbf{x})$ die Wahrscheinlichkeit für einen Punkt der Klasse c an der Stelle $\mathbf{x}$. Eine so definierte Metrik muss über Wegintegrale berechnet werden, kann jedoch stückweise approximiert werden, ist aber trotzdem zu aufwändig um praktikabel zu sein. Mithilfe der expliziten Abbildung kann diese Metrik effizient verwendet werden um eine diskriminative Dimensionsreduktion zu generieren.

Ein Beispiel für eine solche Methode ist in Abbildung 4 dargestellt. Hierbei wurde der *MNIST* Datensatz visualisiert. Dieser besteht aus Bildern von 60000 handgeschriebenen Zahlen von 0 bis 9, jedes Bild mit der Größe von 28×28 Pixel. Es wurde zuerst die Fisher-Distanz zwischen 2000 Punkten berechnet, mit t-SNE visualisiert, und dann mit der darauf gelernten Abbildung die verbleibenden 58000 Punkte zu projizieren.

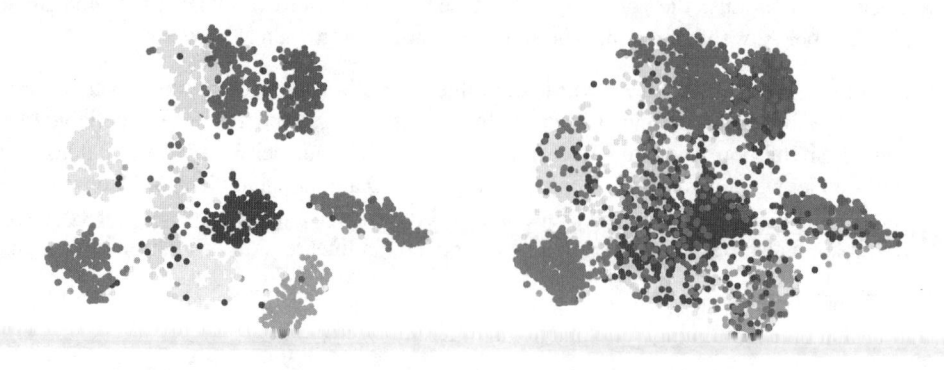

Abb. 4: Visualisierung des *MNIST* Datensatzes unter Verwendung der Fisher-Information. Links sind 2000 Punkte mit t-SNE visualisiert, rechts ist die Erweiterung auf alle 60000 Punkte.

6 Zusammenfassung

Dimensionsreduktion ist ein mächtiges Werkzeug des Data Mining, welches große Datenmengen für menschliche Benutzer zugänglich macht. Als solches muss es den Algorithmen möglich sein, umfangreiche Mengen von beliebig komplexen Daten zu verarbeiten, und daraus leicht interpretierbare Repräsentationen zu erstellen. Diese Dissertation trägt dazu bei, die Lücke zwischen existierenden Ansätzen und effizienten universellen Methoden zu schließen, indem eine Auswahl von verschiedenen Techniken präsentiert wird.

Eine dieser Techniken ist die Integration des Relevanzlernens, welches eine grundlegende Möglichkeit darstellt, um die Zielsetzung der Dimensionsreduktion zu lenken. Dabei wird diese mittels Zusatzinformationen konkretisiert, so dass wichtige Aspekte der Daten bezüglich dieser Zusatzinformationen herausgestellt werden. Dies führt zu Visualisierungen, bei denen die relevanten Anteile der Daten für den Benutzer priorisiert werden. Des Weiteren wurde eine Erweiterung der GTM für die Verwendung von relationalen Daten vorgeschlagen. Da diese Art der Datenrepräsentation eine paarweise Verarbeitung von Objekten bedingt, bringt die Erweiterung den Nachteil einer quadratischen Zeit- und Speicherkomplexität mit sich, was für große Datenmengen nicht realisierbar ist. Es wurde gezeigt, wie dieses Problem mit Hilfe der Nyström-Approximation umgangen werden kann, wodurch der Algorithmus eine lineare Komplexität behält. Die Charakteristiken von relationalen Daten wurden in der Arbeit ausführlich diskutiert, und eine generelle Methode zur Umwandlung nichtmetrischer (Un)Ähnlichkeitsmatrizen in metrische Matrizen wurde vorgestellt. Dieses Prinzip erlaubt die Verarbeitung von beliebigen relationalen Daten mit allen Ähnlichkeitsbasierten und Kernelbasierten Methoden. Als letztes, wurde eine generelle Vorgehensweise vorgestellt, welche es erlaubt für beliebige Dimensionsreduktionen eine explizite Abbildung zu lernen. Dadurch wird es möglich die Visualisierung auf einer kleinen Menge der Punkte zu lernen und die verbleibenden Punkte dann auf die selbe Art und Weise effizient runter zu projizieren.

Literaturverzeichnis

[BSW98]   Bishop, Christopher M.; Svensén, Markus; Williams, Christopher K. I.: GTM: the generative topographic mapping. Neural Computation, 10(1):215–234, Januar 1998.

[Gi15]   Gisbrecht, Andrej: Advances in dissimilarity-based data visualisation. Dissertation, Bielefeld University, 2015.

[HB94]   Hathaway, Richard J.; Bezdek, James C.: Nerf c-means: Non-Euclidean relational fuzzy clustering. Pattern Recognition, 27(3):429–437, 1994.

[HL11]   Hilbert, Martin; López, Priscila: The World's Technological Capacity to Store, Communicate, and Compute Information. Science, 332(6025):60â65, 2011.

[Ho13]   Horvath, Sabine: , Aktueller Begriff - Big Data. Wissenschaftliche Dienste des Deutschen Bundestages, November 2013.

[HV02]   Hammer, B.; Villmann, Th.: Generalized Relevance Learning Vector Quantization. Neural Networks, 15(8-9):1059–1068, 2002.

[LV07]   Lee, John A.; Verleysen, Michel: Nonlinear dimensionality reduction. Springer, 2007.

[PD05]   Pekalska, Elzbieta; Duin, Robert P.W.: The Dissimilarity Representation for Pattern Recognition. Foundations and Applications. World Scientific, 2005.

[PKK04] Peltonen, Jaakko; Klami, Arto; Kaski, Samuel: Improved Learning of Riemannian Metrics for Exploratory Analysis. Neural Networks, 17:1087–1100, 2004.

[SBH09] Schneider, P.; Biehl, M.; Hammer, B.: Adaptive relevance matrices in learning vector quantization. Neural Computation, 21:3532–3561, 2009.

[SO03]   Seo, Sambu; Obermayer, Klaus: Soft learning vector quantization. Neural Computation, 15(7):1589–1604, Juli 2003.

[vdMH08] van der Maaten, L. J. P.; Hinton, G.E.: Visualizing High-Dimensional Data Using t-SNE. Journal of Machine Learning Research, 9:2579–2605, 2008.

[WS01]   Williams, Christopher; Seeger, Matthias: Using the Nyström Method to Speed Up Kernel Machines. In: Advances in Neural Information Processing Systems 13. MIT Press, S. 682–688, 2001.

Andrej Gisbrecht wurde am 28. März 1983 in Iskitim (Russland) geboren. Er hat in Deutschland das Abitur gemacht und hat an der Technischen Universität Clausthal Informatik studiert. Im August 2009 hat er das Studium mit Auszeichnung abgeschlossen. Sein Doktorandenstudium hat er in Clausthal begonnen und ist im April 2010 zur Universität Bielefeld gewechselt. Dort arbeitete er als wissenschaftlicher Mitarbeiter an der Technischen Fakultät in der Arbeitsgruppe Theoretische Informatik. Im September 2014 hat er seine Doktorarbeit mit Auszeichnung verteidigt. Während des Doktorandenstudiums wurde er zu mehreren Forschungsseminaren in Dagstuhl, zum MPI in Dresden und zu diversen Forschungsgruppen eingeladen. Mit seiner Forschung hat er zu den wissenschaftlichen Bereichen der Visualisierung und Big Data beigetragen.

Beobachtungsmöglichkeiten im Domain Name System: Angriffe auf die Privatsphäre und Techniken zum Selbstdatenschutz

Dominik Herrmann[1]

Abstract: Das Domain Name System (DNS) übernimmt im Internet die Auflösung von Domainnamen in IP-Adressen. Die Dissertation weist im DNS einerseits Beobachtungsmöglichkeiten nach, die die Privatsphäre von Internetnutzern gefährden. Andererseits werden neuartige Techniken zum Selbstdatenschutz vorgeschlagen, mit denen sich Nutzer vor unerwünschter Beobachtung schützen können. Hervorzuheben ist insbesondere das entwickelte Verfahren zur verhaltensbasierten Verkettung von Internetsitzungen. Untersuchungen mit mehr als 12 000 Nutzern belegen, dass die Aktivitäten der meisten Internetnutzer ohne deren Wissen über längere Zeit nachvollzogen werden können als gedacht. Diese Erkenntnis ist nicht nur im DNS-Kontext von Bedeutung; sie stellt vielmehr die bisherigen Annahmen über die im Internet grundsätzlich erreichbare Privatheit in Frage.

Keywords: Datenschutz, Anonymisierungsdienste, Überwachung im Internet, Machine Learning

1 Einführung

Wer kann uns im Internet überwachen? Wie schützen wir uns vor unerwünschter Beobachtung? Die Dissertation [He14] trägt dazu bei, diese Fragen zu beantworten. Im Fokus steht dabei das Domain Name System (DNS), das die leicht merkbaren Domainnamen (Domains) in die zugehörigen IP-Adressen übersetzt. Diese *Namensauflösung* wird von sog. *rekursiven Nameservern* (DNS-Server) durchgeführt. Rekursive Nameserver erfahren zwangsläufig die Domains, die ihre Nutzer auflösen. Üblicherweise verwenden Internetnutzer zur Namensauflösung einen DNS-Server ihres Internetanbieters (s. Abb. 1 links). Da Internetanbieter ihre Kunden grundsätzlich immer überwachen können, wurden die Beobachtungsmöglichkeiten auf DNS-Servern bislang weitgehend vernachlässigt.

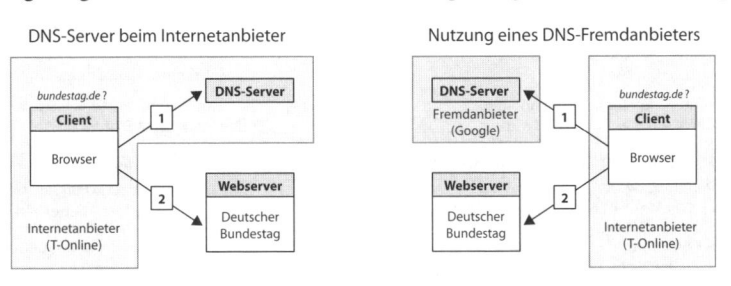

Abb. 1: Betrachtetes Szenario: DNS-Server können die aufgelösten Domains beobachten.

---

[1] Universität Hamburg, Fachbereich Informatik, Vogt-Kölln-Straße 30, 22527 Hamburg, dh@exomail.to

Die mangelnde Vertraulichkeit der Namensauflösung gewinnt allerdings aufgrund von zwei Entwicklungen an Bedeutung. Zum einen zeichnet sich ein Trend zur **Zentralisierung der Namensauflösung** ab. Seit etwa fünf Jahren bieten auch internationale Konzerne wie Google, OpenDNS und Symantec öffentliche DNS-Server an. Diese **DNS-Fremdanbieter** (s. Abb. 1 rechts) weisen gegenüber den Internetanbietern einige Vorzüge auf, z. B. bessere Performanz, höhere Ausfallsicherheit sowie Schutz vor DNS-basierten Internetsperren. Da die Fremdanbieter auch immer wieder in Massenmedien (z. B. in *Spiegel Online* [KP09]) empfohlen werden, erfreuen sie sich immer größerer Beliebtheit. Im Jahr 2013 beantworteten allein die DNS-Server von Google mehr als 150 Mrd. Anfragen pro Tag. Studien schätzen, dass bereits 3 % der Nutzer zu einem DNS-Fremdanbieter gewechselt sind [He14, S. 63 ff.]. Angesichts dessen stellt sich die Frage, welche Informationen ein DNS-Anbieter eigentlich über seine Nutzer gewinnen kann.

Die zweite Entwicklung betrifft das zunehmende Interesse an der **Auswertung von Verkehrsdaten** („Metadaten"), das nicht nur bei Nachrichtendiensten, sondern auch bei polizeilichen Ermittlungsbehörden besteht. Es ist gut vorstellbar, in Zukunft gezielt den DNS-Datenverkehr bei der Aufklärung bzw. zur Prävention von Straftaten einzubeziehen. Im Vergleich zur Auswertung des gesamten IP-Datenverkehrs fällt dabei nur einen Bruchteil der Datenmenge an. Der Anteil des DNS-Datenverkehrs am übertragenen Gesamtvolumen beträgt nur etwa 0,05 % [He14, S. 3]. Darüber hinaus ließen sich durch Beschlagnahme von DNS-Protokollen, die von den Anbietern üblicherweise für einige Zeit zur Störungserkennung aufbewahrt werden, auch *nachträglich* noch Informationen über die Internetaktivitäten eines Verdächtigen gewinnen. Allerdings besteht dabei das Risiko von Fehlinterpretationen, da Aussage- und Beweiskraft von DNS-Anfragen noch nicht näher untersucht worden sind.

Zum einen sind die Beobachtungsmöglichkeiten im DNS bislang kaum quantifizierbar, zum anderen fehlen praxistaugliche Werkzeuge zum Schutz vor unerwünschter Überwachung. Diese Lücken sollen in der Dissertation mittels empirischer Untersuchungen und prototypischer Implementierungen geschlossen werden. Die Arbeit zeigt auf, welche Informationen aus DNS-Anfragen rekonstruiert werden können und wie wirksame Selbstdatenschutz-Techniken zu gestalten sind. Die entstandenen **Forschungsbeiträge** (s. Abb. 2) sind nicht nur für die Nutzer von DNS-Fremdanbietern relevant, sondern auch für Datenschutzbeauftragte und IT-Forensiker sowie letztlich alle Internetnutzer von Bedeutung.

Beobachtungsmöglichkeiten	**Techniken zum Selbstdatenschutz**
Welche Informationen geben DNS-Anfragen preis?	Wie können sich Nutzer vor Beobachtung schützen?
[1] Fingerprinting-Verfahren zur Ermittlung der besuchten Webseiten	[3] Verbessertes Range-Query-Verfahren zur Verschleierung beabsichtigter Anfragen
[2] Erkennung benutzter Software anhand charakteristischer Anfragen und Muster	[4] Anonymität und Unbeobachtbarkeit mit dem DNSMIX-System
Ist eine Überwachung über längere Zeiträume möglich?	Wie kann verhaltensbasiertes Tracking verhindert werden?
[5] Verfahren zur Verkettung von Sitzungen anhand charakteristischer Verhaltensmuster	[6] Entwurf und Evaluation von Techniken zum Schutz vor verhaltensbasierter Verkettung
Relevanz der Beiträge: Identifikation neuer Bedrohungen für Privatsphäre und Sicherheit von Internetnutzern, die nicht nur auf das DNS beschränkt sind; Schaffung von Grundlagen für neue forensische Ermittlungsmethoden	**Relevanz der Beiträge:** Hinweise zur Gestaltung von Systemen zur datenschutzfreundlichen Namensauflösung; Identifikation neuer Techniken zum wirksamen Schutz vor Verkettung der eigenen Aktivitäten durch Werbenetze

Abb. 2: Zusammenfassung der Forschungsfragen und Forschungsbeiträge der Dissertation

2 Welche Informationen geben DNS-Anfragen preis?

In diesem Abschnitt werden Beitrag 1 und 2 beschrieben bevor in Abschnitt 3 auf Techniken zum Selbstdatenschutz eingegangen wird.

2.1 Beitrag 1: Ermittlung der besuchten Webseiten

Zunächst wird in der Dissertation der Frage nachgegangen, inwiefern ein DNS-Anbieter anhand der aufgelösten Domains nachvollziehen kann, welche Webseiten ein Nutzer abruft. Der Anbieter steht dabei in der Praxis vor **zwei Problemen**.

Erstens erfährt der DNS-Anbieter nur die Domain, jedoch nicht die vollständige Adresse (URL) der besuchten Seite. Bei bestimmten Webseiten, etwa *http://de.wikipedia.org/wiki/ Alkoholkrankheit*, ist allerdings gerade die URL problematisch, wohingegen die Domain an sich (*de.wikipedia.org*) vergleichsweise unverfänglich ist. Zweitens stimmen die abgerufenen Webseiten nicht mit den beobachtbaren Domains überein, d. h. aus der Beobachtung einer DNS-Anfrage für eine bestimmte Domain (z. B. *www.anonyme-alkoholiker.de*) kann der Anbieter nicht ohne weiteres schlussfolgern, dass ein Nutzer auch die zugehörige Webseite besucht hat. Beim Abruf einer Webseite stellt ein Web-Browser nämlich häufig *mehr als eine* Anfrage. Dafür gibt es zwei Ursachen. Einerseits binden Webseiten häufig Inhalte von mehreren Webservern ein, etwa um Bannerwerbung anzuzeigen oder Trackingdienste zu integrieren. Zum anderen führen moderne Browser im Hintergrund zur Steigerung der Performanz ein sog. „DNS-Prefetching" durch, d. h. sie lösen schon beim Abruf einer Webseite vorsorglich alle Domains auf, die in Links enthalten sind, auf die der Nutzer als nächstes klicken könnte. Beim Abruf gängiger Webseiten werden daher typischerweise mehr als zehn Domains angefragt [He14, S. 168].

In der Dissertation wird daher untersucht, wie der DNS-Anbieter die beiden o. g. Probleme überwinden könnte, um das Web-Nutzungsverhalten anhand der von ihm beobachtbaren DNS-Anfragen möglichst genau zu rekonstruieren. Es zeigt sich, dass ein DNS-Anbieter bereits durch den Einsatz einfacher Heuristiken einen Großteil der besuchten Webseiten bestimmen kann, etwa indem er für jede beobachtete Domain prüft, ob die folgenden zwei Kriterien erfüllt sind: „Zeitabstand zur vorherigen DNS-Anfrage ist größer als 2 Sekunden" und „Domain beginnt mit www". Die Heuristiken erzielen einen hohen *Recall*, d. h. sie liefern die Domains von nahezu allen tatsächlich besuchten Seiten. Allerdings werden auch Domains zurückgeliefert, die *nicht* besucht worden sind, d. h. ihre *Precision* lässt zu wünschen übrig [He14, S. 153].

Die Tatsache, dass beim Abruf einer Webseite mehrere Domains aufgelöst werden, kann ein DNS-Anbieter zu seinem Vorteil nutzen. Das in der Dissertation entwickelte **DNS-basierte Website-Fingerprinting-Verfahren** geht von der Hypothese aus, dass viele Webseiten ein *so* charakteristisches DNS-Abrufmuster erzeugen, dass sich ihr Abruf daran erkennen lässt. Die dazu erforderliche Abrufmuster-Datenbank kann ein DNS-Anbieter selbst erzeugen. Um die von einem Nutzer besuchten Webseiten zu bestimmen, muss der Anbieter lediglich die Anfragen eines Nutzers mit den Abrufmustern in seiner Datenbank vergleichen. Reihenfolge und Zeitabstände der einzelnen Anfragen bleiben dabei außen vor, um die Robustheit der Erkennung zu erhöhen. Das Abrufmuster des Wikipedia-Eintrags zu „Alkoholkrankheit" enthält mehr als 30 Domains, u. a. *de.wikipedia.org*, *bits.wikimedia.org*, *counsellingresource.com*, *www.spiegel.de* und *www.stadt-und-gemeinde.de*.

Das Potenzial des Website-Fingerprinting-Verfahrens wird in der Dissertation anhand von vier Datensätzen abgeschätzt: den Homepages von 100 000 populären Webseiten (gemäß der sog. Alexa-Toplist), den 5000 beliebtesten Wikipedia-Einträgen, 5000 zufällig ausgewählten Wikipedia-Einträgen und knapp 6300 Newsbeiträgen des Heise-Verlags (*http://www.heise.de/newsticker*). In Rahmen einer empirischen Untersuchung wurde jede Seite unter kontrollierten Bedingungen einzeln heruntergeladen, um die dabei aufgelösten Domains zu protokollieren. Anschließend wurde die sog. k-Identifizierbarkeit jeder Webseite bestimmt. Der Wert von k gibt an, bei wie vielen Webseiten im Datensatz ein bestimmtes Abrufmuster zu beobachten ist. Ist eine Webseite 1-identifizierbar, weist sie (im Datensatz) ein einzigartiges Abrufmuster auf. Beobachtet der DNS-Anbieter ein solches Abrufmuster, kann er also darauf schließen, dass ein Nutzer die zugehörige Webseite besucht hat.

Datensatz	$k = 1$	$k \leq 5$
Alexa (100 000 beliebte Webseiten)	100 %	100 %
Wikipedia (5000 beliebte Einträge)	99 %	99 %
Wikipedia (5000 zufällige Einträge)	80 %	94 %
Heise (6283 aktuelle Meldungen)	63 %	76 %

Tab. 1: Ausgewählte Untersuchungsergebnisse zur k-Identifizierbarkeit von Webseiten; viele Seiten haben ein einzigartiges DNS-Abrufmuster ($k = 1$), anhand dessen ihr Abruf erkennbar ist.

Tabelle 1 zeigt die Anteile der Webseiten, die im Experiment 1-identifizierbar bzw. höchstens 5-identifizierbar waren. Demnach haben viele der betrachteten Homepages, Wikipedia-Einträge und Newsbeiträge ein einzigartiges Abrufmuster. Diese unter Laborbedingungen erzielten Ergebnisse sind allerdings nicht unmittelbar auf die Praxis übertragbar. In der Dissertation wird daher die Aussagekräftigkeit der Ergebnisse diskutiert und es werden Überlegungen angestellt [He14, S. 177], wie ein DNS-Anbieter die in der Praxis zu erwartenden Schwierigkeiten (z. B. Auftreten unvollständiger Abrufmuster durch Caching) adressieren kann, um die besuchten Webseiten mit hoher Genauigkeit zu erkennen.

2.2 Beitrag 2: Ermittlung der verwendeten Software

Ein DNS-Anbieter kann darüber hinaus auch auf die von einem Nutzer eingesetzten Anwendungen schließen. Zu diesem Ergebnis kommt eine in der Dissertation beschriebene Studie, bei der alle Domains aufgezeichnet wurden, die gängige Betriebssysteme, Web-Browser und Desktop-Anwendungen ohne Zutun des Nutzers im Hintergrund auflösen. Betrachtet wurden Windows XP/7/8, MacOS X und drei Linux-Systeme, die Browser Internet Explorer, Firefox, Safari und Chrome sowie 22 häufig benutzte Anwendungen.

Komfortfunktionen wie die automatische Suche nach Software-Updates oder die Synchronisation der Uhrzeit geben nicht nur den Hersteller preis, sondern häufig auch die jeweiligen Programme (z. B. *windowsupdate.com*, *su3.mcaffee.com*, *aus3.mozilla.org*). Dies stellt eine

Bedrohung für die Sicherheit von IT-Systemen dar. Anhand der DNS-Anfragen können Angreifer demnach Informationen über die Betriebsumgebung gewinnen und ihr Vorgehen gezielt auf die Infrastruktur des Opfers abstimmen (sog. „targeted attacks").

Bemerkenswert ist, dass es zum Schutz nicht ausreicht, die oben erwähnten Komfortdienste abzuschalten. Obwohl die Systeme dann keine verräterischen Domains mehr auflösen, kann ein Angreifer immer noch ermitteln, welches Betriebssystem bzw. welchen Browser ein Nutzer einsetzt. Da der genaue Ablauf der Namensauflösung nie exakt spezifiziert worden ist, haben sich in der Praxis mehrere Varianten herausgebildet. Das in der Dissertation entwickelte Verfahren zur rein **verhaltensbasierten Software-Erkennung** nutzt insbesondere die unterschiedlich implementierte Fehlerbehandlung aus. Die Ergebnisse der Experimente deuten darauf hin, dass sich praktisch alle gängigen Betriebssysteme und Web-Browser anhand ihres charakteristischen Verhaltens erkennen lassen. Charakteristische Merkmale sind u. a. die Zeitspanne, die ein System auf einen DNS-Server höchstens wartet, bevor es seine DNS-Anfrage erneut übermittelt, und die maximale Anzahl der Wiederholungen (s. Tab. 2 links). Weitere Unterschiede gibt es beim Umgang mit NXDOMAIN-Fehlern (nichtexistierende Domains, s. Tab. 2 rechts), unvollständigen Domains und Anfragen für IPv6-Adressen vom Typ „AAAA".

System	Browser	Zeitspannen [s]	System	Beobachtbares Anfragemuster
Win 7	Firefox	1 1 2 4 6 1 1 2 4	Win 7	invalid.name.de
	IE 10	1 1 2 4 4 1 1 2 4		
MacOS	Firefox	1 3 9 1 7 1 3 9	MacOS	invalid.name.de, invalid.name.de.local, invalid.name.de
	Safari	1 3 9 2 7 8 1		
Ubuntu	Firefox	5 5 5 5 5 5 5 ...	Ubuntu	invalid.name.de, invalid.name.de.local, invalid.name.de, invalid.name.de.local
	Chrome	1 2 5 4 1 4 1 2 ...		

Tab. 2: Verhaltensbasierte Identifizierung von Betriebssystem und Browser: Abstände zwischen wiederholten Anfragen (links); Anfragemuster von Chrome bei nichtexistierenden Domains (rechts)

3 Wie können sich Nutzer vor Beobachtung schützen?

Da nicht davon auszugehen ist, dass das DNS auf absehbare Zeit von einem datenschutzfreundlicheren Namensdienst abgelöst wird, bleibt den Nutzern vorerst lediglich die Möglichkeit, Techniken zum Selbstdatenschutz einzusetzen. In der Dissertation werden existierende Ansätze evaluiert und neue Techniken vorgeschlagen.

3.1 Beitrag 3: Verschleierung mit Range-Querys

Zhao et al. haben DNS-Nutzern empfohlen, die aufzulösenden Domains durch einige Dummy-Anfragen, also DNS-Anfragen für zufällig ausgewählte Domains, zu verschleiern [ZHS07]. Die Dissertation zeigt, dass dieses Range-Query-Verfahren weniger Schutz bietet als bislang angenommen. Mittels des o. g. Website-Fingerprinting-Verfahrens kann der DNS-Anbieter die abgerufenen Webseiten nämlich trotz der Verschleierung identifizieren: Bei 9 Dummys waren 94 % der Seiten erkennbar, bei 99 Dummys immer noch 91 %

[He14, S. 246]. Dieses überraschende Ergebnis lässt sich auch analytisch nachweisen: Wenn die Dummy-Domains – wie von Zhao et al. vorgeschlagen – völlig zufällig ausgewählt werden, ist es relativ unwahrscheinlich, dass dabei ein vollständiges Abrufmuster irgendeiner anderen Webseite entsteht [He14, S. 237 ff.]. Auf Basis dieser Erkenntnis wird in der Dissertation ein verbessertes Range-Query-Verfahren vorgeschlagen, das die Dummy-Domains so auswählt, dass stets **vollständige Dummy-Abrufmuster** entstehen. Es bietet zwar wirksamen Schutz vor Website-Fingerprinting, sein Einsatz gestaltet sich allerdings vergleichsweise aufwändig [He14, S. 248 ff.]. Hier sind weitere Untersuchungen nötig, um die Praktikabilität zu verbessern.

3.2 Beitrag 4: DNSMIX-Anonymitätsdienst

Als Alternative zur Verschleierung der beabsichtigten Domains kommen Verfahren in Frage, welche die *Identität der Teilnehmer* verbergen. Klassische Anonymitätsdienste wie Tor und AN.ON sind wegen ihrer hohen Verzögerung zur Anonymisierung des DNS-Datenverkehrs allerdings ungeeignet. Der in der Dissertation entwickelte DNSMIX-Anonymitätsdienst verfolgt daher einen anderen Ansatz. Als Basis des Dienstes fungiert eine Mix-Kaskade, die eine anonyme Namensauflösung ermöglicht. Die Besonderheit des DNSMIX-Dienstes ist jedoch der sog. **Push-Dienst**, welcher die IP-Adressen aller häufig aufgelösten Domains unverlangt an alle mit dem Dienst verbundenen Teilnehmer übermittelt. Dazu überprüft der Push-Dienst kontinuierlich, ob sich die IP-Adresse der betreffenden Domains geändert hat.

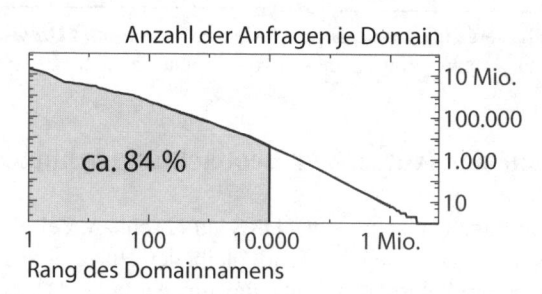

Abb. 3: Untersuchungen zeigen, dass Anfragen auf Domains einem Potenzgesetz unterliegen.

Die Fokussierung auf die 10 000 am häufigsten angefragten Domains hat sich im Experiment als guter Kompromiss erwiesen (s. Abb. 3). Werden diese 10 000 Domains vom Push-Dienst an die Nutzer übermittelt, können die Nutzer im Mittel mehr als 80 % ihrer Anfragen einsparen. Da sich die IP-Adressen dieser Domains nur vergleichsweise selten ändern, werden für die kontinuierliche Übermittlung nur etwa 0,8 KB/s je Nutzer benötigt. Den Großteil der Namensauflösung können die Nutzer somit nicht nur völlig verzögerungsfrei, sondern vor allem für Außenstehende völlig unbeobachtbar abwickeln. Die Anfragen für die übrigen Domains übermitteln die Teilnehmer über die Mix-Kaskade, die auf die Eigenschaften des DNS-Protokolls abgestimmt ist und daher eine niedrige Verzögerung von 0,17 s im Mittel erreicht [He14, S. 276].

4 Langfristige Überwachung und Schutz vor Verkettung

In diesem Abschnitt geht es um die Frage, inwiefern die Aktivitäten eines Nutzers auch über längere Zeiträume hinweg verfolgt werden können (Beitrag 5) bzw. wie sich dies verhindern lässt (Beitrag 6). Diese Beiträge sind nicht nur für Nutzer von DNS-Fremdanbietern – bzw. für DNS-Anbieter, die ihre Nutzer überwachen möchten – von Interesse, sondern für alle Internetnutzer, die Wert auf ihre Privatsphäre legen. Das im Folgenden vorgestellte Verkettungsverfahren könnte nämlich auch von Werbenetzen (z. B. Doubleclick, das ebenfalls zu Google gehört) eingesetzt werden, um das Verhalten von Internetnutzern ohne deren Kenntnis bzw. gegen ihren Willen über längere Zeit nachzuvollziehen.

4.1 Beitrag 5: Verhaltensbasierte Verkettung von Internetsitzungen

In Abschnitt 2 wurde gezeigt, wie DNS-Anbieter die von ihren Nutzern besuchten Webseiten ermitteln können. Häufig geben die besuchten Webseiten Auskunft über Herkunft, Vorlieben oder Zahlungsbereitschaft – sensible Informationen, die zu Diskriminierung bestimmter Gruppen führen können [He14, S. 135 f.]. Aussagekräftige Nutzungsprofile entstehen insbesondere dann, wenn ein DNS-Anbieter einen Nutzer mehrere Tage lang verfolgen kann. Viele Internetprovider vergeben allerdings sog. dynamische IP-Adressen, die sich täglich ändern. Bei jedem Adresswechsel verliert der DNS-Anbieter dann die Spur.

Diese Hürde lässt sich mit dem in der Dissertation entwickelten **verhaltensbasierten Verkettungsverfahren** überwinden. Das Verfahren basiert auf der Hypothese, dass die meisten Menschen charakteristische Interessen und Vorlieben haben, die sie tagtäglich im Internet ausleben. Mit maschinellen Lernverfahren lassen sich eventuell vorhandene Verhaltensmuster aus den DNS-Anfragen eines Nutzers extrahieren, um ihn auch nach dem Wechsel der IP-Adresse wiederzuerkennen. Die Ergebnisse verwandter Arbeiten deuten darauf hin, dass sich in der Menge der besuchten Webseiten durchaus charakteristische Verhaltensmuster finden lassen. Keine der in der Dissertation betrachteten früheren Arbeiten ist jedoch dazu in der Lage, *einzelne Sitzungen* miteinander zu verketten: So erreicht das am ehesten geeignete Verfahren von Yang [Ya10] bei 100 Nutzern zwar eine Erkennungsrate von 62 %, allerdings benötigt es dazu 200 Trainingssitzungen von jedem Nutzer [He14, S. 303]. Dem DNS-Anbieter steht jedoch zur Verkettung im Extremfall lediglich eine einzige Trainingssitzung zur Verfügung. Es stellt sich daher die Frage, ob die Domains, die von einem Nutzer innerhalb einer einzigen Sitzung aufgelöst werden, überhaupt ausreichen, um ihn in einer späteren Sitzung daran wiederzuerkennen (s. Abb. 4).

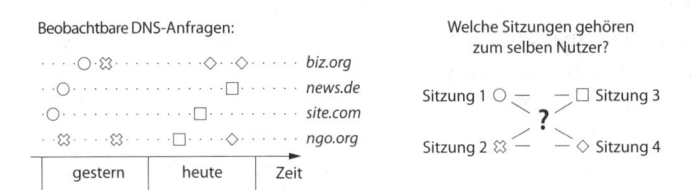

Abb. 4: Szenario zur Verkettung von Sitzungen anhand der besuchten Webseiten

Diese Fragestellung wurde in einer umfangreichen Studie untersucht. Dazu wurden in Kooperation mit dem Rechenzentrum einer deutschen Universität die DNS-Anfragen von Angestellten und Studierenden über einen Zeitraum von fünf Monaten protokolliert. Zum Schutz der Privatsphäre wurden die IP-Adressen der Nutzer durch statische Pseudonyme ersetzt. Da im Campus-Netz jedem Nutzer immer dieselbe IP-Adresse zugewiesen wurde, konnten die Vorhersagen des entwickelten Verkettungsverfahrens mit der tatsächlichen Zuordnung verglichen werden.

Das Verkettungsverfahren basiert auf gängigen Klassifikations- und Datenaufbereitungstechniken: einem 1-Nearest-Neighbor-Klassifikator mit Cosine-Similarity-Ähnlichkeitsmaß, einem Multinomial-Naive-Bayes-Klassifikator, der TF/IDF-Transformation und N-Grammen. Jede Sitzung wird als Vektor modelliert, in dem für jede Domain hinterlegt ist, wie häufig diese von einem Nutzer innerhalb der jeweiligen Sitzung aufgelöst worden ist.

Frühere Arbeiten wie [Ya10] beschränken sich bei der Evaluation auf ein Closed-World-Szenario, in dem immer alle Nutzer aktiv sind. In der Dissertation wurde von dieser vereinfachenden Annahme hingegen abgesehen. Stattdessen wurde das Verfahren explizit darauf ausgelegt, mit den in der Praxis vorherrschenden **fluktuierenden Nutzergruppen** umzugehen, d. h. es erkennt, wenn ein Nutzer an einem bestimmten Tag nicht aktiv ist. Das Verkettungsverfahren und die Evaluationsumgebung wurden mit dem MapReduce-Framework „Hadoop" implementiert und unter einer Open-Source-Lizenz veröffentlicht (*https://github.com/hadoop-dns-tracking*).

Es wurden zahlreiche Experimente unter realitätsnahen Bedingungen durchgeführt. Insgesamt ist festzustellen, dass die Verkettung von Sitzungen überraschend gut gelingt: Bei 12 015 Nutzern entscheidet sich das Verfahren in knapp 76 % der Fälle korrekt, wenn es alle Sitzungen im Datensatz von Tag zu Tag verketten soll [He14, S. 390]. Bei 14 % der Nutzer waren alle Vorhersagen korrekt, bei 90 % der Nutzer mehr als 60 % der Vorhersagen. Die Ergebnisse verdeutlichen, dass täglich wechselnde IP-Adressen weitaus schlechter vor langfristiger Überwachung durch Online-Dienste schützen als bisher angenommen.

Ein interessantes Teilergebnis sind die 273 **benutzerspezifischen Domains**: Diese wurden im gesamten Beobachtungszeitraum nur von jeweils einem einzigen Nutzer, jedoch in jeder seiner Sitzungen aufgelöst. Bei den betroffenen 103 Nutzern können daher sämtliche Sitzungen anhand einer einzigen Domain miteinander verkettet werden [He14, S. 372].

4.2 Beitrag 6: Schutz vor verhaltensbasierter Verkettung

Zum Schutz vor verhaltensbasierter Verkettung wurden zunächst die bereits in Abschnitt 3.1 erwähnten **Range-Querys** in Erwägung gezogen. Die durchgeführten Untersuchungen zeigen allerdings, dass Range-Querys die Verkettung mehrerer Sitzungen eines Nutzers nicht verhindern können. Im Experiment hat das Range-Query-Verfahren die Genauigkeit der Verkettung lediglich um ca. 1 Prozentpunkt verringert [He14, S. 400]. Die IDF-Transformation der Abrufhäufigkeiten, die im Verkettungsverfahren zum Einsatz kommt, reduziert den Einfluss der zufällig gezogenen Dummy-Domains. Diese spielen dann für das Klassifikationsverfahren praktisch keine Rolle mehr.

In der Dissertation wurden daher zwei weitere Schutzmechanismen entworfen und untersucht. Der erste Mechanismus besteht in einer **verlängerten Zwischenspeicherung** der vom DNS-Server erhaltenen IP-Adressen. Dadurch können wiederkehrende Anfragen für eine Domain für eine gewisse Zeit unbeobachtbar durchgeführt werden. Die Untersuchungen zeigen, dass dieser Ansatz in der Tat die Verkettungsgenauigkeit erheblich absenkt: Eine 24-stündige Zwischenspeicherung halbiert die Genauigkeit [He14, S. 409]. Allerdings müssten die Nutzer dazu eine entsprechende Software auf ihren Endgeräten oder DSL-Routern installieren. Darüber hinaus kann es zu Kommunikationsproblemen kommen, wenn nicht mehr erreichbare IP-Adressen zu lange zwischengespeichert werden.

Wesentlich vielversprechender erscheint hingegen der zweite Mechanismus, die **Verkürzung der Sitzungsdauer**. Nutzer sollten einen Internetanbieter wählen, der es ihnen gestattet, die eigene IP-Adresse möglichst häufig zu wechseln. Die verhaltensbasierte Verkettung kann dadurch erheblich erschwert werden: Bei stündlichem Wechsel der IP-Adresse waren beispielsweise nur noch 55 % der aufeinanderfolgenden Sitzungen verkettbar; wird die IP-Adresse alle 5 Minuten gewechselt, sinkt die Genauigkeit auf 31% [He14, S. 402]. Bei den verbreiteten IPv4-Internetanschlüssen geht der Wechsel der IP-Adresse allerdings meist mit einer kurzen Verbindungsunterbrechung einher. Bei reinen IPv6-Internetzugängen ließe sich das häufige Wechseln der IP-Adresse hingegen benutzerfreundlicher realisieren. Die anstehende Einführung von IPv6 bietet also eine Chance, den Schutz der Privatsphäre aller Internetnutzer zu verbessern.

5 Zusammenfassung und Ausblick

Die Dissertation weist nach, dass Nameserver über bislang vernachlässigte Beobachtungsmöglichkeiten verfügen, welche die Privatsphäre der Nutzer bzw. die Sicherheit ihrer IT-Systeme bedrohen. Da Internetnutzer nicht erkennen können, ob und für welche Zwecke ihre DNS-Anfragen ausgewertet werden, wird dadurch ihr Recht auf informationelle Selbstbestimmung verletzt. Die Analyseverfahren haben allerdings den Charakter einer **Dual-Use-Technologie**, d. h. sie eignen sich auch für den verantwortungsvollen Einsatz im Rahmen der IT-Forensik. Ermittlungsbehörden können damit zukünftig z. B. die Internetaktivitäten von Verdächtigen besser nachvollziehen bzw. IT-Systeme, die bei Straftaten verwendet wurden, anhand der installierten Software einem Verdächtigen zuordnen.

Die Ergebnisse zur verhaltensbasierten Verkettung betreffen nicht nur Nutzer von DNS-Fremdanbietern – sie sind von grundsätzlicher Bedeutung für alle Internetnutzer. Da die meisten Web-Browser Tracking-Cookies inzwischen blockieren, suchen Werbetreibende nach neuen Techniken zur Überwachung des Nutzungsverhaltens. So wurde das 2012 erstmals demonstrierte Canvas-basierte Browser-Fingerprinting im Jahr 2014 bereits in der Praxis gesichtet [Ac14]. Es ist daher gut vorstellbar, dass Werbenetze in Zukunft zur Wiedererkennung von Nutzern auch deren charakteristisches Surfverhalten heranziehen werden. Dieser Schritt stellt Datenschützer vor völlig neue Herausforderungen: Im Unterschied zu Tracking-Cookies oder Browser-Fingerprinting-Verfahren ist verhaltensbasiertes Tracking auf den Endgeräten kaum nachweisbar, da es ausschließlich auf passiver Beobachtung beruht.

Daher müssen Internetanbieter, Software-Entwickler und Datenschutzbeauftragte sensibilisiert werden, um die Entwicklung performanter und benutzerfreundlicher Techniken zur datenschutzfreundlichen Namensauflösung voranzutreiben. Das in der Dissertation vorgestellte DNSMIX-Konzept zeigt, dass sich neben der kontinuierlichen Verbesserung generischer Anonymitätsdienste wie Tor auch die Erforschung dienstspezifischer Datenschutz-Techniken lohnen kann.

Viele Nutzer legen allerdings mehr Wert auf Komfort und Performanz als auf den Schutz ihrer Daten. Die von Datenschützern ausgesprochene Empfehlung, zum Schutz der Privatsphäre auf potenziell problematische Innovationen – z. B. DNS-Prefetching oder DNS-Fremdanbieter – zu verzichten, verhallt bei diesen Nutzern ungehört. Vielversprechend sind daher insbesondere solche Lösungen, die ohne Komfort- und Performanzeinbußen nutzbar sind – etwa die Verkürzung der Sitzungsdauer, die praktisch ohne Zutun der Nutzer eingeführt werden könnte. Erste Gespräche mit den Landesdatenschutzbeauftragten verliefen vielversprechend und resultierten in der expliziten Empfehlung, dass Internetzugangsanbieter ihren Kunden stets mehrere nicht zusammenhängende IPv6-Präfixe zur Verfügung stellen sollten [He14, S. 425].

Literaturverzeichnis

[Ac14] Acar, Gunes; Eubank, Christian; Englehardt, Steven; Juárez, Marc; Narayanan, Arvind; Díaz, Claudia: The Web Never Forgets: Persistent Tracking Mechanisms in the Wild. In: Conference on Computer and Communications Security (CCS 2014). ACM, S. 674–689, 2014.

[He14] Herrmann, Dominik: Beobachtungsmöglichkeiten im Domain Name System: Angriffe auf die Privatsphäre und Techniken zum Selbstdatenschutz. Dissertation, Universität Hamburg, Februar 2014.

[KP09] Kremp, Matthias; Paralong, Frank: PublicDNS: Google will das Web beschleunigen. SPIEGEL ONLINE, http://spon.de/acXcO, abgerufen am 01.02.2015, 2009.

[Ya10] Yang, Yinghui: Web user behavioral profiling for user identification. Decision Support Systems, 49:261–271, 2010.

[ZHS07] Zhao, Fangming; Hori, Yoshiaki; Sakurai, Kouichi: Analysis of Privacy Disclosure in DNS Query. In: International Conference on Multimedia and Ubiquitous Engineering. IEEE, S. 952–957, 2007.

Dominik Herrmann hat Wirtschaftsinformatik an der Universität Regensburg studiert und 2008 mit dem Diplom abgeschlossen. Nach dem Studium war er dort als wissenschaftlicher Mitarbeiter tätig. Im Jahr 2011 wechselte er an den Fachbereich Informatik der Universität Hamburg, wo er derzeit als Postdoc am Arbeitsbereich „Sicherheit in verteilten Systemen" beschäftigt ist. Für seine bisherigen Leistungen wurde ihm 2014 von der Gesellschaft für Informatik ein Junior-Fellowship verliehen. Seine Dissertation wurde mit dem CAST/GI-Promotionspreis und dem Wissenschaftspreis der Gesellschaft für Datenschutz und Datensicherheit e. V. ausgezeichnet.

Genominformatische Verfahren zur Analyse von Daten der Hochdurchsatzsequenzierung[1]

Steve Hoffmann[2]

Abstract: Der Begriff Hochdurchsatzsequenzierung fasst eine Reihe von Verfahren zusammen, mit denen die Genome, Transkriptome und Epigenome von beliebigen Organismen in wenigen Tagen vollständig ausgelesen werden können. Die Größe und Komplexität der anfallenden Datenmengen machen eine effiziente computergestützte Auswertung erforderlich. In dieser Arbeit werden neue Verfahren vorgestellt, die Sequenzdaten auf Referenzgenome alignieren und auf biologische Variationen prüfen. Im Vergleich zu anderen Methoden gewährleisten sie eine sensitivere und spezifischere Analyse und ermöglichen tiefere Einblicke in biologische Zusammenhänge.

1 Einleitung

Noch zu Anfang dieses Jahrhunderts verschlang die Sequenzierung eines menschlichen Genoms hunderte Millionen Dollar. Eine Vielzahl von Wissenschaftlern an öffentlichen und privaten Instituten auf dem gesamten Erdball benötigte gut ein Jahrzehnt, um eine erste Version der humanen Erbinformation fertigzustellen. Die technologischen Entwicklungen der letzten zehn Jahre ermöglichen es heute, die DNA-Stränge eines beliebigen Lebewesens in wenigen Tagen für wenige tausend Dollar gleich mehrfach auszulesen. Die schiere Datenmenge stellt die Bioinformatik vor eine große Herausforderung. In dieser Arbeit werden Verfahren und Algorithmen vorgestellt und untersucht, mit denen die Daten der Hochdurchsatz-Sequenzierung (HTS) bzw. Next-Generation-Sequencing (NGS) effizient ausgewertet werden können. Es kommen Enhanced Suffix Arrays (ESA) [AKO04], spezialisierte Datenstrukturen zur Indizierung von großen Texten, zum Einsatz, die einen zügigen, sensitiven und spezifischen Vergleich meist kurzer Fragmente individueller Genome ("Reads") mit einem Referenzgenom ("Mapping") ermöglichen. Eine zentrale Problematik ist die Behandlung von Lesefehlern der Sequenziermaschine, d.h. falsch ausgelesener DNA-Basen (Mismatches) oder fälschlicherweise hinzugefügter bzw. ausgelassener Basen (Insertions und Deletions). Die hier entwickelte Heuristik ist ferner die Grundlage für einen Algorithmus zur Analyse von Transkriptomen, d.h. der Gesamtheit jener RNA-Moleküle einer Zelle, die von der DNA abgeschrieben wurden. Im Unterschied zur DNA kommt es bei RNA-Strängen häufig zu Rekombinationen: beim sogenannten Spleißen werden Teile des von der DNA abgelesenen Stranges gezielt entfernt und die restlichen Bruchstücke erneut verkettet. Die Identifikation von Spleißstellen und rekombinierter Transkripte (Isoformen) ist ein wesentlicher Bestandteil der Transkriptomanalyse.

---

[1] Englischer Titel der Dissertation: "Genome Informatics for High-Throughput Sequencing Data Analysis - Methods and Applications"

[2] Interdiziplinäres Zentrum und Lehrstuhl für Bioinformatik, Universität Leipzig, Härtelstrasse 16-18, 04107 Leipzig, steve@bioinf.uni-leipzig.de

Dazu wird in dieser Arbeit ein auf dynamischer Programmierung basierender Algorithmus vorgestellt. In der Anwendung auf reale Datensätze werden neue Isoformen identifiziert. Ein dritter Abschnitt dieser Arbeit beschäftigt sich mit der Daten-adaptiven Identifikation von Polymorphismen einzelner Basenpaare (Single Nucleotide Variations, SNVs). Diese Polymorphismen tragen zu den Unterschieden zwischen den Individuen einer Spezies bei und können als Mutationen in Tumorgeweben ursächlich für die Krebsentstehung gewesen sein. Eine Einführung wurde im Rahmen dieser Arbeit in [Hof11] veröffentlicht.

2 Der ESA basierte Alignierer segemehl

In diesem Abschnitt wird ein Verfahren zum Alignieren von kurzen Reads auf große Referenzgenome vorgestellt. In der ersten Phase des Algorithmus werden Substrings der Reads in ESA-indizierten Referenzgenomen gesucht. Diese sogenannten *Seeds* oder *Seed-Alignments* werden in der zweiten Phase benutzt, um die Reads mit einem auf dynamischer Programmierung basierenden Algorithmus vollständig, d.h. semi-global, auf das Referenzgenom zu alignieren. Diese Methode wurde in [HOK+09] veröffentlicht.

Der ESA ist eine Erweiterung des Suffix Arrays [GBYS92, MM93]. Mit den entsprechenden Erweiterungen kann eine Äquivalenz mit Suffix Bäumen hergestellt werden. Bei dieser einfachen Datenstruktur handelt es sich um eine *lexikographisch* sortierte Liste aller Suffixe S_i eines beliebigen Textes S der Länge n über einem beliebigen Alphabet $\mathscr{A}$. Aus formalen Gründen wird der S mit einem *Sentinel* $ abgeschlossen, der das Ende von S anzeigt. Der Sentinel ist nicht Element von $\mathscr{A}$. O.b.d.A. sei die Sortierung aufsteigend und $ alphabetisch größer als alle anderen Buchstaben in $\mathscr{A}$.

Definition 1. *Ein suffix array suf von S$ ist ein Array von Integern im Intervall $[0,n]$, so dass für alle $n+1$ nicht-leeren Suffixe von S$ gilt*

$$S_{suf[i]} <_{lex} S_{suf[j]}, 0 \leq i < j \leq n \tag{1}$$

Suffix Arrays können in linearer Zeit aufgebaut werden (siehe [SS07]) und erlauben bereits eine binäre Suche von Textfragmenten in S in $O(n \log n)$. Eine erste Erweiterung des Suffix Arrays ist der *lcp*-Tabelle [AKO04]. Diese Datenstruktur hält die Länge des *längsten gemeinsamen prefix* zweier lexikographisch aufeinanderfolgenden Suffixe von S$.

Definition 2. *Die lcp-Tabelle ist ein Array von Integern im Intervall $[0, n-1]$. Für ein beliebiges h in diesem Intervall hält $lcp[h]$ die Länge des längsten gemeinsamen Prefixes des Suffixes S$[h] und S$[h−1]. Trivialerweise gilt $lcp[n] = 0$, da $ nicht in $\mathscr{A}$.*

Die *lcp*-Tabelle ist entscheidend, um Äquivalenz mit Suffix Bäumen herzustellen.

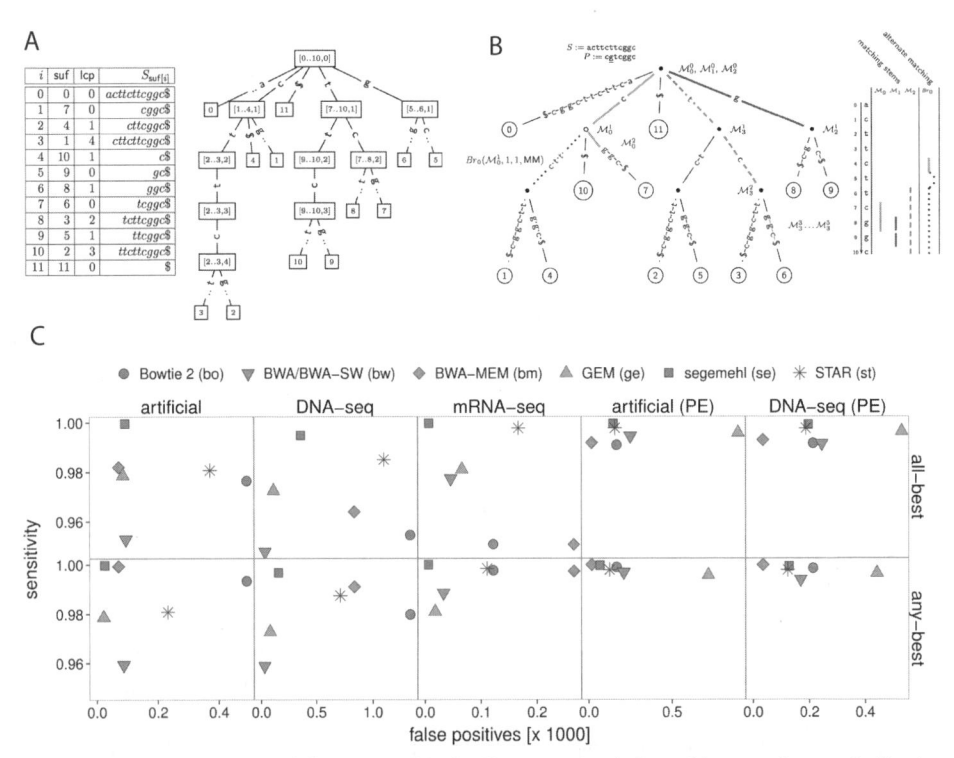

Abb. 1: ESA basiertes Readalignment. (A) Dualität von durch lcp-tables erweiterten Suffix Arrays und Suffix Bäumen. Die Knotenlabel $[l \cdots r, h]$ des Baums bezeichnen die Intervalle $[l, r]$ sowie die Länge h des betrachteten Prefixes im korrespondierenden ESA. An verzweigenden Knoten entspricht h dem minimalen lcp-Wert in $[l+1, r]$. (B) Visualisierung der ESA-Alignmentmethode mit Hilfe eines Suffix Baumes. Durch die Traversierung des alternativen Pfades $\mathscr{B}r_0$, der vom matching stem $\mathscr{M}_0$ abzweigt gelingt es, dass fehlerhafte Pattern P optimal mit S zu alignieren. (C) Benchmarking. Die Implementation des Verfahrens `segemehl` erreicht vor allem bei transkriptomischen Daten (RNASeq) deutlich bessere Benchmarks sowohl beim Suchen von allen besten Alignments (all-best) als auch beim Suchen von einem besten Alignment (any-best).

Dazu drei Beobachtungen. Erstens: $lcp[h] = 0$ genau dann, wenn das Suffix h mit dem nächstgrößeren Buchstaben α oder dem Sentinel beginnt. In einem äquivalenten Suffix Baum markiert dieser Wert also eine neue von der Wurzel des Baumes ausgehende Kante; das Kantenlabel beginnt mit α. Zweitens: In einem Intervall der lcp-Tabelle $[u, v]$, in dem $lcp[h], h \in [u, v]$ nicht unter einen Wert ℓ fällt, haben alle Suffixes des Suffix Arrays in dem Intervall $[u, v]$ ein gemeinsames Prefix der Länge ℓ. Im äquivalenten Suffix Baum hat der Knoten k des kleinsten gemeinsamen Vorgängers (lowest common ancestor) daher eine kumulierte Kantenlänge von ℓ und alle Suffixe des Intervalls "hängen" an diesem Knoten. Drittens: Es existieren "verschachtelte" lcp-Intervalle so dass, für $h' \in [u', v']$ mit $u < u' < v' < v$ gilt dass $lcp[h'] > \ell$. Diese Intervalle werden im äquivalenten Suffix Baum durch einen Knoten repräsentiert, der in dem Teilbaum von k hängt. Diese Beobachtungen legen nahe, dass die lcp-Tabelle Informationen enthält, die eine Rekonstruktion des Suffix

Baumes ermöglichen. [AKO04] zeigen, dass zusätzliche Erweiterungen eine vollständige Äquivalenz zwischen ESA und Suffix Baum herstellen (Abb. 1 A). Das Suchen von Textfragmenten im ESA ist damit in linearer Zeit möglich. Auch die Suffix Links lassen sich im ESA mit Suffix Link Intervallen abbilden.

Definition 3. *Sei $[u,v]$ ein Intervall des Suffix Arrays mit $lcp[h] \geq \ell, h \in [u,v]$ und $\ell > 1$ mit einem gemeinsamen Prefix $\alpha_0 \cdots \alpha_{\ell-1}$. Das Suffix Link Intervall von $[u,v]$ ist $[l,r]$, so dass $lcp[h] \geq \ell-1, h \in [l,r]$ und das gemeinsame Präfix ist $\alpha_1 \cdots \alpha_{\ell-1}$.*

Die zur Konstruktionszeit des ESA berechneten Suffix Link Intervalle ermöglichen es, in konstanter Zeit genau zu der Stelle im ESA zu springen, an der das nächste Suffix, d.h. $\alpha_1 \cdots \alpha_{m-1}$ repräsentiert wird. Bei einer Textsuche haben diese Links gleich zwei Vorteile. Sobald ein Substring $\beta_i \cdots \beta_j, 0 \leq i < j < m$ maximaler Länge eines Textes P der Länge m im Suffix Array gefunden wurde, kann die Suche für den Substring $\beta_{i+1} \cdots \beta_{m-1}$ sofort an der richtigen Stelle des ESA fortgesetzt werden. Ferner kann der Vergleich des bekannten Substrings übersprungen und der Suchlauf direkt mit dem Substring $\beta_{j+1} \cdots \beta_{m-1}$ fortgesetzt werden. In der Konsequenz lassen sich nicht nur ganze Sequenzen in einem ESA sondern gleichzeitig auch *alle maximalen Substring Matches* in linearer Zeit suchen.

Für einen Read werden zunächst alle maximalen Substring Matches in linearer Zeit gesucht. Dieses Konzept ist an die sogenannte Matching Statistics von [CL94] angelehnt. Jede einzelne Suche beschreibt dabei einen Pfad, hier Matching Stem genannt, zum letzten noch identischen Buchstaben. Aufgrund von Sequenzierfehlern kommt es jedoch regelhaft zur Traversierung "falscher" Pfade. Um die Anzahl falscher Seeds zu minimieren wird eine Heuristik eingeführt, die eine benutzerdefinierte Anzahl von Sequenzierfehlern toleriert. Dazu werden Intervalle, die während der Suche traversiert werden zusammen mit Zeigern auf den Read auf einen Stack gelegt. Im Anschluss an jeden Suchlauf werden die gespeicherten Intervalle samt Zeigern vom Stack geholt und der Suchlauf wird mit alternativen Pfaden, den matching branches, fortgesetzt (Abb. 1 B). Nach der Auswertung der Matching Stems und Branches wird der beste Pfad für jeden Substring Match anhand der Anzahl der Matches als Seed ausgewählt. Schließlich, wird der gesamte Read an alle Seed-Positionen im Referenzgenom mittels eines semi-globalen Verfahrens aligniert. Einzelne Seed-Alignments, die gleichermassen auf mehrere genomische Positionen passen (multiple optimale Hits) werden explizit berücksichtigt.

Zum Benchmarking wurden simulierte und reale Sequenzierdaten für genomische (DNA) und transkriptomische Sequenzen (RNA) verwendet. Zunächst wurden die optimalen Alignments bezüglich der Editierdistanz unabhängig bestimmt. Die optimalen Alignments dienten dem Vergleich akuteller Programme. In vielen Szenarien scheidet `segemehl` besser ab [OSH14] als BWA, BWA-SW, BWA-MEM (siehe [Li13]), STAR [DDS[+]13a], GEM [MSSGR12] und Bowtie2 [LS12] (Abb. 1 C).

3 Ein neuer Algorithmus zum Split Read Alignment

Zum Alignment von gespleißten RNA Reads ist ein wie oben skizziertes semi-globales Alignment nicht ausreichend. Um die verketteten Bruchstücke (Splits) korrekt aufzuspalten, werden andere Verfahren benötigt. Für das "split read mapping" ungepaarter Reads wurden kürzlich verschiedene Algorithmen vorgestellt. In einigen Fällen beschränken sich diese Verfahren jedoch ausschließlich auf kollineare Spleißvorgänge. Vereinfachend: Ist die RNA ein Produkt des Plus-Stranges (bzw. Minus-Stranges) der DNA, können die Bruchstücke nur dann gefunden werden, wenn die Alignmentposition des ersten Readfragmentes auf dem Referenzgenom vor (bzw. hinter) der Alignmentposition des zweiten Fragmentes liegt. Sogenannte "Backsplices" mit einer invertierten Orientierung können daher nicht detektiert werden. Auch Splits zwischen den beiden Strängen, unterschiedlichen Chromosomen oder Reads mit multiplen Splits werden oft nicht gefunden. Der hier vorgestellte Algorithmus, Bestandteil `segemehls`, berücksichtigt diese Fälle [HOD+14].

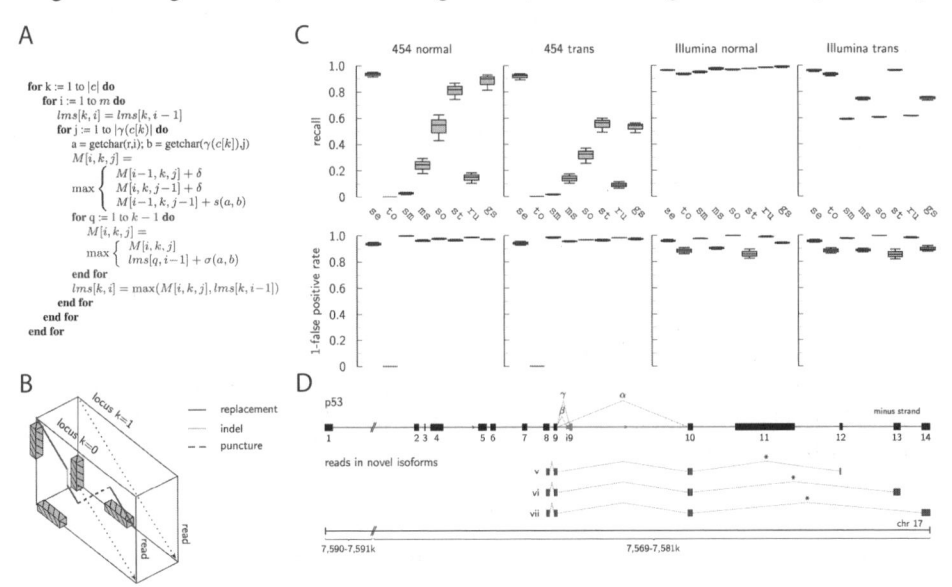

Abb. 2: Split Read Alignment. (A) Der entwickelte Split Read Algorithmus ist eine Modifikation des Smith-Waterman Alignments. (B) Visualisierung eines Alignments mit einem Split. Während der Read wird parallel auf beide Positionen des Referenzgenom aligniert wird, findet an locus $k = 1$ eine Optimierung des Scores mittels der Scores aus $k = 0$ statt. (C) Benchmarks des Split Read Alignments. Insbesondere bei langen Reads wie durch die 454 Technologie erzeugt, erzielt das neue Verfahren bessere Ergebnisse. Dies gilt im Besonderen für Fusionen und zirkuläre Transkripte (trans). Neu entdeckte Isoformen des Tumor Suppressor Gens p53 (D). Die drei zusätzlichen Isoformen wurden durch unabhängige Experimente verifiziert. (to: TopHat2; se: segemehl; ms: MapSplice; so: SoapSplice; st: STAR; gs: GSNAP)

Falls die Seed-Alignments aus dem ESA-Suchlauf zu keinem zufriedenstellenden semi-globalen Alignment führen, wird das Split Read Alignment ausgelöst. Um die zum Teil recht große Zahl von Seeds sinnvoll zu reduzieren, werden die Seeds zunächst auf ihre Entropie untersucht und anschließend verkettet. Dazu wird ein gieriger Verkettungs-Algorithmus und eine einfache Scoring-Funktionverwendet. Die Kette mit dem höchsten Score wird in der letzten Phase des Algorithmus benutzt um ein *lokales Transitionsa-*

lignment zu initialisieren. Eine ähnliche Idee wurde unabhängig von [MHZ+11] vorgeschlagen. In dieser Arbeit wird erstmalig ein Algorithmus vorgestellt, der ein Alignment zwischen multiplen Positionen in Referenzgenomen, unabhängig von Position, Strang und Kollinearität, ermöglicht. Das Alignment ist eine Modifikation des Smith-Waterman Alignments (Abb. 2 A). Der Algorithmus iteriert über die Seeds der Kette c und berechnet lokale Alignments zwischen dem Read und den jeweiligen Referenzposition. Sei $\gamma(c[k])$ eine Funktion, die die Referenzsequenz an der Position von $c[k]$ zurückgibt. Insertionen und Deletionen werden mit δ bestraft, $s(a,b)$ bewertet Matches und Mismatches. Die Alignment Scores werden in einer 3-dimensionalen Matrix M gespeichert. Während des Alignments des Reads mit $\gamma(c[k])$ speichert der Algorithmus den jeweils letzten maximalen Score $lms[k,i]$ der vor dem Alignment des i-ten Buchstaben des Reads gefunden wurde. Diese zusätzliche Datenstruktur ist der Schlüssel zum lokalen Transitionsalignment: Zusätzlich zu den Rekursionen des Smith-Waterman Alignments zur Maximierung des Scores $M[i,k,j]$, werden alle $k-1$ vorausgehende Loci nach einer möglichen Transition mit Hilfe der *lms*-Struktur überprüft (vgl. Abb. 2 B). Kann der Score mittels *lms* erhöht werden, wird eine Transition, der split, akzeptiert.

Die vergleichenden Benchmarks auf simulierten und realen Reads unterschiedlicher Länge zeigen das der Algorithmus vor allem bei nicht kollinearen Spleißevents, d.h. Fusionstranskripte und zirkuäre Isoformen, anderen Verfahren wie, `TopHat2` [TPS09, KS11], `RUM` [GFP+11], `STAR` [DDS+13b], `SOAPsplice` [HZL+11], `MapSplice` [WSZ+10], `SpliceMap` [AJL+10] oder `GSNAP` [WN10] überlegen ist (Abb. 2 C). Auf öffentlich verfügbare Datensätze angewandt, identifizierte das hier entwickelte Verfahren neue Isoformen. Dies gelang selbst für den Tumorsuppressor p53, der seit Jahren im Fokus der Genomforschung ist (Abb. 2 D).

4 Datenadaptive Detektion von Nukleotidvariationen

Der Vergleich individueller Genome oder Krebsgewebe dient der Identifikation von genomischen Variationen, die phänotypische und/oder klinische Unterschiede zu erklären vermögen. Aufgrund hoher Sequenzierfehlerraten und genomischer Heterogenität der untersuchten Gewebe und Samples wird die Identifikation dieser Variationen jedoch erschwert. Die gängigen Verfahren zur Detektion der Nukleotidvariationen, eine häufige Form der genomischen Variation, stützen sich auf zahlreiche Annahmen. Dazu zählen zum Beispiel Prämissen bezüglich der Fehlerraten der Sequenziermaschinen oder dem Ploidiegrad der untersuchten Zellen. Nach dem Alignment der Reads auf die Referenzgenome wird die Wahrscheinlichkeit auf das Vorliegen von Einzelnukelotidvariationen (SNVs), den Allelen, ausgerechnet. Konventionelle Verfahren berechnen hierzu üblicherweise posteriore Wahrscheinlichkeiten. Beispiele sind SAMTools [Li11] und GATK [MHB+10].

Im Rahmen dieser Arbeit wird ein Modell auf Basis von log-odds-ratios vorgestellt, das derartige Vorannahmen weitgehend eliminiert und benötigte Parameter aus den Daten schätzt. Zusammenfassend beginnt unser Modell damit, Mismatch-Raten δ in dem zu untersuchenden Datensatz zu schätzen. Typischerweise ist die Mismatch rate δ an einer Stelle i im Referenzgenom zusammengesetzt aus biologischer (β) und technischer Variation

(ε). Die Unabhängigkeit vorausgesetzt gilt $\delta^i = \beta^i + \varepsilon^i$. Für die SNV Detektion sollen die Positionen mit $\beta^i > 0$ von denen mit $\beta^i = 0$ unterschieden werden.

Dieser Zusammenhang wird genutzt, um Charakteristika an solchen Stellen des Referenzgenoms erhoben, die nur kleine δ Werte zeigen. Unter der Annahme, dass ein Großteil der Mismatches durch Sequenzierfehler zustandegekommen ist, d.h. tatsächlich an invarianten Stellen vorkommen, können so empirisch die Eigenschaften des Daten-spezifischen Fehlermodells erhoben werden. So können log-likelihoods berechnet werden, die zu einem log-odds score zusammengefaßt werden. Regelhaft zeigt dieser Score eine Mischverteilung (Abb. 3 A), die eine Separierung von varianten und invarianten Stellen erlaubt (Abb. 3 B,C). Das Verfahren wurde in [HSS15] veröffentlicht.

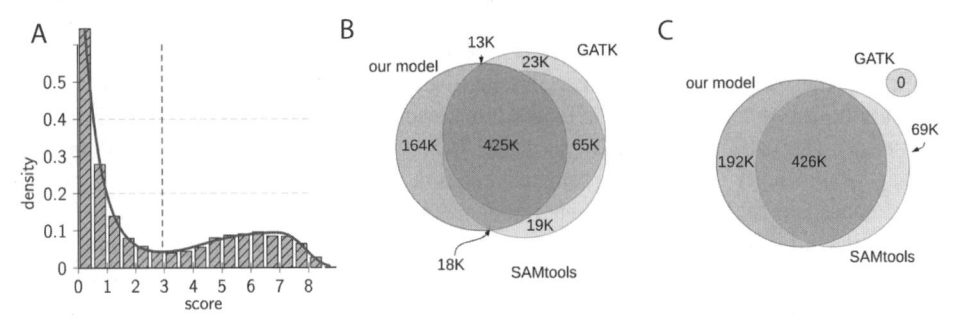

Abb. 3: Daten-apdaptives Verfahrens zur Detektion von Nukleotidvariationen in Hochdurchsatzsequenzierungsdaten der Pflanze *Arabidopsis thaliana*. (A) Die Scores an varianten Stellen des Genoms zeigen eine trennbare Mischverteilung. Das lokale Minimum (Trennlinien) separiert potentielle biologische Variationen von technischen Artefakten. (B,C) Vergleich von drei Verfahren zur Detektion von Nukleotidvariationen. Bei dem Vergleich von ungefilterten (B) und von GATK und SAMtools gefilterten Daten (C) zeigt unser Modell einen verbesserten Recall in diesem Datensatz.

Die log-likelihoods der Charakteristika werden separat evaluiert. Hierzu zählen die vom Sequenzierer gelieferte Nukleotidqualität (Q), die relative Position des Nukleotids in dem alignierten Read (P), die Gesamtzahl der Fehler in dem Read (R) und die Anzahl der multiplen Alignments.

Schließlich wird der Score S and der Stelle i errechnet mit

$$S_i = \Delta_{P_i} + \Delta_{Q_i} + \Delta_{R_i} + \Delta_{H_i} + \log q(\delta^i).$$

wobei $\log q(\delta^i)$ eine log-quantile der Mismatch Rate an der Stelle i und die Δs die log-odds ratios bezeichnen.

Die Ergebnisse auf simulierten Daten zeigen das dieses adaptive Modell gerade in solchen Fällen von Vorteil ist, in denen das variante Allel im Vergleich zum Referenzallel nur selten vorkommt. Dies ist zum Beispiel der Fall in Genomen oder Geweben mit hohem Ploidiegrad oder in Mischgeweben.

5 Fazit

In dieser Arbeit werden Verfahren zur Auswertung von Hochdurchsatzexperimenten entwickelt, die in hochrangig publizierten Projekten zum Einsatz (z.B. [SHD$^+$10, RSH$^+$12]) kommen. Die Methoden wurden im Toolkit segemehl zusammengefaßt und stehen der Öffentlichkeit als open-source Programm zur Verfügung. Neben den eigenen Benchmarks belegen mittlerweile auch unabängige Untersuchungen anderer Gruppen, dass das Mapping mit segemehl in wichtigen Anwendungsfällen eine höhere Sensitivität und Spezifität als vergleichbare Tools aufweist (z.B. [CALH14, SZV$^+$14]). Die Tatsache, dass die Anwendung verbesserter Algorithmen - auch auf existierende Datensätze angewandt - zu neuen Einblicken in biologische Zusammenhänge führen kann unterstreicht die Notwendigkeit der Weiterentwicklung von bioinformatischen Verfahren zur Analyse von Hochdurchsatzsequenzierungsdaten. Zum Beispiel legen jüngere Untersuchungen nahe, dass die bei Analysen oft ausgeklammerten repetitiven Genombereiche wichtige regulatorische Funktionen besitzen können. Die Evaluation dieser Elemente stellen die Genominformatik vor neue Herausforderungen. Die in dieser Arbeit entwickelten Grundlagen für das Mapping genomischer und transkriptomischer Reads, die auch multiple optimale Alignments mit hoher Sensitivität und Spezifät erlauben, sind ein erster Schritt in diese Richtung. Das Toolkit wird stetig weiterentwickelt. Mittlerweile wird auch das Alignment von bisulfitkonvertierten Sequenzen für die Methylierungsanalyse unterstützt. Zahlreiche Zusatzfunktionen wie das Assemblieren und Entfernen von Primer-Sequenzen erleichtern die praktische Anwendung des Toolkits. Die in segemehl zusammengefaßten Algorithmen kommen weltweit zum Einsatz und sind Bestandteil weiterer Auswertungspipelines.

Literaturverzeichnis

[AJL$^+$10]   Kin Fai Au, Hui Jiang, Lan Lin, Yi Xing und Wing Hung Wong. Detection of splice junctions from paired-end RNA-seq data by SpliceMap. *Nucleic Acids Res*, 38(14):4570–8, Aug 2010.

[AKO04]   Mohamed Ibrahim Abouelhoda, Stefan Kurtz und Enno Ohlebusch. Replacing suffix trees with enhanced suffix arrays. *J. Discrete Algorithms*, 2(1):53–86, 2004.

[CALH14]   Segolene Caboche, Christophe Audebert, Yves Lemoine und David Hot. Comparison of mapping algorithms used in high-throughput sequencing: application to Ion Torrent data. *BMC Genomics*, 15(1):264, 2014.

[CL94]   WI Chang und EL Lawler. Sublinear approximate string matching and biological applications. *Algorithmica*, 12:327–344, 1994.

[DDS$^+$13a]   A Dobin, CA Davis, F Schlesinger, J Drenkow, C Zaleski, S Jha, P Batut, M Chaisson und TR Gingeras. STAR: ultrafast universal RNA-seq aligner. *Bioinformatics*, 29:15–21, Jan 2013.

[DDS$^+$13b]   Alexander Dobin, Carrie A. Davis, Felix Schlesinger, Jorg Drenkow, Chris Zaleski, Sonali Jha, Philippe Batut, Mark Chaisson und Thomas R. Gingeras. STAR: ultrafast universal RNA-seq aligner. *Bioinformatics*, 29(1):15–21, 2013.

[GBYS92]   Gaston H. Gonnet, Ricardo A. Baeza-Yates und Tim Snider. New Indices for Text: Pat Trees and Pat Arrays. In *Information Retrieval: Data Structures & Algorithms*, Seiten 66–82. 1992.

[GFP+11]   Gregory R. Grant, Michael H. Farkas, Angel D. Pizarro, Nicholas F. Lahens, Jonathan Schug, Brian P. Brunk, Christian J. Stoeckert, John B. Hogenesch und Eric A. Pierce. Comparative analysis of RNA-Seq alignment algorithms and the RNA-Seq unified mapper (RUM). *Bioinformatics*, 27(18):2518–2528, 2011.

[HOD+14]   Steve Hoffmann, Christian Otto, Gero Doose, Andrea Tanzer, David Langenberger, Sabina Christ, Manfred Kunz, Lesca Holdt, Daniel Teupser, Jorg Hackermüller und Peter Stadler. A multi-split mapping algorithm for circular RNA, splicing, trans-splicing and fusion detection. *Genome Biology*, 15(2):R34, 2014.

[Hof11]   Steve Hoffmann. Computational analysis of high throughput sequencing data. *Methods Mol Biol*, 719:199–217, 2011.

[HOK+09]   Steve Hoffmann, Christian Otto, Stefan Kurtz, Cynthia M Sharma, Philipp Khaitovich, Jörg Vogel, Peter F Stadler und Jörg Hackermüller. Fast mapping of short sequences with mismatches, insertions and deletions using index structures. *PLoS computational biology*, 5:e1000502, 2009.

[HSS15]   Steve Hoffmann, Peter F. Stadler und Korbinian Strimmer. A Simple Data-Adaptive Probabilistic Variant Calling Model. *Algorithms in Molecular Biology*, accepted, 2015.

[HZL+11]   Songbo Huang, Jinbo Zhang, Ruiqiang Li, Wenqian Zhang, Zengquan He, Tak-Wah Lam, Zhiyu Peng und Siu-Ming Yiu. SOAPsplice: genome-wide ab initio detection of splice junctions from RNA-Seq data. *Frontiers in Genetics*, 2(46), 2011.

[KS11]   Daehwan Kim und Steven Salzberg. TopHat-Fusion: an algorithm for discovery of novel fusion transcripts. *Genome Biology*, 12:R72+, 2011.

[Li11]   Heng Li. A statistical framework for SNP calling, mutation discovery, association mapping and population genetical parameter estimation from sequencing data. *Bioinformatics*, 27(21):2987–2993, 2011.

[Li13]   H Li. Aligning sequence reads, clone sequences and assembly contigs with BWA-MEM. *arXiv preprint arXiv:1303.3997*, 2013.

[LS12]   B Langmead und SL Salzberg. Fast gapped-read alignment with Bowtie 2. *Nat Methods*, 9, 2012.

[MHB+10]   Aaron McKenna, Matthew Hanna, Eric Banks, Andrey Sivachenko, Kristian Cibulskis, Andrew Kernytsky, Kiran Garimella, David Altshuler, Stacey Gabriel, Mark Daly und Mark A. DePristo. The Genome Analysis Toolkit: A MapReduce framework for analyzing next-generation DNA sequencing data. *Genome Research*, 20(9):1297–1303, September 2010.

[MHZ+11]   Andrew McPherson, Fereydoun Hormozdiari, Abdalnasser Zayed, Ryan Giuliany, Gavin Ha, Mark G F Sun, Malachi Griffith, Alireza Heravi Moussavi, Janine Senz, Nataliya Melnyk, Marina Pacheco, Marco A Marra, Martin Hirst, Torsten O Nielsen, S Cenk Sahinalp, David Huntsman und Sohrab P Shah. deFuse: an algorithm for gene fusion discovery in tumor RNA-Seq data. *PLoS Comput Biol*, 7(5):e1001138, May 2011.

[MM93]   Udi Manber und Gene Myers. Suffix arrays: a new method for on-line string searches. *SIAM J. Comput.*, 22:935–948, October 1993.

[MSSGR12]   S Marco-Sola, M Sammeth, R Guigó und P Ribeca. The GEM mapper: fast, accurate and versatile alignment by filtration. *Nat Methods*, 9:1185–8, Dec 2012.

[OSH14]   Christian Otto, Peter F. Stadler und Steve Hoffmann. Lacking alignments? The next-generation sequencing mapper segemehl revisited. *Bioinformatics*, 2014.

[RSH+12]   Julia Richter, Matthias Schlesner, Steve Hoffmann, Markus Kreuz, Ellen Leich, Birgit Burkhardt, Maciej Rosolowski, Ole Ammerpohl, Rabea Wagener, Stephan H. Bernhart und et al. Recurrent mutation of the ID3 gene in Burkitt Lymphoma identified by integrated genome, exome and transcriptome sequencing. *Nature Genetics*, Vol. 44 (12):1316–1320, 2012.

[SHD+10]   Cynthia M Sharma, Steve Hoffmann, Fabien Darfeuille, Jérémy Reignier, Sven Findeiss, Alexandra Sittka, Sandrine Chabas, Kristin Reiche, Jörg Hackermüller, Richard Reinhardt, Peter F Stadler und Jörg Vogel. The primary transcriptome of the major human pathogen Helicobacter pylori. *Nature*, 464(7286):250–5, Mar 2010.

[SS07]   Klaus-Bernd Schürmann und Jens Stoye. An incomplex algorithm for fast suffix array construction. *Softw., Pract. Exper.*, 37(3):309–329, 2007.

[SZV+14]   Jing Shang, Fei Zhu, Wanwipa Vongsangnak, Yifei Tang, Wenyu Zhang und Bairong Sheni. Evaluation and Comparison of Multiple Aligners for Next-Generation Sequencing Data Analysis. *BioMed Research International*, 2014:16, 2014.

[TPS09]   Cole Trapnell, Lior Pachter und Steven L Salzberg. TopHat: discovering splice junctions with RNA-Seq. *Bioinformatics*, 25(9):1105–11, May 2009.

[WN10]   TD Wu und S Nacu. Fast and SNP-tolerant detection of complex variants and splicing in short reads. *Bioinformatics*, 26:873–81, Apr 2010.

[WSZ+10]   Kai Wang, Darshan Singh, Zheng Zeng, Stephen J Coleman, Yan Huang, Gleb L Savich, Xiaping He, Piotr Mieczkowski, Sara A Grimm, Charles M Perou, James N MacLeod, Derek Y Chiang, Jan F Prins und Jinze Liu. MapSplice: accurate mapping of RNA-seq reads for splice junction discovery. *Nucleic Acids Res*, 38(18):e178, Oct 2010.

Steve Hoffmann wurde am 18. Mai 1978 in Gifhorn geboren. Während des Studiums der Humanmedizin an den Universitäten Göttingen und Marburg (1998-2004) nahm er das Studium der Informatik auf und schloss es 2004 mit dem Vordiplom ab. Nach der Approbation als Arzt im Jahre 2004 setzte er sein Studium im Bereich der Bioinformatik an der Universität Hamburg fort. Nach der Promotion zum Doktor der Medizin im Fachgebiet der Neurologie und dem Abschluss als Diplom-Bioinformatiker im Jahre 2007 wechselte er an den Lehrstuhl für Bioinformatik der Universität Leipzig. Seit 2009 leitet er eine Nachwuchsgruppe zum Thema "Transkriptom Bioinformatik" am Interdisziplinären Zentrum für Bioinformatik. Er ist Co-Autor von mittlerweile mehr als 30 Veröffentlichungen im Gebiet der Genomik und Genominformatik.

Neue Methoden zur Analyse von Fragmentierungsmassenspektren kleiner Moleküle[1]

Franziska Hufsky [2]

Abstract: Die Identifikation von kleinen Molekülen im Hochdurchsatz spielt eine wichtige Rolle in vielen Forschungsbereichen. Massenspektrometrie (MS), insbesondere Fragmentierungsmassenspektrometrie, ist eine der am weitesten verbreiteten Techniken für deren Analyse. Die dadurch entstehende Menge an Daten ist jedoch kaum manuell zu analysieren. Wir stellen neue *de novo* Methoden zur automatisierten Analyse dieser Daten vor, die keine chemischen Kenntnisse über das zu untersuchende Molekül erfordern. Die zugrunde liegenden NP-schweren Probleme lösen wir mittels exakter aber trotzdem effizienter Algorithmen. Unsere Methoden ermöglichen die automatisierte Analyse von bisher vollkommen unbekannten Molekülen.

1 Einleitung

Kleine Moleküle, die als Zwischen- und Endprodukte aller chemischen Reaktionen innerhalb der Zellen lebender Organismen entstehen, werden als Metaboliten bezeichnet. Metaboliten umfassen eine breite Palette von Verbindungsklassen, unter anderem Zucker, Säuren, Basen, Lipide, hormonelle Steroide und viele andere [Is09]. Daher sind sie trotz ihrer geringen Größe in ihrer Struktur besonders vielfältig [Fe04]. Die biologischen und medizinischen Fragestellungen, die durch die Identifizierung dieser kleinen Moleküle adressiert werden, sind vielseitig. In der Diagnostik und Forensik wird auf kleine Moleküle, z.B. Drogenabbauprodukte, getestet [Wi07]; in der funktionellen Genomik hilft das Wissen über die Funktion von Metaboliten, um Rückschlüsse auf die Genfunktion zu ziehen [Fe04]; und in der Pharmazie basieren viele Medikamente auf kleinen Naturstoffen, unter anderem Antibiotika (z.B. Penicillin), Antiparasitika (z.B. Avermectine), Antimalariamittel (z.B. Chinin) oder Anti-Krebs-Medikamente (z.B. Taxol) [LV09]. Des Weiteren spielt die Aufklärung des Stoffwechsels verschiedener (neu entdeckter) Lebewesen eine große Rolle für viele weitere Forschungsgebiete, unter anderem der Klimaforschung.

Aufgrund der strukturellen Vielfältigkeit dieser kleinen Moleküle ist es derzeit nicht möglich, das gesamte Spektrum an Metaboliten mittels einer einzigen instrumentellen Analysemethode zu untersuchen. Stattdessen ergänzen sich verschiedene Technologien [Di11], insbesondere Kernspinresonanzspektroskopie (englisch: *nuclear magnetic resonance*, NMR) und Massenspektrometrie (MS). NMR-Spektroskopie ermöglicht die vollständige Strukturaufklärung unbekannter Moleküle, jedoch werden für dieses Verfahren große Mengen an Probensubstanz benötigt. MS ist hingegen wesentlich sensiver

---

[1] Englischer Titel der Dissertation: "Novel Methods for the Analysis of Small Molecule Fragmentation Mass Spectra"

[2] Lehrstuhl für Bioinformatik, Institut für Informatik, Friedrich-Schiller-Universität Jena, franziska.hufsky@uni-jena.de

und kann daher auch im Hochdurchsatz angewandt werden. Die dadurch entstehende Menge an Daten ist jedoch kaum manuell zu analysieren [Is09]. Vor der MS wird in der Regel eine Separationsmethode, z.B. Gas- oder Flüssigkeitschromatographie, angewandt, um die Moleküle voneinander zu trennen. Im Massenspektrometer werden die Moleküle ionisiert und entsprechend ihrem Masse-zu-Ladung-Verhältnis aufgetrennt. Das resultierende Massenspektrum ist ein zweidimensionaler Plot von Signalintensität gegen das Masse-zu-Ladung-Verhältnis (siehe Abb. 1(a)) und enthält in der Regel eine Reihe von Peaks – einen Peak je gemessenes Ion. Durch zusätzliche Fragmentierung der Moleküle gewinnt man Informationen über die Molekülmasse hinaus. Fragmentierung eines einfach geladenen Molekülions resultiert in einem einfach geladenen Fragment-Ion sowie einem neutralen Fragment (Neutralverlust), welches im Massenspektrometer nicht nachgewiesen werden kann.

Die Identifizierung unbekannter Metaboliten ist noch immer die Hauptproblematik bei der Analyse von (Fragmentierungs-)Massenspektren. Eine erheblich Zahl von Metaboliten ist bis heute unbekannt und somit in keiner Datenbank gelistet. Konventionelle Methoden, basierend auf Spektrenvergleich oder bereits bekannten Strukturformeln, stoßen daher häufig an ihre Grenzen [HSB14]. Die vollständige Strukturaufklärung eines bisher unbekannten Metaboliten ist besonders schwierig aufgrund deren hoher physikalischer und chemischer Vielfältigkeit. Im Gegensatz zu Biopolymeren, wie z.B. Proteinen oder Glykanen, sind Metaboliten nicht aus sich wiederholenden Bausteinen zusammengesetzt. Zudem ist es in der Regel unmöglich Strukturinformation über Metaboliten aus Genomdaten zu gewinnen. Die vollständige Strukturaufklärung wird daher immer mittels mehrerer unabhängiger Methoden durchgeführt. Die Informationen, die man mittels MS gewinnt, helfen jedoch, den Suchraum stark einzuschränken, indem sie Hinweise auf die Struktur und Verbindungsklasse des Moleküls geben. In dieser Arbeit [Hu14] stellen wir computergestützte Methoden zur Analyse von Fragmentierungsmassenspektren unbekannter kleiner Moleküle, die in keiner Datenbank zu finden sind, vor.

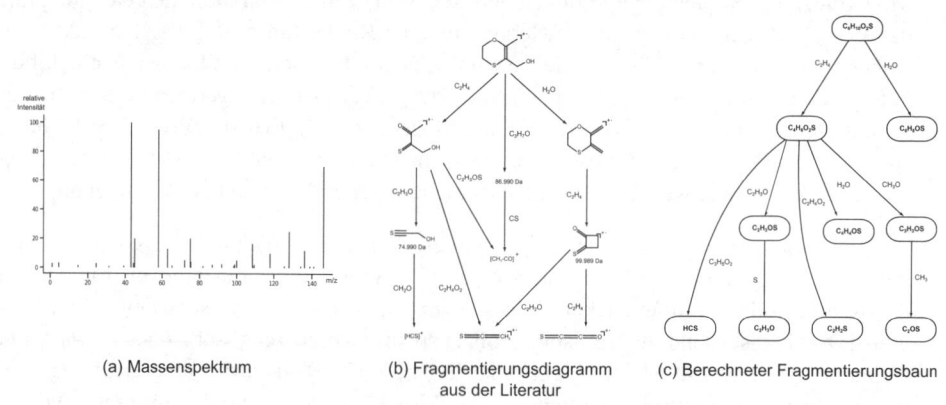

Abb. 1: (a) Fragmentierungsmassenspektrum, (b) das zugehörige Fragmentierungsdiagramm aus der Literatur [NV86], sowie (c) der mittels unserer Methode berechnete Fragmentierungsbaum eines Dihydro-1,4-Oxathiins.

2 Fragmentierungsbäume

MS-Experten evaluieren Fragmentierungsmassenspektren, indem sie Diagramme zeichnen, welche die im Massenspektrometer stattgefundenen Fragmentierungsereignisse manuell nachvollziehen (siehe Abb. 1(b)). Dafür muss jedoch die Molekülstruktur bereits bekannt sein. Die von uns entwickelte Methode extrahiert die Fragmentierungsschritte direkt aus den Daten, ohne Vorwissen bezüglich der Molekülstruktur. Wir modellieren diese Fragmentierungskaskaden mittels *Fragmentierungsbäumen* (siehe Abb. 1(c)) [BR08]. In einem Fragmentierungsbaum werden Knoten mit den Molekülformeln der Fragmente und Kanten mit den entsprechenden Fragmentierungsereignissen annotiert. Die Wurzel des Baumes enthält die Molekülformel des vollständigen Molekülions.

Die Berechnung von Fragmentierungsbäumen basiert auf einem graphentheoretischen Modell. Der sogenannte Fragmentierungsgraph ist ein gerichteter, azyklischer Graph. Für alle Peaks im Spektrum enthält dieser Graph jede mögliche Molekülformel, welche die Masse dieses Peaks erklärt, als Knoten. Die Knoten sind gefärbt, sodass alle Knoten, die den selben Peak erklären, die selbe Farbe erhalten. Zwei Knoten werden mittels einer gerichteten Kante verbunden, wenn der Nachfolgerknoten eine Teilmolekülformel des Vorgängerknotens enthält. Die Kante wiederum wird mit dem zugehörigen Neutralverlust beschriftet. Da diese Beziehung zwischen Knoten transitiv ist, ist somit auch der gesamte Fragmentierungsgraph transitiv. Um innerhalb des Graphen die wahrscheinlichste Erklärung der Fragmentierungsprozesse zu finden, werden die Knoten und Kanten gewichtet. Wir betrachten jeden Teilbaum, welcher in einer möglichen Erklärung des Molekülionenpeaks wurzelt, als hypothetischen Fragmentierungsbaum und suchen den Teilbaum mit maximaler Summe der Gewichte, wobei jede Farbe maximal einmal verwendet werden darf. Indem wir Bäume betrachten, wird jedes Fragment durch einen einzigen Fragmentierungsprozess erklärt; durch das Beschränken auf Bäume, in denen jede Farbe maximal einmal verwendet werden darf, wird jeder Peak nur von einem einzigen Fragment erklärt. Dass ein Peak von mehreren Fragmenten erklärt wird, kommt in der Praxis nur extrem selten vor und wird hier daher nicht betrachtet, um im generellen Fall das mehrfache Zählen von Peaks zu verhindern. Das eben beschriebene Problem wurde als MAXIMUM COLORFUL SUBTREE Problem formalisiert [BR08] und ist NP-schwer [FGN06] sowie APX-schwer [DFV09] sogar auf Binärbäumen. Des Weiteren gibt es keine Approximationsalgorithmen mit Approximationsgüte, die durch eine Konstante beschränkt wird [DFV09, Si11]. Zur Lösung des Problems wurden bereits mehrere exakte und heuristische Algorithmen entwickelt [BR08, Ra12b].

3 Auswertung von EI-Fragmentierungsspektren

Gaschromatographie mit Massenspektrometrie-Kopplung ist eine der ältesten und wichtigsten Verfahren zur Analyse kleiner Moleküle. Die dabei am häufigsten verwendete Ionenquelle ist die Elektronenstoßionisation (EI), welche zusätzlich zur Fragmentierung des Moleküls führt. Bei instabilen Molekülionen kann es bis zu einer vollständigen Fragmentierung kommen, sodass der Peak des Molekülions im Massenspektrum kaum sichtbar ist oder gar fehlt. Die Fragmentierung kleiner Moleküle durch Elektronenstoßionisation ist bereits gut verstanden; die manuelle Interpretation dieser Fragmentierungsmassenspektren ist jedoch umständlich, zeitaufwendig und erfordert Expertenwissen (siehe z.B. Abb. 3). Automatische Methoden für die Analyse von EI-Massenspektren beschränken sich derzeit auf Datenbanksuche und regelbasierte Ansätze. Wir präsentieren eine automatisierte Methode zur Rekonstruktion von Fragmentierungsmustern kleiner Moleküle aus hochaufgelösten EI-Massenspektren mit hoher Massengenauigkeit.

Bei der Auswertung von EI-Spektren muss man beachten, dass weder die Molekülformel des vollständigen Moleküls, noch dessen Masse bekannt ist und ferner der Molekülionenpeak häufig nicht im Spektrum vorhanden ist. Für unsere Analysen gehen wir davon aus, dass der Molekülionenpeak vorhanden ist, wenn auch möglicherweise von sehr geringer Intensität. Mittels automatischer Erkennung der echten Signale im Spektrum und deren Auswertung berechnen wir Fragmentierungsbäume für EI-Spektren [Hu12]. Die Methode ermöglicht zusätzlich die Identifizierung des Molekülions des untersuchten Metaboliten und dessen Molekülformel. Neben einer Liste von bekannten, häufig vorkommenden Neutralverlusten verwendet unser Methode keine chemischen Vorkenntnisse und arbeitet vollkommen unabhängig von Datenbanken. Auf der anderen Seite benötigt unsere Methode hohe Massengenauigkeit der Messungen.

Da die Molekülformel des vollständigen Moleküls unbekannt ist, können die möglichen Erklärungen der Fragmente im Fragmentierungsgraph nicht auf Teilformeln der Molekülformel beschränkt werden, was zu einer drastischen Vergrößerung des Fragmentierungsgraphen führt. Dieser Effekt verstärkt sich, je größer das Molekül und je mehr Peaks im Spektrum vorhanden sind. Um den optimalen Teilbaum unter all den möglichen Teilbäumen zu finden, gehen wir daher in zwei Schritten vor (siehe

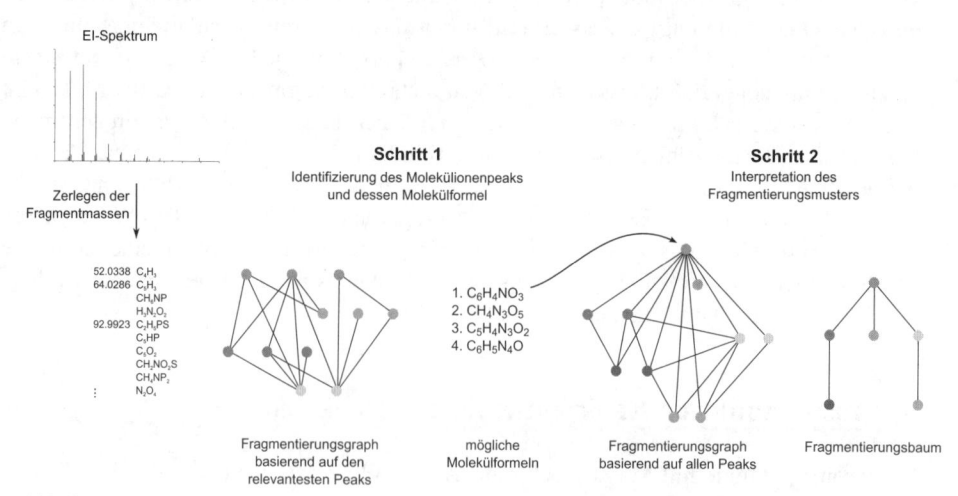

Abb. 2: Methode zur Auswertung von EI-Fragmentierungsspektren in zwei Schritten: Als Eingabe verwenden wir ein EI-Spektrum mit hoher Massengenauigkeit. Für jeden Peak werden alle möglichen Molekülformeln, welche diesen Peak erklären könnten, berechnet. In *Schritt 1* versuchen wir den Molekülionenpeak zu identifizieren und dessen Molekülformel zu bestimmen. In *Schritt 2* versuchen wir die beste Erklärung für das Fragmentierungsspektrum zu finden.

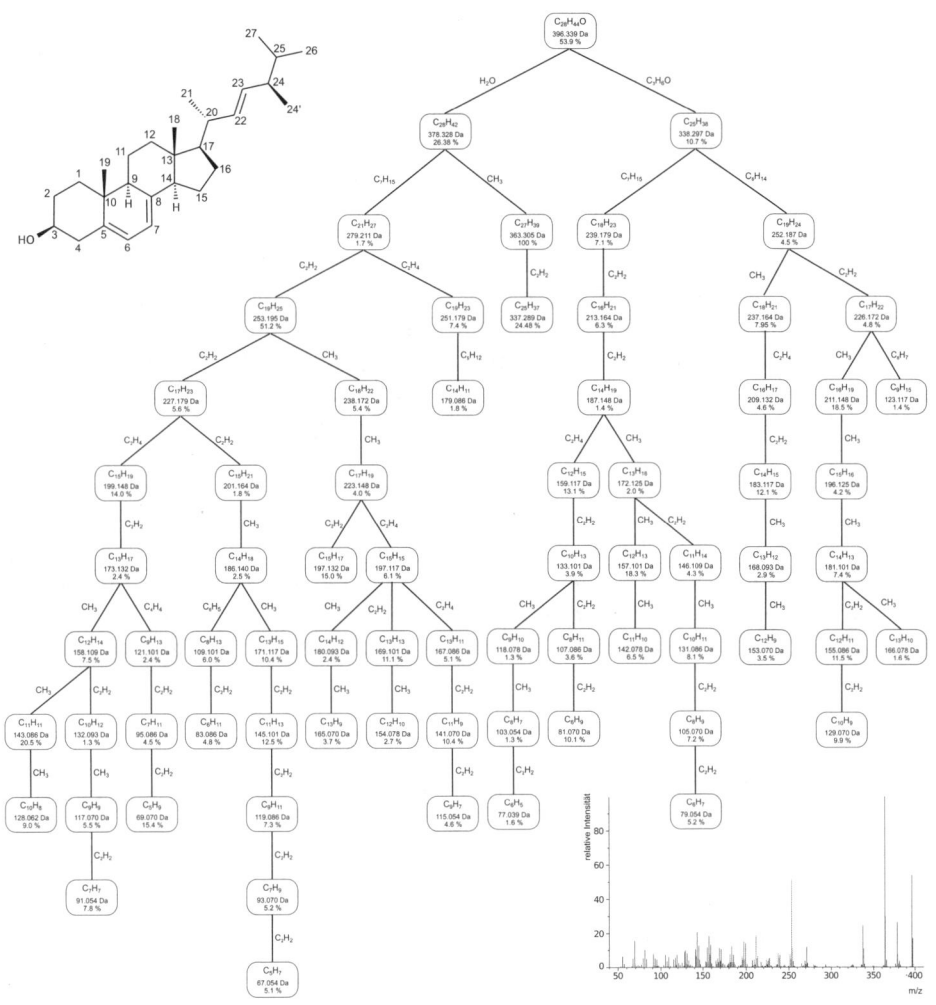

Abb. 3: Berechneter Fragmentierungsbaum für Ergosterol. Die Knoten enthalten die Fragmentformeln, die Massen der Fragmente (in Da) sowie die Intensitäten der zugehörigen Peaks im Spektrum. In der Anwendung ist die Identität und Strukutformel des Moleküls unbekannt. Der Baum dient als Grundlage für die weitere Auswertung des Massenspektrums. Die manuelle Interpretation des Massenspektrums wäre ohne diese Grundlage umständlich, zeitaufwendig und ohne Kenntnis der Molekülstruktur und entsprechendem Expertenwissen nicht möglich.

Abb. 2): *(1)* Zuerst versuchen wir den Molekülionenpeak zu identifizieren und dessen Molekülformel zu bestimmen. Dafür bauen wir einen Fragmentierungsgraph, welcher nur eine Teilmenge der Peaks aus dem Spektrum enthält. Diese Peaks erscheinen für die Bestimmung der Molekülformel besonders interessant. Jeder dieser Peaks ist potentiell der Molekülionenpeak. Die möglichen Molekülformeln der potentiellen Molekülionenpeaks werden geordnet entsprechend der Summe der Kantengewichte des optimalen Teilbaums, der in diesem Knoten wurzelt. *(2)* Ist die Molekülformel des vollständigen Moleküls bekannt, so wird erneut ein Fragmentierungsgraph gebaut, welcher in dieser Molekülformel wurzelt und mögliche Fragmentmolekülformeln für alle im Spektrum vorhandenen Peaks enthält. Aus diesem Graph wird nun der Fragmentierungsbaum berechnet, welcher die gemessenen Daten am besten erklärt.

Evaluiert haben wir unsere Methode sowohl auf simulierten als auch auf gemessenen Daten unter verschiedenen Gesichtspunkten. Die Identifizierung des Molekülionenpeaks und der Molekülformeln wurde auf EI-Spektren von 50 Molekülen unterschiedlicher Größe aus verschiedenen Verbindungsklassen ausgewertet. Das Molekülion wurde in 88 %, die Molekülformel in 78 % der Fälle richtig identifiziert. Die Methode funktioniert sogar für Spektren, in denen das Molekülion kaum sichtbar ist. Um die Qualität der Fragmentierungsbäume zu evaluieren, haben wir außerdem für 22 Moleküle, deren Fragmentierungswege in der Literatur beschrieben sind, Massenspektren simuliert. Massenspektrometrie-Experten bestätigten, dass die auf diesen Daten berechneten Bäume und die Fragmentierungsbäume der 50 gemessenen Moleküle, sehr gut mit dem veröffentlichten Fachwissen sowie bekannten Fragmentierungsmechanismen übereinstimmen. Alle wichtigen Fragmente und Fragmentierungsreaktionen der verschiedenen Verbindungsklassen konnten selbst in den komplexesten EI-Spektren unseres Datensatzes identifiziert werden (siehe Abb. 3).

4 Vergleich mittels Fragmentierungsbaumalignments

Im nächsten Schritt können die Fragmentierungsbäume zur Klassifizierung und Identifizierung von unbekannten Molekülen verwendet werden. Mittels Baumvergleich lassen sich strukturelle und chemische Ähnlichkeiten zu anderen, bereits bekannten Molekülen feststellen. Hierfür werden paarweise lokale Alignments von Fragmentierungsbäumen verwendet [Ra12a]. Lokales Baumalignment ist eine Generalisierung des lokalen Sequenzalignment-Problems. Das lokale Baumalignment zweier Fragmentierungsbäume enthält die Teilbäume, in denen ähnliche Fragmentierungskaskaden stattgefunden haben (siehe Abb. 4).

Um den Fragmentierungsbaum eines unbekannten Metaboliten mit einer großen Fragmentierungsbaumdatenbank vergleichen zu können, sind schnelle Algorithmen zur Lösung des Baumalignmentproblems erforderlich. Leider ist das Alignieren von ungeordneten Bäumen, zu denen die Fragmentierungsbäume zählen, nicht nur NP-schwer, sondern auch MAX SNP-schwer [JWZ95]. Dies bedeutet, es gibt kein Polynomzeit-Approximationsschema für dieses Problem, außer P = NP [Ar98]. Wir haben drei exakte Algorithmen zur Berechnung von Baumalignments entwickelt: Zwei dieser Algorithmen

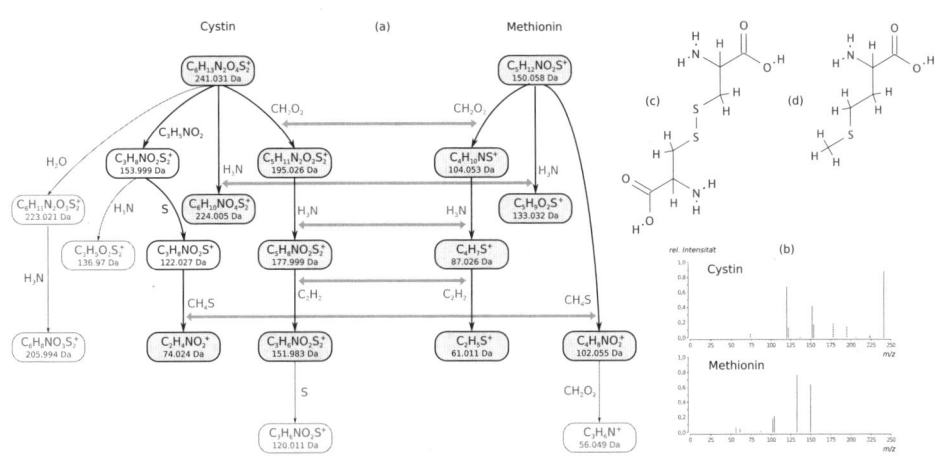

Abb. 4: Optimales Fragmentierungsbaumalignment (a) und Fragmentierungsmassenspektren für Cystin und Methionin (a). Die Massenspektren haben keine gemeinsamen Peaks. Die Molekülstrukturen von Cystin (c) und Methionin (d) werden zur Berechnung des Baumalignments nicht benötigt. Das Alignment enthält die gemeinsamen Fragmentierungswege.

basieren auf dynamischer Programmierung (DP), wobei der zweite Algorithmus auf dem ersten aufbaut, indem er die dünne Besetzung der DP Tabelle zu seinen Gunsten nutzt. Der dritte Algorithmus basiert auf ganzzahliger linearer Programmierung (english: *integer linear programming*, ILP).

Die Auswertung unserer Algorithmen auf drei Datensätzen hat gezeigt, dass mittels DP tausende Alignments in wenigen Minuten berechnet werden können, selbst für schwierige Instanzen. Der verbesserte DP Ansatz dominiert die klassische DP, was für einen der Datensätze sogar zu einer elffachen Beschleunigung führte (siehe Abb. 5). Überraschenderweise sind die beiden DP Algorithmen *wesentlich* schneller als das ILP. Nichtsdestotrotz hat das ILP das Potenzial, die für die DP-basierten Algorithmen schwierig zu lösenden Instanzen zu berechnen.

Fragmentierungsbaumalignments können unter anderem dazu verwendet werden um eine Reihe bekannter und/oder unbekannter Verbindungen, basierend auf deren Fragmentierungsbaumähnlichkeit, zu clustern (siehe Abb. 6), und um strukturelle Eigenschaften und/oder Verbindungsklassen vorherzusagen [Ra12a]. Basierend auf einer Reihe von Referenzverbindungen haben wir gezeigt, dass sich das Clustering mittels Fragmentierungsbaumähnlichkeiten mit den echten Verbindungsklassen deckt und konnten daraufhin für unbekannte Metaboliten aus isländischem Mohn die Verbindungsklassen und Strukturinformationen ableiten, um die nachfolgende NMR-Analyse zur vollständigen Strukturaufklärung zu vereinfachen.

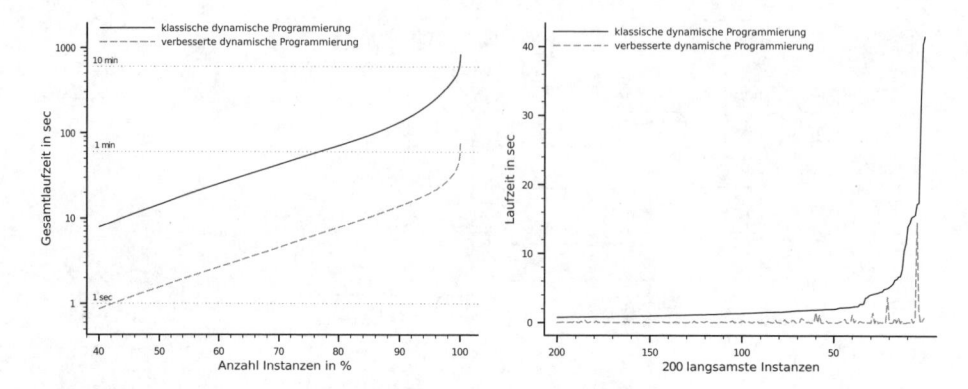

Abb. 5: Laufzeiten für den schwierigsten der drei Datensätze mit 5151 Alignments. Links: Gesamtlaufzeit für x % der Instanzen, für welche die Berechnung des Alignments schneller lief als bei den verbleibenden Instanzen. Dabei wurden die Instanzen für jeden Algorithmus getrennt sortiert. Rechts: Individuelle Laufzeiten der 200 langsamsten Instanzen für den klassischen DP-Algorithmus. Instanzen wurden nach ihrer Laufzeit mittels klassischer DP sortiert. Die klassische DP wird für alle Instanzen von der verbesserten DP geschlagen.

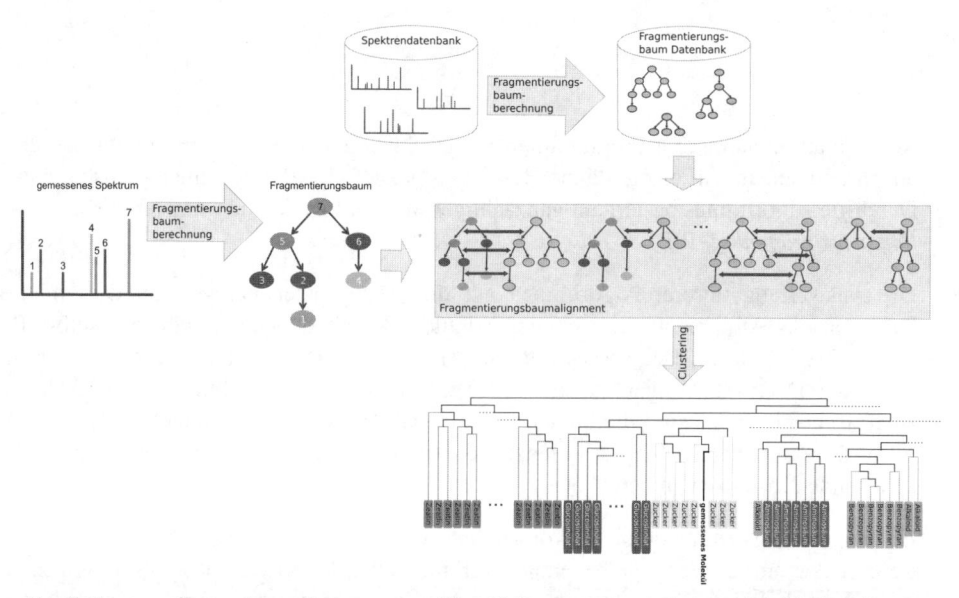

Abb. 6: Fragmentierungsbaumalignments zur Klassifizierung von unbekannten Molekülen. Aus dem gemessenen Spektrum wird ein Fragmentierungsbaum berechnet und gegen eine Datenbank von Fragmentierungsbäumen aligniert. Die Moleküle werden basierend auf den berechneten Fragmentierungsbaumähnlichkeiten geclustert. Ähnliche Moleküle (z.B. aus derselben Verbindungsklasse) clustern zusammen. Die Klasse des unbekannten Moleküls kann aus dem Cluster, in den es fällt, erschlossen werden.

5 Zusammenfassung

Wir haben neue *de novo* Methoden zur automatisierten Analyse von Fragmentierungsmassenspektren kleiner Moleküle entwickelt, die keine Kenntnis des zu untersuchenden Moleküls voraussetzen. Sowohl die Berechnung als auch der Vergleich von Fragmentierungsbäumen sind regelfreie Ansätze, die weder auf Spektren- noch auf Strukturdatenbanken basieren. Damit ermöglichen sie die Analyse von bisher vollkommen unbekannten Molekülen.

Literaturverzeichnis

[Ar98] Arora, Sanjeev; Lund, Carsten; Motwani, Rajeev; Sudan, Madhu; Szegedy, Mario: Proof verification and the hardness of approximation problems. J ACM, 45(3):501–555, 1998.

[BR08] Böcker, Sebastian; Rasche, Florian: Towards de novo identification of metabolites by analyzing tandem mass spectra. Bioinformatics, 24:I49–I55, 2008. Proc. of *European Conference on Computational Biology* (ECCB 2008).

[DFV09] Dondi, Riccardo; Fertin, Guillaume; Vialette, Stephane: Maximum Motif Problem in Vertex-Colored Graphs. In: Proc. of Symposium on Combinatorial Pattern Matching (CPM 2009). Jgg. 5577 in Lect Notes Comput Sci. Springer, Berlin, S. 221–235, 2009.

[Di11] Dieterle, Frank; Riefke, Björn; Schlotterbeck, Götz; Ross, Alfred; Senn, Hans; Amberg, Alexander: NMR and MS methods for metabonomics. Methods Mol Biol, 691:385–415, 2011.

[Fe04] Fernie, Alisdair R; Trethewey, Richard N; Krotzky, Arno J; Willmitzer, Lothar: Metabolite profiling: From diagnostics to systems biology. Nat Rev Mol Cell Biol, 5(9):763–769, 2004.

[FGN06] Fellows, Michael R.; Gramm, Jens; Niedermeier, Rolf: On the parameterized intractability of motif search problems. Combinatorica, 26(2):141–167, 2006.

[HSB14] Hufsky, Franziska; Scheubert, Kerstin; Böcker, Sebastian: New kids on the block: Novel informatics methods for natural product discovery. Nat Prod Rep, 31(6):807–817, 2014.

[Hu12] Hufsky, Franziska; Rempt, Martin; Rasche, Florian; Pohnert, Georg; Böcker, Sebastian: De Novo Analysis of Electron Impact Mass Spectra Using Fragmentation Trees. Anal Chim Acta, 739:67–76, 2012.

[Hu14] Hufsky, Franziska: Novel Methods for the Analysis of Small Molecule Fragmentation Mass Spectra. Dissertation, Friedrich-Schiller-Universität Jena, Jena, Germany, 2014.

[Is09]   Issaq, Haleem J; Van, Que N; Waybright, Timothy J; Muschik, Gary M; Veenstra, Timothy D: Analytical and statistical approaches to metabolomics research. J Sep Sci, 32(13):2183–2199, 2009.

[JWZ95] Jiang, Tao; Wang, Lusheng; Zhang, Kaizhong: Alignment of trees: An alternative to tree edit. Theor Comput Sci, 143(1):137–148, 1995.

[LV09]   Li, Jesse W-H; Vederas, John C: Drug discovery and natural products: End of an era or an endless frontier? Science, 325(5937):161–165, 2009.

[NV86]   Nevalainen, Vesa; Vainiotalo, Pirjo: Electron impact induced fragmentation of dihydro-1,4-oxathiines. 1. 2,3-substituted 5,6-dihydro-1,4-oxathiines. Org Mass Spectrom, 21(9):543–548, 1986.

[Ra12a] Rasche, Florian; Scheubert, Kerstin; Hufsky, Franziska; Zichner, Thomas; Kai, Marco; Svatoš, Aleš; Böcker, Sebastian: Identifying the unknowns by aligning fragmentation trees. Anal Chem, 84(7):3417–3426, 2012.

[Ra12b] Rauf, Imran; Rasche, Florian; Nicolas, François; Böcker, Sebastian: Finding Maximum Colorful Subtrees in practice. In: Proc. of Research in Computational Molecular Biology (RECOMB 2012). Jgg. 7262 in Lect Notes Comput Sci. Springer, Berlin, S. 213–223, 2012.

[Si11]   Sikora, Florian: Aspects algorithmiques de la comparaison d'éléments biologiques. Dissertation, Université Paris-Est, 2011.

[Wi07]   Wishart, David S.: Proteomics and the human metabolome project. Expert Rev Proteomics, 4(3):333–335, Jun 2007.

Franziska Hufsky erhielt 2010 ihr Diplom in Bioinformatik von der Friedrich-Schiller-Universität (FSU) Jena, Deutschland. 2014 erlangte sie ihren Ph.D. im Bereich der algorithmischen Massenspektrometrie zur Identifizierung unbekannter kleiner Moleküle am Lehrstuhl für Bioinformatik (FSU Jena) unter der Leitung von Prof. Sebastian Böcker. Während dieser Zeit wurde sie durch ein Stipendium der *International Max Planck Research School* für chemische Ökologie in Jena unterstützt. Gefördert durch ein Postdoktoranden-Stipendium der Carl-Zeiss-Stiftung arbeitet sie derzeit zudem in der Gruppe von Prof. Manja Marz am Lehrstuhl für RNA Bioinformatik und Hochdurchsatzanalyse (FSU Jena) an einem Projekt, welches die beiden Arbeitsgruppen und somit Metabolom- und Transkriptomanalyse vereint.

Intrinsische Intentionserkennung in technischen Systemen[1]

Elsa Andrea Kirchner[2]

Abstract: Im Rahmen der Dissertation wurde ein ganzheitlicher Ansatz mit der Bezeichnung "embedded Brain Reading (eBR)" entwickelt, um zum einen Handlungsintentionen anhand von Gehirnströmen zu erkennen und zum anderen diese naturgemäß fehlerbehaftete Erkennung in technischen Systemen fehlertolerant zu integrieren. Technische Systeme können durch eBR sowohl in ihrer Funktion adaptiert als auch gesteuert werden, ohne zusätzliche kognitive Ressourcen des Menschen zu fordern. Der Ansatz verknüpft die komplexe Auswertung von Gehirnaktivitäten mit dem jeweiligen Kontext, in denen Interaktionen stattfinden. So werden intuitive und leichte Interaktionen zwischen einem technischen System und dem Menschen ermöglicht. Der generische Ansatz und damit die Interaktionen zwischen Mensch und Maschine wurden formal modelliert. Dieses Modell diente der Validierung unterschiedlicher Implementierungen des Ansatzes. Insbesondere wurde nachgewiesen, dass der Ansatz dabei hilft, mit unsicheren Daten, wie sie bei der Analyse der Gehirnaktivität entstehen, zuverlässig umzugehen.

Keywords: embedded Brain Reading, electroencephalogram, human-machine interaction

1 Einleitung

In Zukunft soll es autonome Roboter geben, die als *vollwertige Kooperationspartner* für den Menschen auftreten. Heutige Systeme sind bis zu einem gewissen Grad adaptiv und flexibel im Bezug auf Veränderungen in ihrer Umgebung. Sie können lernen und sich an ihre Umwelt anpassen. Trotzdem ist es ihnen nicht möglich, sich schnell ändernden und individuellen Anforderungen eines Menschen als Interaktionspartner anzupassen. Woran liegt das? Heutige Systeme sind im Gegensatz zum Menschen kaum in der Lage, die Intentionen eines Menschen zu erkennen, sofern diese nicht explizit mitgeteilt werden. Dadurch können sie ohne explizite Hilfe nicht auf die Absichten des Menschen eingehen, um ihn zu unterstützen oder effektiv zu kooperieren. Aus diesem Grund werden technische Systeme vom Menschen oft nicht als Interaktionspartner akzeptiert. Die Dissertation zeigt hierfür Lösungen auf.

Im Rahmen der Dissertation wurde der Ansatz mit der Bezeichnung *"embedded Brain Reading (eBR)"* entwickelt, der die *implizite Erkennung von Intentionen* des Menschen ermöglicht und damit kooperative Systeme realisiert [Ki14]. Intentionen werden durch eBR aus Gehirndaten und Informationen zum jeweiligen Kontext einer Interaktion abgeleitet. Die entwickelte Lösung stellt dabei kein eigenständiges System oder eine einfache Schnittstelle dar. Vielmehr ist eBR *intrinsischer oder inhärenter Bestandteil eines technischen Systems*, das zur intuitiven Interaktion mit dem Menschen befähigt werden soll. Es ist dabei nicht nur strukturell, sondern auch funktionell in das System eingebettet, ist also

---

[1] Englischer Titel der Dissertation: "Embedded Brain Reading"
[2] Universität Bremen, AG Robotik, 28357 Bremen, ekir@informatik.uni-bremen.de

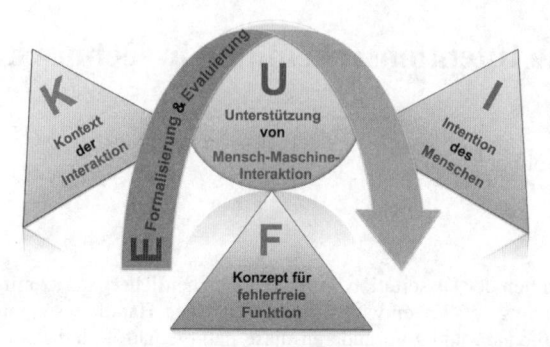

Abb. 1: Bausteine des Ansatzes "embedded Brain Reading (eBR)" zur eingebetteten Vorhersage und Nutzung von Intentionen.

gleichzeitig Bestandteil des Systems und greift in seine Funktionen ein. Diese Eingriffe sind geleitet durch die Annahmen über die Intentionen des Menschen, aber auch *immer überwacht durch das System selbst*, welches von eBR beeinflusst wird. Durch Letzteres wird gewährleistet, das eBR *fehlertolerant unterstützt* und mit unsicheren Daten, wie Gehirndaten umgehen kann, ohne dass Fehlfunktionen auf Grund von z.B. einer fehlerhaften Klassifikation von Gehirndaten ausgelöst werden.

Hervorzuheben ist, dass eBR sowohl zur *Adaptation der Funktionalität* von technischen Systemen als auch zur *aktiven Steuerung* von technischen Systemen eingesetzt werden kann. Die Arbeiten zur Dissertation zeigen, dass die Interaktion von Mensch und Maschine durch eBR *messbar verbessert* wird, wenn ein System entsprechend den Absichten des Menschen adaptiert wird. Wird eBR genutzt, um ein Systems entsprechend der erkannten impliziten Intentionen zu steuern, geschieht auch das ohne aktives Zutun des Menschen. Explizite Anweisungen des Menschen sind für die Nutzung von eBR nicht nötig. Dadurch *schont eBR kognitive Ressourcen*. Sein Einsatz belastet den Menschen nicht, aber bietet eine deutliche *Verbesserung der Interaktion*.

Wichtige Schwerpunkte der Arbeit zu eBR können anhand seiner Bausteine (siehe Abb. 1) abgeleitet werden, und sind:

I Sicheres und nachweisliches Erkennen von **I**ntentionen durch die Detektion relevanter Gehirnzustände

K Automatisches Erkennen des **K**ontextes der Interaktion

F Konzeptionelle **F**ehlervermeidung bei der Nutzung von eBR

E Formale Modellierung von eBR und **E**valuierung seiner Funktionalität theoretisch durch das entwickelte formale Modell und in der Praxis durch empirische Daten aus mehreren Anwendungen

Die genannten Bausteine sind notwendig, um das Hauptziel des Einsatzes von eBR zu ermöglichen: U̲nterstützung bzw. *Ermöglichung von intuitiver Mensch-Maschine-Interaktion durch implizite Ableitung von Intentionen und deren fehlertoleranter Nutzung.*

Es ist hervorzuheben, dass die Dissertation stark *interdisziplinäre Arbeit* in den Forschungsbereichen der Informatik, der Robotik und der Kognitionswissenschaften verlangte. Sie zeichnet sich dadurch aus, dass sie Forschungsfragen dieser drei großen Forschungsgebiete ganzheitlich betrachtet und so *übergreifende Lösungen* aufzeigt. Im Rahmen der Dissertation wurden nicht nur kognitionswissenschaftliche Studien mit Probanden durchgeführt, um deren Gehirnaktivität hinsichtlich robust und verlässlich auftretender Aktivitäten zu untersuchen, sondern auch Ansätze zur Verbesserung maschineller Lernverfahren (speziell Trainingsverfahren) entwickelt. Außerdem wurde der Ansatz von eBR in komplexen robotischen Anwendungen integriert und getestet sowie ein formales Modell entwickelt, das in der Lage ist, die Interaktion zwischen Mensch und Maschine zu beschreiben und zu validieren. Eine so breit interdisziplinär angelegte Arbeit, wie sie durch Prof. Drechsler betreut wurde, kann nur in einem ganz speziellen Rahmen ermöglicht werden. Diesen Rahmen hat mir die Universität Bremen in Zusammenarbeit mit dem Deutschen Forschungszentrum für Künstliche Intelligenz GmbH (DFKI) geboten, wofür ich mich an dieser Stelle ausdrücklich bedanken möchte.

In den folgenden zwei Kapiteln sollen die Schwerpunkte der Arbeiten zur Dissertation in ihren Ansätzen und Ergebnissen kurz skizziert werden, um sodann ein Resümee zu den Ergebnissen und deren Bedeutung zu ziehen.

2 Intentionserkennung aus Gehirnzuständen und dem Kontext der Interaktion

Die Analyse der Gehirnzustände eines Menschen kann dabei helfen, seine *unmittelbar beabsichtigten Handlungen vorherzusagen* [Li83, Co89]. Für eine solche Analyse musste zunächst geklärt werden, welche Gehirnaktivitäten und einhergehende Signalmuster für die Vorhersage von bestimmten Intentionen relevant sind und ob die Signalmuster unter "Alltagsbedingungen" soweit ausgeprägt sind, dass sie hinreichend erkannt werden können. Aus der neurowissenschaftlichen Grundlagenforschung sind viele unterschiedliche Gehirnaktivitätsmuster bekannt, die hinsichtlich ihrer Bedeutung und Rolle partiell sehr gut interpretiert werden können. Allerdings werden Gehirnaktivtäten normalerweise unter sehr strengen Rahmenbedingungen untersucht. Es war nicht klar, ob die bekannten Aktivitätsmuster auch während komplexen Verhaltens des Menschen auftreten bzw. differenzierbar sind. *Die Arbeiten zu diesem Schwerpunkt der Dissertation untersuchen erstmalig systematisch, welchen Einfluss komplexes Verhalten, das während der Interaktion ausgeführt wird, auf die Ausprägung verschiedener Aktivitätsmuster des Gehirns hat.* Die Ergebnisse zeigen, dass die untersuchten und später zur Intentionserkennung genutzten bekannten Aktivitätsmuster robust und zuverlässig auftreten und somit erkannt werden können [KK12, Ki13]. Außerdem zeigen die Arbeiten, dass diese Muster auch im "single-trial", also in jeder beliebigen und einmaligen Situation erkannt werden können

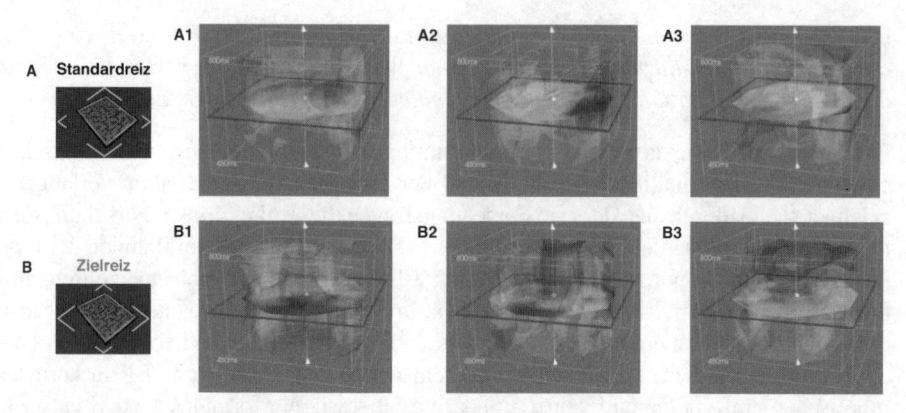

Abb. 2: Mit 64 EEG-Kanälen flächig (x/z Ebene) und über die Zeit (y-Richtung) aufgezeichnetes EEG-Signal (rot: positive Signale; blau: negative Signale) evoziert durch visuelle Stimuli (A: handlungsirrelevante "Standardreize"; B: handlungsrelevante "Zielreize"). Aufgezeichnete Rohsignale *einer* Klasse (A1, A2, A3 *bzw.* B1, B2, B3) ähneln sich wegen der Überlagerung mit parallel auftretender EEG-Aktivität kaum.

und somit im Sinne von "Brain Reading (BR)" [Co89] e*in "Lesen" der Gehirnaktivität auch dann möglich ist, wenn der Mensch komplexes interaktives Verhalten zeigt.*

In den durchgeführten Experimenten wurde das menschliche, von der Kopfoberfläche gemessene Elektroenzephalogramm (EEG) [Be29] als Methode zur Messung der Gehirnaktivität genutzt. Neurophysiologische Experimente wurden definiert und durchgeführt, um *prägnante Gehirnzustände während komplexen und anspruchsvollen Verhaltens*, so wie es typischerweise bei einer Interaktion zwischen Mensch und Maschine auftreten würde, zu *identifizieren* und damit deren Stabilität und Zuverlässigkeit aufzuzeigen [Ki13]. Der Fokus lag auf der Untersuchung von Ereigniskorrelierten Potentialen (EKP). EKPs treten immer auf, wenn ein bestimmter Stimulus wahrgenommen wird oder wenn ein bestimmter interner Zustand beim Menschen vorliegt. Sie können durch Mittelung der Beobachtungen sichtbar gemacht werden, da nur sie mit dem Ereignis korrelieren, andere überlagernde EEG-Aktivitäten dagegen nicht [Lu05].

Um die identifizierte relevante EEG-Aktivität für eBR in einem *"single-trial"* zu detektieren, wurde in Zusammenarbeit mit Kollegen das Signalverarbeitungs- und Klassifikationsframework *pySPACE* [Kr13] entwickelt. Die Detektion erfordert den Einsatz leistungsfähiger Algorithmen zur Signalverarbeitung und Klassifikation, da das EEG aus sich komplex überlagernden Signalen besteht, die das relevante Signal verdecken (siehe Abb. 2). Die Entwicklung neuartiger Signalverarbeitungs- und Klassifikationsmethoden war jedoch nicht Fokus der Arbeit. Wichtiger für den Ansatz von eBR ist es, qualitativ hochwertige Trainingsdaten aufzuzeichnen. Diese sind extrem wichtig, um mittels *überwachter* maschineller Lernverfahren relevante Signale im EEG zu detektieren. Speziell für den Ansatz von eBR, bei dem es darum geht, *seltene Gehirnzustände zu erkennen*, wie das Verpassen einer wichtigen Information (siehe Abb. 3 "verpasster Zielreiz"

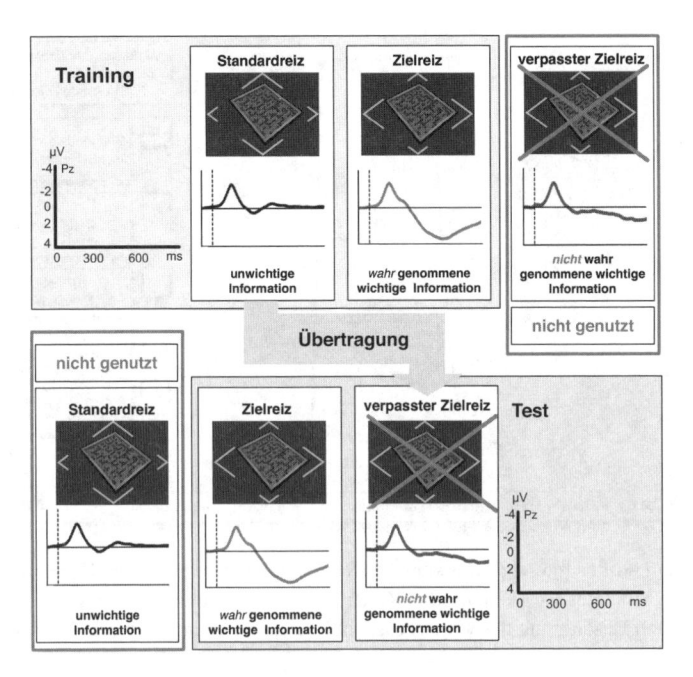

Abb. 3: Ein Klassifikator wird auf Beispielen zweier Klassen von Daten (Standardreize und *erkannte* Zielreize) trainiert, um im Test Beispiele der Klasse Zielreize von Beispielen einer anderen Klasse (sehr seltene *verpasste* Zielreize) zu unterscheiden. Voraussetzung für eine erfolgreiche Übertragung ist, dass Trainings- und Testbeispiele sich in Form und Ausprägung ähneln (siehe gemittelte Aktivitätskurven).

und [WK14]), ist es jedoch fast *unmöglich ausreichend Trainingsdaten aufzuzeichnen.* **Es wurde daher ein für die EEG-Analyse neuer Ansatz entwickelt, der auf der Übertragung eines Klassifikators (genutzt wurde eine Support Vector Machine) basiert und den effektiven Umgang mit nicht ausreichenden Trainingsdaten ermöglicht (siehe Abb. 3).** Es wurde nachgewiesen, dass nach einem Training auf einer Klasse mit vielen Beispielen ("Standardreizen"), bei Tests für eine zweite Klasse mit wenigen, aber zur ersten Klasse ähnlichen Beispielen ("verpasste Zielreize"), sehr gute Klassifkationsergebnisse erzielt werden [Ki13].

Nur die Analyse von EEG-Daten allein und das Erkennen von bestimmten Mustern reicht jedoch nicht aus, um die Intentionen eines Menschen abzuleiten. Um eine *zuverlässige Erkennung von Absichten* zu ermöglichen, muss die Analyse der Gehirnaktivitäten in dem jeweiligen *Kontext der Interaktionen* eingebettet werden. **Im Rahmen der Dissertation wurde daher für die Realisierung von eBR eine automatische Erkennung des Interaktionskontextes umgesetzt, um auf Basis von spezifischen Gehirnzuständen die Intentionen eines Menschen zuverlässig zu ermitteln und gleichzeitig eBR automatisch zu steuern.** Um den Kontext zu erkennen, können Umgebungsdaten, technische Systemda-

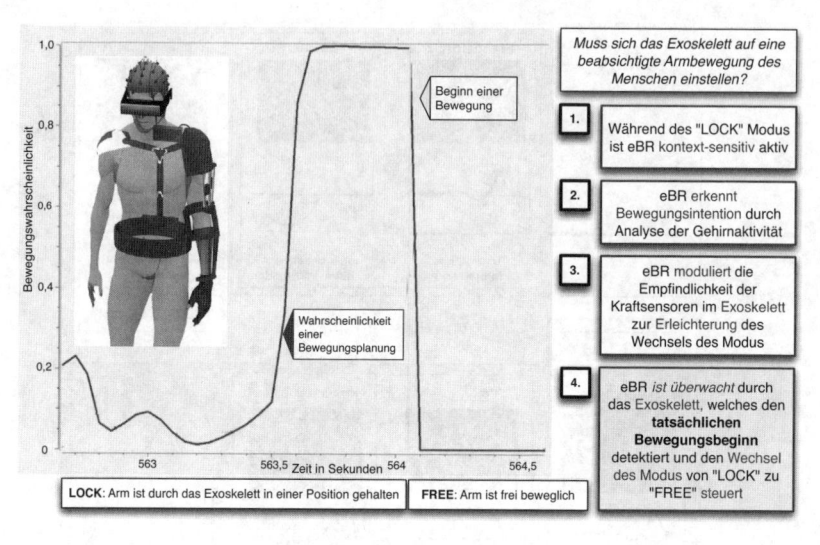

Abb. 4: Während der Interaktion erkennt eBR Handlungsintentionen und unterstützt den Wechsel zwischen den Modi des Exoskeletts von "Ruhe: LOCK" zu " Bewegung: FREE". Der Moduswechsel erfolgt nur nach Bestätigung der vorhergesagten Handlungsintention durch das Exoskelett.

ten oder Verhaltensdaten des Menschen genutzt werden und sind somit Bestandteil von eBR [KD13].

Im Folgenden betrachten wir beispielsweise die Erkennung und Nutzung des Interaktionskontextes beim Einsatz von eBR zur Verbesserung eines Exoskeletts, das von einem Operator zur Fernsteuerung eines Roboters verwendet wird. Generell reagiert das Exoskelett sehr schnell auf die Aktionen des Menschen und somit entsprechend dem Handlungskontext. Wenn der Operator z.B. den Arm längere Zeit nicht bewegt, erkennt dies das Exoskelett und geht in einen LOCK Modus über, in dem es den Arm in der gegebenen Position hält. Um den Modus zu verlassen, reagiert das Exoskelett auf den Beginn einer Bewegung des Arms, welchen es mittels integrierter Kraftsensoren detektiert. Es entsteht jedoch eine Verzögerung, die von dem Operator bemerkt wird und das System als *undurchlässig für seine Absichten* erscheinen lässt. Könnte das System die *Bewegungsintention erkennen* (statt nur auf den Beginn der Bewegung zu reagieren), und wäre somit in der Lage sich auf die *Bewegung vorzubereiten*, würde das System viel schneller oder gar ohne bemerkbare Verzögerung auf den Operator reagieren können. Um dies zu ermöglichen, analysiert eBR die Gehirnaktivität hinsichtlich auftretender Signalmuster, die durch Bewegungsplanung evoziert werden und, wie zuvor gezeigt wurde, auch in komplexen Anwendungen im menschlichen EEG detektierbar sind. Der *Kontext der Interaktion* kann in diesem Beispiel zwei relevante Zustände haben: *(1)* der Operator ist in einer Ruhephase und das System ist im LOCK Modus, *(2)* der Operator ist *nicht* in einer Ruhephase und das System ist im FREE Modus. *Nur im ersten Zustand* ist die Vorhersage einer Handlungsintention durch *eBR relevant* (1. in Abb. 4). Der Handlungskontext kann in diesem Fall aus den Daten des

Elektroenzephalogramm (EEG)
- Erkennen von Bewegungsplanung
- möglicher Auslöser einer Bewegung

Elektromyogram (EMG)
- Erkennen des Beginns der Bewegung
- Bestätigung der EEG-basierten Bewegungsvorhersage
- Vorhersage eines Bewegungsmusters
- Auslöser einer Bewegung in späterer Reha-Phase

Blickaufzeichnung
- Erkennen des Zieles der Bewegung
- Auslöser einer Bewegung in einer frühen Phase der Rehabilitation (alternativ zu EEG und EMG bei schwacher Signalausprägung)

Alltagssituation

Interaktionsszenario
- Erkennen von Zielobjekten durch semantisch Überwachung
- Berechnung von Force Feedback und der Bewegungsführung

Exoskelett
- Assistenz und Kontrolle
- Bewegungsplanung
- aktive Ausführung der Bewegung
- Vermittlung eines Force Feedback

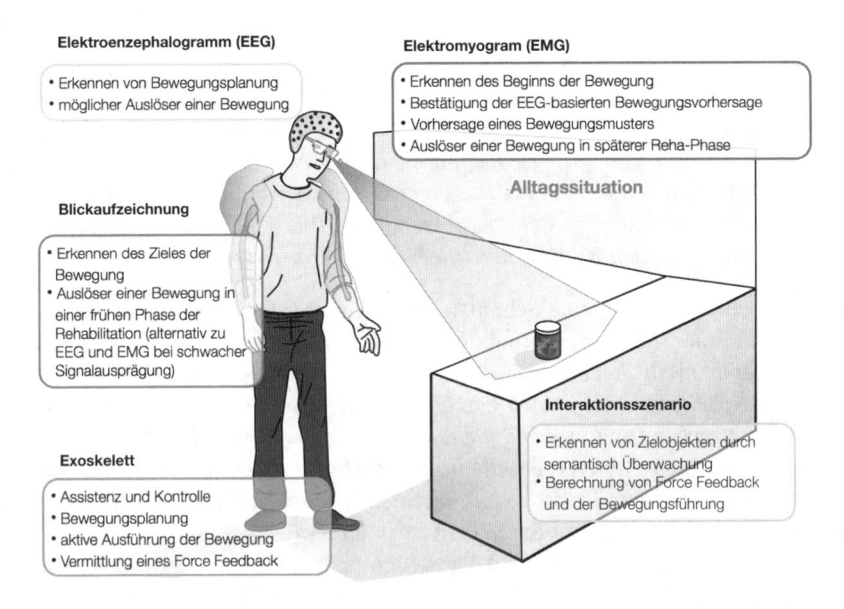

Abb. 5: Nutzung von eBR in der Rehabilitationsrobotik: Aktive Unterstützung von motorischer Armfunktion in Alltagssituationen durch eBR unter Nutzung multimodaler Daten zur Ermittlung des Handlungskontextes, zur Minimierung der Fehleranfälligkeit und zur besseren Anpassung an den individuellen Bedarf des Patienten in der Therapie [KTS14].

Exoskeletts ermittelt werden. Das Exoskelett erkennt das Ausbleiben von Bewegungen des Operators und kann so den Kontext der Interaktion vorgeben [Fo12, KD13].

Im Rahmen der Arbeit wurde gezeigt, dass der Kontext einer Interaktion häufig automatisch durch das technische System vorgegeben werden kann. Aber auch andere Daten können zur Erkennung des Kontextes der Interaktion herangezogen werden. So können z.B. Daten von der Blickaufzeichnung verwendet werden, um zu definieren, ob ein Nutzer z.B. ein Objekt greifen will. Nur wenn er ein manipulierbares Objekt betrachtet, wird die Vorhersage von Handlungsintention (ermittelt auf Basis von EEG und/oder Daten des Elektromyogramms (EMG)) relevant (siehe Abb. 5).

3 Unterstützung bei gleichzeitiger Fehlervermeidung

Um eine *fehlerfreie Unterstützung* der Interaktion eines Menschen mit einem technischen System zu gewährleisten, ist der Kontext der Interaktion ausschlaggebend. Soll eBR wie in Abb. 4 genutzt werden, um ein System hinsichtlich der Intentionen eines Menschen zu *adaptieren*, darf eine mögliche fehlerhafte Vorhersage einer Handlungsintention *keine fehlerhafte Gesamtfunktion des Systems verursachen*. In unserem Beispiel wird die aus der EEG-Aktivität und dem Kontext der Interaktion abgeleitete Bewegungsintention (2. in Abb. 4) dazu genutzt, das Exoskelett auf die Ausführung einer Bewegung bzw. dessen Beginn vorzubereiten. Die Vorbereitung sieht jedoch nicht so aus, dass der Modus des Exoskeletts direkt vom Ruhemodus (LOCK) in den Modus der freien Beweglichkeit (FREE) umgeschaltet wird. Vielmehr werden die Sensoren, welche normalerweise den Bewegungsbeginn detektieren und den Wechsel zwischen den Modi vermitteln, adaptiert. Sie werden *sensibilisiert für den Beginn der erwarteten Bewegung* (3. in Abb. 4). Erst wenn die Sensoren den Beginn der (vorhergesagten) Bewegung detektieren, wechselt das Exosklett den Modus und gibt den Arm frei (4. in Abb. 4). *Durch diesen Ansatz werden Fehlfunktionen aus den Kontext der Interaktion heraus vermieden* [Fo12, KD13].

Wird eBR eingesetzt, um eine Schnittstelle oder ein System direkt, also *aktiv zu steuern*, ist es nicht immer möglich Fehlfunktionen zu vermeiden, weil die vermeintlich *erkannte Intention direkt in die Steuerung einfließt* und keine Kontrolle wie im obigen Fall möglich ist. *In den Arbeiten wurde jedoch gezeigt, dass die Kombination verschiedener Quellen zur Intentionserkennung es ermöglichen, die Fehlerwahrscheinlichkeit zu reduzieren. Ausserdem konnten Fehlertypen, die hinsichtlich der Anforderungen des Nutzers oder der Situation besonders kritisch sind, vermieden werden.* Durch die Nutzung *multimodaler Daten* kann das System durch eBR auch an *individuelle Anforderungen angepasst* werden. Dies wurde für das Beispiel der Steuerung einer Orthese durch zwei unterschiedliche Signale (EEG und EMG) und deren Kombinationen für die potentielle Nutzung von eBR in der Rehabilitationsrobotik untersucht [KTS14].

Im Rahmen der Dissertation wurde ein *formales Modell für eBR* entwickelt. Dieses Modell ist *generisch* und für unterschiedliche Implementierungen von eBR anwendbar. *Das formale Model für eBR ist die erste Anwendung von formalen Modellen zur Beschreibung komplexer Interaktionen zwischen Mensch und Maschine. Die Formalisierung des Ansatzes konnte genutzt werden, um verschiedene Anwendungen z.B. hinsichtlich der Korrektheit der Abbildung zwischen der Wahrscheinlichkeit einer Intention und der Stärke der Modulation des Systems zu validieren.* Je komplexer Systeme und deren Interaktionen werden, um so schwieriger ist es, einen solchen Ansatz umzusetzen. Die Arbeit zeigt, dass die Wahl einer *Abstraktionsebene, die den Kern der Aktivitäten und Interaktionen beinhaltet*, ein möglicher Weg ist, diese *Komplexität zu handhaben* [KD13].

Neben dem formalen Nachweis, dass eBR Interaktionen zwischen Mensch und Maschine verbessern kann, wurde dieses *Resultat auch empirisch bestätigt*. Wird eBR, wie im Fall einer Anwendung in der Rehabilitationsrobotik (siehe Abb. 5), eingesetzt, um eine Orthese auf Basis von implizit ermittelten Intentionen zu steuern, ist der Nutzen von eBR für die Mensch-Maschine-Interaktion naheliegend. Nur mittels eBR ist eine praxisnahe Interaktion möglich. Wird eBR jedoch wie im Beispiel in Abb. 4 genutzt, um ein technisches System hinsichtlich der Handlungsintentionen des Menschen anzupassen, kann nicht direkt vorhergesagt werden, ob eBR die Interaktion tatsächlich messbar unterstützt [KD13]. *In den Arbeiten zu diesem Schwerpunkt der Dissertation wurde mittels Experimenten gezeigt, dass eBR auch dann die Interaktion deutlich spürbar erleichtert, wenn es lediglich zur Adaptation eines Systems und nicht zu dessen aktiver Steuerung eingesetzt wird.* Es wurde gezeigt, dass auftretende Interaktionskräfte durch die Adaptation der Auslösezeit der Sensoren des Exoskeletts mittels eBR bis fast zur Hälfte reduziert werden [Fo12]. Das

Exoskelett reagiert *ohne merkbare Verzögerung* und *ohne spürbaren Widerstand* auf den Nutzer, welcher das Gefühl bekommt, dass das *System weiß, was er will*.

4 Resümee

Im Rahmen der Dissertation wurde mit fachübergreifenden interdisziplinären Arbeiten ein neuer Ansatz *"embedded Brain Reading"* entwickelt, theoretisch fundiert und empirisch analysiert, der es erlaubt *Handlungsintentionen des Menschen* auf der Basis der Analyse von Gehirnaktivität und dem Kontext der Interaktion *vorherzusagen*. Damit ermöglicht eBR einem technischen System einen Einblick in die Absichten eines Menschen. Es versetzt das System in die Lage den *Menschen individuell und optimal zu unterstützen*. Dies wird auf zwei Arten ermöglicht: (1) die Funktionalität des technischen Systems wird durch eBR angepasst, also *adaptiert*, oder (2) das System wird durch eBR *aktiv gesteuert*. In vielen Fällen, wie bei der Unterstützung von Interaktionen zwischen Mensch und Exoskelett während der Teleoperation, reicht es aus, das interagierende System, wie z.B. ein Exoskelett, hinsichtlich der Handlungsabsichten des Nutzers anzupassen. Wird eBR für solch eine Anpassung eingesetzt, konnte mittels des entwickelten formalen Modells gezeigt werden, dass *Fehlfunktionen* des Gesamtsystems, welche durch Fehlinterpretationen der Gehirnaktivität potentiell möglich sind, *vermieden* werden können. Der Einsatz von eBR verlangt *keine* explizite Vermittlung von Intentionen, auch nicht für den Fall, dass eBR genutzt wird, um ein System aktiv zu steuern. Somit blockiert eBR *keine Kommunikationskanäle des Menschen, belastet ihn nicht mit zusätzlichen Aufgaben* und ermöglicht eine intuitive Mensch-Maschine-Interaktion. Im Hinblick auf die in der Dissertation untersuchten unterschiedlichen Anwendungen konnte gezeigt werden, dass eBR breit eingesetzt werden kann. Das Konzept von eBR zur *impliziten Intentionserkennung* kann außerdem auch auf die *Nutzung anderer Daten* übertragen werden, um eine sichere Unterstützung von einer Mensch-Maschine-Interaktion zu ermöglichen. Zusammenfassend stellt eBR einen *neuartigen, sicheren, d.h. fehlertoleranten Ansatz zur Erkennung von menschlichen Intentionen* dar. Systeme, die mit eBR ausgestattet sind, interagieren nachweislich besser und leichter mit dem Menschen und sind dabei auf die Bedürfnisse des Menschen flexibel einstellbar. Durch eBR wird eine *neue Generation kooperativer Systeme* ermöglicht.

Literaturverzeichnis

[Be29] Berger, H.: Über das Elektroenkephalogramm des Menschen. Archiv für Psychiatrie und Nervenkrankheiten, 87:527–570, 1929.

[Co89] Coles, M. G. H.: Modern Mind-Brain Reading: Psychophysiology, Physiology, and Cognition. Psychophysiology, 26(3):251–269, 1989.

[Fo12] Folgheraiter, M.; Jordan, M.; Straube, S.; Seeland, A.; Kim, S. K.; Kirchner, E. A.: Measuring the Improvement of the Interaction Comfort of a Wearable Exoskeleton. International Journal of Social Robotics, 4(3):285–302, 2012.

[KD13] Kirchner, E. A.; Drechsler, R.: A Formal Model for Embedded Brain Reading. Industrial Robot: An International Journal, 40(6):530–540, 2013.

[Ki13]   Kirchner, E. A.; Kim, S. K.; Straube, S.; Seeland, A.; Wöhrle, H.; Krell, M. M.; Tabie, M.; Fahle, M.: On the Applicability of Brain Reading for Predictive Human-Machine Interfaces in Robotics. PLoS ONE, 8(12):e81732, 12 2013.

[Ki14]   Kirchner, E. A.: Embedded Brain Reading. PhD thesis, University of Bremen, Bremen, 2014. http://nbn-resolving.de/urn:nbn:de:gbv:46-00103734-14.

[KK12]   Kirchner, E. A.; Kim, S. K.: EEG in Dual-Task Human-Machine Interaction: Target Recognition and Prospective Memory. In: Proceedings of the 18th Annual Meeting of the Organization for Human Brain Mapping. June 2012.

[Kr13]   Krell, M. M.; Straube, S.; Seeland, A.; Wöhrle, H.; Teiwes, J.; Metzen, J. H.; Kirchner, E. A.; Kirchner, F.: pySPACE - a signal processing and classification environment in Python. Frontiers in Neuroinformatics, 7(40), Dec 2013. https://github.com/pyspace.

[KTS14] Kirchner, E. A.; Tabie, M.; Seeland, A.: Multimodal Movement Prediction - Towards an Individual Assistance of Patients. PLoS ONE, 9(1):e85060, 01 2014.

[Li83]   Libet, B.; Gleason, C. A.; Wright, E. W.; Pearl, D. K.: Time of conscious intention to act in relation to onset of cerebral activity (readiness-potential). The unconscious initiation of a freely voluntary act. Brain, 106(Pt 3):623–642, September 1983.

[Lu05]   Luck, S. J.: An Introduction to the Event-related Potential Technique. MIT Press, Cambridge, Massachusetts, 2005.

[WK14]   Wöhrle, W.; Kirchner, E. A.: Online Detection of P300 related Target Recognition Processes During a Demanding Teleoperation Task. In: Proceedings of the International Conference on Physiological Computing Systems, (PhyCS 2014). SCITEPRESS Digital Library, Lissabon, Portugal, 2014. *Best Paper* awarded.

Elsa Andrea Kirchner wurde am 7. März 1976 in Greifswald, ehemalige DDR, geboren, ist verheiratet und hat zwei Kinder. Von 1994 bis 1998 studierte sie Biologie an der Universität Bremen. Von 1997 bis 2000 war sie Stipendiatin der "Studienstiftung des Deutschen Volkes", erhielt 1997 den Studienpreis der "Stiftung Constantia von 1823", Bremen, und 1999 den Studienpreis der "Stiftung Familie Klee" zur Finanzierung eines einjährigen Forschungsaufenthaltes am Massachusetts Institute of Technology (MIT), Cambridge, USA. Von 2000 bis 2005 war sie in Elternzeiten. Seit 2005 ist sie an der Universität Bremen, an der sie 2014 promovierte, als wissenschaftliche Mitarbeiterin angestellt und seit 2008 am "Robotics Innovation Center (RIC)", Bremen, des Deutschen Forschungszentrum für Künstliche Intelligenz GmbH (DFKI) tätig. Am DFKI RIC war sie von 2010 bis 2012 stellvertretende Leiterin der Abteilung für "Simulation und Interaktion" und leitet seit 2012 das Team "Interaktion". An der AG Robotik der Universität Bremen leitet sie seit 2006 die von ihr aufgebauten "Brain & Behavioral Labs". Bis heute leitete sie fünf vom BMWi und BMBF geförderte Projekte, erteilt regelmäßig Lehre und betreut studentische Projekte und Abschlussarbeiten. Sie arbeitet wissenschaftlich schwerpunktmässig auf den Gebieten Mensch-Maschine-Interaktion und Rehabilitationsrobotik mit mehr als 40 begutachteten Veröffentlichungen zu internationalen Konferenzen und Zeitschriften, sowie zwei Buchbeiträgen. 2014 erhielt sie den "Best Paper Award" auf der "International Conference on Physiological Computing Systems" (PHYCS-14) in Lissabon, Portugal.

Techniken des maschinellen Lernens zur Analyse von Hochdurchsatz-DNA- und RNA-Sequenzierungsdaten[1]

Günter Klambauer[2]

Abstract: Die Bioinformatik ist seit vielen Jahren wichtiger Bestandteil der Forschung in der Medizin, Biologie, Pharmakologie, Molekularbiologie und Genetik und viele wissenschaftliche Erkenntnisse wären ohne die Bioinformatik gar nicht möglich gewesen. Seit der Entwicklung der Hochdurchsatz-Sequenzierung vor etwa 10 Jahren sind die wissenschaftlichen Erkenntnisse in den Life Sciences explodiert, da man DNA und RNA Sequenzen innerhalb von wenigen Tagen entschlüsseln kann. In dieser Arbeit werden zwei neue Methoden zur Analyse von Hochdurchsatz-Sequenzierungsdaten, genannt "cn.MOPS" und "DEXUS", präsentiert: cn.MOPS identifiziert Kopienzahlvariationen in DNA-Sequenzierungsdaten und DEXUS detektiert differenziell exprimierte Gene in RNA-Sequenzierungsdaten. Beide Methoden basieren auf einem probabilistischen Modell und sind rechnerisch sehr effizient, so dass sie große Mengen an Daten verarbeiten können, was in der Bioinformatik ein wichtiges Kriterium ist. cn.MOPS und DEXUS wurden auf einer großen Zahl von Benchmark-Datensätzen und auch auf vielen Datensätzen mit hoch relevanten biologischen Fragestellungen getestet. Auf diesen Datensätzen liefern sie hervorragende Ergebnisse.

Keywords: Bioinformatik, maschinelles Lernen, Sequenzierung, EM-Algorithmus, Statistik.

1 Einführung

Methoden der Informatik werden seit Jahrzehnten erfolgreich in der Biologie und in der Medizin angewandt und "Bioinformatik" gilt seit vielen Jahren als eigenständige Wissenschaft, ohne die die wichtigsten wissenschaftlichen Erkenntnisse der letzten Jahrzehnte unmöglich gewesen wären. Insbesondere in der Genetik gab es Ende der Neunzigerjahre einen wichtigen Durchbruch: die Sequenzierung des menschlichen Genoms [CMP03]. Diese hatte mit den damals verfügbaren Biotechnologien über ein Jahrzehnt in Anspruch genommen, brachte aber eine Fülle an neuen Erkenntnissen: Ursachen von Krankheiten, Entstehung und Herkunft des Menschen und die Entwicklung von neuen Medikamenten. Mit den modernen Biotechnologien kann man heutzutage das Genom eines Menschen innerhalb von wenigen Tagen sequenzieren und zwar mit Hilfe von Hochdurchsatz-Sequenzierung [Ma08, Sc08].

"Hochdurchsatz-Sequenzierung" ist eine revolutionäre, moderne Biotechnologie: ein Sequenzierverfahren, das es ermöglicht vollständige Genome innerhalb weniger Stunden und zu sehr geringen Kosten zu entschlüsseln. Damit ist es möglich, die individuelle genetische Ausstattung eines Individuums festzustellen und in weiterer Folge eventuell sogar

---

[1] Englischer Titel der Dissertation: "Machine Learning Techniques for the Analysis of High-Throughput DNA- and RNA- Sequencing Data"

[2] Johannes Kepler Universität Linz, Institut für Bioinformatik, Altenbergerstr. 69, 4040 Linz, klambauer@bioinf.jku.at

Medikamente und Therapien zu personalisieren [HC10]. Mit Hilfe von "Hochdurchsatz-Sequenzierung" wurden beim "1000 Genomes Project" innerhalb von drei Jahren die Genome von über tausend Menschen sequenziert [Co12], die Genome des Neandertalers und der Denisova-Menschen entschlüsselt [Gr10], und bald werden die Genome von zehntausend Wirbeltierarten bekannt sein [Ha09]. Neue biologische und medizinische Erkenntnisse werden durch diese Technologie in atemberaubender Geschwindigkeit möglich, jedoch bringen diese neuen Daten auch viele neue Probleme mit sich.

Zum einen ist es die schiere **Menge der Daten**, die die Hochdurchsatz-Sequenzierung produziert: die Daten für ein menschliches Genom betragen etwa 50-100 Gigabyte. Dies entspricht Millionen von kurzen Sequenzen, von denen jede auf Qualität und andere Eigenschaften überprüft werden muss. Aus diesen Millionen Bruchstücken muss eine Sequenz von drei Milliarden Buchstaben zusammengesetzt werden. Die Methoden müssen also so konstruiert werden, dass sie riesige Datenmengen in kurzer Zeit verarbeiten können [SJ08]. Hoch optimierte Verfahren müssen dafür entwickelt werden. Zum anderen ist es auch die Art der Messungen, um die es sich handelt: Sequenzen anstatt numerischer Werte. Viele traditionelle Algorithmen nehmen numerische Messungen und damit kontinuierliche Verteilungen an – doch bei diesen Sequenzdaten bieten sich **diskrete Verteilungen** zur Modellierung an. Ein weiteres großes Problem, die diese Daten mit sich brachten, sind die sogenannten "seltenen Varianten"(rare variants): Das Genom eines Menschen unterscheidet sich an vielen Stellen von den Genomen anderer Menschen. An einer Stelle im Genom hat ein Mensch also eine bestimmte Ausprägung (Variante). Diese Variante teilt er aber im Allgemeinen nicht mit vielen anderen Menschen[3], sondern nur mit ganz wenigen anderen, deshalb verwendet man die Bezeichnung "seltene Varianten" [Co12, CG10]. Seltene Varianten stellen im statistischen Sinne **"seltene Ereignisse"** dar, für deren Modellierung nur bestimmte Wahrscheinlichkeitsverteilungen geeignet sind. Ein besonderes Problem stellt dies für Assoziationsstudien dar, bei denen versucht wird genetische Merkmale mit einem Phänotypen, z.B. Autismus oder Schizophrenie, in Zusammenhang zu bringen. Es wäre von großer Bedeutung einen Zusammenhang zwischen einem genetischen Merkmal und einer Krankheit wie Schizophrenie zu finden, doch klassische statistische Tests können bei Millionen von seltenen Varianten aufgrund der Alphafehler-Kumulierung (Problem des multiplen Testens) keine Zusammenhänge finden. Deshalb müssen neue statistische Verfahren entwickelt werden.

Zusammenfassend kann gesagt werden, dass die große Menge der Daten, deren diskrete Natur und die speziellen Verteilungen, i.e. seltene Ereignisse, eine Herausforderung für die Informatik darstellen. Ich habe im Rahmen meiner Dissertation die Methoden cn.MOPS und DEXUS (siehe Abschnitte 2.1 und 2.2) entwickelt [Kl14], die sowohl große Datenmengen in kurzer Zeit bearbeiten, als auch die diskrete Verteilungen der Daten berücksichtigen und auch seltene Ereignisse durch A-priori-Verteilungen modellieren können.

---

[3] Dies gilt natürlich nicht nur für Menschen, sondern auch für andere Organismen.

2 Methoden

2.1 cn.MOPS: mixture of Poissons for discovering copy number variations in next-generation sequencing data with a low false discovery rate

Eine der Hauptquellen genetischer Variation stammt von Kopienzahlvariationen, Abschnitte der DNA, die bei Individuen in unterschiedlicher Anzahl vorliegen (siehe Abbildung 1).

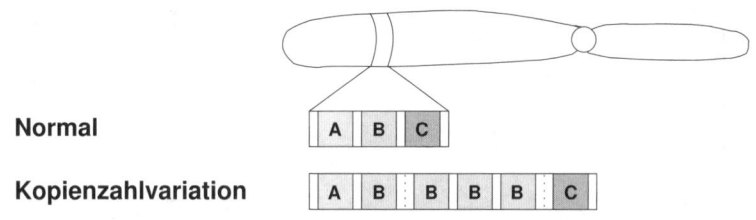

Abbildung 1: Die Abbildung stellt ein Chromosom dar, wobei ein normales Genom je eine Kopie der drei Segmente "A", "B" und "C" enthält. Manche Individuen tragen in ihrem Genom eine genetische Variante oder Mutation, bei der das Segment "B" viermal, i.e. in vierfacher Kopienzahl, vorkommt. In diesem Fall spricht man von einer Kopienzahlvariation. cn.MOPS findet solche Stellen im Genom mit hoher Zuverlässigkeit.

Es gibt verschiedene Methoden, die auf Basis von Sequenzierungsdaten diese Variationen detektieren können [Cl11]. Die Qualität einer Methode wird anhand der falsch aufgefundenen Kopienzahlvariationen gemessen. Alle bisherigen Methoden waren durch eine hohe Zahl von falschen Detektionen charakterisiert. Die vorgestellte Methode "Copy Number estimation by a Mixture Of PoissonS' (cn.MOPS)" ist ein Algorithmus, der Kopienzahlvariationen zuverlässig detektiert. Er basiert auf einem statistischen Modell, dessen Parameter mit Hilfe eines EM-Algorithmus in einem Bayes-Framework geschätzt werden. Der Algorithmus ist effizient in einem Software-Paket implementiert, so dass Biologen und Mediziner eine Analyse ihrer Sequenzierungsdaten einfach durchführen können. Der Algorithmus wurde an simulierten und an Echtwelt-Daten getestet und mit anderen Methoden verglichen. In allen Fällen war cn.MOPS den Konkurrenzmethoden signifikant überlegen. Durch das korrekte Detektieren von Kopienzahlvariationen wird es möglich die genetischen Ursachen von Krankheiten wie Alzheimer, Schizophrenie und Autismus und von vielen Krebstypen zu identifizieren und in Folge Therapien zu entwickeln.

2.2 DEXUS: identifying differential expression in RNA-Seq studies with unknown conditions

Die neue Technologie der Hochdurchsatz-Sequenzierverfahren ermöglicht es, die RNA von Zellen, Geweben und Organismen in kurzer Zeit zu charakterisieren. Wie viele und welche RNA Moleküle in einer Zelle zu einem bestimmten Zeitpunkt vorhanden sind, gibt Aufschluss darüber, welche Gene aktiv und welche inaktiv sind. Zum Beispiel werden bestimmte Gene aktiv, wenn Sonnenlicht auf unsere Haut fällt, oder wir bestimmte Stoffe mit der Nahrung aufnehmen. Große Projekte erforschen die Gesamtheit der RNA Moleküle einer Zelle: das menschliche Transkriptom, Transkriptome von vielen weiteren Lebewesen und von Krebszellen.

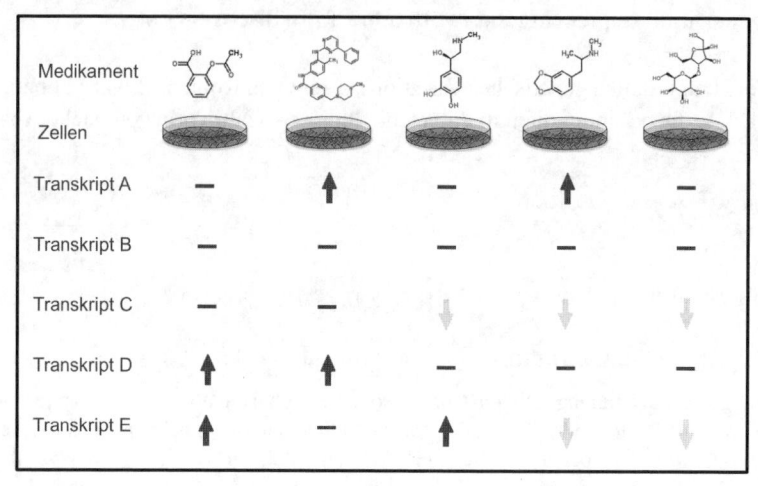

Abbildung 2: Erste Zeile: Hier werden chemische Verbindungen von Medikamenten oder von Stoffen, die gerade in der Entwicklung sind, dargestellt. **Zweite Zeile:** In der Pharmaforschung werden potentielle Medikamente zuerst an menschlichen Zelllinien getestet. **Dritte bis siebte Zeile:** Hier werden verschiedene Transkripte dargestellt, deren Expression in den Zelllinien von den angewendeten Medikamenten verschieden beeinflusst wird. Ein Pfeil nach oben bedeutet, dass die Expression dieses Transkriptes hochreguliert wird. Ein Pfeil nach unten stellt eine Herunterregulation dar. Ein schwarzer Strich bedeutet, dass der Arzneistoff die Expression dieses Transkriptes nicht beeinflusst. Viele dieser Veränderungen der Genexpression stellen Nebenwirkungen der Medikamente dar – DEXUS identifiziert diese zuverlässig.

Entscheidend für die Analyse dieser Daten ist nicht nur, ob ein RNA Molekül vorhanden ist, sondern auch in welcher Menge es im Vergleich zu einer Kontrollgruppe vorliegt. Diese sogenannte "differentielle Expression" von RNA ist von entscheidender Bedeutung bei der Identifikation von Krankheitsursachen und von Krebstypen, in der Pharmaforschung und bei der Erforschung der Funktion von Genen und Proteinen.

Zur Identifikation von differentiell exprimierten Genen auf Basis von Hochdurchsatz-RNA-Sequenzierungsdaten, wurde die Methode "DEXUS" entwickelt. Diese Methode kann für alle gängigen Studientypen verwendet werden, während bisherige Methoden nur in Fall-Kontroll-Studien angewendet werden konnten. Viele große Studien, wie das ENCODE Projekt, sind Kohortenstudien, Querschnittsstudien, oder nicht-randomisierte kontrollierte Studien.

DEXUS ist die einzige Methode für typische Studien, die in der Medikamentenentwicklung verwendet werden. In diesen Studien werden mögliche Arzneistoffe auf Zelllinien aufgetragen und die dadurch hervorgerufene Änderung des Transkriptoms gemessen (siehe Abbildung 2). Veränderungen in der RNA-Konzentration sind selten Hinweise auf den gewünschten Effekt eines Medikaments, sondern meist Anzeiger für Nebenwirkungen. Diese können somit früh – noch vor Anwendung des Arzneistoffes auf einen lebenden Organismus – erkannt werden. Durch diese Früherkennung von ungewollten Nebenwirkungen können bessere Medikamente entwickelt werden und der Entwicklungsprozess effizienter gemacht werden. Die pharmazeutische Industrie könnte den Weg aus ihrer momentanen Krise, die darin besteht, dass immer weniger Medikamente auf den Markt gebracht werden, finden und der Schaden für Versuchstiere und Menschen, die an Medikamentenstudien teilnehmen, würde minimiert.

2.3 Die Modelle und Modellselektion

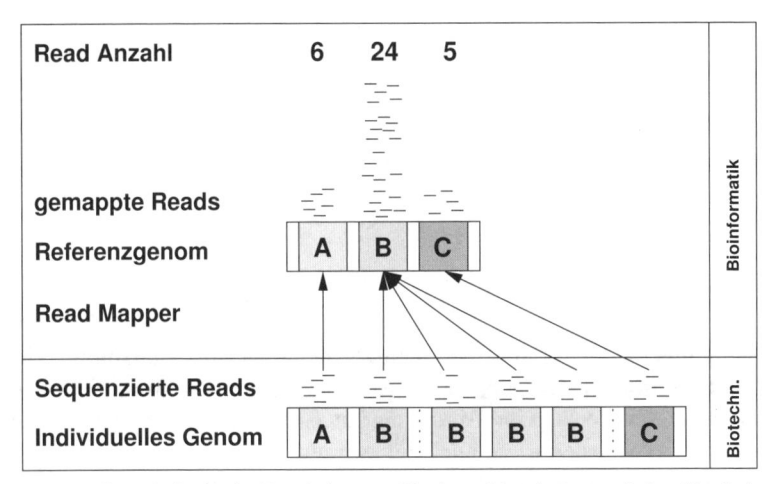

Abbildung 3: Das Grundprinzip der Detektion von Kopienzahlvariationen. Jeder Abschnitt des individuellen Genoms (unterste Zeile) erzeugt eine bestimmte Anzahl von Sequenzen (Reads), die dann auf ein durchschnittliches Genom (Referenzgenom) abgebildet werden. Falls ein Abschnitt "B" im individuellen Genom häufiger präsent war, als im Referenzgenom, entsteht eine erhöhte Anzahl von Reads. Diese Read Anzahlen können durch statistische Modelle erklärt werden.

Sowohl für cn.MOPS (siehe Abschnitt 2.1) als auch für DEXUS (siehe Abschnitt 2.1) präsentieren sich die Daten als die Anzahl von "Reads" x pro Region (siehe Abbildung 3). Eine solche Region kann ein bestimmtes Segment der DNA sein, oder ein Exon, oder ein Transkript. Ein "Read" ist eine biologische Sequenz, zum Beispiel eine DNA oder RNA Sequenz, die durch eine biotechnologische Messung ermittelt wurde. Die Anzahl von Reads x wird durch eine diskrete Mischverteilung erklärt:

$$p(x) = \sum_{i=0}^{n} \alpha_i \, \text{P}(x; \boldsymbol{\theta}_i) \,. \tag{1}$$

In diesem Modell ist α_i der Anteil der Probanden in einer bestimmten Gruppe i und P ist eine diskrete Wahrscheinlichkeitsverteilung mit Parameter-Vektor $\boldsymbol{\theta}_i$. Bei der Wahrscheinlichkeitsverteilung P handelt es sich entweder um die Poisson-Verteilung oder die negative Binomialverteilung (cn.MOPS bzw. DEXUS) [Kl12, KUH13]. Die Modell-Parameter werden in einem Bayes-Framework selektiert, wobei ein EM-Algorithmus verwendet wird um den Modalwert der Maximum-a-posteriori-Verteilung zu ermitteln:

$$p(\boldsymbol{\alpha}, \boldsymbol{\Theta} \mid \boldsymbol{x}) = \frac{p(\boldsymbol{x} \mid \boldsymbol{\alpha}, \boldsymbol{\Theta})\, p(\boldsymbol{\alpha})\, p(\boldsymbol{\Theta})}{\int p(\boldsymbol{x} \mid \boldsymbol{\alpha}, \boldsymbol{\Theta})\, p(\boldsymbol{\alpha})\, p(\boldsymbol{\Theta})\, d\boldsymbol{\alpha}\, d\boldsymbol{\Theta}}, \qquad (2)$$

wobei $\boldsymbol{x} = (x_1, \ldots, x_N)$ die Anzahl der Reads pro Proband enthält. Außerdem ist $\boldsymbol{\alpha} = (\alpha_0, \ldots, \alpha_n)$ der Vektor der Mischverteilungs-Komponenten und $\boldsymbol{\Theta} = (\boldsymbol{\theta}_0, \ldots, \boldsymbol{\theta}_n)$ enthält die Parametervetkoren. Während die A-priori-Verteilungen der Parameter der diskreten Verteilungen $p(\boldsymbol{\Theta})$ je nach Modell definiert sind, wird als A-priori-Verteilung für die Mischverteilungs-Komponenten eine Dirichlet-Verteilung verwendet:

$$p(\boldsymbol{\alpha}) = \frac{1}{\mathrm{B}(\boldsymbol{\gamma})} \prod_{i=0}^{n} \alpha_i^{\gamma_i - 1} \qquad (3)$$

wobei der Hyperparameter-Vektor $\boldsymbol{\gamma} = (\gamma_0, \gamma_1, \ldots, \gamma_n)$ so eingestellt ist, dass seltene Ereignisse bevorzugt werden, i.e. eine Komponente von $\boldsymbol{\alpha}$ liegt nahe bei 1, alle anderen nahe bei 0.

2.4 Informativ/Nicht-Informativ Entscheidungen

Die vorgestellten Modelle erlauben in einem Bayes-Framework **Informativ/Nicht-Informativ (I/NI) Entscheidungen** [HCO06, Ta07, Ta10, Cl13]. Der I/NI Wert misst, wie stark sich die A-posteriori- von der A-priori-Verteilung unterscheidet. Dies erlaubt schließlich, statistische Ausreißer (A-posteriori- ähnlich zur A-priori-Verteilung) von seltenen Ereignissen (A-posteriori- unterscheidet sich stark von der A-priori-Verteilung) zu unterscheiden.

3 Diskussion

Mit Hilfe von cn.MOPS können genetische Ursachen von Krankheiten und genetische Variationen entdeckt werden. Von cn.MOPS gefundene Kopienzahlvariationen konnten in Zusammenhang mit neuropsychiatrischen Krankheiten gebracht werden [Br14]. Zudem wurden Kopienzahlvariationen als Marker für bestimmte Krebstypen definiert [Kr14]. Außerdem wurden mit cn.MOPS genetische Varianten in der taiwanesischen Han Population identifiziert [Li14].

DEXUS ist besonders für die Datenanalyse von pharmakologischen oder toxikologischen Studien geeignet. Eine besondere Eigenschaft von DEXUS ist es, dass die Probandengruppen in dieser Studie nicht oder nur teilweise bekannt sein müssen. Dies eröffnet vielfältige Anwendungsmöglichkeiten. Ganz besonders wichtig sind solche Studiendesigns in der Pharmakologie und Toxikologie. In einer pharmakologischen Studie entspricht ein "Proband" einer chemischen Verbindung. Bei einer Studie werden viele chemische Verbindungen auf verschiedene biologischen Effekte, insbesondere als mögliches Therapeutikum für eine bestimmte Krankheit getestet. A priori ist natürlich unbekannt, wie sich die chemischen Strukturen bezüglich eines biologischen Effekts gruppieren lassen. In Abbildung 2 ist dieses Konzept einer pharmakologischen Studie dargestellt. Neben des gewünschten therapeutischen Effekts sind auch mögliche toxische Effekte der chemischen Strukturen interessant. Viele dieser toxischen Effekte werden mit gezielten Experimenten überprüft, bevor eine chemische Struktur als Medikament auf den Markt kommt. Auch bezüglich der vielen möglichen toxischen Effekte ist die Gruppierung der chemischen Strukturen a priori unbekannt. Aus diesen Gründen ist DEXUS eine wichtige Methode in pharmakologischen und toxikologischen Studien [Ve15].

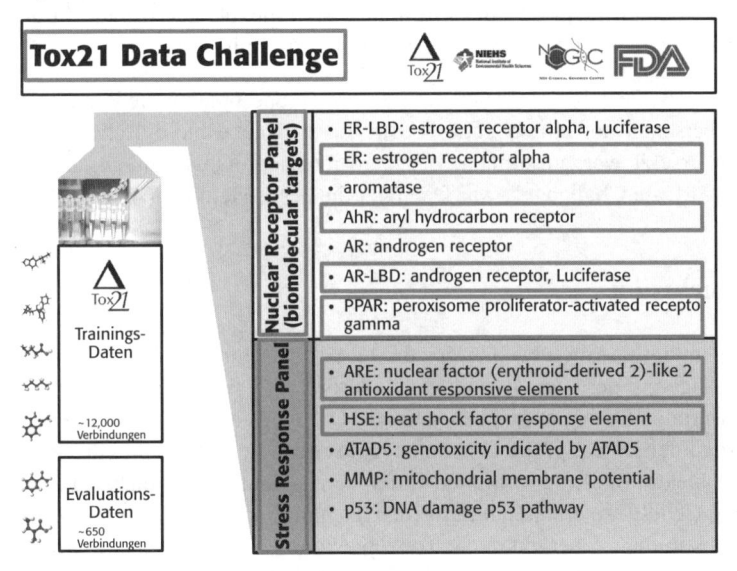

Abbildung 4: Die "Tox21 Data Challenge". Die toxischen Eigenschaften von chemischen Strukturen (Evaluations-Daten) sollten auf Basis von bisherigen Messungen (Trainings-Daten) vorhergesagt werden. Zwölf unterschiedliche toxische Effekte (Aufzählung rechts), wie z.B. Bindung an den Östrogen-Rezeptor (ER: estrogen receptor alpha), sollten vorhergesagt werden. Toxische Effekte, für die DeepTox die beste Performance hatte, sind durch einen roten Rahmen markiert.

Die Daten in der Pharmakologie und Toxikologie sind genetischen Daten bezüglich ihrer Charakteristika ähnlich. In der riesigen Menge der möglichen chemischen Verbindungen haben nur wenige die gewünschte pharmakologische Eigenschaft, z.B. eine bestimmte Krankheit zu heilen, was bedeutet, dass auch hier seltene Ereignisse für die Daten charakteristisch sind. Zudem sind chemische Strukturen, als Graphen oder als Substrukturen, in diskreter Form repräsentiert. Außerdem enthalten sowohl öffentliche als auch interne Datenbanken chemischer Strukturen Millionen von chemischen Verbindungen – also riesige Datenmengen.

Die Konzepte und Ideen, die in meiner Dissertation entwickelt wurden, können demnach auf Pharmakologie und Toxikologie angewendet werden, wo sie nun verwendet werden um neue Medikamente zu entwickeln oder um die Umwelt für den Menschen sicherer zu machen. In der Pharmakologie geht es darum auf Basis von bisherigen Messungen vorherzusagen, ob eine chemische Verbindung an ein bestimmtes Biomolekül, z.B. ein Eiweiß, binden wird. In der Toxikologie, ob eine chemische Verbindung einen bestimmten toxischen Effekt hervorrufen wird, oder nicht. Für diese Aufgaben verwendeten wir "Deep Learning" [Un14, Un15], wobei wir sogenannte "rectified linear units" [NH10] benutzten um seltene Ereignisse zu kodieren. "Rectified linear units" haben bei tiefen neuronalen Netzen die Eigenschaft, dass sie bei fast allen Eingaben abgeschaltet sind und nur bei bestimmten Eingaben ein Signal geben. Genau diese Eigenschaft wird bei der Vorhersage von biologischen Effekten von chemischen Strukturen ausgenutzt: Fast alle chemischen Strukturen binden nicht an ein bestimmtes Biomolekül, nur wenige Strukturen binden. Dies entspricht einer I/NI Entscheidung (siehe Abschnitt 2.4).

Die Methode "DeepTox" war äußerst erfolgreich und brachte die Performance von Computervorhersagen auf ein so hohes Level, dass manche biologische Experimente durch DeepTox ersetzt werden können. In einem internationalen, wissenschaftlichen Bewerb, der "Tox21 Data Challenge", war DeepTox die beste Methode (siehe Abbildung 4).

4 Conclusion

Ich habe in dieser Arbeit zwei Algorithmen des maschinellen Lernens präsentiert, die für Anwendungen in der Genetik und Molekularbiologie, im Besonderen für Hochdurchsatz-Sequenzierungs-Daten, entwickelt wurden. Diese Algorithmen berücksichtigen die Charakteristika der Daten: große Datenmengen, seltene Ereignisse und die diskrete Natur der Eingabeobjekte. Beide Algorithmen halfen bereits neue Erkenntnisse in der Molekularbiologie und Genetik zu erhalten und werden auch in Zukunft dabei helfen zu neuen Erkenntnissen zu kommen. Übergeordnete Konzepte konnten auf Pharmakologie und Toxikologie übertragen werden, wo sie neue Maßstäbe bezüglich der Performance setzen.

Literaturverzeichnis

[Br14]   Brand, Harrison; Pillalamarri, Vamsee; Collins, Ryan L; Eggert, Stacey; O'Dushlaine, Colm; Braaten, Ellen B; Stone, Matthew R; Chambert, Kimberly; Doty, Nathan D; Hanscom, Carrie et al.: Cryptic and Complex Chromosomal Aberrations in Early-Onset Neuropsychiatric Disorders. The American Journal of Human Genetics, 95(4):454–461, 2014.

[CG10]   Cirulli, Elizabeth T; Goldstein, David B: Uncovering the roles of rare variants in common disease through whole-genome sequencing. Nature Reviews Genetics, 11(6):415–425, 2010.

[Cl11]   Clevert, Djork-Arné; Mitterecker, Andreas; Mayr, Andreas; Klambauer, Günter; Tuefferd, Marianne; Bondt, An De; Talloen, Willem; Göhlmann, Hinrich; Hochreiter, Sepp: cn.FARMS: a latent variable model to detect copy number variations in microarray data with a low false discovery rate. Nucleic Acids Research, 39(12):e79, 2011.

[Cl13]   Clevert, Djork-Arné; Mayr, Andreas; Mitterecker, Andreas; Klambauer, Günter; Valsesia, Armand; Forner, Karl; Tuefferd, Marianne; Talloen, Willem; Wojcik, Jérôme; Göhlmann, Hinrich et al.: Increasing the discovery power of-omics studies. Systems Biomedicine, 1(2):84–93, 2013.

[CMP03] Collins, Francis S; Morgan, Michael; Patrinos, Aristides: The Human Genome Project: lessons from large-scale biology. Science, 300(5617):286–290, 2003.

[Co12] Consortium, 1000 Genomes Project et al.: An integrated map of genetic variation from 1,092 human genomes. Nature, 491(7422):56–65, 2012.

[Gr10] Green, Richard E; Krause, Johannes; Briggs, Adrian W; Maricic, Tomislav; Stenzel, Udo; Kircher, Martin; Patterson, Nick; Li, Heng; Zhai, Weiwei; Fritz, Markus Hsi-Yang et al.: A draft sequence of the Neandertal genome. Science, 328(5979):710–722, 2010.

[Ha09] Haussler, David; O'Brien, Stephen J; Ryder, Oliver A; Barker, F Keith; Clamp, Michele; Crawford, Andrew J; Hanner, Robert; Hanotte, Olivier; Johnson, Warren E; McGuire, Jimmy A et al.: Genome 10K: a proposal to obtain whole-genome sequence for 10 000 vertebrate species. Journal of Heredity, 100(6):659–674, 2009.

[HC10] Hamburg, Margaret A; Collins, Francis S: The path to personalized medicine. New England Journal of Medicine, 363(4):301–304, 2010.

[HCO06] Hochreiter, S.; Clevert, D.-A.; Obermayer, K.: A new summarization method for Affymetrix probe level data. Bioinformatics, 22(8):943–949, 2006.

[Kl12] Klambauer, Günter; Schwarzbauer, Karin; Mayr, Andreas; Clevert, Djork-Arné; Mitterecker, Andreas; Bodenhofer, Ulrich; Hochreiter, Sepp: cn. MOPS: mixture of Poissons for discovering copy number variations in next-generation sequencing data with a low false discovery rate. Nucleic Acids Research, S. gks003, 2012.

[Kl14] Klambauer, Günter: Machine Learning Techniques for the Analysis of High-Throughput DNA- and RNA-Sequencing Data. Dissertation, Johannes Kepler University Linz, Institute of Bioinformatics, April 2014.

[Kr14] Kriegsmann, Mark; Endris, Volker; Wolf, Thomas; Pfarr, Nicole; Stenzinger, Albrecht; Loibl, Sibylle; Denkert, Carsten; Schneeweiss, Andreas; Budczies, Jan; Sinn, Peter et al.: Mutational profiles in triple-negative breast cancer defined by ultradeep multigene sequencing show high rates of PI3K pathway alterations and clinically relevant entity subgroup specific differences. Oncotarget, 5(20):9952, 2014.

[KUH13] Klambauer, Günter; Unterthiner, Thomas; Hochreiter, Sepp: DEXUS: identifying differential expression in RNA-Seq studies with unknown conditions. Nucleic Acids Research, 41(21):e198–e198, 2013.

[Li14] Lin, Ya-Chi; Tseng, Joseph T; Jeng, Shuen-Lin; Sun, H Sunny: Comprehensive analysis of common coding sequence variants in Taiwanese Han population. Biomarkers and Genomic Medicine, 6(4):133–143, 2014.

[Ma08] Mardis, Elaine R: The impact of next-generation sequencing technology on genetics. Trends in Genetics, 24(3):133–141, 2008.

[NH10] Nair, Vinod; Hinton, Geoffrey E: Rectified linear units improve restricted boltzmann machines. In: Proceedings of the 27th International Conference on Machine Learning (ICML-10). S. 807–814, 2010.

[Sc08] Schuster, Stephan C: Next-generation sequencing transforms today's biology. Nature Methods, 5(1):16–18, 2008.

[SJ08] Shendure, Jay; Ji, Hanlee: Next-generation DNA sequencing. Nature Biotechnology, 26(10):1135–1145, 2008.

[Ta07]   Talloen, Willem; Clevert, Djork-Arné; Hochreiter, Sepp; Amaratunga, Dhammika; Bijnens, Luc; Kass, Stefan; Göhlmann, Hinrich: I/NI-calls for the exclusion of non-informative genes: a highly effective filtering tool for microarray data. Bioinformatics, 23(21):2897–2902, 2007.

[Ta10]   Talloen, W.; Hochreiter, S.; Bijnens, L.; Kasim, A.; Shkedy, Z.; Amaratunga, D.: Filtering data from high-throughput experiments based on measurement reliability. Proceedings of the National Academy of Science U.S.A., 107(46):173–174, 2010.

[Un14]   Unterthiner, T.; Mayr, A.; Klambauer, G.; Steijaert, M.; Ceulemans, H.; Wegner, J. K.; Hochreiter, S.: Deep Learning as an Opportunity in Virtual Screening. In: Conference Neural Information Processing Systems Foundation (NIPS 2014), Workshop on Deep Learning and Representation Learning. 2014.

[Un15]   Unterthiner, Thomas; Mayr, Andreas; Klambauer, Günter; Hochreiter, Sepp: Toxicity Prediction using Deep Learning. arXiv preprint arXiv:1503.01445, 2015.

[Ve15]   Verbist, Bie; Klambauer, Günter; Vervoort, Liesbet; Talloen, Willem; Shkedy, Ziv; Thas, Olivier; Bender, Andreas; Göhlmann, Hinrich WH; Hochreiter, Sepp; Consortium, QSTAR et al.: Using transcriptomics to guide lead optimization in drug discovery projects. Drug Discovery Today, 2015.

Günter Klambauer studierte Mathematik und Biologie an der Universität Wien und begann 2009 seine Forschung in der Bioinformatik unter der Leitung von Sepp Hochreiter an der Johannes Kepler Universität Linz. Forschungsschwerpunkt seiner Arbeit ist der Einsatz von Techniken des maschinellen Lernens im Bereich der Genetik und Molekularbiologie. Für seine Arbeiten erhielt er 2012 den "Austrian Life Science Award" und für seine Dissertation 2014 den "Award Of Excellence" des österreichschen Ministeriums für Wissenschaft. 2015 erreichte sein Team die beste Performance bei der "Tox21 Data Challenge", die von den National Institutes of Health (NIH) ausgeschrieben wurde und bei der es darum ging die Giftigkeit von chemischen Substanzen vorherzusagen. Seit 2014 ist er Postdoctoral Researcher an der Johannes Kepler Universität Linz.

Standardisierung von Web APIs durch die Kombination der Prinzipien von REST und Linked Data[1]

Markus Lanthaler[2]

Abstract: Um die exponentiell wachsende Menge an Informationen weiterhin bewältigen zu können, tauschen immer mehr Systeme riesige Mengen an Daten aus und analysieren sowie bearbeiten diese völlig autonom. Zur Kommunikation werden dabei vorwiegend World Wide Web Technologien verwendet. Da jedoch grundlegende, standardisierte Technologien noch nicht existieren, sind Entwickler gezwungen eine Reihe komplexer Designentscheidungen zu treffen. Das Resultat sind in der Regel proprietäre Services die nur von spezialisierten Clients angesprochen werden können. Diese Dissertation erörtert die Probleme aktueller Web Services sowie entsprechender Semantic Web Technologien und beleuchtet den aktuellen Stand der Technik. Des Weiteren stellt sie die Ergebnisse meiner Forschung an Web APIs der dritten Generation vor. Die erarbeiteten Technologien wurden teilweise bereits als Standards vom World Wide Web Consortium ratifiziert und werden in von Millionen von Webseiten verwendet. Die Dissertation beschreibt nicht nur wie die erarbeiteten Lösungen zum Design und zur Implementierung von Services genutzt werden können, sondern evaluiert auch ihre Praxistauglichkeit die mittlerweile auch durch die weite Akzeptanz bewiesen wurde.

Das World Wide Web hat viele Aspekte unserer Gesellschaft grundlegend verändert. Es hat unsere Leben so schnell und nachhaltig geprägt, dass sich viele ein Leben ohne Web kaum mehr vorstellen können. In der Geschichte der Menschheit waren Informationen immer eine wertvolle und knappe Ressource die nur wenigen zugänglich war. Der Erfolg des Webs hat jedoch in kürzester Zeit zu einem Überfluss an Informationen geführt, die jedem jederzeit zur Verfügung stehen. Sowohl das Konsumieren als auch Produzieren von Inhalten wurde extrem vereinfacht. Niemals zuvor haben Menschen mehr Inhalte erstellt als heute, und auch Firmen und Regierungen stellen eine nie dagewesene Menge an Daten öffentlich zur Verfügung. McKinsey [Ma13] geht in einer Studie davon aus, dass die mehr als eine Million Datensätze, die von Regierungen weltweit bereits veröffentlicht wurden, zu einer jährlichen wirtschaftlichen Wertschöpfung von mehr als drei Trillionen Dollar führen. Man muss sich angesichts dieser Zahlen jedoch stets vor Augen halten, dass ein zunehmend geringerer Teil der Daten direkt von Menschen erstellt wird. Die große Mehrheit wird von Maschinen oder Sensoren erzeugt. Jeden Tag fallen 2,5 Exabyte an—so viel, dass 90% aller heute verfügbaren Daten allein in den letzten zwei Jahren erstellt wurden [IB].

Es ist offensichtlich, dass bei derartigen Datenmengen das bloße Auffinden nicht mehr genügt, da zu viele Daten existieren um jemals von Menschen bearbeitet werden zu können. Wir Menschen sind zum Nadelöhr des Informationsprozesses geworden und brau-

---

[1] Englischer Titel der Dissertation:
"Third Generation Web APIs—Bridging the Gap between REST and Linked Data"
[2] Institut für Informationssysteme und Computer Medien, Technische Universität Graz
mail@markus-lanthaler.com

chen Maschinen die für uns Daten aus verschiedensten Quellen integrieren, analysieren und auf leicht verständliche Auswertungen reduzieren auf deren Basis wir dann Entscheidungen treffen können. Um das zu realisieren werden immer mehr Systeme miteinander vernetzt. Obwohl mehrere Strategien und Architekturen für eine derartige Vernetzung existieren, haben sich Services als die flexibelste Option erwiesen da sie es einzelnen Systemen erlauben eigenständig und unabhängig zu bleiben. Anstatt Systeme direkt miteinander zu verbinden, kommunizieren serviceorientierte Architekturen über standardisierte Schnittstellen und Protokollen.

Die erste Realisierung solcher Services wurden nach dem so genannten Remote Procedure Call (RPC) Stil entworfen, aber es wurde relativ schnell klar dass RPC- oder konkreter SOAP-basierte Services nicht skalieren und schwierig zu warten sind [Wa94]. Aufgrund dieser Erkenntnisse wurden immer mehr Systeme an das Design des World Wide Webs, dem Representational State Transfer (REST) Architekturstil [Fi00], angenähert. Aufgrund ihrer hervorragender Skalier- und Wartbarkeit sowie ihrer Einfachheit, haben sich RESTful Services oder kurz Web APIs schnell durchgesetzt. Mittlerweile geht man, je nach Schätzung, von 10.000 bis weit über 100.000 solcher Services aus. Dies ist aufgrund der Tatsache, dass solche Services in vielerlei Hinsicht proprietäre Designs und somit nicht zu einander kompatibel sind, erstaunlich. Das Web hätte sicher nie sein exponentielles Wachstum erreicht, wenn Browser für jede einzelne Webseite hätten angepasst werden müssen. In gleicher Weise skaliert ein Ansatz, der für jede API spezialisierte Clients erfordert, nicht.

Der Hauptgrund, der zu dieser Situation führte, ist die Verwendung von proprietären Datenformaten und -modellen sowie die Verwendung von statischer, manuell erstellter und daher nicht maschinenlesbarer Dokumentation, anstatt der dynamischen Aushandlung von Formaten und Protokollen zur Laufzeit. Aus Sicht des REST Architekturstils entspricht das hauptsächlich einer Verletzung des Prinzips von selbstbeschreibenden Nachrichten und einer Vernachlässigung von Hypermedia zur Kommunikation valider Zustandsänderungen zur Laufzeit. Im Endeffekt bedeutet dies, dass wichtige Informationen nicht in maschinenlesbarer Form vorliegen und somit die Implementierung von mächtigen, generischen Clients unmöglich gemacht wird.

Technologien des semantischen Webs könnten zumindest in Hinblick auf selbstbeschreibende Nachrichten helfen, weisen aber selbst mehrere Probleme auf—unter anderem die Vernachlässigung von Hypermedia. In der Praxis jedoch stellen sich ihre (wahrgenommene) Komplexität sowie ihre „Esoterik" als die größten Hindernisse heraus. Die Entwicklung des semantischen Webs ist für lange Zeit in die Domäne künstlicher Intelligenz abgedriftet, anstatt sich auf praxisbezogene, datenintensive Applikationen zu konzentrieren. Dies hat zur Entwicklung von Technologien geführt die, zugegebenermaßen, zwar mächtig, für die meisten Entwickler aber auch wenig vertraut und schwer verständlich sind. Zudem ist es in der Praxis sehr schwierig semantische Technologien schrittweise einzuführen, da sich das ihnen zugrunde liegende Datenmodell mit seiner „Open World Assumption" grundlegend von dem unterscheidet was die meisten Entwickler gewohnt sind und somit verwenden. RDF/XML, das zum Höhepunkt von XML's Popularität standardisiert wurde und lange Zeit das einzig standardisierte Datenformat des semantischen

Webs war, wird sogar von XML Befürwortern vermieden. RDF/XML wurde weder für Menschen, noch für Maschinen optimiert und ist mit XML Werkzeugen nahezu nicht zu verarbeiten; was wahrscheinlich das größte Problem in der Praxis darstellt. Daher kann RDF/XML zweifellos als eine der größten Hindernisse zur Akzeptanz des semantischen Webs gezählt werden. Ein weiterer, kritischer Aspekt ist, dass das „Web" im „semantischen Web" wenig Aufmerksamkeit erhielt. Anstatt wie das traditionelle, dokumentenbasierte Web auf Hypermedia zu setzen und ein Netzwerk aus Daten zu schaffen, verwendet das Resource Description Framework (RDF) Internationalized Resource Identifiers (IRIs) oft als nicht-dereferenzierbare Identifikatoren anstatt voll auf URLs zu setzen. Dies hat Tim Berners-Lee 2006 dazu bewegt die sogenannten „Linked Data Principles" [BL06] zu formulieren. Einfach gesagt, plädierte Berners-Lee für die Verwendung von dereferenzierbaren URLs und das Verknüpfen von Daten. Leider werden jedoch nach wie vor die meisten Daten im semantischen Web nicht als Linked Data oder in Form von Web APIs veröffentlicht, sondern in Form von „nur-lese" Archiven oder zentralistischen SPARQL Endpunkten zur Verfügung gestellt.

Während es in den vergangenen Jahren mehrere Vorschläge gab um die genannten Probleme von Web APIs und des semantischen Webs zu lösen, gibt es bisher keine praxistaugliche Lösung. Eine interessante Beobachtung bei der Analyse des aktuellen Stands der Technik war, dass die meisten Lösungsvorschläge entweder zu einfach oder übermäßig komplex sind.

Lösungen im ersten Lager beschränken sich in der Regel auf einfache CRUD APIs (Create, Retrieve, Update, Delete). Obwohl in der Tat die meisten APIs theoretisch in so einem Stil realisiert werden könnten, ist die Semantik dieser Operationen in verteilten Systemen ohne zentrale Koordinierung zu schwach. Es reicht nicht aus zu wissen wie man eine Entität erstellt, es ist auch nötig zu wissen welche Konsequenzen eine Erstellung nach sich zieht. Zum Beispiel ist es ein wesentlicher Unterschied ob die Erstellung einer Bestellungsentität die Lieferung von Ware nach sich zieht oder nicht.

Im Gegensatz zu diesen zu sehr vereinfachten Technologien, werden die Lösungen im zweiten Lager durch in der Praxis fragwürdigen Funktionalitäten übermäßig komplex. Eine große Zahl von Lösungen der semantischen Web Forschung zum Beispiel enthält Beschreibungen der nicht-funktionalen Aspekte eines Services um die automatische Auswahl des passendsten Services zu ermöglichen. Per se scheint das eine vernünftige Entscheidung zu sein, in der Praxis jedoch wird die einheitliche Beschreibung abstrakter Eigenschaften verschiedenster Services sehr schnell zu komplex. Des Weiteren wird die Entscheidung welcher Service letztendlich verwendet wird häufig nicht aufgrund objektiver Eigenschaften getroffen, sondern aufgrund subjektiver Empfindungen wie dem Ruf des API Betreibers, das Verhältnis zwischen den verschiedenen Firmen oder anderen wettbewerbsbestimmenden Faktoren. Ich vertrete daher die Meinung, dass es essenziell ist den richtigen Kompromiss zwischen Einfachheit und Ausdrucksstärke zu finden. Diese Dissertation [La14] konzentriert sich daher auf funktionale Aspekte, stellt aber durchaus auch sicher, dass die Lösungen erweiterbar genug gehalten werden um komplexere Funktionalitäten in Zukunft einfach nachrüsten zu können. Als unerlässlich wird es auch betrachtet, dass der Ansatz stufenweise eingeführt werden kann. Bereits existierende Services sollten mit minimalen Änderungen nachgerüstet werden können was sicherstellt, dass vorhandene Investitionen sowie existierende Werkzeuge weiter genutzt werden können.

Nach genauerer Analyse der besprochenen Probleme sowie dem aktuellen Stand der Technik lautete meine Hypothese, dass es möglich sein müsste, die Probleme durch die Standardisierung webbasierter Technologien für Maschine-zu-Maschine-Kommunikation und Verarbeitung strukturierter Daten (dessen Semantik von Maschinen „verstanden" werden kann) lösen zu können. In anderen Worten war es das Ziel die Kluft zwischen REST und Linked Data zu schließen und Entwickler bei der Erstellung, der Dokumentation und der Benutzung von Web APIs zu unterstützen. Dabei sollte sowohl die Produktivität von Entwicklern gesteigert werden, als auch die Qualität und die Wiederverwendbarkeit der Web APIs und der durch sie zugänglich gemachten Daten verbessert werden.

Im ersten Schritt wurde die Realisierbarkeit des Zieles durch das Experimentieren mit bewährten, standardisierten Technologien überprüft. Das dadurch entstandene Design wurde SAPS [LG11c] genannt, was für „Semantic AtomPub-based Services" steht. Es basiert, wie der Namen suggeriert, unter anderem auf dem Atom Syndication Format sowie dem dazugehörigen Atom Publishing Protocol—Technologien die häufig als Beispiele für vorbildliches RESTful Design zitiert werden. Zusammen mit OpenSearch, sind es einige der wenigen Ansätze die eine relativ große Akzeptanz erlangt haben. Wohl bewusst der Tatsache das XML, auf dem all die genannten Technologien basieren, nicht für den Austausch strukturierter Daten, sondern für die Auszeichnung von gemischten Inhalten entwickelt wurde und dass Atom oft eine zu starre Struktur verlangt, wurden dennoch diese Technologien für die Basis der ersten Experimente gewählt um rasch ein „Minimum Viable Product" zu erstellen das semantische Technologien mit Technologien die in RESTful Services eingesetzt werden kombiniert.

Durch die Spezifikation von nur zwei Attributen bildet SAPS ein erweiterbares Framework existierender Technologien das die Erstellung einfacher CRUD-basierter APIs ermöglicht. Diese kommen ohne zusätzliche Dokumentation aus, da die Interaktionen bereits durch die verwendeten Technologien standardisiert wurden. Für anspruchsvollere APIs müssen jedoch zusätzliche Interaktionen definiert werden was bedeutet, dass für solche APIs sehr wohl zusätzliche Dokumentation nötig ist. In der Praxis stellte sich die von Atom diktierte starre Struktur als noch problematischer heraus als ursprünglich angenommen. Zusätzlich erwies sich das Design, das auf XML, XML Schema, Atom usw. basierte, als zu komplex und schwergewichtig. Die Rückmeldungen von Entwicklern machten klar, dass in der Praxis ein leichtgewichtigeres und flexibleres Design nötig ist. Die grundlegende Idee der Kombination von semantischen Technologien und Technologien von RESTful Web APIs erwies sich jedoch als aussichtsreich und somit wurde mit der Verfeinerung des Designs begonnen. Bei der Suche nach alternativen Serialisierungsformaten wurde dann relativ schnell auf JSON gesetzt, das zu der Zeit zunehmend an Popularität gewann.

Der Vorteil von JSON liegt darin, dass es ist den meisten Programmiersprachen direkt in native Speicherstrukturen deserialisiert werden kann und somit die gleiche „Struktur" behält, was in Folge die Verarbeitung erleichtert. Es werden also keine komplexen Schnittstellen benötigt um mit JSON zu arbeiten. Dies zieht natürlich das Risiko einer engen Kopplung zwischen Clients und Servern nach sich wenn intern beide auf dieselbe Datenstruktur setzen. Deshalb wurde versucht Möglichkeiten zu finden diese enge Kopplung aufzubrechen. SEREDASj—eine Sprache zur Beschreibung von *SEmantic REstful DAta Services*—war das Ergebnis dieser Bemühungen.

Ähnlich wie SAPS wurde SEREDASj [LG11a] zunächst für einfache CRUD-basierte Services optimiert, aber anstatt Entwickler zu zwingen ihre Services mit Atom und XML (neu) zu implementieren, konzentriert sich SEREDASj auf das Beschreiben von existierenden, auf JSON basierenden Services. SEREDASj ist daher kein Datenformat (oder eine Erweiterung eines solchen), sondern eine Beschreibungssprache. SEREDASj Beschreibungen dokumentieren die Semantik der JSON Repräsentationen und die Beziehungen zwischen den verschiedenen Ressourcen. Es wurden auch Algorithmen entwickelt die es erlauben mittels SEREDASj beschrieben Daten von Web APIs nach RDF zu konvertieren, mit SPARQL zu bearbeiten und die Änderungen zurück an den Service zu schicken [LG11b]. Das verschiebt die Kopplung von den ausgetauschten JSON Strukturen auf die semantische Ebene der Daten die sich nicht nur sehr viel seltener ändert, sondern auch einfacher zwischen verschiedenen Services geteilt werden kann.

Obwohl ein großes Augenmerk auf die Einfachheit von SEREDASj gesetzt wurde, musste in der Praxis festgestellt werden, dass der Ansatz suboptimal war. Entwickler hatten Schwierigkeiten mit der Trennung der Daten in JSON Repräsentationen und ihren Beschreibungen. Der separate Graph von SEREDASj Beschreibungen, der über den von der Web API ausgegebenen JSON Dokumenten liegt, erhöhte die kognitive Belastung von Entwicklern beträchtlich. Entwickler beschwerten sich auch, dass die Syntax, die dem Vorbild von JSON Schema folgt, nicht kompakt genug sei und dass die Verwendung von semantischen Annotationen, die für die Realisierung von Web APIs, die über die CRUD Funktionalität hinausgehen, nötig sind, problematisch und schwer verständlich ist, da weder ein Vokabular noch Leitfäden dazu existierten. Das führte zur Einsicht, dass es im Generellen besser ist mehr Informationen in die Nachrichten (Repräsentation) selbst zu stecken als in komplexe Beschreibungen oder Mappings zu investieren. Es wurde auch klar, dass eine Trennung der Lösung in ein generisches Datenformat und ein Vokabular, das die nötigen Konzepte eindeutig definiert, von Entwicklern bevorzugt wird. Aufgrund der Erfahrungen und Erkenntnisse, die durch die Experimente mit SAPS und SEREDASj gewonnen werden konnten, war es schlussendlich möglich die zwei finalen Technologien JSON-LD und Hydra zu entwickeln.

Zusätzlich zu den Funktionalitäten die JSON bereits mit sich bringt, unterstützt JSON-LD [SKL14] Hyperlinks, einheitliche Identifikatoren für Entitäten und deren Attributen in Form von IRIs, Internationalisierung, die Definition und den Gebrauch von beliebigen Datentypen, die Unterscheidung zwischen unsortierten Mengen und geordneten Listen sowie die Möglichkeit Daten in mehrere benannte Graphen aufzuteilen. Diese Funktionalitäten vereinfachen nicht nur die Integration von Daten, was eines der grundlegenden Probleme in der Verwendung von Web APIs darstellt, sondern ermöglichen es Entwicklern auch ihre Daten mit einer viel expliziteren, maschinenlesbaren Semantik auszudrücken. Somit ist JSON-LD im Grunde ein neues Serialisierungsformat für das semantische Web. Um der traditionellen Abneigung von Entwicklern gegenüber semantischer Technologien gegenüber zu treten, war es ein grundlegendes Designkriterium den

Aufwand zum Erstellen und Verstehen von JSON-LD Dokumenten für Entwickler so gering als möglich zu halten. Sehr viel Zeit wurde daher in die Einfachheit, die Knappheit und die Lesbarkeit von JSON-LD investiert. Des Weiteren wurden Funktionalitäten in JSON-LD integriert, die es mit sehr wenig Aufwand ermöglichen existierende JSON Dokumente in selbstbeschreibende JSON-LD Dokumente zu verwandeln.

Neben der Spezifikation des Serialisierungsformats, wurden auch mehrere Algorithmen und eine Programmierschnittstelle die die Arbeit mit JSON-LD Dokumenten vereinfacht entworfen. Die „JSON-LD 1.0 Processing Algorithms and API" Spezifikation [LKS14] definiert auch wie JSON-LD zu RDF und RDF zu JSON-LD konvertiert werden kann. Da beide Spezifikationen am World Wide Web Consortium (W3C) als offizielle Internet Standards verabschiedet wurden, besteht die Möglichkeit, dass JSON-LD, ähnlich wie HTML, das ebenfalls am W3C standardisiert wurde und die dominierende Sprache im dokumentenbasierten Web ist, die Lingua franca für Web APIs wird. Die Erfahrungen aus der Verwendung von JSON-LD in einem großangelegten „Internet der Dinge" Projekt sowie das positive Feedback der zahlreichen frühzeitigen Anwendern bestätigen, dass JSON-LD ein praxistauglicher Ansatz ist. In der Tat könnte JSON-LD ein erster Schritt auf dem Weg zur Standardisierung von semantischen, RESTful Web Services werden und die Basis für die verschiedenen Anstrengungen bilden, die bisher keinen gemeinsamen Nenner zu finden schienen. In diesem Kontext ist es auch nochmals erwähnenswert, dass JSON-LD selbst keine vollständige Lösung darstellt, sondern zusätzlich ein Vokabular, das die nötigen Konzepte zur Realisierung einer Anwendung definiert, benötigt.

Hydra [LG13] ist so ein Vokabular. Sein Ziel ist es die Konzepte die häufig in Web APIs benötigt werden zu definieren um damit die Basis für hypermediabasierte Services, die von komplett generischen Clients verwendet werden können, zu bilden. Die grundlegende Idee dabei war es ein leichtgewichtiges Vokabular zu schaffen, das es einem Server ermöglicht seinen Clients zur Laufzeit die möglichen Operationen und Navigationspfade mitzuteilen. Ein Client interagiert mit einem Service dann in einem Prozess der in jedem Schritt die vom Server angezeigten Operationen analysiert und diejenige auswählt die ihn näher an sein Ziel bringt. Hydra, dessen Konzepte in Abbildung 1 dargestellt sind, erlaubt es dem Client in maschinenlesbarer Form mitzuteilen wie er die nötigen HTTP Nachrichten erstellen kann um den Status des Servers so zu beeinflussen, dass er sein anwendungsspezifisches Ziel erreichen kann. Da all diese Informationen dynamisch zur Laufzeit ausgetauscht werden anstatt direkt im Client eingebaut zu werden, wird die Kopplung von Clients und Servern aufgelöst—was auch die gewünschte Generalisierung von Clients mit sich bringt. Auf zusätzliche Dokumentation oder die Erstellung von Vokabularen kann weitgehend verzichtet werden da zusätzlich Konzepte aus beliebigen existierenden Vokabularen wie zum Beispiel Schema.org wiederverwendet werden können. Dies reduziert nicht nur den Arbeitsaufwand für Entwickler, sondern verbessert auch die Interoperabilität und reduziert die Preisgabe von Implementierungsdetails, was das Risiko einer engen Kopplung zwischen Client und Server maßgeblich reduziert. Um diese Eigenschaften zu verifizieren, wurde eine komplette Entwicklungsumgebung für JSON-LD und Hydra implementiert.

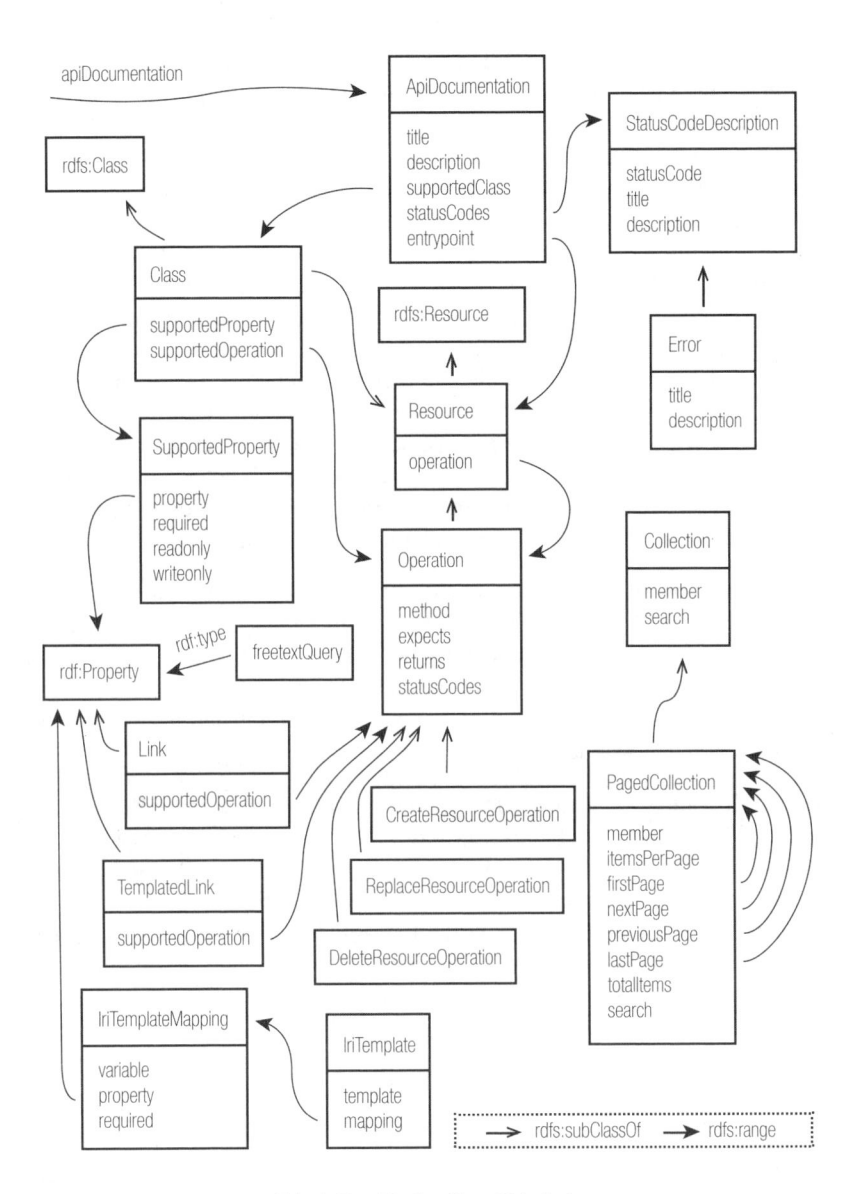

Abb. 1: Das Hydra Core Vokabular

Neben der Integration beider Technologien in ein populäres Webframework wurde ein komplett generischer API Browser, der es auch Laien ermöglicht mit solchen Web APIs zu interagieren, sowie ein generischer API Client für den programmatischen Zugriff entwickelt. Diese Werkzeuge wurden dann benutzt um exemplarisch mehrere Web APIs zu implementieren um somit die Benutzbarkeit der Technologien zu überprüfen und um zu evaluieren ob die eingangs erwähnten Probleme mit ihnen gelöst werden können. Es konnte gezeigt werden, dass JSON-LD und Hydra lose gekoppelte Lösungen für die identifizierten Probleme bieten. Da beide Ansätze auf RDF, einem mächtigem Datenmodell basieren, müssen sich Entwickler weder um die Definition von Datenmodellen noch von Datenformaten kümmern. Stattdessen können sie sich voll auf die Modellierung der anwendungsspezifischen Funktionalität konzentrieren und diese mit standardisierten und interoperablen Technologien umsetzen. Falls gewünscht, öffnen JSON-LD und Hydra auch die Tür zu weiteren semantischen Technologien wie Quad Stores, SPARQL Query Engines und Reasonern. Im Gegensatz zu anderen semantischen Technologien zwingen die vorgestellten Lösungen Entwickler aber nicht dazu. Sie können durchaus auch mit populären NoSQL Datenbanken wie MongoDB oder Elasticsearch verwendet werden. Dies macht sie zu sehr flexiblen Technologien die den meisten Entwicklern vertraut wirken und eine graduelle Aktualisierung bereits existierender Infrastrukturen ermöglichen. Der gesamte Quellcode den ich im Rahmen meiner Forschung erstellt habe, wurde als Open Source freigegeben. Mittlerweile hat die Entwicklergemeinde zahlreiche weitere Werkzeuge und Programmbibliotheken für JSON-LD und Hydra erstellt, so dass diese nun in den meisten Programmiersprachen umfassend verwendet werden können.[3]

Die klare Trennung der Belange (separation of concerns) hilft die Komplexität bei gleich bleibender Funktionalität so gering als möglich zu halten. Entwickler die zum Beispiel die Funktionalität von Hydra nicht benötigen, da sie ausschließlich einen nur-lese Zugriff auf ihre Daten realisieren wollen, können JSON-LD ohne Hydra verwenden. Analog dazu kann Hydra, falls nötig oder gewünscht, mit anderen Serialisierungsformaten wie Turtle oder RDFa verwendet werden.

Diese lose Kopplung war von enormer Bedeutung für die Akzeptanz der Technologien—eine Kenngröße die in Forschungsprojekten leider viel zu häufig vernachlässigt wird. In meiner Dissertation ist die Akzeptanz hingegen ein kritischer Bestandteil der Evaluierung der erarbeiteten Lösungen. Die meisten Technologien—und ganz besonders Web Technologien—sind weitgehend nutzlos, falls sie nicht verwendet werden. Ich bin daher in den verschiedenen Entwicklungsstadien sehr aktiv an verschiedene Benutzergruppen herangetreten um Feedback zu sammeln und Entwickler über die Technologien zu informieren. Dies war von enormer Bedeutung um sicherzustellen, dass praxisrelevante Lösungen erarbeitet werden. Die ständige Interaktion mit sogenannten Innovatoren und Early Adoptern [Ro03] half dann schlussendlich auch eine kritische Masse an Interesse zu bilden, die JSON-LD bei seiner Fertigstellung dann schließlich zum Durchbruch verhalf.

JSON-LD wurde mittlerweile in mehreren Forschungsprojekten verwendet—von großangelegten EU-Forschungsprojekten wie dem Interactive Knowledge Stack [Eu], das eine Referenzarchitektur für semantische Content Management Systeme erarbeitete, zu kleineren Projekten wie dem der Educational System Group[4] der Galileo Universität Guatemala, die an einem „Cloud Educational Interoperability Service" forscht der Web APIs populärer Online-Tools mit JSON-LD und Hydra nachrüstet um es so auch Laien zu ermöglichen personalisierte Lernumgebungen zu erstellen. Neben diesen Anwendungen in der For-

---

[3] Eine Liste frei verfügbarer JSON-LD Prozessoren kann auf http://json-ld.org/ gefunden werden, Hydra-spezifische Software ist hingegen auf http://www.hydra-cg.com/ aufgelistet.

[4] http://ges.galileo.edu/geswiki/research

schung, wurde JSON-LD auch bereits in Produkte von Konzernen wie Google, Microsoft, Yahoo, Yandex oder der BBC, um nur einige zu nennen, integriert. Diese Produkte bringen die erarbeiteten Technologien in die Hände von hunderten Millionen von Benutzern die sie tagtäglich—und zwar meist ohne ihr Wissen—verwenden. Google zum Beispiel benutzt JSON-LD unter anderem um die Websuche zu verbessern und Benutzern von Gmail produktivitätssteigernde Funktionen anzubieten. Eine einfache Überschlagsrechnung hilft dabei das Potenzial zu illustrieren. Geht man sehr konservativ davon aus, dass die durch die erarbeiteten Technologien ermöglichten Funktionalitäten einem Gmail Benutzer auch nur ein Minute pro Monat sparen helfen, so werden für die über 500 Millionen Gmail Nutzer in Summe pro Monat weit über 4.000 Personenjahre eingespart.

Nachdem JSON-LD mittlerweile ein offizieller Standard des World Wide Web Consortiums (W3C) ist, bauen auch bereits mehrere Standardisierungsprojekte darauf auf [La14]. Eine so rasche Verbreitung und Standardisierung wäre wohl nicht zu erreichen gewesen, wenn die beiden Ansätze in eine Technologie verschmolzen worden wären. Hydra, die jüngere der beiden Technologien, ist noch nicht so weit verbreitet wie JSON-LD, gewinnt aber rasch an Boden. Die W3C Community Group in die Hydra's weitere Entwicklung ausgelagert wurde, ist äußerst aktiv und wächst stetig. Mittlerweile ist sie mit weit mehr als hundert Teilnehmern unter den zehn größten W3C Community Groups. Zudem konnte Hydra das Design wichtiger Aspekte von Schema.org beeinflussen.

Zusammenfassend ist die Kombination aus JSON-LD und Hydra meines besten Wissens die erste praxistaugliche und akzeptierte Lösung die die Lücke zwischen semantischen Technologien und Technologien, die in RESTful Services eingesetzt werden, schließt. Die erarbeitete Lösung vereint die Stärken beider Welten und ist somit in der Lage die Probleme, auf die Entwickler von Web APIs häufig stoßen, zu lösen. Dies verbessert hoffentlich nicht nur Web APIs, sondern das Web als Ganzes und geht damit weit über meine bescheidenen Beiträge zur Verbesserung existierender Standards wie HTTP/1.1 [FR14] und RDF 1.1 [CWL14] hinaus. JSON-LD wird mittlerweile in Fachkreisen als die „Einstiegsdroge" des semantischen Webs gehandelt und hat durchaus das Potenzial diesem nach über einer Dekade Forschung zum Durchbruch zu verhelfen. Die technische und wissenschaftliche Bedeutung der erarbeiteten Technologien wird durch deren Einsatz in Millionen von Websites und Produkten von im Web marktführenden Konzernen sowie der Standardisierung am W3C belegt.

Literaturverzeichnis

[BL06]   Berners-Lee, Tim: Linked Data. In: Design Issues for the World Wide Web. 2006.

[CWL14]   Cyganiak, Richard; Wood, David; Lanthaler, Markus: RDF 1.1 Concepts and Abstract Syntax. In: W3C Recommendation. 2014.

[Eu]   European Commission: IKS: Interactive knowledge stack for small to medium CMS/KMS providers. In: Community Research and Development Information Service (CORDIS).

[Fi00]   Fielding, Roy Thomas: Architectural Styles and the Design of Network-based Software Architectures. Dissertation, University of California, Irvine, 2000.

[FR14] Fielding, Roy T.; Reschke, Julian F.: Hypertext Transfer Protocol (HTTP/1.1): Message Syntax and Routing. In: Internet Engineering Task Force (IETF) Draft, Jgg. 2616. 2014.

[IB] IBM: Bringing big data to the enterprise.

[La14] Lanthaler, Markus: Third Generation Web APIs—Bridging the Gap between REST and Linked Data. Doctoral dissertation, Graz University of Technology, Austria, 2014.

[LG11a] Lanthaler, Markus; Gütl, Christian: A Semantic Description Language for RESTful Data Services to Combat Semaphobia. In: Proceedings of the 2011 5th IEEE International Conference on Digital Ecosystems and Technologies (DEST). IEEE, Daejeon, Korea, 2011.

[LG11b] Lanthaler, Markus; Gütl, Christian: Aligning Web Services with the Semantic Web to Create a Global Read-Write Graph of Data. In: Proceedings of the 9th IEEE European Conference on Web Services (ECOWS 2011). IEEE, Lugano, Switzerland, 2011.

[LG11c] Lanthaler, Markus; Gütl, Christian: SAPS: Semantic AtomPub-based Services. In: Proceedings of the the 11th IEEE/IPSJ International Symposium on Applications and the Internet (SAINT). IEEE, Munich, Germany, 2011.

[LG13] Lanthaler, Markus; Gütl, Christian: Hydra: A Vocabulary for Hypermedia-Driven Web APIs. In: Proceedings of the 6th Workshop on Linked Data on the Web (LDOW2013) at the 22nd International World Wide Web Conference (WWW2013). CEUR-WS, Rio de Janeiro, Brazil, 2013.

[LKS14] Lanthaler, Markus; Kellogg, Gregg; Sporny, Manu: JSON-LD 1.0 Processing Algorithms and API. In: W3C Recommendation. 2014.

[Ma13] Manyika, James; Chui, Michael; Groves, Peter; Farrell, Diana; Kuiken, Steve Van; Doshi, Elizabeth Almasi: Open data: Unlocking innovation and performance with liquid information. McKinsey Quarterly, (October), 2013.

[Ro03] Rogers, Everett M.: Diffusion of Innovations. Free Press, New York, NY, USA, 5. Auflage, 2003.

[SKL14] Sporny, Manu; Kellogg, Gregg; Lanthaler, Markus: JSON-LD 1.0 - A JSON-based Serialization for Linked Data. In: W3C Recommendation. 2014.

[Wa94] Waldo, Jim; Wyant, Geoff; Wollrath, Ann; Kendall, Sam: A Note on Distributed Computing. Bericht, Sun Microsystems Laboratories, Inc., Mountain View, California, USA, 1994.

Markus Lanthaler wurde 1984 in Italien geboren. Nach dem Abschluss der Hochschulreife zog er 2003 nach Österreich um an der Technischen Universität Graz Telematik zu studieren. Nach einem Auslandsaufenthalt in Helsinki, Finnland schloss Lanthaler sein Masterstudium 2009 mit Auszeichnung ab und begann ein Doktoratsstudium in Informatik. Dieses führte Lanthaler an die Curtin University in Perth, Western Australia bevor er 2014 an der Technischen Universität Graz mit Auszeichnung promovierte. Markus Lanthaler ist Autor mehrerer wissenschaftlicher Publikationen und weitgenutzter Internetstandards sowie Vorsitzender der Hydra W3C Community Group.

Illustrative Visualisierung von medizinischen Datensätzen[1]

Kai Lawonn[2]

Abstract: Das Ziel der illustrativen Visualisierung ist die vereinfachte Darstellung einer komplexen Szene oder eines komplexen Objektes. Dabei wird versucht die Oberflächenstruktur zu vereinfachen, indem unwichtige Informationen ausgelassen werden. Diese Abstraktion wird oft bevorzugt im Vergleich zu physikalisch korrekten voll ausgeleuchteten Szenen. In der vorgestellten Dissertation wird der aktuellen Stand der Merkmalslinien analysiert. Anschließend wurde eine Evaluierung durchgeführt um die Qualität der Merkmalslinien auf anatomischen Oberflächen festzustellen. Diese Evaluierung leitete zwei Erkenntnisse für die medizinische Anwendung ab. Für jeden Teil wird eine Lösung für die medizinische Visualisierung präsentiert. Eine neue Strichzeichnung für die Illustration von Oberflächen wird vorgestellt. Diese Technik wird dann aufgrund verschiedener Anforderungen für Molekülflächen erweitert. Im Bereich der Gefäßvisualisierung mit eingeschlossenem Blutfluss wird eine adaptive Visualisierungstechnik gezeigt. Dieser Algorithmus wird dann für animierte Blutflussdaten erweitert. Schließlich zeigt die vorliegende Dissertation verschiedene Visualisierungskonzepte, die in verschiedenen Anwendungsbereichen benutzt werden können um Oberflächeninformationen zu vermitteln.

1 Einleitung

Die Anwendung der illustrativen Visualisierung hat in den letzten Jahren stets an Bedeutung zugenommen. Eines der Hauptziele der illustrativen Visualisierung ist es, eine ausdrucksstarke, expressive und vereinfachte Darstellung eines Problems, einer Szene oder einer Situation darzustellen. Im Rahmen von Sportveranstaltungen werden die verschiedenen Sportarten beispielsweise als Piktogramme dargestellt, siehe Abbildung 1. Weitere Beispiele können in anatomischen Atlanten gefunden werden. Die meisten anatomischen Strukturen wurden mit Blei- und Filsstiften gezeichnet. Eines des berühmtesten Anatomielehrbuch ist Grayâs Anatomy. Andere Anatomieatlanten orientieren sich daran und versuchen gezielt die anatomischen Strukturen vereinfacht und illustrativ darzustellen. Während in Abbildung 2(a) die organische Struktur im Original abgebildet ist, wurde in Abbildung 2(b) die gleiche Szene illustrative gezeichnet. Hier sieht man, dass die vereinfachte Darstellung der Originalszene einen hohen Einfluss auf das Verständnis hat. Der Medizinstudent erkennt nun viel einfacher die wichtigsten Strukturen und auch medizinische Experten können anhand solcher Darstellungen medizinische Fälle besser diskutieren. Das

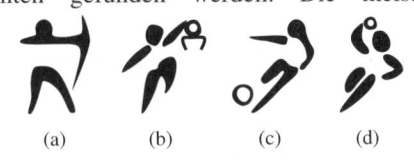

Abb. 1: Visuelle Abstraktion der vier olympischen Disziplinen: Bogenschießen, Basketball, Fußball und Handball

---
[1] Englischer Titel der Dissertation: "Illustrative Visualization of Medical Data Sets"
[2] Otto-von-Guericke-Universität Magdeburg, Fakultät für Informatik, Universitätsplatz 2, 39106 Magdeburg, Deutschland, lawonn@isg.cs.uni-magdeburg.de

Hauptziel der vorliegenden Arbeit war es neue Illustrationstechniken zu entwickeln, die von konventionellen Techniken inspiriert sind, sich zugleich aber gut für interaktive 3D-Visualisierungen eignen. Dies sollte vor allem auf individuelle patientenspezifische Daten vollzogen werden, die zum Beispiel aus einer Computertomographieuntersuchung stammen. Es sollen illustrative Techniken entwickelt werden, die ohne aufwendige Parametereinstellungen zufriedenstellende Resultate erzielen.

Fokus-Kontext-Visualisierung. Die illustrative Visualisierung ist allerdings nicht auf dieses Anwendungsgebiet beschränkt. Ebenso essentiell ist die illustrative Visualisierung der Fokus-und-Kontext Darstellung. In einer komplexen Szene mit anatomischen Strukturen, beispielsweise Gefäßen, und einer spezifischen Struktur, wie einem Tumor, steht die zentrale Struktur mit den umschließenden Objekten in Relation zueinander. Daher ist es wichtig, sowohl den Tumor als auch die Gefäße darzustellen. Die Gefäße auszublenden wäre für den medizinischen Experten oder Arzt keine Option. Andererseits wäre die Darstellung aller Strukturen zu komplex und die wichtigen Strukturen könnten nur noch erschwert wahrgenommen werden. Die Fokus-und-Kontext Visualisierung ist charakterisiert durch die detaillierte und hervorgehobene Darstellung von einigen zentralen Strukturen. Umliegende Kontextobjekte werden weniger markant repräsentiert, um visuelle Ablenkung von vorrangigen Fokusobjekten zu vermeiden. Medizinische Beispiele wären Gefäße mit entsprechendem Blutfluss, Leber mit inneren Strukturen wie der Portalvene und Tumore oder Proteine mit Oberflächendarstellung und Cartoon-Darstellung.

Aber nicht nur in der Medizin findet die Fokus-und-Kontext Visualisierung zusehends Beachtung. Beispielsweise werden beim Fahrzeugbau die Karosserien mit innenliegenden Geräten dargestellt. Der Benutzer oder auch der Ingenieur braucht die Möglichkeit, die Relation von Geräte und umliegender Karosserie in der gleichen Szene darzustellen.

Linienzeichnungen. Es gibt eine Vielzahl von verschiedenen Illustrationstechniken. Die Dissertation fokussiert sich auf eine ganz spezifische Kategorie: Linienzeichnungen. Linienzeichnungen können in zwei Gruppen eingeteilt werden: *feature lines* oder auch Merkmalslinien und *hatching* bzw. Schraffierungen. Diese Dissertation präsentiert die Anwendung der Linienzeichnungen auf medizinische Daten. Hierfür werden bestehende Merkmalslinien analysiert. Anforderungen und Empfehlungen werden abgeleitet sowie die Vor- und Nachteile werden diskutiert. Anschließend werden Schraffierungstechniken benutzt um die Nachteile der Merkmalslinien zu beheben. Allerdings entstehen hierbei neue Probleme und Herausforderungen.

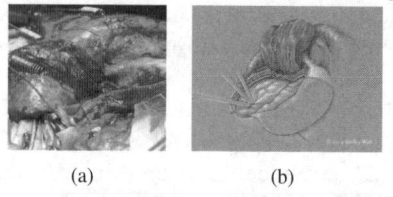

Abb. 2: Visuelle Abstraktion einer anatomischen Struktur. Bilder von "Visually-Oriented Knowledge Media Design in Medicine" Nick Woolridge and Jodie Jenkinson.

Die vorliegende Arbeit leitet den Leser zunächst durch die verschiedenen etablierten Merkmalslinien. Es werden Anforderungen aufgelistet und gezeigt, dass die bestehenden Merkmalslinien gewisse Aufgaben nicht erfüllen können. In einer Evaluierung werden zudem zwei Nachteile aufgezeigt, aus denen dann entsprechende Schlussfolgerungen gezogen werden. Diese Nachteile werden erörtert und auf verschiedene Weise gelöst. Dabei wird zunächst eine neue Linientechnik vorgestellt, die die Vorteile von Merkmalslinien und Schraffurlinien kombiniert, ohne überladene Darstellungen zu generieren. Die Vorteile wurden dann in verschiedenen Evaluierungen bestätigt. Anschließend wird diese Technik noch erweitert und präsentiert. Die zweite Richtung beschreibt eine neue adaptive Beleuchtung. Diese Technik macht sich die Vorteile der bereits etablierten Merkmalslinien zu Nutze, die resultierenden Vorzüge konnten ebenfalls in einer Studie bestätigt werden. Diese Technik wird ebenfalls ausführlich diskutiert und erweitert.

In den folgenden Abschnitten werden die wissenschaftlichen Hauptbeiträge der Dissertation [Law14] kurz dargestellt und mit anschaulichen Beispielen illustriert. Für eine Übersichtsdarstellung der Dissertation siehe Abbildung 3.

2 Vorverarbeitungsschritte

In diesem Abschnitt werden die einzelnen Schritte erläutert, um aus klinischen Bilddaten ein Oberflächenmodell zu generieren. Dies wird anhand von vaskulären Strukturen mit internen Blutfluss erläutert. Die Datenakquirierung besteht aus drei Schritten: **Oberflächenglättung**, **Extraktion** und **Identifikation**.

2.1 Oberflächenglättung

Im ersten Schritt wurden die medizinischen Bilddaten mittels Computertomographie (CT) oder Magnetresonanztomographie (MRT) akquiriert. Im zweiten Schritt wird ein auf diese Weise akquiriertes Gefäß segmentiert und rekonstruiert. Durch den hohen Kontrast von Gefäß und umliegendem Gewebe reicht eine einfache Schwellenwertanalyse mit einer *connected-component analysis* aus, um das Gefäß von dem Gewebe abzugrenzen. Die resultierende Gefäßmaskierung wird benutzt, um mit *marching cubes* eine initiale Oberflächenstruktur zu erhalten. Diese Oberfläche beinhaltet diverse Artefakte wie beispielsweise Treppenstufenartefakte. Diese müssen in einem Nachbearbeitungsschritt reduziert werden, da andernfalls gerade diese Artefakte durch Merkmalslinien betont werden. Für den medizinischen Experten sollte nun ein Programm entwickelt werden, um ohne algorithmisches Hintergrundwissen zufriedenstellende Resultate erzielen zu können. Dies war die Motivation für [MKL+12, MLK+13]. Hier wurden Programme entwickelt, mit denen der medizinische Experte intuitiv und interaktiv in Echtzeit verrauschte Oberflächenmodelle glätten kann. Während des Glättens werden Flächeneigenschaften wie Krümmung oder Volumen reduziert. Daher wurden verschiedene Graphen gewählt, um den Einfluss des Glättens auf diese Flächeneigenschaften nachverfolgen zu können. Zusätzlich empfiehlt das Programm diverse Glättungsparameter, um ein möglichst optimales Glättungsergebnis zu erzielen. Dabei wird ein Parameter verwendet, der angibt wie

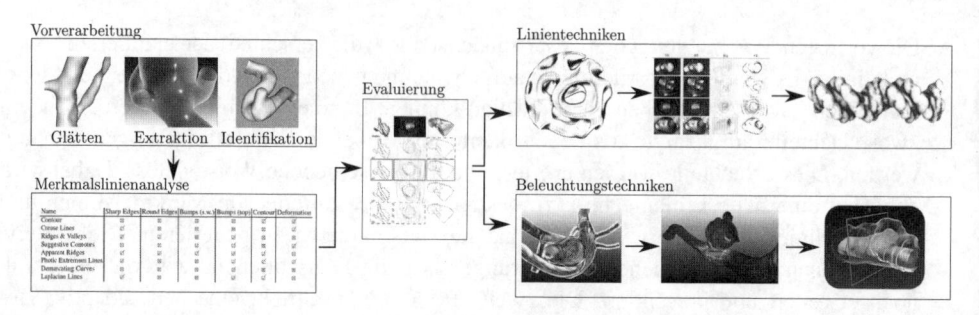

Abb. 3: Die Dissertation im Überlick.

sehr das geglättete Modell vom Original abweichen darf. Wenn der Benutzer an einem geglätteten Modell interessiert ist, welches möglichst das Volumen erhalten soll, schlägt das System Parameter vor, um ein vernünftiges Ergebnis zu erzielen.

2.2 Extraktion von Regionen

Oft ist es wichtig, anatomische Strukturen abzutrennen. Bei der Anwendung auf Gefäßstrukturen können unrelevante Gefäßäste abgeschnitten werden. Im Anschluss kann die rechenaufwändige Blutflusssimulation nur für prägnante Bereiche durchgeführt werden. Hierfür ist eine geeignete Benutzerinteraktion sinnvoll. Der medizinische Experte soll die Möglichkeit haben eine vereinfachte Kurve auf der Oberfläche zu platzieren, die dann geeignet geglättet werden soll. Vor diesem Hintergrund wurde ein Algorithmus entwickelt um den medizinischen Experten bei der Extraktion von spezifischen Regionen zu unterstützen [LGRP14]. Da die Oberfläche später entlang der Kurve geschnitten werden soll, muss sich die resultierende Kurve auf der Oberfläche befinden. So kann sichergestellt werden, dass die Oberfläche auch exakt entlang der Kurve präpariert werden kann. Der Benutzer platziert nun mehrere Punkte, um so die Ausgangskurve zu generieren. Hierbei werden aufeinanderfolgende Punkte initial verbunden. Sobald die initiale Kurve fertiggestellt ist, erhält der Benutzer die Möglichkeit, einen geodätischen Sicherheitsabstand anzugeben. Innerhalb dieser Regionen befindet sich die geglättete Kurve. Somit kann sichergestellt werden, dass die geglättete Kurve nicht zu weit von der Ausgangskurve abweicht. Anschließend wird ein weiterer Parameter, der Glättungsparameter, eingegeben. Dieser Parameter liegt im Intervall $[0, 1]$ und gibt an, wie stark die Ausgangskurve hinsichtlich der geodätische Krümmung geglättet werden soll. Hierbei wird die Ausgangskrümmung mit dem Glättungsparameter multipliziert, um so die gewünschte Krümmung zu erhalten. Wird der Glättungsparameter 1 gesetzt, so stimmen die Ausgangskurve und die resultierende (geglättete) Kurve überein. Wird der Glättungsparameter hingegen 0 gesetzt, so wird die geglättete Kurve gegen eine Geodätische konvergieren. Der Algorithmus ist stabil und erzeugt auch zufriedenstellende und vergleichbare Resultate, selbst wenn das darunter liegende Oberflächenmodell stark verrauscht ist.

Die Anwendungsgebiete reichen von den Ingenieurswissenschaften bis zur Medizin, bei denen Oberflächenschnitte oder Oberschlächensegmentierungen essentiell sind. Besonders im Bereich der Chirurgie spielen Oberflächenschnitte eine besondere Rolle. Hier sind Osteotomien in Mund-, Kiefer- und Gesichtschirurgie besonders hervorzuheben.

2.3 Identifikation des Aneurysmas

Für die weitere Auswertung der Gefäßstruktur ist ein automatischer Ansatz hilfreich um wichtige Strukturen, wie das Aneurysma, zu identifizieren. Dies ist zur späteren Blutflusssimulation wichtig, da dann automatisch Saatpunkte gesetzt werden können.

Weiterhin ist eine automatische Kamerapositionierung hilfreich, um den medizinischen Experten bei der Untersuchung des Aneurysmas zu unterstützen. Diese Anforderungen bilden die Grundlage für [NLBP13]. Hier wurde ein Algorithmus entwickelt, der das Gefäß analysiert und den Ein- und Ausflussbereich um das Aneurysma detektiert. Dieser Ansatz ist sehr robust gegenüber verrauschten Oberflächen. Zusätzlich wurde eine Methode entwickelt, die das Gefäß analysiert und eine geeignete Kamerapositionierung findet.

3 Linienzeichnungen

Linienzeichnungen stellen Oberflächen mit einzelnen Linien dar. Diese Technik wird verwendet, um bestimmte Regionen oder Objektgrenzen hervorzuheben. Die Techniken können in bildbasierte und objektbasierte Techniken eingeteilt werden. Bildbasierte Methoden benutzen das Bild, um die Linien zu berechnen. Diese Methoden schränken die Freiheit über den Linienstil ein und sind im Allgemeinen nicht bildkohärent. Die Bildkohärenz ist allerdings eine wichtige Voraussetzung für die Exploration. Daher sind bildbasierte Linientechniken nicht im Fokus dieser Dissertation.

Objektbasierte Methoden benutzen die 3D Position der Punkte und deren Konnektivität. Diese Methoden lassen sich in kameraabhängige und kameraunabhängige Methoden einteilen. Eine Kategorie der Linienzeichnungen sind *Merkmalslinien*, die im Rahmen der Dissertation im Hauptfokus liegt. Die Eigenschaften der verschiedenen Merkmalslinien wurden im Rahmen der Dissertation untersucht und bewertet [LP15]. Es wurde ein Leitfaden angegeben, unter welchen Oberflächenvoraussetzungen welche Merkmalslinien geeignet sind. Weiterhin wurde auch der mathematische Hintergrund ausführlich diskutiert, der wiederum essentiell für das Verständnis der verschiedenen Methoden wichtig ist.

Anschließend wurden die verschiedenen Techniken auf medizinischen Daten mit Experten evaluiert [LGP13b]. Hierbei wurden die verschiedenen Techniken vorgeführt. Der Teilnehmer konnte dann die Schwellenwerte für die individuelle Technik eingeben und die resultierende Merkmalslinien bewerten. Die Evaluierung ergab zwei Schlussfolgerungen:

1. Merkmalslinien können im Allgemeinen keinen räumlichen Eindruck vermitteln (eine zusätzliche Beleuchtung wäre notwendig).

2. Die *suggestive contours* ist die expressivste Technik.

(a) (b) (c)

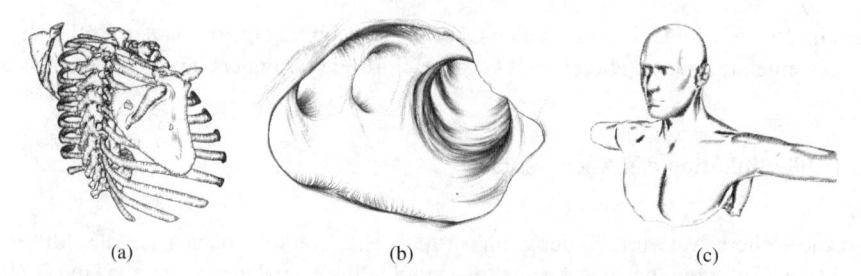

Abb. 4: Verschiedene Linientechniken. In (a) und (b) wurde ConFIS auf ein Rippenmodell bzw. auf ein endoskopisches Modell angewendet. In (c) ist der LIC-basierte Ansatz zu sehen.

Aus diesen Schlussfolgerungen leiten sich zwei Anforderungen ab, die im Rahmen der vorgestellten Dissertationen umgesetzt wurden. Diese Studie wurde später noch mit 149 Teilnehmern erweitert [LBSP14] und statistisch ausführlicher ausgewertet [BLSP15].

4 Neue Linientechniken

Da Merkmalslinien im Allgemeinen keinen räumlichen Eindruck vermitteln können, wurde eine andere Kategorie der Linienzeichnungen untersucht: Schraffierungen (*Hatching*). Im Rahmen der Analyse ergab sich, dass sowohl Merkmalslinien als auch Schraffierungen Vor- beziehungsweise Nachteile aufweisen. Es stellte sich heraus, dass im Gegensatz zu Merkmalslinien die Schraffierungen einen räumlichen Eindruck vermitteln können. Allerdings werden charakteristische Merkmale möglicherweise nicht wahrgenommen oder gar durch die Vielzahl an Linien *überzeichnet*. Die Merkmalslinien können hingegen charakteristische Merkmale darstellen, vermitteln hingegen keinen räumlichen Eindruck. Vor diesem Hintergrund wurde *ConFIS* entwickelt.

4.1 ConFIS

ConFIS ist eine Technik, die die Vorteile beider Linienzeichnungskategorien verbindet [LMP13]. Dadurch ist es möglich, das Objekt mit Linien so darzustellen, dass ein räumlicher Eindruck entsteht und charakteristische Merkmale illustriert werden. Hierbei werden zunächst die Konturen der Oberfläche ermittelt. Anschließend wird ein Bereich um die Kontur herum bestimmt. Für die charakteristischen Oberflächenmerkmale wurde ein Bereich ermittelt, der sich mittels der mittleren Krümmung berechnet. Weiterhin werden die Linien auf der Oberfläche mit der Hauptkrümmungsrichtung bestimmt und auf der Grafikkarte gespeichert. Die entsprechenden Konturregionen aktivieren dann die durchlaufenden Linien. Somit werden charakteristische Oberflächenmerkmale dargestellt und durch den Konturbereich die Form wiedergegeben, siehe Abbildung 4(a). Die Vorteile wurden in einer Studie belegt. Weiterhin wurden diverse Schraffierungstechniken einschließlich ConFIS mit endoskopischen Daten [LSP14] getestet, siehe hierzu Abbildung 4(b). Auch hier ergab sich eine Präferenz zu der ConFIS Technik.

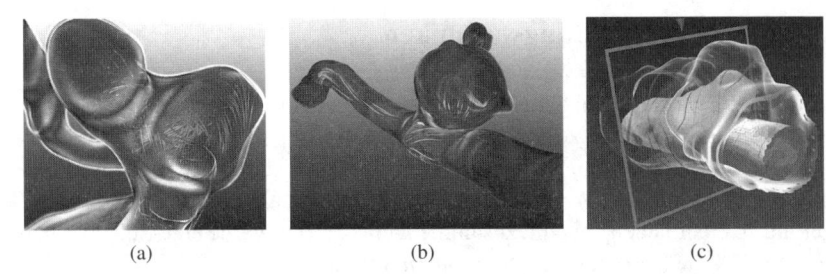

Abb. 5: Verschiedene Beleuchtungstechniken. In (a) und (b) wurde die adaptive Beleuchtung auf ein Aneurysma mit und ohne animierten Blutfluss dargestellt. In (c) ist die Visualisierung der Wanddicke zu sehen.

Allerdings hat auch diese Methode einige Einschränkungen. Zum einen ist ConFIS sehr abhängig von der Tesselierung des Oberflächenmodels. Das bedeutet, dass es bei unterschiedlichen Auflösungsstufen des Objektes sehr unterschiedliche Resultate gibt. Ein anderer Nachteil ist, dass ConFIS nicht auf animierten beziehungsweise deformierbaren Objekten anwendbar ist. Daher wurde ConFIS durch einen LIC-Ansatz (*line integral convolution*) zu ConFIS+ erweitert und verbessert.

4.2 ConFIS+

Die Verbesserung basiert auf einem LIC-Ansatz [LKEP14]. Hier werden die Linien nicht mehr auf der Oberfläche bestimmt, sondern im Bildbereich ermittelt. Das Verfahren ist dennoch ein objektbasierter Ansatz, da die entscheidenden Regionen auf der Oberfläche ermittelt werden. Anstatt der Hauptkrümmungsrichtung wird hier allerdings der Lichtgradient der Oberflächenbeleuchtung bestimmt, der wiederum die Linienrichtung vorgibt. Die charakteristischen Oberflächenmerkmale werden durch ein Skalarfeld bestimmt, das auch bei den *suggestive contours* benutzt wird. Zusätzlich hat das Verfahren einen weiteren Freiheitsgrad für welchen *ambient occlusion* verwendet wird. Das bedeutet, dass die Linienfarbe auch durch die Selbstschattierung beeinflusst wird. Regionen, die durch den Schatten dunkler wären, werden auch durch dunklere Linien dargestellt. So wird der räumliche Eindruck verstärkt, siehe Abbildung 4(c). Zusätzlich wurde gezeigt, dass eine andere Parameterwahl (*shape index* statt *ambient occlusion*) ähnliche Ergebnisse wie [NLB+13] erzielt.

Der LIC-Ansatz und das Maß zur Bestimmung der Oberflächenmerkmale sorgen dafür, dass der Ansatz tesselierungsunabhängiger ist. Zusätzlich basieren alle Maße auf der Beleuchtung, sodass der Ansatz auch in Echtzeit und bildkohärent auf animierten Daten funktioniert. Die Vorteile wurden in einer Studie belegt.

5 Adaptive Beleuchtungstechniken

Im Abschnitt 3 wurden zwei Schlussfolgerungen gezogen. Die erste Schlussfolgerung war, dass Merkmalslinien ohne zusätzliche Beleuchtung keinen räumlichen Eindruck vermitteln können (1). Die zweite Schlussfolgerung besagte, dass die *suggestive contours* die expressivste Technik ist (2). Im letzten Teil der Dissertation wurden die beiden Schlussfolgerung zu einer neuen Technik zusammengefasst. Hier wurde eine Beleuchtungstechnik entwickelt (1), die auf den *suggestive contours* basiert (2).

5.1 Suggestive Contours Beleuchtung

Für die verbesserte Wahrnehmung von konkaven und konvexen Regionen in Abhängigkeit zur Blickrichtung wurde eine Beleuchtungsmethode entwickelt, die auf den *suggestive contours* basiert [LGP13a]. Diese verwenden zur Bestimmung der Linien ein Skalarfeld. Die Nulldurchgänge des Skalarfeldes sind genau die Übergänge von konvexen und konkaven Regionen. Somit wird dieses Feld genutzt, um für die verschiedenen Regionen unterschiedliche Farben zu illustrieren, siehe Abbildung 5(a). Als Anwendungsgebiet wurden Gefäßsysteme mit Blutfluss gewählt. Die adaptive Beleuchtungstechnik wurde so angepasst, dass der interne Blutfluss nicht verdeckt wird. Zusätzlich kann der medizinische Experte essentielle Oberflächenmerkmale wahrnehmen. Eine zusätzliche Fokus-und-Kontext Visualisierung sorgt dafür, dass entfernte Gefäße unscharf dargestellt werden, um so den Fokus der Kamera zu verstärken. Die neue Technik wurde mit medizinischen Experten evaluiert. Hier wurde mit bestehenden Verfahren verglichen und die Experten hatten eine klare Präferenz für die neue Beleuchtungstechnik.

Diese Technik wurde verfeinert und erweitert [LGP14] und mit animiertem Blutfluss angepasst. Der medizinische Experte kann durch intuitive Buttons die Animation abspielen und explorieren. Zusätzlich passt sich die Beleuchtung durch den internen Blutfluss an. Bereiche, die sehr nah an dem animierten Fluss sind, werden hervorgehoben, siehe Abbildung 5(b). So kann der medizinische Experte den wandnahen Fluss leichter wahrnehmen, was bei der Untersuchung von Aneurysmen eine besondere Rolle spielt.

5.2 Visualisierung der Wanddicke

Für die vollständige Exploration des Aneurysmas spielt die Wanddicke eine wichtige Rolle. Bisherige bildbasierte Verfahren unterstützen noch nicht die Akquirierung der Wanddicke. In einem Experiment wurde mit intravaskulärem Ultraschall die Wanddicke eines künstlich geschaffenen Aneurysmas detektiert. Aus den gewonnen Daten wurde ein Programm entwickelt, welches den medizinischen Forscher in Zukunft die Exploration solcher Daten erlauben soll [GLH$^+$14]. Dazu wurde ein Gefährlichkeitsmaß definiert, welches sich aus der Wanddicke und eines Skalars aus dem Blutflusses ableitet, siehe Abbildung 5(c). Weiterhin kann der Experte per *brushing & linking* bestimmte Regionen hervorheben. Automatische Kamerapfade erleichtern das Navigieren. Das Programm wurde mit verschiedenen Experten evaluiert. Das Resultat der Befragung war, dass alle Experten das Programm nutzen würden, um die Wanddicke eines Aneurysmas zu analysieren.

Im Bereich der Aneurysmenbehandlung wurde ebenfalls ein Programm entwickelt, welches den Einfluss des Blutflusses auf verschiedene Stentkonfigurationen zeigt [VPGL$^+$14]. Dieses Programm wurde ebenfalls mit Medizinern evaluiert und positiv aufgenommen.

6 Zusammenfassung

Die vorgestellte Dissertation zeigte diverse Bereiche der illustrativen Visualisierung auf und lieferte wesentliche Verbesserungen. Insbesondere wurde erstmals eine Methode vorgestellt, die die Eigenschaften von Merkmalslinien und Schraffierungen kombiniert. Aktuelle Methoden wurden diskutiert und die Nachteile identifiziert. Von diesen Nachteilen ausgehend entstanden neue Methoden für ausgewählte Problemstellungen in der medizinischen Diagnostik und Therapieplanung. Hierzu zählen nicht nur Beiträge zu Datenakquirierung, sondern auch zur Analyse und Evaluierung bestehender Linientechniken. Darauf aufbauend wurden zwei neue Linientechniken entwickelt und entsprechend evaluiert. Zusätzlich entstanden drei neue Beiträge in dem Bereich der adaptiven Beleuchtung. Die entwickelten Methoden sind nicht nur im Bereich der Medizin anwendbar, sondern können auch auf eine Vielzahl anderer Disziplinen angewendet werden.

Literaturverzeichnis

[BLSP15]   Alexandra Baer, **Kai Lawonn**, Patrick Saalfeld und Bernhard Preim. Statistical Analysis of a Qualitative Evaluation on Feature Lines. In *Bildverarbeitung für die Medizin (BVM)*, Seite in print, 2015.

[GLH$^+$14]   Sylvia Glaßer, **Kai Lawonn**, Thomas Hoffmann, Martin Skalej und Bernhard Preim. Combined Visualization of Wall Thickness and Wall Shear Stress for the Evaluation of Aneurysms. 20(12):2506 – 2515, 2014.

[Law14]   **Kai Lawonn**. *Illustrative Visualization of Medical Data Sets*. Dissertation, Otto-von-Guericke University Magdeburg, 2014.

[LBSP14]   **Kai Lawonn**, Alexandra Baer, Patrick Saalfeld und Bernhard Preim. Comparative Evaluation of Feature Line Techniques for Shape Depiction. In *Proc. of Vision, Modeling and Visualization*, Seiten 31–38, 2014.

[LGP13a]   **Kai Lawonn**, Rocco Gasteiger und Bernhard Preim. Adaptive Surface Visualization of Vessels with Embedded Blood Flow Based on the Suggestive Contour Measure. In *Proc. of Vision, Modeling and Visualization*, Seiten 113–120, 2013.

[LGP13b]   **Kai Lawonn**, Rocco Gasteiger und Bernhard Preim. Qualitative Evaluation of Feature Lines on Anatomical Surfaces. In *Bildverarbeitung für die Medizin (BVM)*, Seiten 187–192, 2013.

[LGP14]   **Kai Lawonn**, Rocco Gasteiger und Bernhard Preim. Adaptive Surface Visualization of Vessels with Animated Blood Flow. *Computer Graphics Forum*, 33(8):16–27, 2014.

[LGRP14]   **Kai Lawonn**, Rocco Gasteiger, Christian Rössl und Bernhard Preim. Adaptive and Robust Curve Smoothing on Surface Meshes. *Computers & Graphics*, 40(0):22 – 35, 2014.

[LKEP14]   **Kai Lawonn**, Michael Krone, Thomas Ertl und Bernhard Preim. Line Integral Convolution for Real-Time Illustration of Molecular Surface Shape and Salient Regions. *Computer Graphics Forum*, 33(3):181–190, 2014.

[LMP13]   **Kai Lawonn**, Tobias Mönch und Bernhard Preim. Streamlines for Illustrative Realtime Rendering. *Computer Graphics Forum*, 33(3):321–330, 2013.

[LP15]   **Kai Lawonn** und Bernhard Preim. Feature Lines for Illustrating Medical Surface Models: Mathematical Background and Survey. *Visualization in Medicine and Life Sciences*, 2015.

[LSP14]   **Kai Lawonn**, Patrick Saalfeld und Bernhard Preim. Illustrative Visualization of Endoscopic Views. In *Bildverarbeitung für die Medizin (BVM)*, Seiten 276–281, 2014.

[MKL[+]12]   Tobias Mönch, Christoph Kubisch, **Kai Lawonn**, Rüdiger Westermann und Bernhard Preim. Visually Guided Mesh Smoothing for Medical Applications. In *Proc. of VCBM*, Seiten 91–98, September 2012.

[MLK[+]13]   Tobias Mönch, **Kai Lawonn**, Christoph Kubisch, Rüdiger Westermann und Bernhard Preim. Interactive Mesh Smoothing for Medical Applications. *Computer Graphics Forum*, Seiten 1–12, 2013.

[NLB[+]13]   Mathias Neugebauer, **Kai Lawonn**, Oliver Beuing, Philipp Berg, Gabor Janiga und Bernhard Preim. AmniVis - A System for Qualitative Exploration of Near-Wall Hemodynamics in Cerebral Aneurysms. *Computer Graphics Forum*, 32(3):251–260, 2013.

[NLBP13]   Mathias Neugebauer, **Kai Lawonn**, Oliver Beuing und Bernhard Preim. Automatic Generation of Anatomic Characteristics from Cerebral Aneurysm Surface Models. *International Journal of Computer Assisted Radiology and Surgery*, 8(2):279–289, March 2013.

[VPGL[+]14]   Roy Van Pelt, Rocco Gasteiger, **Kai Lawonn**, Monique Meuschke und Bernhard Preim. Comparative Blood Flow Visualization for Cerebral Aneurysm Treatment Assessment. *Computer Graphics Forum*, 33(3):305–321, 2014.

Kai Lawonn wurde am 4. Oktober 1985 in Berlin geboren. Er studierte Mathematik mit dem Nebenfach Physik an der Freien Universität Berlin und erhielt sein Diplom im Jahre 2011. Von 2006 bis 2011 arbeitete er als wissenschaftlicher Mitarbeiter an der Freien Universität Berlin in der Geometrieverarbeitungsgruppe. Von 2012 bis einschließlich 2013 erhielt er ein Promotionsstipendium vom Land Sachsen-Anhalt. Nach zwei Jahren und vier Monaten reichte Kai Lawonn seine Promotion ein und verteidigte sie erfolgreich an der Otto-von-Guericke Universität. Seit 2014 forscht er als PostDoc in der Visualisierungsgruppe in Magdeburg.

Neue Techniken zur effizienten und effektiven Subgruppenentdeckung[1]

Florian Lemmerich[2]

Abstract: Subgruppenentdeckung ist eine Methode zur Wissensentdeckung in großen Datenbeständen. Ziel der Subgruppenentdeckung ist es, Beschreibungen von Teilmengen der Daten zu finden, die eine interessante Verteilung bzgl. eines vorgegebenen Zielkonzepts aufweisen. In der hier vorgestellten Arbeit wurden einerseits mehrere neue Algorithmen entwickelt, die für verschiedene Varianten dieses Problems die Laufzeiten substantiell verringern, zum anderen wurden auch mehrere Beiträge zur Verbesserung der Effektivität der Subgruppenentdeckung geleistet. Dazu gehören eine neue Klasse von Interessantheitsmaßen zur automatischen Suche, die Entwicklung eines Open-Source Programms zur interaktiven Subgruppenentdeckung sowie mehrere Fallstudien zu erfolgreichen Anwendungen.

1 Einführung

Immense Datenbestände werden heute in den unterschiedlichsten Anwendungsbereichen gesammelt und gespeichert. „Big Data" ist längst auch außerhalb des akademischen Bereichs zum populären Schlagwort geworden. Das in solchen Daten enthaltene Wissen zu extrahieren und damit nutzbar zu machen, stellt eine große Herausforderung an Mensch und Maschine dar. Das Forschungsfeld der Wissensentdeckung in Datenbanken (*knowledge discovery in databases*) beschäftigt sich mit der Lösung solcher Problemstellungen, vgl. [FPSS96].

Zur Wissensentdeckung wurden in den vergangenen Jahrzehnten zahlreiche Techniken vorgeschlagen. Eine bedeutende Methode ist die sogenannte Subgruppenentdeckung (*subgroup discovery*), siehe [Kl96]. Subgruppenentdeckung zielt darauf ab, Beschreibungen von Teilmengen eines Datensatzes zu finden, die eine interessante Verteilung bzgl. eines vordefinierten Zielkonzeptes aufweisen. Es handelt sich um eine deskriptive und überwachte Methode, das bedeutet, dass Ergebnisse direkt von Menschen interpretierbar sind und der Benutzer selbst einen Hauptgegenstand für die Untersuchung vorgibt.

Ein Beispiel für Subgruppenentdeckung könnte wie folgt aussehen: die Instanzen (Zeilen eines tabellarischen Datensatzes) sind gegeben durch eine große Menge von Studierenden. Jeder dieser Studierenden weist eine Reihe von Eigenschaften (Spalten eines Datensatzes) auf, etwa sein Alter, sein Geschlecht, Informationen über bereits belegte Veranstaltungen und Aussagen zu seiner Studienzufriedenheit. Zusätzlich ist bekannt, ob der Studierende das Studium ohne Abschluss beendet hat („Abbrecher"). Ein Beispielresultat aus einer

---

[1] Englischer Originaltitel der Dissertation: "Novel Techniques for Efficient and Effective Subgroup Discovery" [Le14]
[2] GESIS - Leibniz Institute for the Social Sciences, florian.lemmerich@gesis.org

Subgruppensuche, bei der der Studienabbruch als Zielkonzept gewählt wurde, könnte dann etwa lauten: *„50% der 100 Männer, die keine Vorkurse besucht haben, haben ihr Studium abgebrochen, das ist deutlich häufiger als im Durchschnitt aller Studierenden, der bei 20% liegt."*

Subgruppenentdeckung in ihrer Grundform ist eine etablierte Methode, die schon in zahlreichen praktischen Anwendungen erfolgreich eingesetzt wurde. Dennoch stellt sie Forscher und Anwender vor verschiedene Herausforderungen. Zum einen ist die Effizienz automatischer Entdeckungsverfahren ein limitierender Faktor, insbesondere da Subgruppenentdeckung idealtypisch vom Benutzer in einem iterativen und interaktiven Prozess durchgeführt wird. Während für die Grundform der Subgruppenentdeckung schnelle Algorithmen bereits gut erforscht sind, stehen entsprechende Entwicklungen für mehrere in der Praxis bedeutende Varianten noch aus, so zum Beispiel für die Subgruppenentdeckung mit numerischen Zielkonzepten, für die Erweiterung des sogenannten *exceptional model mining*, oder für die Subgruppenentdeckung mit Generalisierungsbeachtenden Interessantheitsmaßen. In der hier vorgestellten Arbeit konnten für diese Problemstellungen jeweils neue automatische Entdeckungsalgorithmen entwickelt werden, die im Vergleich zum State-of-the-art Laufzeiteinsparungen von mehreren Zehnerpotenzen erreichen.

Zum anderen gibt es Verbesserungspotenzial bei der Effektivität der Subgruppenentdeckung, d.h. bei der Frage, in wie weit die gefundenen Subgruppen tatsächlich interessant oder nützlich in realen Anwendungen sind. Diesbezüglich wurden in dieser Arbeit unterschiedliche Verbesserungsansätze präsentiert. Um die Ergebnisqualität automatischer Verfahren zu steigern, wurde eine neue Klasse von Interessantheitsmaßen zum Bewerten von Subgruppen vorgeschlagen. Des Weiteren wurden vorhandene und neu entwickelte Verfahren in einem interaktiven Open-Source Softwareprodukt umgesetzt, das sowohl zur automatischen als auch zur interaktiven Subgruppenentdeckung geeignet ist. Darüber hinaus wurden auch Beispiele für effektive Anwendung der Subgruppenentdeckung in realen Problemstellungen beschrieben.

2 Hintergrund

Im Folgenden werden kurz die formale Problemstellung sowie in der Literatur vorgeschlagene Algorithmen zur automatischen Subgruppenentdeckung vorgestellt.

2.1 Das Problem der Subgruppenentdeckung

Ziel der Subgruppenentdeckung ist es, Beschreibungen von Teilmengen der Daten zu finden, die hinsichtlich eines vom Benutzer vorgegebenen Zielkonzeptes eine interessante statistische Verteilung aufweisen. Formal wird ein Subgruppenentdeckungsproblem S beschrieben durch ein Quintuple $S = (D, \Sigma, T, Q, k)$.

Der Datensatz D ist dabei in tabellerischer Form gegeben durch eine Menge von Instanzen (Zeilen, Fälle), für die eine Menge von Eigenschaften (Spalten, Attribute, Variablen) bekannt ist.

Σ gibt den Suchraum an, also die Menge aller potentiell möglichen Beschreibungen im Datensatz. Üblicherweise beschränkt man sich dabei auf konjunktive Beschreibungen. Dazu wird zunächst eine Grundmenge an Selektionsausdrücken definiert, typischerweise Attribut-Wert-Paare aus dem Datensatz, z.B. *Geschlecht=weiblich*. Die Beschreibung einer Subgruppe ist dann durch eine Menge dieser Selektionsausdrücke, die als Konjunktion interpretiert werden, gegeben, z.B. *Geschlecht=weiblich* ∧ *Vorkurse=nein*. Jede Beschreibung bezeichnet eine Teilmenge der Dateninstanzen, über denen Statistiken berechnet werden können. Die Menge aller Subgruppen im Suchraum (Subgruppenkandidaten) bildet einen Verband, der in Subgruppenentdeckungsalgorithmen durchsucht wird. Dieser Veband weist im Verhältnis zu der ihn definierenden Grundmenge von Selektionsausdrücken eine exponentielle Größe auf. Eine Subgruppe G heißt Generalisierung einer Spezialisierung S, wenn die Menge der Selektionsausdrücke, die G beschreiben, eine Teilmenge der Selektionsausdrücke ist, die S beschreiben.

Das Zielkonzept T gibt den Hauptgegenstand der Untersuchung an. In der klassischen Subgruppenentdeckung ist er durch einen binären Selektionsausdruck (z.B. *Abbrecher=ja*) definiert. In Erweiterungen kann das Zielkonzept aber auch durch ein numerisches Attribut oder (beim exceptional model mining) durch ein Modell über mehrere Zielattribute bestimmt sein.

Q gibt die Kriterien an, nach denen die Kandidaten des Suchraums bewertet werden sollen. Üblicherweise wird dazu ein sogenanntes Interessantheitsmaß verwendet, also eine Funktion, die jeder Kandidatensubgruppe aus dem Suchraum an Hand ihrer Statistiken eine reelle Zahl als Bewertung zuweist. Eine Übersicht über in der Literatur vorgeschlagene Maße findet sich in [GH06]. Eine typische Familie von Interessantheitsmaßen in der Subgruppenentdeckung hat die Form $q(S) = i_S{}^a \cdot (\tau_S - \tau_\emptyset)$. Sie besteht aus zwei Faktoren: i_S beschreibt die Anzahl der Instanzen in der Subgruppe S, $(\tau_S - \tau_\emptyset)$ den Unterschied zwischen dem Anteil des Zielkonzeptes in der Subgruppe und dem Anteil des Zielkonzeptes in der Gesamtpopulation. Zwischen diesen beiden Faktoren kann der Benutzer durch Wahl des Parameters a gewichten.

k gibt schließlich die gewünschte Anzahl an Subgruppen an, die gefunden werden soll.

Insgesamt liefert die Subgruppensuche dann die k (gemessen am Interessantheitsmaß Q) besten Subgruppen aus dem Suchraum Σ zurück.

2.2 Algorithmen zur Subgruppenentdeckung

Zur automatischen Entdeckung interessanter Subgruppen wurden in der Literatur bereits zahlreiche Ansätze beschrieben. Ein vollständiger Überblick über diese Verfahren wird dadurch erschwert, dass für einige eng verwandte Problemstellungen trotz ähnlicher algorithmischer Lösungen unterschiedliche Terminologien genutzt werden. So wurden für das Problem, interessante konjunktive Beschreibungen von Teildatensätzen zu finden, unter anderem die Begriffe *supervised pattern mining*, *contrast set mining*, *supervised descriptive rule induction*, *classification rule mining*, *correlated pattern mining*, *discrimi-*

native pattern mining und *mining association rules with fixed consequents* verwendet, vgl. [KLW09]. Im Rahmen der vorgestellten Dissertation konnten Algorithmen aus all diesen Bereichen an Hand von drei Dimensionen eingeordnet werden:

1. Die Aufzählungsstrategie bestimmt, in welcher Reihenfolge die Kandidatensubgruppen evaluiert werden. Die Menge aller Kandidaten für interessante Subgruppen bildet einen Verband, der den Suchraum für die Subgruppenentdeckung darstellt. Man unterscheidet grundsätzlich zwischen vollständigen Suchverfahren, die zu garantiert optimalen Ergebnissen führen, und heuristischen Suchverfahren, bei denen dies nicht der Fall ist, da nur vielversprechende Muster untersucht werden. Die wichtigsten vollständigen Suchverfahren sind die Tiefensuche mit dynamischer Umsortierung des Suchraums, ebenenbasierte Suchverfahren wie Apriori oder Breitensuche sowie die vollständige Bestensuche. Die bekanntesten Ansätze zur heuristischen Subgruppenentdeckung sind *beam search* und die Verwendung genetischer Algorithmen.

2. Spezialisierte Datenstrukturen ermöglichen das effiziente Auswerten von Kandidaten. Zu den wichtigsten Vertretern gehören hierbei vertikale Datenstrukturen wie *TID-Lists* oder *Bitsets* sowie die sogenannten *FP-Trees* (Frequent Pattern Trees), die eine komprimierte Repräsentation des Datensatzes darstellen.

3. Die Pruningstrategie identifiziert Kandidatenmuster, auf deren Auswertung auf Basis schon bekannter Informationen verzichtet werden kann. Eine große Rolle spielen dabei vor allem die sogenannten *optimistic estimates* (optimistische Einschätzungen). Bei einem gegebenen Interessantheitsmaß q gibt ein optimistic estimate oe für eine Kandidatensubgruppe P eine obere Schranke für den Interessantheitswert aller Spezialisierungen von P an, d.h., es gilt $\forall S \supset P : q(S) \leq oe_q(P)$.

An Hand dieser Kategorisierung konnten 18 Algorithmen aus der Literatur knapp und präzise beschrieben werden.

3 Neue Ansätze zur effizienten und effektiven Subgruppensuche

Im Rahmen der hier vorgestellten Arbeit konnten durch die Entwicklung neuer Algorithmen die Laufzeiten der automatischen Subgruppenentdeckung in mehreren Varianten substantiell verbessert werden. Zusätzlich wurden mehrere Lösungsansätze für eine in der Praxis noch effektivere Subgruppenentdeckung vorgestellt.

3.1 Subgruppenentdeckung mit numerischen Zielvariablen

In vielen Anwendungsfeldern für Subgruppenentdeckung ist das Zielkonzept numerisch, z.B. das Alter eines Patienten (in Jahren), das Einkommen einer Person oder ein Messwert eines bestimmten Sensors. Generell kann diese Problemstellung durch Diskretisierung des

Zielkonzepts auf die klassische Subgruppenentdeckung zurückgeführt werden, allerdings ist dies stets mit einem möglicherweise kritischen Informationsverlust verbunden. Ein Beispielergebnis einer Subgruppensuche, die ein numerisches Zielkonzept direkt verwendet, könnte wie folgt verbalisiert werden: *„Während die durchschnittliche Studiendauer im Durchschnitt des Datensatzes bei 9,2 Semestern liegt, ist sie bei Männern, die ihr Studium erst im Alter von 26 Jahren oder älter begonnen haben, deutlich kürzer, nämlich 8,4 Semester."* Die unterschiedliche Verteilung des Zielkonzeptes zwischen Subgruppe und Gesamtpopulation kann nicht nur am Durchschnitt festgemacht werden, sondern auch an anderen Kennzahlen wie dem Median oder der Varianz oder an der Gesamtverteilung der Werte des Zielkonzeptes.

In der vorgestellten Arbeit wurden nun entsprechende Interessantheitsmaße aus der Literatur zusammengetragen und mehrere neue Ansätze zur effizienten Subgruppensuche mit diesen Maßen aufgezeigt. Dazu konnten für alle Interessantheitsmaße optimistic estimates ermittelt und bewiesen werden, die zur wesentlichen Verkleinerung des Suchraums genutzt werden können. Die aufgestellten Schranken können nach Berechnungsanforderung unterteilt werden in solche, die nur beim Einsatz bestimmter Datenstrukturen effizient eingesetzt werden können, und solche, die von der verwendeten Datenrepräsentation unabhängig sind. Zusätzlich wurde gezeigt, wie aus der klassischen Subgruppenentdeckung bekannte Datenstrukturen auf den Fall numerischer Zielkonzepte übertragen werden können, nämlich Bitset-basierte vertikale Datenrepräsentationen und FP-Trees. Die vorgeschlagenen Ansätze wurden in zwei neuen Algorithmen (aufbauend auf den unterschiedlichen Datenrepräsentationen) umgesetzt.

Eine umfangreiche Evaluation auf 24 Standard-Benchmarking-Datensätzen und 11 unterschiedlichen Interessantheitsmaßen zeigte die Vorteile der vorgeschlagenen Ansätze. So konnte bei vielen Problemstellungen ein Laufzeitgewinn von einem Faktor über 100 erzielt werden.

3.2 GP-Trees für Exceptional Model Mining

Exceptional model mining bezeichnet eine Erweiterung der Subgruppenentdeckung, bei der das Zielkonzept nicht durch ein einzelnes Attribut gegeben ist, sondern durch ein Modell über mehrere Attribute [LFK08]. Subgruppen werden dann als interessant erachtet, wenn sich die Modellparameter, die sich aus der Subgruppe ergeben, deutlich von denen unterscheiden, die aus dem Gesamtdatensatz hervorgehen. Ein sehr einfaches Beispiel für ein Modell, das aus nur zwei Attributen besteht, ist das Korrelationsmodell, das als einzigen Parameter den Korrelationskoeffizienten zwischen diesen beiden Attributen aufweist. Ein Beispielergebnis des exceptional model mining mit einem solchen Modell könnte dann lauten: *„Im Gesamtdatensatz über alle Studierenden gibt es eine leicht positive Korrelation zwischen Bearbeitungsdauer und Testergebnis (Korrelationskoeffizient: 0,1), in der Subgruppe X gibt es dagegen eine deutlich negative Korrelation zwischen diesen beiden Werten (Korrelationskoeffizient: -0,3)."* Für die Modelle können aber auch weitaus komplexere Modellklassen verwendet werden. Als nützliche Modellklassen wurden in der Literatur unterschiedliche Ansätze vorgeschlagen, etwa Lineare und Logistische Regressionmodelle, verschiedene Klassifikationsmodelle oder Bayes'sche Netzwerke.

Die variabel einsetzbaren Modellklassen erlauben einen sehr flexiblen Einsatz des Exceptional Model Mining, erschweren aber auch die Entwicklung allgemein anwendbarer, effizienter Algorithmen. Im Rahmen der vorgestellten Arbeit konnte dennoch eine neue Datenstruktur entwickelt werden, die erhebliche Laufzeitgewinne für eine Vielzahl von Modellklassen ermöglicht. Diese neue Datenstruktur basiert auf den aus der Entdeckung Häufiger Itemsets bekannten FP-Trees. Diese speichern für einen Datensatz in komprimierter Form die Auftretenshäufigkeiten einzelner Itemsets in einem Baum. In der neu entwickelten Datenrepräsentation *GP-Tree* (Generic Pattern Tree) werden die einzelnen Häufigkeiten durch eine modulare Substruktur ersetzt, die von der gewählten Modellklasse abhängt. Dadurch ergibt sich ein allgemein anwendbarer Rahmenalgorithmus, der durch Plugins leicht an neue Modellklassen adaptiert werden kann. Allerdings sind Adaptionen von FP-Trees nicht zur Berechnung bei beliebigen Modellklassen geeignet. Für welche Modellklassen dies der Fall ist, konnte in der Arbeit allgemein charakterisiert werden.

Die Verwendung der neuen Datenstruktur ermöglicht erhebliche Laufzeitgewinne. Wie in ausgiebigen Evaluationen auf 19 Standard-Benchmarking-Datensätzen und mehreren Modellklassen hervorging wird im Regelfall eine Laufzeitreduktion von mehr als einer, oft sogar von mehr als zwei Zehnerpotenzen erreicht.

3.3 Subgruppenentdeckung mit Generalisierungsbeachtenden Interessantheitsmaßen

Bei traditionellen Formen der automatischen Subgruppenentdeckung ergibt sich die Interessantheit einer Subgruppe allein aus den Statistiken dieser Subgruppe und den Statistiken der Gesamtpopulation. Im Gegensatz dazu nutzen *Generalisierungsbeachtende Interessantheitsmaße* auch die Statistiken aller Generalisierungen einer Subgruppe, vgl. auch [Ba98]. So wird beispielsweise die Subgruppe der Frauen ohne Vorkurse nur dann als interessant angesehen, wenn der Anteil des Zielkonzeptes signifikant höher ist als in der Subgruppe aller Frauen und zugleich höher ist als in der Subgruppe aller Personen ohne Vorkurse. Formal wird dies durch Interessantheitsmaße der Form $q(S) = i_S{}^a \cdot (\tau_S - \max_{H \subset S} \tau_H)$ umgesetzt. Es handelt sich also um eine Variation der bereits vorgestellten klassischen Interessantheitsmaße, bei denen der Vergleich mit dem Zielkonzeptanteil in der Gesamtpopulation durch einen Vergleich mit dem Maximum aller Zielkonzeptanteile in den Generalisierungen ersetzt wird. Durch solche Bewertungsfunktionen können für praktische Anwendungen interessantere Resultate erzielt und Redundanzen in der Ergebnismenge vermieden werden.

Auch für diese Problemstellung konnten durch einen neu entwickelten Algorithmus deutliche Effizienzgewinne erreicht werden. Diese ergeben sich aus dem Einsatz einer gänzlich neuen Klasse von optimistic estimates, den sogenannten *Differenzbasierten Einschätzungen*. Dazu wird folgender Zusammenhang ausgenutzt: Wenn während der Subgruppensuche in einem Spezialisierungsschritt nur wenige negative Instanzen entfernt werden können, so kann garantiert werden, dass jede weitere Spezialisierung des Ergebnisses S ebenfalls eine Generalisierung besitzt, die nur wenig mehr negative Instanzen abdeckt als S. Dieses Konstruktionsprinzip lässt sich gleichermaßen in Problemstellungen mit binären und numerischen Zielkonzepten anwenden. In beiden Szenarien konnten in ausführlichen Evaluationen auf 13 Standard-Benchmarking-Datensätzen Laufzeiteinsparungen von mehr als einer Zehnerpotenz nachgewiesen werden.

3.4 Erwartungsgetriebene Interessantheitsmaße

Ein zentrales Problem bei der automatischen Subgruppenentdeckung ist die Bewertung der Kandidatensubgruppen nach ihrer mutmaßlichen Interessantheit mit einer Bewertungsfunktion. Um die Ergebnisqualität zu verbessern, wurde im Rahmen der vorgestellten Arbeit eine neue Klasse solcher Interessantheitsmaße vorgeschlagen. Diese erweitert die bereits skizzierte Idee der Generalisierungsbeachtenden Interessantheitsmaße: Subgruppen werden nicht nur an Hand der eigenen Statistiken bewertet, sondern auch an Hand der Statistiken ihrer Generalisierungen.

Die neu entwickelten *Erwartungsgetriebenen Interessantheitsmaße* sind durch folgende Beobachtungen in praktischen Anwendungen der Subgruppensuche motiviert: Erstens weisen Spezialisierungen von Subgruppen mit einem niedrigen Anteil des Zielkonzepts oft ebenso einen niedrigen Anteil des Zielkonzepts auf. Zweitens bilden Anwender bzgl. der Statistiken von Generalisierungen oft (implizit oder explizit) eine Erwartung, wie hoch der Anteil des Zielkonzeptes ihrer Einschätzung nach sein müsste. Drittens beeinflusst die Differenz zwischen erwartetem und tatsächlichem Wert für den Benutzer maßgeblich die Interessantheit der Subgruppe. Diese Intuitionen werden im neu vorgeschlagenen Ansatz umgesetzt, indem der Anteil des Zielkonzeptes in der Subgruppe mit dem Ergebnis einer Erwartungsfunktion verglichen wird, die eine für Menschen plausible Erwartung bzgl. des Anteils des Zielkonzeptes berechnet, wenn man die Statistiken der Generalisierungen als bekannt voraussetzt. Formal ergibt sich daraus in Adaption der hier bereits vorgestellten Interessantheitsmaße die neue Klasse von Interessantheitsmaßen $q(S) = i_S{}^a \cdot (\tau_S - \chi(S))$, bei denen eine geeignete Erwartungsfunktion χ gewählt werden muss.

Durch diesen Ansatz können Subgruppen eines ganz neuen Typs gefunden werden: In einem Beispiel liegt die Abbrecherquote von Studierenden (als Zielkonzept) im Gesamtdatensatz bei 60%. Zusätzlich liegt die Abbrecherquote für Frauen darunter, z.B. bei 35%, und die Abbrecherquote der Studierenden im Alter 26-30 ebenfalls darunter, z.B. bei 45%. Da beide Faktoren zu einer Verringerung der Abbrecherquote führen, würde man intuitiv erwarten, dass die Kombination beider Faktoren die Verringerung weiter verstärkt, d.h. dass die Abbrecherquote der Frauen im Alter 26-30 noch unter 35% liegt. Liegt im Datensatz die entsprechende Quote unerwarteter Weise aber über der der Einzelfaktoren (z.B. bei 55%), so kann dies durchaus von großem Interesse sein. Derartige Muster konnten aber mit bisher bestehenden Verfahren nicht entdeckt werden.

Für die Berechnung der Erwartungsfunktion wurden in der vorgestellten Arbeit mehrere Ansätze diskutiert. Sehr gute Ergebnisse sowohl im Hinblick auf die Plausibilität der generierten Erwartungen als auch auf die daraus resultierenden Subgruppenentdeckungsergebnisse wurden dabei mit einer Methode erreicht, die für jeden Kandidaten ein lokales Modell in Form eines Fragmentes eines Bayes'schen Netzwerkes generiert. Darin wird der Erwartungswert mit einer *Leaky-Noisy-Or*-Modellierung bestimmt.

Der Ansatz der Erwartungsgetriebenen Interessantheitsmaße wurde u.a. in zwei Fallstudien evaluiert. In beiden Szenarien konnten mit der neuen Methode qualitativ neue Muster identifiziert werden, die durchaus als interessant in der Anwendung angesehen werden können, aber durch bestehende Verfahren nicht entdeckt werden konnten.

3.5 VIKAMINE 2: Ein Open-Source-Tool zur Subgruppenentdeckung

Effektive Subgruppenentdeckung wird für gewöhnlich nicht durch ein isoliertes automatisches Verfahren erreicht, sondern durch einen iterativen und interaktiven Prozess. Dies erfordert die Unterstützung durch geeignete Software. VIKAMINE ist ein frei verfügbares Tool, das auf Subgruppenentdeckung spezialisiert ist und das im Rahmen dieser Arbeit substantiell verbessert und zu VIKAMINE 2 erweitert wurde. Zu den Neuerungen zählen unter anderem die Integration und Verbesserung von Suchalgorithmen, zusätzliche Interessantheitsmaße, Ansätze zur interaktiven Entdeckung, Methoden zur Vorverarbeitung, Techniken zur Ergebnispräsentation sowie eine neue graphische Benutzeroberfläche.

Das unter der Lesser General Public License (LGPL) frei verfügbare VIKAMINE 2 ist in Java implementiert und bietet einen breiten Funktionsumfang. Implementierungen von State-of-the-art-Algorithmen wie z.B. *beam search*, *BSD* oder *SD-Map* ermöglichen effiziente automatische Subgruppenentdeckung für eine Vielzahl unterschiedlicher Interessantheitsmaße. Ansichten zur interaktiven Entdeckung und Visualisierung, die zum Teil eigens im Rahmen der Arbeit entwickelt wurden, erlauben eine schnelle Exploration des Datensatzes und eine ebenso ansprechende wie intuitive Vermittlung der Ergebnisse. Des Weiteren kann Hintergrundwissen, etwa über Standardwerte von Attributen oder über Attributhierarchien, leicht in VIKAMINE 2 integriert werden. Besonderes Augenmerk wurde bei der Umsetzung auf Modularisierung und Erweiterbarkeit gelegt. So baut die graphische Benutzeroberfläche auf der Plugin-basierten *Eclipse Rich Client Plattform (RCP)* auf und bietet offene, leicht zu implementierende Schnittstellen zur Integration neuer Entdeckungsalgorithmen, neuer Interessantheitsmaße, neuer Visualisierungskomponenten und neuer Methoden zur Akquisition und Behandlung von Hintergrundwissen. Abbildung 1 zeigt einen Screenshot von VIKAMINE 2 mit einigen grundlegenden Ansichten.

3.6 Fallstudien zur Subgruppenentdeckung

Im Kontext der vorgestellten Arbeit wurden mehrere Fallstudien zur Subgruppenentdeckung in realen Projekten durchgeführt, die als Beispiele für erfolgreiche Anwendungen der Wissensentdeckung in Datenbanken dienen können. So konnten etwa im Bereich der Studienverlaufsanalyse Einflussfaktoren für einen erfolgreichen Studienverlauf und Indikatoren für eine hohe Studienzufriedenheit bestimmt werden. Ein Beispielergebnis deutet

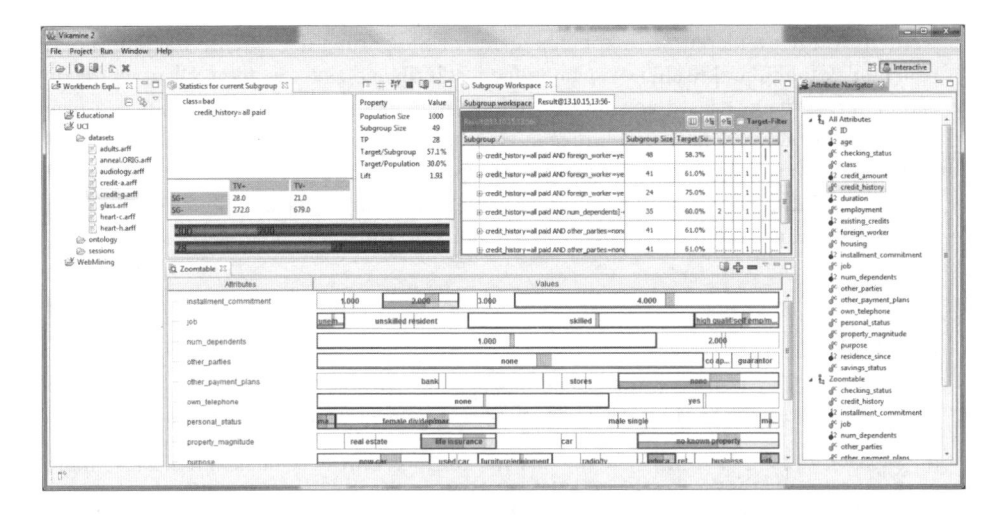

Abbildung 1: Screenshot von VIKAMINE 2 mit einigen grundlegenden Ansichten, z.B. der Arbeitsplatzübersicht (links), der Ansicht für die aktuelle Subgruppe (Mitte, oben links), einer Ergebnisübersicht (Mitte, oben rechts), einer Ansicht zur interaktiven Suche (unten) sowie einem Überblick über die Attribute des Datensatzes (rechts).

beispielsweise darauf hin, dass sich Männer mit einer hohen Arbeitsbelastung und einer weiten Anreise zu Lehrveranstaltung weniger stark in ihrer Studienzufriedenheit eingeschränkt fühlen als dies bei Frauen mit denselben Rahmenfaktoren der Fall ist.

Ein zweites Anwendungsfeld war die Untersuchung von Anwenderdaten aus sozialen Medien, insbesondere der Fotoplattform *Flickr*. Hier wurden Techniken der Subgruppenentdeckung genutzt, um Schlagworten (Tags) der Benutzer und Georeferenzen der Bilder (Längen- und Breitengrad) aussagekräftige Beschreibungen für vorgegebene Orte zu generieren. In diesem Zusammenhang wurden insbesondere mehrere Möglichkeiten zur Konstruktion eines geeigneten Zielkonzeptes diskutiert.

Weitere Fallstudien beschäftigten sich mit der Auswertung von Daten eines fallbasierten Trainingssystems, mit einer Anwendung aus dem industriellen Bereich und einer erfolgreichen Einreichung zu einer Pattern Mining Challenge im Bereich der Genexpression. Zusätzlich wurden durch Subgruppenentdeckung gefundene Muster auch zur Verbesserung der automatischen Informationsextraktion aus Texten eingesetzt.

4 Zusammenfassung

In der hier kurz zusammengefassten Arbeit wurden mehrere Verbesserungen für die Methode der Subgruppenentdeckung zur Wissensentdeckung in Datenbanken präsentiert. Diese umfassten auf der einen Seite effizientere, d.h. schnellere Algorithmen für bedeutende Varianten der Subgruppenentdeckung, nämlich Subgruppenentdeckung mit numerischen Zielvariablen, Exceptional Model Mining und Subgruppenentdeckung mit Generalisierungsbeachtenden Interessantheitsmaßen. Durch den Einsatz neuer Datenstrukturen und das Ausnutzen neuer Klassen von optimistischen Einschätzungen konnten Laufzeiteinsparungen von mehreren Zehnerpotenzen auf Standard-Benchmarking-Datensätzen erreicht werden. Auf der anderen Seite konnten auch zur Steigerung der Effektivität der Subgruppenentdeckung in praktischen Anwendungen Beiträge geleistet werden. Dazu wurde unter anderem eine neue Klasse von Interessantheitsmaßen vorgeschlagen, die auf den Erwartungen des Benutzers nach Kenntnisnahme eines Teils der Ergebnisse basiert. Außerdem wurde im Rahmen der Arbeit ein geeignetes Open-Source Programm zur interaktiven Subgruppenentdeckung maßgeblich mit- und weiterentwickelt. Zusätzlich wurden die gewonnenen Erkenntnisse in mehreren Anwendungen zum Einsatz gebracht.

Literatur

[Ba98]   Bayardo, Roberto J.: Efficiently Mining Long Patterns from Databases. In: Proceedings of the 1998 ACM SIGMOD International Conference on Management of Data. 1998.

[FPSS96] Fayyad, Usama M.; Piatetsky-Shapiro, Gregory; Smyth, Padhraic: From Data Mining to Knowledge Discovery in Databases. AI magazine, 17(3):37–54, 1996.

[GH06]   Geng, Liqiang; Hamilton, Howard J.: Interestingness Measures for Data Mining: A Survey. ACM Computing Surveys, 38(3): Article no. 9, 2006.

[Kl96]   Klösgen, Willi: Explora: A Multipattern and Multistrategy Discovery Assistant. In (Fayyad, Usama M.; Piatetsky-Shapiro, Gregory; Smyth, Padhraic; Uthurusamy, Ramasamy, Hrsg.): Advances in Knowledge Discovery and Data Mining, S. 249–271. 1996.

[KLW09] Kralj Novak, Petra; Lavrač, Nada; Webb, Geoffrey I.: Supervised Descriptive Rule Discovery: A Unifying Survey of Contrast Set, Emerging Pattern and Subgroup Mining. Journal of Machine Learning Research, 10:377–403, 2009.

[Le14]   Lemmerich, Florian: Novel Techniques for Efficient and Effective Subgroup Discovery. Dissertation, Universität Würzburg, 2014.

[LFK08] Leman, Dennis; Feelders, Ad; Knobbe, Arno J.: Exceptional Model Mining. In: Proceedings of the European Conference on Machine Learning and Knowledge Discovery in Databases (ECML/PKDD). 2008.

Florian Lemmerich ist Wissenschaftler am *GESIS - Leibniz Institut für Sozialwissenschaften*. Er studierte an der Universität Würzburg Informatik, Mathematik und Geschichte und promovierte im Anschluss am Lehrstuhl für Künstliche Intelligenz und Angewandte Informatik. In seinen Forschungen befasst er sich unter anderem mit Fragestellungen des Data Mining (mit dem Schwerpunkt Pattern Mining), der Analyse des Social Web, mit interaktiver Wissensentdeckung und dem Entwurf effizienter Algorithmen für „Big Data". Seine Forschungsleistungen wurden auf der Konferenz „European Conference on Machine Learning and Principles and Practice of Knowledge Discovery in Databases (ECML/PKDD) 2013" mit dem Best Paper Award prämiert. Darüber hinaus wurde er mit dem Preis des Instituts der Informatik der Universität Würzburg für den besten Doktoranden im Abschlussjahr 2013/2014 ausgezeichnet.

Das LIR Raumunterteilungssystem angewendet auf die Stokes Gleichungen[1]

Sven Linden[2]

Abstract: Wir beschreiben einen neuartigen Ansatz zur numerischen Lösung der stationären Stokes Gleichungen auf sehr großen Voxel Geometrien. Dazu wird der LIR-Baum als effiziente adaptive Datenstruktur vorgestellt. Die Voxel Geometrien werden an Stellen vergröbert, in denen die Geschwindigkeit nur wenig variiert. Währenddessen wird die volle Auflösung an den Grenzflächen zum Festkörper beibehalten. Die andere Hauptidee ist eine spezielle Anordnung von Geschwindigkeit und Druck, so dass jede Zelle des Baums die Stokes Gleichung unabhängig von seinen Nachbarzellen lösen kann. Die Geschwindigkeit wird dabei ähnlich wie beim staggered Gitter angeordnet. Jedoch wird an jeder Zellgrenze eine eigene Geschwindigkeitsvariable eingeführt. Die Diskretisierung von Impuls- und Massenerhaltung ergibt ein kleines lineares Blocksystem pro Zelle. Diese Blockstruktur erlaubt die Anwendung des Block-Gauss-Seidel Algorithmus zur Lösung des Gleichungssystems. Die vorgestellte Methode wird mit anderen aktuellen schnellen Lösern verglichen und folgern eine hervorragende Leistung in Bezug auf die Laufzeit und den Speicherbedarf.

Keywords: Stokes Gleichungen, Numerische Strömungsmechanik, Datenstrukturen

1 Einführung

Simulation von Materialien hat in den letzten Jahrzehnten große Aufmerksamkeit erfahren. Teure und zeitaufwändige Experimente und Konstruktion von Prototypen können durch virtuelles Materialdesign und Simulation physikalischer Gesetze ersetzt werden. Numerische Simulationen können, abhängig von der Rechnerleistung, in kurzer Zeit durchgeführt und bewertet werden. Sie sind bedeutend günstiger als die Durchführung echter Experimente. Die Größenordnung simulierter Gebiete liegt im Nanometer- bis hin zum Meterbereich. Ingenieure sind oft an effektiven Materialeigenschaften (z.B. Permeabilität) von porösen Materialien interessiert. Diese Materialien können virtuell generiert oder durch Computertomographie(CT)-Aufnahmen beschrieben werden.

Die Permeabilität von porösen Materialien kann ausgehend von den stationären Stokes Gleichungen vorhergesagt werden. Dabei werden Geschwindigkeit und Druck unter der Annahme berücksichtigt, dass sie nur räumlich aber nicht zeitlich variieren. Numerische Berechnungen erlauben die Vorhersage der effektiven Permeabilität, Geschwindigkeit und Druck ausgehend von CT-Aufnahmen oder diskretisierten analytischen Beschreibungen. Die Auflösung der Diskretisierung ist dabei sehr entscheidend für die Qualität und Genauigkeit der Simulationsergebnisse. In Materialien mit Besonderheiten in verschiedenen Skalen sind besonders große repräsentative Volumenelemente (RVE) nötig.

---

[1] Englischer Titel der Dissertation: "The LIR Space Partitioning System applied to the Stokes Equations"
[2] sven.linden@itwm.fraunhofer.de

Effiziente Datenstrukturen und schnelle Algorithmen werden benötigt um die Stokes Gleichungen numerisch auf großen Gebieten zu lösen. Diese beiden Herausforderungen werden durch den LIR-Baum als Datenstruktur und der zugrunde liegenden zellulären Struktur gelöst.

2 Verwandte Arbeiten

Der LIR-Baum ist eine Verallgemeinerung des Octree [JT83] und des KD-Baums [Be90] und erlaubt mehr Optionen zur Unterteilung. Unnötige Unterteilung entlang einer Raumrichtung können, anders als beim Octree, verhindert werden. Dabei wird die Anzahl der inneren Knoten, anders als beim KD-Baum, nicht erhöht.

Die Stokes Gleichungen können auf viele Arten gelöst werden. Für reguläre Gitter bietet sich beispielsweise die Explicit-Jump (EJ) Immersed Interface Methode [Wi07] an. Es ist eine sehr schnelle finite Differenzen Methode. Dabei werden die Stokes Gleichungen im dreidimensionalen zu einem Grenzflächenproblem im zweidimensionalen umgeformt. Dies erlaubt die Benutzung der schnellen Fourier Transformation (FFT) und kommt mit wenigen Iterationen aus.

Die Semi Implicit Methods for Pressure Linked Equations (SIMPLE) ist beschrieben in [Pa80] und ein häufig angewendeter Algorithmus zur Lösung der Navier-Stokes Gleichungen. Es löst abwechselnd die Impuls- und Druckkorrekturgleichungen. Auch hier gibt es eine Erweiterung SIMPLE-FFT [CWR13], die mit Hilfe der FFT die Druckkorrekturgleichung löst und damit die Anzahl der Iterationen deutlich reduziert.

Die beiden erwähnten Methoden werden zum Performanz-Vergleich herangezogen.

3 Grundgleichungen

Die Stokes Gleichungen sind eine Vereinfachung der allgemeinen Navier-Stokes Gleichungen. Sie gelten in Bereichen, in denen die Geschwindigkeit und damit die Reynolds-Zahl sehr niedrig ist ($Re \ll 1$). Der Einfluss von Temperatur wird vernachlässigt und es wird eine konstante Fluiddichte angenommen. Daher reicht es aus Geschwindigkeit und Druck zu berücksichtigen. Außerdem beschränken wir uns auf den stationären Fall, indem keine zeitliche Veränderung der gesuchten Größen stattfindet. Der Advektionsterm in der Impulserhaltungsgleichung wird ebenfalls vernachlässigt.

Definition 1 (Stokes Gleichungen). *Sei $\Omega \subset \mathbb{R}^n$ ein abgeschlossenes Gebiet, dann definieren wir die zwei Variablen*

$$u : \Omega \to \mathbb{R}^n \quad \textit{Geschwindigkeit} \qquad (1)$$

$$p : \Omega \to \mathbb{R} \quad \textit{Druck} \qquad (2)$$

Die Stokes Gleichungen werden nun definiert durch

$$\eta \nabla^2 u - \nabla p + f = 0 \quad \textit{Impulserhaltung} \tag{3}$$

$$\nabla \cdot u = 0 \quad \textit{Massenerhaltung} \tag{4}$$

$$u_{|\partial \Omega} = 0 \quad \textit{No-Slip Bedingung} \tag{5}$$

wobei $\eta \in \mathbb{R}_+$ *die dynamische Viskositätskonstante beschreibt.*

Ingenieure und Wissenschaftler sind oft an effektiven (homogenisierten) Materialkonstanten interessiert.

Definition 2 (Gesetz von Darcy). *Das Gesetz von Darcy beschreibt das lineare Verhältnis zwischen Geschwindigkeit und Druckgradient in einem porösen Medium. Es ist definiert durch*

$$\eta \cdot u = -K \cdot \nabla p \tag{6}$$

wobei K einen Tensor beschreibt. Im dreidimensionalen Fall wird die effektive Permeabilität eines repräsentativen Volumenelements durch einen Tensor $K \in \mathbb{R}^{3 \times 3}$ *beschrieben.*

Der Tensor K kann durch die Anwendung von drei achsen-parallelen Druckunterschieden und die Auswertung der zugehörigen Durchschnittsgeschwindigkeit ermittelt werden.

4 LIR-Baum

Der LIR-Baum ist eine Verallgemeinerung des Octrees und des KD-Baums. Er beschreibt die Unterteilungsmöglichkeiten des Rechengebiets und dient als Gerüst zur Durchführung von numerischen Simulationen. In diesem Abschnitt werden die grundlegenden algebraischen Structuren und die iterative Konstruktion eines LIR-Baums beschrieben.

Für ein eindimensionales endliches Interval existieren drei Optionen: keine Unterteilung, Unterteilung und das linke Teilinterval nehmen oder Unterteilung und das rechte Teilinterval nehmen. Diese drei Optionen werden benutzt, um ein ternäres Alphabet zu definieren:

Definition 3. *A beschreibt ein ternäres Alphabet definiert durch*

$$A := \{L, I, R\} \tag{7}$$

und beinhaltet die drei Symbole: L - links, R - rechts und I - identität. Die fettgedruckte Notation erlaubt die mengenwertige Betrachtung $\mathbf{A} := \{\mathbf{L}, \mathbf{I}, \mathbf{R}\}$ *mit*

$$\mathbf{L} := \{L\} \quad \mathbf{I} := \{L, R\} \quad \mathbf{R} := \{R\} \tag{8}$$

Die Umwandlung beider Schreibweisen geschieht über

$$v = (v_1, \cdots, v_n) \in A^n \Leftrightarrow \mathbf{v} = \mathbf{v_1} \times \cdots \times \mathbf{v_n} \in \mathbf{I}^n. \tag{9}$$

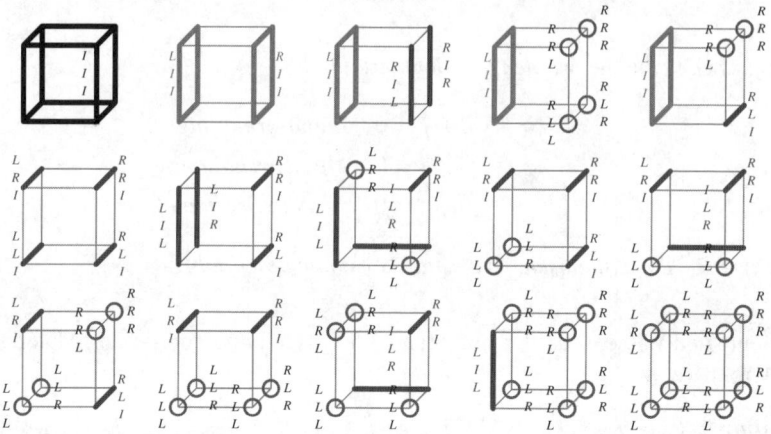

Abbildung 1: Mögliche dreidimensionale Partitionen der Einheit. Insgesamt sind es 154 Konfigurationen aber durch Rotation und Spiegelung erhält man 15 Einzigartige.

Vektoren von Symbolen $v \in A^n$ beschreiben eine multidimensionale Arbeitsanweisung zur Unterteilung von Gebieten.

Definition 4. *Die Menge der Vektoren von Symbolen definiert durch*

$$P := \{p \subseteq A^n : \bigcup_{v \in p} \mathbf{v} = \mathbf{I}^n \land \forall_{\substack{v,w \in p \\ v \neq w}} \mathbf{v} \cap \mathbf{w} = \emptyset\} \tag{10}$$

beschreibt die Menge aller Vektoren, die eine Partition der Einheit bilden. Diese Mengen bilden die Grundlage des LIR-Baums.

Die Partitionen der Einheit P beschreiben die Menge der Nachfolger, die ein Knoten innerhalb eins Baums besitzen kann.

Definition 5. *Sei $(\mathbf{I}^{*\times n}, \cdot, I)$ ein Vektor-Wort-Monoid. Der Generator $\Omega : \mathbf{I}^{*\times n} \to P$ ordnet jedem Vektor-Wort eine Partition der Einheit zu. Damit kann ein Baum mit Hilfe von Ω definiert werden*

$$\mathscr{G} = (\mathscr{X}, \mathscr{E}) \qquad \mathscr{X} \subseteq \mathbf{I}^{*\times n} \qquad \mathscr{E} \subseteq \mathscr{X} \times \mathscr{X} \tag{11}$$

Die Knoten werden mit struktureller Induktion definiert

$$I \in \mathscr{X} \qquad w \in \mathscr{X} \Rightarrow \forall_{v \in \Omega(w)} \begin{cases} w \cdot v \in \mathscr{X} \\ (w, w \cdot v) \in \mathscr{E}. \end{cases} \tag{12}$$

Diese Bäume werden LIR-Bäume genannt. Die Blätter werden auch Zellen genannt.

Ein Baum kann durch einen iterativen Prozess mit einer Folge von Generator-Funktionen $(\Omega_i)_{i \in \mathbb{N}}$ konstruiert werden. Die adaptive Unterteilung des LIR-Baums geschieht mit Hilfe von drei Regeln, die numerisch günstige Eigenschaften bewahren. Abbildung 2 zeigt die Anwendung der drei Regeln auf eine Geometrie mit einer Kugel in der Mitte.

In der ersten Phase der Baumkonstruktion werden die geometrischen Eigenschaften analysiert. Dabei wird davon ausgegangen, dass die Geometrie als binarisiertes Bild (mit

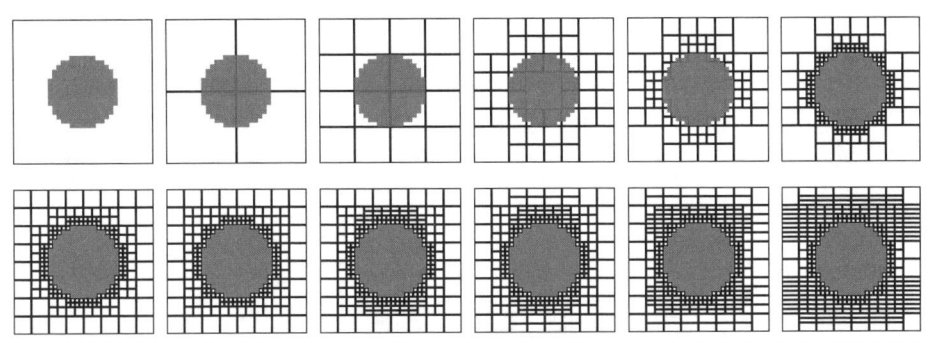

Abbildung 2: Konstruktion eines LIR-Baums. Die obere Reihe demonstriert die iterative Geometrieanalyse. Die untere Reihe zeigt die Anwendung der 2 : 1-Verhältnis Regel und die Geschwindigkeitsanalyse für eine Strömung entlang der x-Richtung.

Leer- und Festkörpervoxeln) vorliegt. Die Idee besteht darin, entlang Kanten oder Richtungen zu teilen, falls eine zugehörige eindimensionale Kette mit sowohl Leer- als auch Festkörpervoxeln existiert.

Die Erhaltung von maximalen Größenverhältnissen zwischen benachbarten Zellen erhöht die numerische Stabilität und Genauigkeit drastisch. Daher wird nach der Geometrieanalysis oder der Geschwindigkeitsanalyse ein 2 : 1 Größenverhältnis zwischen benachbarten Zellen erzwungen. In jeder Zelle wird untersucht, ob es benachbarte Zellen gibt, die mehr als doppelt so klein entlang einer Raumrichtung sind. Wenn dies der Fall ist, wird entlang der benachbarten Kante unterteilt.

Nachdem der Löser eine bestimmt Anzahl von Iterationen durchgeführt hat, kann die Gelegenheit für eine Geschwindigkeitsanalyse zur Verfeinerung des Gitters an numerisch wichtigen Stellen durchgeführt werden. Zuerst werden alle Zellen besucht und der maximale Unterschied (Gradient) in dem Geschwindigkeitsfeld ermittelt. Anschließend werden, basierend auf einem Schwellwert, alle Kanten unterteilt, deren korrespondierende Geschwindigkeitsunterschiede den Schwellwert überschreiten.

5 Zelluläre Diskretisierung

Die fundamentale Idee der Diskretisierung in einem LIR-Baum besteht darin, dass jede Zelle (finites Volumen) individuell ein gegebenes physikalisches Gesetz (Stokes Gleichungen) erfüllen kann. Jede Zelle muss die Impuls- und Massenerhaltung erfüllen, wobei die Massenerhaltung den schwierigen Part darstellt. Anders als Standardmethoden, die meistens collocated oder staggered Gitter verwenden, besitzt jede Zelle eine Geschwindigkeitsvariablen auf jeder Zellenoberfläche und eine Druckvariable in der Zellenmitte. Die zwei Geschwindigkeitsvariablen können als links- und rechtsseitiger Grenzwert angesehen werden. In diesem Abschnitt wird eine eindimensionale Herleitung der Methode beschrieben.

Sei $1 < j < k \in \mathbb{N}$, dann wird die Lage der Geschwindigkeitsvariable v_j und Druckvariablen p_j mit ihren zugehörigen Nachbarn durch

```
|———+———+———+———+———+———|
v_{j-1}  h_{j-1}  v_j  h_j  v_{j+1}  h_{j+1}  v_{j+2}
         p_{j-1}        p_j          p_{j+1}
```

definiert. Die Größe der Zellen ist gegeben durch h_j. Die Stokes Gleichungen, d. h. die j-te Massenerhaltungs-, die j-te und $j+1$-te Impulserhaltungsgleichung können durch

$$\frac{v_{j+1}-v_j}{h_j}=0 \tag{13}$$

$$\mu\frac{\frac{v_{j+1}-v_j}{h_j}-\frac{v_j-v_{j-1}}{h_{j-1}}}{\frac{1}{2}(h_j+h_{j-1})}-\frac{p_j-p_{j-1}}{\frac{1}{2}(h_j+h_{j-1})}=f_j \tag{14}$$

$$\mu\frac{\frac{v_{j+2}-v_{j+1}}{h_{j+1}}-\frac{v_{j+1}-v_j}{h_j}}{\frac{1}{2}(h_{j+1}+h_j)}-\frac{p_{j+1}-p_j}{\frac{1}{2}(h_{j+1}+h_j)}=f_{j+1} \tag{15}$$

diskretisiert werden. Ohne Beschränkung der Allgemeinheit vereinfachen wir mit $\mu = h_{j-1} = h_j = h_{j+1} = 1$ die Gleichungen zu

$$v_{j+1}-v_j=0 \tag{16}$$

$$((v_{j+1}-v_j)-(v_j-v_{j-1}))-(p_j-p_{j-1})=f_j \tag{17}$$

$$((v_{j+2}-v_{j+1})-(v_{j+1}-v_j))-(p_{j+1}-p_j)=f_{j+1} \tag{18}$$

Erstens, führen wir für jede Zellengrenze zwei Geschindigkeitsvariablen ein. Diese repräsentieren den links- und rechtsseitigen Grenzwert und müssen nicht gleich sein.

```
|———+———+———+———+———+———|
v^+_{j-1}   v^-_j v^+_j   v^-_{j+1}v^+_{j+1}   v^-_{j+2}
       p_{j-1}        p_j          p_{j+1}
```

Doppelt so viele Geschwindigkeitsvariablen führen zu doppelt so vielen Gleichungen. Diese Gleichungen werden so gewählt, dass links- und rechtsseitiger Grenzwert gleich sind.

$$v^-_{j+1}-v^+_j=0 \tag{19}$$

$$\left((v^-_{j+1}-v^+_j)-(v^-_j-v^+_{j-1})\right)-(p_j-p_{j-1})=f^+_j \tag{20}$$

$$v^-_j=v^+_j \tag{21}$$

$$\left((v^-_{j+2}-v^+_{j+1})-(v^-_{j+1}-v^+_j)\right)-(p_{j+1}-p_j)=f^-_{j+1} \tag{22}$$

$$v^+_{j+1}=v^-_{j+1} \tag{23}$$

Zweitens, ändern wir die Art und Weise der Indizierung, so dass der Index jeder Geschwindigkeitsvariable mit dem Index der Zelle korrespondiert.

```
|———+———+———+———+———+———|
u^L_{i-1}   u^R_{i-1}u^L_i   u^R_iu^L_{i+1}   u^R_{i+1}
       p_{i-1}        p_i          p_{i+1}
```

Der oberen Indexsymbole $+$ und $-$ werden durch L und R ersetzt. Die Bezeichnung der Geschwindigkeitsvariablen v_j wird ebenfalls durch u_i ersetzt. Damit erhält man

$$u_i^R - u_i^L = 0 \tag{24}$$

$$((u_i^R - u_i^L) - (u_{i-1}^R - u_{i-1}^L)) - (p_i - p_{i-1}) = f_i^L \tag{25}$$

$$u_{i-1}^R = u_i^L \tag{26}$$

$$((u_{i+1}^R - u_{i+1}^L) - (u_i^R - u_i^L)) - (p_{i+1} - p_i) = f_i^R \tag{27}$$

$$u_{i+1}^L = u_i^R \tag{28}$$

Drittens, wird die Impulserhaltungs- und die Gleichheitsgleichung zu zwei Impulserhaltungsgleichungen verschmolzen. Dies wird erreicht durch Substitution von u_{i-1}^R durch u_i^L und u_i^L durch u_{i-1}^R in Gl. 25. Dieselbe Prozedur wird mit Gl. 27 vollzogen und führt zu

$$u_i^R - u_i^L = 0 \tag{29}$$

$$((u_i^R - u_i^L) - (u_i^L - u_{i-1}^L)) - (p_i - p_{i-1}) = f_i^L \tag{30}$$

$$((u_i^R - u_{i-1}^R) - (u_{i-1}^R - u_{i-1}^L)) - (p_i - p_{i-1}) = f_{i-1}^R \tag{31}$$

$$((u_{i+1}^R - u_i^R) - (u_i^R - u_i^L)) - (p_{i+1} - p_i) = f_i^R \tag{32}$$

$$((u_{i+1}^R - u_{i+1}^L) - (u_{i+1}^L - u_i^L)) - (p_{i+1} - p_i) = f_{i+1}^L \tag{33}$$

Schließlich werden alle Gleichungen, die zur i-te Zelle gehören (d.h. Gl. 29, Gl. 30, und Gl. 32), gruppiert. Das System von linearen Gleichungen kann durch ein lineares Blocksystem beschrieben werden

$$\begin{pmatrix} -2 & 1 & -1 \\ 1 & -2 & 1 \\ -1 & 1 & 0 \end{pmatrix} \cdot \begin{pmatrix} u_i^L \\ u_i^R \\ p_i \end{pmatrix} = \begin{pmatrix} -u_{i-1}^L - p_{i-1} \\ -u_{i+1}^R + p_{i+1} \\ 0 \end{pmatrix} \tag{34}$$

Die Blockmatrix ist invertierbar und die Lösung erhält man durch

$$\begin{pmatrix} u_i^L \\ u_i^R \\ p_i \end{pmatrix} = \begin{pmatrix} -1 & -1 & -1 \\ -1 & -1 & 1 \\ -1 & 1 & 3 \end{pmatrix} \cdot \begin{pmatrix} -u_{i-1}^L - p_{i-1} \\ -u_{i+1}^R + p_{i+1} \\ 0 \end{pmatrix} \tag{35}$$

Dies erlaubt die Nutzung des Block-Gauß-Seidel Algorithmus zur Lösung des globalen linearen Blocksystems. An den Grenzflächen zu Festkörpern werden die Impulserhaltungsgleichen durch No-Slip Gleichungen ersetzt. Die Diskretisierung von

ist definiert durch die Menge der Gleichungen

$$u_i^R - u_i^L = 0 \tag{36}$$

$$((u_i^R - u_i^L) - (u_i^L - u_{i-1}^L)) - (p_i - p_{i-1}) = f_i^L \tag{37}$$

$$u_i^R = 0 \tag{38}$$

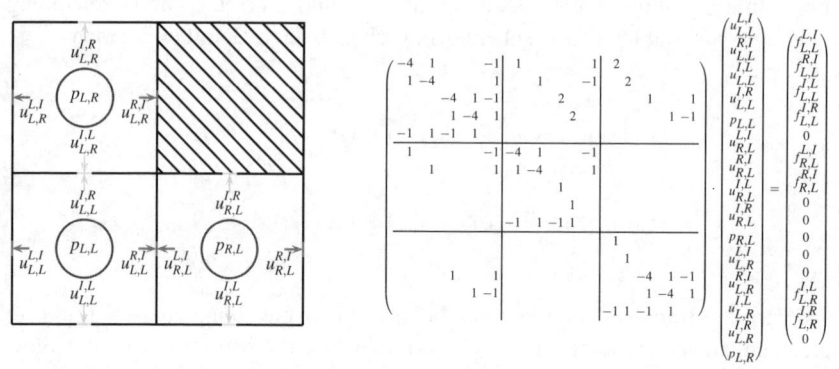

Abbildung 3: Zweidimensionale Geschwindigkeits- und Druckvariablenanordnung für ein Beispiel mit drei leeren Zellen und periodischen Randbedingungen.

Die Impulserhaltungsgleichungen der rechten Geschwindigkeitsvariable u_i^R wird ersetzt durch eine No-Slip Gleichung. Das zugehörige lineare Blocksystem ist definiert durch

$$\begin{pmatrix} -2 & 1 & -1 \\ 0 & 1 & 0 \\ -1 & 1 & 0 \end{pmatrix} \cdot \begin{pmatrix} u_i^L \\ u_i^R \\ p_i \end{pmatrix} = \begin{pmatrix} -u_{i-1}^L - p_{i-1} \\ 0 \\ 0 \end{pmatrix} \qquad (39)$$

Die beschriebene Methode kann sehr einfach auf höhere Dimensionen erweitert werden. Ein zweidimensionales Beispiel mit einer ähnlichen Geometrie ist beschrieben in Abb. 3.

Die beschriebene Methode kann direkt auf reguläre Gitter angewendet werden. Die symmetrische Struktur der Methode erlaubt jedoch die Anwendung auf adaptive Datenstrukturen. Dazu muss die Möglichkeit, aus beliebigen Nachbarkonfigurationen repräsentative Nachbarwerte für Geschwindigkeit und Druck zu ermitteln, geschaffen werden. Aus Performanzgründen werden einfache Interpolations- und Extrapolationsansätze verwendet.

6 Ergebnisse

In diesem Abschnitt werden Experimente und dessen Ergebnisse, in denen wir die beschriebenen Methoden auf verschiedene Eingangsdaten angewendet haben, vorgestellt. Besonderes Augenmerk wird auf den Vergleich mit anderen Lösern gelegt, bei denen Permeabilität, Speicherbedarf und Laufzeit verglichen werden. Als Computer kam ein Intel Xeon E5-2690, 2.9 GHz, 16 Kerne mit 128GB RAM zum Einsatz.

Eine oft benutzte Geometrie für Konvergenzanalysen sind periodische Kugelketten. Die exakten Permeabilitäten für verschiedene Durchmesser sind bekannt und können in [SA82] gefunden werden. Numerische Analysen zeigen eine Konvergenz erster Ordnung zur exakten Lösung unter Gitterverfeinerung.

Als Benchmarkdatensatz dient eine künstlich generierte Mikrofaserstruktur. Der Datensatz besteht aus zwei verschiedenen Fasertypen in der Mikrometerskala mit einer hohen

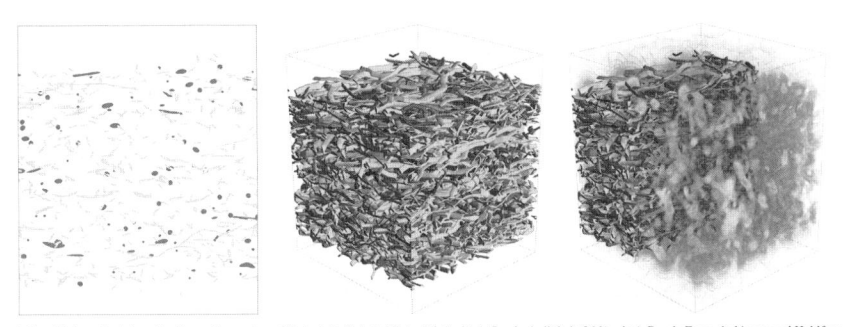

Abbildung 4: Verschiedene Ansichten der Fasermikrostruktur: 2D Ansicht (links), 3D Ansicht (mitte), Geschwindigkeitsfeld(rechts). Runde Faser sind in rot und Hohlfastern sind in grün dargestellt.

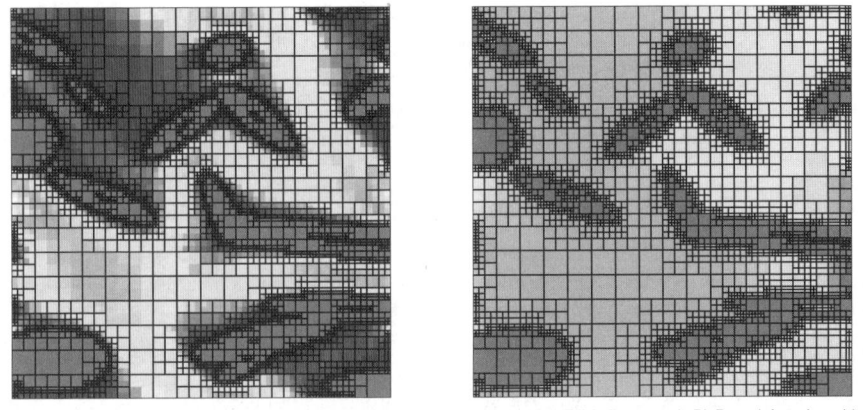

Abbildung 5: Geschwindigkeits- (left) und Druckfeld (rechts) von einer zwei-dimensionalen Strömung in einem Teil der Fasergeometrie. Die Fasern sind rot gekennzeichnet.

Porosität von 88%. Der Datensatz hat eine Größe von $1024 \times 1200 \times 1024$ Voxeln mit einer Voxellänge von $1\mu m$. Abbildung 4 zeigt eine zwei- und dreidimensionale Ansicht der Geometrie. Abbildung 5 zeigt einen Anschnitt der adaptiven Struktur des LIR-Baums.

Tabelle 1 zeigt den Vergleich von 3 Lösern im Hinblick auf Permeabilität, Speicherbedarf und Laufzeit, nachdem die gleichen Terminierungsbedingungen erreicht wurden. Die Permeabilitäten liegen, mit weniger als 1% Differenz, sehr dicht zusammen. In diesem Beispiel ist der LIR den anderen Methoden EJ und SIMPLE-FFT um den Faktor 10 überlegen. Dies wird durch die kleine Anzahl an Zellen und die Präsenz vieler großer Zellen erreicht. Sie beschleunigen die Konvergenz aufgrund des schnellen räumlichen Informationstransfers.

Datensatz	Methods	LIR-S	LIR-M	EJ	SIMPLE-FFT
	PermZ $[10^{-11}m^2]$	5.04	5.04	5.04	5.03
Fasermikrostruktur	Laufzeit [Std]	**1.3**	2.3	16.0	37.2
	Speicher [GB]	14.3	**7.2**	70.1	93.3

Tabelle 1: Vergleich von drei Lösern: LIR-S Laufzeitoptimierung und LIR-M für Speicheroptimierung. Es werden Permeabilität, Laufzeit und Speicherbedarf verglichen.

7 Schlussfolgerungen

Die Kombination von LIR-Baum und zellulärer Diskretisierung erlaubt die numerische Lösung der Stokes Gleichungen auf sehr großen Geometrien. In hoch porösen Geometrien kann eine Verbesserung um den Faktor 10 gegenüber anderen Lösertechnologien, in Bezug auf Laufzeit und Speicherbedarf, erreicht werden.

Literaturverzeichnis

[Be90]   Bentley, Jon Louis: K-d trees for semidynamic point sets. In: Proceedings of the sixth annual symposium on Computational geometry. SCG '90, ACM, New York, NY, USA, S. 187–197, 1990.

[CWR13] Cheng, L.; Wiegmann, A.; Rief, S.: , SIMPLE-FFT for flow computations in low porosity μCT images, 2013. 5th International Conference on Porous Media & Annual Meeting, Czech Republic, 21-24 May, 2013.

[HW65]   Harlow, F. H.; Welch, J. E.: Numerical Calculation of Time-Dependent Viscous Incompressible Flow of Fluid with Free Surface. Physics of Fluids, 8(12):2182–2189, 1965.

[JT83]   Jackins, C.L.; Tanimoto, S.L.: Quad-Trees, Oct-Trees, and K-Trees: A Generalized Approach to Recursive Decomposition of Euclidean Space. PAMI, 5(5):533–539, September 1983.

[Li13]   Linden, S.: The LIR Space Partitioning System applied to the Stokes Equations. Dissertation, University of Kaiserslautern, 2013.

[Pa80]   Patankar, Suhas V.: Numerical heat transfer and fluid flow. Taylor & Francis, 1980.

[SA82]   Sangani, A.S.; Acrivos, A.: Slow flow through a periodic array of spheres. International Journal of Multiphase Flow, 8(4):343 – 360, 1982.

[VDR84] Van Doormaal, J. P.; Raithby, G. D.: Enhancements of the SIMPLE method for Predicting Incompressible Fluid Flows. Numerical Heat Transfer, 7(2):147–163, 1984.

[Wi07]   Wiegmann, A.: Computation of the permeability of porous materials from their microstructure by FFF-Stokes. Bericht, Fraunhofer ITWM, 2007.

Sven Linden wurde am 17. August 1984 in Wittlich geboren. Er besuchte ab 1991 die Grundschule Büchel und ab 1995 die Realschule Cochem. Nach dem Erwerb der mittleren Reife wechselte er 2001 auf das Technische Gymnasium in Wittlich. Nach dem Erwerb der Hochschulreife leistete er 2004 seinen Grundwehrdienst bei der deutschen Bundeswehr ab. 2005 begann er sein Studium der Informatik mit dem Fokus auf Computergrafik an der Technischen Universität Kaiserslautern. 2008 erwarb er den Bachelor of Science und 2010 den Master of Science. Da er seit 2007 als Hilfswissenschaftler im Fraunhofer ITWM arbeitete wurde ihm, nach seinem Abschluss, eine Promotionsstelle angeboten. Von 2010 bis 2014 arbeitete er im Fraunhofer ITWM in enger Zusammenarbeit mit der TU Kaiserslautern an seiner Doktorarbeit und entwickelte einen schnellen Strömungslöser, an dem er bis heute aktiv weiterarbeitet.

Modernes sequentielles und paralleles SAT Solving[1]

Norbert Manthey[2]

Abstract: Das Lösen des Erfüllbarkeitsproblems (*SAT*) wird in vielen industriellen Anwendungen genutzt, zum Beispiel in der Verifikation von Hardware und Software oder beim Erstellen von Fahrplänen. Verbesserungen der SAT-Technologie wirken sich somit unmittelbar auf darauf aufbauende Anwendungen aus. In dieser Arbeit werden sequentielle SAT-Systeme modelliert und Erweiterungen für den Suchalgorithmus vorgestellt, sowie neue Vereinfachungstechniken vorgeschlagen. Da heutigen Rechenarchitekturen viele Rechenkerne beherbergen, wird weiterhin ein skalierbarer, paralleler Lösungsalgorithmus präsentiert. Alle diskutierten Algorithmen wurden implementiert und empirisch ausgewertet: Die vorgestellten Erweiterungen verbessern den Stand heutiger SAT-Technologie.

1 Einführung

In den 90er Jahren wurden die Lösungsalgorithmen für das Erfüllbarkeitsproblem (*SAT*) immer leistungsfähiger [Bi09b]. So wurde das SAT-Problem als repräsentatives $\mathcal{NP}$-Problem interessant, um andere $\mathcal{NP}$-Probleme zu lösen. Der strukturierte *DPLL*-Suchalgorithmus wurde durch das Erweitern der Formel mit gelernten Klauseln erheblich verbessert [MSS96]. Der daraus hervorgegangene *conflict driven clause learning* (*CDCL*)-Algorithmus wird heute vielseitig verwendet und kann Konfigurationsprobleme oder Verifikationsaufgaben, welche in Formeln mit Millionen von Booleschen Variablen resultieren, in angemessener Zeit lösen [Bi09b, Gr12]. Die Dissertation beschränkt sich auf diese strukturierten Suchalgorithmen.

Von den strukturierten Lösungsalgorithmen sind das sequentielle Suchverfahren des CDCL-Algorithmus sowie die genutzten Formelvereinfachungen relevant. Da es keine triviale Parallelisierung des Algorithmus gibt, moderne Rechnerarchitekturen jedoch parallel sind, haben führende Forscher sieben Ziele für parallele SAT-Technologie formuliert [HW13]. In dieser Arbeit werden drei dieser Ziele bearbeitet: das Aufteilen des Suchraumes, der Austausch gelernter Informationen zwischen parallel laufenden Solver-Instanzen und das Parallelisieren von Vereinfachungstechniken.

Um relevante Entwicklungen für Anwendungen nutzbar zu machen, finden jährlich internationale Wettbewerbe statt, welche Anwendungsformeln nutzen [SAT14]. Dabei ist die Grenze zwischen den in angemessener Zeit lösbaren und den unlösbaren Formeln meist sehr scharf. Daraus resultiert das folgende Zitat [AS12]:

> "To give an idea, improving a solver by solving at least ten more formulas (on a fixed set of benchmarks of a competition) is generally showing a critical new feature."

---

[1] Originaltitel: "Towards Next Generation Sequential and Parallel SAT Solvers"
[2] Knowledge Representation and Reasoning Group, Technische Universität Dresden, 01062 Dresden, Germany, norbert.manthey@tu-dresden.de

(*Um eine Intuition zu vermitteln: ein Solver zeigt eine entscheidende neue Funktion, wenn er durch diese Verbesserung zehn weitere Formeln eines Benchmarks lösen kann.*) Der in der Dissertation genutzte Benchmark für den sequentiellen Solver besteht aus den 3886 Formeln der internationalen SAT-Wettbewerbe von 2009 bis 2013, welche aus Anwendungen generiert wurden oder schwere kombinatorische Probleme repräsentieren [SAT14]. Die parallelen Systeme werden auf 771 ausgewählten schwierigen Formeln evaluiert.

Die folgenden zwei Abschnitte beschreiben die Beiträge, welche in der Dissertation für das Lösen des SAT-Problems für sequentielle und parallele Architekturen geleistet wurden. Weiterhin werden die Ergebnisse der empirischen Auswertung, welche signifikante Verbesserungen aufzeigen, skizziert. Dafür wurden die Algorithmen implementiert, wodurch der SAT Solver RISS, der Formelvereinfacher COPROCESSOR, und der parallele SAT Solver PCASSO entstanden.

2 Sequentielles lösen aussagenlogischer Formeln

Das Erfüllbarkeitsproblem beschreibt das Finden einer Lösung für eine aussagenlogische Formel F mit einer Menge von Variablen vars(F). Diese Variablen sind eine Teilmenge der Variablenmenge $\mathcal{V}$ der Aussagenlogik. Moderne SAT-Solver nutzen nur Formeln G in konjunktiver Normalform [Bi09b], welche aus jeder aussagenlogischen Formel F in einer polynomiellen Anzahl von Schritten mit Hilfe der *Tseitin-Transformation* erzeugt werden können [Ts68]. Dabei werden *frische* Variablen genutzt. Für SAT-Solver sind nur die vorkommenden Variablen vars(G) relevant. Dementsprechend wird in der Dissertation eine Erweiterung der Aussagenlogik vorgestellt, welche mit partiellen Modellen arbeitet. Um Formelvereinfachungen adäquat beschreiben zu können, werden vier aussagekräftigere Beziehungen als *äquivalent*, *modelliert* und *erfüllbarkeitserhaltend*, die aus der klassischen Logik bekannt sind, eingeführt, welche Formeln mit unterschiedlichen Variablenvorkommen in Beziehung setzen. Mit den neuen Beziehungen lassen sich Techniken wie zum Beispiel *Extended-Resolution* [Ts68] präziser beschreiben.

Das Lösen einer Formel mit dem CDCL-Algorithmus [MSS96] ist vergleichbar mit dem Finden eines Ausgangs aus einem Labyrinth (siehe Abildung 1a). Diese Abstraktion wurde für die Dissertation entwickelt. Für eine stärkere Ähnlichkeit gilt, dass man sich nur für eine neue erreichbare Zeile entscheiden darf, wenn man eine Spalte mit einem höheren Index betritt ("Rechtsbewegung"). Bei einer Bewegung zurück muss immer dem vorhergehenden Pfad gefolgt werden, sodass eine *Backtracking*-Suche entsteht. Wenn es in der Rechtsbewegung keine Auswahlmöglichkeit gibt, spricht man von "unmittelbaren Folgerungen" oder auch von *Unit Propagation*.

In Abbildung 1a markiert × den Startpunkt. Im zweiten Labyrinth werden verschiedene Szenarien während der Suche sowie ein Lösungsweg zum Ausgang zu Feld (h2) gezeigt. Im oberen mittleren Bereich wird dargestellt, dass Formeln äquivalente Pfade enthalten können, welche durch Formelvereinfachungen entfernen würden [APT79]. Weiterhin wird der Unterschied zwischen dem DPLL-Algorithmus [DLL62] und dem CDCL-Algorithmus [MSS96] in der Suche deutlich. Die Suche beginnt auf Feld (a2) und betritt als erstes Zeile 6. Auf Feld (b6) kann sich für Zeile 6, 7 oder 8 entschieden werden. Wenn die Suche mit Zeile 6 fortfährt, müssen keine weiteren Entscheidungen getroffen werden,

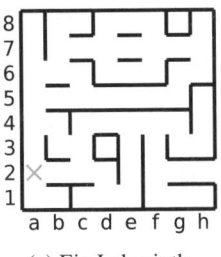

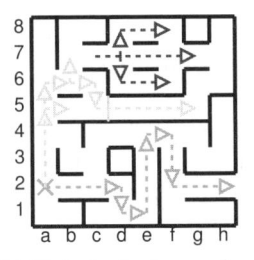

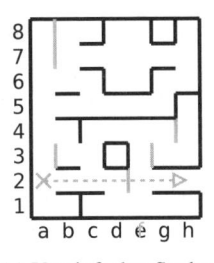

(a) Ein Labyrinth. (b) Einfache Suchszenarien. (c) Vereinfachte Suche.

Abb. 1: Veranschaulichung der Lösung des Erfüllbarkeitsproblems durch die Suche nach einem Ausgang in einem Labyrinth.

um zu Spalte h zu gelangen. Allerdings wird kein Ausgang erreicht. Durch Backtracking kommt man zurück auf das Feld (b6) und merkt sich für weiteres Backtracking, dass Zeile 6 von Spalte b nicht mehr betrachtet werden muss. Der Algorithmus wird auf Zeile 7 oder 8 fortgeführt. Dieses Vorgehen entspricht dem DPLL-Algorithmus [DLL62].

2.1 Der moderne Suchalgorithmus

Der CDCL-Algorithmus [MSS96] markiert während des Backtracking zusätzlich noch von Feld (c5) ausgehend Zeile 5 mit einem Balken, denn dieses Feld kann auch noch von anderen Pfaden erreicht werden. Feld (c6) führt jedoch in keinem Fall zum Ausgang. Der Balken entspricht den *gelernten Klauseln* des CDCL-Algorithmus. Wenn die Suche später feststellt, dass Feld (a6) nicht zum Ziel führt, dann werden von Feld (a5) aus Suchschritte gespart, da der zusätzliche Balken schnell erreicht ist. Im DPLL-Algorithmus wurde der Balken nicht gesetzt, sodass der gleiche Suchraum wieder analysiert wird. Durch das Hinzufügen von zusätzlichem Wissen löst der CDCL-Algorithmus im Extremfall eine Formel in exponentiell weniger Schritten als der DPLL-Algorithmus [PD09]. Aus diesem Grund lohnt es sich nicht, die Parallelisierung des DPLL-Algorithmus in Betracht zu ziehen.

Schließverfahren in SAT-Solvern Der CDCL-Algorithmus nutzt *Resolution*, um Klauseln zu lernen [MSS96]. Eine weitere exponentielle Verbesserung zum Lösen von Formeln lässt sich erreichen, wenn man *Klauseln* und Resolution gegen *gewichtete Summen* und das *Cutting-Planes*-Verfahren tauscht [CCT87]. Damit kann zum Beispiel das *Pigeon-Hole*-Problem mit polynomiellem Aufwand gelöst werden. Eine weitere exponentielle Verbesserung wird durch *Extended-Resolution* [Ts68] erreicht, wodurch zusätzlich zu Klauseln und Resolution auch frische Variablen eingeführt werden können. Für *Cutting-Planes* und *Extended-Resolution* gibt es allerdings keine wettbewerbsfähigen implementierten Systeme.

Abstrakte Solverbeschreibung Durch Verbesserungen des Suchalgorithmus, der Heuristiken und der Implementierungen sind SAT-Solver zu sehr komplexen Systemen geworden, insbesondere seitdem Formelvereinfachungen auch während der Suche genutzt werden. Um die Korrektheit von bestehenden SAT-Systemen analysieren zu können, führt die Dissertation das Reduktionssystem *Generic CDCL* ein, womit alle heutigen SAT-Lösungstechniken abgebildet werden können [Hö14]. Durch den Beweis der Korrektheit von Generic CDCL ist automatisch jede Technik korrekt, die abgebildet werden kann. Diese Diskussion wird für die sequentiellen Techniken geführt. Außerdem wird gezeigt, dass Generic CDCL bestehende Formalisierungen abdeckt und darüber hinaus mehr Techniken als die anderen Arbeiten abbildet.

Erweiterung des Horizonts Die Suchtechnik in modernen SAT-Systemen ist eine Tiefensuche. Ähnlich wie im Labyrinthbeispiel wird eine Entscheidung getroffen und dieser so lange gefolgt bis ein Konflikt auftritt. Zu diesem lokalen Suchverhalten stellt die Dissertation drei weitere Techniken vor, welche versuchen, weitere gute Klauseln zu lernen: *Unitklauseln*. Diese Unitklauseln sind besonders wertvoll, da sie den Suchraum sehr stark einschränken [Bi09b]. Die drei neuen Techniken sind *Local Look-Ahead*, *Local Probing* und *All UIP Learning* [Ma14]. Auf das Labyrinthbeispiel übertragen testet *Local Look-Ahead*, ob sich in den ersten m Entscheidungen Sackgassen befinden, oder ob bestimmte Pfade zwingend genutzt werden müssen. Für $m = 2$ im Labyrinth in Abbildung 1a wird gelernt, dass eine Suche, welche in den Zeilen 1–4 beginnt, immer durch das Feld (f4) führt. Alle Pfade bis auf einen werden entfernt. *Local Probing* kann im selben Labyrinth herausfinden, dass eine Suche beginnend in Feld (c5) oder (c6) jeweils fehlschlägt. Mit *All UIP Learning* können mehrere unabhängige Unitklauseln aus einem Konflikt (oder einer Sackgasse im Labyrinth) gelernt werden. Wenn alle drei Techniken während der Suche genutzt werden, löst der während der Dissertation entwickelte SAT Solver RISS 11 bisher von RISS nicht lösbare Formeln aus dem zur Evaluation genutzten Benchmark.

2.2 Formelvereinfachungstechniken

Das dritte Labyrinth in Abbildung 1a zeigt, wie durch Formelvereinfachungen eine Lösung schneller gefunden werden kann. Grundlegend sind alle Veränderungen erlaubt, welche mindestens einen Lösungspfad erhalten, sofern es eine Lösung gibt. *Variablen-Eliminierung* [EB05], eine der effektivsten Vereinfachungstechniken, erlaubt im Beispiellabyrinth das Zusammenführen von Spalten unter der obigen Bedingung (z.B. Spalte e und f). Außerdem können alle Balken mit einem freien oberen oder unteren Ende entfernt werden, wodurch das Finden einer Lösung weiter vereinfacht wird. Diese Vereinfachungstechniken müssen nicht immer eine polynomielle Laufzeit haben: Ob das untere Ende eines Balkens frei ist kann in polynomieller Zeit getestet werden. Zu testen ob das Zusammenführen zweier Spalten einen Lösungspfad erhält, kann im Extremfall exponentiell viele Schritte erfordern. Deshalb werden Schranken für das Ausführen von Vereinfachungstechniken genutzt und der Suchprozess mit Vereinfachungstechniken kombiniert [Bi09a].

In der Fachwelt wird diskutiert, ob sich Vereinfachungen auf Formelebene vermeiden lassen, wenn Formeln entsprechend kodiert würden. Untersuchungen zeigen, dass Techniken wie *Variablen-Eliminierung* große Leistungsverbesserungen bringen, aber bei der Kodierung nicht vollständig umgesetzt werden können. Dadurch ist es möglich, dass andere

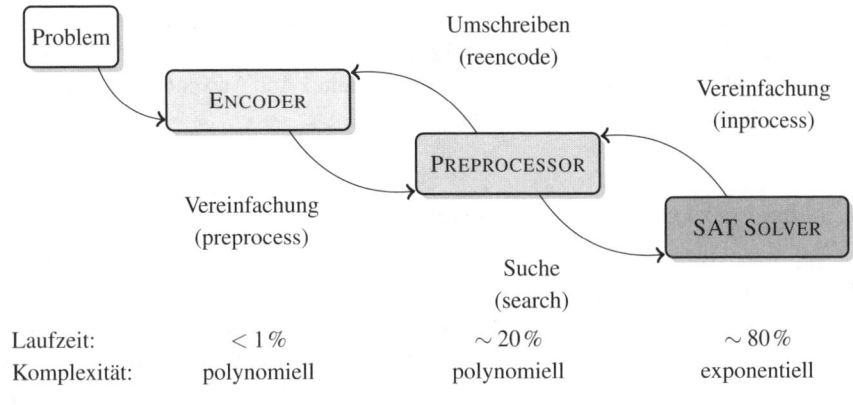

```
Problem ──► ENCODER ◄── Umschreiben (reencode) ──► PREPROCESSOR ◄── Vereinfachung (inprocess) ──► SAT SOLVER
                Vereinfachung (preprocess)                    Suche (search)
Laufzeit:        < 1 %                                        ~ 20 %                    ~ 80 %
Komplexität:     polynomiell                                  polynomiell               exponentiell
```

Abb. 2: Lösungsprozess moderner SAT-Solver.

Vereinfachungen nach der *Variablen-Eliminierung* anwendbar werden. Deshalb lohnt es sich, auf diesem Gebiet weiter zu forschen.

Formelvereinfachung mit besseren Schließverfahren Abbildung 2 zeigt den Ablauf des Lösungsprozesses eines modernen SAT-Solvers. Zunächst wird das zu lösende Problem mit einem Kodierer in konjunktive Normalform übersetzt. Diese Formel wird vereinfacht und mit systematischer Suche eine Lösung gefunden.

Der SAT-Solver PRECOSAT [Bi09a] wechselte erstmals zwischen Vereinfachung und Suche. Durch die eingeführte Vereinfachung *Variablen-Addition* (BVA) [MHB13] wird außerdem noch erreicht, dass der SAT-Solver Einfluss auf die Kodierung der Formel nehmen kann. Das Kodieren der Formel mit BVA beruht auf dem Hinzufügen frischer Variablen, wodurch die Anzahl der Klauseln in der Formel reduziert wird. Dieser Ansatz entspricht der *Tseitin-Transformation*, oder *Extended-Resolution*, und erlaubt damit ein stärkeres Schließverfahren als Resolution. Mit Hilfe von (BVA) können außerdem bestehende Kodierungen automatisch verbessert werden.

In der Dissertation werden zwei weitere Vereinfachungstechniken eingeführt beziehungsweise verbessert: *Covered-Literal-Eliminierung* (CLE) [MP14] erlaubt, von einer Klausel C redundante Literale im Bezug zu einer Formel F zu entfernen, um die Klausel D zu erhalten. Die Klausel D muss nicht aus F folgen und kann nicht durch Resolution erzeugt werden. Damit wird eine SAT-Technik vorgestellt, welche stärkere Schlussfolgerungen als Resolution zulässt. Da ein genauer Algorithmus für CLE sehr kompliziert ist, wird eine minimale Vereinfachung vorgenommen, wodurch ein praktikabler Algorithmus entstand.

Weiterhin wird die Anwendbarkeit des *Cutting-Planes*-Verfahrens auf CNF-Formeln durch die Algorithmen in der Dissertation verbessert. Es werden zwei Algorithmen vorgestellt, mit denen sich in der Formel kodierte gewichtete Summen finden lassen. Anschließend kann die Unerfüllbarkeit der Formel mit Hilfe des *Fourier-Motzkin* Verfahrens untersucht werden [Bi14]. Ohne diese Technik würde das Fourier-Motzkin-Verfahren fehlschlagen.

Wenn die drei genannten Techniken in der Vereinfachung vom in der Dissertation implementierten COPROCESSOR [Ma13, Ma12] zusammen mit BVE genutzt werden, kann der SAT-Solver RISS im Vergleich zur Ausgangsvariante ohne Anwendung der neuen Techniken weitere 23 Formeln des Benchmarks lösen.

2.3 Beitrag zu sequentiellen SAT-Techniken

Das neue Reduktionssystem Generic CDCL erlaubt es, bestehende als auch neue SAT-Techniken hinsichtlich ihrer Korrektheit zu untersuchen. Mit den drei neuen Suchtechniken *Local Look-Ahead*, *Local Probing* und *All UIP Learning* sowie den Vereinfachungen *BVA*, *CLE* und *Fourier-Motzkin* kann der entwickelte SAT-Solver RISS vom gewählten Benchmark 34 weitere Formeln lösen. Diese Verbesserung entspricht laut dem oben genannten Zitat mehreren entscheidenden Verbesserungen. Im internationalen Vergleich 2013 und 2014 konnte RISS mehrere Top 3 Preise in der *SAT-Competition* gewinnen.

3 Paralleles lösen aussagenlogischer Formeln

Die Laufzeitverteilung der Abläufe in einem SAT-Solver in Abbildung 2 legt nahe die Suche, den Teil des Algorithmus mit der höchsten Laufzeit zu parallelisieren. Jedoch lassen sich Algorithmen für $\mathcal{NP}$-Probleme nicht effizient, das heißt mit einem linearen Speedup, parallelisieren [KR90]. In der Dissertation werden verwandte Arbeiten intensiv analysiert und die entscheidenden Ideen sowie zu vermeidende Schwachstellen herausgearbeitet [Hö11]. Anhand dieser Erkenntnisse werden zwei Parallelisierungen diskutiert: *Low-Level-* und *High-Level Parallelisierungen*.

3.1 Low-Level Parallelisierungen

Der Versuch *Unit Propagation*, den aufwendigsten Teil der Suche, für Anwendungsformeln zu parallelisieren zeigte, dass ein solcher Ansatz für maximal zwei Rechenkerne praktikabel ist [Ma11]. Damit Formelvereinfachungen während der Suche einen konstanten Laufzeitanteil einhalten, werden sie nicht vollständig durchgeführt [Bi09a]. Durch parallele Varianten könnte diese Einschränkung behoben werden. Für *Bounded-Variablen-Elimination* (BVE), *Subsumption* und *Clause-Strengthening*, die effektivsten Vereinfachungstechniken [BM14], werden in der Dissertation parallele Varianten vorgestellt und ihre Skalierbarkeit untersucht [GM13]. *Subsumption* ist konfluent und kann ohne Locks implementiert werden, sodass für acht Rechenkerne beinahe ein linearer Speedup erreicht werden kann. *BVE* und *Strengthening* sind nicht konfluent und benötigen zusätzlich Synchronisierung. Dementsprechend wird zunächst ein allgemeines Sperrverfahren eingeführt, welches auch für zukünftige Parallelisierungen anderer Vereinfachungstechniken genutzt werden kann. Für kleine Laufzeiten erreicht diese Parallelisierung keinen Vorteil. Für größere Formeln erreichen beide Vereinfachungstechniken beinahe linearen Speedup.

3.2 High-Level Parallelisierungen

Ein alternativer Ansatz besteht darin, mehrere Suchalgorithmen simultan zu nutzen um eine Formel zu lösen [HJS09]. In der Labyrinth-Illustration gleicht dieser Ansatz einem gleichzeitigen Suchen mit mehreren Pfaden. Wenn alle Pfade unabhängig voneinander am Startpunkt beginnen, spricht man vom Portfolio-Ansatz: Mehrere Solver lösen die Formel gleichzeitig und die Lösung wird durch den schnellsten Solver gefunden. Durch den Austausch von gelernten Klauseln wird die Leistung weiter gesteigert [HJS09]. Die Dissertation diskutiert, wie sich Vereinfachungstechniken und Informationsaustausch kombinieren lassen [MPW13]. Allerdings ist der Portfolioansatz für schlechte Skalierbarkeit bekannt [HM12].

Deshalb wird in der Arbeit ein anderer Ansatz diskutiert: *Iterative-Partitioning* [HJN10]. Zum Lösen des gesamten Labyrinths wird parallel in bestimmten abgegrenzten Teilen nach einer Lösung gesucht. Das Aufteilen des Lösungsraumes wird rekursiv angewendet, sodass ein Abhängigkeitsbaum der einzelnen parallel laufenden Solver entsteht. Der Algorithmus wurde von einer Computer-Grid-Implementierung auf die Mehrkernarchitektur übertragen [HM12] und resultiert in dem SAT-Solver PCASSO. Das Aufteilen des Suchraumes für die parallel arbeitenden Solver wurde als nächstes untersucht, wobei die leistungsfähigste Variante zwei bekannte Techniken neuartig verbindet [ILM14]: Mit dem *Look-Ahead-Verfahren* [Bi09b] werden Literale ausgewählt, welche durch den *scattering-Ansatz* [HJN06] mit Hilfe der bisherigen Formel die Kindknoten im Abhängigkeitsbaum erzeugen. Darüber hinaus wird der Austausch von gelernten Klauseln, auf das neue Verfahren übertragen und verbessert [LM13], wobei die Abhängigkeiten unter den einzelnen Solvern berücksichtigt werden müssen. Durch die Berücksichtigung der Abhängigkeiten kann ein weiterer Vorteil genutzt werden: Wenn ein Solver in einem Knoten des Abhängigkeitsbaumes herausfindet, dass der Knoten keine Lösung hat, kann in bestimmten Fällen darauf geschlossen werden, dass alle Formeln in einem Teilbaum oberhalb des aktuellen Knotens auch keine Lösung haben [ILM14].

Die Leistungsfähigkeit von PCASSO wird durch die drei oben genannten Techniken jeweils gesteigert. PCASSO ist wettbewerbsfähig zu aktuellen parallelen SAT-Solvern im internationalen Vergleich. Ein weiterer Vorteil von PCASSO ist, dass PCASSO besser skaliert: Wenn anstelle von 8 Rechenkernen 16 Kerne genutzt werden, profitiert PCASSO am häufigsten im Vergleich zu anderen parallelen Solvern.

3.3 Beitrag zu parallelen SAT-Techniken

Die parallele Formelvereinfachung erlaubt es in der gleichen Laufzeit Formeln stärker zu vereinfachen als mit sequentiellen Algorithmen. Außerdem bieten die eingeführten Sperrverfahren einen guten Ausgangspunkt für die Parallelisierung weiterer Techniken. Zusammen mit dem skalierbaren Solver PCASSO wurde die Zielstellung der Dissertation, einen skalierbaren Ansatz für die Mehrkernarchitektur zu finden, erreicht.

4 Zusammenfassung

In der Dissertation wurden sequentielle SAT-Solver intensiv untersucht, um die Erkenntnisse daraus für parallele Ansätze zu nutzen. Dabei entstand eine theoretische Grundlage zum Abbilden von SAT-Techniken mit Hilfe eines Reduktionssystems. Weiterhin wurden Formelrelationen vorgestellt, mit denen sich Beziehungen zwischen Formeln und vereinfachten Formeln besser darstellen lassen. Für die sequentielle Suche mit dem CDCL-Algorithmus wurden drei Erweiterungen vorgestellt, welche eine breitere Suche erlauben. Weiterhin wurde mit den drei vorgestellten Vereinfachungstechniken die Leistungsfähigkeit des Schließverfahrens von SAT-Solvern über Resolution gestellt. Eine empirische Analyse zeigt, dass alle Neuerungen die Leistung des international wettbewerbsfähigen SAT-Solvers RISS steigern.

Um zukunftsfähige SAT-Systeme zu erhalten, wurden parallele Lösungsansätze intensiv untersucht. Der sequentielle Suchalgorithmus selbst lässt sich nur unzureichend parallelisieren. Deshalb wurde eine parallele Version von den effektivsten Formelvereinfachungstechniken vorgestellt sowie ein skalierbarer High-Level-Lösungsansatz für die Mehrkernarchitektur portiert und erweitert. Das erhaltene System PCASSO zeigt eine zu den international besten System vergleichbare Leistung und weist eine bessere Skalierbarkeit auf.

Die Erkenntnisse und Erweiterungen dieser Dissertation haben nicht nur Einfluss auf SAT-Solver: Da SAT-Solver als Backend in vielen Anwendungsgebieten genutzt werden, profitieren alle diese Bereiche direkt von den Ergebnissen dieser Arbeit. So konnte zum Beispiel der Modelchecker SHIFTBMC, welcher RISS als SAT-Solver nutzt, im internationalen Wettbewerb 2013 und 2014 den zweiten Platz belegen [HWM14]. Ebenso belegte der Optimierungslöser OPTIMAX, welcher auf RISS aufsetzt, 2013 und 2014 erste Plätze [MAX14].

Literatur

[APT79]   Aspvall, B.; Plass, M. F.; Tarjan, R. Endre: A Linear-Time Algorithm for Testing the Truth of Certain Quantified Boolean Formulas. Information Processing Letters, 8(3):121–123, 1979.

[AS12]   Audemard, G.; Simon, L.: Refining Restarts Strategies for SAT and UNSAT. In: Principles and Practice of Constraint Programming. Jgg. 7514 in LNCS, S. 118–126, 2012.

[Bi09a]   Biere, A.: , PrecoSAT System Description. http://fmv.jku.at/precosat/preicosat-sc09.pdf, 2009.

[Bi09b]   Biere, A.; Heule, M. J. H.; van Maaren, H.; Walsh, T., Hrsg. Handbook of Satisfiability, Jgg. 185 in Frontiers in Artificial Intelligence and Applications. IOS Press, February 2009.

[Bi14]   Biere, A.; Le Berre, Daniel; Lonca, E.; Manthey, N.: Detecting Cardinality Constraints in CNF. In: Theory and Applications of Satisfiability Testing. Jgg. 8561 in LNCS, S. 285–301, 2014.

[BM14]   Balint, A.; Manthey, N.: Boosting the Performance of SLS and CDCL Solvers by Preprocessor Tuning. In: POS-13. Jgg. 29 in EPiC Series, S. 1–14, 2014.

[CCT87]   Cook, W. J.; Coullard, C. R.; Turán, G.: On the complexity of cutting-plane proofs. Discrete Applied Mathematics, 18(1):25–38, 1987.

[DLL62]   Davis, M.; Logemann, G.; Loveland, D.: A machine program for theorem-proving. Communications of the ACM, 5(7):394–397, 1962.

[EB05]   Eén, N.; Biere, A.: Effective Preprocessing in SAT Through Variable and Clause Elimination. In: Theory and Applications of Satisfiability Testing. Jgg. 3569 in LNCS, S. 61–75, 2005.

[GM13]   Gebhardt, K.; Manthey, N.: Parallel Variable Elimination on CNF Formulas. In: KI 2013: Advances in Artificial Intelligence. Jgg. 8077 in LNCS, S. 61–73, 2013.

[Gr12]   Großmann, P.; Hölldobler, S.; Manthey, N.; Nachtigall, K.; Opitz, J.; Steinke, P.: Solving Periodic Event Scheduling Problems with SAT. In: Advanced Research in Applied Artificial Intelligence. Jgg. 7345 in LNCS, S. 166–175, 2012.

[HJN06]   Hyvärinen, A. E.J.; Junttila, T. A.; Niemelä, I.: A Distribution Method for Solving SAT in Grids. In: Theory and Applications of Satisfiability Testing. Jgg. 4121 in LNCS, S. 430–435, 2006.

[HJN10]   Hyvärinen, Antti E. J.; Junttila, Tommi A.; Niemelä, Ilkka: Partitioning SAT Instances for Distributed Solving. In (Fermüller, Christian G.; Voronkov, Andrei, Hrsg.): Logic for Programming, Artificial Intelligence, and Reasoning. Jgg. 6397 in Lecture Notes in Computer Science. Springer Berlin Heidelberg, S. 372–386, 2010.

[HJS09]   Hamadi, Y.; Jabbour, S.; Sais, L.: ManySAT: A Parallel SAT Solver. Journal on Satisfiability, Boolean Modeling and Computation, 6(4):245–262, 2009.

[HM12]   Hyvärinen, A. E.J.; Manthey, N.: Designing Scalable Parallel SAT Solvers. In: Theory and Applications of Satisfiability Testing. Jgg. 7317 in LNCS, S. 214–227, 2012.

[Hö11]   Hölldobler, S.; Manthey, N.; Nguyen, V. H.; Stecklina, J.; Steinke, P.: A Short Overview on Modern Parallel SAT-Solvers. In: Proceedings of the International Conference on Advanced Computer Science and Information Systems. S. 201–206, 2011. ISBN 978-979-1421-11-9.

[Hö14]   Hölldobler, S.; Manthey, N.; Philipp, T.; Steinke, P.: Generic CDCL – A Formalization of Modern Propositional Satisfiability Solvers. In: POS-14. Jgg. 27 in EPiC Series, S. 89–102, 2014.

[HW13]   Hamadi, Y.; Wintersteiger, C. M.: Seven Challenges in Parallel SAT Solving. AI Magazine, 34(2):99–106, 2013.

[HWM14]   Hardware Model Checking Competition. http://fmv.jku.at/hwmcc14/, Oktober 2014.

[ILM14]   Irfan, A.; Lanti, D.; Manthey, N.: Modern Cooperative Parallel SAT Solving. In: POS-13. Jgg. 29 in EPiC Series, S. 41–54, 2014.

[KR90]   Karp, R. M.; Ramachandran, V.: Parallel Algorithms for Shared-Memory Machines. In: Handbook of Theoretical Computer Science, Volume A: Algorithms and Complexity (A). S. 869–942, 1990.

[LM13]   Lanti, D.; Manthey, N.: Sharing Information in Parallel Search with Search Space Partitioning. In: Learning and Intelligent Optimization. LNCS, S. 52–58, 2013.

[Ma11] Manthey, N.: Parallel SAT Solving - Using More Cores. In: Pragmatics of SAT(POS'11). 2011.

[Ma12] Manthey, N.: Coprocessor 2.0 – A Flexible CNF Simplifier. In: Theory and Applications of Satisfiability Testing. Jgg. 7317 in LNCS, S. 436–441, 2012.

[Ma13] Manthey, N.: Coprocessor – A Standalone SAT Preprocessor. In: Applications of Declarative Programming and Knowledge Management. Jgg. 7773 in LNCS, S. 297–304, 2013.

[Ma14] Manthey, N.: CDCL Solver Additions: Local Look-ahead, All-Unit-UIP Learning and On-the-fly Probing. In: KI 2014: Advances in Artificial Intelligence. Jgg. 8736 in LNCS, S. 98–110, 2014.

[MAX14] MaxSAT Evaluations. http://www.maxsat.udl.cat/, Oktober 2014.

[MHB13] Manthey, N.; Heule, M. J.H.; Biere, A.: Automated Reencoding of Boolean Formulas. In: Hardware and Software: Verification and Testing. Jgg. 7857 in LNCS, S. 102–117, 2013.

[MP14] Manthey, N.; Philipp, T.: Formula Simplifications as DRAT Derivations. In: KI 2014: Advances in Artificial Intelligence. Jgg. 8736 in LNCS, S. 111–122, 2014.

[MPW13] Manthey, N.; Philipp, T.; Wernhard, C.: Soundness of Inprocessing in Clause Sharing SAT Solvers. In: Theory and Applications of Satisfiability Testing. Jgg. 7962 in LNCS, S. 22–39, 2013.

[MSS96] Marques-Silva, J. P.; Sakallah, K. A.: GRASP – a new search algorithm for satisfiability. In: Proceedings of the 1996 IEEE/ACM international conference on computer-aided design. ICCAD '96, S. 220–227, 1996.

[PD09] Pipatsrisawat, K.; Darwiche, A.: On the Power of Clause-Learning SAT Solvers with Restarts. In: Principles and Practice of Constraint Programming - CP 2009. Jgg. 5732 in LNCS, S. 654–668, 2009.

[SAT14] SAT Competitions. http://www.satcompetition.org, Oktober 2014.

[Ts68] Tseitin, G. S.: On the complexity of derivation in the propositional calculus. Zapiski nauchnykh seminarov LOMI, 8:234–259, 1968. English translation of this volume: Consultants Bureau, N.Y., 1970, pp. 115–125.

Norbert Manthey wurde am 4. Dezember 1986 in Räckelwitz geboren. Er studierte Informatik an der TU Dresden von 2006 bis 2010 und besuchte in dieser Zeit das NICTA in Australien für eine Projektarbeit. Zwischen 2011 und 2014 promovierte er an der Professur für Wissensverarbeitung an der TU Dresden unter Prof. Steffen Hölldobler, mit Forschungsaufenthalten in Helsinki und Linz. Die von Herrn Manthey implementierten Systeme belegten in internationalen Wettbewerben mehere erste sowie viele weitere Top 3 Plätze, wodurch viele Arbeiten mit führenden Wissenschaftlern seines Forschungsgebietes entstanden.

Semianalytische Algorithmen für Steife Cauchyprobleme[1]

Dominik L. Michels[2]

Abstract: Natürliche Phänomene und technische Anwendungen, die im Kontext ihrer Simulation auf sogenannte "steife" Cauchyprobleme führen, sind allgegenwärtig: die Dynamik von molekularen Strukturen, Fasern, Geweben und deformierbaren Objekten sind nur wenige Beispiele. Ihre stabile Integration erfordert häufig unverhältnismäßig kleine Zeitschrittweiten, was eine effiziente Simulation erschwert oder in vielen Fällen sogar unmöglich macht. Diesbezüglich besteht aus numerischer Sicht ein Bedarf an Integrationsalgorithmen, die lange Zeitschrittweiten handhaben können und damit effiziente und gleichzeitig physikalisch akkurate Simulationen ermöglichen. Unter Berücksichtigung der physikalischen Modellierung der spezifischen Phänomene werden in der vorliegenden Abhandlung strukturerhaltende semianalytische Integrationsalgorithmen entworfen und bezüglich ihrer Praktikabilität im Kontext realer Simulationen eingesetzt und evaluiert.

1 Einleitung

Mit steigender Technologisierung der Gesellschaft hat sich die computergestützte Simulation als eine Kulturtechnik herausgebildet. Während vor dem informatisierten Zeitalter wissenschaftliche Erkenntnisse ausschließlich auf der Basis von Theorie und Experiment gewonnen wurden, hat sich inzwischen eine dritte Komponente, die der digitalen Modellierung, Simulation und Visualisierung etabliert, vgl. [Le11]. Virtuelle Experimente – etwa in computergestützter Physik, Bio- oder Chemoinformatik – und Lösungen inverser Problemstellungen im Zusammenhang computergestützter Optimierung sowie digitale Entwurf- und Designprozesse sind heute alltäglich und untermauern den Stellenwert der Informatik als Innovationsfaktor in Wissenschaft und Praxis.

Computergestützte Simulation ist sowohl auf der Modellierungsebene als auch auf numerischer Ebene fehleranfällig. Während die Modellierung des konkreten Sachverhalts meist Aufgabe des Anwenders ist, besteht ein Bedarf an zuverlässigen Integrationsalgorithmen. Eine physikalische Modellierung führt in der Regel auf Systeme komplexer Differentialgleichungen mit festen initialen Bedingungen, sogenannte Cauchyprobleme, deren Integration meist kompliziert und in vielen Fällen nur numerisch möglich ist. Die verwendeten numerischen Algorithmen sind meist genereller Natur und konzeptionell unabhängig von der Modellierung. Häufig treten Stabilitätsprobleme im Fall expliziter Verfahren auf oder aber im Fall impliziter Verfahren verfälscht eine künstliche numerische Dämpfung die Gesamtlösung. Aus physikalischer Sicht geht damit eine Verletzung fundamentaler Invarianten, beispielsweise Energie, Impuls und Drehimpuls, einher. Besonders betroffen sind hochoszillierende und insbesondere sogenannte "steife" Systeme, d.h. Systeme mit

---
[1] Englischer Titel der Dissertation: "Solving Stiff Cauchy Problems in Scientific Computing – An Analytic-numeric Approach", vgl. [Mi14a].
[2] Stanford University Computer Science Department, michels@cs.stanford.edu.

stark von einander abweichenden extremalen Frequenzen. Derartige Systeme finden sich beispielsweise in Akustik, Elektrodynamik und -magnetik, Fluid- und Molekulardynamik, Quantentheorie sowie in computergestützter Tomografie und Bildgebung, Plasmatransport und Himmelsmechanik.[3]

Grundidee dieser Abhandlung ist die Beobachtung, dass in vielen Anwendungen diejenigen Anteile der auftretenden Differentialgleichungen, die zu hohen Frequenzen im Lösungsspektrum führen, linear sind oder sich hinreichend genau stückweise linear approximieren lassen. Diese Anteile können analytisch gelöst und für die Gesamtlösung mit numerischen Lösungsstrategien bezüglich der restlichen Terme kombiniert werden, sodass größere Zeitschrittweiten ermöglicht werden, da die hochfrequenten Lösungen lediglich an relevanten Stellen evaluiert werden und nicht über diese numerisch integriert werden muss. Dies könnte die Simulation steifer Systeme, gleichzeitig mit hoher Effizienz und Genauigkeit, ermöglichen. Auch nichtlinearen Anteile könnten durch zeitlich variable linearisierte Terme approximiert werden, sodass geschlossene Formen den Raum möglicher Lösungen einschränken und damit Stabilitätsprobleme mindern könnten. Die hier adressierten algorithmischen Herausforderungen bestehen in der Kombination analytischer Teillösungen und numerischer Methoden unter Beachtung relevanter Gütekriterien, wie die Erhaltung zentraler physikalischer Invarianten sowie Sicherstellung von Langzeitstabilität auch bei langen Zeitschrittweiten, hohen Konvergenzordnungen, niedrigen Komplexitäten, Möglichkeiten hoher Skalier- und Parallelisierbarkeit.

Verwandte Arbeiten: Die Nutzung physikalischen Modellwissens innerhalb des Integrationsprozesses findet sich bereits bei Delambre im achtzehnten Jahrhundert im Rahmen der Konstruktion des klassischen Störmer-Verlet Verfahrens zur Integration Newtonscher Bewegungsgleichungen. In den Neunzehnhundertsechzigerjahren wurde es dann von Verlet im Kontext der Molekulardynamik wiederentdeckt. Auch nutzen viele der klassischen Splittingverfahren Wissen über das unterliegende physikalische Modell, wenn beispielsweise die dominierenden Potentiale implizit und die Übrigen explizit integriert werden. Zwecks Erhaltung von Invarianten wurden außerdem u.a. basierend auf dem Konzept der Lie Gruppen diverse numerische Integrationsmethoden auf Mannigfaltigkeiten entwickelt. Einen anderen Weg in der Nutzung des Modellwissens gehen die diskreten Variationsmethoden: diese ergeben sich beispielsweise aus der direkten Diskretisierung der Hamiltonfunktion, welche auf Rekurrenzgleichungen führt, die sich zur direkten iterativen Lösung des Hamiltonschen Systems eignen. Die kombinierte Nutzung von analytischen Teillösungen und numerischer Integration der Restterme ist methodisch allerdings vergleichsweise neu. Es haben sich zwar zuvor einige klassische Methoden, wie beispielsweise die Lie-Symmetrieanalyse im neunzehnten Jahrhundert, zum Auffinden analytischer Lösungen entwickelt, die Konstruktion semianalytischer Verfahren wurde aber erst ein Jahrhundert später adressiert. Ausgangspunkt war die Feststellung Herschs, der in den Neunzehnhundertfünfzigerjahren attestierte, dass bis dahin etablierte numerische Integrationsverfahren selbst im Fall einer einfachen analytisch lösbaren linearer Differentialglei-

---

[3] Zitat in [En09]: "High oscillation is everywhere and it is difficult to compute. [...] Rapidly oscillating phenomena occur in electromagnetics, quantum theory, fluid dynamics, acoustics, electrodynamics, molecular modelling, computerised tomography and imaging, plasma transport, celestial mechanics–and this is a partial list!"

chung keine vollkommen korrekte Lösung liefern. Er entwickelte ein erstes Integrationsschema für die exakte Integration linearer gewöhnlicher Differentialgleichungen mit konstanten Koeffizienten. Dies wurde kurze Zeit später durch Gautschi aufgegriffen, der auf der konzeptionellen Basis der Lagrangeschen Variation der Konstanten ein solches Verfahren konstruierte. Später erwiesen sich derartige Methoden als nützlich zur Lösung steifer Differentialgleichungen und werden heute in Anlehnung an die durch die Exponentialfunktion gegebene Lösung linearer gewöhnlicher Differentialgleichungen häufig als "Exponentielle Integratoren" bezeichnet. Fast zeitgleich aber zunächst unabhängig hat sich ausgehend von Vogelaeres Pionierarbeiten das Studium symplektischer Integrationsverfahren verbreitet. Diese sind durch eine symplektische Abbildung charakterisiert und bieten sich natürlicherweise im Kontext Hamiltonscher Systeme aufgrund der Äquivalenz von kanonischen und symplektischen Transformationen an. Ihre Popularität in der Anwendung begründet sich vor allem aus der Tatsache, dass sie Impuls und Drehimpuls exakt erhalten und Energie derart konservieren, dass die diskrete Energie um einen festen Wert oszilliert, wobei sich die Oszillationen über die Zeit hinweg nicht verstärken woraus numerische Stabilität resultiert. Bei hohen Steifigkeiten hingegen ist Symplektizität allein kein Erfolgsgarant, da die energetischen Oszillationen mit höherer Zeitschrittweite massiv steigen. Hier hat sich die Symmetrie und die damit verbundene zeitliche Invertierbarkeit theoretisch und in der praktischen Anwendung als ein zentrales Kriterium herausgestellt, vgl. [HLW06].

Beiträge und Gliederung: In der Dissertation [Mi14a] wird gemäß den Überlegungen Gautschis eine semianalytische algorithmische Rahmenstruktur auf der Basis der Lagrangeschen Variation der Konstanten für eine Klasse steifer Hamiltonscher Systeme konstruiert. Dieses geschieht derart, dass man Symplektizität und Symmetrie als zentrale Eigenschaften erhält. Lineares sowie nichtlineares elastisches Verhalten wird behandelt und eine Verallgemeinerung auf gedämpfte Systeme vorgenommen. Die effiziente Evaluation analytischer Teilausdrücke wird mittels Vorausberechnungen und Projektionen auf niederdimensionale Krylov Unterräume effizient realisiert. Im Kontext interagierender komplexer Systeme stellt sich die Möglichkeit einer asynchronen Integration von Teilsystemen als zentral heraus, welche im Bezug auf semianalytische Integrationsalgorithmen entwickelt wird. Zusätzlich ist die Diskretisierung der die Simulationsszenarien beschreibenden physikalischen Theorien zentral und wird für eine Reihe von Anwendungsfällen adressiert. Auf dieser algorithmischen Basis werden Verfahren für spezielle Klassen von Simulationsszenarien entworfen, so etwa für die effiziente Simulation von molekularen Strukturen, Fasern, Textilien und deformierbaren Festkörpern. Außerdem werden die in den praktischen Szenarien vorhandenen Umgebungseffekte, wie beispielsweise (anisotropes) Reibungsverhalten, Adhäsion, Kohäsion und elektrische Effekte integriert.

In der hier vorliegenden Abhandlung wird primär auf die Beiträge der Dissertation aus numerischer Sicht eingegangen und eine Auswahl von Simulationsszenarien mit den dazugehörigen Resultaten präsentiert. Im theoretischen Teil Kap. 2 wird zunächst exemplarisch ein semianalytischer Integrationsalgorithmus für eine vereinfachte Klasse steifer Hamiltonscher Systeme entworfen, um dem Leser die Grundprinzipien einer solchen Konstruktion aufzuzeigen. Dabei werden einzelne Eigenschaften herausgearbeitet und konzeptionelle Notwendigkeiten zwecks effizienter Realisierung thematisiert. Anschließend finden sich im praktischen Teil Kap. 3 Ausführungen bezüglich der Simulation einzelne Beispielszenarien aus den Bereichen der Molekulardynamik und Fasersimulation. Für weitere Details sei auf die Dissertation selbst verwiesen.

2 Semianalytische Algorithmen für Steife Hamiltonsche Systeme

Zwecks Illustration der Konstruktion semianalytischer Integrationsalgorithmen wird hier beispielhaft eine solche für den Fall eines ungedämpften und reibungsfreien N-dimensionalen Hamiltonschen Systems vollzogen, in dem die hochoszillatorischen Anteile aus einem quadratischen Potential resultieren. Derartige Systeme können durch die Hamiltonfunktion

$$\mathcal{H}(p(t), q(t)) = \frac{1}{2} p^\mathsf{T}(t) M^{-1} p(t) + \frac{1}{2} q^\mathsf{T}(t) K q(t) + V(q(t))$$

und die entsprechenden kanonischen Bewegungsgleichungen

$$\dot{p}(t) = -Kq(t) - G(q(t)), \quad \dot{q}(t) = M^{-1} p(t) \qquad (1)$$

beschrieben werden, wobei $p, q \in \mathbb{R}^N$ generalisierte Impulse und Koordinaten bezeichnen und den zugehörigen Phasenraum $\mathcal{U} \subseteq \mathbb{R}^{2N}$ aufspannen. Reguläre Masse- bzw. symmetrische, positiv definite Steifigkeitsmatrix werden mit M bzw. K und ein ortsabhängiges Potential mit V sowie dessen Differential mit $G(q) := \nabla_q V(q)$ bezeichnet. Mit Initialbedingung $U(t_0) = U_0 := (p_0, q_0)^\mathsf{T}$ bildet Gl. (1) ein Hamiltonsches Cauchyproblem, dessen zugehöriger Fluss durch eine Abbildung $\varphi_t : \mathcal{U} \to \mathbb{R}^{2N}$ definiert ist, welche U_0 auf $\varphi_t(U_0) := U(t)$ abbildet, genau dann wenn $U_0 = U(t_0)$.

Derartige Systeme dienen der vereinfachten Beschreibung einer Reihe von Phänomenen auf die in Kap. 3 eingegangen wird. Sie lassen sich durch die äquivalenten Newtonschen Bewegungsgleichungen in den Formulierungen zweiter und erster Ordnung

$$\ddot{\chi}(t) + \Omega^2 \chi(t) + \Lambda(\chi(t)) = 0, \qquad (2)$$
$$\dot{X}(t) = \mathcal{A} X(t) + \Gamma(X(t)) \qquad (3)$$

mit $X(t) := (\chi(t), v(t))^\mathsf{T}$, $\mathcal{A} := \mathrm{adiag}(1, -\Omega^2)$ und $\Gamma(X(t)) := (0, \Lambda(\chi(t)))^\mathsf{T}$ in den transformierten Koordinaten $\chi := Mq$ und Geschwindigkeiten $v := \dot{\chi}$ mit Systemmatrix $\Omega^2 := KM^{-1}$ und Nichtlinearität $\Lambda(\chi) := G(M^{-1}\chi)$ ausdrücken.

Im Fall einer konstanten Nichtlinearität $\Lambda = \Lambda_0$ wäre eine einfache analytische Lösung von Gl. (2) durch $\chi(t) = \cos(\Omega(t-t_0))(\chi_0 + \Omega^{-2}\Lambda_0) - \Omega^{-2}\Lambda_0$ für die initialen Bedingungen $\chi(t_0) = \chi_0$ und $v(t_0) = -\Omega^{-2}\Lambda_0$ gegeben. In vielen Anwendungsfällen können wir davon ausgehen, dass der lineare Anteil die Nichtlinearität bezüglich der Größenordnung der Norm dominiert, sodass die hochfrequenten Anteile des Lösungsspektrums aus dem linearen Anteil folgen. Unser Ziel ist es nun diese Tatsache dahingehend zu nutzen, dass eine solche analytische Teillösung des linearen Anteils auch im allgemeinen Fall einer ortsabhängigen Nichtlinearität in Kombination mit numerischer Integration dieser genutzt werden kann. Wir wenden dazu eine Variation der Konstanten nach Lagrange auf Gl. (3)

an. Dies führt auf den Ansatz $X(t) = \exp(t\mathcal{A})\eta(t)$, wobei η durch Substitution des Ansatzes in Gl. (3) zu $\dot{\eta}(t) = \exp(-t\mathcal{A})\Gamma(X(t))$ bestimmt werden kann. Integration und Berücksichtigung der Identitäten für die Exponentialfunktion und trigonometrischer Funktionen führen auf die Gesamtlösung

$$\chi(t) = \cos(t'\Omega)\chi(t_0) + \Omega^{-1}\sin(t'\Omega)v(t_0) + \int_{t_0}^{t} \Omega^{-1}\sin((t-\tau)\Omega)\Lambda(\chi(\tau))\,d\tau, \quad (4)$$

$$v(t) = -\Omega\sin(t'\Omega)\chi(t_0) + \cos(t'\Omega)v(t_0) + \int_{t_0}^{t} \cos((t-\tau)\Omega)\Lambda(\chi(\tau))\,d\tau \quad (5)$$

mit $t' := t - t_0$. Zwecks Konstruktion eines Einschritt-Integrationsalgorithmus diskretisieren wir nun Gl. (4-5) und erhalten

$$\chi_{n+1} = \cos(\Delta t\Omega)\chi_n + \Omega^{-1}\sin(\Delta t\Omega)v_n + \frac{1}{2}\Delta t^2 \psi(\Delta t\Omega)\Lambda(\phi(\Delta t\Omega)\chi_n), \quad (6)$$

$$v_{n+1} = -\Omega\sin(\Delta t\Omega)\chi_n + \cos(\Delta t\Omega)v_n \\ + \frac{1}{2}\Delta t(\psi_0(\Delta t\Omega)\Lambda(\phi(\Delta t\Omega)\chi_n) + \psi_1(\Delta t\Omega)\Lambda(\phi(\Delta t\Omega)\chi_{n+1})), \quad (7)$$

wobei Δt die Zeitschrittweite bezeichnet und wir die Notationen $\chi_n := \chi(t_0 + n\Delta t)$ und $v_n := v(t_0 + n\Delta t)$ verwenden. Dabei wurde von den glatten Filterfunktionen $\phi, \psi, \psi_0, \psi_1 : \mathbb{C}^{N\times N} \to \mathbb{C}^{N\times N}$ gebraucht gemacht. Der einfache Fall $\phi(\cdot) = 1, \psi(\cdot) = \mathrm{sinc}(\cdot), \psi_0(\cdot) = \psi_1(\cdot) = \cos(\cdot)$ entspricht hierbei der "natürlichen Diskretisierung", in welcher der Integralausdrucks in Gl. (4-5) durch stückweise konstante Approximationen angenähert wird. Zwecks Beschreibung allgemeinerer Diskretisierungen wird hier von der Technik allgemeiner sogenannter Filterfunktionen Gebrauch gemacht, vgl. [HLW06].

Für $\phi(t_0) = \psi(t_0) = \psi_0(t_0) = \psi_1(t_0) = 1$ ist das Integrationsverfahren konsistent und besitzt quadratische Konvergenzordnung. Des Weiteren lässt sich durch Vertauschung von $n \leftrightarrow (n+1)$ und $\Delta t \leftrightarrow (-\Delta t)$ leicht zeigen, dass das Verfahren symmetrisch und damit zeitlich invertierbar ist, genau dann wenn $\psi(\cdot) = \mathrm{sinc}(\cdot)\psi_1(\cdot)$ und $\psi_0(\cdot) = \cos(\cdot)\psi_1(\cdot)$ gelten. Durch Substitution von $\Omega^{-1}\sin(\Delta t\Omega)v_{n+1}$ aus Gl. (6) in Gl. (7) nach Multiplikation von $\Omega^{-1}\sin(\Delta t\Omega)$ erhält man die im symmetrischen Fall äquivalente Zweischrittformulierung

$$\chi_{n+1} = 2\cos(\Delta t\Omega)\chi_n - \chi_{n-1} + \Delta t^2 \psi(\Delta t\Omega)\Lambda(\phi(\Delta t\Omega)\chi_n). \quad (8)$$

Der finale durch Gl. (8) beschriebene semianalytische Integrationsalgorithmus zur Lösung von Gl. (2) illustriert deutlich das Zusammenwirken von analytischer Teillösung und numerischer Integration: kombiniert wird eine durch die Kosinusfunktion beschriebene geschlossene Lösung des linearen Anteils mit einer ψ-gefilterten stückweise konstanten Approximation des Integrals über die Nichtlinearität. Zur Sicherstellung der Stabilität erlaubt eine zusätzliche Filterfunktion ϕ die Dämpfung der hoher Oszillationen im Argument der

Nichtlinearität.[4] Die Auswahl der Filterfunktionen ψ und ϕ wirkt sich signifikant auf das Stabilitätsverhalten für lange Zeitschrittweiten Δt aus.

Die Erhaltungssätze für Energie, Impuls und Drehimpuls können hier durch den Erhalt der symplektischen Form sichergestellt werden. Man klassifiziert eine differenzierbare Abbildung $g : \mathcal{U} \to \mathbb{R}^{2N}$, welche auf einer offenen Untermenge $\mathcal{U} \subset \mathbb{R}^{2N}$ agiert, als symplektisch, genau dann wenn ihre Jacobi-Matrix überall symplektisch ist, d.h. genau dann wenn stets $\omega(g'(U)\xi, g'(U)\mu) = \omega(\xi,\mu)$ für alle $\xi, \mu \in \mathbb{R}^{2N}$ gilt. Dabei bezeichnet g' die Jacobi-Matrix von g und $\omega : \mathbb{R}^{2N} \to \mathbb{R}^{2N}$ bildet das Paar (ξ,μ) auf $\omega(\xi,\mu) := \xi^\top \mathrm{adiag}(1,-1)\mu$ ab, vgl. [HLW06].[5] Eine symplektische Abbildung erhält die Phasenraumstruktur derart, dass die Inhalte der aus den Projektionen auf Impuls- und Ortsebenen resultierenden Flächen, erhalten bleiben. Die durch Gl. (6-7) spezifizierte Einschrittformulierung definiert einen diskreten Fluss $\Phi_{\Delta t} : (\chi_n, v_n)^\top \mapsto (\chi_{n+1}, v_{n+1})^\top$, der eine symplektische Transformation darstellt, genau dann wenn ${\Phi'_{\Delta t}}^\top \mathrm{adiag}(1,-1) \Phi'_{\Delta t} = \mathrm{adiag}(1,-1)$ gilt, wobei $\Phi'_{\Delta t}$ die Jacobi-Matrix von $\Phi_{\Delta t}$ bezeichnet. Wir hatten bereits gesehen, dass der diskrete Fluss symmetrisch ist, genau dann wenn $\psi(\cdot) = \mathrm{sinc}(\cdot)\psi_1(\cdot)$ und $\psi_0(\cdot) = \cos(\cdot)\psi_1(\cdot)$ gelten. In diesem Fall lässt sich nun nachrechnen, dass der diskrete Fluss zusätzlich symplektisch im Sinne der oberen Definition ist, genau dann wenn $\psi(\cdot) = \mathrm{sinc}(\cdot)\phi(\cdot)$ gilt. Dadurch ist nun eine hinreichende Konstruktionsvorschrift für einen symplektischen semianalytischen Integrationsalgorithmus gegeben. In der Dissertation [Mi14a] finden sich Vergleiche bezüglich der Anwendungen verschiedener Filterfunktionspaare ($\psi(\cdot) = \mathrm{sinc}(\cdot)\phi(\cdot), \phi(\cdot)$).

Die hier beschriebene Konstruktion liefert eine Klasse von Integrationsalgorithmen für steife Hamiltonsche Systeme mit dominierendem quadratischem Potential. Diese sind quadratisch konvergent, symmetrisch und symplektisch sowie aufgrund ihrer expliziten Natur einfach zu parallelisieren. Die vorangegangene Herleitung dient hier primär zwecks Illustration des Vorgehens bei der Konstruktionen semianalytischer Verfahren, da die betrachtete Systemklasse für reale Simulationsszenarien nur beschränkt zu verwenden ist. In der Dissertation [Mi14a] wird der Umgang mit allgemeineren Fällen, welche die Modellierung weiterer Aspekte, wie Objektinteraktionen und dominierendes nichtlineares Verhalten umfassen, beleuchtet.

Ein Blick auf Gl. (8) zeigt, dass mit der semianalytischen Konstruktion die Notwendigkeit der Auswertung analytischer Matrixfunktionen einhergeht. Dies stellt im Falle großer Systeme ebenfalls eine algorithmische Herausforderung dar und wird in der Dissertation [Mi14a] adressiert. Im Speziellen werden dort Strategien der Vorausberechnung im Zusammenhang mit corotierten Transformationen sowie Projektionen auf niederdimensionale Krylov Unterräume entwickelt.

---

[4] An dieser Stelle sei darauf hingewiesen, dass die Filterfunktionen hier nicht "künstlich" im Sinne eines Adhoc-Ansatzes eingeführt wurden, sondern in dieser Konstellation als algebraische Konsequenz aus den Diskretisierungen von Gl. (4-5) resultieren. Insofern ist die Bezeichnung "Filterfunktion" hier nicht konzeptionell zu verstehen, sondern nur im Sinne der Interpretation ihrer Wirkung adäquat.

[5] Zwecks Motivation der Definition von ω, betrachte den Fall eines einzelnen freien Partikels im eindimensionalen Raum $\mathbb{R}$. Seien ξ, μ aus dem zweidimensionalen Phasenraum $\mathcal{U} \subset \mathbb{R}^2$. Die Fläche des durch ξ und μ aufgespannten Parallelogramms ist dann durch $\det(\xi,\mu) = \xi^\top \mathrm{adiag}(1,-1)\mu = \omega(\xi,\mu)$ gegeben.

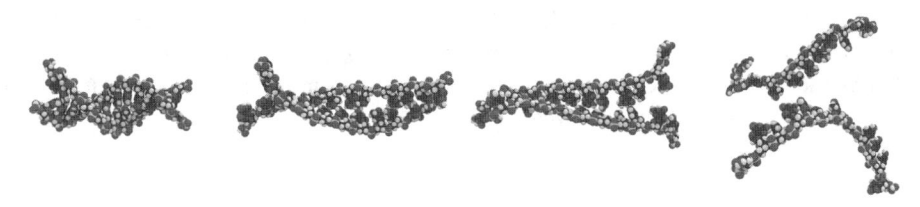

Abb. 1: Visualisierung der Simulation einer Entfaltung zweier komplementärer DNS-Stränge in Form eines Kalottenmodells. Die gewählte Basenabfolge CGCGAATTCGCG stellt ein genetisches Palindrom dar.

3 Semianalytische Integration in Praktischen Anwendungen

In diesem Kapitel werden vereinzelte Anwendungsfälle aus der Dissertation [Mi14a] vorgestellt. Dabei gehen wir exemplarisch auf die Felder Molekulardynamik und Fasersimulation ein. Für weitere Szenarien, wie die Simulation deformierbarer Körper und Textilien, verweisen wir auf [MSW14] und die Dissertation selbst.

3.1 Molekulardynamik

Komplexe Moleküle setzen sich aus verschiedenen Atomen zusammen, deren Wechselwirkungen untereinander kanonisch auf unterschiedliche Frequenzen im resultierenden Bewegungsauflauf führen. Beispiele von steifen Cauchyproblemen finden sich daher natürlicherweise in der Molekulardynamik. Davon zeugt auch die Tatsache, dass der Begriff der "Steifigkeit" im numerischen Sinne in den Neuzehnhundertfünfzigerjahren ursprünglich durch die theoretischen Chemiker Curtiss und Hirschfelder im Kontext der Molekulardynamik eingeführt wurde. Ziel der Molekulardynamik ist es, das Verhalten molekularer Strukturen durch Lösung der unterliegenden Differentialgleichungen zu simulieren um biologische und chemische Prozesse besser zu verstehen. Ungedämpfte Prozesse lassen sich dabei häufig als steifes Hamiltonsches System gemäß Kap. 2 auffassen. Das quadratischer Potential ist dabei häufig das Dominierende im Sinne hoher Frequenzen und kann mit dem hier vorgestellten Integrationsalgorithmus analytisch behandelt werden. Im Fall besonders komplexer und großer Strukturen findet die Modellierung meist nicht mehr auf der Ebene einzelner Atome statt, sondern größere Teilstrukturen werden als ein Einheit aufgefasst und bezüglich ihrer Dynamik häufig mittels harmonischer Potentiale beschrieben.

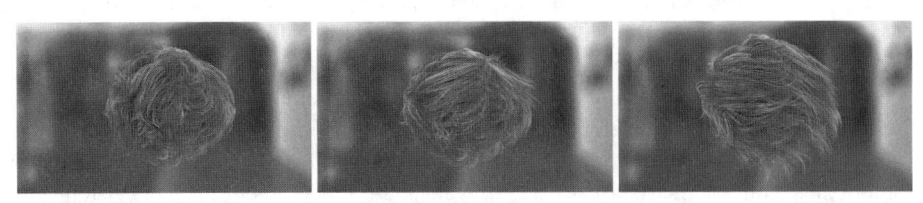

Abb. 2: Visualisierung der Simulation eines sich schüttelnden Ganzkopfes. Die Materialparameter korrespondieren dabei zu durchschnittlichem kaukasischen Frauenhaar.

Exemplarisch zeigt hier Abb. 1 die Anwendung unseres semianalytischen Integrationsalgorithmus zur Simulation der Teilung eines DNS-Doppelstrangs. Im Vergleich zu etablierten Methoden konnte hier ein Geschwindigkeitsvorteil um mehrere Größenordnungen bei gleichwertigem Resultat erzielt werden.

3.2 Fasersimulation

Fasern sind allgegenwärtige komplexe, interagierende mechanische Systeme. Ihre numerische Behandlung ist sowohl aufgrund der Komplexität als auch aufgrund der Interaktionen einzelner Fasern mit ihrer Umwelt und untereinander eine besondere Herausforderung. Betrachtet man Algen, Haare, Zilien und Molekülketten, so finden sich leicht wissenschaftliche Anwendungen in Biologie und Chemie, während Füllstoffe, Kabelstränge, Wolle, Zahnbürsten und Gewebe von industriellem Interesse zeugen.

Physikalisch akkurate Modelle für Einzelfasern müssen dabei sowohl Extension und Scherung als auch Biegung und Torsion abdecken. Da diese Phänomene auf unterschiedlichen Zeitskalen stattfinden, führt eine solche Formulierung stets auf ein System steifer Differentialgleichungen, vgl. [Mi14b]. Betrachten wir Humanhaar, so ist die Simulation zusätzlich erschwert, da wir es hier mit gedämpften Systemen zu tun haben, in denen diverse Kollisionsszenarien und Objektinteraktionen auftreten, die die Modellierung und Simulation von anisotropem Reibungsverhalten sowie die Integration von Adhäsions- und elektrischen Effekte erfordern.

Abb. 3: Fallende Haartresse.

In der Dissertation [Mi14a] werden sowohl die Dynamik einzelner Fasern als auch die oben genannten Effekte modelliert und numerische adressiert. Dies führt auf einen finalen Integrationsalgorithmus, indem die zu hohen Oszillationen führenden Anteile mit Hilfe geschlossener Funktionen evaluiert und die restlichen Terme numerisch integriert werden. Im Resultat halten die entwickelten semianalytischen Algorithmen dem Vergleich mit bereits etablierten Modellen sowie statistischen Daten stand und verzeichnen im Ergebnis einen signifikanten Effizienzgewinn. Dies ermöglicht unter Anderem die interaktive Simulation ganzer Frisuren, wie die in Abb. 2 visualisierte Simulation eines Haarballs mit realen Materialparametern von durchschnittlichem kaukasischen Frauenhaar. Da in derartigen Szenarien Kollisionen zu unterschiedlichen Zeitpunkten auftreten können, führt eine synchrone Integration des Gesamtsystems zwangsläufig auf eine starke Limitierung der Zeitschrittweiten. Daher wurde hier ein asynchroner Integrationsalgorithmus realisiert mit dem auch komplexe Haargeometrien effizient verarbeitet werden können. In Abb. 3 ist das Beispiel einer blonden Haartresse zu sehen, welche auf eine Kugel fällt. Die Visualisierung verdeutlicht die hohe Detailauflösung der durchgeführten Simulation und die Tatsache, dass das Resultat frei von fehlerhaften Durchdringungen ist.

Derartige Fasersimulationen lassen sich, neben der aufgrund ihres Realismus möglichen Anwendung für Perzeptionsstudien und aufgrund ihrer Ästhetik naheliegenden Anwendung im Bereich der Computeranimation, im Kontext virtueller Experimente und computergestützter Optimierung nutzen. Letzteres lässt sich als Lösungsversuch einer inversen Problemstellung auffassen, welche nach einer wohldefinierten (näherungsweise) optimalen Systembeschaffenheit zur Lösung eines speziellen Problems fragt. Ein in der Dissertation [Mi14a] realisiertes prototypisches Beispiel ist die Optimierung des Faserhärte einer oszillierenden elektrischen Zahnbürste im Bezug auf den gewünschten Plaqueabrieb, vgl. Abb. 4. Dieses inverse Problem wird durch eine Iteration über Vorwärtssimulationen gelöst.

Dazu werden die für verschiedene Faserhärten simulierten Plaqueabriebe an einer Halbkugel gegeneinander evaluiert, woraus Erkenntnisse gewonnen werden können, welche Faserhärte zum Erreichen eines gewünschten Effektes optimal wäre. Im Fall einer realen derartigen Optimierung wäre mit verschiedenen Kombinationen zahlreicher Parameter zu simulieren um präzise Aussagen im Sinne der Produktoptimierung treffen zu können. Aufgrund der naturgemäßen Komplexität dieses Vorgehens ist es umso bedeutsamer, hier schnelle Vorwärtssimulationen durchführen zu können, wozu effiziente semianalytische Algorithmen einen Beitrag leisten können. Insbesondere konnte in der Dissertation das hier präsentierte Beispiel der Optimierung der Faserhärte bezüglich des Plaqueabriebs einer wie in Abb. 4 beschaffenen oszillierenden elektrischen Zahnbürste mit interaktiver Vorwärtssimulation realisiert werden. Somit besteht für einen Produktdesigner die Möglichkeit, zur Laufzeit der Simulation Änderungen der Parameter durchzuführen und eine direkte Rückmeldung zu erhalten, wie diese Änderung die Intensität des Plaqueabriebs beeinflusst.

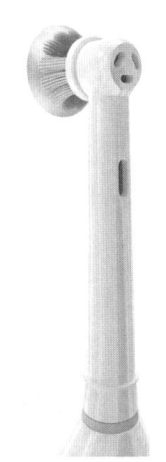

Abb. 4: Bürstensimulation.

4 Zusammenfassung

Die Verwendung analytischer Lösungen steifer Anteile in symplektischer Kombination mit numerischer Integration hat sich sowohl theoretisch als auch in der Praxis als außerordentlich stabil und effizient herausgestellt. Dabei ist die Möglichkeit einer physikalisch akkuraten Transformation in die dafür notwendige Gleichungsstruktur für viele komplexe physikalische Systeme möglich, sodass die entwickelten semianalytischen Verfahren in diversen Szenarien Anwendung finden können. Insbesondere lassen sich in diesem Zusammenhang Interaktionen in komplexen Simulationsszenen durch asynchrone Integration effizient und numerisch stabil auflösen sowie physikalisch akkurat handhaben. Durch die Möglichkeit deutlich größere Zeitschrittweiten verwenden zu können ist ein wichtiger Schritt in die Richtung effizienter physikalisch akkurater Simulationen steifer Systeme realisiert worden, sodass sich die in der Dissertation [Mi14a] konstruierten Algorithmen als effiziente Möglichkeiten zur Simulation derartiger steifer Szenarien darstellen.

Literaturverzeichnis

[En09]   Engquist, Bjorn; Fokas, Athanasios; Hairer, Ernst; Iserles, Arieh: Highly Oscillatory Problems. Cambridge University Press, New York, NY, USA, 1. Auflage, 2009.

[HLW06]   Hairer, Ernst; Lubich, Christian; Wanner, Gerhard: Geometric Numerical Integration: Structure-Preserving Algorithms for Ordinary Differential Equations. Springer Series in Computational Mathematics. Springer, 2. Auflage, 2006.

[Le11]   Lengauer, Thomas: Computermodelle in der Wissenschaft – Zwischen Analyse, Vorhersage und Suggestion. Nova acta Leopoldina. Deutsche Akademie der Naturforscher Leopoldina, 2011.

[Mi14a]   Michels, Dominik L.: Solving Stiff Cauchy Problems in Scientific Computing – An Analytic-numeric Approach. Dissertation, Rheinische Friedrich-Wilhelms-Universität Bonn, 2014.

[Mi14b]   Michels, Dominik L.; Lyakhov, Dmitry A.; Gerdt, Vladimir P.; Sobottka, Gerrit A.; Weber, Andreas G.: Lie Symmetry Analysis for Cosserat Rods. Lecture Notes in Computer Science, Computer Algebra in Scientific Computing–CASC 2014, 8660:326–336, 2014.

[MSW14]   Michels, Dominik L.; Sobottka, Gerrit A.; Weber, Andreas G.: Exponential Integrators for Stiff Elastodynamic Problems. ACM Transactions on Graphics, 33(1):7:1–7:20, 2014.

Dominik L. Michels, geboren 1988, hat an der *Universität Bonn* und dem *B-IT* Informatik und Physik studiert. Er schloss 2011 mit dem *B. Sc.* und 2013 mit dem *M. Sc.* mit Bestnoten ab. Ebenda wurde er im Frühjahr 2014 mit einer Dissertation zu semianalytischen Algorithmen für steife Cauchyprobleme zum *Dr. rer. nat.* mit Auszeichnung (*summa cum laude*) promoviert. Nach einer Anstellung als Post-Doktorand am *California Institute of Technology* in Pasadena trat er im Herbst 2014 eine Informatikprofessur (*Visiting Assistant*) an der *Stanford University* an. Er forscht und lehrt dort aktuell bezüglich effizienter Algorithmen zur exakten Simulation physikalischer Phänomene (*High Fidelity Algorithmics*). Während Studium und Promotion war er als wissenschaftlicher Mitarbeiter in den Bereichen Algorithmik und Computeralgebra in Forschung und Lehre an der *Universität Bonn* sowie in Kooperationsprojekten mit der Industrie tätig. Seine Studien wurden mit zahlreichen Stipendien gefördert und ausgezeichnet, etwa durch die *Studienstiftung des deutschen Volkes*, mit dem *Johannes Kepler Stipendium* verliehen für Lösungen algorithmisch-geometrischer Problemstellungen sowie mit Stipendien aus Mitteln der *Bonner Universitätsstiftung*, der *Max-Planck-Gesellschaft* und des Landes Nordrhein-Westfalen. Forschungsaufenthalte führten ihn u.a. an das *Joint Institute for Nuclear Research* bei Moskau sowie an das *Massachusetts Institute of Technology* und an die *Harvard University* in Cambridge, US-MA.

Rekonfigurierbare Architekturen und Entwurfswerkzeuge für anwendungsspezifische Hardware im Bereich der Netzwerksicherheit[1]

Sascha Mühlbach[2]

Abstract: Hohe Datenraten und ausgefeilte Angriffe übersteigen oftmals die Kapazität von rein software-basierten Netzwerksicherheitssystemen. Zur Beschleunigung wurde dedizierte Hardware (insbesondere z.B. auch FPGAs) bereits sehr erfolgreich auf Paketebene eingesetzt. Heutige Bausteine ermöglichen jedoch darüber hinaus die Implementierung vollständig autarker Systeme in Hardware. Die vorliegende Dissertation befasst sich mit diesem in der Forschung bisher noch selten behandelten Thema und präsentiert eine Hardware-Plattform, mit der sich komplette Netzwerksicherheitssysteme auf einem FPGA ohne die Verwendung eines potentiell gefährdeten Universalprozessors implementieren lassen. Die in diesem Zusammenhang oft genannte Problematik der komplexen Programmierbarkeit wird beispielhaft anhand der Domäne Honeypots durch die Entwicklung eines Hardware-Compilers für abstrakte Funktionsbeschreibungen behandelt. Ein abschließender Test des Systems in einer produktiven Umgebung belegt die Praktikabilität der vorgestellten Konzepte.

1 Einführung

Der Einsatz von Sicherheitsmechanismen (z.B. Firewalls oder Intrusion Detection Systems) ist bei der heutigen Relevanz des Internets unausweichlich. Allerdings stellen die rasant gestiegenen Netzwerk-Datenraten (10-100 Gbit/s) eine große Herausforderung dar. Konventionelle software-programmierbare Prozessoren können hier nicht mithalten, weshalb dedizierte Hardwarebeschleuniger oft als ergänzende Maßnahme eingesetzt werden.

Eine wichtige Rolle spielen heute dabei aufgrund ihrer flexiblen Programmierbarkeit rekonfigurierbare Bausteine, wie das Field Programmable Gate Array (FPGA). FPGAs wurden in der Vergangenheit bereits erfolgreich für die Beschleunigung auf Paketebene in Routern oder Firewalls eingesetzt, jedoch hat die Entwicklung dieser Technologie mittlerweile so leistungsfähige Bausteine hervorgebracht, dass diese sich prinzipiell auch für autarke Operationen auf höheren Kommunikationsebenen eignen.

Dieser, bisher in der Forschung noch sehr selten behandelte Anwendungsfall stellt den Kern dieser Dissertation [Mü14] dar, die den Einsatz von FPGAs für "high-level" Systeme im Netzwerksicherheitsbereich behandelt. Der Begriff "high-level" umfasst in diesem Kontext alle Systeme, die aktiv an einer Kommunikationssitzung als Endpunkt teilnehmen (wie z.B. ein Honeypot, der verwundbare Applikationen emuliert und so Informationen

---
[1] Englischer Titel der Dissertation: "Reconfigurable Architectures and Design Automation Tools for Application-Level Network Security".
[2] Technische Universität Darmstadt, Fachgebiet Eingebettete Systeme und ihre Anwendungen (ESA), Hochschulstr. 10, 64289 Darmstadt, muehlbach@esa.informatik.tu-darmstadt.de

über Angriffe sammelt), anstatt nur vorbeikommende Datenpakete zu analysieren (wie es z.B. Firewalls in der Regel tun).

Die im Rahmen dieser Dissertation entwickelten Kernbeiträge sind:

- **NetStage**: Eine neue FPGA-Entwicklungsplattform, die Hardware-Komponenten für eine autarke Kommunikation im Internet bereitstellt und so die Realisierung von Applikationen (im Kontext von NetStage auch bezeichnet als *Handler*) auf einem FPGA unterstützt. Abbildung 1 zeigt die prinzipielle Funktionsweise.
- **Malacoda**: Eine domänenspezifische Sprache, mit der sich Honeypot-Applikationen für NetStage in einer abstrakten Weise beschreiben und über einen neu entwickelten Compiler in hochperformante Hardware-Module übersetzen lassen.
- **MalCoBox**: Ein mit NetStage und Malacoda entwickelter Hardware-Honeypot als Proof-of-Concept, der in einem einmonatigen Live-Experiment in einem produktiven Umfeld mit direkter 10 Gbit/s-Verbindung zum Internet getestet wurde.

Zusätzlich zu den genannten Geschwindigkeitsvorteilen bietet dedizierte Hardware noch einen weiteren interessanten Aspekt. Entfernt man jeglichen software-programmierbaren Universalprozessor aus dem System, so kann ein solches System von einem Angreifer nicht mehr kompromittiert werden, um injizierten Angriffscode auszuführen. NetStage implementiert daher alle Funktionalität als dediziertes Hardware-Modul.

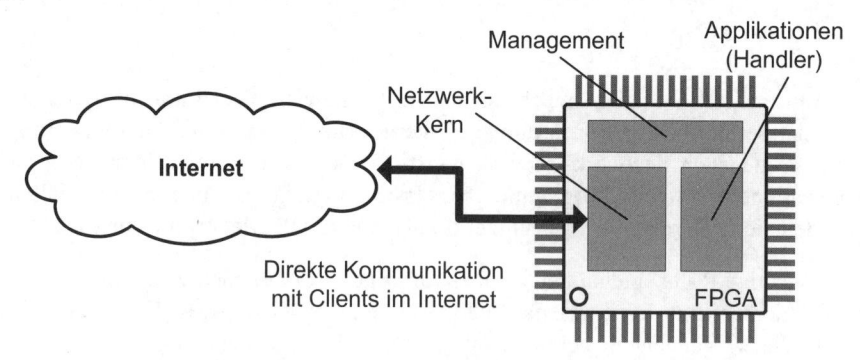

Abb. 1: NetStage Funktionsprinzip als Endpunkt

Es folgt im nächsten Teil ein kurzer Überblick verwandter Arbeiten. Abschnitt 2 beinhaltet dann eine detaillierte Beschreibung der NetStage Plattform, Abschnitt 3 behandelt Details zur Sprache Malacoda und dem neu entwickelten Compiler. Abschnitt 4 präsentiert Ergebnisse der Plattform und der MalCoBox, während im letzten Abschnitt mit einer Zusammenfassung und einem Ausblick abgeschlossen wird.

1.1 Verwandte Arbeiten

Chen et. al. [CCS11] geben einen guten Überblick über den Einsatz von FPGAs auf der unteren Paketebene zur Beschleunigung von Mustererkennung in Datenströmen und der

Klassifizierung von Paketen. Für Netzwerkkommunikationskerne gibt es in der Forschung wenig vergleichbare Ansätze. In einer Arbeit von Dollas et. al. [Do05] wurde ein Design vorgestellt, welches jedoch nur eine Geschwindigkeit von 350 MBit/s erreicht und nicht weiterentwickelt wurde. Im kommerziellen Bereich gibt es einige Entwicklungen im Bereich 10G (z.B. [Int12]), die vor allem für den Bereich Hochgeschwindigkeitshandel an den Finanzmärkten positioniert wurden.

Beim Themenkomplex Compiler gibt es zwei Strömungen. Einige Arbeiten verfolgen die Entwicklung universeller Compiler zum direkten Übersetzen von C-Programmen in Hardware (z.B. Comrade [Hu13]). Ebenso wird diese Vorgehensweise von kommerziellen Produkten verfolgt. Eine gute Übersicht bietet hier die Arbeit von Meeus [Me12]. Während gute Ergebnisse für rechenintensive Applikationen erzielt werden, ist ihr Einsatz im Netzwerkbereich weniger repräsentiert. Hier versprechen die domänenspezifischen Sprachen eine größere Effizienz (vgl. [Br09]). So bieten z.B. die Sprachen G [Br09] für das Beschreiben von Header-Parsern sowie Gorilla [LDC12] für das Beschreiben von Router-Datenpfaden gute Lösungen für konkrete Probleme.

Auf dem Gebiet der hardware-basierten Honeypots gibt es nach bestem Wissen des Autors lediglich eine Arbeit, die sich mit diesem Thema beschäftigt. Pejovic et al. [Pe07] implementieren Honeypot-Interaktionen auf einem FPGA mittels Zustandstabellen, die im Speicher gehalten werden. Allerdings ist fraglich, ob ein solcher Ansatz eine ähnliche Geschwindigkeit wie die in der vorliegenden Arbeit vorgeschlagenen dedizierten Hardware-Module erzielen kann, da die Speicherbandbreite zu einem limitierenden Faktor wird.

2 Rekonfigurierbarer Netzwerkprozessor *NetStage*

Den Kern der NetStage-Plattform stellt eine Hardwareimplementierung der für die Internet-Kommunikation nötigen Protokolle IP, TCP und UDP dar. Hierbei wurde vollständig auf den Einsatz eines Universalprozessors verzichtet und die Entwicklung auf eine Datenrate am Netzwerkinterface von 10 Gbit/s ausgelegt.

2.1 Hardware-Architektur

Abb. 2 zeigt die Architektur der Plattform. Zwei separate 10G Netzwerkschnittstellen sorgen für eine physikalische Trennung von Management- und Produktivdaten. Letztere werden direkt vom Netzwerkkern (Abb. 2-a) verarbeitet und über die Routing-Einheit (Abb. 2-b) zum zuständigen Applikations-Handler weitergeschickt. NetStage unterstützt dabei mehrere Handler auf einem FPGA. Entsprechend dem eingangs beschriebenen Prinzip als Kommunikations-Endpunkt wird die Routing-Entscheidung analog dem Prinzip von Netzwerk-Sockets gefällt. Hierfür enthält die Routing-Tabelle (Abb. 2-d) eine Kombination aus Ziel-IP (kann im speziellen Fall des Honeypots auch ein komplettes Subnetz sein), Protokoll (z.B. TCP) und Ziel-Port.

Um die Flexibilität der Plattform zu erhöhen, sind die Handler nicht direkt mit dem Kern verbunden, sondern in so genannten Slots (Abb. 2-f) gekapselt. Die Slots beinhalten Puf-

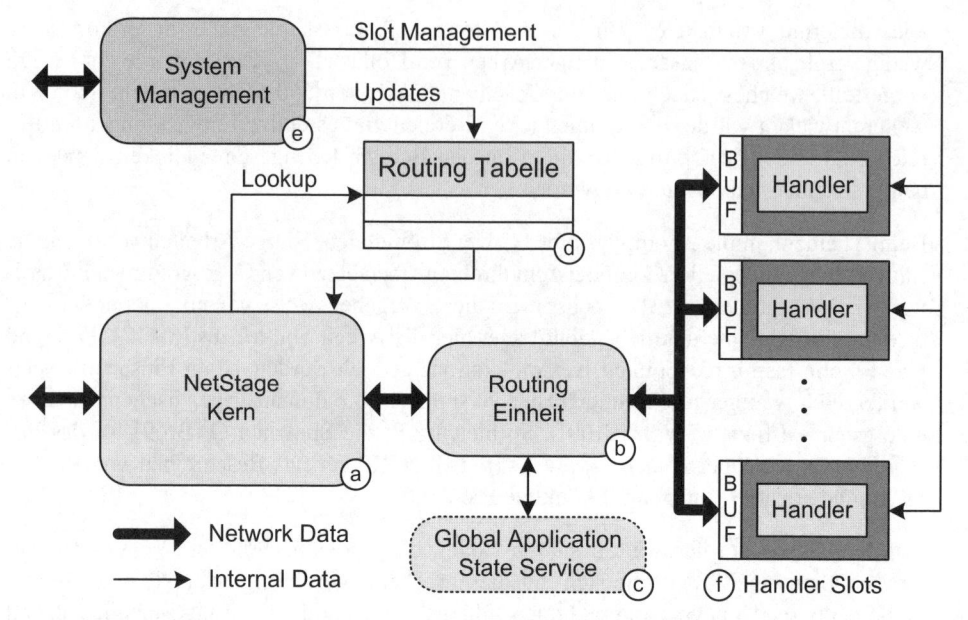

Abb. 2: NetStage Architekturübersicht

fer, die den Handler von der Routing-Einheit abkoppelt. Hierdurch wirken sich Variationen in der Verarbeitungsgeschwindigkeit einzelner Handler nicht auf den zentralen Datenbus aus. Zudem unterstützen die Slots die Implementierung von dynamischer partieller Rekonfiguration, da die einzelnen Handler in den Slots unabhängig vom restlichen System im Betrieb rekonfiguriert werden können.

Die Kommunikation zwischen Routing-Ebene und Slots findet über einen gemeinsam genutzten Bus statt, auf dem ein nachrichten-orientiertes Protokoll implementiert ist. NetStage Nachrichtenpakete bestehen aus dem ursprünglichen Netzwerkpaket und einem internen Header (ICH, Internal Control Header), der Kontrollinformationen für die Plattform enthält.

Die Pipeline des Netzwerkkerns ist auf Full-Duplex Betrieb ausgelegt und besitzt eigene Module für jeweils die Sende- und Empfangsrichtung. Die Busbreite der beiden Datenpfade beträgt 128b, was zusammen mit der von der 10G Netzwerkschnittstelle vorgegebenen Taktfrequenz von 156.25 MHz eine interne Datenrate von 20 Gbit/s ergibt. Dies lässt ausreichend Spielraum für Variationen im Durchsatz einzelner Module, um dennoch das externe 10G Interface mit nativer Datenrate bedienen zu können.

2.2 Applikations Handler

Abb. 3 zeigt beispielhaft den Aufbau eines Handlers für den Fall des Honeypots. Der Handler antwortet auf eingehende Verbindungsanfragen mit vordefinierten Antwortpake-

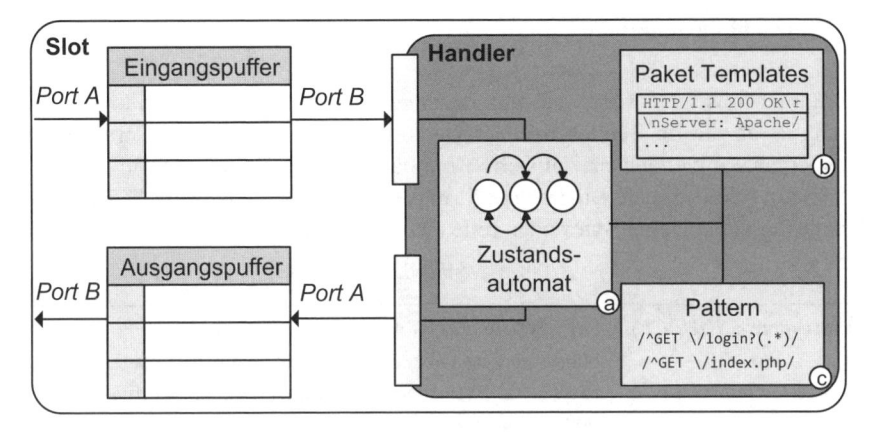

Abb. 3: NetStage Handler Architektur

ten gemäß eines spezifizierten Kommunikationsdialogs. Hierfür existiert ein Zustandsautomat (Abb. 3-a), der durch optionale Hardware (Abb. 3-c) für reguläre Ausdrücke und einen Speicher für Antwortpaket-Templates (Abb. 3-b) ergänzt wird.

Um eine hohe Flexibilität und Effizienz bei der Implementierung der Handler zu erzielen, haben diese keine lokalen Zustandsspeicher oder Speichercontroller, sondern erhalten Informationen aus einem zentralen Global Application State Memory (GASM, Abb. 2-c). Diese werden als Teil des ICH zum Handler transportiert (z.B. ein Username oder eine Session-ID).

3 Programmiersprache *Malacoda*

Während die Entwicklung der Handler in einer Hardware-Beschreibungssprache wie z.B. VHDL möglich ist, so stellt dies doch eine gewisse Hürde für Anwender mit weniger tiefen Kenntnissen im Design solcher dedizierter Hardware dar. Daher wurde mit Malacoda und einem passenden Compiler eine Möglichkeit geschaffen, Honeypot-Module für NetStage ohne Hardware-Kenntnisse in einer abstrakten Sprache zu formulieren. Für das Design dieser Sprache wurde analysiert, welche wiederkehrenden Basisfunktionalitäten ein Software-Honeypot (wie z.B. Nepenthes) für die Emulation eines Dialogs benötigt. Im Kern definiert diese Arbeit daraus folgende Grundoperationen:

- Das Beschreiben des Ablauf eines Kommunikationsdialogs in einzelnen Schritten.
- Das Analysieren eines eingehenden Datenpakets auf einen bestimmten Inhalt.
- Das Erzeugen von Antwortpaketen basierend auf vorgefertigten Templates, in denen optional Platzhalter mit dynamischen Daten gefüllt werden.
- Das Informieren eines externen Systems (z.B. Monitor-PC) über das Erreichen eines bestimmten Zustands (z.B. die Detektion eines erfolgreichen Angriffes).

3.1 Sprachkonstrukte

Die Sprachkonstrukte von Malacoda orientieren sich an diesen Grundoperationen. Die Syntax ist an die im Bereich der Netzwerkadministration bekannte Sprache Perl angelehnt, ergänzt um einige spezialisierte Kommandos (siehe Tabelle 1). Bei *SOURCE* kann es sich um hexadezimale Binärdaten, Strings oder Variablen handeln. *SOURCE* kann zudem weiter auf einzelne Bytes oder Teile einer Zeichenkette eingeschränkt werden.

Tab. 1: Malacoda Kommandos

addresponse(*SOURCE*)	Füge *SOURCE* dem Antwortpaket hinzu.
log (*SOURCE*)	Sende ein Log-Paket mit *SOURCE* an einen Management-PC.
replace(*s*, *SOURCE*)	Ersetze ein Byte oder einen Teilstring im Antwortpaket ab der Position *s* durch *SOURCE*.
close	Beende die aktuelle Verbindung (im Kontext von TCP relevant).

Das grundlegende Gerüst einer Malacoda-Beschreibung basiert auf einem Zustandsautomaten (beginnt mit **dialog**) für den Dialog, wie er in Listing 1 auszugsweise für einen Telnet-Handler gezeigt ist. Die einzelnen Zustände werden in der reservierten Variable **$STATE** gespeichert. Eine neue Verbindung beginnt immer im Zustand **DEFAULT**. Die auszuführenden Operationen befinden sich in einzelnen Blöcken, die entweder einen gesamten Zustand betreffen oder noch durch zusätzliche Entscheidungen bedingt sind. Die reservierte Variable **$INPKG** enthält das jeweilige Eingangspaket.

Antwortpakete können sequentiell mit mehreren **addresponse** Kommandos zusammengesetzt werden, wobei beachtet werden muss, dass in jedem Durchgang nur ein einzelnes Antwortpaket auf ein eingehendes Datenpaket erzeugt werden kann. Das Antwortpaket wird implizit versandt, sobald die Ausführung des Handler-Prozesses für das aktuelle Eingangspaket beendet wird. Variablen unterstützt der Malacoda Compiler derzeit im Kontext eines **addresponse** Kommandos zur Ausgabe von Zeichenketten, mit denen z.B. Daten eines vorangehenden Netzwerkpakets als Antwort in einem späteren Netzwerkpaket verwendet werden können.

3.2 Compiler zur Übersetzung von Malacoda in Hardware

Malacoda-Beschreibungen werden über einen mehrstufigen Prozess in Hardware-Module übersetzt, bei dem VHDL als Zwischenrepräsentierung verwendet wird. Dies hat zwei entscheidende Vorteile: Zum einen verfügen die FPGA-Compiler der Hersteller über eine ganze Reihe von Optimierungen, von denen hier profitiert werden kann, zum anderen ermöglicht es erfahrenen Entwicklern, direkt am erzeugten VHDL Code noch manuelle Änderungen vorzunehmen.

Um die geforderte Geschwindigkeit zu erreichen, setzt der Malacoda-Compiler bei der Erzeugung der Code-Blöcke auf ein von konventionellen Vorgehensweisen abweichendes Paradigma: Die Operationen des Malacoda-Programms werden nicht zu einzelnen Schritten übersetzt, sondern der Compiler orientiert sich an den parallelen Anforderungen für

List. 1: Auszug einer Malacoda-Beschreibung für einen Telnet-Server

```
TELNET_VEH {
  dialog {
    DEFAULT:
      addresponse("Connected to localhost.localdomain\nlogin:");
      $STATE = LOGINWAIT;
      log("TELNET: Connection");
      ...
    SHELL:
      if ($INPKG =~ /^ls/) {
        addresponse("web-password.txt\n");
        addresponse("[localhost]#");
      }
      elsif($INPKG =~ /^whoami/) {
      ...
```

jeweils ein Datenwort und erzeugt hierfür einen dedizierten Schaltkreis. Dies gilt sowohl für eingehende als auch ausgehende Datenpakete. Ziel dieses Vorgehens ist es, in jedem Taktzyklus ein komplettes 128b Datenwort zu verarbeiten / zu erzeugen. Hierdurch kann ein Handler in Echtzeit den Paket-Datenstrom bearbeiten.

So werden z.B. Vergleichsoperationen in Hardware umgesetzt, die die Ausdrücke komplett parallel direkt beim Einlesen des eingehenden Datenpakets auswertet. Identisch verhält es sich auch bei einer **replace** Operation, wo die entsprechenden Daten direkt beim Schreiben des Datenwortes in den Ausgangspuffer ersetzt werden.

4 Ergebnisse

Die in den vorigen Abschnitten beschriebene Plattform wurde unter anderem auf einem NetFPGA 10G [Net11] FPGA-Entwicklungsboard umgesetzt. Das Board verfügt über vier 10G Netzwerkanschlüsse, einen relativ großen Virtex 5 TX240T FPGA sowie mehrere schnelle, externe QDRII-SRAM Speicherbausteine und ist damit für den Einsatz im Netzwerkumfeld bestens ausgestattet.

4.1 Ergebnisse der Hardware-Synthese

Tabelle 2 enthält die Syntheseergebnisse der NetStage-Plattform, aufgesplittet nach einzelnen Komponenten. Die Daten basieren hierbei auf einer Konfiguration, die das externe QDRII-SRAM für das GASM verwendet. Aus den Ergebnissen geht hervor, dass Management und Routing nur einen kleinen Teil der Fläche belegen. Ein Großteil wird vom Kern selbst beansprucht. Insgesamt belegt die reine Plattform (inkl. Netzwerkinterface, Speichercontroller und restlicher Peripherie) im Vergleich zu den auf dem FPGA verfügbaren Ressourcen weniger als 20% der reinen Logikzellen. Es bleibt somit noch genügend Kapazität auf dem Chip für die Applikationslogik. Allerdings ist die Anzahl der parallelen

Handler nicht nur durch die verfügbare Fläche begrenzt. Mit steigender Anzahl an Handlern steigt auch der Verdrahtungsaufwand für den Bus, so dass es ab einer gewissen Anzahl von Handlern nicht mehr möglich ist, die vorgegebene Taktrate von 156.25 MHz zu erreichen. Für die NetFPGA 10G Karte lag die Grenze bei ca 6 - 8 Handlern (je nach Ausprägung der Handler).

Tab. 2: Syntheseergebnisse für NetStage Kernkomponenten

Module	LUT	FF	BRAM	Max. Clock
NetStage Kern + 6 Slots	17,600	21,539	79	164 MHz
Management & Routing Einheit	3,035	3,613	28	188 MHz
NetStage komplett (6 Slots)	**22,500**	**27,563**	**107**	**164 MHz**

Neben dem Kern ist auch die Größe der kompilierten Handler interessant. Tabelle 3 enthält die Werte für drei in Malacoda entwickelte Handler. Es zeigt sich, dass die Ergebnisse durch die homogene Gestalt des Handler-Grundgerüsts sehr dicht beieinander liegen. Unterschiede ergeben sich insbesondere durch die Größe der im Handler implementierten Antwortpaket-Templates sowie die Anzahl der Vergleichsoperationen für Bedingungen. Zum Einsparen von Logikzellen verwendet der Compiler ab einer Template-Datenmenge von 1000 Byte BlockRAMs (BRAM) zum Speichern, vorher werden Schaltnetze zur Speicherung erzeugt.

Als ein Maß für die Effizienz von Malacoda ist in Tabelle 3 weiter die Anzahl der Codezeilen sowohl für die Malacoda-Beschreibung als auch für das aus der Kompilierung resultierende VHDL-Modul aufgeführt. Nimmt man dieses Maß als Kennzahl, so ergibt sich eine deutliche Produktivitätssteigerung in der Entwicklung. Zudem sinkt die Fehlerwahrscheinlichkeit im Vergleich zu einem manuell in VHDL implementierten Modul.

Tab. 3: Syntheseergebnisse für Malacoda-Handler

Handler	LUT	FF	BRAM	Max. Clock	Codezeilen	
					VHDL	Malacoda
Telnet	3,817	1,663	0	189 MHz	2089	79
Mail	2,304	1,413	0	198 MHz	2453	80
Web	2,302	1,210	4	225 MHz	1798	55

4.2 Live-Test des Hardware-Honeypots *MalCoBox*

Für einen Live-Test wurde mit sechs unter Malacoda entwickelten Handlern (Web-, Mail-, Telnet- und DNS-Server Emulation sowie ein Slammer-Wurm- und SMB-Login-Detektor) der Hardware-Honeypot MalCoBox realisiert und in einem universitären Rechenzentrum direkt über einen 10G Backbone Link mit dem Internet verbunden. Die Handler auf dem FPGA-System waren einen Monat lang über 252 öffentliche IPs weltweit ohne Einschränkung erreichbar. In dieser Zeit wurden insgesamt 1,74 Millionen Verbindungsanfragen gezählt.

Als ein erstes Ergebnis zeigte dieser Test die Stabilität und Kompatibilität der Plattform. Während des Testzeitraumes sind keine Probleme aufgetreten und es wurden kontinuierlich Anfragen bearbeitet.

Zudem konnten in diesem Testlauf auch Ergebnisse zur Funktionalität der einzelnen Handler gesammelt werden. Hierzu enthielten die Malacoda-Beschreibungen **log** Anweisungen, mit denen bestimmte Ereignisse in den Handlern aufgezeichnet wurden. Tabelle 4 listet die Häufigkeit der Ereignisse über den Testzeitraum. Mit Abstand am häufigsten wurde eine URL des Web Server Handlers aufgerufen. Eine genauere Analyse der URLs aus den aufgezeichneten Daten verriet, dass es sich hier hauptsächlich um automatische Scanner handelte, die nach verwundbaren Web-Applikationen gesucht haben. Ebenso interessant ist die Tatsache, dass versucht wurde, Spam-Mails über die Mail Server Emulation zu versenden.

Tab. 4: Ergebnisse des Live-Tests für spezielle Handler-Operationen

Ereignis	Anzahl
Web Server "GET URL"	118,384
Mail Server "Mail Queued"	3,778
Telnet Server "Loginversuch"	11,438
MSSQL Slammer "Wurm erkannt"	1,588
SMB Server "Loginversuch"	24,566
DNS Server "DNS Anfrage"	243

5 Zusammenfassung und Ausblick

Neuartige Angriffe und hohe Datenraten stellen Netzwerksicherheitssysteme vor große Herausforderungen, die sich mit rein software-basierten Lösungen kaum noch beherrschen lassen. Hardware-Beschleunigung (z.B. durch FPGAs) ist hierfür eine entscheidende ergänzende Technologie. Der hier vorgestellte Ansatz verwendet FPGAs jedoch nicht nur als reine Beschleuniger, sondern zeigt eine Möglichkeit, sicherheitsrelevante Anwendungen direkt in Hardware zu implementieren. Dem Autor der Arbeit sind bisher keine vergleichbaren Arbeiten in diesem Umfeld bekannt. Durch die dedizierte Hardware ergeben sich enorme Vorteile für die Leistungsfähigkeit als auch im Hinblick auf die Sicherheit, da Hardware-Strukturen im Gegensatz zu Universalprozessoren nicht einfach für eine andere Aufgabe missbraucht werden können (z.B. durch Schadsoftware).

Die vorgestellte NetStage-Plattform erlaubt die schnelle Entwicklung von Netzwerkapplikationen auf FPGAs und stellt so eine grundlegende Komponente für dieses Forschungsgebiet bereit. Die MalCoBox ist als hardware-basierter Honeypot ein gutes Beispiel für die Möglichkeiten, die sich mit dieser Technologie bieten. Malacoda als ergänzende Komponente reduziert die Entwicklungsaufwände erheblich, welche gerade im Kontext von FPGAs häufig als Hindernis für einen breiten Einsatz der Technologie genannt werden. Auf diese Weise können rekonfigurierbare Bausteine auch von Nicht-Hardware-Experten verwendet werden.

Der gesamte Themenkomplex bietet eine Reihe aussichtsreicher Möglichkeiten für weiterführende Arbeiten. So wäre bei der Plattform z.B. die Implementierung von IPv6 oder verschlüsselter Kommunikation mittels SSL/TLS von Interesse. Der aktuelle Proof-of-Concept des Malacoda-Compilers könnte z.B. um eine allgemeinere Verwendung von Variablen (u.a. in Bedingungen) oder mit der Einführung arithmetischer Ausdrücke erweitert werden. Daneben bietet sich auch ein Einsatz als Demonstrations- und Experimentierumgebung in der Lehre an. So wurde bereits im Rahmen einer Bachelor-Arbeit ein Handler für die Emulation einer MySQL-Datenbank entwickelt.

Literaturverzeichnis

[Br09] Brebner, G.: Packets Everywhere: The Great Opportunity for Field Programmable Technology. Proc. of the Intl. Conference on Field Programmable Technology, 2009.

[CCS11] Chen, H.; Chen, Y.; Summerville, D.H.: A Survey on the Application of FPGAs for Network Infrastructure Security. IEEE Communications Surveys Tutorials, 13(4), 2011.

[Do05] Dollas, A.; Ermis, I.; Koidis, I.; Zisis, I.; Kachris, C.: An Open TCP/IP Core for Reconfigurable Logic. In: Proc. of the 13th Symposium on Field-Programmable Custom Computing Machines. IEEE Computer Society, 2005.

[Hu13] Huthmann, J.; Liebig, B.; Oppermann, J.; Koch, A.: Hardware/Software co-compilation with the Nymble System. In: Proc. of the Intl. Workshop on Reconfigurable Communication-centric Systems-on-Chip. 2013.

[Int12] Intilop Inc.: 10 Gbit TCP Offload Engine (TOE) - Hardware IP Core. Top Level Product Specifications, 2012.

[LDC12] Lavasani, M.; Dennison, L.; Chiou, D.: Compiling high throughput Network Processors. In: Proc. of the Intl. Symposium on Field Programmable Gate Arrays. ACM, 2012.

[Me12] Meeus, W.; Van Beeck, K.; Goedemé, T.; Meel, J.; Stroobandt, D.: An overview of today's High-Level Synthesis Tools. Intl. Journal of Design Automation for Embedded Systems, 2012.

[Mü14] Mühlbach, S.: Reconfigurable Architectures and Design Automation Tools for Application-Level Network Security. Dissertation, Technische Universität Darmstadt, 2014. Logos Verlag Berlin, ISBN: 978-3832539559.

[Net11] NetFPGA 10G Public Wiki, 2011. http://netfpga.org (letzter Zugriff: 31.03.2015).

[Pe07] Pejovic, V.; Kovacevic, I.; Bojanic, S.; Leita, C.; Popovic, J.; Nieto-Taladriz, O.: Migrating a Honeypot to Hardware. In: Proc. of the Intl. Conf. on Emerging Security Information, Systems, and Technologies. IEEE Computer Society, 2007.

Sascha Mühlbach studierte Informatik-Ingenieurwesen an der TU Hamburg-Harburg und arbeitete als System Engineer und Produktmanager für mehrere große Internet- und Telekommunikationsfirmen, bevor er im Jahr 2009 als Doktorand an das Center for Advanced Security Research der TU Darmstadt (CASED) wechselte. Im Jahr 2014 beendete er seine Promotion über den Einsatz von FPGAs im Netzwerksicherheitsbereich und arbeitet heute als Systemarchitekt an der Planung der weltweiten Infrastruktur und Systemlandschaft für einen großen deutschen Internetkonzern.

Emergente Kollaborationsinfrastrukturen – Technologiegestaltung am Beispiel des inter-organisationalen Krisenmanagements[1]

Christian Reuter[2]

Abstract: Am Beispiel des Krisenmanagements untersucht die hier vorgestellte Dissertation die Herausforderungen und Möglichkeiten der Technologiegestaltung für emergente, d.h. dynamische und nicht vorhersehbare, Kontexte. Hierfür wird empirisch die kollaborative Arbeit von Polizei, Feuerwehr, Energienetzbetreibern und Bürgern im inter-organisationalen Katastrophenschutz erforscht, um exemplarische Kollaborationspraktiken zu ermitteln, die Limitationen der Arbeitsinfrastruktur aufdecken. Hierauf aufbauend werden neuartige Konzepte und IT-Artefakte gestaltet, implementiert und evaluiert, die emergente Kollaboration ermöglichen sollen. Neben der Erforschung potentieller organisationaler Effekte auf die Fähigkeit mit Emergenz umzugehen, werden methodische Implikationen für die Technologiegestaltung abgeleitet.

1 Einleitung

Die Fortschritte im Bereich der Informatik und angrenzender Disziplinen der vergangenen Jahrzehnte haben dazu geführt, dass heute besser über örtliche, zeitliche und organisationale Grenzen hinaus kommuniziert, kooperiert und kollaboriert werden kann [MW13]: Unternehmen tauschen mithilfe von Supply-Chain-Management-Systemen Daten über Material- und Informationsflüsse aus und stimmen ihren Wertschöpfungsprozess ab. Wissenschaftler unterschiedlicher Universitäten verfassen gemeinsam Forschungsanträge und Artikel, und nutzen hierfür kollaborative Systeme wie Dropbox, OneDrive, SharePoint oder GoogleDocs. Aber auch ‚Behörden und Organisationen mit Sicherheitsaufgaben' (BOS), wie die Feuerwehr und Polizei, tauschen in Großschadenslagen relevante Lageinformationen aus. Die Informatik als Disziplin (Angewandte Informatik bzw. Wirtschaftsinformatik und Sozioinformatik) und IT-Systeme als resultierende Artefakte können hierzu einen Beitrag leisten. Typischerweise beschreiben und regulieren, je nach Kontext, entsprechende Prozesse, Vorgaben, Verordnungen oder Gesetze diese Kollaboration [SM99]. Wenn die vorgefundene Situation jedoch zu stark von den getroffenen Annahmen oder Vorgaben abweicht, d.h. wenn der tatsächliche und der ursprünglich definierte Kontext zu verschieden sind, kann es vorkommen, dass diese Prozesse nicht wie vorgesehen ausgeführt werden können. IT als Teil der Arbeitsinfrastruktur hat diese emergente Natur der Arbeitswelt zu berücksichtigen, um auch emergente Kollaboration zu unterstützen, d.h.

---

[1] Englischer Titel der Dissertation: "Emergent Collaboration Infrastructures – Technology Design for Inter-Organizational Crisis Management" [Reu14]

[2] Universität Siegen, Institut für Wirtschaftsinformatik, Kohlbettstr. 15, 57072 Siegen, christian.reuter@uni-siegen.de

spontane und ad hoc notwendige Kollaboration in neuartigen und dynamischen Strukturen.

Der Begriff der *Emergenz*, lat. *Emergere* (auftauchen), wurde durch den Philosophen George Henry Lewes geprägt. 1875 beschreibt er, dass vieles eine Summe oder Differenz der jeweiligen Einflussfaktoren sei [Lew75]. Anders sei es jedoch mit Emergentem, welches nicht darauf beschränkt werden könne. Emergenz wird als die spontane Herausbildung von Strukturen in komplexen Systemen verstanden, die nicht in ihrem vollen Ausmaß vorhergesagt werden können, bevor sie tatsächlich entstehen [Gol99]. Diese Strukturbildung kann durch Kollaborationstechnologien unterstützt werden. Während vor wenigen Jahrzehnten Kollaborationsunterstützung nur mithilfe proprietärer Werkzeuge möglich war, hat sich dies durch das verstärkte Aufkommen von E-Mail, kollaborativen Systemen, mobilen Geräten und sozialen Medien gewandelt um in Teilen auch emergente Kollaboration zu untersützen. Als *Arbeitsinfrastruktur* werden folge-richtig nicht nur die offiziellen Systeme, sondern die Gesamtheit der Geräte, Tools, Technologien, Standards, Konventionen und Protokolle, auf die ein Individuum oder ein Kollektiv in ihrer Arbeit vertraut, verstanden [PW09].

Hierbei entsteht die Frage, wie Kollaborationsinfrastrukturen gestaltet werden können, um mit Emergenz umgehen zu können. Diese Arbeit möchte dies empirisch betrachten und konzeptionell, implementatorisch sowie methodisch zu emergenteren Kollaborationsinfrastrukturen beitragen. In diesem Zusammenhang sollen die folgenden Forschungsfragen adressiert werden: (1) Wo decken emergente Kollaborationspraktiken Limitationen der Infrastruktur auf? (2) Welche neuartigen Konzepte und Artefakte können Infrastrukturen für die Unterstützung emergenter Kollaboration verbessern? (3) Welche potentiellen organisationalen Effekte dieser Kollaborationsinfrastrukturen auf die Fähigkeit, mit Emergenz umzugehen, lassen sich identifizieren? Und: (4) Welche methodischen Implikationen ergeben sich für die Entwicklung emergenter Kollaborationsinfrastrukturen insbesondere in inter-organisationalen Kontexten?

Um diese Forschungsfragen zu beantworten wurde das exemplarische Anwendungsfeld des inter-organisationalen Katastrophenschutzes betrachtet, d.h. die Kollaboration von Akteuren der Feuerwehr, Polizei, von Hilfs- und Rettungsorganisationen, des Technisches Hilfswerks (THW) sowie von Infrastrukturbetreibern (hier: Stromnetzbetreiber). Die Unsicherheit und Unvorhersehbarkeit der Lage, des Kontextes, der Beteiligten und des Ergebnisses sind zentrale emergente Charakteristika, die auch hier zutreffen [Men07], und die es zu einem passenden Forschungsfeld machen. Die Untersuchung wurde vor allem im Rahmen des BMBF-Projekts InfoStrom zu Informationsinfrastrukturen im Krisenmanagement [WRLP13] umgesetzt. Im Folgenden sollen sich die Ausführungen an der Struktur der Dissertation [Reu14] orientieren und die Methodik (Kapitel 2), zentrale empirische Befunde (Kapitel 3), konzipierte und entwickelte IT-Artefakte (Kapitel 4), Evaluationsergebnisse (Kapitel 5) sowie abgeleitete methodische Implikationen (Kapitel 6) darstellen.

2 Methodik

Im Rahmen dieser Arbeit wurden verschiedene miteinander verbundene *Design-Fallstudien* [WRPS11], [Wul09] durchgeführt, die aus einer empirischen Vorstudie, der Entwicklung von IT und deren Evaluation bestehen. Im Rahmen der empirischen Studie wurden soziale Praktiken vor Einführung der zu untersuchenden IT-Artefakte sowie existente Werkzeuge und deren Nutzung untersucht und beschrieben. Die empirische Studie wurde mit besonderem Fokus auf sogenannte *Points of Infrastructure* [PW09] durchgeführt, d.h. Situationen, in denen Infrastrukturlimitationen deutlich werden. Hierzu wurden Dokumentanalysen sowie Beobachtungen in der Kreisleitstelle, bei Krisenübungen und auf dem NRW-Tag durchgeführt - weiterhin inter-organisationale Gruppendiskussionen. Um in den anschließenden 27 Interviews mit Mitarbeitern unterschiedlicher BOS und eines Stromnetzbetreibers, jeweils auf verschiedenen Ebenen, vergleichbarere Antworten zu erhalten, wurde ein Schadensszenario erarbeitet, welches organisationsübergreifende Zusammenarbeit erforderte. Dieses wurde den Interviewten vor dem Gespräch erläutert. Die empirischen Untersuchungen wurden in zwei Kreisen in Deutschland durchgeführt, dem ländlicheren Kreis Siegen-Wittgenstein, und dem eher urbanen Rhein-Erft-Kreis. Die zweite Phase beinhaltete einen kontext-orientierten Designprozess. Hier wurde als Basisinfrastruktur ein inter-organisationales soziales Netzwerk (SiRena), sowie darauf aufbauende Prototypen, wie eine webbasierter Lagekarte (ISAC), eine Android-basierte Kollaborations-App (MoCo), sowie eine weitere Android-basierte Reporting-Applikation (MoRep) entwickelt. Die dritte Phase hat die Aneignung der IT-Artefakte in ihren organisatorischen Anwendungsfeldern untersucht. Hierzu wurden die vorgestellten Anwendungen mit einer Reihe von Nutzern evaluiert. In der gesamten Entwicklung wurde sich am Konzept des *Infrastructuring* [PW09] orientiert, d.h. es sollten keine isolierten Prototypen entwickelt, sondern Arbeitsinfrastrukturen im Hinblick auf emergente Kollaboration weiterentwickelt werden.

3 Empirische Ergebnisse

Der erste Ergebnisteil befasst sich mit den empirischen Befunden. Aufgrund der umfangreichen Ergebnisse (siehe auch [CR13], [LPRW12], [RHP13], [RMP12]) werden hier nur einige Ausschnitte vorgestellt. Als Ergebniskategorien konnten Technologienutzung, Lageeinschätzung, Qualität und Quantität, Kommunikation, Kooperation, Kollaboration und Bürgerbeteiligung identifiziert werden. Prinzipiell sind in allen Bereichen emergente und improvisationale Arbeitspraktiken erkennbar. Auch wenn diese teilweise erst auf Nachfrage erläutert wurden und insbesondere im urbaneren Kreis eher auf die formalen Prozesse verwiesen wurde, wurde deutlich, dass alle Arbeitspraktiken flexibel sind. Da jede Situation anders sei, müsste in der Anwendung von Prozessen improvisiert werden. Hierbei wurde sich von anderen Behörden abgegrenzt, da nicht die formale Korrektheit in der Anwendung von Prozessen, sondern dass Ergebnis an sich im Vordergrund stünde. Irrtümlich wäre jedoch anzunehmen, dass uneingeschränkt improvisiert würde. Vielmehr läge stets eine Synthese aus formalen und informellen Verhaltensweisen vor. Prinzipiell können die empirischen Ergebnisse für diese Arbeit in drei Szenarien aufgeteilt werden.

Zum einen das Teilen von Informationen in der Lageeinschätzung, zweitens die mobile ad hoc Partizipation und drittens die Artikulation von Informationsbedarfen im mobilen Reporting.

Das erste Szenario ist die Lageeinschätzung in der Leitstelle z.B. bei aufkommenden Unwettern [LLP+14]. In der Studie wurde deutlich, dass die Lageeinschätzung in der Leitstelle nicht immer trivial ist. Neben den offiziellen Informationen im Feuerwehr-Informationssystem werden eine große Anzahl informeller Quellen genutzt. Wetterwarnungen werden zwar vom Deutschen Wetterdienst publiziert, dies jedoch etwas inflationär, so dass sich nicht ausschließlich darauf verlassen wird. So kommt es vor, dass je nach Mitarbeiter zahlreiche Lesezeichen im Browser erstellt werden und je nach Lage bis zu 20 Fenster nebeneinander geöffnet sind. Auch wurde der organisationsübergreifende Austausch thematisiert: Informationen zwischen der Polizeilichen und Nicht-Polizeilichen Gefahrenabwehr werden nicht systemisch ausgetauscht, im Bedarfsfall werden Screenshot der Lagedarstellung manuell versendet. Auch der Stromnetzbetreiber liefert beispielsweise die Daten der Stromausfallgebiete als Excel-Tabelle via E-Mail. Eine Visualisierung findet somit nicht statt. Insgesamt wird deutlich, dass sowohl die individuelle Darstellung, als auch der organisationsübergreifende Austausch durchaus Verbesserungspotential hat und Limitationen deutlich wahrgenommen wurden.

Das zweite untersuchte Szenario ist die spontane Beteiligung in der Lageeinschätzung [RLP14]. Hier wurde deutlich, dass unvorhersehbare Situationen und die Komplexität informelle Kommunikation erfordern. Persönliche Kontakte sind laut Einschätzung der Interviewten sehr wichtig, da so einige Dinge direkt durch einen Anruf geklärt werden können. Hier wurde deutlich, dass informelle und private Tools genutzt wurden, d.h. Smartphones zur Navigation oder zur Kommunikation mit Einheiten oder anderen Organisationen über Telefonate. Diese Möglichkeit wird zwar als positiv beurteilt, schwächt jedoch das situationsbezogene Bewusstsein anderer, da diese Telefonate für andere nicht transparent sind und auch nicht automatisch protokolliert werden können. Weitere spontane Kollaborationsmöglichkeiten auf Basis existenter Systeme gäbe es aber nicht. Somit ist deutlich, dass auch die ad hoc Partizipation Unterstützungspotentiale hat.

Das dritte im Rahmen der Arbeit fokussierte Szenario ist das Berichtswesen zwischen Einheiten vor Ort und in der Leitstelle [LRP13]. Hier wurde deutlich, dass teilweise sowohl eine Informationsüberflutung als auch ein Informationsmangel herrscht. Es gibt zwar vorgesehene Prozesse, die das Reporting wichtiger Ergebnisse beispielsweise von vor Ort vorsehen, diese funktionieren aber nicht immer genau wie geplant. Die Polizei führt eine Lage beispielsweise von hinten, d.h. aus der Leitstelle, während die Feuerwehr von vorne führt. Für wichtige Entscheidungen durch Personen, die nicht vor Ort sind, kann ein visueller Eindruck daher wertvoll sein. Hierfür werden teilweise private Smartphones und deren Kamera-Funktion verwendet, jedoch sind diese Praktiken nirgends technisch oder organisatorisch integriert.

Prinzipiell sind all dies Praktiken, an denen Infrastrukturlimitationen deutlich werden, ob in der Lageeinschätzung, der Einbeziehung neuer Einheiten oder dem Berichtswesen. Emergente Kollaborationsprozesse könnten also noch besser unterstützt werden.

4 Entwickelte Konzepte und IT-Artefakte

Emergente Praktiken erfordern Kollaborationsinfrastrukturen, die spontane und informelle Kollaboration ermöglichen und offizielle Arbeitsprozesse ergänzen. Die im Rahmen dieser Arbeit durchgeführte Gestaltung zielt sowohl auf flexible, als auch robuste IT-Artefakte ab, die den Nutzern helfen sollen, Points of Infrastructure, d.h. wahrgenommene Limitationen ihrer Arbeitsinfrastruktur, zu meistern und unvorhersehbare Situationen zu unterstützen. Hierfür scheinen leichtgewichtige und interoperationale Systeme angemessen, um die jeweiligen lokalen Systeme in Richtung emergenter, inter-organisationaler Kollaborationsinfrastrukturen weiterzuentwickeln. Basierend auf diesen empirisch informierten Erkenntnissen sollen nun drei der entstanden Konzepte und Artefakte vorgestellt werden. Zum einen eine Lagekarte zum Sammeln und Verwalten von Informationsressourcen (ISAC), zweitens eine mobile Anwendung zur ad hoc Kollaboration (MoCo) und drittens eine Android Anwendung zum mobilen Reporting (MoRep) (Abbildung 1).

Abb. 1: IT-Artefakte ISAC (oben), MoCo (unten) und MoRep (rechts)

- *SiRena* (Sicherheitsarena) ist ein webbasiertes soziales Netzwerk für BOS, zur Unterstützung von Awareness und inter-organisationaler Vernetzung. Es ermöglicht den Informationsaustausch, selbstorganisierte inter-organisationale Arbeitsgruppen und Kontaktmanagement. Dies ist insbesondere in Szenarien ohne gemeinsame Infrastruktur, wie für Arbeitsgruppen auf inter-organisationaler Ebene oder im Bereich der Unterstützung freiwilliger Einsatzkräfte der Feuerwehr oder von Hilfsorganisationen sinnvoll. Die SiRena wurde in der Open Source Social Networking Engine ELGG umgesetzt und fungiert als Basisinfrastruktur (Nutzermanagement, Datenstrukturen) für die im Folgenden dargestellten Module ISAC, MoCo und MoRep.

- *ISAC* (Inter-Organizational Situation Assessment Client) ist ein webbasierter Mashup zur Geo-Kollaboration auf Basis von Google Maps, welches die Aggregation und Visualisierung von Informationen ermöglicht. Es ermöglicht individuelle Zusammenstellungen von Informationsressourcen mit geographischem Bezug inklusive der einfachen Möglichkeit neue Informationsressourcen anzulegen, einzubetten und Karten-Kompositionen zu erstellen und zu teilen [LLP+14].

- *MoCo* (Mobile Collaboration) ist eine native mobile auf ISAC basierende und in Android umgesetzte Applikation, die ad hoc Partizipation und Kollaboration unterstützt. Der Kollaborationsmodus ermöglicht das Teilen von Karten-Kompositionen durch örtlich verteilte Teams, z.B. in der Leitstelle und vor Ort, um neue, externe oder unvorhergesehene Akteure in die Lageeinschätzung zu integrieren [RLP14].

- *MoRep* (Mobile Reporting) ist eine native mobile Applikation, die Reporting und Artikulation unterstützt. Es erweitert die Richtung der Kommunikation und ermöglicht (multimedia-basierte) Anfragen zuvor lokalisierter Personen und Berichte, z.B. mit Fotos, die durch Einheiten vor Ort bereitgestellt werden, wenn die in der Leitstelle verfügbaren Informationen nicht ausreichen [LRP13].

Die Artefakte sind an den emergenten Charakter des Krisenmanagements angepasst und unterstützen Improvisationsarbeit [LPRW12], um organisationale, örtliche und zeitliche Barrieren zu überwinden.

5 Evaluation

Das Ziel der Evaluation war, die potentiellen organisationalen Effekte der entwickelten Konzepte zu untersuchen. Hierzu wurden die zuvor vorgestellten Systeme mit Praktikern evaluiert (Abbildung 2). Im ersten Szenario wurde deutlich, dass Informationen, die nicht Teil offizieller Systeme sind, gesammelt und mit *ISAC* geteilt werden können und somit Organisationen auch in emergenten Lagen verbunden werden können. Die Evaluation von *MoCo* zeigte, dass durch die zusätzliche visuelle Komponente Personen in die Lagedarstellung eingebunden werden können, die bisher komplett außen vor bleiben mussten. Neben dem Sprachkanal gibt es nun eine zusätzliche visuelle Austauschmöglichkeit über örtliche und organisationale Grenzen hinweg. Einsatzkräfte anderer Einheiten, nach Dienstschluss und anderer Gebiete können so unabhängig von dezidierten technischen oder organisationalen Bedingungen jenseits eines internetfähigen Geräts spontan eingebunden werden. Die Evaluation von *MoRep* zeigte, dass Reporting-Probleme bewältigt werden können, wenn Informationen nicht so bereitgestellt werden, wie es eigentlich offiziell vorgesehen ist. Hierfür kann der Prozess umgedreht und bei den Einheiten, insbesondere den Abschnittsleitern, direkt angefragt werden. Somit unterstützen alle Konzepte und Prototypen Praktiken, die eigentlich so nicht vorgesehen sind, aber in emergenten Situationen notwendig werden können.

Abb. 2: Evaluation von ISAC, MoCo und MoRep (von links nach rechts)

6 Methodische Implikationen

Abschließend sollen nun aus den drei durchgeführten Design-Fallstudien methodische Implikationen für die Technologiegestaltung abgeleitet und diskutiert werden. Um diese zu verdeutlichen sollen an dieser Stelle noch einmal grundlegende Begriffen anhand von Beispielen erläutert werden. Der Begriff der Infrastruktur umfasst alle grundlegenden Strukturen. Infrastrukturen werden errichten, aber sodann „unsichtbar" [SR96], da deren Nutzung vollkommen selbstverständlich wird. Am Beispiel einer Insel können wir annehmen, dass diese unsere Infrastruktur ist, die Bewegung ermöglicht. Arbeitsinfrastruktur [PW09] ist ein daran angelehnter Begriff für den Arbeitskontext, und beschreibt, wie bereits erwähnt, Geräte, Tools, Technologien, Standards, um die eigene Arbeit auszuführen. Die Scope of Infrastructure [SR96] ist deren Reichweite jenseits eines einzelnen Ereignisses, entweder örtlich oder zeitlich. Im Beispiel der Insel entspricht dies der Fläche in Abhängigkeit von Ebbe und Flut. Ein Point of Infrastructure [PW09] ist wiederrum die Situation, wenn die Infrastruktur sichtbar wird, d.h. wenn deren Nutzung nicht wie gewohnt möglich ist, da man sich außerhalb der Reichweite derselben befindet (wenn man sich im Wasser befindet). Gleichzeitig aber auch eine Nutzungsinnovation durch eine durchgeführte Veränderung, d.h. wenn man durch Schaufeln seine Infrastruktur erweitert hat. Infrastructuring [PW09] ist letztgenannter Prozess, die Infrastruktur anzupassen, d.h. die Möglichkeiten zu erweitern. Im Beispiel entspräche dies der Landgewinnung, wie sie beispielsweise an geeigneten Stellen im Wattenmeer erfolgt. Die Dissertation thematisiert keine Landgewinnung, sondern Kollaborationsinfrastrukturen. Kollaboration ist das Zusammenarbeiten, jenseits der bloßen Koordinierung von Unteraufgaben, d.h. die gemeinsame Arbeit an wirklich einem Gegenstand [Mic90]. Kollaborationsinfrastrukturen sollen für die Kollaborateure, die jeweils in einen Kontext eingebettet sind, einen gemeinsamen Informationsraum [SB92] schaffen und sie bei der Überwindung möglicher Distanzen unterstützen. Bei Betrachtung von Definitionen dieses Informationsraums und dessen Scope wird deutlich, dass dieser immer durch Raum und Zeit definiert wird [BB05], [SR96]. Die Frage, die sich hier stellt ist, ob dies tatsächlich die einzigen Dimensionen sind, die diesen Scope begrenzen? Auf Basis dieser Arbeit wird eindeutig dagegen argumentiert, da auch soziale, organisationale, kulturelle, professionelle, intellektuelle, sprachliche oder technische Unterschiede in der Kollaboration überbrückt werden müssen und dieselbe ermöglichen oder einschränken. Emergente Kollaborationsinfrastrukturen sollen also gerade dazu führen, dass Infrastrukturen „treiben" [CH00] können, und auch Tätigkeiten unterstützt werden, jenseits des geplanten [Orl97]. Bei der infrastrukturellen Unterstützung dieses Treibens genügt eine Fokussierung auf die Dimensionen Raum und Zeit nicht. Doch was ergibt sich methodisch daraus? Infrastructuring [PW09] wird durch Points of Infrastructure, d.h. wahrgenommene Limitationen, angetrieben. Emergent Infrastructuring sollte nicht nur auf diese singulären Punkte, sondern die darunterliegenden Charakteristika der Kollaborateure fokussieren. Es soll methodisch erstens darum gehen typische Praktiken zu identifizieren, die auch von offiziellen Prozessen abweichen können. Zweitens wird vorgeschlagen, kontextuelle Unterschiede und daraus folgernd relevante Dimensionen zu identifizieren, d.h. zu verdeutlichen, welche Kontexte der beteiligten Akteure im Rahmen der jeweiligen Kollaboration kombiniert werden müssten. Als Implikation hieraus ergibt sich, dass diese Dimensionen in der Technologiedesign ohne zu einengende Annahmen gestaltet werden sollten, um vom Point of Infrastructure zur Dimension of Infrastructure zu gelangen. Dies wurde beispielhaft in den drei Szenarien gezeigt. Die Unterschiede der IT-Fähigkeiten, Terminologien, technischen Voraussetzungen und Informationsressourcen wurden im ersten Szenario adressiert und ein leichtgewichtiges, webbasiertes, selbstorganisierendes und inter-organisationales Teilen realisiert (ISAC). Im zweiten Szenario wurde bestrebt unabhängig von Ort, Zeit und Organisation eine Zusammenarbeit zu etablieren und somit neue Akteure zu integrieren (MoCo). Im dritten Szenario galt es die Perspektive oder den Wissensstand über wichtige Informationsbedarfe zu unterstützen und eine unterschiedliche Richtung des Berichtswesens zu etablieren (MoRep).

7 Zusammenfassung

Die betrachtete und in diesem Beitrag zusammengefasste Dissertation [Reu14] hat untersucht, wie emergente Kollaborationsinfrastrukturen am Beispiel des inter-organisationalen Krisenmanagements gestaltet werden können. Hierfür wurden erstens, Kollaborationspraktiken untersucht und identifiziert, die Limitationen der genutzten Infrastruktur hervorbringen. Dies wurde in den Bereichen der Lageeinschätzung, der ad hoc Partizipation sowie dem mobilen Reporting vorgestellt. Zweitens, wurden Konzepte und Artefakte entwickelt, die diese Praktiken unterstützten können und den Kollaborateuren in der Überwindung existierender Barrieren helfen. Drittens, wurde unter anderen gezeigt, dass durch eine Reduzierung von Grenzen und somit emergentere Infrastrukturen beispielsweise neue Akteure in die Lageeinschätzung einbezogen werden können. Viertens, wurde dafür plädiert, dass methodisch vor allem Dingen mögliche kontextuelle Unterschiede zwischen den Kollaborateuren betrachtet werden sollten, um vom Point of Infrastructure zur Dimension of Infrastructure zu gelangen und Kollaborationsinfrastrukturen in Abhängigkeit von den jeweils relevanten Dimensionen etwas emergenter zu gestalten. Hierbei muss deutlich sein, dass die Unterstützung vollständiger Emergenz eher einer Beliebigkeit gleichen würde, und nicht zwingend zielführend ist. Ziel ist jedoch, Improvisation zu ermöglichen, ohne dadurch Unterstützungspotentiale entwickelter Systeme scheitern zu lassen.

Literatur

[BB05] Jakob E Bardram und Claus Bossen. Mobility Work: The Spatial Dimension of Collaboration at a Hospital. *Computer Supported Cooperative Work (JCSCW)*, 14(2):131–160, 2005.

[CH00] Claudio Ciborra und Ole Hanseth. From Control to Drift. In Claudio Ciborra, Hrsg., *From Control to Drift - The Dynamics of Corporate Information Infrastructures*, Seiten 1–11. Oxford University Press, 2000.

[CR13] Désirée Christofzik und Christian Reuter. The Aggregation of Information Qualities in Collaborative Software. *International Journal of Entrepreneurial Venturing (IJEV)*, 5(3):257–271, 2013.

[Gol99] Jeffrey Goldstein. Emergence as a Construct: History and Issues. *Emergence*, 1(1):49–72, Marz 1999.

[Lew75] George Henry Lewes. *Problems of Life and Mind*. Osgood, London, United Kingdom, 1875.

[LLP+14] Benedikt Ley, Thomas Ludwig, Volkmar Pipek, Dave Randall, Christian Reuter und Torben Wiedenhoefer. Information and Expertise Sharing in Inter-Organizational Crisis Management. *Computer Supported Cooperative Work (JCSCW)*, 23(4-6):347–387, 2014.

[LPRW12] Benedikt Ley, Volkmar Pipek, Christian Reuter und Torben Wiedenhoefer. Supporting Improvisation Work in Inter-Organizational Crisis Management. In *Proceedings of the Conference on Human Factors in Computing Systems (CHI)*, Seiten 1529–1538, Austin, USA, 2012. ACM Press.

[LRP13] Thomas Ludwig, Christian Reuter und Volkmar Pipek. What You See Is What I Need: Mobile Reporting Practices in Emergencies. In *Proceedings of the European Conference on Computer Supported Cooperative Work (ECSCW)*, Seiten 181–206, Paphos, Cyrus, 2013. Springer.

[Men07] David Mendonça. Decision support for improvisation in response to extreme events: Learning from the response to the 2001 World Trade Center attack. *Decision Support Systems*, 43(3):952–967, April 2007.

[Mic90] Giorgio De Michelis. *Computer Support for Cooperative Work*. Butler Cox Foundation Report, London, United Kingdom, 1990.

[MW13] Petra Moog und Arndt Werner. Decentralisation and networks. *International Journal of Entrepreneurial Venturing (IJEV)*, 5(3):213–216, 2013.

[Orl97] Wanda J. Orlikowski. Evolving with Notes: Organizational Change around Groupware Technology. In Claudio Ciborra, Hrsg., *Groupware and teamwork*, Seiten 23–59. John Wiley & Sons, Inc., New York, USA, 1997.

[PW09] Volkmar Pipek und Volker Wulf. Infrastructuring: Towards an Integrated Perspective on the Design and Use of Information Technology. *Journal of the Association for Information Systems*, 10(5):447–473, 2009.

[Reu14] Christian Reuter. *Emergent Collaboration Infrastructures: Technology Design for Inter-Organizational Crisis Management (Ph.D. Thesis)*. Springer Gabler, Siegen, Germany, 2014.

[RHP13]   Christian Reuter, Oliver Heger und Volkmar Pipek. Combining Real and Virtual Volunteers through Social Media. In *Proceedings of the Information Systems for Crisis Response and Management (ISCRAM)*, Seiten 780–790, Baden-Baden, Germany, 2013.

[RLP14]   Christian Reuter, Thomas Ludwig und Volkmar Pipek. Ad Hoc Participation in Situation Assessment: Supporting Mobile Collaboration in Emergencies. *ACM Transactions on Computer-Human Interaction (ToCHI)*, 21(5), 2014.

[RMP12]   Christian Reuter, Alexandra Marx und Volkmar Pipek. Crisis Management 2.0: Towards a Systematization of Social Software Use in Crisis Situations. *International Journal of Information Systems for Crisis Response and Management (IJISCRAM)*, 4(1):1–16, 2012.

[SB92]   Kjeld Schmidt und Liam Bannon. Taking CSCW Seriously: Supporting Articulation Work. *Cooperative Work and Coordinative Practices*, 1(1):1–33, 1992.

[SM99]   F.M.I. Shipman und C.C. Marshall. Formality Considered Harmful: Experiences, Emerging Themes, and Directions on the Use of Formal Representations in Interactive Systems. *Computer Supported Cooperative Work (JCSCW)*, 8(4):333–352, 1999.

[SR96]   Susan Leigh Star und Karen Ruhleder. Steps toward an Ecology of Infrastructure : Design and Access for Large. *Information Systems Research*, 7(1):111–134, 1996.

[WRLP13]   Torben Wiedenhoefer, Christian Reuter, Benedikt Ley und Volkmar Pipek. Entwicklung IT-basierter interorganisationaler Krisenmanagement-Infrastrukturen für Stromausfälle. In *Informatik 2013 - Informatik angepasst an Mensch, Organisation und Umwelt*, Seiten 1649–1658, Koblenz, Germany, 2013. GI-LNI.

[WRPS11]   Volker Wulf, Markus Rohde, Volkmar Pipek und Gunnar Stevens. Engaging with Practices: Design Case Studies as a Research Framework in CSCW. In *Proceedings of the Conference on Computer Supported Cooperative Work (CSCW)*, Seiten 505–512, Hangzhou, China, 2011. ACM Press.

[Wul09]   Volker Wulf. Theorien sozialer Praktiken zur Fundierung der Wirtschaftsinformatik: Eine forschungsprogrammatische Perspektive. In J. Becker, H. Krcmar und B. Niehaves, Hrsg., *Wissenschaftstheorie und Gestaltungsorientierte Wirtschaftsinformatik*, Seiten 211–224. Springer/Physika, Berlin Heidelberg, Germany, 2009.

Dr. Christian Reuter studierte an der Universität Siegen und École Supérieure de Commerce de Dijon (Dipl.-Wirt.Inf.; M.Sc.) und promovierte 2014 zur Gestaltung (inter-) organisationaler Kollaborationstechnologien am Beispiel des Krisenmanagements (Dr. rer. pol., summa cum laude). Als IT-Unternehmer setzt er seit 2002 Web-Projekte im Mittelstand um. Nach seiner Diplomarbeit mit RWE arbeitete er als IT-Consultant für einen Telekommunikationskonzern, bis er am Institut für Wirtschaftsinformatik der Universität Siegen als wissenschaftlicher Mitarbeiter und später Projekt- und Bereichsleiter begann. Er hat nationale und internationale Beratungs- (z.B. Deutsche Telekom) und Forschungsprojekte (BMBF; EU) akquiriert, durchgeführt und geleitet. Zudem betreut er Abschlussarbeiten, leitet Übungen und Seminare und hat über 50 wissenschaftliche Veröffentlichungen im Bereich IS, CSCW und HCI publiziert.

Modellkonsistenz-Management im Systems Engineering[1]

Jan Dominik Rieke[2]

Abstract: Um der Komplexität der interdisziplinären Entwicklung moderner technischer Systeme Herr zu werden, findet die Entwicklung heutzutage meist modellbasiert statt. Dabei werden zahlreiche verschiedene Modelle genutzt, die jeweils unterschiedliche Gesichtspunkte berücksichtigen und sich auf verschiedenen Abstraktionsebenen befinden. Wenn die hierbei auftretenden Inkonsistenzen zwischen den Modellen ungelöst bleiben, kann dies zu Fehlern im fertigen System führen. Modelltransformations- und -synchronisationstechniken sind ein vielversprechender Ansatz, um solche Inkonsistenzen zu erkennen und aufzulösen. Existierende Modellsynchronisationstechniken sind allerdings nicht mächtig genug, um die komplexen Beziehungen in so einem Entwicklungsszenario zu unterstützen. In dieser Arbeit wird eine neue Modellsynchronisationstechnik präsentiert, die es erlaubt, Modelle verschiedener Sichten und Abstraktionsebenen zu synchronisieren. Dabei werden Metriken zur Erhöhung des Automatisierungsgrads eingesetzt, die Expertenwissen abbilden. Der Ansatz erlaubt unterschiedliche Grade an Benutzerinteraktion, von vollautomatischer Funktionsweise bis zu feingranularen manuellen Entscheidungen.

1 Einleitung

Angefangen von Haushaltsgeräten bis hin zu Transportmitteln – moderne technische Systeme werden immer komplexer. Sie beinhalten zudem einen stetig größer werdenden Anteil an Software. Software spielt eine Schlüsselrolle insbesondere bei untereinander stark vernetzten Systemen (sogenannte „Systems of Systems"). Oft werden solche Systeme auch mit dem Begriff „Mechatronik" beschrieben. Dieser Begriff beschreibt das Zusammenspiel und die Kollaboration verschiedener Fachdisziplinen wie Mechanik, Elektrotechnik/Elektronik, Regelungstechnik und Softwaretechnik.

Die steigende Komplexität stellt die Entwicklung solcher Systeme vor Herausforderungen. Bisher sind die fachdisziplinspezifischen Aspekte der Entwicklung meist nur wenig bis gar nicht in den Gesamt-Entwicklungsprozess integriert. Zudem sind die Entwicklungsprozesse der einzelnen Fachdisziplinen nur unzureichend aufeinander abgestimmt. Insbesondere erfordert die Entwicklung komplexer technischer Systeme einen Blick auf das „System als Ganzes", der alle disziplinübergreifend relevanten Aspekte der Entwicklung berücksichtigt und in dem alle Fachdisziplinen berücksichtigt sind. Dies wird auch als *Systems Engineering* bezeichnet. Systems Engineering bezieht sich dabei sowohl auf das zu entwickelnde System als auch auf den zugrundeliegenden Entwicklungsprozess: „Systems Engineering integrates all the disciplines and specialty groups into a team effort forming a structured development process that proceeds from concept to production to operation." [In14]

---

[1] Englischer Titel der Dissertation: Model Consistency Management for Systems Engineering
[2] Fachgruppe Softwaretechnik, Heinz Nixdorf Institut, Universität Paderborn, info@janrieke.de

Es gibt zahlreiche Design-Richtlinien, die die Entwicklung verschiedener System-Typen adressieren. Abb. 1 zeigt das *V-Model*, ein typisches Prozessmodell für die Entwicklung technischer Systeme [Be05, Bu06]. Für solche technischen bzw. mechatronischen Systeme schlägt die VDI 2206 [Ve04] oder eben dieses V-Modell [Be05, Bu06]) vor, dass die Entwicklung in drei Phasen stattfindet.

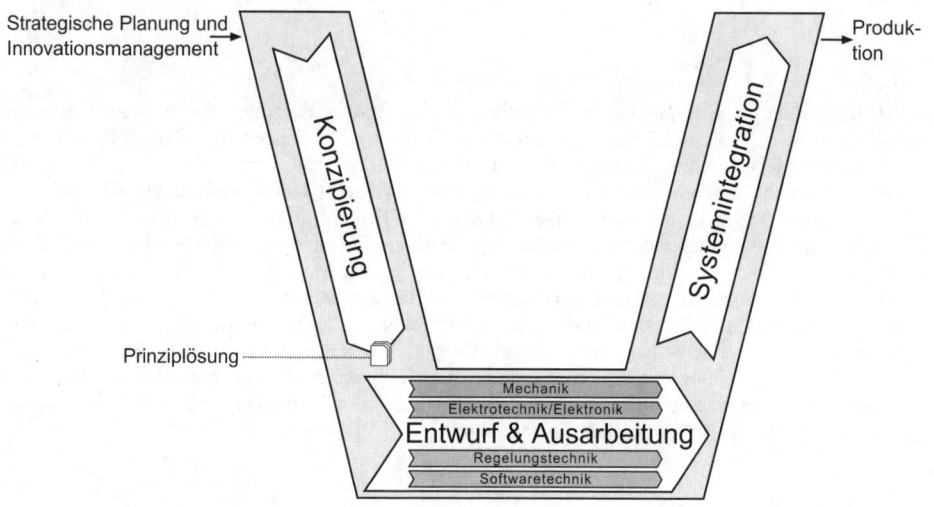

Abb. 1: V-Modell als Prozessmodell für die Entwicklung mechatronischer Systeme (basierend auf [Ve04, Bu06])

Nach der initialen strategischen Produktplanung beginnt die Entwicklung zunächst mit der Phase *Konzipierung*. Dabei kollaborieren Experten aller Disziplinen und erarbeiten die sogenannte *Prinziplösung*, ein Modell des zu entwickelnden Systems, das alle fachdisziplinübergreifend relevanten Informationen beinhaltet. Diese Prinziplösung dient anschließend als Ausgangsbasis für die Phase *Entwurf und Ausarbeitung*. Darin entwickeln die einzelnen Fachdisziplinen die Einzelheiten des Systems aus Sicht ihrer Disziplin mit Hilfe ihrer eigenen Entwicklungsartefakte und Werkzeuge. Die grundsätzliche Idee dabei ist, dass Entwicklungsaufgaben, die bislang konsekutiv erfolgten, jetzt stark parallelisiert durchgeführt werden. Diese Idee ist auch bekannt als „Concurrent Engineering" [Fo95, MCT08]. Abschließend werden die Ergebnisse in der Phase *Systemintegration* zusammengeführt: Die verschiedenen Entwicklungsartefakte der einzelnen Fachdisziplinen werden zu einem Gesamtsystemmodell kombiniert. Dieses kann dann beispielsweise für modellbasiertes Testen oder zu Simulationszwecken genutzt werden und dient anschließend als Basis für die Produktion.

Das V-Modell selbst ist lediglich ein organisatorisches Rahmenwerk für den Ablauf der Entwicklung. Es muss daher noch ausgestaltet werden für das gerade zu entwickelnde System. Außerdem enthält es keine Informationen darüber, wie die Abhängigkeiten der Fachdisziplinen untereinander sind. Daher wurde im Rahmen des SFB 614 „Selbstoptimierende Systeme des Maschinenbaus" eine Entwicklungsmethodik entwickelt, die speziell auf mechatronische Systeme zugeschnitten ist (siehe auch GAUSEMEIER ET AL. [Ga14]).

Ein Teil dieser Methodik ist die *Kollaboration und Koordination der Fachdisziplinen*. Aus technischer Sicht spielt dabei die Sicherstellung der *Konsistenz der verschiedenen Entwicklungsartefakte* während des gesamten Entwicklungsprozesses eine Schlüsselrolle.

Idealerweise beschreibt die Prinziplösung alle interdisziplinär relevanten Informationen abschließend. In so einem Fall gäbe es keine Notwendigkeit für disziplinübergreifende Abstimmungen während der Ausarbeitungsphase. In der Praxis zeigt sich jedoch, dass regelmäßig während dieser zweiten Entwicklungsphase disziplinübergreifende Änderungen notwendig werden, die in der Konzipierungsphase nicht vorhersehbar waren. So könnten neue Abhängigkeiten zwischen den Disziplinen entdeckt werden, oder Änderungen an der Prinziplösung werden notwendig aufgrund von sich ändernden Anforderungen.

Solcherlei Probleme sind lange bekannt (vgl. z. B. FOHN ET AL. [Fo95]). Laut MA ET AL. ist es im Concurrent Engineering „nicht einfach, die Konsistenz zwischen zusammenhängenden Produktmodellen zu gewährleisten, da die Verbindungen der Informationen nicht hergestellt sind" [MCT08] (Übersetzung vom Autor). Diese Probleme sind bis heute nur unzureichend gelöst. Erforderlich ist eine Methode, die disziplinübergreifend relevante Änderungen identifiziert und sie in andere Fachdisziplinen weiterleitet. Andernfalls kann es passieren, dass die entwickelten Artefakte nicht zueinander passen und so ein fehlerhaftes Gesamtsystem entsteht.

Um der Komplexität der interdisziplinären Entwicklung moderner technischer Systeme Herr zu werden, findet die Entwicklung heutzutage meist *modellbasiert* statt. Laut STACHOWIAK [St73] ist ein Modell eine verkürzte (*abstrahierende*) *Abbildung* von Entitäten der Wirklichkeit und Beziehungen zwischen diese Entitäten, die für einen bestimmten Zweck genutzt wird (*Pragmatismus*). Im Konstruktionswesen vereinfachen Modelle die Entwicklung, indem z. B. von unwichtigen Details abstrahiert wird und die Modelle so das Verständnis bestimmter Systemaspekte fördern. In der rechnergestützten Entwicklung (engl. „computer-aided engineering", kurz: *CAE*) existieren Modelle in der Regel nur als Repräsentation in Computern.

Während der Entwicklung werden in allen Phasen zahlreiche verschiedene Modelle genutzt, die jeweils unterschiedliche Aspekte des Systems darstellen. Sie unterscheiden sich in Detailgrad, Gesichtspunkt und Zweck. Es gibt beispielsweise Modelle, die ausschließlich Aspekte einer Disziplin abdecken, und fachdisziplinübergreifende Modelle wie das Systemmodell.

Wegen der unterschiedlichen Abstraktion und Abbildung gleicher Sachverhalte konstituieren sich Änderungen in unterschiedlicher Weise in den Modellen. Zudem können beteiligte Ingenieure aufgrund der Unterschiedlichkeit der Modelle die Konsequenzen einer Änderung auf andere Modelle kaum überblicken. Automatische Modelltransformations- und -synchronisationstechniken sind ein vielversprechender Ansatz in solchen Szenarien, um Modelle auch bei Änderungen konsistent zu halten. Bisherige Ansätze sind jedoch nicht anwendbar, da sie sich meist auf einfache Transformationsszenarien fokussieren oder bestimmte Funktionen nicht bieten, die aufgrund der unterschiedlichen Abstraktionsebenen zwischen den Modellen nötig wären.

Zusammenfassend lässt sich sagen, dass das beschriebene Szenario Modelltransformations- und -synchronisationstechniken vor neue Herausforderungen stellt: Wir haben es mit einer Vielzahl verschiedenartiger Modelle zu tun, deren Abbildung aufeinander ein kompliziertes Unterfangen darstellt. Zudem entsteht aufgrund der komplexen Beziehungen zwischen den Modellen eine große Menge an Abbildungsvorschriften, deren Definition und Wartung allein aufgrund ihrer Größe sehr schwer ist. Zudem sind (aufgrund der unterschiedlichen Abstraktionsebenen) Abbildungsvorschriften in der Regel mehrdeutig.

Bevor wir auf die im Rahmen der Dissertation entwickelten Methoden eingehen, soll zunächst ein Beispielszenario skizziert werden, das wir im weiteren Verlauf nutzen werden.

2 Beispielszenario

Als fortlaufendes Beispiel dient das Forschungsprojekt „RailCab – Neue Bahntechnik Paderborn"[3]. Die Vision dieses Projekts ist ein fahrerloses, schienengebundenes Transportsystem, das nicht mehr fahrplangebunden ist, sondern stattdessen auf Basis individueller Nachfrage funktioniert. Die Idee ist, dass der bestehende Schienenverkehr um kleine, autonom fahrende „RailCabs" (übersetzt in etwa „Schienentaxis") ergänzt wird, die Passagiere und Güter auf Anforderung transportieren. Während der Fahrt sollen diese RailCabs dynamisch kontaktlose Konvois bilden, um Energie zu sparen. Abb. 2 illustriert diese Vision und zeigt unter anderem die Testfahrzeuge und die Teststrecke an der Universität Paderborn.

Konvoi-Bildung   Teststrecke und Testfahrzeuge an der Universität Paderborn

Abb. 2: Das Forschungsprojekt „RailCab – Neue Bahntechnik Paderborn"

Im Folgenden wollen wir näher betrachten, wie ein modellbasierter Entwicklungsprozess auf dieses RailCab-Projekt angewendet werden könnte. In der ersten Phase entwickelt ein interdisziplinäres Ingenieursteam die Prinziplösung des RailCab-Systems. Dabei muss unter anderem festgelegt werden, wie die verschiedenen RailCabs miteinander kommunizieren. Dazu wird ein Protokoll definiert, über das die RailCabs untereinander die Bildung von Konvois koordinieren können. Dies erfolgt typischerweise mit Zustandsdiagrammen.

Befindet sich ein RailCab allein auf freier Strecke, so ist es im Zustand NoConvoy und bestimmt seine Fahrtgeschwindigkeit selbst. Fährt es allerdings zusammen mit anderen RailCabs in einem Konvoi (Zustand Convoy), so muss es seine Fahrtgeschwindigkeit an die Geschwindigkeit der anderen RailCabs anpassen. Folglich sind für diese zwei Mo-

---

[3] Webseite: http://www-nbp.uni-paderborn.de/

di unterschiedliche Geschwindigkeitsregler notwendig. Die Umschaltung zwischen den Reglern erfolgt genau dann, wenn eine Zustandsänderung passiert.

Die Details der Geschwindigkeitsregler und des Umschaltvorgangs werden dabei in der zweiten Phase Entwurf und Ausarbeitung von Ingenieuren der Regelungstechnik festgelegt. Die Softwaretechnik ist dafür zuständig, die Kommunikation und die Protokolle zu umzusetzen. Änderungen am Protokoll durch Softwaretechnik-Ingenieure können folglich Auswirkungen auf die Regelungstechnik haben, da dort die Reglerumschaltung von den Zustandswechseln ausgelöst wird.

Abb. 3 zeigt, wie sich die verschiedenen Modelle im beschriebenen Beispielszenario entwickeln und wie Informationen zwischen den Modellen propagiert werden. Nach der Generierung initialer fachdisziplinspezifischer Modelle aus der Prinziplösung in Schritt 1 beginnen die Ingenieure der Disziplinen mit der Ausarbeitung ihrer Modelle. Z. B. werden Regelungsstrategien durch die Regelungstechnik implementiert (Schritt 2). In Schritt 3 wird nun durch die Softwaretechnik eine Änderung am Protokoll getätigt. Diese Änderung muss nun an alle disziplinspezifischen Modelle weitergeleitet werden (Schritt 4).

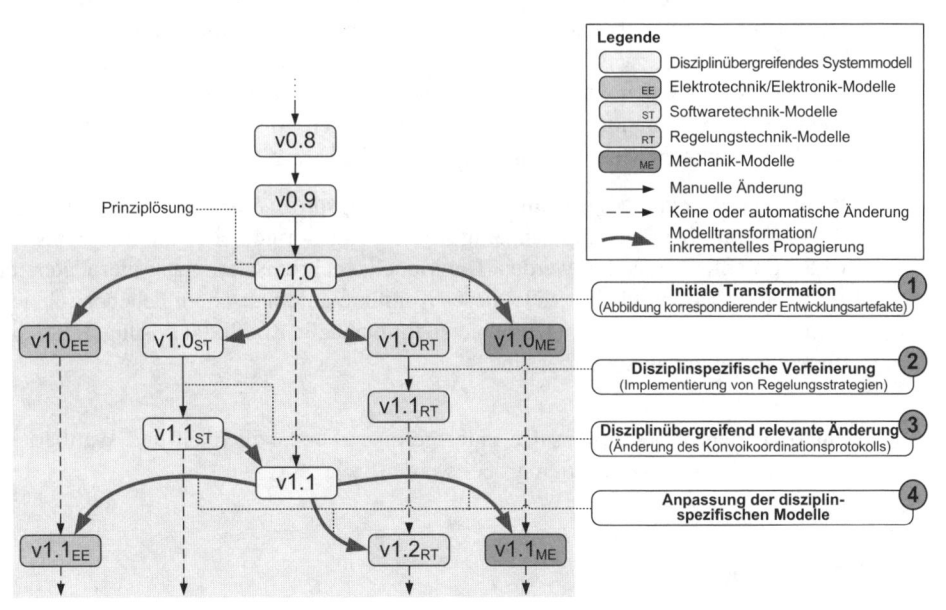

Abb. 3: Entwicklung der verschiedenen Modelle im Beispielszenario

3 Problem

An Algorithmen, Sprachen und Werkzeugen für bidirektionale Modelltransformation und -synchronisation wird heute vielfach geforscht (vgl. z. B. [HLR06, GH09, GW09, Xi09, La12, Hi12, La13]). Nichtsdestotrotz zielen existierende Ansätze vor allem auf Anwendungsszenarien ab, bei denen Modelle ähnlicher Ausdrucksmächtigkeit oder strukturell ähnliche Modelle konsistent gehalten werden sollen [RS12]. Wenn – wie in unserem Fall – Modelle unterschiedlicher Abstraktionsebenen oder Blickwinkel synchronisiert werden sollen (sogenannte „vertikale Transformationen"[4]), sind bisherige Ansätze unzureichend.

Bestehende Ansätze haben dabei insbesondere drei Probleme in unserem Szenario:

1. Sie verursachen unnötigen *Informationsverlust*. Als die Softwaretechnik das Protokoll ändert, hat die Umsetzung der Geschwindigkeitsregler der Regelungstechnik bereits begonnen – die Modelle enthalten nun disziplinspezifische Informationen. Im Beispielszenario in Abb. 3 ist dies der Fall beim Regelungstechnikmodell (v1.1$_{RT}$). Diese zusätzlichen Informationen sind nicht im disziplinübergreifenden Systemmodell enthalten; sie sind also nicht Teil der Modelltransformation. Wenn so ein angereichertes Modell durch existierende Modelltransformationstechniken geändert würde, käme es unweigerlich zum Verlust zumindest eines Teils der disziplinspezifischen Informationen – die Transformation hat keine Kenntnis von der Existenz dieser Informationen und kann sie somit leicht beschädigen oder löschen.

2. Bestehende Ansätze bieten keine ausreichende Unterstützung für Transformationen zwischen Modellen *unterschiedlicher Abstraktionsebenen*. In unserem Fall müssen abstraktere Modelle wie das Systemmodell mit detaillierten Fachdisziplin-Modellen synchronisiert werden. Die detaillierten Modelle enthalten zu bestimmten Aspekten mehr Detail-Informationen; daher gibt es oft mehrere Möglichkeiten, ein Konstrukt aus dem abstrakten Modell ins detaillierte zu übersetzen.

3. Während des hochgradig parallelen Entwicklungsprozesses können *Bearbeitungskonflikte* entstehen, wenn gleichzeitig zusammengehörige Teile von zwei Modellen widersprüchlich verändert werden. Die Modellsynchronisation muss hier Unterstützung bieten, um möglichst viele dieser Konflikte automatisch zu beheben. Gleichzeitig muss sie auch Unterstützung bieten für manuelle Konfliktauflösung, falls Konflikte nicht automatisch lösbar sind.

Nicht zuletzt leiden bisherige Ansätze unter geringer Verständlichkeit und Wartbarkeit, sobald die Transformationsszenarien größer werden.

4 Beiträge der Arbeit

Im Kern der Arbeit steht ein dreiteiliger Ansatz, der die zuvor beschriebenen Probleme angeht. Er wird ergänzt durch Techniken zur Vereinfachung und Verbesserung der Entwicklung von Transformationen und deren Wartbarkeit.

Als zugrundeliegenden Modelltransformationsformalismus nutzen wir Tripel-Graph-Grammatiken (TGGn). TGGn sind eine regelbasierte, deklarative Modelltransformationssprache, die 1994 von SCHÜRR [Sc95] eingeführt wurde. Die Semantik ist präzise definiert

---

[4] Horizontale Transformationen bilden Modelle gleichen Abstraktionsgrads aufeinander ab, vertikale Transformationen Modelle unterschiedlicher Abstraktionsgrade [MG06].

und basiert auf dem etablierten Konzept der Graphgrammatiken. Dies erlaubt beispielsweise eine formale Analyse und Verifikation; so kann die Korrektheit von Transformationsergebnissen garantiert werden. Dies ist gerade bei der Entwicklung sicherheitskritischer Systeme wichtig.

4.1 Intelligente Propagierung von Änderungen

Um Informationsverlust vorzubeugen, wird ein neuer Synchronisationsalgorithmus genutzt, der bei der Aktualisierung eines Zielmodells die Auswirkungen auf disziplinspezifische Informationen zu minimieren versucht. Die zugrundeliegende Idee ist hier, bei der Löschung von Modellelementen (verursacht durch Regelrücknahmen) diese nicht direkt zu entfernen, sondern sie zunächst nur als *zum Löschen vorgesehen* zu markieren. Die so markierten Modellelemente werden anschließend bei der Regelneuanwendung intelligent wiedergenutzt, sofern dies möglich ist.

Dabei kann es vorkommen, dass mehrere (im Sinne der Transformation korrekte) Möglichkeiten zur Wiederverwendung existieren. In diesem Fall werden Heuristiken auf Basis von Metriken eingesetzt, um die wahrscheinlich sinnvollste Möglichkeit zu identifizieren. Die Grundlage für diese Metriken bilden Einschätzungen von Transformationsexperten bei früheren Transformationen.

Der Ansatz ist dabei beliebig konfigurierbar: Als Nutzer kann man sich entweder zwischen sämtlichen Varianten entscheiden und die Bewertung durch die Metriken lediglich als Hilfe sehen, eine gewisse Zahl von unwahrscheinlichen Varianten ausblenden lassen und nur zwischen den wahrscheinlichsten entscheiden, oder alles vollautomatisch durch die Metriken festlegen lassen.

4.2 Erweiterte Spezifikationstechnik für vertikale Modelltransformationen

Die intelligente Propagierung von Änderungen wird kombiniert mit erweiterten Spezifikationstechniken, die es ermöglichen, auch Modelle unterschiedlichen Abstraktionsgrades miteinander zu verknüpfen. Entwickler von Modelltransformationen können so einfacher die Beziehungen zwischen (abstraktem) Systemmodell und (detaillierten) Fachdisziplinen-Modellen beschreiben.

Grundsätzlich wird dabei zwischen *disziplinspezifischen Verfeinerungen* und *disziplinübergreifend relevanten Änderungen* unterschieden. Im Rahmen dieser Arbeit wurde ein Verfahren entwickelt, um die Eigenschaften von Verfeinerungen formal präzise zu definieren. Anhand dieser Definitionen, der sogenannten *Verfeinerungsregeln*, ist die Transformation in der Lage zu erkennen, ob bestimmte Änderungen disziplinübergreifend relevant sind (und daher propagiert werden müssen) oder nicht.

Abb. 4 zeigt ein Beispiel für solch eine Verfeinerung. Auf der rechten Seite (Regelungstechnik) sieht man oben das Zustandsdiagramm, das aus dem Systemmodell links entstanden ist. Dieses wurde dann durch Zwischenzustände (fading_N2C und fading_C2N) erweitert (rechts unten). Diese Zwischenzustände sind hier für das reibungslose Umschalten der Regler bei Eintritt und Verlassen eines Konvois zuständig. So eine Änderung ist unter bestimmten Voraussetzungen nicht disziplinübergreifend relevant, nämlich wenn sich dadurch das beobachtbare Verhalten nicht ändert. Dies ist hier der Fall; das Modell rechts unten ist damit immer noch konsistent zum ursprünglichen Systemmodell links.

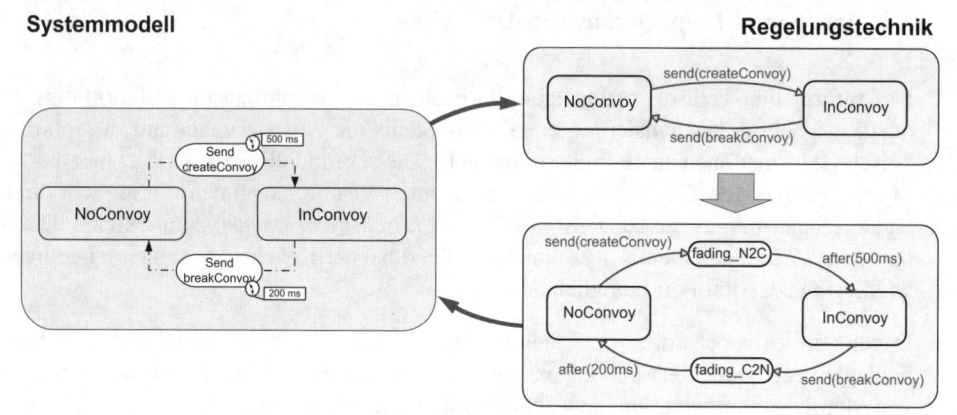

Abb. 4: Verfeinerung eines Zustandsdiagramms in der Regelungstechnik

Zentrale Herausforderung hierbei ist, dass verfeinerte Modellteile trotzdem weiterhin von Änderungen aus anderen Disziplinen betroffen sein können. Hier spielt die oben skizzierte intelligente Propagierung eine zentrale Rolle: Sie bewirkt, dass verfeinerte Modellteile so weit wie möglich erhalten bleiben, sofern die Konsistenzbedingungen dies erlauben.

4.3 Techniken zur interdisziplinären Konfliktlösung

Weiterhin wird die Modelltransformation verknüpft mit bestehenden Lösungen für Modellvergleiche und -konfliktlösungen. So können viele Bearbeitungskonflikte automatisch gelöst werden, ohne den Kern des Transformationsalgorithmus durch direkte Integration von Konfliktlösungsmechanismen unnötig zu verkomplizieren. Für verbleibende Konflikte haben Benutzer zudem spezialisierte Visualisierungs- und Lösungswerkzeuge zur Hand.

4.4 Verbesserte Wartbarkeit von Modelltransformationen

Nachteile von TGGs sind Schwächen in der Verständlichkeit und Wartbarkeit von Transformationsspezifikationen. Zwei Faktoren spielen dabei eine Hauptrolle. Erstens sind TGGs ein deklarativer Formalismus; sie beschreiben also, welche Bedingungen das Ergebnis einer Transformation erfüllen muss, nicht aber wie diese erreicht werden können. Zur Anwendung von TGGs müssen diese daher operationalisiert werden (dies ist die Aufgabe des Transformationsalgorithmus). Für Transformationsentwickler ist es aufgrund dieser „Aufgabenteilung" schwer mit herkömmlichen Methoden zu erkennen, an welcher Stelle einer TGG die Ursache eines Fehlers im Ergebnis einer Transformation ist. Zweitens werden TGG-Regeln gerade bei komplexeren Abbildungen schnell sehr groß. Zudem arbeiten sie ausschließlich auf Ebene der abstrakten Syntax der aufeinander abgebildeten Modelle.

Im Rahmen dieser Arbeit wurde daher ein speziell auf TGGs zugeschnittener Debugging-Ansatz entwickelt. Er berücksichtigt einerseits die deklarative Natur von TGGs. Andererseits bietet er Funktionen wie Haltepunkte und Schritt-für-Schritt-Ausführung, die Softwareentwicklern gut bekannt sind. Der Ansatz abstrahiert dabei so weit wie möglich von den Implementierungsdetails des Transformationsalgorithmus. Insbesondere findet das Debugging ausschließlich auf Ebene der TGG-Elemente statt: Haltepunkte werden beispielsweise durch Ereignisse auf TGG-Elementen (wie Knoten, Kanten oder ganzen TGG-Regeln) ausgelöst und nicht durch die Ausführung bestimmter Stellen im Code des Transformationsalgorithmus.

Um die Verständlichkeit der Darstellung von TGG-Regeln zu verbessern, wurde darüber hinaus eine Möglichkeit geschaffen, die konkrete Syntax der aufeinander abgebildeten Modelle direkt in den TGG-Regeln anzuzeigen. Die aus der Arbeit mit den Modellierungssprachen bekannten visuellen Elemente helfen so, sich schnell ein grundlegendes Verständnis einer Regel zu verschaffen.

Literaturverzeichnis

[Be05] Bender, Klaus, Hrsg. Embedded Systems – qualitätsorientierte Entwicklung. Springer, Berlin, Heidelberg, 2005.

[Bu06] Bundesrepublik Deutschland: V-Modell XT 1.4. 2006.

[Fo95] Fohn, Steffen M.; Greef, Arthur; Young, Robert E.; O'Grady, Peter: Concurrent engineering. In (Adelsberger, Heimo H.; Lažanský, Jiří; Mařík, Vladimír, Hrsg.): Information Management in Computer Integrated Manufacturing, Jgg. 973 in Lecture Notes in Computer Science, S. 493–505. Springer Berlin Heidelberg, 1995.

[Ga14] Gausemeier, Jürgen; Korf, Sebastian; Porrmann, Mario; Stahl, Katharina; Sudmann, Oliver; Vaßholz, Mareen: Development of Self-optimizing Systems. In (Gausemeier, Jürgen; Rammig, Franz Josef; Schäfer, Wilhelm, Hrsg.): Design Methodology for Intelligent Technical Systems, Lecture Notes in Mechanical Engineering, S. 65–115. Springer Berlin Heidelberg, 2014.

[GH09] Giese, Holger; Hildebrandt, Stephan: Efficient Model Synchronization of Large-Scale Models. Bericht 28, Hasso Plattner Institute at the University of Potsdam, 2009.

[GW09] Giese, Holger; Wagner, Robert: From model transformation to incremental bidirectional model synchronization. Software and Systems Modeling, 8:21–43, 2009.

[Hi12] Hildebrandt, Stephan; Lambers, Leen; Giese, Holger; Petrick, Dominic; Richter, Ingo: Automatic Conformance Testing of Optimized Triple Graph Grammar Implementations. In (Schürr, Andy; Varró, Dániel; Varró, Gergely, Hrsg.): Applications of Graph Transformations with Industrial Relevance, Jgg. 7233 in Lecture Notes in Computer Science, S. 238–253. Springer Berlin Heidelberg, 2012.

[HLR06] Hearnden, D.; Lawley, M.; Raymond, K.: Incremental Model Transformation for the Evolution of Model-Driven Systems. Model Driven Engineering Languages and Systems, 2006.

[In14]   What is Systems Engineering? http://www.incose.org/practice/whatissystemseng.aspx.

[La12]   Lauder, Marius; Anjorin, Anthony; Varró, Gergely; Schürr, Andy: Bidirectional Model Transformation with Precedence Triple Graph Grammars. In: Proceedings of the 8th European Conference on Modelling Foundations and Applications (ECMFA 2012). Springer Berlin/Heidelberg, 2012.

[La13]   Lauder, Marius: Incremental Model Synchronization with Precedence-Driven Triple Graph Grammars. Dissertation, Fachbereich 18 Elektro- und Informationstechnik, Technische Universität Darmstadt, 2013.

[MCT08] Ma, Y.-S.; Chen, G.; Thimm, G.: Paradigm shift: unified and associative feature-based concurrent and collaborative engineering. Journal of Intelligent Manufacturing, 19(6):625–641, 2008.

[MG06]   Mens, Tom; Gorp, Pieter Van: A Taxonomy of Model Transformation. Electronic Notes in Theoretical Computer Science, 152:125–142, 2006.

[Ri15]   Rieke, Jan Dominik: Model Consistency Management for Systems Engineering. Dissertation, Heinz Nixdorf Institut, Universität Paderborn. HNI-Verlagsschriftenreihe, Bd. 335, 2015.

[RS12]   Rieke, Jan; Sudmann, Oliver: Specifying Refinement Relations in Vertical Model Transformations. In: Proceedings of the 8th European Conference on Modelling Foundations and Applications (ECMFA 2012). Springer Berlin/Heidelberg, 2012.

[Sc95]   Schürr, Andy: Specification of Graph Translators with Triple Graph Grammars. In (Mayr, Ernst W.; Schmidt, Gunther; Tinhofer, Gottfried, Hrsg.): 20th International Workshop on Graph-Theoretic Concepts in Computer Science (WG'94). Jgg. 903 in Lecture Notes in Computer Science (LNCS), Springer Verlag, Heidelberg, S. 151–163, 1995.

[St73]   Stachowiak, Herbert: Allgemeine Modelltheorie. Springer-Verlag, Wien, New York, 1973.

[Ve04]   Verein Deutscher Ingenieure: Design Methodology for Mechatronic Systems. Beuth Verlag GmbH, 2004.

[Xi09]   Xiong, Yingfei; Song, Hui; Hu, Zhenjiang; Takeichi, Masato: Supporting Parallel Updates with Bidirectional Model Transformations. In: Proceedings of the 2nd International Conference on Theory and Practice of Model Transformations (ICMT '09). Springer-Verlag, 2009.

Jan Dominik Rieke, geboren am 7. März 1982, studierte Informatik mit Nebenfach Physik an der Universität Paderborn. Von 2009 bis 2014 arbeitete er als wissenschaftlicher Mitarbeiter und Promotionsstudent der International Graduate School „Dynamic Intelligent Systems" in der Fachgruppe „Softwaretechnik" bei Prof. Dr. Wilhelm Schäfer. In dieser Zeit hat er in verschiedenen Forschungsprojekten wie dem Sonderforschungsbereich 614 „Selbstoptimierende Systeme des Maschinenbaus" mitgearbeitet. Von 2012 bis 2014 hat er darüber hinaus die Projektkoordination des Forschungsprojekts „ENTIME – Entwurfstechnik Intelligente Mechatronik" übernommen.

Schnelle, Effiziente und Energieeffiziente Algorithmen für moderne Prozessoren und Grafikkarten in der Hochenergiephysik und anderen Gebieten[1]

David Rohr[2]

Abstract: Große Rechenzentren und Supercomputer bilden Grundvoraussetzungen vieler rechenintensiver Gebiete aus Forschung und Industrie. Sie ermöglichen das schnellere Gewinnen besserer, genauerer und umfangreicherer Resultate sowie den effizienteren Einsatz der begrenzten Ressourcen. Bisher wurde der stetige Geschwindigkeitszuwachs unter anderem durch erhöhte Energieaufnahme erkauft. Heutige Rechenzentren erreichen mit einem Strombedarf von teils weit über zehn Megawatt den Punkt, an dem höhere Rechenleistung nur noch durch effizientere Hardware und Programmierung möglich ist. Diese Arbeit stellt in drei völlig unterschiedlichen Fachrichtungen (Datenanalyse in der Hochenergiephysik am CERN, Fehlertolerante Datenspeicherung und Lineare Algebra) Lösungen zu rechenintensiven, grundlegenden Problemen vor. Diese arbeiten durch effiziente Programmierung und Einsatz moderner paralleler Prozessoren sowie Beschleunigerkarten deutlich schneller und energieeffizienter als herkömmliche Methoden

Motivation

Supercomputer haben in den letzten Jahren in vielen Bereichen große Bedeutung erlangt und ermöglichen vormals unerwartete Durchbrüche in der Forschung. Darunter fallen meteorologische Simulationen zur Wettervorhersage und Klimaforschung, Grundlagenforschung in der Hochenergiephysik oder theoretischen Physik, Quantenchromodynamik, Risikoanalysen der Finanzmärkte, Proteinfaltung, Materialforschung, Unfallsimulationen zum besseren Schutz von PKW Insassen, Neurowissenschaften und Strömungsdynamik in der Autoindustrie, Luft und Raumfahrt. Computer sind ein essentieller Faktor in diesen Feldern, die viele Petaflopjahre an Rechenleistung benötigen. Seit den siebziger Jahren folgte die Entwicklung integrierter Schaltkreise, der Grundbausteine aus welchen Computer aufgebaut sind, dem von Gordon Moore formulierten Gesetz, welches besagt, dass sich die Anzahl der Transistoren und damit grob gesagt auch die Leistungsfähigkeit von Computern etwa alle achtzehn Monate verdoppelt. Mittlerweile hat die Wärmeentwicklung der Prozessoren eine Größenordnung erreicht, die kaum mehr mit verhältnismäßigem Aufwand zu beherrschen ist. Daher begann um die Jahrtausendwende die Taktrate neuer Prozessoren zu stagnieren und blieb über die letzten Jahre quasi gleich. Der rasch wachsende Energiebedarf hat sich nicht nur für Computerprozessoren zu einem Problem entwickelt, auch Rechenzentren mit Supercomputern haben einen immensen Energiebedarf entwickelt. Seit langer Zeit wurde die stetig anwachsende Leistung der Rechenzentren unter

---

[1] Englischer Titel der Dissertation: "On Development, Feasibility, and Limits of Highly Efficient CPU and GPU Programs in Several Fields"

[2] Frankfurt Institute for Advanced Studies, Goethe Universität Frankfurt, Ruth-Moufang-Str, 1, 60438 Frankfurt, drohr@cern.ch

anderem durch eine erhöhte Leistungsaufnahme erkauft, deren Stromkosten die Betreiber heute kaum zu tragen bereit sind. Derzeitige Rechenzentren verbrauchen zum Teil deutlich mehr als zehn Megawatt an elektrischer Leistung, wodurch die Betriebskosten für wenige Jahre bereits die Anschaffungskosten übersteigen, Es ist eine gesellschaftliche Verantwortung die vorhandenen Ressourcen so um- und weitsichtig wie möglich einzusetzen. Insgesamt gesehen ist damit ein weiter steigender Strombedarf technisch in Bezug auf Bereitstellung und Kühlung nur aufwendig zu realisieren sowie unter ökonomischen und ökologischen Gesichtspunkten nicht akzeptabel, sowohl auf der kleinen Skala der Prozessoren als auch auf der großen Skala der Rechenzentren. Dennoch gehen die Anwender natürlich weiter von der gewohnten Steigerung der Rechenleistung aus. Aufgrund der Anschaffungskosten von vielen Millionen Euro für neue Supercomputer spielt die Kosteneffizienz eine gewichtige Rolle. Es werden Computer benötigt, die eine möglichst hohe Rechenleistung pro Prozessor bzw. pro ausgegebenem Euro bieten. Dies sind nicht notwendigerweise klassische Prozessoren, solche sind für allgemeine Programme und oft auch zur einfachen Programmierbarkeit konzipiert. Natürlich reduzieren energieeffizientere Computer bei gleicher Leistung die Stromkosten und damit auch die **T**otal **C**ost of **O**wnership (**TCO**), verbessern also die Kosteneffizienz. Ein weiterer Faktor der Kosteneffizienz besteht in der Frage, wie effizient die jeweilige Anwendung einen Prozessor nutzt. Prozessoren können in der Regel mehrere Rechenoperationen pro Takt durchführen, aber unglücklicherweise sind viele Anwendungen so implementiert, dass sie zu einer insuffizienten Nutzung der Prozessorarchitektur führen. Daher sind sowohl effiziente Prozessoren als auch effiziente Anwendungsprogrammierung erforderlich.

Diese Überlegungen führen Hardwarehersteller aus drei Gründen dazu, ihre Chips auf andere Weise als durch erhöhte Taktfrequenz zu beschleunigen: Erstens muss die Energieeffizienz von Computern erhöht werden, eine Taktsteigerung hätte aber eher den gegenteiligen Effekt. Zweitens sind höhere Takte aus technischer Sicht mit Blick auf die Kühlung kaum möglich. Und drittens müssen die Chips deutlich schneller werden, um neben der Energieeffizienz auch die Kosteneffizienz zu steigern. Die von den Herstellern dafür vorgenommenen Verbesserungen umfassen zum einen die Steigerung der pro Takt verrichteten Arbeit, was aber nur in relativ geringem Umfang möglich ist. Der wichtigere Aspekt ist der Umstieg auf breit angelegte parallele Architekturen, die in den letzten Jahren eine gewaltige Verbreitung erlangt haben. Neue Prozessoren verfügen über mehrere Kerne und Vektorinstruktionen. Leistungsfähiger und energieeffizienter als Prozessoren herkömmlicher Bauart sind Many-Core Prozessoren wie Grafikkarten (**GPUs**), die mit sehr vielen parallel arbeitenden einfach gestrickten Kernen Hunderte von Aufgaben gleichzeitig bearbeiten, oder auch Prozessoren mit breiten Vektorregistern wie beispielsweise Intels Xeon Phi. Diese parallel arbeitenden Prozessoren mit unzähligen unabhängigen, aber einfachen Rechenwerken sind konstruktionsbedingt für seriell geartete Anwendungen ungeeignet. Im Gegenzug sind sie durch ihre enorme Gesamtrechenleistung prädestiniert für parallele Aufgaben, während der simple Aufbau der Kerne eine unschlagbare Energieeffizienz garantiert. Leider können konventionelle Programme diese Vorzüge nicht nutzen. Meist reicht hierfür auch keine Neukompilierung aus, sondern die vorhandenen Algorithmen müssen unter Umständen angepasst und auf parallele Weise neu implementiert werden. Die Anpassung erfordert häufig ein Durchdenken und Modifizieren des Algorithmus, um die mögliche Parallelität auszunutzen. Dies ist kompliziert, zeitaufwendig und die Rentabilität schwer abschätzbar. Viele Programmierer scheuen neuartige Prozessoren und etliche Stimmen raten von deren Nutzung ab, weil sie schwer und nicht effizient programmierbar seien und dies ihre Vorteile nivelliere. Es stellt sich die Frage, welche Vorteile diese neuen Architekturen für die Forschung bieten.

Häufig lassen sich Anwendungen in serielle und parallele Unterroutinen aufteilen, wobei erstere schwer, gar nicht oder nur teilweise parallelisierbar sind. Daher sind viele moderne Cluster heterogen aufgebaut, mit breiten parallelen Prozessoren für parallele und schnellen für serielle Aufgaben. Geschickte Programmierung kann oft die langsamen seriellen Teile mit den parallelen überlappen und so deren Ausführungszeit verstecken. In jedem Fall sind jedoch hocheffiziente Programme obligatorisch, um nicht einen Großteil der Rechenleistung zu verschenken. Für die Forschung Ergeben sich damit die folgenden Aufgaben:

- Supercomputer müssen möglichst energie- und kosteneffizeint designt werden.
- Es muss untersucht werden, ob bzw. wie gut sich neue parallele Prozessortypen wie z. B. GPUs für die gegebenen Anwendungen eignen.
- Algorithmen und Programme müssen die höchstmögliche Effizienz erzielen, d. h. einerseits dass der Algorithmus dahingegen optimiert sein muss, dass er die Aufgabe mit möglichst wenig Rechenschritten erledigt und andererseits dass der Algorithmus so implementiert sein muss, dass er die gegebenen Ressourcen möglichst effizient nutzt, also pro Taktzyklus möglichst viele Rechenoperationen durchführt.

Diese Arbeit setzt sich mit drei Themen auseinander. Erstens: mit der Entwicklung schneller Algorithmen und deren Implementierung auf modernen Prozessoren und Grafikkarten. Zweitens: mit der maximal erzielbaren Effizienz in Bezug auf die spezifizierte Maximalrechenleistung (d. h. welchen Anteil der vom Computer bereitgestellten Rechenleistung kann die Anwendung ausschöpfen) und die Leistungsaufnahme (wie viel Strom benötigt die Anwendung pro durchgeführte Rechenoperation). Sowie drittens: mit der Umsetzbarkeit und den Grenzen von Programmen auf modernen Prozessoren, Grafikkarten und heterogenen Systemen. Zu diesem Zweck werden drei völlig unterschiedliche Lösungen zu grundlegenden Problemen aus verschiedenen Gebieten, die im Umfang der Arbeit realisiert wurden, vorgestellt, analysiert und verglichen. Diese folgenden drei Programme stellen jeweils für sich gesehen Lösungen für wichtige Probleme dar, und zeigen im Gesamten die Möglichkeiten paralleler und effizienter Computer.

Ereignisrekonstruktion für ALICE

Der **L**arge **H**adron **C**ollider (**LHC**) der Europäischen Organisation für Kernforschung (**CERN**) in Genf ist momentan der weltweit leistungsstärkste Teilchenbeschleuniger. **A L**arge **I**on **C**ollider **E**xperiment (**ALICE**) ist eines der vier großen Experimente, die am LHC installiert sind, und dient hauptsächlich dem Studium von Schwerionenkollisionen. Hierzu beschleunigt der LHC Kerne von Bleiatomen nahezu auf Lichtgeschwindigkeit und schießt diese mit einer Rate von mehreren tausend Hertz aufeinander. Eine der größten Herausforderungen bei der Auswertung liegt in der Rekonstruktion der Trajektorien dieser abertausender Teilchen, die bei jedem Zusammenstoß entstehen (**Tracking**). ALICE besitzt mehrere Detektoren zur Spurerkennung, der wichtigste ist die **T**ime **P**rojection **C**hamber (**TPC**): eine mit Gas gefüllter Kammer. Die durchfliegenden Teilchen ionisieren Gasmoleküle, wobei man die Ionisierungspunkte (**Hits**) messen kann. Die Messung der TPC für ein Ereignis besteht aus einem riesigen Datensatz dreidimensionaler Raumpunkte, durch die jeweils eines der Teilchen geflogen ist. Die Aufgabe der Spurrekonstruktion besteht darin, aus der gewaltigen Menge dieser gemessener Raumpunkte (Hits) die Teilchenspuren (**Tracks**) zu rekonstruieren, die Messpunkte den einzelnen Teilchen zuzuordnen und die physikalischen Teilcheneigenschaften anhand der Flugbahn zu bestimmen.

Typische zentrale Blei-Ereignisse sind mehrere zehn Megabyte groß und werden mit einer Rate von einigen hundert Hz gemessen, was einer eingehenden Datenrate von bis zu $30\,\text{GB/s}$ entspricht, rechentechnisch eine enorme Herausforderung. Der ALICE **H**igh **L**evel **T**rigger (**HLT**) ist eine Rechenfarm aus circa 250 Computern, die in Echtzeit einen Großteil der Ereignisrekonstruktion durchführt. Die Aufgabe des HLT besteht in einer schnellen Analyse der Daten, einer Entscheidung welche Daten gespeichert werden und einer Kompression ebendieser Daten. Die gespeicherten Daten werden später von der ALICE Offline Software ausgewertet, die genauere und mehr Analysen liefert, aber dafür wesentlich mehr Zeit in Anspruch nimmt. Zur Echtzeitberechnung dieser Flugbahnen wurde der vom ALICE High Level Trigger (**HLT**) für die Rekonstruktion eingesetzte Algorithmus auf GPUs portiert (**GPU Tracker**) und auf 180 zu diesem Zweck mit NVIDIA Fermi Karten ausgestatteten Rechenknoten des HLT installiert.

Der Algorithmus funktioniert im Grunde intern wie folgt: Zuerst werden mit einer Heuristik auf lokaler Ebene kombinatorisch **Seeds** gesucht: sehr kurze Spurkandidaten bestehend aus wenigen Hits. Anhand des bekannten Verhaltens geladener Teilchen in einem Magnetfeld, werden im nächsten Schritt die wahrscheinlichsten Spurparameter bestimmt. Diese umfassen die Flugbahn des Teilchens sowie einige physikalische Eigenschaften wie die Ladung. Mittels der Spurparameter wird die Flugbahn des Teilchens durch die gesamte TPC extrapoliert. Darauf aufbauend werden weitere Hits gesucht, die nahe der Flugbahn liegen und vermutlich zu dieser Trajektorie gehören, der Spur zugeordnet und zur Verbesserung der Abschätzung der Spurparameter genutzt. Der Tracking-Algorithmus benutzt den **Kalman Filter** zur Extrapolation der Spuren und zur Errechnung der Spurparameter.

Einige für die Arbeit am Tracking-Algorithmus vorgenommene Optimierungen verkürzen die Bearbeitungszeit auf der GPU deutlich, verbessern die physikalischen Resultate und stellen die Reproduzierbarkeit der Ergebnisse bei nebenläufiger Ausführung des Algorithmus sicher. Beispielsweise nutzt das Programm mehrere Prozessorkerne, um die Grafikkarte hinreichend mit Daten zu füttern, und baut auf eine Pipeline mit asynchronem Datentransfer, um eine dauerhafte Auslastung der GPU auch während der Datentransfers zu gewährleisten. An mehreren Stellen ging der Algorithmus ursprünglich nicht vollständig deterministisch vor. Beispielsweise hängen bei einer naiven Implementation des Algorithmus einige Kriterien von der Bearbeitungsreihenfolge ab. Bei einer parallel arbeitenden Grafikkarte jedoch, die viele Arbeiten gleichzeitig verrichtet, ist die Reihenfolge nicht wohldefiniert. Daher können bei obigem nichtdeterministischem Kriterium durch unvermeidliche Schwankungen in der Bearbeitungsreihenfolge leicht verschiedene Resultate herauskommen. Diese unterschiedlichen Ergebnisse sind physikalisch alle gleichwertig, erschweren allerdings die Qualitätssicherung ungemein, da man die Ausgabe von zwei Läufen nicht auf unterster Ebene vergleichen kann. Alle solche Effekte, die von Nebenläufigkeit herrühren, wurden eliminiert; meist durch Wahl besserer Kriterien, wodurch nebenbei sogar Effizienz und Auflösung der Spurrekonstruktion verbessert wurden.

Nach all diesen Optimierungen arbeitet der am HLT eingesetzte Tracking Algorithmus auf dem Prozessor um den Faktor 15 schneller als die "Offline"-Spurrekonstruktion, der von der ALICE Offline Gruppe zu Datenanalyse eingesetzt wird. Im Falle der auf den HLT Rechenknoten für die Spurrekonstruktion verfügbaren Ressourcen, ermöglicht die Spurrekonstruktion auf der GPU einen weiteren Geschwindigkeitszuwachs um den Faktor 10, ist also insgesamt 150 mal so schnell wie der Offline Algorithmus auf dem Prozessor. Abgesehen von der verkürzten Rechenzeit bewirkt der GPU Tracker auch eine deutliche Senkung der Kosten im HLT. Stünde der GPU Tracker nicht zur Verfügung, so müssten herkömmliche Prozessoren die Spurrekonstruktion leisten wofür deutlich mehr Rechenknoten von Nöten wären. Unter Berücksichtigung der Hardwarepreise ergibt sich nur für die seit 2012 eingesetzten Server durch den Einsatz der 180 GPUs eine Kostenersparnis von 300000 $ – zusätzlich benötigte Infrastruktur und Strom für mehr Server nicht mitgerechnet. Die Ersparnis für den neuen HLT im ALICE Run 2 ab 2015 ist noch deutlich größer und liegt im siebenstelligen Bereich.

Nach einer Testphase arbeitete die GPU-basierte Spurrekonstruktion seit Anfang 2012 fehlerfrei im Dauerbetrieb und ermöglichte die vollständige Online-Rekonstruktion der Teilchenspuren. Abgesehen vom GPU Tracker wurde auch der Track Merger, der zusammengehörige Spursegmente zusammensetzt, für GPUs umgesetzt. Hier konnte jedoch gezeigt werden, dass sich aufgrund der limitierten PCI Express Bandbreite keine deutliche Verkürzung der Bearbeitungszeit erzielen lässt. Daher ist es sinnvoller, den Tracker, der davon deutlich mehr profitiert, auf der GPU auszuführen, und den Merger auf dem Prozessor zu belassen. Es muss also fairerweise gesagt werden, dass GPUs kein Allheilmittel sind, sondern dass es Anwendungen gibt, für die GPUs prinzipiell ungeeignet sind. In diesen Fällen ist es wichtig, wie beim Track Merger geschehen, anhand einfacher Kriterien zu erkennen, ob und warum GPUs für die Aufgabe ungeeignet sind, so dass keine Arbeitszeit verschwendet wird. Oftmals ist in solchen Fällen dennoch eine effiziente Implementierung möglich, zum Beispiel durch Einsatz der Vektorinstruktionen von Prozessoren. Viele geplante neue Experimente, wie z. B. das **CBM** Experiment des **FAIR** Projekts an der GSI in Darmstadt, arbeiten mit wesentlich höheren Datenraten, wodurch eine Speicherung der Rohdaten unmöglich wird und eine vollständige Echtzeitrekonstruktion obligatorisch ist. Diese Experimente sind ohne Fortschritte bei der schnellen Rekonstruktion, wie z. B. der Spurrekonstruktion für ALICE, schlicht nicht realisierbar.

Benchmarks für Heterogene Supercomputer

Der Linpack Benchmark (oft auch **H**igh **P**erformance **L**inpack (HPL) genannt) ist das Standardwerkzeug zur Klassifikation der Rechenleistung von Hochleistungsrechnern. Linpack löst ein dicht besetztes lineares Gleichungssystem iterativ mittels LU-Faktorisierung mit zeilenweiser Pivotisierung. Jede Iteration besteht aus mehreren Schritten. Das Gros der Rechenzeit beansprucht dabei eine Matrix-Matrix-Multiplikation, die von einer Routine mit Namen **DGEMM** durchgeführt wird. Der **LOEWE-CSC** ist ein im Herbst 2010 installierter Supercomputer der Goethe Universität Frankfurt, bestehend aus circa 800 Servern mit GPU Beschleunigerkarten. **Sanam** ist ein Großrechner der King Abdulaziz City for Science and Technology, der in Kooperation mit dem Frankfurt Institute for Advanced Studies (**FIAS**) geplant und installiert wurde. Die Evaluation und Zusammenstellung der Hardware für Sanam wurden vollständig im Rahmen dieser Arbeit vorgenommen.

Da keine für AMD GPUs optimierten Versionen von DGEMM und HPL existierten, wurde eine DGEMM Bibliothek für GPUs mit Namen **CALDGEMM** und darauf aufbauend eine Linpack Implementierung (**HPL-GPU**) programmiert, die beide als Open Source Software frei verfügbar sind. Die Implementierung nutzt einen in GPU-Assembler geschriebenen DGEMM Kernel zur Matrixmultiplikation auf GPUs, der mehr als 90 % der theoretischen Maximalrechenleistung erreicht, und belässt die verbleibenden Schritte auf dem Prozessor, da diese auf der GPU nicht ebenso effizient implementiert werden können wie DGEMM. Für HPL-GPU wurde ein neuartiges, auf mit GPU-Beschleunigern ausgestattete Computer zugeschnittenes Feature entwickelt, das die seriellen Teile des HPL hinter der GPU Berechnung versteckt. Dieses Feature, eine Pipeline und asynchroner Datentransfer ermöglichen dem Prozessor die ihm zugewiesenen Aufgaben parallel zur Matrixmultiplikation auf der Grafikkarte zu verrichten und stellen damit die vollständige Auslastung beider Chips sicher. Mittlerweile hat Intel die hier erwähnten Verbesserungen weitestgehend in deren HPL Implementierung übernommen. Um mit vielen Hardwarearchitekturen kompatibel zu sein, kann CALDGEMM wahlweise die Schnittstellen **CAL**, **CUDA** und **OpenCL** zur GPU-Programmierung verwenden.

Der LOEWE-CSC Cluster benutzt verschiedene Rechenknoten für verschiedene Anwendungen: eine Sorte mit mehr CPU Kernen und mehr Speicher und eine Sorte mit GPUs. Herkömmliche Linpack-Implementierungen verteilen die Rechenlast völlig gleichmäßig auf alle vorhandenen Knoten und können mit solch einer heterogenen Situation nicht umgehen, denn sie bremsen damit alle Knoten auf das Niveau des langsamsten teilnehmenden Knotens herunter. HPL-GPU kann die Matrix der vorhandenen Rechenleistung entsprechend verteilen. Hierfür musste insbesondere der Algorithmus zum Lösen von Dreieckssystemen modifiziert werden. Ein exemplarischer Test mit sechs Knoten drei verschiedener Leistungsklassen erreichte 96,9 % der akkumulierten Einzelleistungen aller Knoten und damit lediglich 3,1 % Granularitätsverlust.

Da GPUs nur sehr einfache, aber dafür viele Kerne einsetzen, sind sie für optimierte Anwendungen konstruktionsbedingt energieeffizienter als Prozessoren. Beim HPL ist es möglich, die Energieeffizienz weiter zu steigern, indem man möglichst viele Teile des Algorithmus von der CPU auf die GPU auslagert und die Prozessoren damit soweit als möglich absichtlich brach liegen lässt. HPL-GPU bietet einen effizienzoptimierten Modus, der auf dem Sanam zwar eine um 11,1 % reduzierte Leistung, dafür aber eine um 23,2 % reduzierte Stromaufnahme ermöglicht. Die Energieeffizienzsteigerung steigt um 15,8 %. Auch für spezielle Systeme im Niedrigenergiebereich gibt es besondere Anpassungen, um deren verhältnismäßig langsame Prozessoren zu kompensieren. Mit optimierten Versionen von HPL-GPU konnte bereits Anfang 2011 sowohl auf einem solchen Niedrigenergiesystem von **SDS** als auch auf einem multi-GPU System die ersten Messungen einer Energieeffizienz von mehr als 1 GFlop/J mit einem GPU System demonstriert werden.

Unter Einsatz von CALDGEMM und HPL-GPU platzierte sich der LOEWE-CSC im November 2010 auf Platz 22 in der Top500-Liste der weltweit leistungsstärksten Supercomputer. Sanam erreichte im November 2012 den zweiten Platz in der Green500-Liste der energieeffizientesten Supercomputer und musste sich nur einem von Intel zu diesem Zweck geförderten viel kleineren System geschlagen geben. HPL-GPU bot damit auf dem LOEWE-CSC eine bis dato auf GPU-Clustern unerreichte Effizienz im Vergleich zur theoretischen Maximalleistung und erst kürzlich konnten andere Implementierungen von NVIDIA und Intel aufschließen, wobei NVIDIA z. B. auf dem Titan Supercomputer nur auf den Grafikkarten rechnet und die Prozessoren außen vorlässt, und Intel den Ansatz der Arbeitsverteilung auf Prozessor und GPU von HPL-GPU übernommen hat.

Basierend auf diese Arbeit wurde im Herbst 2014 an der GSI in Darmstadt der neue **Lattice-CSC** Computer für Simulationen im Feld der Quantenchromodynamik gebaut, der in gewisser Weise architekturell der Nachfolger von Sanam ist. Ein einziger Computerknoten von Lattice-CSC erreicht mit CALDGEMM eine Matrix-Multiplikationsperformance von ca. 8 TFlop/s. Der Cluster Lattice-CSC erzielte mit HPL-GPU eine Energieeffizienz von 5,37 GFlop/J, also 5,37 Milliarden Fließkomma-Rechenoperationen in doppelter Genauigkeit pro Sekunde und pro Watt elektrischer Leistung. Damit erlangte Lattice-CSC den ersten Platz der Green500 Liste und ist momentan der energieeffizienteste Supercomputer der Welt. Mit Baukosten von 1,7 Millionen Euro stellt Lattice-CSC eine theoretische Maximalrechenleistung von 1,7 PFlop/s bereit. Damit liegt er auch in Bezug auf die Kosteneffizienz vor fast allen anderen Supercomputern.

Fehlertolerante Kodierung

Die Menge der von der Menschheit produzierten digitalen Daten steigt rasant an und hat inzwischen mit vielen Exabyte pro Jahr eine unvorstellbare Dimension erreicht. Dies stellt eine enorme Herausforderung bei der Datenspeicherung dar. Unzählige Speichermedien müssen parallel eingesetzt werden, wodurch das regelmäßige Versagen einzelner Medien vorprogrammiert ist. Bei sehr großen Datenzentren kann dies den Ausfall mehrerer Medien pro Tag bedeuten. Die Entwicklung von Mechanismen zur Vermeidung von Datenverlusten ist evident. Die Kodierungstheorie ermöglicht die einfache, fehlertolerante Datenspeicherung und ist damit eine absolute Notwendigkeit für jedwede heutige Computerinfrastruktur. Sie verhindert Datenverluste, Übertragungsfehler und Systemabstürze bei Hardwaredefekten. Die Mathematik hinter vielen fehlertoleranten Codes findet in endlichen Körpern ($\mathbb{F}_q$ genannt) statt. Im Folgenden bezeichnet ein (n,k)-Code einen Code, der n Datenwörter in $n+k$ Codewörter kodiert, so dass beim Verlust von bis zu k Codewörtern alle Datenwörter wiederhergestellt werden können. Praktisch heißt das, man benötigt $n+k$ identische Speichermedien (z. B. Festplatten), hat aber nur die Gesamtkapazität von n Medien zur Verfügung, dafür können dann bis zu k Medien ausfallen. Völlig unabhängig davon welche Medien ausfallen, ist in diesem Fall immer eine vollständige Rekonstruktion aller Daten möglich, so lange es nicht mehr als k sind. Prominente Beispiele solcher Codes sind **Reed-Solomon Codes**, deren Funktionsweise sich auf Eigenschaften der Vandermonde-Matrix stützen, oder darauf aufbauende **Cauchy-Reed-Solomon Codes**. Die eigentliche Kodierung bzw. die Wiederherstellung von Daten aus den Codewörtern wird über eine Matrix-Vektor-Multiplikation realisiert. In den obigen zwei Beispielen liegen die Werte in den mathematischen Körpern $\mathbb{F}_{2^{32}}$ bzw. in $\mathbb{F}_2$. Das Problem hierbei ist, dass die Rechenoperationen in diesen Körpern von Computern nicht nativ unterstützt werden. Es gibt keine Prozessor-Instruktion, die eine entsprechende Berechnung durchführt, sondern es müssen viele Instruktionen, oft in der Größenordnung von einhundert, abgearbeitet werden, um eine einzige Rechenoperation zu emulieren. Damit sind diese Codes leider nicht für die Ausführung auf Computern geeignet.

Diese Arbeit behandelt die Kodierung in zwei Schritten. Ein erster theoretischer Teil diskutiert Codes, deren Operationen sich besser auf die vorhandenen Rechenoperationen von Computern abbilden. Es wird eine Methode vorgestellt, mit Hilfe der Ganzheitsringe algebraischer Zahlkörper Codes basierend auf Integer-Rechenoperationen in $\mathbb{Z}/2^{32}\mathbb{Z}$ zu erzeugen. Weiter wird eine neue Herangehensweise präsentiert, welche die Generierung der Kodiermatrizen beschleunigt. Außerdem können Cauchy-Reed-Solomon Codes durch geeignete Vektorisierung so formuliert werden, dass die Rechenoperationen in $\mathbb{F}_2^{32}$ durchgeführt werden können. Rechnungen in diesen beiden Objekten können Computer effizient bewerkstelligen, denn sie bilden sich direkt auf vorhandene Computerinstruktionen ab. Das Umschreiben der Kodierung von Matrix-Vektor-Multiplikation, die per Definition bandbreitenlimitiert ist, auf Matrix-Matrix-Multiplikation stellt die volle vorhandene Rechenleistung für die Kodierung zur Verfügung und ermöglicht es, insbesondere die bei der Arbeit am Linpack Benchmark erworbene DGEMM Expertise anzuwenden.

Der zweite Teil stellt neue schnelle Implementationen der besprochenen Codes vor, die in Form der Open Source Bibliothek **QEnc** frei zur Verfügung gestellt werden. Hierfür werden zuerst vorhandene leistungsfähige DGEMM Bibliotheken zur Fließkomma-Matrixmultiplikation abgewandelt, um eine passende Implementierung für QEnc zu erhalten. Hierfür werden FLießkomma-Operationen durch Berechnungen in den oben erwähnten Objekten $\mathbb{Z}/2^{32}\mathbb{Z}$ und $\mathbb{F}_2^{32}$ ersetzt. Für relativ große Matrizen ($n, k \geq 48$) erreichen diese Bibliotheken die spezifizierte Spitzenleistung der Prozessoren. Die Cauchy-Reed-Solomon Codes erlauben noch eine weitere Optimierung, die jedoch für Computer gewöhnlich nicht allgemein für beliebige Parameter n und k gleichzeitig realisiert werden kann, sondern nur für fest vorgegebene Werte von n und k. Hierbei wird ausgenutzt, dass Multiplikationen in $\mathbb{F}_2$ trivial sind. Die einzigen möglichen Faktoren sind 0 und 1. Ist der Faktor 1 wird die Multiplikation übersprungen, ist der Faktor 0 wird sowohl die Multiplikation als auch die darauf folgende Addition übersprungen. Diese Methode kann im Mittel 75 % der Rechenoperationen einsparen, setzt aber eine a priori Kenntnis der jeweiligen Kodiermatrix voraus, die von den Parametern n und k abhängt.

QEnc löst dieses Problem durch Generieren und Ausführen von binärem Assemblercode zur Laufzeit (**Just in Time** Compilation / Assembly), so dass die spezifische Matrix für die aktuellen Kodierparameter berücksichtigt werden kann. Verglichen mit der ersten naiven Implementierung, bei der die schnellsten verfügbaren DGEMM-Bibliotheken eingesetzt wurden, kann QEnc die Matrix-Multiplikation 9,1 mal so schnell durchführen. Der optimierte Assembler Code erreicht durch Instruction-Level-Parallelism eine Ausführungsrate von 2,61 XOR-Rechenoperationen pro Takt. QEnc kann mittels OpenMP mehrere CPU-Kerne gleichzeitig nutzen. Auf Prozessoren kodiert QEnc mit über $10\,\text{GB}/\text{s}$ bei Matrixgrößen bis etwa $n \cdot k < 400$, was mehrfach schneller ist, als andere Implementierungen selbst bei kleinen Matrizen schaffen. Die Limitierung auf $10\,\text{GB}/\text{s}$ rührt nicht von der eigentlichen Rechengeschwindigkeit her, sondern der Hauptspeicher des Computers kann die Eingangsdaten schlicht nicht schneller liefern bzw. die Ausgangsdaten nicht schneller wegschreiben. Durch Generierung von **OpenCL** und **VHDL** Code kann QEnc Grafikkarten und **FPGAs** zur Beschleunigung einsetzen. Bei kleinen Parametern (n, k) demonstrieren GPUs immense Bandbreiten von über $250\,\text{GB}/\text{s}$ und FPGAs können auf dem Chip eine Kodierbandbreite von mehreren Terrabyte pro Sekunde erreichen und spielen damit in einer völlig anderen Liga. Leider steht diese enorme Rechenleistung wegen der begrenzten PCI Express Bandbreite nicht für reale Anwendungen zur Verfügung.

Die Implementierung stößt für jedwede Parameter an harte Grenzen der eingesetzten Hardware. Entweder die für das Lesen der Rohdaten und Speichern der kodierten Daten benötigte Speicherbandbreite übersteigt bereits die Kapazität des Speichercontrollers. Dies bremst dann den Prozessor zwangsläufig aus. Ansonsten werden über 90 % des unter Berücksichtigung von Instruction Level Parallelism möglichen maximalen Instruktionsdurchsatzes an Vektorbefehlen erreicht. Die Hardware wird also in jedem Fall optimal genutzt. Das Kodierungsproblem kann damit für die oben angegebenen Parameter (die für fast alle Fälle ausreichend sind) als gelöst angesehen werden, da aufgrund der begrenzten Geschwindigkeit mit der die zu kodierenden Daten aus dem Speicher geladen werden können, schlicht keine weitere Beschleunigung möglich ist. Bei größeren Parametern ist in der Tat die Rechengeschwindigkeit der limitierende Faktor, aber auch hier gibt es nach Wissen des Autors keine schnellere Kodierimplementierung als in QEnc.

Vergleich der Ergebnisse & Schlussfolgerung

Zum zielgerichteten Vergleich von CPU und GPU dient die Metrik γ, welche über das Verhältnis der Effizienz auf der GPU zur Effizienz auf der CPU jeweils in Bezug zur theoretischen Maximalleistung definiert ist. Mit a_g und a_c den auf GPU und CPU erreichten Leistungen und p_g und p_c den theoretischen Spitzenwerten definiert sich γ durch:

$$\gamma = \frac{a_g/p_g}{a_c/p_c} = \frac{a_g/a_c}{p_g/p_c}.$$

Die Metrik vergleicht nicht den Leistungsunterschied zwischen GPU und CPU. Dies ist nicht zweckdienlich, da die GPU konstruktionsbedingt der schnellere Prozessor ist. Vielmehr setzt die Metrik den Leistungszuwachs in Bezug zur Spitzenperformance. Die Anwendung dieser Metrik auf die hier vorgestellten Programme ergibt in fast allen Fällen einen Wert zwischen $0,7$ und $1,0$, d. h. dass die GPU Implementierungen ähnlich effizient arbeiten wie ihre CPU Analoga. Bei den Beispielen mit $\gamma < 0,7$ konnten immer eindeutige Flaschenhälse identifiziert werden, wie z. B. die PCI Express Bandbreite beim Track Merger, die eine sinnvolle Nutzung der GPU verhindern.

Es wurden in drei verschiedenen Fachgebieten effiziente Algorithmen und Implementierungen dieser Algorithmen auf Prozessoren und Grafikkarten vorgestellt. Insgesamt konnten alle drei vorgestellten Anwendungen eine deutliche Leistungs- und Effizienzsteigerung erreichen. Ohne die schnelle GPU Implementierung wäre eine Echtzeit-Spurrekonstruktion bei voller Rate für das ALICE Experiment aus Kostengründen nicht möglich und neue Experimente die ausschließlich auf Echtzeitkonstruktion setzen wären nicht realisierbar. Die Linpack Implementierung hat mit dem Erreichen des Spitzenplatzes in der Green500 Liste ihre Energieeffizienz unter Beweis gestellt. Die entwickelte Routine zur Matrixmultiplikation im Linpack erreicht 90 % der theoretischen spezifizierten Maximalperformance der GPU. Die fehlertolerante Datenkodierung ist nicht länger durch die Rechengeschwindigkeit, sondern durch Laden und Wegschreiben der Rohdaten limitiert. Die erhöhten Leistungen rühren einerseits von Optimierungen am Algorithmus her und andererseits vom effizienten Einsatz geeigneter moderner paralleler Prozessortypen. Es stellt sich heraus, dass nicht jede Architektur für jedes Problem geeignet ist, dass es aber (zumindest bei den untersuchten Fällen) für jedes Problem eine geeignete Architektur gibt. In den meisten Fällen lässt sich die Eignung aber anhand einfach zu prüfender Kriterien relativ schnell abschätzen Es lässt sich folgern, dass feldübergreifend bei guter Programmierung eine effiziente Implementierung der meisten Algorithmen auf parallelen Architekturen wie z. B. GPUs möglich ist. In der Regel sind mindestens eine Pipeline und asynchroner Datentransfer zur auszuschöpfen der gebotenen Rechenleistung nötig. Der Aufwand entlohnt dafür aber mit Steigerungen der Leistung und der Energieeffizienz sowie mit einer günstigeren Total Cost of Ownership.

Literaturverzeichnis

[Ro14] Rohr, David: On Development, Feasibility, and Limits of Highly Efficient CPU and GPU Programs in Several Fields. Universität Frankfurt, 2014.

David Rohr wurde am 18.9.1983 in Mannheim geboren. Nach dem Abitur studierter er Physik und Mathematik an der Universität Heidelberg Als Physik-Diplomarbeit entwickelte er ein System zur automatischen Rekonstruktion von Teilchenspuren für das ALICE-Experiment am LHC am CERN unter Zuhilfenahme von GPUs. Thema seiner Doktorarbeit an der Goethe-Universität Frankfurt war die Fortführung dieser Arbeit für das CERN sowie andere Projekte im Bereich des Hochleistungsrechnen: insbesondere fehlertolerante Datenkodierung und effiziente Implementierungen des Linpack-Benchmarks auf GPUs. Momentan arbeitet er als Postdoc für das Frankfurt Institute for Advanced Studies. Dort war er unter Anderem verantwortlich für das Design und die Linpack-Optimierungen für den Supercomputer Lattice-CSC am GSI Helmholtzzentrum für Schwerionenforschung in Darmstadt, der im November 2014 von der Green500 Liste als energieeffizientester Computer der Welt ausgezeichnet wurde.

Prinzipien der Informationsintegration: Analyse, Optimierung und Management von Schematransformationen[1]

Emanuel Sallinger[2]

Abstract: Die Menge an Information, die in Datenbanken und im Internet zur Verfügung steht, nimmt stetig zu, oder, wie es manche gerne ausdrücken, wir stehen am Beginn der Ära von "Big Data" (dt. "große Daten"). Die Integration dieser Information ist eine Schlüsselherausforderung um diese Datenmengen nutzbar zu machen.

Die Datenbankforschung hat in den letzten Jahren große Fortschritte im Bereich der Informationsintegration gemacht. Eine starke formale Basis für Informationsintegration wurde durch das Konzept der Schematransformationen (engl. "Schema Mappings") gelegt – das sind Spezifikationen der Beziehung zwischen Datenbanken.

Um effiziente Systeme auf der Basis von Schematransformationen zu entwickeln sind Analyse, Optimierung und Management von Schematransformationen essentielle Aufgaben. Die systematische Studie dieser Bereiche ist das Thema dieser Arbeit.

1 Einleitung

Die Menge an Information, die in Datenbanken und im Internet zur Verfügung steht, nimmt stetig zu, oder, wie es manche gerne ausdrücken, wir stehen am Beginn der Ära von "Big Data" (dt. "große Daten"). Die Quelle dieser Information ist vielfältig, unter anderem stammt sie von Unternehmen, privaten Organisationen, Universitäten und Regierungen. Der Zugriff auf Daten, die aus verschiedenen Quellen integriert werden, wird immer wichtiger für Entscheidungsträger auf allen Ebenen – Personen, Unternehmen und Regierungen gleichermaßen. Daher ist es nicht verwunderlich, dass Informationsintegration eines der Top-Themen in der Datenbankforschung der letzten Dekade war und weiterhin ein Kernthema ist.

Die Datenbankforschung hat in den letzten Jahren große Fortschritte im Bereich der Informationsintegration gemacht. Eine starke formale Basis für Informationsintegration wurde durch das Konzept der Schematransformationen (engl. "schema mappings") [FKMP05] gelegt – das sind Spezifikationen der Beziehung zwischen Datenbanken. Das schlussendliche Ziel eines Datenverwaltungssystems ist es, den Nutzern die Information zur Verfügung zu stellen, die sie benötigen, oder anders gesagt, Nutzeranfragen zu beantworten. Zu diesem Zweck sind zwei grundlegende Ansätze erforscht worden: Datenaustausch (engl. "data exchange") [FKMP05, Kol05] und Datenintegration (engl. "data integration") [HRO06,

---
[1] Englischer Titel der Dissertation [Sal14]: "Foundations of Information Integration – Analyzing, Managing and Reasoning about Schema Mappings"
[2] Technische Universität Wien, sallinger@dbai.tuwien.ac.at

Len02]. Die Grundlage dieser beiden Ansätze zur Informationsintegration sind Schematransformationen.

Um effiziente Systeme basierend auf Schematransformationen zu konstruieren ist die Analyse und Optimierung von Schematransformationen eine essentielle Aufgabe [FKNP08]. Darüber hinausgehend führt die steigende Anzahl und Komplexität von Schematransformationen zu einem starken Bedürfnis des Managements von Schematransformationen [Ber03]. Eine zentrale Anwendung des Managements von Schematransformationen ist es beispielsweise, Methoden zur automatischen Erstellung von zusammengesetzten Schematransformationen bereitzustellen, anstatt den Nutzer dazu zu zwingen, diese manuell zu erstellen. Insgesamt bilden die Bereiche der Analyse, Optimierung und des Managements den Kern des "Reasoning" (dt. in etwa "schlussfolgern") über Schematransformationen.

Die steigende Bedeutung von Informationsintegration, der Wert von Schematransformationen als dessen starke formale Basis und der Stellenwert von Analyse, Optimierung und Management von Schematransformationen um effiziente Systeme zu konstruieren versprechen einer der Schlüssel zur Nutzung der rasch anwachsenden Datenmengen in der Zukunft zu sein. Und das ist das Thema dieser Arbeit.

2 Problemstellung

Schematransformationen bilden eine starke formale Basis für den Bereich der Informationsintegration. Seit ihrer Einführung wurden große Fortschritte zum Verständnis dieser Basis und ihrer Nutzung gemacht. Jedoch sind Kernfragen unbeantwortet, und zusätzliches Potential ungenützt geblieben:

Klassische Schematransformationen. Eine Schematransformation ist durch zwei Datenbankschemata, genannt Quell- und Zielschema, sowie durch eine Menge von Abhängigkeiten (engl. "dependencies") zwischen Quell- und Zielschema gegeben. Abhängigkeiten werden üblicherweise durch logische Formalismen spezifiziert. Die beiden wichtigsten Arten von Abhängigkeiten sind Tupel-erzeugende Abhängigkeiten (kurz tgds vom Englischen "tuple-generating dependencies") und Gleichheit-erzeugende Abhängigkeiten (kurz egds vom Englischen "equality-generating dependencies").

Dabei sind tgds Verallgemeinerungen der bekannten Schlüsselabhängigkeiten (engl. "key constraints") und egds Verallgemeinerungen der bekannten funktionalen Abhängigkeiten. Abhängigkeiten können vom Quellschema zum Zielschema definiert werden, genannt s-t Abhängigkeiten (vom Englischen "source-to-target"), oder als sogenannte Ziel-Abhängigkeiten, die es dem Nutzer erlauben, Integritätsbedingungen über dem Zielschema zu spezifizieren.

Eine beispielorientierte, Schritt-für-Schritt Einführung findet sich in Kapitel 3 der Dissertation, in der alle Begriffe, die hier aus Platzgründen nur angesprochen werden können, ausführlich vorgestellt und anschließend formal definiert werden.

- **Standard Transformationen**. Schematransformationen basierend auf s-t tgds (sogenannte GLAV Transformationen) und Transformationen basierend auf s-t tgds gemeinsam mit tgds und egds über dem Zielschema ("Standard Transformationen") gehören zu den am besten studierten Klassen von Schematransformationen (siehe z.B. [ABLM14, ABLM10, KLS13] für Überblicksartikel). Viele Resultate bezüglich der Analyse und dem Management solcher Schematransformationen sind bekannt [Ber03, Mel04, BM07, APRR10] wie die Invertierung [Fag07, FKPT08, FKPT09, APR09, APRR09, FKPT11] und Komposition [MH03, FKPT05, NBM07, BGMN08, AFN11]. Im Artikel [FKNP08] haben Fagin, Kolaitis, Nash und Popa die Grundlagen der Optimierung von Schematransformationen gelegt, in dem sie neue Konzepte der Äquivalenz zwischen Schematransformationen eingeführt haben.

  Bisher sind eine Reihe wichtiger Ergebnisse zu Äquivalenz und Optimierung von s-t tgds und einigen Erweiterungen bekannt. Eine systematische Studie von Äquivalenz von Standard Transformationen fehlt jedoch.

- **Transformationen zweiter Ordnung**. Wie eben besprochen ist die Komposition von Schematransformationen ein wichtiges Thema im Management von Schematransformationen. Jedoch haben Fagin, Kolaitis, Popa and Tan gezeigt, dass zum Ausdrücken der Komposition von GLAV Transformationen die Klasse der GLAV Transformationen selbst nicht ausreicht [FKPT05]. Um die Komposition von diesen praktisch häufig vorkommenden Transformationen zu ermöglichen sind in [FKPT05] sogenannte tgds zweiter Ordnung (kurz SO tgds von engl. "second-order tgds") eingeführt worden, und es wurde gezeigt, dass diese tatsächlich genau die Komposition von GLAV Transformationen ausdrücken. Die Bedeutung von Transformationen zweiter Ordnung unterstreicht, dass sie bei der größten Datenbankkonferenz (PODS/SIGMOD 2014) vor Kurzem mit dem 10-Jahres "Test of Time" Preis gewürdigt wurden.

  Während die Äquivalenz von GLAV Transformationen für die wichtigsten Arten von Äquivalenz praktisch vollständig erforscht ist, sind beinahe keine Resultate für Transformationen zweiter Ordnung bekannt.

- **Geschachtelte Transformationen**. Zwischen GLAV Transformationen und Transformationen zweiter Ordnung wurden zwei weitere wichtige Klassen mit mittlerer Ausdrucksstärke betrachtet. Die erste ist die Klasse der geschachtelten GLAV Transformationen (engl. "nested GLAV mappings"). Verschachtelte GLAV Transformationen wurden in [FHH+06] eingeführt und in [HHP+07] als Erweiterung der Spezifikationssprache von IBMs Clio System genutzt, das zu diesem Zeitpunkt in IBMs Almaden Forschungszentrum entwickelt wurde und inzwischen Teil von IBM InfoSphere BigInsights Suite ist. Die zweite ist die Klasse der schlichten SO tgds (engl. "plain SO tgds"), eine Unterklasse von SO tgds. Das Ziel von schlichten SO tgds ist es eine "gute" Sprache bereitzustellen, die sowohl mit Invertierung als auch Komposition von GLAV Transformationen umgehen kann.

  Während schlichte SO tgds im Detail untersucht wurden [APRR13], ist über die strukturellen Eigenschaften und die Berechenbarkeit wichtiger Probleme von geschachtelten Transformationen relativ wenig bekannt.

Jenseits klassischer Schematransformationen. Wir haben eben gesehen, dass eine Reihe wichtiger Probleme für die am weitesten verbreiteten Klassen von Schematransformationen noch ungelöst ist. Verlässt man diesen Bereich der "klassischen" Schematransformationen, findet sich jedoch ein breites Gebiet von ungenutztem Potential.

- **Informations-Transformationen.** Bisher wurden Schematransformationen primär als gegeben durch (in logischen Formalismen spezifizierten) Datenbankabhängigkeiten betrachtet. Vor kurzem wurden neue Konzepte eingeführt [APRR10, FKPT11], Schematransformationen basierend auf der Information, die sie transferieren, zu betrachten. In diesem Kontext sind die exakten Formalismen, in denen die Transformationen spezifiziert sind, von untergeordneter Bedeutung – man könnte also sagen, sie transformieren weniger Datenbanktabellen als sie die darunterliegende Information transformieren.

    Während es bereits eine gewisse Erforschung des Konzepts "Informationstransfer" bezüglich dem Invertieren von Schematransformationen gegeben hat [APRR10, FKPT11], sind andere zum Schematransformations-Mangement notwendige Operatoren bisher noch nicht genauer betrachtet worden.

- **Wissens-Transformationen.** Im Szenario des Datenaustauschs (engl. "data exchange") sind Quelldaten immer explizit gegeben, das heißt, jedes Faktum das wahr ist, ist explizit in der Quelldatenbank enthalten. In der Arbeit [APR13] haben Arenas, Perez und Reutter das Szenario des Wissensaustauschs (engl. "knowledge exchange") eingeführt. Dabei ist statt einer Quelldatenbank eine Quell-Wissensbasis gegeben, bestehend aus explizitem und implizitem Wissen (auch ABox und TBox im Bereich der Beschreibungslogiken genannt, oder Fakten und Regeln im Bereich der logischen Programmierung). In diesem Szenario wird die Schematransformation nicht nur zur Transformation der Daten (des expliziten Wissens), sondern auch zur Transformation des impliziten Wissens eingesetzt.

    Jedoch sind die zentralen Konzepte des "Wissensaustauschs" und des "Datenaustauschs" sehr weit voneinander entfernt. Diese beiden Welten mit Hilfe des Rahmenwerks, das durch Schematransformationen gegeben ist, zu vereinen, ist wichtig für beide Bereiche.

- **Rekursive Transformationen.** Im Szenario des Datenaustauschs wird üblicherweise angenommen, das Schematransformationen nicht rekursiv sind – oder anders ausgedrückt, dass der sogenannte "chase" Algorithmus zur Erzeugung von Zieldatenbanken terminiert. In der Arbeit [CGK13] betrachten Cali, Gottlob und Kifer Transformationen, die Rekursion erlauben. Solche Schematransformationen basierend auf tgds werden auch Datalog$^\pm$ Programme genannt. Das wichtigste Resultat über Datalog$^\pm$ Programme ist, dass das Beantworten von Anfragen (engl. "query answering"), das für allgemeine rekursive Schematransformationen unentscheidbar ist, unter bestimmten syntaktischen Einschränkungen entscheidbar ist.

    Wir haben allerdings gerade eben Schematransformationssprachen gesprochen, die stärker sind als tgds. Am wichtigsten waren geschachtelte Transformationen und Transformationen zweiter Ordnung. Die Frage ist nun, unter welchen Einschränkungen wichtige Probleme, speziell das Beantworten von Anfragen, für diese mächtigeren Transformationssprachen immer noch entscheidbar sind.

Insgesamt sind für "klassische" Schematransformationen noch immer zentrale Fragen offen und wichtige Probleme ungelöst. Eine systematische Analyse der Äquivalenz und Optimierung so wohl für Standard Transformationen als auch für Transformationen zweiter Ordnung fehlt, während geschachtelte Transformationen noch gar nicht näher untersucht wurden. Jenseits klassischer Schematransformationen liegt ein breiter, unerforschter Bereich, wo sowohl Informations-Transformationen, Wissens-Transformationen als auch rekursive Transformationen versprechen, fruchtbarer Boden für die Erforschung zu sein.

Daher ist das Ziel dieser Dissertation, dabei zu helfen, das Bild für die drei klassischen Gebiete der Schematransformationen zu vervollständigen, und die Analyse der drei Bereiche jenseits klassischer Schematransformationen zu initiieren.

3 Hauptresultate

Wir widmen uns nun den Hauptresultaten dieser Arbeit. Die Struktur orientiert sich exakt an den Bereichen, die wir im Rahmen der Problemstellung identifiziert haben. Wir beginnen daher mit dem Gebiet der klassischen Schematransformationen.

- **Standard Transformationen**. Unser Ziel war eine systematische Untersuchung der Äquivalenz von Standard Transformationen. Die drei vorherrschenden Äquivalenzarten sind logische Äquivalenz, sowie zwei "relaxierte" Formen der logischer Äquivalenz, nämlich die Datenaustausch-Äquivalenz (kurz DE-Äquivalenz von engl. "data exchange equivalence") und die konjunktive Abfrage-Äquivalenz (kurz CQ-Äquivalenz von engl. "conjunctive query equivalence") [FKNP08].

  In dieser Dissertation haben wir bestehende Arbeiten mit Ziel-egds [Sal10] erweitert, indem wir gezeigt haben, dass sowohl CQ- als auch DE-Äquivalenz für GLAV mappings mit Ziel-tgds unentscheidbar sind. Im Unterschied dazu ist logische Äquivalenz für Standard Transformationen entscheidbar [FKNP08]. Damit haben wir ein vollständiges Bild für alle drei Äquivalenzarten. Wir zeigen außerdem, dass wichtige Optimierungsaufgaben (wie z.B. das Finden von redundanten Abhängigkeiten) für Standard Transformationen unentscheidbar sind.

  Wir haben aber auch einen wichtigen Unterschied zwischen den beiden relaxierten Arten der Äquivalenz festgestellt: CQ-Äquivalenz bleibt selbst für GLAV Transformationen die nur durch Schlüsselabhängigkeiten erweitert sind, unentscheidbar. Im Gegensatz dazu ist es bereits bekannt, dass DE-Äquivalenz für GLAV Transformationen mit funktionalen Ziel-Abhängigkeiten und terminierenden Inklusionsabhängigkeiten entscheidbar ist [PSS11].

- **Transformationen zweiter Ordnung**. In dieser Arbeit lösen wir das große offene Problem bezüglich der Äquivalenz von Transformationen zweiter Ordnung, nämlich, ob logische Äquivalenz zwischen SO tgds entscheidbar ist: es ist unentscheidbar. Die Unentscheidbarkeit wird durch Reduktion von einem Resultat im Kontext des Managements von Schematransformationen gezeigt, nämlich der Invertierung.

Weiters ist in [FPSS11] gezeigt worden, und folgt ebenfalls aus Resultaten dieser Dissertation im Bereich geschachtelter Transformationen, dass CQ-Äquivalenz von SO tgds mit kleinen zusätzlichen Annahmen unentscheidbar ist.

Wir vervollständigen das Bild, indem wir zeigen, dass logische Äquivalenz selbst dann unentscheidbar bleibt, wenn bereits bekannt ist, dass die beiden Schematransformationen CQ-äquivalent sind – unser technisch anspruchsvollstes Resultat im Bereich der Transformationen zweiter Ordnung.

- **Verschachtelte Transformationen**. Wir entwickeln die Konzepte des "effektiv begrenzten Ankers" (engl. "effective bounded anchor") und des "effektiven Schwellenwerts" (engl. "effective threshold") und zeigen, dass wenn eine bestimmte Klasse von SO tgds diese beiden Eigenschaften hat, folgendes Problem entscheidbar ist: Gibt es für diese Transformation zweiter Ordnung eine logisch äquivalente GLAV Transformation? Insbesondere zeigen wir, das geschachtelte Transformationen diese beiden Eigenschaften haben. Anders ausgedrückt ist für geschachtelte Transformationen also entscheidbar, ob sie zu den weit verbreiteten GLAV Transformationen vereinfachbar sind.

Weiters entwickeln wir Werkzeuge, um schlichte SO tgds von geschachtelten Transformationen zu separieren, genannt *f-Grad* (engl. "f-degree") und *Pfadlänge*. Das sind einfach zu verwendende Werkzeuge, um zu erkennen, ob eine gegebene schlichte SO tgd nicht als logisch äquivalente geschachtelte Transformation ausdrückbar ist.

Schlussendlich zeigen wir, dass es unentscheidbar ist ob eine gegebene Transformation zweiter Ordnung äquivalent zu einer GLAV Transformation ist, wenn nur eine einzige Quell-Schlüsselabhängigkeit hinzugefügt wird. Im Gegensatz dazu bleibt folgendes Problem wenn Quell-egds (eine Übermenge von Schlüsselabhänigkeiten) hinzugefügt werden, entscheidbar: Gegeben eine geschachtelte Transformation, ist diese äquivalent zu einer GLAV Transformation?

Im zweiten Teil dieser Zusammenfassung der Hauptresultate diskutieren wir die Hauptresultate jenseits klassischer Schematransformationen.

- **Informations-Transformationen**. Wir haben zwei neue Operatoren für das Management von Schematransformationen, basierend auf dem Konzept des Informationstransfers [APRR10], entwickelt: die *Vereinigung* und den *Durchschnitt* von Schematransformationen. Die Vereinigung von zwei Schematransformationen erlaubt uns die Summe aller Information, die durch beide Transformationen übertragen werden, zu beschreiben. Der Durchschnitt beschreibt den gemeinsamen Teil der Information, die durch beide Transformationen übertragen wird.

Unsere Analyse zeigt, dass für GLAV Transformationen der Durchschnitt weitaus komplexer handzuhaben ist als die Vereinigung: Die Vereinigung von zwei GLAV Transformationen kann immer durch eine GLAV Transformation beschrieben werden. Um den Durchschnitt von zwei GLAV Transformationen zu beschreiben, reicht nicht einmal die Ausdruckskraft von Prädikatenlogik erster Ordnung (existentielle Prädikatenlogik zweiter Ordnung ist nötig).

Schlussendlich zeigen wird, dass für eine breite Klasse von Transformationen (eine Überklasse von GLAV Transformationen) die beiden Operatoren einen Verband bilden (wobei Verband im algebraischen Sinne gemeint ist, engl. "lattice").

- **Wissens-Transformationen**. In der Arbeit [APR13] haben Arenas, Pérez und Reutter festgestellt, dass es von Vorteil ist Wissensaustausch als zweistufigen Prozess zu betrachten. Der erste Schritt dieses Prozesses ist es das implizite Ziel-Wissen zu materialisieren, und zwar nur mit Hilfe des impliziten Quell-Wissens und der Schematransformation. Man sagt also, dass das implizite Ziel-Wissen das implizite Quell-Wissen unter der gegebenen Transformation "repräsentiert". Zwei Arten von "Repräsentation" wurden bisher betrachtet: Sicherheit (engl. "safety") [APR13] und $\mathcal{Q}$-Repräsentierbarkeit [ABC11, ABC+12].

In dieser Arbeit führen wir eine sehr breite Art der Repräsentierbarkeit namens "allgemeine Repräsentierbarkeit" (engl. "general representability") ein, die Sicherheit charakterisiert und die Grundlagen zur Studie von Repräsentierbarkeit im Allgemeinen legt.

Als essentielles Werkzeug für diese Studie untersuchen wir zwei wichtige Äquivalenzarten und zeigen, dass diese übereinstimmen – unser technisch anspruchsvollstes Resultat in diesem Bereich.

- **Rekursive Transformationen**. Für rekursive GLAV Transformationen, d.h. Datalog$^\pm$, gibt es eine Reihe wichtiger syntaktischer Kriterien, die entscheidbares Beantworten von konjunktiven Abfragen garantieren. Zwei der wichtigsten sind *geschützt* (engl. "guarded") und *klebrig* (engl. "sticky") [CGP10].

Als essentielles Werkzeug haben wir zuerst die Klasse der Henkin tgds, und deren Subklassen Standard Henkin tgds und baumartige Henkin tgds eingeführt. Die Ausdruckskraft von Henkin tgds liegt zwischen der von schlichten SO tgds (einer Überklasse) und s-t tgds (einer Subklasse). Die Familie der Henkin tgds erlaubt eine feinkörnigere Untersuchung rekursiver Transformationen in diesem Zwischenbereich, und ist für sich genommen eine interessante Klasse zur Studie dieses Bereichs mittlerer Ausdruckskraft.

Anschließend zeigen wir, dass für geschützte geschachtelte Datalog$^\pm$ Programme sowie für geschützte Standard Henkin Datalog$^\pm$ Programme (d.h., geschütztes Datalog$^\pm$ mit Standard Henkin tgds) die Beantwortung sogar atomarer Abfragen unentscheidbar wird. Abschließend zeigen wir, dass Unentscheidbarkeit sogar für klebrige Varianten dieser beiden Klassen gilt.

4 Publikationen

Die Dissertation [Sal10] basiert auf den Arbeiten [APS13, FPSS11, FPSS15, KPSS14, PSS11, PSS13, PPSS12, Sal13]. Die Ergebnisse über rekursive Transformationen waren zum Zeitpunkt der Fertigstellung der Dissertation noch nicht publiziert und sind nun Teil der Arbeit [GPS15].

5 Zusammenfassung

In dieser Dissertation haben wir die Prinzipien der Informationsintegration erforscht, indem wir zahlreiche Ergebnisse im Bereich der Analyse, der Optimierung und des Managements von Schematransformationen gezeigt haben. Im ersten Teil haben wir ein vollständiges Bild für verschiedene Probleme für klassische Transformationen erreicht. Im zweiten Teil haben wir Schematransformationen in über die klassischen Arten hinausgehenden Bereichen eingesetzt, und so die Erforschung neuer Gebiete begonnen.

Insgesamt haben wir damit gesehen, dass Schematransformationen sowohl eine solide Basis für Informationsintegration sind, als auch anpassungsfähig genug sind, um für Bereiche eingesetzt zu werden, in denen sie klassischerweise nicht verwendet werden. Zu diesem Zweck bildet unsere Untersuchung der Analyse, der Optimierung und des Managements von Schematransformationen einen Beitrag, diese solide Basis zu erweitern – und es ist eine Basis die wir benötigen, um die schnell größer werdende Menge von Daten in der Zukunft nützen zu können.

Literatur

[ABC11]   Marcelo Arenas, Elena Botoeva und Diego Calvanese. Knowledge Base Exchange. In *Description Logics*, 2011.

[ABC+12] Marcelo Arenas, Elena Botoeva, Diego Calvanese, Vladislav Ryzhikov und Evgeny Sherkhonov. Exchanging Description Logic Knowledge Bases. In *KR*, 2012.

[ABLM10] Marcelo Arenas, Pablo Barceló, Leonid Libkin und Filip Murlak. *Relational and XML Data Exchange*. Synthesis Lectures on Data Management. Morgan & Claypool Publishers, 2010.

[ABLM14] Marcelo Arenas, Pablo Barceló, Leonid Libkin und Filip Murlak. *Foundations of Data Exchange*. Cambridge University Press, 2014.

[AFN11]   Marcelo Arenas, Ronald Fagin und Alan Nash. Composition with Target Constraints. *Logical Methods in Computer Science*, 7(3), 2011.

[APR09]   Marcelo Arenas, Jorge Pérez und Cristian Riveros. The recovery of a schema mapping: Bringing exchanged data back. *ACM Trans. Database Syst.*, 34(4), 2009.

[APR13]   Marcelo Arenas, Jorge Pérez und Juan L. Reutter. Data exchange beyond complete data. *J. ACM*, 60(4):28, 2013.

[APRR09] Marcelo Arenas, Jorge Pérez, Juan L. Reutter und Cristian Riveros. Composition and inversion of schema mappings. *SIGMOD Record*, 38(3):17–28, 2009.

[APRR10] Marcelo Arenas, Jorge Pérez, Juan L. Reutter und Cristian Riveros. Foundations of schema mapping management. In *PODS*, Seiten 227–238, 2010.

[APRR13] Marcelo Arenas, Jorge Pérez, Juan L. Reutter und Cristian Riveros. The language of plain SO-tgds: Composition, inversion and structural properties. *J. Comput. Syst. Sci.*, 79(6):763–784, 2013.

[APS13]   Marcelo Arenas, Jorge Pérez und Emanuel Sallinger. Towards General Representability in Knowledge Exchange. In *AMW*, 2013.

[Ber03]   Philip A. Bernstein. Applying Model Management to Classical Meta Data Problems. In *CIDR*, 2003.

[BGMN08] Philip A. Bernstein, Todd J. Green, Sergey Melnik und Alan Nash. Implementing mapping composition. *VLDB J.*, 17(2):333–353, 2008.

[BM07]   Philip A. Bernstein und Sergey Melnik. Model management 2.0: manipulating richer mappings. In *SIGMOD Conference*, Seiten 1–12, 2007.

[CGK13]   Andrea Calì, Georg Gottlob und Michael Kifer. Taming the Infinite Chase: Query Answering under Expressive Relational Constraints. *J. Artif. Intell. Res. (JAIR)*, 48:115–174, 2013.

[CGP10]   Andrea Calì, Georg Gottlob und Andreas Pieris. Advanced Processing for Ontological Queries. *PVLDB*, 3(1):554–565, 2010.

[Fag07]   Ronald Fagin. Inverting schema mappings. *ACM Trans. Database Syst.*, 32(4), 2007.

[FHH+06]   Ariel Fuxman, Mauricio A. Hernández, C. T. Howard Ho, Renée J. Miller, Paolo Papotti und Lucian Popa. Nested Mappings: Schema Mapping Reloaded. In *VLDB*, Seiten 67–78, 2006.

[FKMP05]   Ronald Fagin, Phokion G. Kolaitis, Renée J. Miller und Lucian Popa. Data exchange: semantics and query answering. *Theor. Comput. Sci.*, 336(1):89–124, 2005.

[FKNP08]   Ronald Fagin, Phokion G. Kolaitis, Alan Nash und Lucian Popa. Towards a theory of schema-mapping optimization. In *PODS*, Seiten 33–42, 2008.

[FKPT05]   Ronald Fagin, Phokion G. Kolaitis, Lucian Popa und Wang Chiew Tan. Composing schema mappings: Second-order dependencies to the rescue. *ACM Trans. Database Syst.*, 30(4):994–1055, 2005.

[FKPT08]   Ronald Fagin, Phokion G. Kolaitis, Lucian Popa und Wang Chiew Tan. Quasi-inverses of schema mappings. *ACM Trans. Database Syst.*, 33(2), 2008.

[FKPT09]   Ronald Fagin, Phokion G. Kolaitis, Lucian Popa und Wang Chiew Tan. Reverse data exchange: coping with nulls. In *PODS*, Seiten 23–32. ACM, 2009.

[FKPT11]   Ronald Fagin, Phokion G. Kolaitis, Lucian Popa und Wang Chiew Tan. Reverse data exchange: Coping with nulls. *ACM Trans. Database Syst.*, 36(2):11, 2011.

[FPSS11]   Ingo Feinerer, Reinhard Pichler, Emanuel Sallinger und Vadim Savenkov. On the Undecidability of the Equivalence of Second-Order Tuple Generating Dependencies. In *AMW*, 2011.

[FPSS15]   Ingo Feinerer, Reinhard Pichler, Emanuel Sallinger und Vadim Savenkov. On the undecidability of the equivalence of second-order tuple generating dependencies. *Inf. Syst.*, 48:113–129, 2015.

[GPS15]   Georg Gottlob, Reinhard Pichler und Emanuel Sallinger. Function Symbols in Tuple-Generating Dependencies: Expressive Power and Computability. In *PODS*, 2015.

[HHP+07]   Mauricio A. Hernández, Howard Ho, Lucian Popa, Ariel Fuxman, Renée J. Miller, Takeshi Fukuda und Paolo Papotti. Creating Nested Mappings with Clio. In *ICDE*, Seiten 1487–1488, 2007.

[HRO06]   Alon Y. Halevy, Anand Rajaraman und Joann J. Ordille. Data Integration: The Teenage Years. In *VLDB*, Seiten 9–16, 2006.

[KLS13]   Phokion G. Kolaitis, Maurizio Lenzerini und Nicole Schweikardt, Hrsg. *Data Exchange, Integration, and Streams*, Jgg. 5 of *Dagstuhl Follow-Ups*. Schloss Dagstuhl - Leibniz-Zentrum fuer Informatik, 2013.

[Kol05]   Phokion G. Kolaitis. Schema mappings, data exchange, and metadata management. In *PODS*, Seiten 61–75, 2005.

[KPSS14] Phokion G. Kolaitis, Reinhard Pichler, Emanuel Sallinger und Vadim Savenkov. Nested dependencies: structure and reasoning. In *PODS*, Seiten 176–187, 2014.

[Len02]   Maurizio Lenzerini. Data Integration: A Theoretical Perspective. In *PODS*, Seiten 233–246, 2002.

[Mel04]   Sergey Melnik. *Generic Model Management: Concepts and Algorithms*, Jgg. 2967 of *Lecture Notes in Computer Science*. Springer, 2004.

[MH03]   Jayant Madhavan und Alon Y. Halevy. Composing Mappings Among Data Sources. In *Proc. VLDB'03*, Seiten 572–583, 2003.

[NBM07]   Alan Nash, Philip A. Bernstein und Sergey Melnik. Composition of mappings given by embedded dependencies. *ACM Trans. Database Syst.*, 32(1):4, 2007.

[PPSS12] Jorge Pérez, Reinhard Pichler, Emanuel Sallinger und Vadim Savenkov. Union and Intersection of Schema Mappings. In *AMW*, Seiten 129–141, 2012.

[PSS11]   Reinhard Pichler, Emanuel Sallinger und Vadim Savenkov. Relaxed notions of schema mapping equivalence revisited. In *ICDT*, Seiten 90–101, 2011.

[PSS13]   Reinhard Pichler, Emanuel Sallinger und Vadim Savenkov. Relaxed Notions of Schema Mapping Equivalence Revisited. *Theory Comput. Syst.*, 52(3):483–541, 2013.

[Sal10]   Emanuel Sallinger. Optimizing Schema Mappings with Relaxed Notions of Equivalence. *Diplomarbeit, Technische Universität Wien*, 2010.

[Sal13]   Emanuel Sallinger. Reasoning about Schema Mappings. In *Data Exchange, Integration, and Streams*, Seiten 97–127, 2013.

[Sal14]   Emanuel Sallinger. *Foundations of Information Integration – Analyzing, Managing and Reasoning about Schema Mappings*. Dissertation, Technische Universität Wien, 2014.

Danksagung. Diese Arbeit wurde durch den Wissenschaftsfonds FWF, im Rahmen der Projekte (FWF):P25207-N23 und (FWF):Y698, sowie durch den Wiener Wissenschafts-, Forschungs- und Technologiefonds WWTF, durch die Projekte ICT08-032 und ICT12-15, gefördert.

Emanuel Sallinger ist Forschungsassistent an der Technischen Universität Wien am Institut für Informationssysteme im Arbeitsbereich Datenbanken und Artificial Intelligence. Nach dem Bachelorstudium Software & Information Engineering hat er das Masterstudium Computational Intelligence und das Masterstudium Informatikmanagement abgeschlossen. Das Doktoratsstudium der technischen Wissenschaften im Studienzweig Informatik hat er *sub auspiciis praesidentis rei publicae* absolviert.

Über die robuste räumliche Filterung von EEG in nichtstationären Umgebungen[1]

Wojciech Samek[2]

Abstract: Die üblichen Kommunikationsformen wie Sprache, Gestik oder Mimik erfordern eine gezielte Aktivierung der Muskulatur und können Patienten mit stark beeinträchtigter Motorik nicht (oder nur sehr eingeschränkt) zur Verfügung stehen. Gehirn-Computer-Schnittstellen ermöglichen Kommunikation durch reine Bewegungsvorstellung und stellen für diesen Personenkreis eine vielversprechende Alternative dar. Trotz einer rasanten Weiterentwicklungen in den letzten Jahren, sind heutige Systeme nur sehr begrenzt für den Einsatz außerhalb einer kontrollierten Laborumgebung – also im Alltag eines Patienten – geeignet. Ein limitierender Faktor ist die mangelnde Robustheit gegenüber starkem Signalrauschen, unerwarteten Artefakten und Nichtstationarität in den Daten. Die diesem Artikel zugrunde liegende Doktorarbeit widmet sich diesem Forschungsfeld und stellt neue Entwicklungen bei der räumlichen Filterung von Hirnsignalen, einem zentralen Schritt bei der Informationsverarbeitung in Gehirn-Computer-Schnittstellen, vor. Die Beiträge der Arbeit reichen von der Entwicklung neuartiger Regularisierungsstrategien für die räumliche Filterung bei Nichtstationarität über die Herleitung speziell auf die Daten abgestimmter robuster Parameterschätzverfahren bis hin zur Formulierung einer allgemeinen informationsgeometrischen Sichtweise auf die räumliche Filterung. Die vorgestellten Konzepte und Methoden finden weit über das Feld der Gehirn-Computer-Schnittstellen hinaus Anwendung und können zur Lösung verschiedener Probleme in der Informatik und Mathematik herangezogen werden.

1 Gehirn-Computer-Schnittstellen

Kommunikation ist sowohl in der Informatik als auch für uns Menschen von enormer Bedeutung. Während die Informationsweitergabe im Computer durch das Verschieben von Bits und Bytes erfolgt, sind Menschen üblicherweise auf Kommunikationsformen wie Sprache, Gestik und Mimik angewiesen. Die Fähigkeit bestimmte Muskelgruppen gezielt aktivieren zu können, ist Grundvoraussetzung für diese Arten der menschlichen Kommunikation. Krankheiten wie die amyotrophe Lateralsklerose (ALS) können die Motorik eines Menschen so stark beeinträchtigen, dass er die Fähigkeit zur gezielten Muskelsteuerung und zur Kommunikation vollständig verliert. Ein solcher Zustand wird *locked-in* genannt.

Gehirn-Computer-Schnittstellen (*engl.* Brain-Computer Interfaces oder BCIs) ermöglichen eine neue Art der Kommunikation, die weder Muskelaktivität noch ein funktionierendes zentrales Nervensystem voraussetzt und somit auch schwer kranken ALS-Patienten zur Verfügung steht. Bereits vor über 40 Jahren kam die Idee auf, dass Hirnaktivität mittels Enzephalographie (EEG) aufgenommen und zur Kommunikation mit der Umgebung oder zur Kontrolle technischer Geräte verwendet werden könnte [Vi73]. Die ersten Systeme

---

[1] Englischer Titel der Dissertation: "On robust spatial filtering of EEG in nonstationary environments"
[2] Fraunhofer Heinrich-Hertz-Institut, AG Maschinelles Lernen, Einsteinufer 37, 10587 Berlin, wojciech.samek@hhi.fraunhofer.de

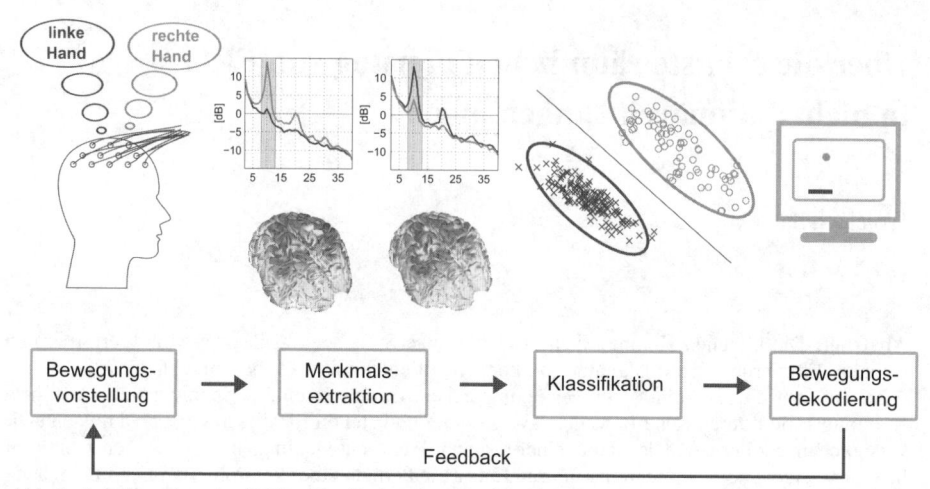

Abb. 1: Arbeitsweise eine BCIs. Der Proband stellt sich eine Bewegung vor und diese induziert eine Veränderung in der Stärke von Oszillationen in bestimmten Frequenzbereichen und Hirnregionen. Probandenspezifische Merkmale, welche diesen Effekt gut abbilden, werden aus dem gemessenen EEG-Signal extrahiert und anschließend zur Dekodierung der vorgestellten Bewegungen verwendet. Das Ergebnis der Dekodierung wird schließlich dem Benutzer als Feedback zurückgegeben.

dieser Art basierten auf dem Neurofeedback-Prinzip und erforderten wochenlanges Training. Der Einsatz von Verfahren des Maschinellen Lernens [MAB03] revolutionierte das Forschungsfeld und machte BCI-Systeme erstmals praktikabel, denn diese benötigten fortan lediglich eine Kalibrierungszeit von wenigen Minuten, um sich optimal auf die einzelnen Benutzer einzustellen. Heute verwenden fast alle BCI-Systeme diese datengetriebenen Techniken.

Im Folgenden wird die Arbeitsweise eines BCI-Systems vorgestellt. Siehe dazu auch Abbildung 1. Wie bereits erwähnt, gibt es bei den hier beschriebenen Gehirn-Computer-Schnittstellen eine Kalibrierungsphase, in der die probandenspezifischen Parameter gelernt werden, und eine Testphase, in der das System angewendet wird. In der Kalibrierungsphase erhält der Proband abwechselnd den Auftrag sich eine Bewegung mit der linken oder rechten Hand bzw. mit den Füßen vorzustellen. Aus der Neurophysiologie ist bekannt, dass die bloße Vorstellung einer Bewegung bereits zu Veränderungen in der neuronalen Aktivität in bestimmten Bereichen des sensomotorischen Cortex führt, welche im EEG als Änderungen in der Stärke von Oszillationen in den Frequenzbereichen 8-13 Hz (μ-Band) und 18-30 Hz (β-Band) sichtbar werden. Typischerweise findet eine Desynchronisation kontralateral zur vorgestellten Bewegung und eine ipsilaterale Synchronization statt. Dies ist bekannt als der Event-Related Desynchronization/Synchronization (ERD/ERS) Effekt [PLdS99]. Eine zentrale Aufgabe der verwendeten Algorithmen ist die Extraktion von probandenspezifischen Merkmalen, welche die mit der Bewegungsvorstellung einhergehende Aktivität möglichst gut abbilden. Anschließend folgt die Klassifikation dieser Merkmale, d.h. die Dekodierung der vorgestellten Bewegung. Auch in diesem Schritt müssen die optimalen Parameter zunächst mit Hilfe der Kalibrierungsdaten gelernt werden. In der Testphase wird das BCI-System mit den gelernten Parametern angewendet und das Ergebnis der Dekodierung wird dem Benutzer als Feedback (z.B. durch die Bewegung eines Punktes auf dem Bildschirm) zurückgegeben.

Ein großes Problem von Gehirn-Computer-Schnittstellen ist die fehlende Robustheit gegenüber starkem Rauschen, unerwarteten Artefakten und zeitabhängigen Veränderungen der Verteilung der Daten (*sog.* Nichtstationarität). Nur ein sehr kleiner Teil der im EEG abgebildeten neuronalen Aktivität ist BCI-spezifisch, der überwiegende Teil entstammt ganz anderen parallel laufenden neuronalen Prozessen, die beispielsweise für die Steuerung von Körperfunktionen oder die Verarbeitung von Sinneseindrücken verantwortlich sind. Diese nicht BCI-spezifische Aktivität kann das für die Kommunikation relevante Signal deutlich überlagern und kleinste Änderungen können zu Nichtstationarität führen. Zusätzlich können Faktoren wie eine fortschreitende Müdigkeit des Benutzers, Aufmerksamkeitsschwankungen, Strategiewechsel bei der Durchführung der vorgestellten Bewegung, Änderungen in der Impedanz sowie veränderter sensorischer Input das gemessene Signal sehr stark beeinflussen und die statistischen Eigenschaften der Daten verändern. Bewegungen aller Art (Muskel- und Augenbewegungen, Blinzeln, Schlucken etc.) sind ebenfalls ein großes Problem. Diese Artefakte beeinflussen die datengetriebenen Methoden des Maschinellen Lernens und haben oft negative Auswirkungen auf die Performanz. In nicht kontrollierten Umgebungen (z.B. zu Hause, auf der Straße) gibt es noch viel mehr Ablenkungs- und Fehlerquellen, welche die Durchführung eines BCI-Experimentes erheblich erschweren. Die Entwicklung von robusten Techniken der EEG-Analyse ist somit ausschlaggebend für den zukünftigen Erfolg von Gehirn-Computer-Schnittstellen.

2 Räumliche Filterung

Die räumliche Filterung ist ein zentraler Bestandteil der Informationsverarbeitung in einem BCI-System. Sie verbessert das Signal-Rausch-Verhältnis und macht oftmals die von der Bewegungsvorstellung induzierte neuronale Aktivität erst sichtbar. Im Folgenden wird der CSP Algorithmus – eine sehr populäre Methode zur Berechnung von räumlichen Filtern – sowie zwei neue Ansätze zur Filterung bei Nichtstationarität vorgestellt.

2.1 Der CSP Algorithmus

Der Common Spatial Patterns (CSP) Algorithmus [Bl08] zielt auf die Extraktion von Signalquellen mit dem stärksten ERD/ERS-Effekt ab. Dazu findet CSP räumliche Filter, die den Quotienten aus den Varianzen der beiden Klassen (z.B. Bewegungsvorstellung mit linken und rechten Hand) maximieren. Mathematisch entspricht dies der Lösung eines generalisierten Eigenwertproblems. Da CSP zur Überanpassung neigt und gegenüber Artefakten nicht robust ist, wurden verschiedene Erweiterungen des Algorithmus präsentiert. Eine wichtige Kategorie bilden dabei die regularisierten CSP Methoden [LG11]. Diese Algorithmen lassen sich effizient berechnen und maximieren die folgende Zielfunktion

$$w^* = \text{argmax}_w \frac{w^\top \Sigma_c w}{w^\top (\Sigma_1 + \Sigma_2 + \lambda K) w}, \qquad (1)$$

wobei $\Sigma_c \in \mathbb{R}^{D \times D}$ die Kovarianzmatrix der Klasse $c = \{1,2\}$, $\lambda \geq 0$ der Regularisierungsparameter und K die Regularisierungsmatrix sind. Durch verstärkte Regularisierung werden die berechneten räumlichen Filter w^* mehr und mehr orthogonal zur Matrix K (im Extremfall gilt $w^{*\top} K w^* = 0$). Bei entsprechender Wahl von K können so verschiedene Eigenschaften wie z.B. eine Reduzierung der Norm (K ist Einheitsmatrix) forciert werden.

2.2 Regularisierung bei Nichtstationarität

Der vorgestellte CSP Algorithmus maximiert zwar den Quotienten aus den beiden (durchschnittlichen) Varianzen, aber er ignoriert die Variabilität der extrahierten Merkmale innerhalb der einzelnen Klassen. Dies kann zu einer nichtstationären Merkmalsverteilung führen und die nachfolgende Klassifizierung deutlich erschweren. Ein einfaches Maß für die Variabilität der Merkmale ist die mittlere absolute Abweichung vom Mittelwert

$$P(w) = \frac{1}{2n} \sum_{c=1}^{2} \sum_{i=1}^{n} \left| w^\top \Sigma_c^i w - w^\top \Sigma_c w \right|, \tag{2}$$

wobei die Kovarianzmatrix vom i-ten Versuchtrial der Klasse c mit Σ_c^i und die Anzahl der Versuchstrials pro Klasse mit n dargestellt werden. Diese Regularisierungsfunktion kann nicht mit der regularisierten CSP Methode kombiniert werden, weil sich $P(w)$ nicht als $w^\top K w$ darstellen lässt. Folgende Approximation macht jedoch eine solche Darstellung möglich und ist Grundlage des stationary CSP (sCSP) Algorithmus [Sa12]

$$\left| w^\top \Sigma_c^i w - w^\top \Sigma_c w \right| \approx w^\top \mathscr{F} \left(\Sigma_c^i - \Sigma_c \right) w, \tag{3}$$

wobei $\mathscr{F}$ ein Operator ist, der symmetrischen Matrizen durch die Umkehrung der Vorzeichen negativer Eigenwerte positive Definitheit verleiht. Es stellt sich nun die Frage, ob die Approximation von $P(w)$ die Nichtstationarität der extrahierten Merkmale (gemessen als mittlere absolute Abweichung) in gleichem Maße reduziert wie $P(w)$. Unter gewissen Annahmen ist dies tatsächlich der Fall.

Theorem 1 Wenn die Kovarianzmatrizen $\Sigma_c^i = V^\top D_{i,c} V$ sich als Produkt einer allgemeinen orthogonalen Matrix V und einer spezifischen Diagonalmatrix $D_{i,c}$ darstellen lassen, d.h. gemeinsam diagonalisierbar sind, dann gilt

$$\text{argmax}_w \sum_{c=1}^{2} \sum_{i=1}^{n} \left| w^\top \Sigma_c^i w - w^\top \Sigma_c w \right| = \text{argmax}_w w^\top \underbrace{\left(\sum_{c=1}^{2} \sum_{i=1}^{n} \mathscr{F} \left(\Sigma_c^i - \Sigma_c \right) \right)}_{K} w$$

Die zweite Regularisierungsstrategie – stationary subspace CSP (ssCSP) – hat die Reduzierung der Veränderung der Merkmalsverteilung zwischen der Kalibrierungs- und Testphase zum Ziel. Diese Art von Nichtstationarität tritt häufig auf und wird vielfach als Grund für schlechte Performanz genannt [Sh06]. Die Regularisierung beruht auf der Beobachtung, dass Änderungen in der Merkmalsverteilung zwischen der Kalibrierungs- und

Testphase probandenunspezifisch sind [SMM13]. Eine mögliche Erklärung für dieses Phänomen ist eine bei allen Probanden auftretenden Änderung im experimentellen Ablauf. Das könnte beispielsweise die Verwendung von visuellen Feedback in der Testphase sein, welcher in der Kalibrierungsphase fehlte und bei allen Probanden zu ähnlichen Aktivierungsmustern und somit zu ähnlicher Nichtstationarität führt. Um die räumliche Filterung gegenüber solcher Nichtstationarität invariant zu machen, muss eine passende Matrix K konstruiert werden. Hierfür werden zunächst individuelle Filter extrahiert, die starke Änderungen in der Merkmalsverteilung hervorrufen. Anschließend wird mit einem auf der Singulärwertzerlegung basierenden Ansatz ein probandenunspezifischer Nichtstationaritätsraum konstruiert, der sich schließlich mit Matrix K darstellen lässt.

3 Informationsgeometrische Methoden

Nachdem zwei neue auf Regularisierung basierende Methoden der räumlichen Filterung vorgestellt wurden, wird im Folgenden das Problem der algorithmischen Robustheit aus einer allgemeineren Perspektive betrachtet. Zudem wird in diesem Kapitel eine Vielzahl von grundlegend neuer Verfahren der räumlichen Filterung präsentiert, die alle auf sog. *Divergenzen* basieren. Divergenzen sind wichtige Elemente aus der Informationsgeometrie [AN00], die als Maß für die Diskrepanz zwischen zwei Wahrscheinlichkeitsverteilungen aufgefasst werden können. Die vorgestellten Konzepte und Methoden sind nicht auf räumliche Filterung im BCI beschränkt, sondern können auch zur Lösung verschiedener Probleme in der Informatik und Mathematik herangezogen werden.

3.1 Parameterschätzung mit Divergenzen

Das Schätzen von Parametern ist ein wichtiger Schritt in vielen Anwendungen und Algorithmen, inklusive der Berechnung von räumlichen Filtern. Eine wichtige Klasse von Parameterschätzern sind die sogenannten Maximum-Likelihood (ML) Methoden. Man kann leicht zeigen [EK01], dass die Maximierung der Likelihood-Funktion und die Minimierung der Kullback-Leibler (KL) Divergenz zwischen der empirischen Verteilung p und einem Model q_θ zur gleichen Schätzung $\hat{\theta}$ führt. Dieser Parameterschätzer ist nicht robust, weil ein einzelner Datenpunkt die Schätzung signifikant verfälschen kann. Aus der Literatur [EK01] ist bekannt, dass die Verwendung der Beta Divergenz[3] – einer Verallgemeinerung der KL Divergenz – den Einfluss von Ausreißern wesentlich reduziert (d.h. diese heruntergewichtet) und somit zu robusten Schätzungen führt. Die Verwendung dieser Divergenz mit einem Gauss-Model $q \sim \mathcal{N}(0,\Sigma)$ führt zu einer robusten Schätzung der Kovarianzmatrizen [EK01], welche anschließend im CSP Algorithmus verwendet werden können. Bei dieser Art der robusten Filterung werden einzelne Messpunkte des EEG-Signals heruntergewichtet und als Ausreißer behandelt. Für BCI-Daten ist jedoch noch eine weitere Art der Robustheit denkbar, nämlich die Robustheit gegenüber ganzen Versuchstrials, die Ausreißer darstellen [SK14]. Diese neue Art der Robustheit lässt sich unter

---

[3] Die Beta Divergenz ist definiert als $D_\beta(p \,\|\, q) = \frac{1}{\beta} \int (p^\beta - q^\beta) p \, dx - \frac{1}{\beta+1} \int (p^{\beta+1} - q^{\beta+1}) dx$

Verwendung der Wishart-Verteilung $q \sim \mathcal{W}(\nu,\Sigma)$ herleiten. Die Beta Divergenz zwischen der empirischen Verteilung der versuchsweisen Streumatrizen $S_i = \sum_{t=1}^{T} x_i(t) x_i(t)^{\top}$ und dem Wishart-Model mit Parametern ν und Σ lässt sich wie folgt iterativ minimieren

$$\Sigma^{(k+1)} = \frac{\sum_{i=1}^{n} \psi_\beta \left(\ell \left(S_i; \Sigma^{(k)}, \nu \right) \right) S_i}{\nu \sum_{i=1}^{n} \psi_\beta \left(\ell \left(S_i; \Sigma^{(k)}, \nu \right) \right) - \gamma |\Sigma^{(k)}|^{\frac{(\nu-D-1)\beta}{2}}} \quad (4)$$

mit $\psi_\beta \left(\ell(S;\Sigma,\nu) \right) = |S|^{\frac{(\nu-D-1)\beta}{2}} e^{-\text{tr}(\frac{\beta}{2} \Sigma^{-1} S)}$ als Faktor, der Ausreißer-Versuchstrials (parametrisiert durch Streumatrix S) heruntergewichtet, und einer Konstante γ. Für $\beta \to 0$ und $\nu = T$ erhält man die gewöhnliche (nicht robuste) ML-Schätzung der Kovarianzmatrix $\Sigma = \frac{1}{n} \sum_{i=1}^{n} \Sigma^i = \frac{1}{nT} \sum_{i=1}^{n} \sum_{t=1}^{T} x_i(t) x_i(t)^{\top}$. Für Parameter $\beta > 0$ führt der neue Kovarianzmatrixschätzer in Kombination mit CSP zu einer robusten (in Hinblick auf Ausreißer-Versuchstrials) Berechnung von räumlichen Filtern.

3.2 Räumliche Filterung mit Divergenzen

Ein wichtiger Beitrag der zugrunde liegenden Dissertation [Sa14] ist die Formulierung des CSP Algorithmus als Divergenzmaximierungsproblem [Sa13, SKM14]. Ein großer Vorteil dieser Betrachtungsweise ist, dass man durch die Ausnutzung der speziellen Eigenschaften (z.B. Robustheit) anderer Divegenzen oder durch die Verwendung anderer Wahrscheinlichkeitsmodelle (z.B. Studentische t-Verteilung) ganz neue Varianten des ursprünglichen Algorithmus erhält. Ferner bietet die Art der verwendeten Optimierung (Berechnung der Lösung in einem Schritt vs. schrittweise Berechnung der Lösung) eine Flexibilität, die bei der gewöhnlichen Formulierung eines Algorithmus oftmals nicht vorhanden ist. Dieser *Divergenztrick* [SKM14] wird hier zwar für CSP angewendet, er kann aber ohne Einschränkung für viele andere bekannten Algorithmen wie PCA, SSA oder CCA ebenfalls benutzt werden, um neuartige Varianten dieser Methoden herzuleiten, mit denen man Probleme in der Informatik u. U. besser lösen kann. Das folgende Theorem ist die theoretische Basis aller in diesem Abschnitt beschriebener Methoden.

Theorem 2 Wenn $W \in \mathbb{R}^{D \times d}$ die d diskriminativsten mit CSP berechneten räumlichen Filter sind und V sich als $V^{\top} = I_d RP \in \mathbb{R}^{d \times D}$ darstellen lässt mit $P(\Sigma_1 + \Sigma_2) P^{\top} = I$, $R^{\top} R = I \in \mathbb{R}^{D \times D}$ und einer abgeschnittenen Identitätsmatrix $I_d \in \mathbb{R}^{d \times D}$, dann gilt

$$\text{span}(W) = \text{span}(V^*) \quad (5)$$

$$\text{mit } V^* = \text{argmax}_V \tilde{D}_{kl} \left(\mathcal{N}(0, V^{\top} \Sigma_1 V) \,||\, \mathcal{N}(0, V^{\top} \Sigma_2 V) \right), \quad (6)$$

wobei $\tilde{D}_{kl}$ für die symmetrische KL Divergenz steht und $\mathcal{N}(\mu,\Sigma)$ eine Gauss-Verteilung mit Mittelwert μ und Kovarianzmatrix Σ repräsentiert. Das Theorem zeigt also, dass die Berechnung von räumlichen Filtern auch als informationsgeometrisches Optimierungsproblem aufgefasst werden kann. Um Robustheit gegenüber Artefakten zu forcieren, kann man entweder den zuvor vorgestellten robusten Parameterschätzer verwenden oder die

Zielfunktion (6) entsprechend anpassen und die symmetrische KL Divergenz durch eine robuste Divergenz ersetzen. Die Verwendung der symmetrischen Beta Divergenz führt dazu, dass Ausreißer-Terme heruntergewichtet werden, d.h. weniger Einfluss auf das Ergebnis haben.

Die divergenzbasierte Formulierung erlaubt auch die Kombination der Zielfunktion mit einem Regularisierungsterm. Dadurch können spezielle Eigenschaften wie Stationarität forciert werden. Ferner lassen sich bequem Daten von anderen Versuchspersonen in die Optimierung mit einbeziehen, indem diese als zusätzliche Divergenzterme beschrieben werden. Mit der Verwendung des Parameters β lassen sich Ausreißer-Effekte von einzelnen Versuchspersonen oder einzelne Versuchstrials entweder hervorheben oder heruntergewichten. Wie zuvor erwähnt, lassen sich auch ganze Unterräume (die ganze Matrix V) in einem Schritt berechnen. Diese Flexibilität führt zu vielen neuen, für bestimmte Anwendungsfälle optimalen Verfahren der räumlichen Filterung und wurde in [SKM14] ausführlich diskutiert und evaluiert.

4 Experimentelle Evaluation

Zur Evaluation der vorgestellten Methoden wird der Vital-BCI Datensatz [Bl10] mit 80 Versuchspersonen verwendet. Es werden 62 EEG-Kanäle ausgewählt und die Daten werden im Frequenzbereich 8-30 Hz spektral gefiltert. Die Merkmalsextraktion basiert auf der neuronalen Aktivität im Zeitintervall 750-3500ms nach dem Stimulus. Sechs räumliche Filter und ein linearer Klassifikator (LDA) werden zum Dekodieren der vorgestellten Bewegung benutzt. Die methodenspezifischen Parameter werden mit Hilfe von Kreuzvalidierung gewählt. Der Vital-BCI Datensatz ist aus mindestens drei Gründen für die Evaluation der vorgestellten robusten Methoden besonders gut geeignet. (1) Die große Anzahl von Versuchspersonen ermöglicht einen statistisch validen Vergleich der Performanz der Methoden. (2) Die Teilnehmer der Vital-BCI Studie haben zuvor noch nie ein BCI bedient. Die Daten sind dadurch i.A. deutlich verrauschter (Unsicherheiten der Probanden, Bewegungsartefakte, Nichtstationarität durch Wechsel der Strategie, Lerneffekte) als die eines erfahrenen BCI-Benutzers. Für die Einschätzung der BCI-Performanz in realer Umgebung ist ein solcher Datensatz ideal geeignet. (3) Der Datensatz wurde bereits in einer Vielzahl von früheren Studien verwendet, so dass Performanzwerte für verschiedene Methoden vorhanden sind. Dies erhöht die Vergleichbarkeit der hier präsentierten Ergebnisse.

Im Folgenden wird eine Auswahl der Ergebnisse der Dissertation [Sa14] präsentiert. Bei Verwendung von CSP beträgt der durchschnittliche Dekodierungsfehler für die 80 Probanden 31.3%. Die Bandbreite der Fehlerraten ist dabei sehr groß und reicht von 2.5% bis 52.3%. Nur etwa die Hälfte der Probanden ist in der Lage das BCI-System in einer Weise zu kontrollieren, die effiziente Kommunikation ermöglicht. Der Grenzwert hierfür liegt bei einer Dekodierungsfehlerrate von 30%. Durch die Verwendung der in diesem Artikel vorgestellten robusten Methoden lässt sich eine deutliche Senkung der Fehlerrate für die meisten Probanden erreichen. Für sCSP beträgt der durchschnittliche Performanzgewinn fast 10%. Für einzelne Probanden fällt die Verbesserung deutlich größer aus, z.B. sinkt der Dekodierungsfehler bei den Probanden *VPtbo* und *VPkl* von 48.6% auf 22.0% bzw.

von 40.0% auf 17.7%. Die Anwendung von sCSP versetzt nicht nur die beiden Benutzer erst in die Lage ein BCI effizient (d.h. mit Fehlerrate kleiner 30%) zu bedienen, sondern ermöglicht insgesamt 10 Benutzern den Sprung über diesen wichtigen Grenzwert. Der einseitige Wilcoxon-Vorzeichentest zeigt zudem, dass der Performanzgewinn mit einem p-Wert kleiner als 10^{-4} höchst signifikant ist. Die Nichtstationarität der Merkmalsverteilung nimmt bei Anwendung von sCSP für die meisten Probanden (verglichen mit CSP) ab. Für den Parameter $\lambda = 0.25$ beträgt diese Abnahme durchschnittlich ca. 50%.

Die andere hier vorgestellte Regularisierungsstrategie verbessert die Performanz, indem sie die Nichtstationarität zwischen Kalibrierungs- und Testphase reduziert. Abbildung 2 (a) veranschaulicht den Effekt dieser Regularisierung. Jeder Punkt repräsentiert einen Versuchstrial. Für CSP sieht man eine deutliche zeitliche Abhängigkeit der Merkmalsverteilung, die zu einer großen Diskrepanz zwischen der Verteilungen der Kalibrierungs- (leere Punkte) und Test-Merkmale (volle Punkte) und somit zu sehr schlechter Klassifizierbarkeit führt. Der ssCSP Algorithmus benutzt Daten von anderen Versuchspersonen, um die auftretenden Veränderungen zu antizipieren und invariante räumliche Filter zu berechnen. Im dargestellten Fall wird die Diskrepanz zwischen der Verteilung der Kalibrierungs- und Testdaten durch die Regularisierung deutlich reduziert. Dieses Ergebnis zeigt, dass ein Transfer von Informationen über Nichtstationaritäten möglich ist und zu einer Senkung des Dekodierungsfehlers (z.B. für *VPjs* von 34% auf 24%) führt.

Bisher wurde gezeigt, dass die Reduzierung der Nichtstationarität zu besseren Dekodierungsergebnissen führt. Im Folgenden steht die erhöhte Robustheit gegenüber Artefakten im Fokus der Evaluierung. Der im Abschnitt 3.1 vorgestellten robuste Parameterschätzer führt – wenn mit CSP kombiniert – zu einer signifikanten ($p = 0.0046$) Senkung der Fehlerrate. Einen noch stärkeren Effekt ($p < 10^{-4}$) erhält man bei Verwendung des auf Beta Divergenz basierten Algorithmus β-divCSP. Auch hier erzielen einzelne Probanden enorme Verbesserungen in der Performanz, z.B. sinkt die Fehlerrate bei dem Probanden *VPtbo* oder *VPlb* von 48.6% auf 11.0% bwz. von 32.0% auf 16.7%. Die durch erhöhte Stationarität und Robustheit erzielten Verbesserungen sind i.A. nicht gleich, im Gegenteil beide Ansätze sind zu einem gewissen Grad komplementär zueinander. Bei manchen Versuchspersonen führt eine erhöhte Robustheit zu einer deutlichen Senkung der Fehlerrate, bei anderen Probanden hingegen ist Nichtstationarität das primäre Problem. Abbildung 2 (b) veranschaulicht den Einfluss von Artefakten auf die Filterberechnung. Anstatt die durch Bewegungsvorstellung induzierte neuronale Aktivität zu extrahieren, konzentriert sich CSP – aufgrund eines Ausreißer-Versuchstrials – auf das Signal der FC5 Elektrode. Die robuste β-divCSP Methode schenkt einzelnen Ausreißereffekte weniger Beachtung und ist in der Lage, die von der Bewegungsvorstellung induzierte Aktivität zu extrahieren.

In der Dissertation werden die vorgeschlagenen Algorithmen mit weiteren Referenzmethoden verglichen. Auch diese neueren Methoden der räumlichen Filterung sind anfällig für Artefakte und Nichtstationarität und führen zu signifikant größeren Fehlerraten als die hier vorgestellten Algorithmen, welche aus Nicht-BCI-Benutzern (Fehlerrate über 30%) sichere Verwender dieser Zukunftstechnologie machen können.

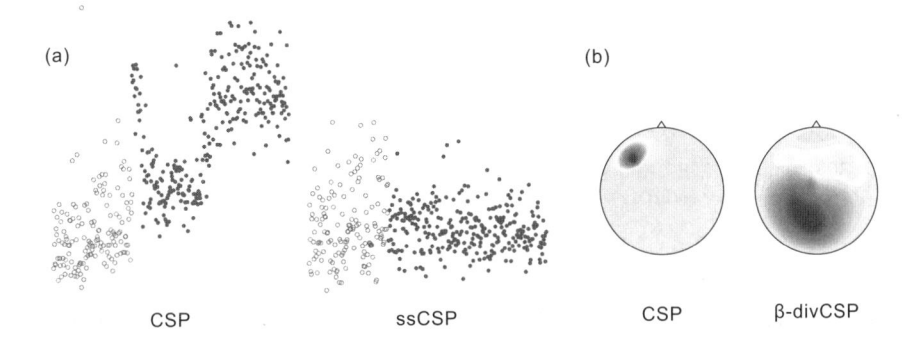

Abb. 2: (a) Jeder Punkt repräsentiert einen Kalibrierungs- (leerer Punkt) oder Test-Versuchstrials (voller Punkt). ssCSP reduziert die Nichtstationarität zwischen beiden Verteilungen deutlich. (b) Ein Ausreißer im FC5 Kanal führt dazu, dass CSP die relevante Aktivität nicht extrahiert. Die robuste Methode hingegen reduziert den Einfluss des Ausreißers und zeigt das erwartete Aktivierungsmuster.

5 Zusammenfassung und Ausblick

Die in diesem Artikel vorgestellten Methoden und Konzepte zur robusten räumlichen Filterung können die Performanz von BCI-Systemen deutlich steigern und werden durch den Trend, Gehirn-Computer-Schnittstellen auch in nicht kontrollierten, realistischen Umgebungen einzusetzen, zukünftig eine zentrale Rolle in der BCI-Forschung einnehmen. Diese Methoden erweitern die dem Stand der Technik entsprechenden Algorithmen nicht nur dahingehend, dass sie Stationarität forcieren und die Robustheit gegenüber Datenpunkt- und Versuchstrial-Artefakten signifikant erhöhen, sondern sie erlauben auch eine neue Art des Informationstransfers zwischen Versuchspersonen, nämlich den Austausch über die erwarteten Nichtstationaritäten in den Daten. Ähnlich wie der Kernel-Trick [MAB03] die Informatik revolutioniert, weil er aus linearen Algorithmen nicht-lineare Methoden macht, ist zu hoffen, dass der hier eingeführte Divergenz-Trick, der durch die Verwendung von bestimmten Divergenzen und Wahrscheinlichkeitsmodellen aus nicht-robusten Methoden robuste Algorithmen macht oder andere wünschenswerte Eigenschaften (z.B. Stationarität) forciert, zukünftig auch einen ähnlich großen Einfluss haben wird.

Literaturverzeichnis

[AN00] Amari, S.; Nagaoka, H.: Methods of information geometry. Jgg. 191 in Translations of Mathematical Monographs. Oxford Univ. Press, 2000.

[Bl08] Blankertz, B.; Tomioka, R.; Lemm, S.; Kawanabe, M.; Müller, K.-R.: Optimizing Spatial filters for Robust EEG Single-Trial Analysis. IEEE Sig. Proc. Mag., 25(1):41–56, 2008.

[Bl10] Blankertz, B.; Sannelli, C.; Halder, S.; Hammer, E. M.; Kübler, A.; Müller, K.-R.; Curio, G.; Dickhaus, T.: Neurophysiological Predictor of SMR-Based BCI Performance. NeuroImage, 51(4):1303–1309, 2010.

[EK01]   Eguchi, S.; Kano, Y.: Robustifying maximum likelihood estimation. Tokyo Institute of Statistical Mathematics, Tech. Rep, 2001.

[LG11]   Lotte, F.; Guan, C.: Regularizing Common Spatial Patterns to Improve BCI Designs: Unified Theory and New Algorithms. IEEE Trans. Biomed. Eng., 58(2):355–362, 2011.

[MAB03]   Müller, K.-R.; Anderson, C. W.; Birch, G. E.: Linear and Non-Linear Methods for Brain-Computer Interfaces. IEEE Trans. Neur. Sys. & Reh. Eng., 11(2):165–169, 2003.

[PLdS99]   Pfurtscheller, G.; Lopes da Silva, F. H.: Event-related EEG/MEG synchronization and desynchronization: basic principles. Clin. Neurophy., 110(11):1842–1857, 1999.

[Sa12]   Samek, W.; Vidaurre, C.; Müller, K.-R.; Kawanabe, M.: Stationary Common Spatial Patterns for Brain-Computer Interfacing. J. Neural Eng., 9(2):026013, 2012.

[Sa13]   Samek, W.; Blythe, D.; Müller, K.-R.; Kawanabe, M.: Robust spatial filtering with beta divergence. In: Adv. in NIPS. S. 1007–1015, 2013.

[Sa14]   Samek, W.: On robust spatial filtering of EEG in nonstationary environments. Dissertation, Technische Universität Berlin, 2014.

[Sh06]   Shenoy, P.; Krauledat, M.; Blankertz, B.; Rao, R. P. N.; Müller, K.-R.: Towards Adaptive Classification for BCI. J. Neural Eng., 3(1):R13–R23, 2006.

[SK14]   Samek, W.; Kawanabe, M.: Robust Common Spatial Patterns by Minimum Divergence Covariance Estimator. In: Proc. of ICASSP. S. 2059–2062, 2014.

[SKM14]   Samek, W.; Kawanabe, M.; Müller, K.-R.: Divergence-based Framework for Common Spatial Patterns Algorithms. IEEE Rev. Biomed. Eng., 7:50–72, 2014.

[SMM13]   Samek, W.; Meinecke, F. C.; Müller, K.-R.: Transferring Subspaces Between Subjects in Brain-Computer Interfacing. IEEE Trans. Biomed. Eng., 60(8):2289–2298, 2013.

[Vi73]   Vidal, J. J.: Toward Direct Brain-Computer Communication. Annual Rev. of Biophys. and Bioeng., 2(1):157–180, 1973.

Wojciech Samek hat an der Humboldt-Universität zu Berlin Informatik studiert und war von 2010-2014 Doktorand am Lehrstuhl Maschinelles Lernen der Technischen Universität Berlin. Nachdem er seine Dissertation mit Auszeichnung abgeschlossen hat, wurde er im Oktober 2014 mit dem Aufbau und der Leitung der neuen Arbeitsgruppe Machine Learning am Fraunhofer Heinrich-Hertz-Institut betraut. Wojciech Samek war Stipendiat der Studienstiftung des deutschen Volkes und des Graduiertenkollegs GRK 1589 sowie Ph.D. Fellow am BCCN Berlin. Zu seinen Auslandserfahrungen zählen ein Auslandssemester an der Heriot-Watt University und der University of Edinburgh (2007-2008), ein Forschungsaufenthalt am NASA Ames Research Center in Mountain View (2009) sowie mehrere Kurzaufenthalte bei ATR International in Kyoto (2012 und 2013). Wojciech Samek ist Autor von mehr als 30 Publikationen und ist als Reviewer für Konferenzen und Journale (z.B. NIPS oder Proceedings of the IEEE) tätig. Seine Forschungsinteressen liegen im Bereich Maschinelles Lernen, Gehirn-Maschinen-Schnittstellen und Maschinelles Sehen.

Kernmengen und Datenstromalgorithmen für das k-means Problem und verwandte Zielfunktionen im Clustering[1]

Melanie Schmidt[2]

Abstract: Das k-means Problem besteht aus der Berechnung von k Zentren, die die Summe der quadrierten Distanzen aller Punkte in einer Menge P zu ihrem nächsten Zentrum minimieren. Eine Kernmenge für P ist eine kleine gewichtete Punktmenge, die für alle möglichen Auswahlen von Zentren ähnliche Kosten hat. Eine Dimensionsreduktion verringert die Dimension der Eingabepunkte und erhält dabei die Kostenfunktion ebenfalls approximativ für alle möglichen Zentrenmengen. Die vorliegende Zusammenfassung beschreibt Ergebnisse aus [Sc14] zur Berechnung von Kernmengen und Dimensionsreduktionen für das k-means Problem und für verwandte Probleme.

1 Einleitung

Die Analyse großer Datenmengen („Big Data") bietet vielfältige Chancen – zum Beispiel die Möglichkeit, komplexe Einflussfaktoren für Krankheiten zu entdecken, die Perspektive, physikalische Experimente zu sehr selten auftretenden Ereignissen auszuwerten (wie etwa jene am CERN in Genf), oder die Aussicht auf praktische Ergänzungen unseres Alltags wie automatisches Sortieren unserer Musik- oder Fotosammlung.

Solche Fragestellungen werden in den Arbeitsgebieten des maschinellen Lernens und des Data Minings untersucht, und eine große Forschergemeinde arbeitet an der Entwicklung von immer komplexeren Lernverfahren. Ein Grundbaustein solcher maschineller Lernverfahren sind Algorithmen zum *Clustern* von Daten. Diese Verfahren teilen eine Menge von Objekten in Gruppen von ähnlichen Objekten auf. Je nachdem, wie man die Ähnlichkeit von Objekten berechnet, erhält man verschiedene Clusteringverfahren.

Eines der ältesten und verbreitetsten Clusteringverfahren ist das *k-means Clustering*. Es ist anwendbar, wenn die Objekte Punkte im Euklidischen Raum sind. Dies ist keine so große Einschränkung wie es zunächst klingen mag. Viele Objekte lassen sich in Punkte verwandeln, indem verschiedene numerische Werte erfasst werden, etwa verschiedene Farbwerte in einem Bild oder Worthäufigkeiten auf einer Webseite. Jedes Bild oder jede Webseite wird ein Punkt, wenn die ermittelten Werte in einen Vektor geschrieben werden. Daher ist k-means Clustering vielseitig einsetzbar.

Das Ziel beim k-means Clustering ist es, die gegebenen Punkte in k Gruppen aufzuteilen. Die Anzahl wird dem Verfahren vorgegeben. Für jede Gruppe wird außerdem ein Zentrum

---

[1] Englischer Titel der Dissertation: "Coresets and Streaming Algorithms for the k-means Problem and Related Clustering Objectives"
[2] Fakultät für Informatik, Technische Universität Dortmund sowie Department of Computer Science, Carnegie Mellon University, Email: melanie.schmidt@tu-dortmund.de

gesucht, das die Gruppe repräsentiert. Bewertet wird eine Lösung, indem die Abstände aller Punkte zu ihrem Zentrum quadriert und aufsummiert werden. Dabei ist es immer besser, wenn Punkte zu der Gruppe gehören, deren Zentrum ihnen am nächsten liegt. Das Ziel des *k-means Problems* ist also die Minimierung der quadrierten Distanzen zum nächsten Zentrum, d.h. für eine Punktemenge P soll der Term

$$\sum_{x \in P} \min_{c \in C} ||x - c||^2$$

durch die Wahl der k Zentren C minimiert werden.

Verwandt zum k-means Problem ist das k-median Problem, bei dem ebenfalls k Zentren gewählt und die Punkte in k Gruppen aufgeteilt werden[1]. Hier werden die Distanzen zu den Zentren jedoch aufsummiert, ohne sie zuvor zu quadrieren.

Algorithmen für das k-means Problem Das k-means Problem ist ebenso wie das k-median Problem NP-schwierig [Al09, MS84]. Wir konzentrieren uns im Folgenden auf das k-means Problem. Es ist auch NP-schwierig, das k-means Problem beliebig gut zu approximieren [Aw15], d.h. einen Algorithmus zu entwickeln, der für jedes vorgegebene $\varepsilon > 0$ eine $(1+\varepsilon)$-Approximation berechnen kann und dessen Laufzeit polynomiell in der Eingabegröße ist (PTAS oder *polynomielles Approximationsschema*). Polynomielle Algorithmen mit konstanter Approximationsgüte sind bekannt [Ka04, JV01].

Das k-means Problem wird einfacher, wenn die gewünschte Anzahl an Clustern k klein ist. Es ist dann zwar weiter NP-schwierig, kann aber beliebig gut approximiert werden. Das polynomielle Approximationsschema in [FL11] erreicht z.B. eine Laufzeit von $\mathcal{O}(nd)$, wenn k eine Konstante ist und ist somit für konstante k sogar linear.

Wie für viele Probleme wird auch für das k-means Problem in praktischen Anwendungen häufig keiner der theoretisch besten Algorithmen verwendet. Das bekannteste Verfahren für das k-means Problem ist *Lloyds Algorithmus* [Ll82]. Diese lokale Suchheuristik wird gelegentlich auch als *k-means Algorithmus* bezeichnet, was ihre große Verbreitung andeutet. Der Algorithmus hat jedoch keine beweisbare Güte, sondern kann beliebig schlechte Lösungen berechnen. Außerdem wurde gezeigt, dass er für ungünstige Eingaben eine exponentielle Laufzeit hat. Er ist jedoch einfach zu implementieren, hat im *smoothed analysis* Modell eine polynomielle Laufzeit[2] und liefert zumindest eine lokal optimale Lösung.

Kernmengen und Datenstromalgorithmen Für sehr große Datenmengen kann auch ein linearer Algorithmus langsam sein, wenn er wahlfreien Zugriff auf die Eingabedaten benötigt und diese mehrfach durchläuft. Abhilfe schaffen hier *Datenstromalgorithmen*,

---

[1] In beiden Fällen, aber vor allem im k-median Fall, wird dem Namen manchmal die Zusatzinformation *Euklidisches* explizit vorangestellt, da es auch Varianten mit anderen Distanzfunktionen gibt.
[2] Im Gegensatz zur üblichen Laufzeitanalyse wird bei *smoothed analysis* nicht der schlechteste auftretende Fall untersucht. Stattdessen wird untersucht, wie die Laufzeit sich verhält, wenn man Eingaben erst leicht randomisiert verzerrt, bevor man den Algorithmus ausführt.

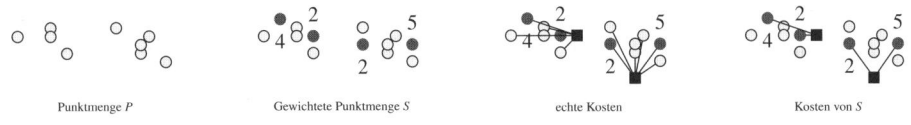

Abbildung 1: Für eine Kernmenge sollen sich die Summen der quadrierten Abstände zum nächsten Zentrum in C für S und P nur um einen ε-Anteil unterscheiden.

denen nur ein Durchlauf über die Daten erlaubt ist, und die mit wenig Speicher genug Informationen verwalten, um das gewünschte Optimierungsziel trotzdem zumindest approximativ lösen zu können.

Ideal ist die Berechnung einer *Kernmenge* durch einen Datenstromalgorithmus. Definiert für den Fall des k-means Problems ist eine Kernmenge für eine Eingabepunktmenge P eine gewichtete Punktmenge S, die für jede Wahl von k Zentren die Eigenschaft hat, dass die Summe der quadrierten Kosten jedes Punktes zu seinem nächsten Zentrum nur um einen ε-Anteil von den Kosten abweicht, die P verursachen würde. Es soll also Folgendes für jede Menge C aus k Zentren gelten:

$$\sum_{x \in P} \left| \min_{c \in C} ||x-c||^2 - \sum_{x \in S} |w(x) \min_{c \in C} ||x-c||^2 \right| \leq \varepsilon \cdot \sum_{x \in P} \min_{c \in C} ||x-c||^2.$$

Die gewichtete Menge S verhält sich also fast genauso wie P, für jede mögliche Lösung des k-means Problems. Das bedeutet, dass man nach Berechnung der Kernmenge jeden Algorithmus für das k-means Problem auf S statt P ausführen kann. Da S typischerweise klein ist, beschleunigt das die Ausführung des gewählten Algorithmus erheblich. Abbildung 1 veranschaulicht dieses an einem Beispiel. Die oben angegebene Definition von Kernmengen stammt in dieser Form aus [HPM04]. Diese Arbeit enthält auch eine Kernmengenkonstruktion, die Kernmengen der Größe $\mathcal{O}(k \log n \varepsilon^{-d})$ berechnet. In den Folgejahren wurden eine Reihe von Kernmengenkonstruktionen entwickelt, die Kernmengen von immer kleinerer Größe berechnen.

Har-Peled, Mazumdar	2004	$\mathcal{O}(k \log n \varepsilon^{-d})$	[HPM04]
Chen	2006	$\tilde{\mathcal{O}}(k\varepsilon^{-2} \log n(dk + \log \delta^{-1}))$	[Ch09]
Feldman, Monemizadeh, Sohler	2007	$\mathrm{poly}(k, \varepsilon^{-1})$, schwache Kernmenge	[FMS07]
Langberg, Schulman	2010	$\tilde{\mathcal{O}}(d^2 k^3 \varepsilon^{-2})$	[LS10]
Feldman, Langberg	2011	$\mathcal{O}(dk\varepsilon^{-4})$	[FL11]
Feldman, Schmidt, Sohler	2013	$\mathcal{O}(k^2 \varepsilon^{-4})$	[FSS13]

Die hier aufgelisteten Arbeiten beschreiben zunächst nur die Kernmengenkonstruktionen. Mit Hilfe eines generellen Verfahrens (Merge-and-Reduce) können diese jedoch in Datenstromalgorithmen verwandelt werden. Dabei steigt der Speicherverbrauch typischerweise um einen Faktor an, der polynomiell in $\log n$ ist. Kernmengen haben noch weitere nützliche Eigenschaften, zum Beispiel für das verteilte Lösen von Problemen. Außerdem basieren alle neueren polynomiellen Approximationsschemata darauf, zunächst eine Kernmenge zu berechnen und dann einen langsameren Algorithmus auf der Kernmenge auszuführen.

Dimensionsreduktion Die Ursache für die nicht handhabbare Größe einer Datenmenge muss nicht immer in der Anzahl der Objekte liegen. Manchmal sind Daten sehr hochdimensional, zum Beispiel bei der Untersuchung seltener Krankheiten. Für jeden Patienten kann eine große Menge an Messwerten aufgenommen werden (man stelle sich vor, dass die DNA ein Teil der erhobenen Daten ist). Hat man eine hochdimensionale Eingabe, so ist es nützlich, zunächst die Dimension zu reduzieren. Auch hier soll möglichst wenig Information verloren gehen. Unter einer Dimensionsreduktion für das k-means Problem verstehen wir eine Abbildung π, die eine Punktmenge P aus dem Euklidischen Raum auf einen Unterraum abbildet, wobei die resultierende Punktmenge $\pi(P) := \{\pi(x) \mid x \in P\}$ erfüllen soll, dass

$$\sum_{x \in P} \left| \min_{c \in C} ||x - c||^2 - \sum_{y \in \pi(x)} \left| \min_{c \in C} ||x - c||^2 \right| \right| \leq \varepsilon \cdot \sum_{x \in P} \min_{c \in C} ||x - c||^2$$

für jede Menge C aus k Zentren gilt. Diese Bedingung ist also ähnlich zur Kernmengenbedingung, nur dass hier nicht die Anzahl der Punkte, sondern die Anzahl der Dimensionen verringert wird, und dass es keine Gewichte gibt. Es gibt relativ wenige Ergebnisse zur Dimensionsreduktion für das k-means Problem. Mit Hilfe eines berühmten Resultates von Johnson und Lindenstrauss [JL84] kann man zeigen, dass die Punkte auf einen Raum mit Dimension $\Theta(\log/\varepsilon^2)$ abgebildet werden können, ohne dass die k-means Zielfunktion zu sehr beeinflusst wird[3]. Außerdem ist bekannt, dass man eine Punktmenge auf einen k-dimensionalen Unterraum projizieren, dort das k-means Problem lösen und so eine 2-Approximation erhalten kann [Dr04]. Dies ist keine Dimensionsreduktion im obigen Sinn, da wir nur etwas über das Verhältnis der *optimalen* Lösungen erfahren. Für andere Zentrenmengen erhalten wir keine Garantie, dass sich die Kosten ähnlich verhalten. In [FSS13] wird eine Reduktion auf $\mathcal{O}(k/\varepsilon^2)$ beschrieben, siehe Abschnitt 2.

2 Ergebnisse und verwendete Techniken

Dieses Kapitel beschreibt Ergebnisse aus [Sc14] und ordnet sie in die Literatur ein. Die Struktur des Kapitels orientiert sich an den verwendeten Techniken.

Punktverschiebungen Sowohl die Berechnung einer Kernmenge als auch die Reduktion der Dimensionen ist eine Reduktion der Komplexität der Eingabepunktmenge. Wenn die Eingabe bereits eine kleine Komplexität hat, dann ist die Reduktion einfach. Liegen zum Beispiel alle Punkte auf einem niedrigdimensionalen Unterraum, so können wir die Projektion auf diesen Unterraum für die Dimensionsreduktion verwenden. Liegen viele Punkte auf derselben Stelle, so können wir diese Punkte durch einen gewichteten Punkt ersetzen, ohne einen Fehler zu machen. Was aber, wenn die Punkte nicht auf derselben Stelle, aber nah beieinander liegen? Dann ist es naheliegend, die Punkte so zu verschieben, dass sie übereinanderliegen und durch einen gewichteten Punkt ersetzt werden können. Abbildung 2 veranschaulicht diese Idee.

---

[3] Allerdings werden die Punkte dabei nicht auf einen Unterraum, sondern auf einen anderen Raum abgebildet.

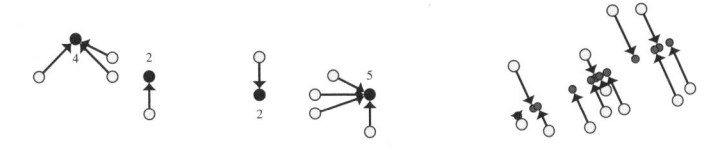

Abbildung 2: Punktverschiebungen können die Komplexität reduzieren.

Diese intuitive Technik ist ein Grundbaustein und wird zum Beispiel in [HPM04, HPK07, FS05] verwendet. Um theoretisch beweisbare Ergebnisse zu erzielen, wird ein Maß dafür benötigt, wie stark sich die Zielfunktion durch das Verschieben von Punkten ändert. Sei $\pi : \mathbb{R}^d \to \mathbb{R}^d$ eine Abbildung, die wir verwenden, um die Eingabe P zu verschieben, und sei $Q := \pi(P)$ die verschobene Punktmenge. Es stellt sich heraus, dass Q die Kernmengenbedingung bzw. die Bedingung der Dimensionsreduktion erfüllt, wenn $\sum_{x \in P} ||x - \pi(x)||^2 \leq \frac{\varepsilon^2}{16} \cdot OPT$ gilt. Mit OPT ist dabei der Wert eines optimalen k-means Clusterings gemeint. Damit sich die Kostenfunktion wenig ändert, muss also die Summe der (quadrierten) Verschiebungslängen im Vergleich zu den optimalen Clusteringkosten klein sein. Mit Hilfe von Punktverschiebungen können Kernmengen zum Beispiel durch Berechnung eines Gitters und Verschieben der Punkte auf Gitterpunkte berechnet werden. Das Gitter muss dabei geschickt konstruiert werden. Die Größe einer auf diese Weise berechneten Kernmenge enthält in der Regel $\Omega(\varepsilon^{-d})$ als Faktor.

In meiner Arbeit ist diese Technik für die Entwicklung des Algorithmus *BICO* relevant. BICO ist in Zusammenarbeit mit Hendrik Fichtenberger, Marc Bury (geb. Gillé), Chris Schwiegelshohn und Christian Sohler entstanden. Es ist ein Datenstromalgorithmus, der eine Kernmenge für das k-means Problem berechnet. Die Größe der Kernmenge ist für konstante Dimension durch $\mathcal{O}(k \log n \varepsilon^{-d-2})$ beschränkt und ist damit vergleichbar mit anderen Konstruktionen für niedrige Dimensionen. Allerdings ist die Abhängigkeit von $\log n$ im Vergleich zu etwa $\mathcal{O}(k \log^{2d+2} n \varepsilon^{-d})$ für die in den Datenstrom eingebettete Konstruktion aus [HPM04] deutlich geringer. Die kleinste vorher bekannte Abhängigkeit von $\log n$ wird mit $\tilde{O}(k \varepsilon^{-3} \log^4 n)$ in [FL11] erreicht.

Wir erzielen diesen Effekt, indem wir die Verwendung von Merge-and-Reduce vermeiden und stattdessen unser ‚Gitter' und damit auch die Kernmenge dynamisch während des Lesens der Daten aufbauen. Abbildung 3 veranschaulicht die Verfahrensweise von BICO. Die Punkte werden durch Kugeln überdeckt, deren Mittelpunkte Punkte aus dem Eingabestrom sind. Alle Punkte in einer Kugel werden zu einem Punkt zusammengefasst. Damit der entstehende Fehler nicht zu groß wird, fügen wir bei Bedarf weitere Ebenen mit kleineren Kugeln hinzu. Die Punktmenge wird dadurch mit mehr Kugeln überdeckt, wenn die Punkte dichter liegen. Die Herausforderung bei der Entwicklung des Algorithmus ist es, die Entscheidung, in welchem Level ein Punkt hinzugefügt werden soll und ob die Eröffnung eines neuen Levels nötig ist, ad hoc beim Lesen des Punktes zu treffen.

Unsere Methode ist dabei nicht nur aus theoretischer Sicht gut, sondern auch praktisch effizient. Wir haben eine leicht abgewandelte Version von BICO implementiert und mit einem Algorithmus von Arthur und Vassilvitskii [AV07] kombiniert, um auf der Kernmenge abschließend auch eine Lösung für das k-means Problem zu berechnen. Die Implemen-

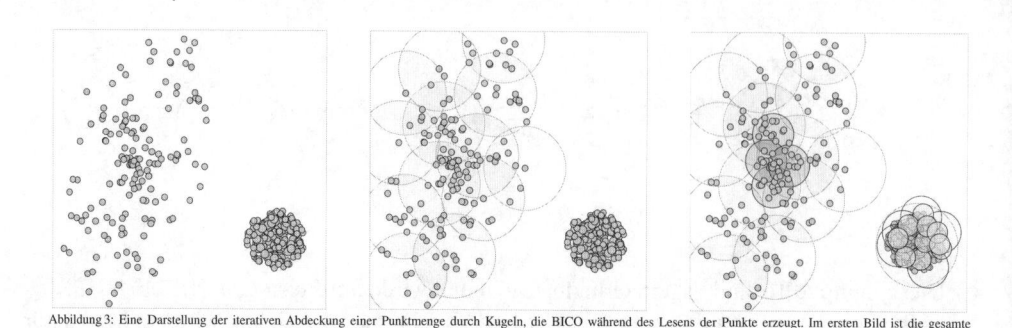

Abbildung 3: Eine Darstellung der iterativen Abdeckung einer Punktmenge durch Kugeln, die BICO während des Lesens der Punkte erzeugt. Im ersten Bild ist die gesamte Punktmenge ohne Überdeckung zu sehen. Bild zwei und drei repräsentieren spätere Zeitpunkte. Die verschiedenen Ebenen sind übereinander gezeichnet.

tierung haben wir dann mit bekannten Datenstromalgorithmen für das k-means Problem verglichen. StreamKM++ [Ac12] ist ein Algorithmus, der auch auf einer abgewandelten Kernmengenkonstruktion basiert, aber Merge-and-Reduce verwendet. Wir verwenden zum Testen die auch bei der Entwicklung von StreamKM++ verwendeten Daten sowie einen zusätzlichen Datensatz. BICO berechnet auf diesen Datensätzen Lösungen von gleicher oder besserer Qualität und ist dabei deutlich schneller.

BIRCH [ZRL97] ist eine sehr bekannte Heuristik zur Berechnung von Clusterings in Datenströmen und wurde mit dem SIGMOD Test of Time Award 2006 ausgezeichnet. Im Vergleich zu BIRCH berechnet BICO Lösungen von deutlich besserer Qualität. Abhängig von der Anzahl der gewünschten Cluster k ist die Laufzeit von BICO vergleichbar zu der von BIRCH und teilweise sogar schneller. Für große Datensätze kann die Qualität der Kernmenge niedriger gewählt werden, um die Laufzeit zu verringern.

Unsere Arbeit zur Entwicklung von BICO und seiner theoretischen und experimentellen Analyse wurde für das 21. „European Symposium on Algorithms (ESA)" akzeptiert und im Konferenzband dieser Konferenz veröffentlicht [Fi13].

Zufällige Stichproben Diese Technik basiert auf dem zufälligen Ziehen von Punkten aus der Eingabe. Es sei eine Zentrenmenge vorgegeben. Dann entspricht die quadrierte Distanz eines zufällig gleichverteilt aus P gezogenen Punktes *im Erwartungswert* den durchschnittlichen Kosten eines Punktes für diese Zentrenmenge. Multipliziert man die Kosten des Punktes mit $|P|$, erhält man einen erwartungstreuen Schätzer für die Kosten der Punktmenge. Die Varianz dieses Schätzers ist möglicherweise hoch. Die Herausforderung bei dieser Technik ist es also, die Varianz des Zufallsexperiments zu senken.

Aus bekannten Ergebnissen aus dem maschinellen Lernen folgt, dass im Wesentlichen $\mathcal{O}(k \cdot n \cdot \text{diam}(P) \cdot \log n / (\varepsilon^2 \cdot OPT))$ uniform zufällig gezogene Punkte benötigt werden. Hierbei ist $\text{diam}(P)$ der Durchmesser von P. Eine polynomielle Stichprobengröße entsteht also zum Beispiel, wenn der Durchmesser und die durchschnittlichen optimalen Kosten von derselben Größenordnung sind. Chen [Ch09] erreicht dies durch eine geschickte Aufteilung der Punktmenge in Teilmengen, aus denen dann zufällige Stichproben gezogen werden. Chen konstruiert auf diese Weise Kernmengen, deren Größe polynomiell in $d, k, \varepsilon, \delta$ und $\log n$ ist, wobei δ die Fehlerwahrscheinlichkeit des Algorithmus ist.

Die Kernmengengröße kann weiter gesenkt werden, wenn anstelle uniformen Ziehens andere Wahrscheinlichkeitsverteilungen verwendet werden. Entsprechende Verfahren wurden in Folgearbeiten [FMS07, LS10, FL11] entwickelt.

In meiner Arbeit werden zufällige Stichproben im Zusammenhang mit Kernmengen für *probabilistische* Daten verwendet. Bei einer probabilistischen Eingabe sind die Positionen der Eingabepunkte nicht fest, sondern folgen einer (diskreten) Verteilung. Das Ziel ist es, die erwarteten Kosten zu minimieren. Zusammen mit Christiane Lammersen und Christian Sohler habe ich die ersten Kernmengenkonstruktionen für verschiedene Varianten von probabilistischem k-median Clustering entwickelt. Insbesondere haben wir den Algorithmus von Chen erweitert. Der Großteil unserer Ergebnisse wurde zuerst im Konferenzband des 10. „Workshop on Approximation and Online Algorithms (WAOA)", später auch in der Arbeit [LSS15] veröffentlicht. Dies wird durch [Sc14] ergänzt.

Identifikation von fixen Kosten Dan Feldman, Christian Sohler und ich haben auch eine neue Technik für die Konstruktion von Kernmengen entwickelt. Die Ausgangsidee lässt sich gut an einer bekannten Formel für das k-means Problem veranschaulichen. Sie besagt, dass sich die quadrierten Abstände einer Punktmenge P zu einem einzelnen Zentrum c über den Zentroiden berechnen lassen. Es gilt für jedes Zentrum z, dass:

$$\sum_{x \in P} ||x - c||^2 = \sum_{x \in P} ||x - \mu||^2 + |P| ||\mu - c||^2.$$

Hierbei ist $\mu = \frac{1}{|P|} \sum_{x \in P} x$ der *Zentroid* der Punktmenge. Wir bemerken zwei Dinge. Erstens ist der Zentroid immer die optimale Lösung für $k = 1$. Zweitens kann eine Punktmenge, wenn nur der Fall $k = 1$ von Interesse ist, durch ihren Zentroiden repräsentiert werden, gewichtet mit der Anzahl der Punkte. Dafür muss die Kernmengendefinition so erweitert werden, dass es erlaubt ist, die Summe der quadrierten Distanzen zum Zentroiden, die dann entfällt, in einer Konstante zusätzlich zur Kernmenge zu speichern. Diese Konstante wird dann bei der Verwendung der Kernmenge zu den berechneten Kosten addiert.

Die neue Technik besteht nun darin, Beiträge zur Kostenfunktion zu identifizieren, die immer auftreten, und diese in eine Konstante auszulagern. Den verbleibenden Teil der Kostenfunktion können wir dann einfacher aufrecht erhalten, d.h. durch eine kleinere Kernmenge. Wir haben zwei Kernmengenkonstruktionen mit dieser Technik entwickelt. Beide haben die Eigenschaft, dass die Anzahl der Punkte in der Kernmenge *unabhängig* von der Anzahl der Eingabepunkte *und* von der Dimension der Eingabepunkte ist. Die Kernmengengröße hängt nur von k und ε ab. Kernmengenkonstruktionen mit dieser Eigenschaft waren zuvor nicht bekannt.

Die erste Konstruktion erweitert die kurz beschriebene Kernmenge für $k = 1$ für allgemeine Werte von k. Dazu identifizieren wir Teilmengen von Punkten, die für jede Zentrenmenge demselben Zentrum zugewiesen werden, oder für die dadurch zumindest kein großer Fehler in der Kostenfunktion entsteht. Jede Teilmenge wird dann durch ihren Zentroiden ersetzt, und die entstehenden konstanten Terme werden aufsummiert. Die Größe der Kernmenge ist durch $\mathcal{O}(k^{p(1/\varepsilon)})$ beschränkt, wobei $p(1/\varepsilon)$ ein Polynom in $1/\varepsilon$ ist. Damit ist die Größe unabhängig von d und n, aber exponentiell in $1/\varepsilon$.

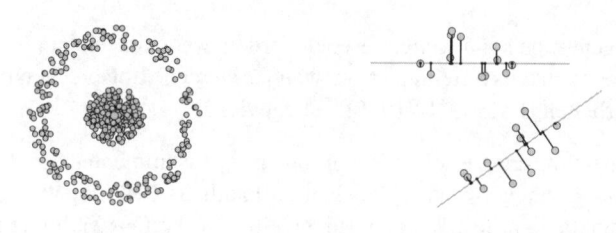

Abbildung 4: Beispiele für Punktwolken, für die sich die k-means Zielfunktion weniger eignet.

Die zweite Konstruktion besteht aus einer neuen Dimensionsreduktion, gefolgt von der Anwendung einer bekannten Kernmengenkonstruktion auf die dimensionsreduzierten Daten. Wir zeigen, dass die Projektion P' einer Punktmenge P auf ihre ersten $\lceil 18k/\varepsilon^2 \rceil$ Hauptkomponenten die Bedingung für eine Dimensionsreduktion erfüllt. Für jede Wahl von k Zentren ist also gewährleistet, dass P und P' bis auf einen ε-Anteil die gleichen Kosten verursachen. Zuvor war bekannt, dass man eine 2-Approximation für das k-means Problem erhalten kann, indem man die Punkte auf die ersten k Hauptkomponenten projiziert und das k-means Problem auf den niedrigdimensionalen Punkten löst. Dies ist insbesondere keine Dimensionsreduktion im oben definierten Sinn.

Durch das Projizieren der Punkte auf einen Unterraum werden die Punkte kürzer. Die Summe der quadrierten Längenunterschiede speichern wir als Konstante. Wir zeigen dann, dass es keinen zu großen Fehler verursacht, anzunehmen, dass diese Konstante immer in der Kostenfunktion enthalten ist.

Die Dimensionsreduktion selbst ist das erste wichtige Ergebnis dieser Zusammenarbeit und stellt eine erhebliche Verbesserung zu bekannten Dimensionsreduktionen für das k-means Problem dar. Das zweite wichtige Ergebnis ist ein neues Verfahren zur Berechnung von Kernmengen. Indem wir die Konstruktion von Feldman und Langberg [FL11] auf den niedrigdimensionalen Punkten ausführen, können wir Kernmengen der Größe $\mathcal{O}(k^2/\varepsilon^6)$ berechnen. Dies ist nicht nur unabhängig von n und d, sondern auch ein polynomiell in k und $1/\varepsilon$. Die Kernmengenkonstruktion kann mit polylogarithmischem Zusatzaufwand auch im Datenstrommodell durchgeführt werden (in diesem Fall ist die Kernmengengröße jedoch polylogarithmisch abhängig von $\log n$).

Der Artikel, in dem die neue Technik entwickelt und zur Entwicklung der neuen Kernmengenkonstruktionen und der Dimensionsreduktion eingesetzt wird, wurde für das 24. „Symposium on Discrete Algorithms (SODA)" akzeptiert und ist im Konferenzband dieser Konferenz veröffentlicht [FSS13]

Ausblick auf weitere Ergebnisse Der bisherige Schwerpunkt dieses Textes ist die Zusammenfassung von Ergebnissen zum k-means und k-median Problem. Die Zielfunktionen dieser Probleme haben die Eigenschaft, dass sie die Punktmengen immer linear separieren, da jeder Punkt dem ihm am nächsten liegenden Zentrum zugeteilt wird (eine andere Zuteilung ist nicht optimal). Abbildung 4 zeigt Beispiele für Punktmengen, für die andere Zielfunktionen geeigneter sind.

Die linke Punktmenge lässt sich durch eine Hyperebene nicht so teilen, wie sie intuitiv aufgeteilt werden sollte. Die beiden intuitiv als Cluster erkennbaren Teilmengen haben das gleiche Zentrum und werden in keiner k-means Lösung getrennt. Abhilfe schafft hier das Abbilden in einen höherdimensionalen Raum, in dem die Punktmenge linear separiert werden kann. Der *Kerneltrick* besteht nun darin, diese Abbildung nicht explizit zu berechnen, sondern die Distanzen im höherdimensionalen Raum implizit durch eine Kernelfunktion zugreifbar zu machen. Diese Methode wird im maschinellen Lernen verwendet, um nichtlineare Cluster trennen zu können. Die Minimierung der quadrierten Distanzen in einem implizit durch eine Kernelfunktion gegebenen höherdimensionalen Raum bezeichnen wir als das *kernel k-means* Problem.

Die rechte Punktmenge ist zwar linear separierbar, die Form der Cluster erinnert jedoch an eine Linie und nicht an eine Kugel, wie es bei einem typischen k-median oder k-means Clustering der Fall wäre. Intuitiv ist hier, zwei eindimensionale affine Unterräume statt zwei Clusterzentren zu suchen. Dieses Clustern mit Linien statt Punkten wird auch als *k-lines Clustering* bezeichnet. Die Zielfunktion lässt sich weiter verallgemeinern. Beim *projektiven Clustering* ist eine Auswahl von k j-dimensionalen affinen Teilräumen gesucht, die die Summe der quadrierten Distanzen aller Punkte zum nächsten Teilraum minimiert. Es ist bekannt, dass es für diese Zielfunktion nur dann eine Kernmenge geben kann, wenn die Eingabepunkte ganzzahlige Koordinaten haben.

Sowohl für das kernel k-means Problem als auch für projektives Clustering unter der Ganzzahligkeitsbedingung haben Dan Feldman, Christian Sohler und ich Kernmengenkonstruktionen entwickelt. Diese basieren auf unseren Erkenntnissen für den k-means Fall und stellen jeweils die besten bekannten Konstruktionen für die Zielfunktionen dar. Sie sind in [Sc14] detailliert beschrieben.

Literatur

[Ac12]   Ackermann, M. R.; Märtens, M.; Raupach, C.; Swierkot, K.; Lammersen, C.; Sohler, C.: StreamKM++: A clustering algorithm for data streams. ACM J. of exp. alg., 17, 2012.

[Al09]   Aloise, D.; Deshpande, A.; Hansen, P.; Popat, P.: NP-hardness of Euclidean sum-of-squares clustering. Machine Learning, 75(2):245 – 248, 2009.

[AV07]   Arthur, D.; Vassilvitskii, S.: k-means++: the advantages of careful seeding. In: SODA 2007. S. 1027 – 1035, 2007.

[Aw15]   Awasthi, P.; Charikar, M.; Krishnaswamy, R.; Sinop, A. K.: The Hardness of Approximation of Euclidean k-means. In: SoCG 2015 (akzeptiert). 2015.

[Ch09]   Chen, K.: On Coresets for k-Median and k-Means Clustering in Metric and Euclidean Spaces and Their Applications. SIAM Journal on Computing, 39(3):923 – 947, 2009.

[Dr04]   Drineas, P.; Frieze, A. M.; Kannan, R.; Vempala, S.; Vinay, V.: Clustering Large Graphs via the Singular Value Decomposition. Machine Learning, 56:9–33, 2004.

[Fi13]   Fichtenberger, H.; Gillé, M.; S., M.; Schwiegelshohn, C.; Sohler, C.: BICO: BIRCH Meets Coresets for k-Means Clustering . In: ESA 2013. S. 481 – 492, 2013.

[FL11]   Feldman, D.; Langberg, M.: A unified framework for approximating and clustering data. In: STOC 2011. S. 569 – 578, 2011.

[FMS07] Feldman, D.; Monemizadeh, M.; Sohler, C.: A PTAS for k-means clustering based on weak coresets. In: SoCG 2007. S. 11 – 18, 2007.

[FS05] Frahling, G.; Sohler, C.: Coresets in dynamic geometric data streams. In: STOC 2005. S. 209 – 217, 2005.

[FSS13] Feldman, D.; Schmidt, M.; Sohler, C.: Turning Big Data into Tiny Data: Constant-size Coresets for k-means, PCA and Projective Clustering. In: SODA 2013. S. 1434 – 1453, 2013.

[HPK07] Har-Peled, S.; Kushal, A.: Smaller Coresets for k-Median and k-Means Clustering. Discrete & Computational Geometry, 37(1):3 – 19, 2007.

[HPM04] Har-Peled, S.; Mazumdar, S.: On coresets for k-means and k-median clustering. In: STOC 2004. S. 291 – 300, 2004.

[JL84] Johnson, W. B.; Lindenstrauss, J.: Extensions of Lipschitz mappings into a Hilbert space. Contemporary Mathematics, (26):189 – 206, 1984.

[JV01] Jain, K.; Vazirani, V. V.: Approximation algorithms for metric facility location and k-Median problems using the primal-dual schema and Lagrangian relaxation. Journal of the ACM, 48(2):274 – 296, 2001.

[Ka04] Kanungo, T.; Mount, D. M.; Netanyahu, N. S.; Piatko, C. D.; Silverman, R.; Wu, A. Y.: A local search approximation algorithm for k-means clustering. Computational Geometry, 28(2-3):89 – 112, June 2004.

[Ll82] Lloyd, S. P.: Least squares quantization in PCM. IEEE Transactions on Information Theory, 28(2):129 – 137, 1982.

[LS10] Langberg, M.; Schulman, L. J.: Universal epsilon-approximators for integrals. In: STOC 2010. S. 598–607, 2010.

[LSS15] Lammersen, C.; Schmidt, M.; Sohler, C.: Probabilistic k-Median Clustering in Data Streams. Theory of Computing Systems, 56:251 – 290, 2015.

[MS84] Megiddo, N.; Supowit, K. J.: On the Complexity of Some Common Geometric Location Problems. SIAM Journal on Computing, 13(1):182–196, 1984.

[Sc14] Schmidt, M.: Coresets and Streaming Algorithms for the k-means Problem and Related Clustering Objectives. Dissertation, TU Dortmund, 2014.

[ZRL97] Zhang, T.; Ramakrishnan, R.; Livny, M.: BIRCH: A New Data Clustering Algorithm and Its Applications . Data Mining and Knowledge Discovery, 1(2):141 – 182, 1997.

Melanie Schmidt hat in Dortmund studiert und promoviert. Zusammen mit Martin Groß und ihrem heutigen Ehemann Daniel R. Schmidt gewann sie 2008 den InformatiCup, einen Wettbewerb der GI für Gruppen. Während ihrer Promotion wurde sie mit dem Google Anita Borg Memorial Scholarship zur Unterstützung junger Frauen in technisch-/naturwissenschaftlichen Berufen ausgezeichnet und erhielt zusammen mit Martin Groß, Jan Philipp Kappmeier und Daniel R. Schmidt den Best Student Paper Award auf dem European Symposium on Algorithms 2012. Für die Dauer ihres ersten PostDoc-Jahres besucht sie die Carnegie Mellon University mit einer Förderung durch den DAAD.

Skalierbare Analyse von räumlichen Daten in großangelegten wissenschaftlichen Simulationen[1]

Farhan Tauheed[2]

Abstract: Die Wissenschaft befindet sich heutzutage in einem radikalen Umbruch. Wissenschaftler müssen sich heute nicht mehr nur auf traditionelle wissenschaftliche Methoden des Experimentierens, dem entwickeln von Theorien und dem Testen von Hypothesen verlassen. Zusätzlich können sie heute auch massive Mengen von Daten analysieren um neue wissenschaftliche Erkenntnisse zu erlangen. Immer schnellere Hardware sowie immer genauere Sensoren ermöglichen ihnen das Sammeln von Daten, das Bauen von Modellen und das Simulieren von Naturphänomenen im großen Maßstab. Wissenschaftliche Entdeckungen in diesem Zusammenhang bedingen allerdings Algorithmen für die effiziente Analyse von massiven Datenmengen. Die heute enormen Datenmengen machen die Ausführung der notwendigen Analysen zu einer beispiellosen Herausforderung. Die Effizienz heutiger Algorithmen reicht nicht aus um die Datenmengen schnell genug zu analysieren und das Problem wird immer schlimmer da die Datenmengen rasant wachsen.
Diese Doktorarbeit konzentriert sich auf die Trends des Datenwachstums in den Wissenschaften und wie diese Trends die Leistung von Analysealgorithmen beeinflussen. Eine interessante Entwicklung bezüglich wissenschaftlicher Daten ist, dass wenn Wissenschaftler die Datenmenge erhöhen, die Daten gleichzeitig auch komplexer werden, so dass bekannte Algorithmen ineffizient werden. Die "Komplexität" der Daten wird durch die Veränderung der Datencharakteristiken, wie beispielsweise Verteilung, Dichte und Auflösung verursacht. Die Zunahme der Komplexität verschlechtert die Effizienz bestehender Algorithmen wesentlich und, noch wichtiger, hemmt auch die Skalierbarkeit der Algorithmen. Diese Arbeit schlägt eine Methodik zur Entwicklung neuer Analysealgorithmen vor welche effizient sind und besser skalieren als existierende Methoden. Mit wissenschaftlichen Daten demonstrieren wir, dass Algorithmen die mit unserer Methodik entwickelt wurden nicht nur schneller als heutige Algorithmen sind, sondern auch, dass sie wesentlich besser mit Komplexität und Größe zukünftiger Datensätze skalieren.

1 EINLEITUNG

Meteorologische Vorhersagen, die Erprobung neuer Medikamente durch Computersimulationen und die Entdeckung neuer Phänomene haben Simulationen allgegenwärtig in den Naturwissenschaften gemacht und sind heute ein wichtiges Instrument im Arsenal der Wissenschaftler. Obwohl in Simulationen in verschiedenen wissenschaftlichen Disziplinen unterschiedliche numerische Methoden und Lösungstechniken verwenden, haben sie auch einige wichtige Gemeinsamkeiten. So erfordert die Simulation eines Naturphänomens grundsätzlich den Bau eines Modelles der Struktur des Phänomens. Dieses Modell wird während der Simulation ständig verändert, um das Verhalten des realen Phänomens zu imitieren. Die strukturelle dreidimensionale räumliche Darstellung des Phänomens liegt damit im Kern der Simulationsworkflows und Modellierung, Simulation, Analyse und Visualisierung hängen stark von der effizienten Analyse von räumlichen Daten ab.
Die Erfassung von riesigen Mengen von räumlichen Daten hat den Aufwand für deren Speicherung und Verarbeitung zu einem beispiellosen Unterfangen gemacht. Hinzu kommt,

---
[1] Scalable Exploration of Spatial Data in Large-Scale Scientific Simulations
[2] École Polytechnique Fédérale de Lausanne, Data-Intensive Applications and Systems Lab, Switzerland, farhan.tauheed1@gmail.com

dass die Erhöhung der Datensatzgröße in wissenschaftlichen Anwendungen als Nebeneffekt auch die Datenkomplexität erhöht. Die Datenkomplexität lässt bekannte Datenanalysealgorithmen ineffizient werden. Das bedeutet, dass auch wenn ein Algorithmus effizient ist um einen bestimmten Datensatz zu analysieren, der Algorithmus nicht zwingend mit Größe und Komplexität der Datensätze skalieren wird und dass er daher zu einem Leistungsengpass für größere und komplexere Datensätzen werden kann. Das Beispiel der Neurowissenschaftler welche im Human Brain Project [1] das Hirn simulieren zeigt dies deutlich: um biologisch realistische Hirnmodelle zu simulieren, begannen die Neurowissenschaftler mit dem Bau eines Modells einer kleinen Hirnregion und vergrößern dieses nun sukzessive bis das Modell das gesamte Hirn umfassen. Dies erhöht die Datensatzgröße für die Speicherung der Modelle, es erhöht aber auch die räumliche Dichte (die Anzahl der räumlichen Objekten die zur Darstellung von Nervenzellen pro Volumeneinheit verwendet werden) der Datensätze. Die Erhöhung der Dichte ist ein exzellentes Beispiel der Steigerung der Datenkomplexität die sich direkt auf die Leistung und Skalierbarkeit der bekannten Analysealgorithmen auswirkt. Verteilung, räumliche Auflösung und Unregelmäßigkeiten in geometrischen Formen sind andere Beispiele von sich erhöhender Datenkomplexität die wir in Daten aus wissenschaftlichen Simulationen beobachtet haben. Für die effiziente Analyse von wissenschaftlichen Daten benötigen wir daher Algorithmen, welche nicht nur mit Größe der Datensätze skalieren sondern auch mit der Erhöhung der Datenkomplexität. Wir formulieren das Problem wie folgt:

Problemstellung: *Das Ermöglichen einer effizienten Analyse von räumlichen Daten in großangelegten wissenschaftlichen Simulationen durch die Entwicklung neuartiger Algorithmen, die nicht nur heute effizient sind, sondern die auch mit der zukünftigen Zunahme der Komplexität der räumlichen Daten skalieren.*

2 SCHLUESSELBEITRAEGE

Unsere Zusammenarbeit mit dem EU Flagship Project (Human Brain Project) erlaubte es uns die Kernprobleme in Bezug auf Skalierbarkeit in modernen wissenschaftlichen Simulationen zu analysieren. Die wichtigste Erkenntnis unserer Untersuchungen war das Problem der Datenkomplexität zu identifizieren und zu zeigen, wie stark sie die Skalierbarkeit wissenschaftlicher Simulationen limitiert. Diese Schlüsselerkenntnis hat uns inspiriert eine Methodik für die Entwicklung von Analysealgorithmen für räumlichen Daten zu definieren die nicht nur effizient sind um neurowissenchaftliche Daten zu analysieren aber, wie wir in dieser Dissertation mit Experimenten zeigen, auch für räumliche Daten anderer Anwendungen.

Algorithmen für dreidimensionale räumliche Daten bilden den Kern vieler Datenanalysen im Kontext von Simulationen. Existierende räumliche Analysemethoden verwenden auf konzeptioneller Ebene de Idee der räumlichen Nähe. Das heißt, dass existierende Methoden Objekte die im euklidischen Raum nahe zusammen liegen auch auf dem Speichermedium zusammen speichern um den Zugriff darauf zu beschleunigen. Dies ermöglicht es Algorithmen den Suchraum effizient zu verkleinern und nur Objekte in der Nähe der Abfrageregion vom Speichermedium zu lesen und damit letztendlich die Leistung massiv zu verbessern. Allerdings skalieren solche Techniken nicht wenn die Komplexität der Daten

---

[1] EU FET Flagship Project - The Human Brain Project, https://www.humanbrainproject.eu

auch erhöht wird wie wir zeigen werden. In dieser Arbeit beschreiben wir, wie wir das Konzept der räumlichen Konnektivität verwenden, um Analysealgorithmen für räumliche Daten zu entwickeln, die nicht nur effizient sind sondern die auch zu höherer Datenkomplexität skalieren. Räumliche Konnektivität stellt die Informationen dar wie Objekte miteinander verbunden sind (physikalisch oder anderweitig). So zum Beispiel verbinden Synapsen Neuronen zu einem neuronalen Netzwerk. Durch die Verwendung der Konnektivität erhalten wir eine kostengünstige Möglichkeit für den Zugriff auf Objekte welche räumlich nahe beieinander liegen und können so den unnötigen Aufwand traditioneller räumlicher Analysealgorithmen wesentlich reduzieren.

Analysetechniken die auf Konnektivität beruhen helfen nicht nur in der Analyse von wissenschaftlichen Daten, wie zum Beispiel in neurowissenschaftlichen Daten, sondern können auch in der Analyse anderer räumlicher Datensätze hilfreich sein in denen Konnektivitätsinformation vorhanden ist (oder durch einen Bearbeitungsschritt a priori hinzugefügt wird [Ta12a, Ta12b]). Auch einschließlich des potentiell benötigten Bearbeitungsschrittes sind die vorgeschlagenen Techniken deutlich schneller als der Stand der Technik und skalieren vor allem auch besser. Die vorgeschlagenen räumlichen Analysealgorithmen sind daher generisch und auch für nicht-wissenschaftliche Datensätze anwendbar.

Im Folgenden diskutieren wie wir basierend unserer Methodik drei Analysealgorithmen entwickelt haben um die drei häufigsten Analysen von räumlichen Daten in wissenschaftlichen Simulationen effizienter auszuführen. In dieser Übersicht diskutieren wir wie sie Konnektivität verwenden um Analysen effizient auszuführen und um zu skalieren.

3 RÄUMLICHE AD-HOC ANALYSE

Das Abfragen einer Teilmenge des Datensatzes um eine Hypothese zu testen, um die Modelle statistisch zu validieren oder um bestimmte Teile des Datensatzes zu visualisieren ist eine häufige Aufgabe, die Wissenschaftler in ihrem normalen Tagesablauf ausführen müssen. Ad-hoc-Untersuchungen ermöglichen den Wissenschaftlern die Eigenschaften der Daten durch Beobachtung aus unterschiedlichen Perspektiven zu untersuchen und zu verstehen. Aus Sicht des Datenmanagements ist die häufigste Art der Durchführung dieser Analyse eine **räumliche Bereichsanfrage** auf dreidimensionalen räumlichen Datensätzen um die Daten in der Region von Interesse abzurufen. Die Daten können Sensorrohdaten, Modelldaten, Simulationsresultate oder auch andere Daten sein. Dreidimensionale Bereichsabfragen zum Beispiel werden verwendet um Teile des Hirnmodells abzurufen so dass Neurowissenschaftler die statistischen Eigenschaften des Modells mit realem Nervengewebe vergleichen können wie es in Abbildung 1 dargestellt wird.

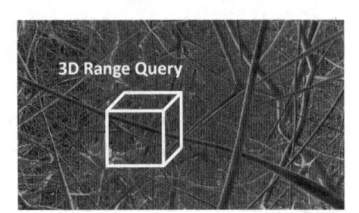

Abb. 1: Dreidimensionale räumliche Bereichsabfragen für die Ad-hoc Erkundung von Nervengewebe.

Räumliche Indizes sind Datenstrukturen mit denen effizient räumliche Bereichsabfragen ausgeführt werden können. Der heutige Stand der Technik ist die Familie der R-Tree Algorithmen [Gu84, LLE97, Ar04, KF84] welche in der Mehrheit der kommerziellen und quelloffenen Datenbanklösungen implementiert sind. Die verschiedenen Varianten des Algorithmus bauen auf derselben konzeptionellen Idee auf, das heißt, auf einer Hierarchie von dreidimensionalen minimalen umgebenden Rechtecken (die durch Gruppieren Objekte die nahe beieinander liegen gebildet werden). Die Hierarchie oder Baumstruktur ermöglicht eine effiziente Durchführung von dreidimensionalen Bereichsabfragen durch das Durchlaufen des Baumes von oben nach unten und der damit einhergehenden Verkleinerung des Suchraumes. Das Problem der Verwendung einer hierarchischen Datenstruktur ist, dass jedes minimale umgebende Rechteck (Knoten in der Baumstruktur) mit anderen Knoten auf gleicher Ebene im Baum überlappen kann. Dadurch entsteht eine Mehrdeutigkeit in der Baumstruktur welche zu vermehrtem (und unnötigem) Lesen und Analysieren von Baumknoten führt. Jedes Lesen eines Knotens bedeutet dabei einen kostspieligen Zugriff auf die Festplatte. Das Überlappungsproblem ist von grundlegender Bedeutung für die Familie der R-Tree Algorithmen und wird wesentlich durch steigende (räumliche) Datenkomplexität verschärft, wie es zum Beispiel bei Neurowissenschaftlern der Fall ist die immer detailliertere (und damit komplexere) Hirnmodelle verwenden. Der Aufwand von Bereichsabfragen steigt deshalb überproportional an wenn die Komplexität steigt.

Die Datenkomplexität in diesem speziellen Anwendungsfall ergibt sich aus der räumlichen Dichte des verwendeten Datensatz. Um eine Lösung zu entwickeln die mit der Komplexität skaliert, entwerfen wir den FLAT-Algorithmus [Ta12a, St13b, St13a, Ta13] der eine grundsätzlich andere Strategie verfolgt um räumliche Bereichsabfragen auszuführen. Der Algorithmus fügt dem Datensatz während der Indexierung Konnektivitätsinformationen hinzu. Mit Hilfe dieser Information werden räumlicher Bereichsabfragen in zwei Phasen durchgeführt. Zunächst findet die Seeding-Phase ein beliebiges Objekt im Abfragebereich mit einem herkömmlichen räumlichen Index. In der zweiten Phase, der Crawling-Phase, wird mit Hilfe des initialen Objektes (welches in der Seeding-Phase gefunden wurde) und der Konnektivitätsinformation die räumliche Nachbarschaft traversiert um die restlichen Objekte in dem Abfragebereich zu finden. Beide Phasen sind so ausgelegt, dass sie unabhängig von der räumlichen Dichte effizient ausgeführt werden können und daher auch mit der Komplexität (**Raumdichte**) der Daten skalieren.

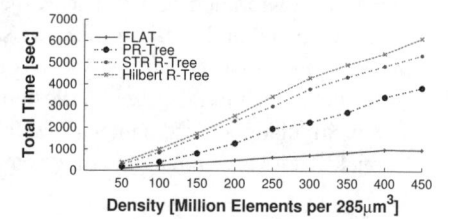

Abb. 2: Ausführungszeit für die Ausführung räumlicher Bereichsabfragen.

In dieser Übersicht über die Dissertation präsentieren wir die zentralen Resultate die wir mit FLAT und Daten aus dem Human Brain Project erzielt haben. Wir vergleichen FLAT mit drei verschiedenen Varianten von in Datenbanklösungen verwendeten R-Tree Algorithmen. Im ersten Experiment messen wir die Zeit welche benötigt wird um räumliche Bereichsabfragen auszuführen damit verschiedene Teile des räumlichen neuronalen Datensatzes analysiert werden können. Auf der x-Achse von Abbildung 2 erhöhen wir die Datensatzgröße genau so wie Neurowissenschaftler auch immer größere und umfassendere Modelle bauen um das Hirn realistischer nachzubilden. Indem Neurowissenschaftler immer detailliertere Modelle bauen, erhöhen sie auch die Anzahl neuronaler Strukturen im gleichen Volumen und erhöhen daher auch die Dichte des Datensatzes. Mit FLAT können wir eine Geschwindigkeitssteigerung von einem Faktor von drei bis acht im Vergleich zur schnellsten R-Tree Variante erzielen. Der größte aktuell verwendete Datensatz umfasst rund 100000 Neuronen (was 450 Millionen Raumelementen/Zylindern und damit 27 GB an Daten entspricht). Das Endziel des Human Brain Projektes ist es Modelle des gesamten menschlichen Hirns zu bauen was ca. 86 Milliarden Neuronen entspricht. Modelle in dieser Größenordnung zu bauen bedeutet auch die Dichte (Anzahl Raumelemente pro Raumeinehit) und daher die Komplexität wesentlich zu erhöhen.

4 INTERAKTIVE RÄUMLICHE ANALYSE

In vielen Anwendungsszenarien bestehen Analysen nicht nur aus einzelnen isolierten Abfragen. Vielmehr führen Wissenschaftler eine Folge von Abfragen interaktiv aus, wobei jede Abfrage in einer Sequenz von den vorherigen Abfragen abhängt. Navigationsorientierter Zugriff auf die dreidimensionalen Daten und Walkthrough Visualisierung sind Beispiele für interaktive Analysen. Obwohl sich Indizes hervorragend eignen um die Leistung einzelner Abfragen in der Sequenz zu erhöhen, kann die Ausführung einer gesamten Sequenz wesentlich beschleunigt werden. Durch Prefetching können zum Beispiel Teile des nächsten Resultats bereits in den Speicher geladen während das Resultat der vorherigen Abfrage immer noch analysiert wird wie das in Abbildung 3 illustriert ist. Zentral um Prefetching effizient zu machen ist genau vorhersagen zu können wo die nächste Abfrage ausgeführt werden wird. Je genauer die Voraussage, desto mehr Daten können bereits vorgängig geladen werden und umso mehr kann die interaktive Analyse beschleunigt werden.

Bekannte Prefetchingtechniken verwenden vorherrschend Kurvenextrapolation [Ch98, SOR09, PK01] die auf den Positionen vorheriger Abfragen in der Sequenz basiert um die Position der nächsten Abfrage zu bestimmen. Dieser Ansatz ist effizient, wenn der Pfad der Abfragesequenz gut durch Kurvenextrapolationstechniken angenähert werden kann; ist der Pfad jedoch geometrisch unregelmäßig sinkt die Vorhersagegenauigkeit solcher Techniken erheblich. Dieses Problem entsteht besonders dann wenn Wissenschaftler ihre Modelle und damit die Datensätze vergrößern. Im Fall von neuronalen Modellen beispielsweise kann die Abfragesequenz beliebigen Pfaden im neuronalen Netzwerk folgen. Wenn Neurowissenschaftler die Anzahl der Neuronen erhöhen um größere Bereiche des Hirns zu simulieren wird die Anzahl der Nervenbahnen erhöht (da die Anzahl der neuronalen Verbindungen, d.h., SSynapsen", zunimmt). Dies erhöht die Wahrscheinlichkeit, dass der Benutzer eine Abfragefolge mit unregelmäßiger Geometrie ausführt. In diesem Fall ist die Unregelmäßigkeit der Geometrie der Pfade im Datensatz die Komplexität der Daten, welche die Skalierbarkeit der Analysemethoden limitiert.

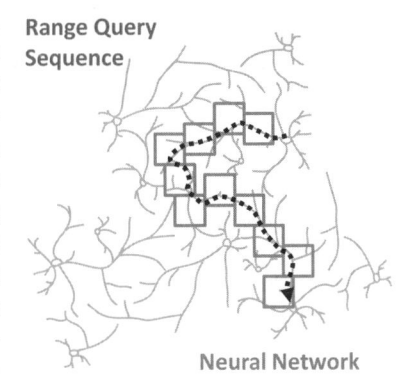

Abb. 3: Dreidimensionalen Raumbereich Abfragesequenz folgenden Nervenbahnen für interaktive Exploration.

Zur Lösung dieses Problems entwickeln wir SCOUT [Ta12b], eine Prefetchingtechnik die nicht nur die Positionen vorheriger Abfragen berücksichtigt, sondern auch deren Inhalt um die Position der nächsten Abfrage vorherzusagen. SCOUT analysiert dazu wie Objekte innerhalb der vorangegangenen Abfrageregionen verteilt sind um damit wichtige Informationen zu erlangen wie (a) räumliche Objekte in der Abfrage zusammenhängen und Pfade bilden und (b) welchem Weg der Benutzer folgt.

Um Konnektivitätsinformation zu den Objekten innerhalb einer Abfrage zu erhalten, berechnen wir eine Graphstruktur welche Objekte die sich nahe beieinander befinden miteinander verbindet. Diese Graphstruktur gibt uns eine gute Vorstellung davon wie viele geometrische Pfade sich im Abfragebereich befinden. Sobald wir alle Pfade innerhalb des vorherigen Abfragebereichs nachgebildet haben entfernen wir aus der Menge der potentiellen Pfade diejenigen welche in keiner der bisherigen Abfragen in derselben Sequenz vorkamen. Mit allen folgenden Abfragen wir diese Menge der potentiellen Kandidaten immer kleiner bis nach wenigen Abfragen nur noch eine Handvoll Pfade übrigbleibt. Je weniger Pfade übrigbleiben, desto besser kann vorausgesagt werden wo der Benutzer die nächste Abfrage ausführen wird und daher welche Daten bereits geladen werden sollen. Eine Prefetchingtechnik welche den Inhalt der vorangegangenen Abfragen in Betracht zieht liefert daher nicht nur bessere Vorhersagegenauigkeit, sondern skaliert auch besser weil sie unabhängig von der Geometrie der im Datensatz vorhandenen Wege ist.

In Abbildung 4 zeigen wir die wichtigsten Ergebnisse die wir mit neuronalen Simulationsdaten erzielt haben. Wir vergleichen drei bekannte Prefetchingtechniken welche die Positionen vergangener Abfragen mit einer dreidimensionalen Kurve interpolieren um dann die Position der nächsten Abfrage zu extrapolieren. Exponential Weighted Moving Average (EWMA) [Ch98] ist eine Extrapolationstechnik die Polynome (die zur Interpolation verwendet werden) verwendet und die mehr Gewicht auf neuere Abfragen in der Sequenz legt als auf frühere. Straight Line ist eine einfache lineare Extrapolationstechnik, während, Hilbert Prefetching [PK01] eine raumfüllende Hilbertkurve verwendet, um Vorhersagen zu machen. Für dieses Experiment verwenden wir Daten der Neurowissenschaftler welche ein Hirnmodell von 100000 Neuronen umfassen. Wir testen die Prefetchingtechniken für fünf Anwendungsfälle und messen die erreichte Beschleunigung.

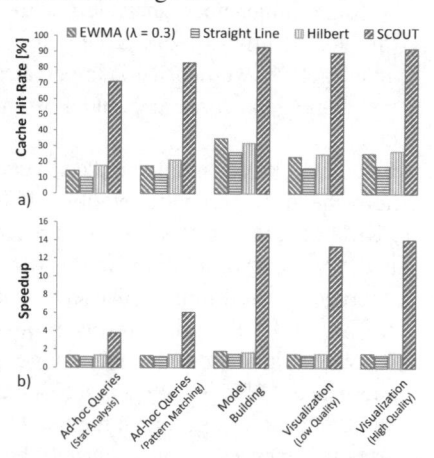

Abb. 4: (Oben) Vorhersagegenauigkeitsvergleich: der Anteil vorgängig korrekt geladenen Daten (Cachetrefferrate). (Unten) Die Beschleunigung der Ausführung von Bereichsabfragesequenzen im Vergleich zu keinem Prefetching.

Die Anwendungsszenarien sind: (a) zwei Visualisierungsanwendungen in denen räumliche Bereichsabfragen ausgeführt werden um Daten abzufragen und auf dem Bildschirm zu visualisieren, (b) zwei Ad-hoc-Analyseanwendungen die kurze Abfragesequenzen ausführen um räumliche Daten entlang eines Pfades zu extrahieren, so dass Neurowissenschaftler Statistiken berechnen und mit dem eigentlichen Hirngewebe vergleichen können und (c) einen Modellbauanwendungsfall in dem die Abfragesequenzen verwendet wird um die Synapsen zwischen den Neuronen zu platzieren (innerhalb der Resultate der Abfragesequenz).

SCOUT erreicht eine Leistungssteigerung von 4x-15x, die vor allem variiert weil verschiedene Anwendungsfälle unterschiedlich viele Anfragen einer Sequenz haben. Mehr Abfragen in einer Sequenz ermöglichen es die Anzahl der potentiellen Pfade rasch zu reduzieren und damit eine bessere Vorhersagegenauigkeit zu erreichen.

Extrapolationsverfahren die auf Kurven beruhen beschleunigen die Ausführung der Sequenz ebenfalls (verglichen mit dem Fall ohne Prefetching), allerdings sinkt die Beschleunigung falls unregelmäßige geometrische Wege angetroffen werden (die schlecht interpoliert werden können). In der Dissertation präsentieren wir auch Ergebnisse mit nicht-neuronalen Datensätzen wie Lungenmodellen, Straßennetzen und Modelle des Herzens, wo SCOUT auch eine erhebliche höhere Vorhersagegenauigkeit erreicht als bisherige Methoden.

5 DYNAMISCHE RÄUMLICHE ANALYSE

Wissenschaftliche Simulationen werden durch die Analyse der Unterschiede im Verhalten zwischen dem simulierten und dem tatsächlichen Phänomen iterativ verfeinert. Frühzeitiges Erkennen und Beseitigung von Fehlern in der Simulationskonfiguration bedeutet, dass die Wissenschaftler die Zeit für iterative Verfeinerung drastisch reduzieren können. Die Überwachung der Simulationen zur Laufzeit ermöglicht den Wissenschaftlern rechtzeitig reagieren zu können und die Ausführung der Simulation zu beeinflussen (indem Parameter anders gesetzt werden). Typischerweise wird eine dreidimensionale Gitterstruktur (Meshstruktur) verwendet, um die Phänomene zu modellieren. Abbildung 6 beispielsweise zeigt ein neuronales Gittermodell. Simulationen verändern und deformieren die Gittermodelle in diskreten Zeitintervallen um das Verhalten der Phänomene zu simulieren. Um Gittersimulationen zu überwachen müssen die Wissenschaftler den räumlichen Bereich von Interesse iterativ bei jedem Zeitschritt abfragen. Dieser Vorgang wird aus zwei Gründen zur Herausforderung. Erstens sind die Simulationen der Gittermodelle hochdynamisch, das heißt während jedes Simulationsschrittes wird die Position aller Objekte verändert. Zweitens, erhöhen Wissenschaftler ständig die Genauigkeit der Simulation und erhöhen dazu die Auflösung des Gittermodelles. Eine höhere Auflösung/Dichte bedeutet auch, dass die Effizienz bekannter Ansätze für die Ausführung dreidimensionaler Bereichsanfragen wesentlich degradiert wird.

Der einfachste Weg den sich verändernden Datensatz abzufragen, ist ein einfaches lineares Lesen des Datensatzes bei jedem Simulationsschritt. Lineares Lesen benötigt keine zusätzlichen Datenstrukturen die gewartet werden müssen und der Wartungsaufwand ist daher minimal. Um die Objekte (die Tetraeder des Gittermodells) in der Abfrageregion zu eruieren muss allerdings der gesamte Datensatz gelesen werden was die Skalierbarkeit beeinträchtigt (die Abfragekosten stehen in linearer Abhängigkeit zur Datensatzgröße). Das wird vor allem dann zum Problem, wenn die Wissenschaftler die Modellgenauigkeit erhöhen und die Anzahl der Tetraeder erhöhen. Mit Indexierungsansätzen andererseits kann die Zeit, um Objekte abzufragen erheblich reduziert werden. Gleichzeitig sind die Wartungskosten der Indizes allerdings beträchtlich weil alle Objekte in jedem Simulationsschritt Position wechseln. Auf Aktualisierungen spezialisierte Indexierungstechniken wie der LUR-Tree [KLL02]oder der QU-Trade können verwendet werden. Allerdings stellt auch in diesem Fall die Wartung ein ernstes Problem dar, weil diese Ansätze nicht für den Fall ausgelegt sind in dem der gesamte Datensatz in jedem Simulationsschritt verändert wird.

Um die dynamische Analyse von Gitterdatensätzen zu ermöglichen entwickeln wir OCTOPUS [Ta14]. OCTOPUS nutzt die inhärenten Konnektivität der Gittermodelle um Abfrageergebnisse ohne Einbeziehung von wartungsintensiven Datenstrukturen zu bewerkstelligen. Der Algorithmus nutzt die Konnektivität inhärent in Gitterdatensätzen aus welche konstant bleibt obwohl sich die Position der Objekte ändert. Das bedeutet, dass OCTOPUS den Graph der durch die Gitterkonnektivität induziert wird traversiert um Objekte in räumlicher Nähe von einander zu bestimmen, ohne berücksichtigen zu müssen wie sich die Objekte im letzten Zeitschritt bewegt haben. Um mit OCTOPUS das gesamte Resultat der Abfrage zu eruieren müssen wir mindestens ein Gitterobjekt (Tetraeder) in der Abfrageregion finden, um die Traversierung des Graphen zu initiieren welche das gesamte Ergebnis findet. Die Suche nach einem einzelnen Objekt in der Abfrageregion ist jedoch eine schwierige Aufgabe da wir nicht auf Datenstrukturen wie Indizes (welche hohe Wartungskosten haben) zurückgreifen wollen. OCTOPUS verwendet daher die Oberfläche des Gitters selbst um die Abfrage durchzuführen. Solange wir wissen, welche Objekte auf der Oberfläche des Gitters sind können wir diese linear durchlaufen und diejenigen Oberflächenobjekte (nur eine kleine Teilmenge des gesamten Datensatzes) zu identifizieren die sich im Abfragebereich befinden. Die Verwendung der Gitteroberfläche stellt zum einen die Korrektheit des Abfrageergebnisses sicher, zum andern verbessert sich dadurch auch die Leistung und Skalierbarkeit von OCTOPUS wesentlich. Erstens muss die Liste der Oberflächenobjekte nicht aufwändig gewartet werden da zwischen zwei Zeitschritten die Objekte auf der Oberfläche meist dieselben sind (obwohl sich die Lage & Position verändert). Zweitens wächst der Anteil der Objekte auf der Oberfläche quadratisch, während die Gesamtzahl der Objekte kubisch wächst wenn die Wissenschaftler die Gitterauflösung verbessern (das heißt die Anzahl Tetraeder erhöhen) um die Simulationsgenauigkeit zu erhöhen.

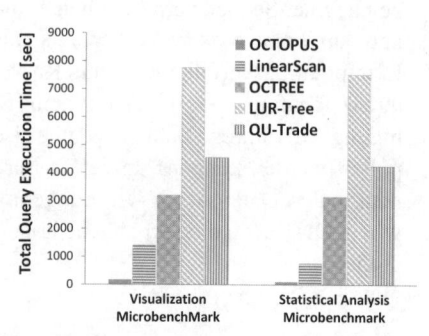

Abb. 5: Vergleich von Abfrageausführungszeit für zwei Simulationsanwendungsfälle.

In dieser Zusammenfassung präsentieren wir die zentralen Resultate von Experimenten mit neuronalen Simulationsdaten vom Human Brain Projekt. In Abbildung 5 vergleichen wir OCTOPUS mit aktuellen Indexen sowie einer einfachen Lösung die linear alle Objekte liest. Wir verwenden zwei verschiedene Anwendungsfälle welche denselben neuronalen Gitterdatensatz der 100000 Neuronen mit 1,3 Milliarden Netzobjekten (Tetraeder) repräsentiert verwenden. Der erste Anwendungsfall führt 15 räumliche Bereichsabfragen pro Simulationszeitschritt aus um die Simulation visuell zu überwachen. Ein weiterer Anwendungsfall führt Anfragen aus um die Neurowissenschaftler zu benachrichtigen, so dass sie Probleme frühzeitig untersuchen und Simulationsparameter anpassen können sollten a priori definierte Statistiken nicht innerhalb definierter Grenzen bleiben. Dieser Anwendungsfall führt 9 räumliche Bereichsanfragen pro Zeitschritt aus.

6 BEDEUTUNG UND SCHLUSSFOLGERUNGEN

In dieser Arbeit machen wir die wichtige Feststellung, dass die Datenanalyse nicht nur wegen größerer Datensätze herausfordernder wird, sondern orthogonal dazu auch wegen der sich erhöhenden Datenkomplexität. Um eine skalierbare Lösung zu erreichen schlagen wir ein grundlegend neues Paradigma vor das auf der Konnektivität räumlicher Daten beruht um Analysealgorithmen für räumliche Daten zu entwickeln. Wir haben gezeigt wie Konnektivitätsinformation verwendet werden kann welche entweder inhärent im Datensatz vorhanden ist, wie zum Beispiel im Fall von OCTOPUS [Ta14] das die Gitterkonnektivität nutzt, um Abfragen auszuführen oder die explizit dem Datensatz hinzugefügt wird, wie wir mit FLAT [Ta12a] und SCOUT [Ta12b] zeigen. Die vorgeschlagenen Algorithmen dienen nicht nur als neue Lösungen für spezifische räumliche Datenverwaltungsprobleme. Die Forschung die in dieser Arbeit beschrieben wird dient viel mehr als Methodik für die Entwicklung einer neuen Klasse von Analysealgorithmen für räumliche Daten die von der Nutzung von Konnektivitätsinformation profitieren können. Beispiele von Algorithmen die auf ähnlichen Prinzipen beruhen und die räumliche Konnektivität von Datensätzen verwenden sind TOUCH [No13] und GIPSY [Pa13]. Bei allen vorgeschlagenen Lösungen haben wir keine applikationsspezifischen Annahmen gemacht, d.h. keiner der Algorithmen ist gezielt für eine bestimmte Anwendung optimiert. Um die generelle Anwendbarkeit zu demonstrieren haben wir umfassende Experimente mit nichtwissenschaftlichen Datensätzen durchgeführt und ähnliche Resultate erzielt.

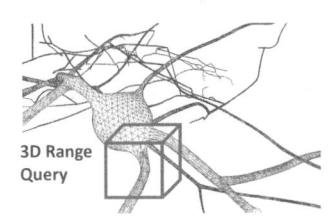

Abb. 6: Abfrage die über dynamischer Gitterstruktur ausgeführt wird um die Simulation zu überwachen.

Literatur

[09] The Fourth Paradigm: Data-Intensive Scientific Discovery. Microsoft Research, Redmond, Washington, 2009.

[Ar04] Arge, Lars; de Berg, Mark; Haverkort, Herman J.; Yi, Ke: The Priority R-tree: a practically efficient and worst-case optimal R-tree. In: SIGMOD. 2004.

[Ch98] Chim, Jimmy HP; Green, Mark; Lau, Rynson WH; Va Leong, Hong; Si, Antonio: On caching and prefetching of virtual objects in distributed virtual environments. In: Proceedings of the sixth ACM international conference on Multimedia. ACM, S. 171–180, 1998.

[Gu84] Guttman, Antonin: R-trees: A dynamic index structure for spatial searching, Jgg. 14. ACM, 1984.

[HTA14] Heinis, Thomas; Tauheed, Farhan; Ailamaki, Anastasia: Spatial Data Management Challenges in the Simulation Sciences. In: Proceedings of the International Conference on Extending Database Technology. 2014.

[KF84] Kamel, Ibrahim; Faloutsos, Christos: Hilbert R-Tree: An Improved R-Tree using Fractals. In: VLDB. 1984.

[KLL02]   Kwon, Dongseop; Lee, Sangjun; Lee, Sukho: Indexing the Current Positions of Moving Objects Using the Lazy Update R-tree. In: Proceedings of the Third International Conference on Mobile Data Management. MDM '02, IEEE Computer Society, Washington, DC, USA, S. 113–120, 2002.

[LLE97]   Leutenegger, Scott T; Lopez, Mario A; Edgington, Jeffrey: STR: A simple and efficient algorithm for R-tree packing. In: Data Engineering, 1997. Proceedings. 13th International Conference on. IEEE, S. 497–506, 1997.

[No13]   Nobari, Sadegh; Tauheed, Farhan; Heinis, Thomas; Karras, Panagiotis; Bressan, Stéphane; Ailamaki, Anastasia: TOUCH: In-Memory Spatial Join by Hierarchical Data-Oriented Partitioning. SIGMOD, 2013.

[Pa13]   Pavlovic, Mirjana; Tauheed, Farhan; Heinis, Thomas; Ailamakit, Anastasia: GIPSY: Joining Spatial Datasets with Contrasting Density. In: Proceedings of the 25th International Conference on Scientific and Statistical Database Management. SSDBM, ACM, New York, NY, USA, S. 11:1–11:12, 2013.

[PK01]   Park, Dong-Joo; Kim, Hyoung-Joo: Prefetch policies for large objects in a Web-enabled GIS application. Data & Knowledge Engineering, 37(1):65–84, 2001.

[SOR09]   Said, El Garouani; Omar, EL Beqqali; Robert, Laurini: Data prefetching algorithm in mobile environments. European Journal of Scientific Research, 28(3):478–491, 2009.

[St13a]   Stougiannis, Alexandros; Pavlovic, Mirjana; Tauheed, Farhan; Heinis, Thomas; Ailamaki, Anastasia: Data-driven neuroscience: enabling breakthroughs via innovative data management. In: Proceedings of the 2013 ACM SIGMOD International Conference on Management of Data. S. 953–956, 2013.

[St13b]   Stougiannis, Alexandros; Tauheed, Farhan; Heinis, Thomas; Ailamaki, Anastasia: Accelerating spatial range queries. In: Proceedings of the 16th International Conference on Extending Database Technology. S. 713–716, 2013.

[Ta12a]   Tauheed, Farhan; Biveinis, Laurynas; Heinis, Thomas; Schürmann, Felix; Markram, Henry; Ailamaki, Anastassia: Accelerating Range Queries for Brain Simulations. In: Data Engineering (ICDE), 2012 IEEE 28th International Conference on. S. 941–952, 2012.

[Ta12b]   Tauheed, Farhan; Heinis, Thomas; Schürmann, Felix; Markram, Henry; Ailamaki, Anastasia: SCOUT: Prefetching for Latent Structure Following Queries. Proc. VLDB Endow., 5(11):1531–1542, 2012.

[Ta13]   Tauheed, Farhan; Nobari, Sadegh; Biveinis, Laurynas; Heinis, Thomas; Ailamaki, Anastasia: Computational Neuroscience Breakthroughs through Innovative Data Management. In: Advances in Databases and Information Systems. Springer, S. 14–27, 2013.

[Ta14]   Tauheed, Farhan; Heinis, Thomas; Schürmann, Felix; Markram, Henry; Ailamaki, Anastassia: OCTOPUS: Efficient Query Execution on Dynamic Mesh Datasets. In: Data Engineering (ICDE), 2014 IEEE 30th International Conference on. 2014.

Die Forschungsinteressen von **Farhan Tauheed** umfassen das wissenschaftliche Datenmanagement. Im Rahmen des EU Projektes "Human Brain Project"arbeitete er mit Neurowissenschaftlern zusammen und entwickelte Lösungen welche derzeit in der Software zur Simulation von Hirnaktivität verwendet werden. Die Resultate wurden an den besten Datenbankkonferenzen veröffentlicht. Er arbeitet derzeit in der Forschungsabteilung von Oracle Labs. In seiner Freizeit reist er gerne und widmet sich der Fotografie.

Intrinsische Plagiatserkennung und Autorenerkennung mittels Grammatikanalyse[1]

Michael Tschuggnall[2]

Abstract: Durch die hohe und ständig steigende Anzahl an frei verfügbaren Textdokumenten wird es immer leichter, Quellen für mögliche Plagiate zu finden, während es auf der anderen Seite für automatische Erkennungstools aufgrund der großen Datenmengen immer schwieriger wird, diese zu erkennen. In dieser Arbeit wurden verschiedene Algorithmen zur intrinsischen Plagiatserkennung entwickelt, welche ausschließlich das zu prüfende Dokument untersuchen und so das Problem umgehen, externe Daten heranziehen zu müssen. Dabei besteht die Grundidee darin, den Schreibstil von Autoren auf Basis der von ihnen verwendeten Grammatik zur Formulierung von Sätzen zu untersuchen, und diese Information zu nutzen, um syntaktisch auffällige Textfragmente zu identifizieren. Unter Verwendung einer ähnlichen Analyse wird diese Idee auch auf das Problem, Textdokumente automatisch Autoren zuzuordnen, angewendet. Darüber hinaus wird gezeigt, dass die verwendete Grammatik auch ein unterscheidbares Kriterium darstellt, um Informationen wie das Geschlecht und das Alter des Verfassers abzuschätzen. Schlussendlich werden die vorherigen Analysen und Resultate verwendet und so adaptiert, dass Anteile von verschiedene Autoren in einem gemeinschaftlich verfassten Text automatisch erkannt werden können.

1 Einführung

Durch die Entwicklungen im Bereich der elektronischen Datenverarbeitung und der Zugänglichkeit des World Wide Web steigt die Anzahl der öffentlich zugänglichen Textdokumente täglich. Neben Online-Bibliotheken wie z.B. Project Gutenberg[3], welche Millionen von elektronischen Büchern zum freien Download anbieten, wird Text auch massiv über soziale Medien verbreitet. Im Gegensatz zu letzteren, wo der Inhalt und die Autoren meist leicht klassifizierbar sind, stellt die unsachgemäße Wiederverwendung von Textfragmenten vor allem im akademischen Bereich ein ernsthaftes Problem dar. Die Erkennung solcher Plagiatsfälle kann mit recht einfachen Mitteln erfolgen, wenn ganze Textbausteine ohne oder mit nur geringfügiger Veränderung aus öffentlich zugänglichen und populären Quellen wie z.B. Wikipedia übernommen wurden. Andererseits ist es bereits wesentlich schwieriger, Plagiate zu erkennen, wenn der Originaltext stark umstrukturiert wurde oder auch wenn die Quelle gar nicht (elektronisch) verfügbar ist. Vor allem in letzteren Fällen ist eine dokumentinterne Analyse des Schreibstils unvermeidbar.

Während es für menschliche Leser oft leicht ist, Änderungen des Schreibstils zu identifizieren, ist dies für computerbasierte Algorithmen deutlich schwerer. Beispielsweise erkennen Betreuer von wissenschaftlichen Arbeiten Plagiate recht häufig, weil gewisse

---

[1] Englischer Titel der Dissertation: "Intrinsic Plagiarism Detection and Author Analysis By Utilizing Grammar"
[2] Institut für Informatik, Universität Innsbruck, michael.tschuggnall@uibk.ac.at
[3] Project Gutenberg, http://www.gutenberg.org, besucht im Februar 2015

Sätze oder Absätze *"anders"* sind und nicht ins Gesamtbild passen. Die hier meist intuitiv herangezogenen Kenngrößen dienen zum Erkennen von plötzlichen Stiländerungen und inkludieren Merkmale wie z.B. der Art der Verwendung von Vokabular, der (durchschnittlichen) Satzlänge oder der Komplexität der verwendeten Grammatik.

Die systematisch algorithmische Analyse solcher Schreibstiländerungen zum Erkennen von Plagiaten in Textdokumenten wird meist als intrinsische Plagiatserkennung bezeichnet. Hierbei werden neben den oben genannten Charakteristika noch viele weitere lexialische, syntaktische oder semantische Kenngrößen herangezogen, um Texte zu untersuchen. Diese Dissertation [Tsc14] befasst sich mit dem Thema der intrinsischen Plagiatserkennung und entwickelt Lösungsansätze, die stilistische Änderungen innerhalb eines Dokuments aufgrund der verwendeten Grammatik des Autors und somit mögliche Plagiatsfälle erkennen können. Darüber hinaus wird auch die systematische Anwendung der Ansätze in verwandten Problemstellungen, wie z.B. der automatischen Autorenerkennung, erforscht. Konkret wurden folgende Forschungsfragen bearbeitet und gelöst:

1. Kann die ausschließliche Analyse von Grammatik mögliche Plagiate in Textdokumente finden?

2. Ist es möglich, Texte aufgrund grammatikalischer Strukturen den entsprechenden Autoren zuzuweisen?

3. Lässt die verwendete Grammatik Schlüsse auf Metainformationen wie das Alter oder das Geschlecht des Autors zu?

4. Können Mehrautorenwerke so zerlegt werden, dass die einzelnen Fragmente den entsprechenden Autoren zugeordnet werden können?

Im Folgenden wird eine Zusammenfassung der Dissertation gegeben. Nachdem in Kapitel 2 eine kurze Einführung in die grammatikalischen Strukturen von Autoren gegeben wird, werden die entwickelten Algorithmen zur intrinsischen Plagiatserkennung erläutert. Aufgrund der vorgegebenen Länge dieser Zusammenfassung wird dabei nur die grundlegende Idee näher erklärt, wobei alle anderen Themen nur oberflächlich rekapituliert werden. Kapitel 3 zeigt in diesem Sinne kurz, wie die Ansätze so angepasst werden können, um für die automatische Autorenerkennung eingesetzt werden zu können. Des weiteren werden in Kapitel 4 Modifikationen gezeigt, um sowohl Alter und Geschlecht des Verfassers abzuschätzen als auch um die einzelnen Urheber von Mehrautorenwerken zu finden. Schlussendlich wird in Kapitel 5 eine nochmalige Zusammenfassung und ein wissenschaftlicher Ausblick gegeben.

2 Intrinsische Plagiatserkennung

Grundsätzlich wird bei der Plagiatserkennung unterschieden zwischen externen und intrinsischen Verfahren [M. 11]. Erstere ziehen beliebige Datenquellen wie z.B. eigens angelegte Textdatenbanken oder Webseiten heran und versuchen dann durch Vergleichsverfahren, Kopien zu finden. Häufig angewandte Techniken inkludieren dabei n-Gramme oder standardmäßige Information-Retrieval-Techniken wie z.B. gemeinsame Substrings, häufig kombiniert mit Machine-Learning-Techniken. Im Gegenzug dazu analysieren intrinsische Verfahren ausschließlich das zu untersuchende Dokument und versuchen hier, durch gefundene Stiländerungen mögliche Plagiate aufzudecken. Hierbei werden ebenfalls n-Gramme verwendet [Sta11], aber auch Vokabular-Untersuchungen [OLRV11], Komplexitätsanalysen [SM09] oder Vorkommen von Rechtschreib-/Tippfehlern [KS03] werden herangezogen.

Die im Folgenden zusammengefassten Plag-Inn Algorithmen[4] wurden als intrinsische Plagiatsverfahren entwickelt und basieren auf der Grundannahme, dass sich Autoren in ihrem grammatikalischen Stil unterscheiden, und dass dieser als signifikanter Indikator zur Differenzierung herangezogen werden kann. Beispielsweise kann der englische Satz[5]

(1) *The strongest rain ever recorded in India shut down the financial hub of Mumbai, officials said today.*

auch formuliert werden als

(2) *Today, officials said that the strongest Indian rain which was ever recorded forced Mumbai's financial hub to shut down.*

Die Sätze sind semantisch äquivalent, unterscheiden sich aber signifikant in ihrer Syntax. Die Grammatikbäume, welche sich durch die Verwendung der entsprechenden Strukturregeln der englischen Sprache ergeben, sind in Abbildung 1 dargestellt. Die Knoten bezeichnen dabei sog. *Part-of-Speech (POS)*-Tags und klassifizieren so z.B. Verben (VB), Adjektive (JJ), Nomenphrasen (NP) oder Adverbphrasen (ADVP).

2.1 Der Plag-Inn Algorithmus

Die Grundidee des Algorithmus besteht nun darin, etwaige Differenzen in den Grammatikbäumen wie in Abbildung 1 dargestellt zu quantifizieren, um so Irregularitäten in der verwendeten Syntax zu finden. Konkret besteht der Plag-Inn Algorithmus aus den fünf folgenden Schritten:

1. Als erstes wird das zu prüfende Dokument in einzelne Sätze zerlegt.
2. Für jeden Satz wird anschließend ein Grammatikbaum erzeugt. Da der Ansatz ausschließlich die verwendete Grammatik untersucht und nicht das Vokabular (d.h. die konkreten Wörter), werden die Blätter der Bäume ignoriert.
3. Im nun folgenden Schritt wird die Edit-Distanz zwischen jedem Paar von Grammatikbäumen berechnet, d.h. es wird quantifiziert, wie sehr sich die Struktur der

---

[4] Plag-Inn steht für *Plag*iarism Detection *Inn*sbruck
[5] Beispiel von der Stanford Parser Website, http://nlp.stanford.edu/software/lex-parser.shtml, besucht im Februar 2015

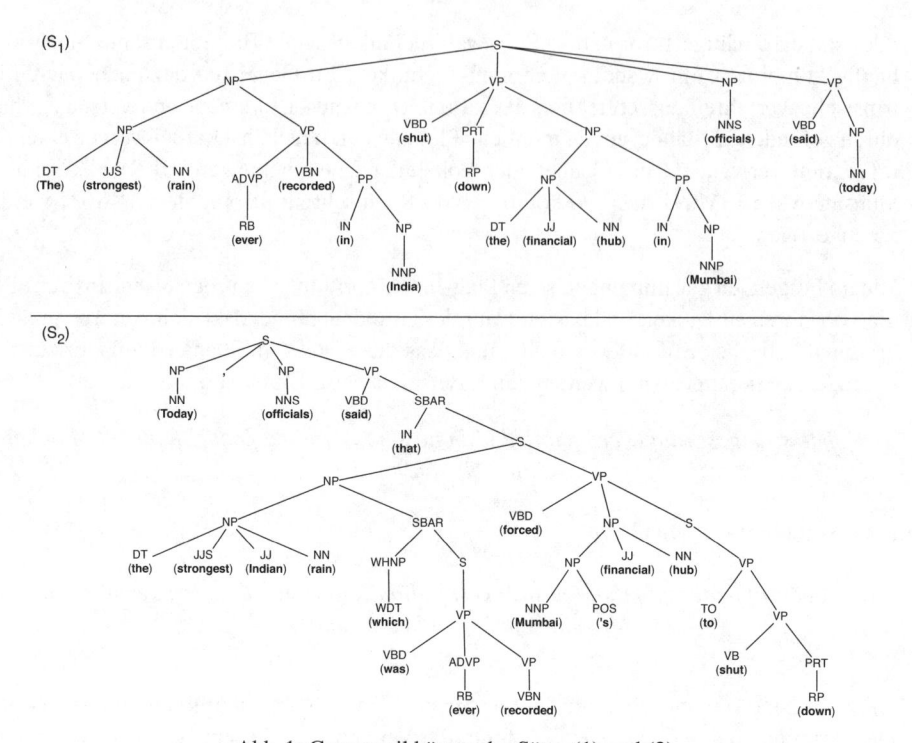

Abb. 1: Grammatikbäume der Sätze (1) und (2).

Bäume unterscheiden. Hierbei wird auf das Konzept von pq-Grammen bzw. der pq-Gramm-Distanz [ABG10] zurückgegriffen, welche als eine Art n-Gramme für Bäume interpretiert werden können. Ein pq-Gramm besteht dabei aus p vertikalen Knoten und q horizontalen Knoten, wobei etwaige fehlende Knoten mit einem * aufgefüllt werden (falls z.B. weniger als q horizontale Knoten zur Verfügung stehen). Beispielsweise kann mit $p = 2$ und $q = 3$ aus dem mittleren Ast des Baums (1) der Abbildung 1 folgendes pq-Gramm extrahiert werden: [S-VP-VBD-PRT-NP] (2 nach unten, 3 horizontal). Um die Distanz zwischen zwei Bäumen zu berechnen, müssen alle möglichen pq-Gramme extrahiert werden, so z.B. auch [S-NP-*-*-NNS], welches sich aus dem rechten Nachbarn des eben betrachteten Astes ergibt. Schlussendlich wird die Distanz zwischen zwei Bäumen berechnet, indem die Mengen an pq-Grammen nach bestimmten Regeln verglichen werden.

Jede berechnete Distanz zwischen zwei Grammatikbäumen, d.h. zwischen zwei Sätzen, wird nun eine Distanzmatrix eingetragen. Die Visualisierung der Matrix eines Beispieldokuments mit ca. 800 Sätzen ist in Abbildung 2 dargestellt. Auf den x-/y-Achsen sind jeweils die einzelnen Sätze abgebildet, während die Höhe der z-Achse der jeweiligen Distanz entspricht. Hier ist deutlich ersichtlich, dass die Unterschiede im Bereich der Sätze um Nr. 200 signifikant höher sind als an anderen Positionen, was auf ein mögliches Plagiat hindeutet.

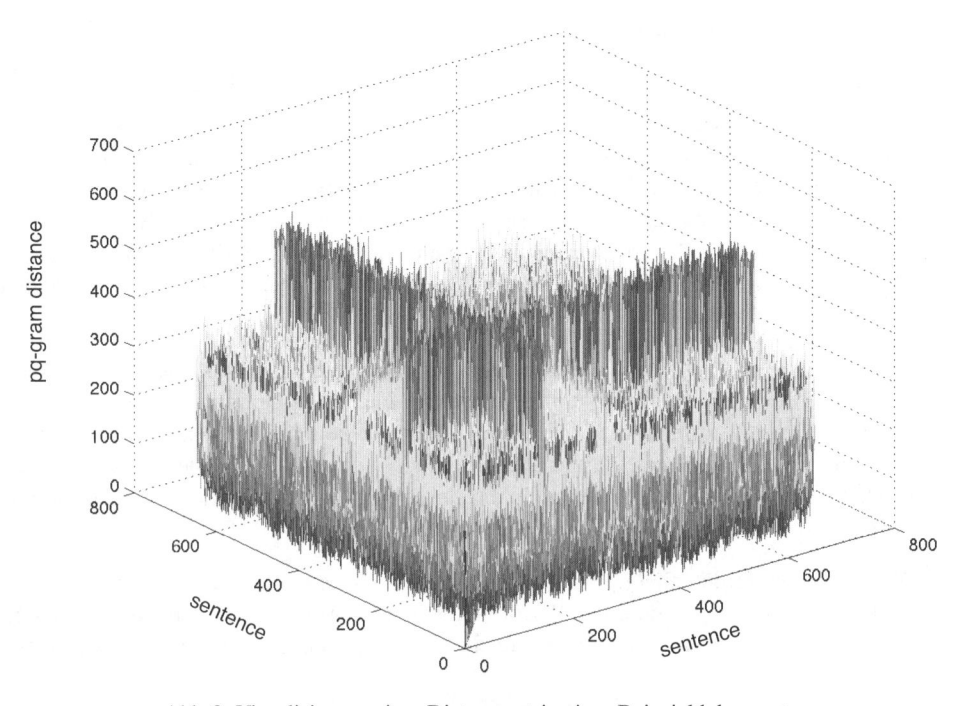

Abb. 2: Visualisierung einer Distanzmatrix eines Beispieldokuments.

4. Um diese für einen menschlichen Betrachter schon gut zu identifizierenden Unterschiede algorithmisch zu finden, wird nun die durchschnittliche Distanz jedes Satzes im Vergleich zu allen anderen Sätzen berechnet. Unter Zuhilfenahme einer Gauß-Verteilung und vordefinierten Schwellwerten werden verdächtige Sätze identifiziert.

5. Für die Berechnung der finalen Aussage über möglichen Plagiarismus im zu prüfenden Dokument wird zuletzt noch ein eigens entwickelter Selektionsalgorithmus angewandt, welcher vorher identifizierte Sätze zu Abschnitten zusammenfasst, nicht markierte Sätze unter gewissen Umständen hinzufügt oder markierte Sätze ggf. wieder entfernt.

Sämtliche Schwellwerte und Parameter wurden auf mehrere Weisen optimiert und auf einem State-of-the-Art Testkorpus des PAN-Workshops [M. 11] der Universität Weimar getestet. Evaluationsergebnisse zeigen, dass der Algorithmus auf diesem Datenset einen F-Score von über 35% erreicht, was einem sehr hoher Wert für intrinsische Verfahren entspricht. Weiters konnte erforscht werden, dass der Algorithmus bei Normallängen-Dokumenten von ca. 100-200 Sätzen (etwa ein wissenschaftliches Paper) im Vergleich zu Buchlänge-Dokumenten noch deutlich an Zuverlässigkeit gewinnt und bis zu 50% F-Score erzielt.

2.2 Plag-Inn Varianten

Im Rahmen der Dissertation wurden noch zwei weitere Varianten des Plag-Inn Algorithmus entwickelt, welche auf der originalen Idee aufbauen, sich aber in mehreren Details unterscheiden. Im *POS-Plag-Inn* Ansatz wird auf die Auswertung von Grammatikbäumen verzichtet und anstatt dessen nur linearisierte Folgen von Part-of-Speech-Tags verarbeitet. Für diese Sequenzen werden dann mithilfe von adaptierten Algorithmen aus der Genetik (Sequenz-Alinierung) die Edit-Distanzen berechnet, welche analog zur ursprünglichen Idee verarbeitet werden.

Weiters wurde im *PQ-Plag-Inn* Algorithmus eine Variante entwickelt, welche nicht mehr einzelne Sätze miteinander vergleicht, sondern Profile aus pq-Grammen erstellt. Hier wird für das gesamte Dokument ein Profil erstellt, welches die meist verwendeten pq-Gramme und deren Häufigkeiten enthält und über Sliding Windows mit einzelnen Textabschnitten verglichen wird. Signifikant "andere" Abschnitte werden als mögliches Plagiat identifiziert.

Die Varianten wurden ebenfalls ausgiebig getestet und optimiert, und es zeigt sich, dass der POS-Ansatz in etwa die selbe Performanz wie der Grundalgorithmus liefert, während die Variante mit den Profilen hingegen nochmal eine deutliche Verbesserung des F-Scores bringt.

3 Automatische Autorenerkennung

Die Problemstellung der automatischen Autorenerkennung kann recht einfach formuliert werden: Weise einem Textdokument unbekannter Urheberschaft einem bekannten Autor zu, oder anders formuliert: gegeben sei ein Textdokument - wer hat es geschrieben? Die Zahl der möglichen Autoren wird dabei meist so weit wie möglich eingeschränkt (auf z.B. drei oder maximal 20), und für jeden Kandidaten existieren verifizierte Schriftstücke, mit denen das unbekannte Dokument verglichen werden kann. Aktuelle Ansätze verwenden eine Reihe von Kenngrößen (oft mehr als 100), welche sehr häufig mit Machine-Learning-Algorithmen verarbeitet werden [Sta09]. Konkret werden wie bei der intrinsischen Plagiatserkennung stilistische Analysen durchgeführt, die lexikalische (z.B. n-Gramme [Gri07]), syntaktische (z.B. POS-Trigramme [HF07]) oder andere Eigenschaften (z.B. Komprimierungsraten [MWH05]) untersuchen. Die Genauigkeit der Ansätze beläuft sich dabei je nach verwendeten Testdaten auf 70-95%.

In der Dissertation wurde der entwickelte Ansatz zur Plagiatserkennung so adaptiert, dass er für die Autorenerkennung verwendet werden kann. Aufgrund der Evaluationen, welche für den Profilansatz die besten Ergebnisse lieferten, wurde auch hier mit Profilen gearbeitet. Zur Berechnung eines Autorenprofils wird wieder auf Grammatikbäume zurückgegriffen, woraus alle möglichen pq-Gramme extrahiert werden. Die Vorkommenshäufigkeit der einzelnen pq-Gramme und die globale Reihung bilden schlussendlich die Basis für die weitere Berechnung. Ein Beispiel ist in Tabelle 1 angegeben.

pq-Gramm	Häufigkeit [%]	Reihung
NP-NN-*-*	4.07	1
NP-DT-*-*	2.94	2
NP-NNS-*-*	2.90	3
...	...	...

Tab. 1: Beispiel eines Profils zur Autorenerkennung (mit $p = 2, q = 2$).

Zusammengefasst werden Autoren wie folgt erkannt und zugewiesen: (1.) Berechne ein Grammatikprofil für jeden Autorkandidaten, (2.) berechne ein Grammatikprofil für das zu untersuchende Dokument und (3.) weise dem Dokument aufgrund der Ähnlichkeit zu bereits bekannten Profilen einem der Autoren zu.

Die Zuweisung im letzten Schritt wurde dabei auf mehrfache Weise untersucht: einerseits mit Distanzmetriken und andererseits mit bekannten Machine-Learning Algorithmen. Im ersten Fall wird die Distanz zwischen jedem Autorprofil und dem Dokumentprofil berechnet, und der Autor mit der geringsten Distanz wird zugewiesen. Zur Berechnung der Distanzen wurden mehrere aus der Literatur bekannte Metriken herangezogen und für den Umgang mit pq-Gramm-Profilen entsprechend modifiziert.

Im Falle der Machine-Learning-Algorithmen wurde auf bekannte Ansätze wie etwa Entscheidungsbäume, Naive Bayes oder k-Nearest-Neighbors gesetzt. Diesen Methoden werden die berechneten Grammatikprofile der Autoren übermittelt, welche als Trainingsdaten dienen. Anschließend wird das Dokumentprofil übermittelt, woraufhin die Algorithmen eine Zuordnung aufgrund der bekannten Profile berechnen.

Beide Varianten wurden parameteroptimiert und auf vier unterschiedlichen Datensätzen mit unterschiedlicher Anzahl von möglichen Autoren ausgiebig getestet. Es zeigt sich, dass die Distanzmetrikberechnung etwas schlechter funktioniert als der Machine-Learning-Ansatz, jedoch beide ausgesprochen gute Resultate liefern. Mit einer Genauigkeit von über 75-90% konnten sowohl Datensätze mit wenigen als auch mit mehreren Kandidaten zugewiesen werden, wobei einzelne Datensätze sogar eine Genauigkeit von 100% Genauigkeit erreichten. Dies ist insbesondere deshalb ein ausgesprochen gutes Resultat, weil im Vergleich zu anderen Ansätzen hier nur eine einzige Kenngröße herangezogen wurde, und zwar die verwendete Grammatik der Autoren.

4 Weitere Einsatzgebiete

Aufgrund der guten Resultate aus den intrinsischen Plagiatserkennungs- und Autorenerkennungsansätzen wurden in der Arbeit zwei weitere, verwandte Problemstellungen behandelt, d.h. es wurde überprüft, ob die reine Analyse von Grammatik auch hier gute Ergebnisse liefern kann. Hierbei wurde einerseits untersucht, ob durch Grammatik Metainformationen wie das Alter oder das Geschlecht des Autors abgeleitet werden können, und andererseits auch, ob eine Grammatikanalyse hilft, Trennlinien in Mehrautorenwerken zu finden.

4.1 Erkennung von Alter und Geschlecht

In aktuellen sog. *Profiling*-Ansätzen wird versucht, möglichst viel Information aus einem gegebenen Textstück zu extrahieren. Dies umfasst häufig das Alter und Geschlecht des Autors (z.B. [AKPS09]), aber auch Daten wie der kulturelle Hintergrund, der Ausbildungsgrad oder psychologische Einstufungen wie etwa Intro-/Extrovertiertheit (z.B. [NRJ13]).

In der Dissertation wurde versucht, sowohl das Geschlecht als auch das Alter (aufgeteilt in drei Gruppen) des Autors eines gegebenen Schriftstücks aufgrund der verwendeten Grammatik automatisch zu erkennen. Dabei wurde ähnlich wie bei der Autorenerkennung wieder auf pq-Gramm-Profile zurückgegriffen, welche mit Machine-Learning-Algorithmen verarbeitet wurden. Die Evaluation auf einem häufig verwendeten, großen Testdatenset von mehreren tausenden Web-Blogs ergab auch hier sehr gute Ergebnisse: Das Geschlecht konnte mit nahezu 70% Genauigkeit erkannt werden, und das Alter mit knapp über 60%. Auswertungen im Detail ergaben, dass die Grammatikanalyse ausgesprochen gut zwischen Personen im Alter von 10-20 und Personen von 20-30 unterscheiden kann, allerdings Probleme bei der Trennung zwischen letzteren und Personen über 30 hat.

Obwohl andere Ansätze noch etwas bessere Resultate bei der Geschlechts- und Alterserkennung aufweisen können, sind die Ergebnisse der Arbeit ausgesprochen gut, da wiederum ausschließlich die Grammatik untersucht wurde und auf weitere Kenngrößen verzichtet wurde.

4.2 Zerlegung von Mehrautorendokumenten

Schlussendlich wird die Arbeit noch abgerundet, indem versucht wurde, Einzelbeiträge aus einem gemeinschaftlich geschriebenen Dokument zu filtern. Die Arbeitsweise ist hierbei sehr ähnlich zu den vorigen Ansätzen, d.h. es wurde wieder mit Grammatikbäumen, Profilen und Machine-Learning-Algorithmen gearbeitet. Da es allerdings möglich sein sollte, auch ohne vorher bekannte Proben von den Autoren Einzelbeiträge zu finden, konnten in diesem Fall keine Klassifizierer wie z.B. Naive Bayes verwendet werden. Deshalb wurde auf Clustering-Algorithmen wie z.B. K-Means zurückgegriffen, um grammatikalisch ähnliche Textpassagen automatisiert zu gruppieren.

Die Evaluation wurde auf vier verschiedenen Testdatensätzen durchgeführt, wobei zwei davon aus bekannten literarischen Werken selbst zusammengestellt wurden, und zwei Datensätze vom Autorenerkennungsansatz übernommen und für diese spezielle Problemstellung adaptiert wurden. Die Anzahl der mitwirkenden Autoren der Dokumente war dabei im Bereich von 2-4, wobei einigen Clustering-Algorithmen die korrekte Zahl der Cluster vorgegeben wurde und anderen diese Entscheidung selbst überlassen wurde. Gemittelt über alle Datensätze konnte eine Genauigkeit von 63% erzielt werden, wobei Einzelergebnisse von bis zu 89% erreicht werden konnten. Die globale Einstufung der Performanz dieses Ansatzes ist dabei schwer zu treffen, da in der Literatur nur sehr wenig bis gar keine vergleichbaren Methoden existieren.

5 Zusammenfassung und Ausblick

Textueller Plagiarismus ist ein häufig auftretendes Problem in der modernen vernetzten Gesellschaft, vor allem durch die leichte Zugänglichkeit von Millionen von Textdokumenten. Als eine mögliche Gegenmaßnahme wurden in dieser Dissertation drei intrinsische Plagiatserkennungsalgorithmen entwickelt, welche ausschließlich das zu prüfende Dokument untersuchen und keine externen Vergleiche durchführen. Die Grundidee, dass sich Autoren in der Verwendung ihrer Grammatik signifikant unterscheiden, diese aber meist unbewusst verwenden und somit ungewollte Fingerabdrücke hinterlassen, wurde systematisch verfolgt und in mehreren Varianten validiert. Evaluationen und Optimierungen liefern sehr gute Ergebnisse und deuten darauf hin, dass Plagiate tatsächlich durch Grammatikanalysen gefunden werden können. Des weiteren wurden die Ideen für die verwandten Problemstellungen automatische Erkennung von Autoren, Extrahieren von Alter und Geschlecht und Zerlegung von Mehrautorenwerken übernommen. Messungen ergaben ebenfalls sehr gute Resultate und bestätigen, dass eine reine Analyse der verwendeten Grammatikstrukturen auch in diesen Bereichen signifikante Verbesserungen bringen und sogar als selbständige Ansätze funktionieren können.

Erweiterungen der Arbeit sind in vielen Bereichen denkbar. So wurden z.B. ausschließlich englische Texte untersucht, wobei vermutet werden kann, dass die Ansätze auch in anderen Sprachen ähnlich gute Ergebnisse liefern. Zudem wäre es möglich, dass in grammatikalisch komplexeren Sprachen wie z.B. Deutsch aufgrund der mannigfaltigeren Formulierungsmöglichkeiten von Sätzen sogar noch bessere Resultate erzielt werden können. Nachdem in der Arbeit gezeigt wurde, dass allein Grammatik genug Aussagekraft besitzt, um Autoren zu unterscheiden, wäre eine weitere wichtige Ausbaumöglichkeit, die entwickelten Ansätze um andere häufig verwendete Kenngrößen zu erweitern bzw. diese zu kombinieren. Ein wichtiger Startpunkt wäre hierbei die Integration von Analysen auf Wort- bzw. Vokabularebene, da aus verwandten Arbeiten bekannt ist, dass dies ebenfalls zu guten Ergebnissen führt. Die Kombination aus Grammatik- und Wortanalyse könnte die Algorithmen noch deutlich verbessern. Dies gilt es in weiterführenden Arbeiten zu validieren.

Literaturverzeichnis

[ABG10] N. Augsten, M. Böhlen und J. Gamper. The pq-gram Distance Between Ordered Labeled Trees. *ACM Transactions on Database Systems*, 35(1):4, 2010.

[AKPS09] S. Argamon, M. Koppel, J. Pennebaker und J. Schler. Automatically Profiling the Author of an Anonymous Text. *Communications of the ACM*, 52(2):119–123, 2009.

[Gri07] J. Grieve. Quantitative Authorship Attribution: An Evaluation of Techniques. *Literary and Linguistic Computing*, 22(3):251–270, 2007.

[HF07] G. Hirst und O. Feiguina. Bigrams of Syntactic Labels for Authorship Discrimination of Short Texts. *Literary and Linguistic Computing*, 22(4):405–417, 2007.

[KS03] M. Koppel und J. Schler. Exploiting Stylistic Idiosyncrasies for Authorship Attribution. In *Proc. of the 18th Joint Conf. on Artificial Intelligence*, Jgg. 69, Seiten 72–80, 2003.

[M. 11]   M. Potthast et al. Overview of the 3rd International Competition on Plagiarism Detection. In *Notebook Papers of the 5th Evaluation Lab on Uncovering Plagiarism, Authorship and Social Software Misuse (PAN)*, Amsterdam, The Netherlands, 2011.

[MWH05]   Y. Marton, N. Wu und L. Hellerstein. On Compression-Based Text Classification. In *Advances in Information Retrieval*, Seiten 300–314. Springer, 2005.

[NRJ13]   J. Noecker, M. Ryan und P. Juola. Psychological Profiling Through Textual Analysis. *Literary and Linguistic Computing*, 28(3):382–387, 2013.

[OLRV11] G. Oberreuter, G. L'Huillier, S. Ríos und J. Velásquez. Approaches for Intrinsic and External Plagiarism Detection. In *Notebooks of the 5th Eval. Lab on Uncovering Plagiarism, Authorship and Social Software Misuse*, Amsterdam, The Netherlands, 2011.

[SM09]   L. Seaward und S. Matwin. Intrinsic Plagiarism Detection Using Complexity Analysis. In *Proceedings of the 25th Conference of the Spanish Society for Natural Language Processing*, Seite 56, 2009.

[Sta09]   E. Stamatatos. A Survey of Modern Authorship Attribution Methods. *Journal of the American Society for Information Science and Technology*, 60(3):538–556, March 2009.

[Sta11]   E. Stamatatos. Intrinsic Plagiarism Detection Using Character n-gram Profiles. In *Notebook Papers of the 5th Evaluation Lab on Uncovering Plagiarism, Authorship and Social Software Misuse (PAN)*, Amsterdam, The Netherlands, 2011.

[Tsc14]   M. Tschuggnall. *Intrinsic Plagiarism Detection and Author Analysis By Utilizing Grammar*. Dissertation, Inst. of Computer Science, University of Innsbruck, December 2014.

Michael Tschuggnall wurde am 26. März 1982 in Hall i.T. in Österreich geboren und hat seinen Lebensmittelpunkt seither in Telfs. Nach dem Schuleinstieg 1988 in die Volks- und Hauptschule in Telfs besuchte er 1996 bis 2001 die Höhere Technische Lehranstalt (HTL) für Wirtschaftsingenieurwesen, mit dem Ausbildungszweig Betriebsinformatik. Nach dem Abschluss der Matura mit Auszeichnung startete er 2001 das Informatikstudium an der Universität Innsbruck. Nach 4-jähriger Unterbrechung konnte das Bachelorstudium 2008 und das anschließende Masterstudium 2010 jeweils mit ausgezeichnetem Erfolg abgeschlossen werden. Die Masterarbeit wurde bereits in der Gruppe Datenbanken- und Informationssysteme, geleitet von Prof. Günther Specht, geschrieben, wo eine direkt folgende Anstellung als Universitätsassistent nach 3,5 Jahren 2014 zur Promotion zum PhD führte. Begleitend zur universitären Ausbildung war er auf selbständiger Basis laufend an der Entwicklung diverser Software für Web und Mobiltelefone tätig.

Regularisierte Optimierungsverfahren für Rekonstruktion und Modellierung in der Computergraphik[1]

Stephan Wenger[2]

Abstract: Das Feld der Computergraphik beschäftigt sich mit virtuellen Abbildern der realen Welt, welche durch *Modellierung* oder *Rekonstruktion* aus Messdaten erstellt werden. Rekonstruktionsprobleme werden oft als regularisierte Optimierungsprobleme formuliert, in denen ein Datenterm die Konsistenz zwischen Modell und Daten sicherstellt, während ein Regularisierungsterm plausible Lösungen begünstigt.

In meiner Arbeit zeige ich, dass verschiedene Rekonstruktionsprobleme der Computergraphik Instanzen einer gemeinsamen Klasse von Optimierungsproblemen sind, die mit einem einheitlichen algorithmischen Framework gelöst werden können. Darüber hinaus wird gezeigt, dass vergleichbare Optimierungsverfahren auch genutzt werden können, um Probleme der datenbasierten Modellierung zu lösen, bei denen die aus Messungen verfügbaren Daten nicht für eine genaue Rekonstruktion ausreichen.

Als praxisrelevante Beispiele für Rekonstruktionsprobleme werden Sparsity- und Group-Sparsity-Methoden für die radiointerferometrische Bildrekonstruktion vorgestellt. Als Beispiel für Modellierung werden analoge Verfahren untersucht, um automatisch volumetrische Modelle astronomischer Nebel aus Einzelbildern zu erzeugen. Die Ergebnisse dieser Arbeit haben über das akademische Umfeld hinaus Sichtbarkeit erlangt und werden heute von mehreren Softwareunternehmen aus der Planetarienbranche praktisch eingesetzt.

1 Einleitung

Ein Hauptziel der Computergraphik ist es, realistische virtuelle Repräsentationen der reallen Welt zu erzeugen. Beispiele für solche Repräsentationen sind Bilder, Lichtfelder, texturierte Dreiecksnetze oder volumetrische Modelle. Um sie zu erzeugen, bedient man sich einer Vielzahl von Geräten und Verfahren: Kameras, Kamera-Arrays, 3D-Scanner, CT-Scanner, Tiefenkameras und viele weitere.

In vielen Fällen ist es unpraktikabel oder schlicht unmöglich, die vollständige für eine genaue Szenenrepräsentation benötigte Information aufzunehmen: Eine Kamera hat nur eine begrenzte Auflösung, wodurch ihr hohe Bildfrequenzen unvermeidlicherweise entgehen. Ein CT-Scanner kann nur eine kleine Anzahl von Projektionen aufnehmen, um den Patienten nicht zu gefährden. Ein Radiointerferometer nimmt nur eine kleine Teilmenge der Ortsfrequenzen eines Bildes auf. In solchen Fällen muss ein *Rekonstruktionsverfahren*

---

[1] Englischer Titel der Dissertation: "Regularized Optimization Methods for Reconstruction and Modeling in Computer Graphics" [Wen14]
[2] Google Switzerland GmbH, Brandschenkestrasse 110, CH-8002 Zürich, spwenger@gmail.com

die fehlende Information kompensieren, um ein vollständiges Modell der realen Welt zu liefern.

In den zuvor genannten Fällen ist es zumindest prinzipiell möglich, weitere Daten zu sammeln, um die Qualität der Rekonstruktion zu verbessern. Es gibt allerdings Situationen, in denen es grundsätzlich unmöglich ist, auch nur irgendeinen nennenswerten Anteil der für eine Rekonstruktion benötigten Daten aufzunehmen. Beispielsweise sind viele astronomische Objekte so weit von der Erde entfernt, dass nur eine einzige Ansicht jemals aus dem Menschen zugänglichen Blickpunkten sichtbar ist. Die für eine vollständige volumetrische Rekonstruktion benötigten Daten sind daher für uns nicht verfügbar, unabhängig von der verwendeten Methode und dem betriebenen Aufwand. Trotzdem ist es möglich, mit Hilfe der wenigen verfügbaren Daten Modelle zu erzeugen, die physikalisch und wahrnehmungspsychologisch *plausibel* sind, die also kompatibel sind mit bekannten physikalischen Gesetzen, konsistent mit den beobachteten Daten und frei von sichtbaren Artefakten. Das Erzeugen eines plausiblen Modells aus so enorm unvollständigen Daten ist ein extrem schlecht gestelltes Problem, und ein "Rekonstruktions"-Algorithmus muss einen Großteil des Ergebnisses halluzinieren, ohne dass irgendwelche garantierten Fehlerschranken für die Diskrepanz zwischen Modell und Realität angegeben werden könnten. Da die Ergebnisse in diesem Fall mehr vom Algorithmus als von den Messdaten abhängen, wäre es nicht völlig zutreffend, diese Aufgabe als *Rekonstruktionsproblem* zu bezeichnen; stattdessen verwende ich den Begriff *datenbasierte Modellierung*, um den Unterschied zu traditionellen, leichter handhabbaren inversen Problemen herauszustellen, die tatsächlich Rekonstruktionsprobleme im engeren Sinne darstellen. Wegen der Ähnlichkeit der zugrundeliegenden Verfahren und Algorithmen werde ich allerdings die Begriffe "Rekonstruktion" und "datenbasierte Modellierung" oft austauschbar verwenden.

Sowohl in der Rekonstruktion als auch in der datenbasierten Modellierung benötigt ein Rekonstruktionsalgorithmus Informationen über die erwartete Struktur des Signals, um fehlende Information korrekt beziehungsweise plausibel aufzufüllen: Bei einem CT-Scan könnte dies die Annahmen einschließen, dass benachbarte Volumenzellen ähnliche Dichten aufweisen, dass die meisten Volumenzellen leer sind und dass nichtleere Zellen bevorzugt nahe der Mitte des Volumens auftreten. In einem Bildrekonstruktionsproblem kann man die Eigenschaft natürlicher Bilder nutzen, eine sparse Waveletdarstellung zu besitzen. In einem astronomischen Modellierungsproblem kann die fehlende Tiefendimension häufig aus einem Bild erschlossen werden, indem die Tatsache genutzt wird, dass bestimmte astronomische Nebel näherungsweise axialsymmetrisch sind.

Sowohl Rekonstruktion als auch Modellierung sind *inverse Probleme*, die in der Computergraphik allgegenwärtig sind: beispielsweise werden tomographische Verfahren genutzt für die bildbasierte volumetrische Rekonstruktion von Bäumen [RMMD04, VGS+12], Flammen [IM04], Gasströmen [IBA+09, BRA+11, BAI+09, AIH+08] und Flüssigkeiten [GKHH12]. Tomographische datenbasierte Modellierung mit hochgradig unvollständigen oder widersprüchlichen Daten wird für die Erzeugung statischer Lichtfeld-Displays [WLHR11] und als Interaktionsparadigma für manuelle Volumenmodellierung [KISE13] eingesetzt. Regularisierte Optimierungsverfahren werden auch im Bereich der Computational Photography [SD09, HRH+13] und des stochastischen Raytracings [SD11, SDX11,

KS13, SD10] eingesetzt. Ein weiteres Beispiel datenbasierter Modellierung ist die automatische Erzeugung sinnvoller Deformationsbasisfunktionen aus animierter Geometrie [NVW+13].

Inverse Probleme wie die zuvor beschriebenen können mittels *regularisierter Optimierungsverfahren* gelöst werden. Dazu wird der *plausibelste* Signalvektor $\vec{x}$ gesucht, der konsistent mit den Beobachtungsdaten $\vec{y}$ ist. Da aufgenommene Daten oft Rauschen enthalten, lässt man typischerweise kleine Abweichungen von den Daten zu, um eine plausiblere Lösung zu erhalten. Die Zielfunktion des resultierenden *denoising*-Problems besteht aus einem *Datenterm*, der Konsistenz mit den Beobachtungsdaten erzwingt, und einem *Regularisierer*, der Plausibilität gemäß A-priori-Annahmen über das Signal herstellt. Der Regularisierer muss nicht nur die erwartete Lösung gut beschreiben; er muss auch Information liefern, die zu der in den Beobachtungsdaten enthaltenen Information komplementär ist, das heißt, er muss hinreichend *orthogonal* oder *inkohärent* zu den Daten sein. Wenn diese Annahmen erfüllt sind, liefert die Lösung des Optimisierungsproblems mit großer Wahrscheinlichkeit eine gute Repräsentation des gemessenen Realweltphänomens.

Im Rahmen dieser Arbeit werden regularisierte Optimierungsverfahren für zwei sehr unterschiedliche Anwendungsfälle in der Computergraphik vorgestellt: Rekonstruktionsprobleme aus der Radiointerferometrie sowie Modellierungsprobleme für astronomische Nebel. Beide Problemklassen werden zunächst mit sparsity-induzierenden Regularisierern und anschließend mit fortgeschritteneren Group-Sparsity-Methoden behandelt. Während die grundlegende Struktur der in beiden Anwendungen auftretenden Optimierungsprobleme sehr ähnlich ist, besteht die Herausforderung darin, geeignete Regularisierer zu finden, die auf die jeweiligen Probleme optimal angepasst sind, und passende Algorithmen zu implementieren, die die in realistischen Szenarien anfallenden großen Datenmengen effizient verarbeiten.

2   Sparsity-Rekonstruktion in der Radiointerferometrie

Die Radiointerferometrie beschäftigt sich mit der Aufnahme von Bildern unseres Universums im Wellenlängenbereich von wenigen Millimetern bis zu mehreren Metern. Im Gegensatz zur optischen Astronomie können hier Bilder nicht direkt mit einer Kamera und einem Teleskop aufgenommen werden; die großen Wellenlängen machen die Benutzung solcher konventionellen Verfahren unmöglich. Stattdessen müssen in einem interferometrischen Verfahren Bilddaten aus den mit geeigneten Messverfahren aufnehmbaren Daten gewonnen werden. Signale im Radiobereich können mit Radioantennen aufgenommen werden; die Messdaten einer einzelnen Antenne erhalten allerdings zunächst keine Richtungsinformation. Bei Verwendung mehrerer Antennen trifft ein Signal aus einer gegebenen Richtung an beiden Antennen zu leicht unterschiedlichen Zeitpunkten ein, und die Größe dieses Zeitversatzes lässt Rückschlüsse auf die Richtung des eintreffenden Signals zu.

In der realen Welt treffen an jeder Antenne Signale aus verschiedenen Richtungen zugleich ein; ein direkter Rückschluss auf die Herkunft der Signale ist dann nicht mehr möglich. Man kann jedoch zeigen, dass die Korrelation der Signale zweier Antennen unter bestimmten

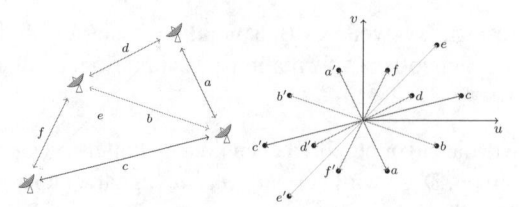

Abb. 1: Vier Radioantennen (links) und das von ihnen erzeugte Sampling im Fourierraum (rechts).

Voraussetzungen einem einzelnen Eintrag in der zweidimensionalen Fouriertransformation des Bildes am Himmel entspricht. Bei Verwendung mehrerer Antennen lässt sich zwischen jedem Paar von Antennen die Korrelation berechnen, und man erhält ein sparses Sampling der Fouriertransformation (Abb. 1).

Die Rekonstruktion eines Bildes aus einer nur partiell bekannten Fouriertransformation ist ein schlecht gestelltes Problem, zu dessen Lösung zusätzliche Annahmen benötigt werden. Traditionell wird dieses Problem in der Radiointerferometrie mit dem Greedy-Algorithmus CLEAN behandelt [Hög74], der implizit von einer sparsen Intensitätsverteilung im Bild ausgeht. Dieser Algorithmus bringt jedoch eine Reihe von Nachteilen mit sich [Sch78, Sch79], vom Fehlen eines Konvergenzbeweises bis hin zu starken Rekonstruktionsartefakten, wie beispielsweise dem Auftreten physikalisch unmöglicher Regionen mit negativer Emission.

Als Alternative zu diesem konventionellen Verfahren schlage ich die Verwendung eines Compressed-Sensing-Verfahrens zur Lösung des inversen Problems vor, das explizit eine sparse Intensitätsverteilung anstrebt. Die Konvergenz solcher Verfahren ist sehr gut untersucht, es liegt eine Vielzahl geeigneter Algorithmen vor, und es lassen sich Nebenbedingungen zur Einhaltung physikalischer Gesetzmäßigkeiten integrieren. Zudem ist es verhältnismäßig einfach, anstelle der Annahme einer sparsen Intensitätsverteilung andere A-priori-Annahmen über das zu erwartende Bild zu integrieren.

Meine Implementierung minimiert eine Zielfunktion, die aus einem Datenterm und einem ℓ_1-Regularisierungsterm besteht. Der Datenterm repräsentiert den quadrierten Fehler zwischen Messdaten und Rekonstruktion (χ^2-Minimierung). Zur Regularisierung wird die ℓ_1-Norm des Bildes verwendet, wodurch sparse Lösungen bevorzugt werden. Durch einen zusätzlichen Projektionsschritt auf die nichtnegativen Lösungen wird sichergestellt, dass das Ergebnis physikalisch plausibel ist. Im Vergleich mit bisher verwendeten Verfahren zeigt sich dadurch in vielen Fällen eine deutliche Reduktion von Artefakten (Abb. 2).

3 Sparsity-Modellierung astronomischer Nebel

Ein schlecht gestelltes Problem ganz anderer Art tritt in einem anderen Bereich der Astronomie auf. *Planetarische Nebel* sind Gaswolken, die entstehen, wenn Sterne der Größenordnung unserer Sonne am Ende ihrer Lebenszeit ihr Material in den Weltraum schleudern. Durch die Strahlung des Reststerns wird dieses Material ionisiert und beginnt zu leuchten.

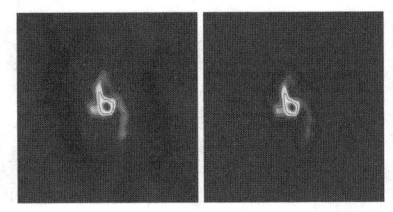

Abb. 2: Radiorekonstruktion von Sgr A mit CLEAN (links) und dem vorgeschlagenen Verfahren (rechts).

Von der Erde erscheint der entstandene Nebel als farbiges Objekt mit komplexer Struktur (Abb. 3, 2. v. l.). Das von unserem Sonnensystem aus beobachtbare Bild enthält keine direkte Information über die dreidimensionale Geometrie des Objekts; dabei sind für Zwecke der populärwissenschaftlichen Visualisierung, beispielsweise in Planetarien, dreidimensionale volumetrische Modelle höchst begehrt und werden oft in mühevoller Kleinarbeit von Hand am Rechner modelliert [ZO95].

Durch die große Distanz zwischen planetarischen Nebeln und unserem Sonnensystem ist es uns nicht möglich, zusätzliche Ansichten dieser Objekte aufzunehmen. Eine tatsächliche Rekonstruktion des dreidimensionalen Objekts aus nur einem Blickwinkel ist mangels Tiefeninformation nicht realisierbar. Für viele Anwendungen, wie beispielsweise die Visualisierung zu Bildungszwecken, ist eine solche exakte Rekonstruktion jedoch gar nicht notwendig – es genügt völlig, ein *plausibles* und mit den Beobachtungsdaten kompatibles Modell zu erzeugen, anhand dessen exemplarisch physikalische Gesetzmäßigkeiten veranschaulicht werden können. Eine solche automatische *datenbasierte Modellierung* kann, ausgehend von einer geeigneten A-priori-Annahme über die Geometrie, mit regularisierten Optimierungsverfahren umgesetzt werden.

Mein Algorithmus zur automatischen Modellierung planetarischer Nebel gründet auf der Erkenntnis, dass ein großer Anteil dieser Objekte eine mehr oder weniger ausgeprägte Axialsymmetrie aufweist (vgl. Abb. 3). Dies lässt sich durch die Symmetrie des Sterns zum Zeitpunkt der Entstehung – näherungsweise Kugelform sowie gegebenenfalls eine Rotations- oder Magnetfeldachse – und die typischerweise geringe Interaktion mit dem (sehr dünnen) umgebenden Medium leicht erklären. Durch kleine Abweichungen von der Symmetrie des Ausgangszustandes ist die Symmetrie des entstehenden Nebels selten perfekt; erst dadurch wird eine realitätsgetreue Modellierung nichttrivial, gleichzeitig ist jedoch auch der Tiefeneindruck eines nichtsymmetrischen Modells deutlich ausgeprägter als bei einem perfekt symmetrischen Objekt.

Die von mir vorgestellte Implementierung basiert auf der Einsicht, dass "Symmetrie" bedeutet, dass die Ansichten aus sämtlichen Positionen, die sich nur um eine Drehung um die Symmetrieachse unterscheiden, identisch (oder, bei unvollständiger Symmetrie, nahezu identisch) sind. Zudem tritt in planetarischen Nebeln so gut wie keine Absorption oder Streuung, sondern nur Emission auf – die Helligkeit eines Bildpunktes ist also einfach das Integral über die dahinterliegenden Emissionsdichten im Volumen. Diese beiden Tatsachen

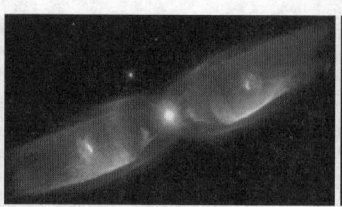

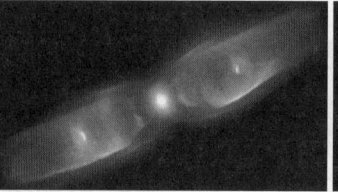

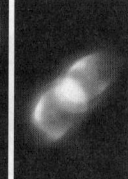

Abb. 3: Links: Virtuelle Kameras, die im Falle eines axialsymmetrischen Objekts ähnliche Bilder zeigen. Rechts: Der Nebel M2–9 – Original, Rekonstruktion aus Originalperspektive und eine neue Ansicht.

ermöglichen eine Rekonstruktion mit tomographischen Verfahren: Das Bild der Frontansicht wird an einer Reihe von virtuellen Blickpunkten repliziert (Abb. 3 links), und es wird ein Volumen rekonstruiert, das aus allen diesen Blickpunkten der Frontansicht möglichst ähnlich ist. Mit einem Algorithmus ähnlich dem im vorhergehenden Abschnitt vorgestellten wird simultan die Abweichung der virtuellen Projektionen vom Originalbild minimiert und die Plausibilität des rekonstruierten Volumens maximiert. Letzteres ist notwendig, da die virtuellen Projektionen potentiell den Raum möglicher Volumina nur unzureichend einschränken und andererseits – bei nicht perfekt symmetrischen Objekten – einander widersprechen. Diese Widersprüche in den Daten werden mit Hilfe einer ortsabhängigen ℓ_1-Regularisierung aufgelöst. Dabei erhalten Volumenzellen, die weit vom Zentrum des Objekts entfernt sind, ein höheres Gewicht; dies repräsentiert die Annahme, dass der Nebel ein kompaktes, um den Stern zentriertes Objekt in einer leeren Umgebung darstellt. Zusätzlich wird die Nebenbedingung eingeführt, dass die Projektion von vorn exakt mit dem vorgegebenen Bild übereinstimmen soll – erst dadurch werden auch nennenswerte Abweichungen von der Symmetrie erzwungen. Das Ergebnis kann interpretiert werden als das symmetrischste Objekt, das mit den vorgegebenen Bilddaten kompatibel ist.

Da der tomographische Algorithmus iterativ arbeitet und in jedem Schritt die Berechnung hunderter verschiedener Projektionen des Volumens erfordert, wurde das Verfahren auf einem verteilten Multi-GPU-Cluster mit 64 Graphikkarten implementiert; jede Graphikkarte berechnet dabei nur einen Teil der Projektionen, die Ergebnisse werden danach über das Netzwerk ausgetauscht. Die verteilte Implementierung verringert die Laufzeit einer Rekonstruktion auf wenige Stunden. Das erzeugte Modell reproduziert in der Originalansicht zuverlässig das Eingabebild (Abb. 3, 2. v. r.); plausible neue Ansichten können aus dem Volumenmodell interaktiv berechnet werden (Abb. 3 rechts).

Während der gesamten Entwicklungsphase stand ich in engem Kontakt zu Fachleuten aus der Astronomie und Astrophysik sowie potentiellen Nutzern in Planetarien und Visualisierungszentren um sicherzustellen, dass die Ergebnisse meiner Arbeit wissenschaftlich plausibel und praktisch nutzbar sind. Die von meinem Algorithmus erstellten Modelle wurden daher schon kurz nach der Veröffentlichung von zahlreichen Herstellern von Planetariumstechnik, darunter Evans & Sutherland, SkySkan und RSA Cosmos, in ihre jeweiligen Visualisierungssysteme aufgenommen und sind so in vielen Planetarien direkt zur interaktiven Darstellung verfügbar.

4 Group-Sparsity-Rekonstruktion in der Radiointerferometrie

Selbst mit fortgeschrittenen Verfahren zur Bildrekonstruktion wie dem in Abschnitt 2 vorgestellten ist ein weiteres Problem in der Radiointerferometrie die geringe Menge an Bildinformation, die mit einer einzelnen Messung gewonnen werden kann. Eine übliche Gegenmaßnahme ist, im Abstand einiger Minuten weitere Messungen vorzunehmen: Durch die Rotation der Erde zwischen den Messungen ändern sich die vektoriellen Distanzen zwischen den Antennen relativ zum Bild am Himmel, und es werden somit weitere Samples im Fourierraum gemessen.

Das Problem an diesem Vorgehen ist, dass implizit davon ausgegangen wird, dass das Bild sich während der Messung nicht verändert. In der Praxis ist dies jedoch schwer sicherzustellen; Objekte wie relativistische Jets, Fast Radio Bursts oder Sonnenflecken können über die Dauer einer Messung durchaus signifikante Änderungen aufweisen. Daher wird in letzter Zeit versucht, die zeitliche Entwicklung des Radiobildes in der Rekonstruktion zu berücksichtigen und eine ganze Zeitreihe von Bildern zu rekonstruieren [Rau12]. Typischerweise wird dabei von einer stetigen Änderung der Intensität jedes Pixels ausgegangen. Bei Bursts oder sich bewegenden Strukturen wird diese Annahme jedoch verletzt; zudem erlaubt sie Fluktuationen in eigentlich statischen Bildregionen, wodurch die Bildqualität sinkt.

Als Alternative zu diesen Verfahren habe ich einen Algorithmus entwickelt, der auf der Annahme basiert, dass sich Veränderungen im Bild üblicherweise auf wenige Pixel beschränken, während der Großteil des Bildes statisch bleibt. Die zeitliche Variation der veränderlichen Pixel wird dabei nicht beschränkt; dadurch können abrupte Änderungen wie Bursts oder bewegliche Objekte rekonstruiert werden. Erreicht wird dies durch sogenannte Group-Sparsity-Verfahren [FR08]: Ähnlich zur Sparsity-Rekonstruktion wird die ℓ_1-Norm der Pixel in die Zielfunktion einbezogen, es wird aber von jedem Pixel nur der jeweils maximale Wert über die gesamte Zeitreihe berücksichtigt. Die Gesamtintensität aller Pixel zu einem gegebenen Zeitpunkt kann relativ zuverlässig festgestellt werden; nur die Verteilung der Intensität innerhalb des jeweiligen Einzelbildes ist unbekannt. Durch die Regularisierung mit dem Maximum über alle Zeitschritte wird die Zielfunktion dann besonders klein, wenn Intensität in einem Pixel "untergebracht" wird, der in einem anderen Zeitschritt bereits aktiviert ist. Global wird dadurch die Anzahl der zeitveränderlichen Pixel minimiert, ohne den Zeitverlauf eines einzelnen Pixels zu beeinflussen. Im Grenzfall einer Zeitreihe aus nur einem Zeitschritt reduziert sich der Algorithmus wieder auf das ℓ_1-Rekonstruktionsverfahren aus Abschnitt 2. In Simulationen zeigt das Group-Sparsity-Verfahren bei Szenen mit sparser Zeitveränderlichkeit signifikante Verbesserungen gegenüber bisherigen Ansätzen.

5 Group-Sparsity-Modellierung astronomischer Nebel

Während das in Abschnitt 3 vorgestellte Verfahren zur Rekonstruktion astronomischer Nebel für viele Objekte gute Ergebnisse liefert, verhindern Laufzeit und Hardwareanforderungen des Algorithmus den Einsatz durch Endanwender, denen üblicherweise kein Rechencluster zur Verfügung steht. Die hohe Rechenzeit rührt zum Großteil daher, dass durch die Berechnung zahlreicher Projektionen des Nebels ein enormer Aufwand betrieben wird, um eigentlich redundante Ergebnisse zu berechnen, denn in einer symmetrischen Lösung sollten ja alle Projektionen einander ähneln. Es liegt daher nahe, nach einer Methode zu suchen, die diese redundanten Berechnungen vermeidet.

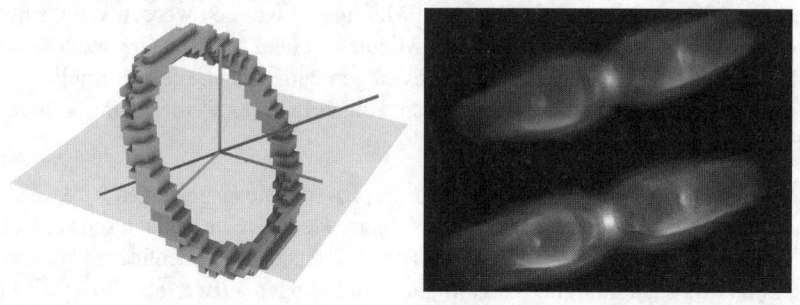

Abb. 4: Links: eine Teilmenge von Volumenzellen, die bei Axialsymmetrie ähnliche Intensitäten aufweisen. Rechts: Rekonstruktionen von M2–9 mittels Sparsity (oben) und Group Sparsity (unten).

Mein alternativer Ansatz zur Formalisierung des Symmetriebegriffs ist inspiriert von den Group-Sparsity-Methoden, die in Abschnitt 4 zum Einsatz kommen. Er basiert auf der Einsicht, dass beispielsweise eine Axialsymmetrie bedeutet, dass alle Volumenzellen, die durch Rotation um die Symmetrieachse aufeinander abgebildet werden, ähnliche Intensitäten aufweisen (Abb. 4 links). Ähnlich zur Group-Sparsity-Rekonstruktion in der Radiointerferometrie wird dabei in der Zielfunktion nur die hellste Volumenzelle in jedem Ring um die Symmetrieachse berücksichtigt; ihr Einfluss muss allerdings mit der Anzahl der Zellen im Ring multipliziert werden, um eine Verschiebung von Intensität in größere Ringe zu verhindern. Als einziger weiterer Term fließt die Abweichung der Frontansicht vom Eingabebild in die Zielfunktion ein. Somit muss statt vielen Projektionen nur noch eine einzelne berechnet werden; da diese ohne Beschränkung der Allgemeinheit am Koordinatensystem der Volumenzellen ausgerichtet werden kann, ist sie zudem äußerst effizient zu berechnen. Insgesamt reduziert sich der Rechenaufwand somit von mehreren Stunden auf einem Multi-GPU-Cluster auf wenige Sekunden auf der CPU eines üblichen Desktop-PCs. Die Qualität der Ergebnisse bleibt davon weitestgehend unbeeinträchtigt (Abb. 4 rechts), während das Verfahren dadurch für einen weitaus größeren Personenkreis nutzbar wird.

Literatur

[AIH+08]   Bradley Atcheson, Ivo Ihrke, Wolfgang Heidrich, Art Tevs, Derek Bradley, Marcus Magnor und Hans-Peter Seidel. Time-resolved 3D Capture of Non-stationary Gas Flows. *ACM Transactions on Graphics (Proc. SIGGRAPH Asia)*, 27(5):132–1–10, 2008.

[BAI+09]   Kai Berger, Bradly Atcheson, Ivo Ihrke, Wolfgang Heidrich und Marcus Magnor. Tomographic 4D Reconstruction of Gas Flows in the Presence of Occluders. In *Proc. Vision, Modeling and Visualization*, Seiten 29–36, 2009.

[BRA+11]   Kai Berger, Kai Ruhl, Mark Albers, Yannic Schröder, Alexander Scholz, Stefan Guthe und Marcus Magnor. The capturing of turbulent gas flows using multiple Kinects. In

Proc. IEEE International Conference on Computer Vision (Workshop on Consumer Depth Cameras for Computer Vision), Seiten 1108–1113, 2011.

[FR08] M. Fornasier und H. Rauhut. Recovery Algorithms for Vector-Valued Data with Joint Sparsity Constraints. *SIAM Journal on Numerical Analysis*, 46(2):577–613, 2008.

[GKHH12] James Gregson, Michael Krimerman, Matthias Hullin und Wolfgang Heidrich. Stochastic Tomography and its Applications in 3D Imaging of Mixing Fluids. *ACM Transactions on Graphics*, 31(4):52:1–52:10, 2012.

[Hög74] J. Högbom. Aperture Synthesis with a Non-Regular Distribution of Interferometer Baselines. *Astronomy and Astrophysics Supplement Series*, 15:417–426, 1974.

[HRH+13] Felix Heide, Mushfiqur Rouf, Matthias B Hullin, Bjorn Labitzke, Wolfgang Heidrich und Andreas Kolb. High-quality computational imaging through simple lenses. *ACM Transactions on Graphics (TOG)*, 32(5):149–1–14, 2013.

[IBA+09] Ivo Ihrke, Kai Berger, Bradly Atcheson, Marcus Magnor und Wolfgang Heidrich. Tomographic Reconstruction and Efficient Rendering of Refractive Gas Flows. In Wolfgang Nitsche und Christoph Dobriloff, Hrsg., *Notes on Numerical Fluid Mechanics and Multidisciplinary Design*, Jgg. 106, Seiten 145–154. Springer, 2009.

[IM04] I. Ihrke und M. Magnor. Image-Based Tomographic Reconstruction of Flames. In *Proc. ACM SIGGRAPH*, Seiten 367–375, 2004.

[KISE13] Oliver Klehm, Ivo Ihrke, Hans-Peter Seidel und Elmar Eisemann. Volume stylizer: tomography-based volume painting. In *Proc. ACM SIGGRAPH Symposium on Interactive 3D Graphics and Games*, Seiten 161–168, 2013.

[KS13] Nima Khademi Kalantari und Pradeep Sen. Removing the noise in Monte Carlo rendering with general image denoising algorithms. In *Computer Graphics Forum*, Jgg. 32, Seiten 93–102, 2013.

[NVW+13] Thomas Neumann, Kiran Varanasi, Stephan Wenger, Markus Wacker, Marcus Magnor und Christian Theobalt. Sparse Localized Deformation Components. *ACM Transactions on Graphics (Proc. SIGGRAPH Asia)*, 32(6):179.1–10, 2013.

[Rau12] Urvashi Rau. Radio interferometric imaging of spatial structure that varies with time and frequency. In *Image Reconstruction from Incomplete Data VII*, Jgg. 8500 of *Proc. SPIE Optical Engineering + Applications*, Seiten 85000N–1–2, 2012.

[RMMD04] Alex Reche-Martinez, Ignacio Martin und George Drettakis. Volumetric reconstruction and interactive rendering of trees from photographs. In *ACM Transactions on Graphics*, Jgg. 23, Seiten 720–727, 2004.

[Sch78] U. Schwarz. Mathematical-statistical Description of the Iterative Beam Removing Technique (Method CLEAN). *Astronomy and Astrophysics*, 65:345–356, 1978.

[Sch79] U. Schwarz. The Method CLEAN – Use, Misuse and Variations (invited paper). In C. van Schooneveld, Hrsg., *Proc. IAU Colloq. 49: Image Formation from Coherence Functions in Astronomy*, Jgg. 76 of *Astrophysics and Space Science Library*, Seiten 261–275, 1979.

[SD09] P. Sen und S. Darabi. Compressive Dual Photography. *Computer Graphics Forum*, 28:609–618, 2009.

[SD10] Pradeep Sen und Soheil Darabi. Compressive estimation for signal integration in rendering. In *Computer Graphics Forum*, Jgg. 29, Seiten 1355–1363, 2010.

[SD11]   Pradeep Sen und Soheil Darabi. Compressive rendering: A rendering application of compressed sensing. *IEEE Transactions on Visualization and Computer Graphics*, 17(4):487–499, 2011.

[SDX11]   Pradeep Sen, Soheil Darabi und Lei Xiao. Compressive rendering of multidimensional scenes. In D. Cremers, M. Magnor, M. Oswald und L. Zelnik-Manor, Hrsg., *Video Processing and Computational Video*, Seiten 152–183. Springer, 2011.

[VGS+12] Dominik Vock, Stefan Gumhold, Marcel Spehr, Joachim Staib, Patrick Westfeld und Hans-Gerd Maas. GPU-Based Volumetric Reconstruction and Rendering of Trees From Multiple Images. *The Photogrammetric Record*, 27(138):175–194, 2012.

[Wen14]   Stephan Wenger. *Regularized Optimization Methods for Reconstruction and Modeling in Computer Graphics*. BoD, 2014.

[WLHR11] Gordon Wetzstein, Douglas Lanman, Wolfgang Heidrich und Ramesh Raskar. Layered 3D: tomographic image synthesis for attenuation-based light field and high dynamic range displays. In *ACM Transactions on Graphics*, Jgg. 30, Seiten 95–1–12, 2011.

[ZO95]   W. Zheng und C. O'Dell. A three-dimensional model of the Orion nebula. *Astrophysical Journal*, 438(2):784–793, 1995.

Stephan Wenger wurde 1986 in Salzgitter geboren. Er studierte an der Technischen Universität Braunschweig Physik und Informatik und absolvierte Auslandsaufenthalte an der Université de Neuchâtel, der Universidad Nacional Autónoma de México sowie der University of New Mexico. Beide Diplomstudiengänge schloss er 2009 bzw. 2010 jeweils mit Auszeichnung ab. In seiner anschließenden Promotion an der TU Braunschweig beschäftigte er sich unter anderem mit regularisierten Optimierungsverfahren in der Astrographik. Darüber hinaus publizierte er Arbeiten über Audioresynthese und Wahrnehmungspsychologie und produzierte mehrere Kurzfilme. Für seine akademischen Leistungen wurde er mit Stipendien der TU Braunschweig und der Studienstiftung des deutschen Volkes sowie dem Absolventenpreis der Gesellschaft für Informatik und dem Braunschweiger Bürgerpreis ausgezeichnet. Nach seiner Promotion mit Auszeichnung im Juni 2014 war er als Postdoktorand an der Technischen Universität Braunschweig sowie an der University of New Mexico tätig. Seit 2015 arbeitet Stephan Wenger bei Google Switzerland.

Verständnis von zellulärern Zuständen und Zellzustandsübergängen durch integrative Analyse epigenetischer Veränderungen[1]

Dr. Michael J. Ziller [2]

Abstract: Wie kommt es, dass ein und dasselbe Genom eine derartige Vielzahl unterschiedlicher Zelltypen erzeugen kann? Die Antwort auf diese Frage liegt in der epigenetischen Regulation des Genoms. Im Rahmen dieser Dissertation wurden statistische Verfahren und neue Analyseansätze zur Auswertung von genomweiten Messungen des epigenetischen Zustands in verschiedenen Zellpopulationen entwickelt. Diese Verfahren gestatten es, die der Zellidentitätsbildung zugrunde liegenden molekularen Mechanismen besser zu verstehen und Teile der zugehörigen regulatorischen Netzwerke zu dekodieren. Auf diese Weise konnten diverse neue biologische Einsichten gewonnen und validiert werden. Darüber hinaus sind die vorgestellten Methoden in weiten Teilen der Epigenomik anwendbar und zeigen neue Konzepte zur Analyse von hochdimensionalen genomischen Daten auf [Zi14].

1 Einführung

Wie kann ein einziges Genom, das in nahezu allen Zellen eines Organismus identisch ist, eine derartige Vielfalt an hochgradig spezialiserten Zelltypen hervorbringen, wie wir sie in komplexen Organismen finden können? Dies ist eine der zentralen biologischen Forschungsfragen der letzten 100 Jahre. Dennoch sind nach wie vor viele Aspekte dieser Frage ungeklärt. In den vergangenen zehn Jahren gewonnene Erkenntnisse weisen jedoch der räumlich-zeitlichen Kontrolle der Genaktivitäten durch epigenetische Mechanismen eine zentrale Rolle zu. Letzere sind gekennzeichnet durch biochemische Prozesse die zur Ausbildung höherer Ordnungsstrukturen der DNA - wie z.B. Faserbildung mit hoher Packungsdichte - führen, ohne jedoch die DNA-Sequenz selbst zu beeinflussen. Mittlerweile ist eine Vielzahl verschiedener epigenetischer Modifikationen bekannt, die unterschiedlichen genomweiten Verteilungsmustern folgen. Jede dieser Modifikationen kann als eigene Dimension im Raum der epigenetischen Zustandsvektoren des Genoms betrachtet werden.

Epigenetische Regulationsmechanismen gestatten eine zelltyp- und zellzustandsspezifische Aktivierung oder Repression einzelner Gene und bilden somit die Grundlage für die Expression einer einzigartigen Kombination von Genen in jedem Zellzustand bzw. Zelltyp (siehe Abbildung 1).

Da in jedem einzelnen der etwa 200 Zelltypen des menschlichen Körpers nur etwa 15,000 der 40,000 Gene aktiv sind, birgt diese Art von Regulation enormes kombinatorisches

---

[1] Englischer Titel der Dissertation: "Dissecting cellular states and cell state transitions through integrative analysis of epigenetic dynamics"
[2] Department of Stem Cell and Regenerative Biology, Harvard University, michael_ziller@harvard.edu

Potenzial. Die Natur nutzt dieses Potenzial um eine Vielzahl unterschiedlicher zellulärer Phänotypen mit jeweils unterschiedlichen epigenetischen und Genexpressionszuständen zu erqeugen.

Eine zentrale Rolle zur Bestimmung der Genexpressions- und epigenetischen Profile einzelner Zelltypen kommt dabei Hochdurchsatz-Messverfahren wie hochgradig parallele Sequenzierung zu. Nur durch die Nutzung derartiger Verfahren ist es heute möglich, den epigenetischen Zustand des gesamten Genoms in zahlreichen epigenetischen Dimensionen sowie die Expression aller Gene in nahezu jedem Zelltyp und -zustand zu erfassen. Die

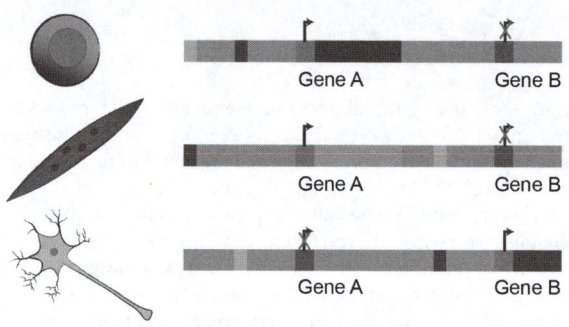

Abb. 1: Illustration der unterschiedlichen epigenetischen Zustände (farbige Abschnitte) des menschlichen Genoms (Balken) in verschiedenen Zelltypen. Je nach epigenetischem Zustand ist ein Gen aktiv (links) oder abgeschaltet (rechts).

detaillierte Charakterisierung der molekularen Profile verschiedener Zellzustände gestattet zwar deren genaue Definition, sagt aber zunächst wenig darüber aus, wie der spezifische molekulare Zustand den beobachteten Phänotyp erzeugt, etwa die Gehirn-, Blut- oder Leberzelle. Insbesondere ist unklar, warum an bestimmten Positionen im Genom im Laufe der Ausbildung unterschiedlicher Zelltypen epigenetische Veränderungen stattfinden, da viele dieser Veränderungen nicht direkt mit Genen ko-lokalisieren.

Der funktionale Anteil dieser Veränderungen wird gezielt zu genregulatorischen Elementen geleitet, deren Aktivitätszustand wiederum das Aktivitätslevel der kontrollierten Gene reguliert. Diese genregulatorischen Elemente weisen vor allem im aktiven Zustand ein charakteristisches epigenetisches Modifikationsmuster auf. Basierend auf dem epigenetischen Zustandsvektor eines jeden Elements lässt sich nicht nur der Aktivitätszustand definieren, sondern auch verschiedene Klassen von regulatorischen Elementen wie z.B. Promotoren, Enhancer und Insulator-Elemente. Zunächst ist jedoch unbekannt, wo genau diese regulatorischen Elemente im Genom lokalisiert sind. Vor diesem Hintergrund ergeben sich drei Schlüsselfragen, um die Entstehung phänotypischer Zellidentiäten zu verstehen:

1. Wie können genregulatorische Elemente, die zur Zellidentiätsbildung beitragen, identifiziert werden?

2. Auf welche Art und Weise tragen die verschiedenen jeweiligen epigenetischen Zustände des Genoms zur Entstehung einer spezifischen zellulären Identität bei?

3. Welche Mechanismen kontrollieren den epigenetischen Zustand der genregulatorischen Elemente in den verschiedenen zellulären Kontexten?

Um diese Fragen zu beantworten, stehen mittlerweile enorme Datenmengen zur Verfügung, welche den epigenetischen Zustand des gesamten Genoms in zahlreichen verschiedenen epigenetischen Dimensionen sowie über Dutzende von Zelltypen kartieren. Auch die effiziente Produktion epigenetischer Profile ist heute kein limitierender Faktor mehr und wird in großem Stil fortgesetzt.

Heute liegt die Herausforderung vielmehr in der integrierten Analyse dieser heterogenen und hochgradig komplexen Datensätze und insbesondere in der Interpretation der Resultate. Als äußerst schwierig gestaltet es sich vor allem, die Auswertungsstrategie - semantisch wie algorithmisch - so zu formulieren, dass die Analyseresultate zur Beantwortung der zentralen Fragen 2 und 3 zu biologisch relevanten und sinnvollen Ergebnissen führen. Dies ist aufgrund aufgrund der Komplexität und schieren Größe des zulässigen Suchraumes, der zahlreiche mehr oder weniger biologisch relevante Erkenntnisse enthält, eine große Herausforderung. Aus diesem Grund ist es essenziell, nicht nur effiziente Algorithmen zur Datenanalyse zu entwickeln, sondern auch den Antwortraum auf die biologischen Fragen durch das Design der analytischen Instrumente so zu strukturieren, dass am Ende gut interpretierbare und für die biologischen Fragestellungen unmittelbar relevante Ergebnisse erzeugt werden.

Aus informatischer Sicht habe ich mich genau mit diesen zwei Problemen in meiner Dissertation auseinandergesetzt: Im ersten Teil habe ich mich vorwiegend mit der Entwicklung adäquater statistischer Methoden zur grundlegenden Datenanalyse befasst und im zweiten Teil auf das an der biologischen Fragestellung orientierte Design eines analytischen Frameworks zur Datenevaluation konzentriert.

2 DNA-Methylierungsveränderungen

Für verschiedene epigenetische Modifikationen ist bereits bekannt, welche Arten von genregulatorischen Elementen durch sie kontrolliert werden und auch welche Teile des Genoms mit Ihnen angereichert sind. Für die DNA-Methylierung, eine der ältesten bekannten epigenetischen Modifikationen, ist dies jedoch nur begrenzt der Fall. Insbesondere ist nicht bekannt, welche Teile des Genoms ihren DNA-Methylierungszustand als eine Funktion der Zellidentität ändern und welche konkrete Bedeutung derartige Veränderungen haben könnten.

Um diese Frage zu beantworten, haben wir das bisher größte Kompendium von genomweiten DNA-Methylierungsdatensätzen generiert. Dieses umfasst über 30 verschiedene Zelltypen und Zellzustände. Jeder dieser Datensätze enthält etwa 27 Millionen Datenpunkte, wobei jeder Datenpunkt den Prozentsatz der methylierungssensitiven Dinucleotide (CpGs) an einer Position im menschlichen Genom darstellt.

Die erste grundlegende Herausforderung bestand darin, all diejenigen CpG Dinukleotide zu ermitteln, die ihren Methylierungszustand zwischen einem beliebigen Zelltyppaar signifikant ändern. Um diesen Aspekt besser zu verstehen, ist es nützlich, den Prozess, der zur Generation der Methylierungsprozentsätze führt, zu verstehen und dann zu modellieren: Das Methylierungsmessverfahren operiert auf einer großen Population von Zellen und wählt zufällig einzelne Zellgenome aus, in denen der Methylierungszustand eines einzelnen Dinukleotids an genomischer Position x gemessen wird. (siehe Abbildung 2). Dieser

Methylierungszustand ist eine binäre Größe (methyliert oder unmethyliert). Der gleiche Prozess findet für alle CpG-Positionen im Genom parallel statt, sodass für jede Position, je nach technischer Qualität des Messprozesses, etwa 30-50 verschiedene Zellen ausgewählt werden. Oft werden unterschiedliche Positionen in den gleichen Zellen gemessen, jedoch ist, außer für nah beieinanderliegende CpGs, nicht klar, ob ihr Methylierungszustand in der gleichen Zelle gemessen wurde oder nicht.

Das Ergebnis dieses Prozesses ist für jede genomische CpG Koordinate ein binärer Vektor

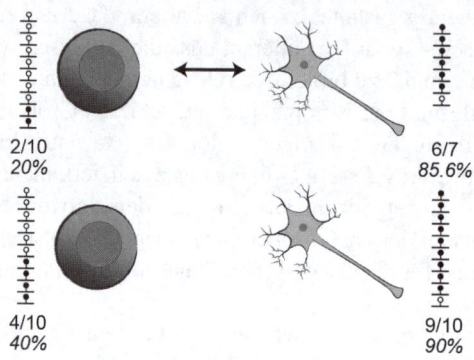

Abb. 2: Illustration der Messergebnisse des Methylierungszustands in verschiedenen Zelltypen und des resultierenden Problems zur Bestimmung differentiell methylierter genomischer Positionen. Jeder kleine *Lollipop* repräsentiert ein gemessenes CpG Dinukleotid, wobei ein ausgefüllter Kreis für ein methyliertes und ein weisser Kreis für ein unmethyliertes CpG steht. Die angegebenen Zahlen geben den Schaätzwert des kumulativen Methylierungszustands dieses CpG Dinukleotids in der gesamten Zellpopulation an.

unterschiedlicher Länge, der den Methylierungszustand aller gemessenen CpGs enthält. Die Länge des Vektors, also die Anzahl der gemessenen CpGs, wird als Coverage bezeichnet, und der Anteil der methylierten CpGs an einer Position ergibt den Methylierungsprozentsatz oder das Methylierungslevel. Dieser Prozentsatz spiegelt den Schätzwert der Anteile aller Zellen in der Population wider, die an Position x ein methyliertes CpG haben. Die Konfidenz in die Schätzung des korrekten Anteils hängt dabei von der Coverage an jeder Position ab, die in jedem Datensatz unterschiedlich ausfallen kann.

Weiterhin kann das Methylierungslevel an einer Position zwischen Zellpopulationen des gleichen Typs unter identischen Bedingungen aufgrund der inhärenten Stochastizität des biologischen Systems teilweise stark variieren. Dementsprechend muss bei der Bewertung der statistischen Signifikanz von Unterschieden im Methylierungslevel diesen beiden Unsicherheitsquellen Rechnung getragen werden.

Bisherige Verfahren im Feld haben entweder den diskreten Charakter der zugrunde liegenden Daten ignoriert und sich auf den Vergleich der Prozentsätze konzentriert oder sich ausschließlich auf die Sampling induzierte Varianz fokussiert. Wünschenswert ist jedoch ein Verfahren, das sowohl die durch den diskreten Sampling-Prozess generierte Varianz als auch die natürliche biologische Varianz zwischen Replikaten inkorporiert.

Aus diesem Grund habe ich zur Modellierung des gesamten Messprozesses ein hierarchisches Modell verwendet, das beide Aspekte berücksichtigt. Der Messprozess in einer einzelnen Population wird dabei mit einem Binomial-Modell mit unbekannter Methylierungswahrscheinlichkeit beschrieben. Letztere wird dann ebenfalls als Zufallsvariable mit einer Beta-Verteilung aufgefasst. Jede gemessene Zellpopulation, also z.B. jedes biologische Replikat, besitzt ihre eigene Methylierungswahrscheinlichkeit, die aus der übergreifenden Beta-Verteilung gezogen wurde. Auf diese Weise kann sowohl der Sampling induzierten wie der biologisch erzeugten Unsicherheit Rechnung getragen werden. Beide Prozesse werden dann in einem Modell kombiniert; wobei die Beta-Verteilung als Prior des Methylierungsparameters der Binomialverteilung behandelt wird. Mittels eines empirical Bayes Verfahrens können dann die Parameter der Beta-Verteilung aus den Daten für jedes genomische CpG in einem Zelltyp bestimmt werden. Aufbauend auf diesen Ergebnissen kann dann das Methylierungslevel jedes genomischen CpGs in jedem Zelltyp mittels einer Beta-Verteilung beschrieben werden.

Um nun signifikante Unterschiede einzelner CpGs zwischen zwei Zelltypen zu ermitteln, verwende ich diese statistische Beschreibung und subtrahiere die Verteilungen der Methylierungslevel voneinander, was der Subtraktion zweier Beta-Verteilungen gleichkommt. Die resultierende Beta-Differenz-Verteilung ist in der Literatur bekannt, und es können Konfidenzintervalle und p-Werte berechnet werden. Auf diese Weise konnte ich ein statistisches Modell etablieren, das - unter Berücksichtigung von Sampling und biologischer Varianz - die Signifikanz von Methylierungsveränderungen zwischen verschiedenen Zelltypen - ermittelt.

Basierend auf diesem Modell konnte ich im nächsten Schritt einen Großteil der dynamisch methylierten CpGs im menschlichen Genom ermitteln. Vielfach treten dynamische CpGs jedoch nicht isoliert auf, sondern in räumlicher Nachbarschaft, sodass sich derartige dicht beieinanderliegende CpGs zu Gruppen oder Dynamisch Methylierten Regionen (DMRs) zusammenfassen lassen. Eine Extrapolation dieser Ergebnisse zu größeren Datensätzen legt nahe, dass etwa 25% aller CpGs im menschlichen Genom ihren Methylierungszustand im Laufe der Organisßsentwicklung verändern.

Im zweiten Teil der Analyse haben wir uns der Frage nach der Funktionalität dieser Veränderungen im Allgemeinen sowie für die spezifischen untersuchten Zelltypen zugewandt. Zur genauen Charakterisierung haben wir dazu zunächst ein Kompendium von verschiedenen, bereits bekannten Annotationen über viele verschiedene Zelltypen erzeugt, das auch zahlreiche andere Arten von epigenetischen Zustandsdaten enthält.

Mittels dieses Kompendiums konnten wir zeigen, dass DMRs ein allgemeiner Marker von genregulatorischen Elementen sind. Insbesondere fallen Regionen, die zelltypspezifisch ihren Methylierungszustand verändern, mit für diesen Zelltyp kritischen genregulatorischen Elementen zusammen. Diese Beobachtung wird zusätzlich von der Erkenntnis unterstützt, dass zelltypspezifische DMRs signifikant für diejenigen genetischen Veränderungen angereichert sind, die bereits mit Krankheiten assoziiert wurden.

Zusammenfassung Der erste Teil meiner Dissertation hat sich vor allem mit den Fragen nach der Identifikation genregulatorischer Elemente befasst, die zur Zellidentitätsbildung sowie deren Funktionen für die unterschiedlichen zellulären Kontexte von Bedeutung sein können. Dazu habe ich mich vor allem auf die DNA-Methylierung konzentriert. Durch die statistische Modellierung des Messprozesses konnte ich sodann einen Großteil der dynamisch methylierten Regionen im menschlichen Genom identifizieren. Daraufhin war es möglich, die resultierenden DMRs im zweiten Teil unserer Analyse einen Teil der biologisch relevanten Semantik der DNA-Methylierungsveränderungen zu rekonstruiert.

3 Interpretation von Zellzustandsübergängen

Der zweite Teil meiner Dissertation geht den Fragen nach, (1.) welche Mechanismen den epigenetischen Zustand der genregulatorischen Elemente in verschiedenen zellulären Kontexten kontrollieren und (2.) wie Veränderungen der epigenetischen Muster zum besseren Verständnis der genregulatorischen Logik genutzt werden können. Diese Fragen traten im Zusammenhang mit einer Studie zur in vitro-Differenzierung humaner embryonaler Stammzellen in mehrere Stufen neuraler Vorläuferzellen auf. Im Zuge einer 200-tägigen Zeitreihe wurden sechs verschiedene Zeitpunkte für eine detaillierte epigenetische Charakterisierung ausgewählt.

Da jeder Zeitpunkt durch einen einzigartigen Phänotyp wie z.B. Morphologie gekennzeichnet ist, war eine der zentralen Fragen, welche regulatorischen Mechanismen diese Phänotypveränderungen im Laufe der Zeit verursachen. Weiterhin ist es von großem Interesse zu verstehen, wie die epigenetischen Veränderungen während der Differenzierung zur Entstehung der spezifischen Zelltypen beitragen.

Aus informatischer Sicht hat man es also mit einem hochdimensionalen (gesamtes Genom) Zeitreihenproblem zu tun, für das verschiedene Arten von epigenetischen und Genexpressions-Datentypen erhoben wurden. Standardansätze im Feld befassen sich vielfach mit jedem Datentyp einzeln, um Unterschiede zwischen den verschiedenen Zeitpunkten zu ermitteln, woraufhin die epigenetisch dynamischen Regionen genauer charakterisiert werden, z.B. mithilfe diverser genomischer Annotationsbibliotheken. Andere populäre Ansätze analysieren alle Daten gemeinsam, um zunächst die Korrelationsstruktur zwischen verschiedenen Datentypen in Form eines Hidden Markov Modells zu lernen. Dabei spiegelt die Anzahl der Zustände dieses Modells die in den Daten realisierte Kombinatorik verschiedener epigenetischer Modifikationen an derselben genomischen Position wider.

Beide Ansätze haben verschiedene Nachteile hinsichtlich der hier relevanten Fragestellung: Die Kenntnis der epigenetisch dynamischen Regionen, sei es für jeden Datentyp einzeln oder integriert, ist zwar informativ, sagt aber zunächst wenig über die damit assoziierte Biologie aus. Daher ist es üblich im nächsten Schritt, alle Regionen mit einem teilweise umfangreichen Feature Vektor zu annotieren, der diverse biologisch relevante Attribute der einzelnen Regionen zusammenfasst. Basierend auf dieser Annotation kann dann nach überrepräsentierten Features zu einzelnen Zeitpunkten gefragt oder die Regionen in weitere Unterklassen unterteilt werden, die möglicherweise eine biologisch relevante Gruppierung ergeben. Derartige Standardansätze zur funktionalen Charakterisierung haben jedoch ebenfalls diverse Nachteile:

1. Sie ignorieren die spezifischen Eigenschaften der zugrunde liegenden Daten und des Kontextes.
2. Sie ignorieren die dynamische Natur vieler Regionen-Features: Obwohl eine Region zahlreiche Features aufweist, ist in den meisten zellulären Kontexten nur ein kleiner

Teil der Features relevant. Die Menge der biologisch bedeutsamen Features ist dabei allerdings eine Funktion des Zelltyps.

3. Die Resultate sind oft schwer interpretierbar, da sich oft zahllose (statistisch signifikante) Muster ohne biologisch relevante Bedeutung finden lassen.
4. Die Ergebnisse sagen zunächst wenig über übergeordnete Kontrollmechanismen aus, welche die epigenetischen Veränderungen verursacht haben könnten.
5. Die erreichbare Auflösung der Ergebnisse ist oft zu niedrig, um Aussagen über die Bedeutung einzelner identifizierter Gruppen genomischer Regionen für den jeweiligen Zelltyp zu machen.

Um diesen Problemen im Kontext der epigenetischen Veränderungen zwischen verschiedenen Zelltypen zu begegnen, habe ich in meiner Dissertation einen Modell-basierten Ansatz zur Analyse und Interpretation derartiger Daten entwickelt. Das verwendete Modell der epigenetischen Regulation genomischer Regionen orientiert sich dabei direkt an den aus der Biologie bekannten zellulären Kontrollstrukturen und nutzt somit biologisches Wissen, um den Suchraum zu strukturieren. Damit lässt sich die zu lösende Fragestellung auf ein Inferenzproblem zurückführen. Auf diese Weise werden die Ergebnisse der Datenanalyse biologisch direkt interpretierbar.

Das verwendete Modell macht die biologisch motivierte und weitgehend gültige Annahme, dass epigenetische Veränderungen an genomischen Regionen von der differenziellen Aktivität übergeordneter Entitäten, wie etwa Transkriptionsfaktoren, verursacht werden. Weiterhin machen wir die Annahme, dass derartige Faktoren, die zur Generierung eines Zelltyps funktional relevant sind, auch einen großen Teil der epigenetischen Unterschiede zwischen zwei Zeitpunkten verursachen. Welche Faktoren dies sind, ist jedoch unbekannt.

Basierend auf diesen Annahmen konstruieren wir ein lineares Modell, in dem der zellzustandsspezifische epigenetische Zustand als quantitative Größe eine Funktion der zellzustandsspezifischen Aktivität von Transkriptionsfaktoren ist. Der epigenetische Zustand aller genomischer Regionen ist für verschiedene epigenetische Dimensionen bekannt und eine kontinuierliche Größe. Zunächst behandeln wir jede dieser Dimensionen seperat.

Um genomische Regionen mit Transkriptionsfaktoren zu assoziieren, nutzen wir aus, dass die meisten Faktoren bekannte spezifische Basensequenzen im Genom präferiert binden. Dementsprechend verwenden wir einen Katalog bekannter Bindungssequenzen, sogenannter Motive, für über 520 Faktoren und ermitteln für jede epigenetisch dynamische Region die Faktoren, die potenziell dort binden könnten, basierend auf einer Sequenz-Mustersuche. Diese Analyse resultiert aus einer quantitativen Konnektivitätsmatrix zwischen genomischen Regionen und Transkriptionsfaktoren. Jede Zelle dieser Matrix enthält die Wahrscheinlichkeit, dass ein spezifischer Transkriptionsfaktor diese Region binden könnte. Diese Wahrscheinlichkeit fußt jedoch ausschließlich auf der übereinstimmung des korrespondierenden Motivs mit Sequenzen, die in der genomischen Region vorhanden sind. Das bedeutet, je größer die genomische Region ist, desto mehr unterschiedliche Motive können gefunden werden. Dies wiederum führt zu einer dicht besetzen Konnektivitätsmatrix, was die Analyse schwierig macht und die Interpretierbarkeit stark herabsetzt, da aus der Biologie bekannt ist, dass nur ein kleiner Teil der auftretenden Motive auch funktional ist. Weiterhin ist bekannt, dass für eine große Klasse epigenetischer Modifi-

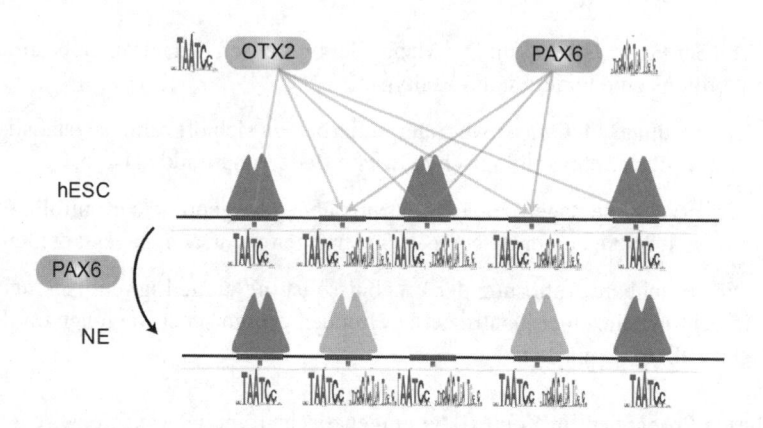

Abb. 3: Schematische Darstellung des TERA-Konzepts: Genregulatorische Elemente (lila) entlang des Genoms haben unterschiedliche epigenetische Aktivitätslevel (grüne Dreiecke) in verschiedenen Zelltypen (humane embryonale Stammzellen (hESC, oben) oder Neuroepithelzellen (NE, unten)). Die einzelnen Elemente weisen Bindugnsstellen für verschiedene Transkriptionsfaktoren auf (graue Kästchen und Motive, z.B. OTX2 und PAX6). Der TERA-Algorithmus bestimmt nun die Transkriptionsfaktoren, deren differentielle, vorhergesagte Bindungsaktivität am besten die Unterschiede in den Genomweiten epigenetischen Aktivitätsprofilen zwischen zwei Zelltypen erklärt.

kationen lokale minima in den Modifikationsdichteprofilen über genomische Regionen mit ansonsten hoher epigenetischer Modifikationsdichte bevorzugt mit Transkriptionsfaktorbindung zusammenfallen. Um dementsprechend die Falsch-Positivrate zu reduzieren, nutzt der Motiv-Identifikationsalgorithmus diese biologische Erkenntnis aus und konzentriert sich nur auf diesen kleinen Bereich innerhalb von Regionen, die epigenetische Modifikationen aufweisen. Die daraus resultierende Konnektivitätsmatrix ist sehr dünn besetzt, da im Schnitt nur fünf bis zehn Faktoren eine einzelne Region potenziell binden.

Damit sind alle wesentlichen Komponenten des Modells ermittelt. Wir beschreiben den epigenetischen Zustand der epigenetisch dynamischen Regionen als lineare Funktion der an der jeweiligen Region potenziell bindenden Transkriptionsfaktoren. Deren Aktivität ist jedoch unbekannt. Um diese zu bestimmen, betrachten wir die zellzustandsspezifische Aktivität der Transkriptionsfaktoren als Unbekannte und machen gleichzeitig die biologisch motivierte Annahme, dass die verschiedenen Faktoren zu regulatorischen Modulen zusammengefasst werden können, wobei jedes Modul mehr als einen Faktor enthalten kann. Mit dieser Formulierung und den zusätzlichen Annahmen kann das Problem effizient mit dem etablierten Partial Least Square (PLS) Verfahren und dem SIMPLS Algorithmus gelöst werden.

Dieses Verfahren liefert eine Organisation der Transkriptionsfaktoren in regulatorische Module und gestattet es gleichzeitig, genomische Regionen einzelnen Modulen zuzuordnen. Weiterhin kann für jeden Transkriptionsfaktor ermittelt werden, wie gut dieser das epigenetische Profil eines Zellzustands erklären kann. Die Differenz dieser epigenetisch inferierten Transkriptionsfaktoraktivitäten zwischen zwei Zellzuständen kann man dann als die Kapazität eines Faktors auffassen, die Unterschiede in den epigenetischen Profilen dieser Zellzustände zu erzeugen.

Ordnet man die Faktoren nach dieser epigenetischen Remodellierungsaktivität bei einem Vergleich zweier Zellzustände, so lässt sich die resultierende Rangordnung als Gewichtung der Faktoren hinsichtlich ihrer Relevanz für den Zellzustandsübergang interpretieren. Auf diese Art und Weise lassen sich nun epigenetische Veränderungen im Laufe der Differenzierungszeitreihe aus der Perspektive der differenziellen Aktivität von Transkriptionsfaktoren betrachten.

Weiterhin gestattet es eine derartige Ordnung der Faktoren, Schlüsselfaktoren der Zellzustandsübergänge zu identifizieren. Dieses Verfahren lässt sich für jede epigenetische Dimension einzeln anwenden und auch die Resultate sind einzeln interpretierbar. Manche Faktoren sind mehr in die Veränderungen einzelner Modifikationen involviert als andere. Um die biologische Plausibilität von identifizierten Schlüsselfaktoren zu erhöhen, haben wir im nächsten Schritt die Inferenzresultate basierend auf den einzelnen epigenetischen Dimensionen zusammengefasst und eine auf diesen Ergebnissen beruhende integrierte Rangordnung erstellt. Dies führt dazu, dass Faktoren, die hohe Relevanz in der Remodellierung mehrerer epigenetischer Modifikationen haben, einen höheren Rang erhalten als solche, die nur für eine Modifikation von Bedeutung sind. Auf diese Weise ist es möglich, die heterogenen Datensätze über viele verschiedene epigenetische Dimensionen leicht interpretierbar miteinander zu kombinieren.

Im letzten Schritt haben wir uns schließlich der überprüfung unserer Resultate und Modelle zugewandt. Dabei war es ausdrücklich nicht das Ziel, unser Modell oder einzelne Annahmen direkt zu validieren, da diese eindeutig die komplexen Zusammenhänge stark vereinfachen und sicherlich nur in einem Teil der Fälle zutreffen. Vielmehr war es unsere Zielsetzung, die Nützlichkeit unserer Methode zur Generierung experimentell direkt überprüfbarer Hypothesen zu demonstrieren.

Zu diesem Zweck haben wir die resultierende Rangordnung sowohl mit bereits bekannten Schlüsselfaktoren der einzelnen Differenzierungsstufen abgeglichen als auch durch umfassende Perturbationsexperimente an jeder einzelnen Differenzierungsstufe überprüft. Beide Verifikationsverfahren zeigen exzellente Validierungsraten und legen damit nahe, dass unsere Methode zur Identifikation von Schlüsselregulatoren zellulärer Zustände und Zellzustandsübergänge geeignet ist.

Diese Methode ist jedoch keineswegs auf unsere Zeitreihendaten beschränkt, sondern kann zur Identifikation von Transkriptionsfaktoren verwendet werden, deren Aktivität die epigenetischen Unterschiede zwischen zwei beliebigen Zellzuständen erklären können. Neben einem Beitrag zum Verständnis der den verschiedenen Zellzuständen zugrunde liegenden molekularen Mechanismen hat unser Verfahren auch potenziell Relevanz für die gezielte Erzeugung von spezifischen zellulären Zuständen. So wäre es möglich, durch die künstliche überexpression eines Faktorcocktails Zelltyp A in Zelltyp B zu konvertieren. Eine Anwendung in diesem Bereich erscheint vielversprechend.

4 Zusammenfassung

Im Rahmen dieser Dissertation wurden drei grundlegende offene Fragen zur Ausbildung zellulärer Identität behandelt und dabei gleichzeitig neue informatische Konzepte und statistische Methoden zu deren Untersuchung entwickelt. Die Entwicklung dieser Konzepte orientiert sich direkt an einem vereinfachten Modell der biologischen Prozesse. Ziel war es, die biologischen Fragen informatisch so abzubilden, dass die Analyseresultate direkt biologisch interpretierbar und gleichzeitig biologisch sinnvoll sind. Im Kontext von hochdimensionalen und heterogenen Datensätzen aus dem Genomics-Feld erweist sich diese Strategie als vielversprechend, da der Suchraum von interessanten Mustern auf diese Weise stark vorstrukturiert wird, um biologisch relevante Ergebnisse zu erzeugen. Diese Art der Problembehandlung setzt den Schwerpunkt auf die Entwicklung von Modellbildungsstrategien und versucht, wenn immer möglich, bereits existierende Algorithmen zur Lösung der einzelnen Teilprobleme zu verwenden. Nur dann, wenn keine adäquaten Algorithmen oder statistischen Modelle existieren, wurden ebenfalls modellorientiert angepasste Verfahren entwickelt. Diese Art der hochgradig integrierten Entwicklung von Analyse- und Auswertungsinstrumenten zeigt einen vielversprechenden gemeinsamen Weg der Lebenswissenschaften und Informatik auf.

Literaturverzeichnis

[Zi14] Ziller, Michael J.: Dissecting cellular states and cell state transitions through integrative analysis of epigenetic dynamics. Dissertation, Universität Tübingen, 2014.

Michael J. Ziller wurde am 17.07.1983 in Hamm (Westfalen) geboren und studierte von 2003-2010 Bioinformatik und Physik an der Eberhard-Karls-Universität Tübingen. Nach dem Erwerb seines Bioinformatik- (2009) und Physik-Diploms (2010) wechselte er für seine Dissertation als Visiting PhD Student an die Harvard Universität in Cambridge, USA. Seine Dissertation wurde dabei von Prof. Dr. Oliver Kohlbacher (Universität Tübingen) und Prof. Dr. Alexander Meissner (Harvard Universität) betreut. Seit dem Abschluss seiner Promotion im September 2014 an der Università Tübingen setzt er als Postdoc seine Projekte im Labor von Prof. Dr. Alexander Meissner fort.

GI-Edition Lecture Notes in Informatics

Dissertations

Vol. D-1: Ausgezeichnete Informatikdissertationen 2000
Vol. D-2: Ausgezeichnete Informatikdissertationen 2001
Vol. D-3: Ausgezeichnete Informatikdissertationen 2002
Vol. D-4: Ausgezeichnete Informatikdissertationen 2003
Vol. D-5: Ausgezeichnete Informatikdissertationen 2004
Vol. D-6: Ausgezeichnete Informatikdissertationen 2005
Vol. D-7: Ausgezeichnete Informatikdissertationen 2006
Vol. D-8: Ausgezeichnete Informatikdissertationen 2007
Vol. D-9: Ausgezeichnete Informatikdissertationen 2008
Vol. D-10: Ausgezeichnete Informatikdissertationen 2009
Vol. D-11: Ausgezeichnete Informatikdissertationen 2010
Vol. D-12: Ausgezeichnete Informatikdissertationen 2011
Vol. D-13: Ausgezeichnete Informatikdissertationen 2012
Vol. D-14: Ausgezeichnete Informatikdissertationen 2013
Vol. D-15: Ausgezeichnete Informatikdissertationen 2014

P-1   Gregor Engels, Andreas Oberweis, Albert Zündorf (Hrsg.): Modellierung 2001.

P-2   Mikhail Godlevsky, Heinrich C. Mayr (Hrsg.): Information Systems Technology and its Applications, ISTA'2001.

P-3   Ana M. Moreno, Reind P. van de Riet (Hrsg.): Applications of Natural Language to Information Systems, NLDB'2001.

P-4   H. Wörn, J. Mühling, C. Vahl, H.-P. Meinzer (Hrsg.): Rechner- und sensorgestützte Chirurgie; Workshop des SFB 414.

P-5   Andy Schürr (Hg.): OMER – Object-Oriented Modeling of Embedded Real-Time Systems.

P-6   Hans-Jürgen Appelrath, Rolf Beyer, Uwe Marquardt, Heinrich C. Mayr, Claudia Steinberger (Hrsg.): Unternehmen Hochschule, UH'2001.

P-7   Andy Evans, Robert France, Ana Moreira, Bernhard Rumpe (Hrsg.): Practical UML-Based Rigorous Development Methods – Countering or Integrating the extremists, pUML'2001.

P-8   Reinhard Keil-Slawik, Johannes Magenheim (Hrsg.): Informatikunterricht und Medienbildung, INFOS'2001.

P-9   Jan von Knop, Wilhelm Haverkamp (Hrsg.): Innovative Anwendungen in Kommunikationsnetzen, 15. DFN Arbeitstagung.

P-10 Mirjam Minor, Steffen Staab (Hrsg.): 1st German Workshop on Experience Management: Sharing Experiences about the Sharing Experience.

P-11 Michael Weber, Frank Kargl (Hrsg.): Mobile Ad-Hoc Netzwerke, WMAN 2002.

P-12 Martin Glinz, Günther Müller-Luschnat (Hrsg.): Modellierung 2002.

P-13 Jan von Knop, Peter Schirmbacher and Viljan Mahni_ (Hrsg.): The Changing Universities – The Role of Technology.

P-14 Robert Tolksdorf, Rainer Eckstein (Hrsg.): XML-Technologien für das Se-mantic Web – XSW 2002.

P-15 Hans-Bernd Bludau, Andreas Koop (Hrsg.): Mobile Computing in Medicine.

P-16 J. Felix Hampe, Gerhard Schwabe (Hrsg.): Mobile and Collaborative Busi-ness 2002.

P-17 Jan von Knop, Wilhelm Haverkamp (Hrsg.): Zukunft der Netze –Die Verletzbarkeit meistern, 16. DFN Arbeitstagung.

P-18 Elmar J. Sinz, Markus Plaha (Hrsg.): Modellierung betrieblicher Informationssysteme – MobIS 2002.

P-19 Sigrid Schubert, Bernd Reusch, Norbert Jesse (Hrsg.): Informatik bewegt – Informatik 2002 – 32. Jahrestagung der Gesellschaft für Informatik e.V. (GI) 30.Sept.-3.Okt. 2002 in Dortmund.

P-20 Sigrid Schubert, Bernd Reusch, Norbert Jesse (Hrsg.): Informatik bewegt – Informatik 2002 – 32. Jahrestagung der Gesellschaft für Informatik e.V. (GI) 30.Sept.-3. Okt. 2002 in Dortmund (Ergänzungsband).

P-21 Jörg Desel, Mathias Weske (Hrsg.): Promise 2002: Prozessorientierte Methoden und Werkzeuge für die Entwicklung von Informationssystemen.

P-22	Sigrid Schubert, Johannes Magenheim, Peter Hubwieser, Torsten Brinda (Hrsg.): Forschungsbeiträge zur "Didaktik der Informatik" – Theorie, Praxis, Evaluation.
P-23	Thorsten Spitta, Jens Borchers, Harry M. Sneed (Hrsg.): Software Management 2002 – Fortschritt durch Beständigkeit
P-24	Rainer Eckstein, Robert Tolksdorf (Hrsg.): XMIDX 2003 – XML-Technologien für Middleware – Middleware für XML-Anwendungen
P-25	Key Pousttchi, Klaus Turowski (Hrsg.): Mobile Commerce – Anwendungen und Perspektiven – 3. Workshop Mobile Commerce, Universität Augsburg, 04.02.2003
P-26	Gerhard Weikum, Harald Schöning, Erhard Rahm (Hrsg.): BTW 2003: Datenbanksysteme für Business, Technologie und Web
P-27	Michael Kroll, Hans-Gerd Lipinski, Kay Melzer (Hrsg.): Mobiles Computing in der Medizin
P-28	Ulrich Reimer, Andreas Abecker, Steffen Staab, Gerd Stumme (Hrsg.): WM 2003: Professionelles Wissensmanagement – Er-fahrungen und Visionen
P-29	Antje Düsterhöft, Bernhard Thalheim (Eds.): NLDB'2003: Natural Language Processing and Information Systems
P-30	Mikhail Godlevsky, Stephen Liddle, Heinrich C. Mayr (Eds.): Information Systems Technology and its Applications
P-31	Arslan Brömme, Christoph Busch (Eds.): BIOSIG 2003: Biometrics and Electronic Signatures
P-32	Peter Hubwieser (Hrsg.): Informatische Fachkonzepte im Unterricht – INFOS 2003
P-33	Andreas Geyer-Schulz, Alfred Taudes (Hrsg.): Informationswirtschaft: Ein Sektor mit Zukunft
P-34	Klaus Dittrich, Wolfgang König, Andreas Oberweis, Kai Rannenberg, Wolfgang Wahlster (Hrsg.): Informatik 2003 – Innovative Informatikanwendungen (Band 1)
P-35	Klaus Dittrich, Wolfgang König, Andreas Oberweis, Kai Rannenberg, Wolfgang Wahlster (Hrsg.): Informatik 2003 – Innovative Informatikanwendungen (Band 2)
P-36	Rüdiger Grimm, Hubert B. Keller, Kai Rannenberg (Hrsg.): Informatik 2003 – Mit Sicherheit Informatik
P-37	Arndt Bode, Jörg Desel, Sabine Rathmayer, Martin Wessner (Hrsg.): DeLFI 2003: e-Learning Fachtagung Informatik
P-38	E.J. Sinz, M. Plaha, P. Neckel (Hrsg.): Modellierung betrieblicher Informationssysteme – MobIS 2003
P-39	Jens Nedon, Sandra Frings, Oliver Göbel (Hrsg.): IT-Incident Management & IT-Forensics – IMF 2003
P-40	Michael Rebstock (Hrsg.): Modellierung betrieblicher Informationssysteme – MobIS 2004
P-41	Uwe Brinkschulte, Jürgen Becker, Dietmar Fey, Karl-Erwin Großpietsch, Christian Hochberger, Erik Maehle, Thomas Runkler (Edts.): ARCS 2004 – Organic and Pervasive Computing
P-42	Key Pousttchi, Klaus Turowski (Hrsg.): Mobile Economy – Transaktionen und Prozesse, Anwendungen und Dienste
P-43	Birgitta König-Ries, Michael Klein, Philipp Obreiter (Hrsg.): Persistance, Scalability, Transactions – Database Mechanisms for Mobile Applications
P-44	Jan von Knop, Wilhelm Haverkamp, Eike Jessen (Hrsg.): Security, E-Learning. E-Services
P-45	Bernhard Rumpe, Wofgang Hesse (Hrsg.): Modellierung 2004
P-46	Ulrich Flegel, Michael Meier (Hrsg.): Detection of Intrusions of Malware & Vulnerability Assessment
P-47	Alexander Prosser, Robert Krimmer (Hrsg.): Electronic Voting in Europe – Technology, Law, Politics and Society
P-48	Anatoly Doroshenko, Terry Halpin, Stephen W. Liddle, Heinrich C. Mayr (Hrsg.): Information Systems Technology and its Applications
P-49	G. Schiefer, P. Wagner, M. Morgenstern, U. Rickert (Hrsg.): Integration und Datensicherheit – Anforderungen, Konflikte und Perspektiven
P-50	Peter Dadam, Manfred Reichert (Hrsg.): INFORMATIK 2004 – Informatik verbindet (Band 1) Beiträge der 34. Jahrestagung der Gesellschaft für Informatik e.V. (GI), 20.-24. September 2004 in Ulm
P-51	Peter Dadam, Manfred Reichert (Hrsg.): INFORMATIK 2004 – Informatik verbindet (Band 2) Beiträge der 34. Jahrestagung der Gesellschaft für Informatik e.V. (GI), 20.-24. September 2004 in Ulm
P-52	Gregor Engels, Silke Seehusen (Hrsg.): DELFI 2004 – Tagungsband der 2. e-Learning Fachtagung Informatik

P-53 Robert Giegerich, Jens Stoye (Hrsg.): German Conference on Bioinformatics – GCB 2004

P-54 Jens Borchers, Ralf Kneuper (Hrsg.): Softwaremanagement 2004 – Outsourcing und Integration

P-55 Jan von Knop, Wilhelm Haverkamp, Eike Jessen (Hrsg.): E-Science und Grid Ad-hoc-Netze Medienintegration

P-56 Fernand Feltz, Andreas Oberweis, Benoit Otjacques (Hrsg.): EMISA 2004 – Informationssysteme im E-Business und E-Government

P-57 Klaus Turowski (Hrsg.): Architekturen, Komponenten, Anwendungen

P-58 Sami Beydeda, Volker Gruhn, Johannes Mayer, Ralf Reussner, Franz Schweiggert (Hrsg.): Testing of Component-Based Systems and Software Quality

P-59 J. Felix Hampe, Franz Lehner, Key Pousttchi, Kai Ranneberg, Klaus Turowski (Hrsg.): Mobile Business – Processes, Platforms, Payments

P-60 Steffen Friedrich (Hrsg.): Unterrichtskonzepte für inforrmatische Bildung

P-61 Paul Müller, Reinhard Gotzhein, Jens B. Schmitt (Hrsg.): Kommunikation in verteilten Systemen

P-62 Federrath, Hannes (Hrsg.): „Sicherheit 2005" – Sicherheit – Schutz und Zuverlässigkeit

P-63 Roland Kaschek, Heinrich C. Mayr, Stephen Liddle (Hrsg.): Information Systems – Technology and ist Applications

P-64 Peter Liggesmeyer, Klaus Pohl, Michael Goedicke (Hrsg.): Software Engineering 2005

P-65 Gottfried Vossen, Frank Leymann, Peter Lockemann, Wolffried Stucky (Hrsg.): Datenbanksysteme in Business, Technologie und Web

P-66 Jörg M. Haake, Ulrike Lucke, Djamshid Tavangarian (Hrsg.): DeLFI 2005: 3. deutsche e-Learning Fachtagung Informatik

P-67 Armin B. Cremers, Rainer Manthey, Peter Martini, Volker Steinhage (Hrsg.): INFORMATIK 2005 – Informatik LIVE (Band 1)

P-68 Armin B. Cremers, Rainer Manthey, Peter Martini, Volker Steinhage (Hrsg.): INFORMATIK 2005 – Informatik LIVE (Band 2)

P-69 Robert Hirschfeld, Ryszard Kowalcyk, Andreas Polze, Matthias Weske (Hrsg.): NODe 2005, GSEM 2005

P-70 Klaus Turowski, Johannes-Maria Zaha (Hrsg.): Component-oriented Enterprise Application (COAE 2005)

P-71 Andrew Torda, Stefan Kurz, Matthias Rarey (Hrsg.): German Conference on Bioinformatics 2005

P-72 Klaus P. Jantke, Klaus-Peter Fähnrich, Wolfgang S. Wittig (Hrsg.): Marktplatz Internet: Von e-Learning bis e-Payment

P-73 Jan von Knop, Wilhelm Haverkamp, Eike Jessen (Hrsg.): "Heute schon das Morgen sehen"

P-74 Christopher Wolf, Stefan Lucks, Po-Wah Yau (Hrsg.): WEWoRC 2005 – Western European Workshop on Research in Cryptology

P-75 Jörg Desel, Ulrich Frank (Hrsg.): Enterprise Modelling and Information Systems Architecture

P-76 Thomas Kirste, Birgitta König-Riess, Key Pousttchi, Klaus Turowski (Hrsg.): Mobile Informationssysteme – Potentiale, Hindernisse, Einsatz

P-77 Jana Dittmann (Hrsg.): SICHERHEIT 2006

P-78 K.-O. Wenkel, P. Wagner, M. Morgenstern, K. Luzi, P. Eisermann (Hrsg.): Land- und Ernährungswirtschaft im Wandel

P-79 Bettina Biel, Matthias Book, Volker Gruhn (Hrsg.): Softwareengineering 2006

P-80 Mareike Schoop, Christian Huemer, Michael Rebstock, Martin Bichler (Hrsg.): Service-Oriented Electronic Commerce

P-81 Wolfgang Karl, Jürgen Becker, Karl-Erwin Großpietsch, Christian Hochberger, Erik Maehle (Hrsg.): ARCS´06

P-82 Heinrich C. Mayr, Ruth Breu (Hrsg.): Modellierung 2006

P-83 Daniel Huson, Oliver Kohlbacher, Andrei Lupas, Kay Nieselt and Andreas Zell (eds.): German Conference on Bioinformatics

P-84 Dimitris Karagiannis, Heinrich C. Mayr, (Hrsg.): Information Systems Technology and its Applications

P-85 Witold Abramowicz, Heinrich C. Mayr, (Hrsg.): Business Information Systems

P-86 Robert Krimmer (Ed.): Electronic Voting 2006

P-87 Max Mühlhäuser, Guido Rößling, Ralf Steinmetz (Hrsg.): DELFI 2006: 4. e-Learning Fachtagung Informatik

P-88 Robert Hirschfeld, Andreas Polze, Ryszard Kowalczyk (Hrsg.): NODe 2006, GSEM 2006

P-90 Joachim Schelp, Robert Winter, Ulrich Frank, Bodo Rieger, Klaus Turowski (Hrsg.): Integration, Informationslogistik und Architektur

P-91 Henrik Stormer, Andreas Meier, Michael Schumacher (Eds.): European Conference on eHealth 2006

P-92 Fernand Feltz, Benoît Otjacques, Andreas Oberweis, Nicolas Poussing (Eds.): AIM 2006

P-93 Christian Hochberger, Rüdiger Liskowsky (Eds.): INFORMATIK 2006 – Informatik für Menschen, Band 1

P-94 Christian Hochberger, Rüdiger Liskowsky (Eds.): INFORMATIK 2006 – Informatik für Menschen, Band 2

P-95 Matthias Weske, Markus Nüttgens (Eds.): EMISA 2005: Methoden, Konzepte und Technologien für die Entwicklung von dienstbasierten Informationssystemen

P-96 Saartje Brockmans, Jürgen Jung, York Sure (Eds.): Meta-Modelling and Ontologies

P-97 Oliver Göbel, Dirk Schadt, Sandra Frings, Hardo Hase, Detlef Günther, Jens Nedon (Eds.): IT-Incident Mangament & IT-Forensics – IMF 2006

P-98 Hans Brandt-Pook, Werner Simonsmeier und Thorsten Spitta (Hrsg.): Beratung in der Softwareentwicklung – Modelle, Methoden, Best Practices

P-99 Andreas Schwill, Carsten Schulte, Marco Thomas (Hrsg.): Didaktik der Informatik

P-100 Peter Forbrig, Günter Siegel, Markus Schneider (Hrsg.): HDI 2006: Hochschuldidaktik der Informatik

P-101 Stefan Böttinger, Ludwig Theuvsen, Susanne Rank, Marlies Morgenstern (Hrsg.): Agrarinformatik im Spannungsfeld zwischen Regionalisierung und globalen Wertschöpfungsketten

P-102 Otto Spaniol (Eds.): Mobile Services and Personalized Environments

P-103 Alfons Kemper, Harald Schöning, Thomas Rose, Matthias Jarke, Thomas Seidl, Christoph Quix, Christoph Brochhaus (Hrsg.): Datenbanksysteme in Business, Technologie und Web (BTW 2007)

P-104 Birgitta König-Ries, Franz Lehner, Rainer Malaka, Can Türker (Hrsg.) MMS 2007: Mobilität und mobile Informationssysteme

P-105 Wolf-Gideon Bleek, Jörg Raasch, Heinz Züllighoven (Hrsg.) Software Engineering 2007

P-106 Wolf-Gideon Bleek, Henning Schwentner, Heinz Züllighoven (Hrsg.) Software Engineering 2007 – Beiträge zu den Workshops

P-107 Heinrich C. Mayr, Dimitris Karagiannis (eds.) Information Systems Technology and its Applications

P-108 Arslan Brömme, Christoph Busch, Detlef Hühnlein (eds.) BIOSIG 2007: Biometrics and Electronic Signatures

P-109 Rainer Koschke, Otthein Herzog, Karl-Heinz Rödiger, Marc Ronthaler (Hrsg.) INFORMATIK 2007 Informatik trifft Logistik Band 1

P-110 Rainer Koschke, Otthein Herzog, Karl-Heinz Rödiger, Marc Ronthaler (Hrsg.) INFORMATIK 2007 Informatik trifft Logistik Band 2

P-111 Christian Eibl, Johannes Magenheim, Sigrid Schubert, Martin Wessner (Hrsg.) DeLFI 2007: 5. e-Learning Fachtagung Informatik

P-112 Sigrid Schubert (Hrsg.) Didaktik der Informatik in Theorie und Praxis

P-113 Sören Auer, Christian Bizer, Claudia Müller, Anna V. Zhdanova (Eds.) The Social Semantic Web 2007 Proceedings of the 1st Conference on Social Semantic Web (CSSW)

P-114 Sandra Frings, Oliver Göbel, Detlef Günther, Hardo G. Hase, Jens Nedon, Dirk Schadt, Arslan Brömme (Eds.) IMF2007 IT-incident management & IT-forensics Proceedings of the 3rd International Conference on IT-Incident Management & IT-Forensics

P-115 Claudia Falter, Alexander Schliep, Joachim Selbig, Martin Vingron and Dirk Walther (Eds.) German conference on bioinformatics GCB 2007

P-116 Witold Abramowicz, Leszek Maciszek (Eds.)
Business Process and Services Computing
1st International Working Conference on
Business Process and Services Computing
BPSC 2007

P-117 Ryszard Kowalczyk (Ed.)
Grid service engineering and manegement
The 4th International Conference on Grid
Service Engineering and Management
GSEM 2007

P-118 Andreas Hein, Wilfried Thoben, Hans-Jürgen Appelrath, Peter Jensch (Eds.)
European Conference on ehealth 2007

P-119 Manfred Reichert, Stefan Strecker, Klaus Turowski (Eds.)
Enterprise Modelling and Information Systems Architectures
Concepts and Applications

P-120 Adam Pawlak, Kurt Sandkuhl, Wojciech Cholewa,
Leandro Soares Indrusiak (Eds.)
Coordination of Collaborative Engineering - State of the Art and Future Challenges

P-121 Korbinian Herrmann, Bernd Bruegge (Hrsg.)
Software Engineering 2008
Fachtagung des GI-Fachbereichs Softwaretechnik

P-122 Walid Maalej, Bernd Bruegge (Hrsg.)
Software Engineering 2008 - Workshopband
Fachtagung des GI-Fachbereichs Softwaretechnik

P-123 Michael H. Breitner, Martin Breunig, Elgar Fleisch, Ley Pousttchi, Klaus Turowski (Hrsg.)
Mobile und Ubiquitäre Informationssysteme – Technologien, Prozesse, Marktfähigkeit
Proceedings zur 3. Konferenz Mobile und Ubiquitäre Informationssysteme (MMS 2008)

P-124 Wolfgang E. Nagel, Rolf Hoffmann, Andreas Koch (Eds.)
9th Workshop on Parallel Systems and Algorithms (PASA)
Workshop of the GI/ITG Speciel Interest Groups PARS and PARVA

P-125 Rolf A.E. Müller, Hans-H. Sundermeier, Ludwig Theuvsen, Stephanie Schütze, Marlies Morgenstern (Hrsg.)
Unternehmens-IT:
Führungsinstrument oder Verwaltungsbürde
Referate der 28. GIL Jahrestagung

P-126 Rainer Gimnich, Uwe Kaiser, Jochen Quante, Andreas Winter (Hrsg.)
10th Workshop Software Reengineering (WSR 2008)

P-127 Thomas Kühne, Wolfgang Reisig, Friedrich Steimann (Hrsg.)
Modellierung 2008

P-128 Ammar Alkassar, Jörg Siekmann (Hrsg.)
Sicherheit 2008
Sicherheit, Schutz und Zuverlässigkeit
Beiträge der 4. Jahrestagung des Fachbereichs Sicherheit der Gesellschaft für Informatik e.V. (GI)
2.-4. April 2008
Saarbrücken, Germany

P-129 Wolfgang Hesse, Andreas Oberweis (Eds.)
Sigsand-Europe 2008
Proceedings of the Third AIS SIGSAND
European Symposium on Analysis, Design, Use and Societal Impact of Information Systems

P-130 Paul Müller, Bernhard Neumair, Gabi Dreo Rodosek (Hrsg.)
1. DFN-Forum Kommunikationstechnologien Beiträge der Fachtagung

P-131 Robert Krimmer, Rüdiger Grimm (Eds.)
3rd International Conference on Electronic Voting 2008
Co-organized by Council of Europe, Gesellschaft für Informatik and E-Voting.CC

P-132 Silke Seehusen, Ulrike Lucke, Stefan Fischer (Hrsg.)
DeLFI 2008:
Die 6. e-Learning Fachtagung Informatik

P-133 Heinz-Gerd Hegering, Axel Lehmann, Hans Jürgen Ohlbach, Christian Scheideler (Hrsg.)
INFORMATIK 2008
Beherrschbare Systeme – dank Informatik
Band 1

P-134 Heinz-Gerd Hegering, Axel Lehmann, Hans Jürgen Ohlbach, Christian Scheideler (Hrsg.)
INFORMATIK 2008
Beherrschbare Systeme – dank Informatik
Band 2

P-135 Torsten Brinda, Michael Fothe, Peter Hubwieser, Kirsten Schlüter (Hrsg.)
Didaktik der Informatik –
Aktuelle Forschungsergebnisse

P-136 Andreas Beyer, Michael Schroeder (Eds.)
German Conference on Bioinformatics
GCB 2008

P-137　Arslan Brömme, Christoph Busch, Detlef Hühnlein (Eds.)
BIOSIG 2008: Biometrics and Electronic Signatures

P-138　Barbara Dinter, Robert Winter, Peter Chamoni, Norbert Gronau, Klaus Turowski (Hrsg.)
Synergien durch Integration und Informationslogistik
Proceedings zur DW2008

P-139　Georg Herzwurm, Martin Mikusz (Hrsg.)
Industrialisierung des Software-Managements
Fachtagung des GI-Fachausschusses Management der Anwendungsentwicklung und -wartung im Fachbereich Wirtschaftsinformatik

P-140　Oliver Göbel, Sandra Frings, Detlef Günther, Jens Nedon, Dirk Schadt (Eds.)
IMF 2008 - IT Incident Management & IT Forensics

P-141　Peter Loos, Markus Nüttgens, Klaus Turowski, Dirk Werth (Hrsg.)
Modellierung betrieblicher Informationssysteme (MobIS 2008)
Modellierung zwischen SOA und Compliance Management

P-142　R. Bill, P. Korduan, L. Theuvsen, M. Morgenstern (Hrsg.)
Anforderungen an die Agrarinformatik durch Globalisierung und Klimaveränderung

P-143　Peter Liggesmeyer, Gregor Engels, Jürgen Münch, Jörg Dörr, Norman Riegel (Hrsg.)
Software Engineering 2009
Fachtagung des GI-Fachbereichs Softwaretechnik

P-144　Johann-Christoph Freytag, Thomas Ruf, Wolfgang Lehner, Gottfried Vossen (Hrsg.)
Datenbanksysteme in Business, Technologie und Web (BTW)

P-145　Knut Hinkelmann, Holger Wache (Eds.)
WM2009: 5th Conference on Professional Knowledge Management

P-146　Markus Bick, Martin Breunig, Hagen Höpfner (Hrsg.)
Mobile und Ubiquitäre Informationssysteme – Entwicklung, Implementierung und Anwendung
4. Konferenz Mobile und Ubiquitäre Informationssysteme (MMS 2009)

P-147　Witold Abramowicz, Leszek Maciaszek, Ryszard Kowalczyk, Andreas Speck (Eds.)
Business Process, Services Computing and Intelligent Service Management
BPSC 2009 · ISM 2009 · YRW-MBP 2009

P-148　Christian Erfurth, Gerald Eichler, Volkmar Schau (Eds.)
9th International Conference on Innovative Internet Community Systems
I^{2}CS 2009

P-149　Paul Müller, Bernhard Neumair, Gabi Dreo Rodosek (Hrsg.)
2. DFN-Forum Kommunikationstechnologien
Beiträge der Fachtagung

P-150　Jürgen Münch, Peter Liggesmeyer (Hrsg.)
Software Engineering
2009 - Workshopband

P-151　Armin Heinzl, Peter Dadam, Stefan Kirn, Peter Lockemann (Eds.)
PRIMIUM
Process Innovation for Enterprise Software

P-152　Jan Mendling, Stefanie Rinderle-Ma, Werner Esswein (Eds.)
Enterprise Modelling and Information Systems Architectures
Proceedings of the 3rd Int'l Workshop EMISA 2009

P-153　Andreas Schwill, Nicolas Apostolopoulos (Hrsg.)
Lernen im Digitalen Zeitalter
DeLFI 2009 – Die 7. E-Learning Fachtagung Informatik

P-154　Stefan Fischer, Erik Maehle Rüdiger Reischuk (Hrsg.)
INFORMATIK 2009
Im Focus das Leben

P-155　Arslan Brömme, Christoph Busch, Detlef Hühnlein (Eds.)
BIOSIG 2009:
Biometrics and Electronic Signatures
Proceedings of the Special Interest Group on Biometrics and Electronic Signatures

P-156　Bernhard Koerber (Hrsg.)
Zukunft braucht Herkunft
25 Jahre »INFOS – Informatik und Schule«

P-157　Ivo Grosse, Steffen Neumann, Stefan Posch, Falk Schreiber, Peter Stadler (Eds.)
German Conference on Bioinformatics 2009

P-158 W. Claupein, L. Theuvsen, A. Kämpf,
M. Morgenstern (Hrsg.)
Precision Agriculture
Reloaded – Informationsgestützte
Landwirtschaft

P-159 Gregor Engels, Markus Luckey,
Wilhelm Schäfer (Hrsg.)
Software Engineering 2010

P-160 Gregor Engels, Markus Luckey,
Alexander Pretschner, Ralf Reussner
(Hrsg.)
Software Engineering 2010 –
Workshopband
(inkl. Doktorandensymposium)

P-161 Gregor Engels, Dimitris Karagiannis
Heinrich C. Mayr (Hrsg.)
Modellierung 2010

P-162 Maria A. Wimmer, Uwe Brinkhoff,
Siegfried Kaiser, Dagmar Lück-
Schneider, Erich Schweighofer,
Andreas Wiebe (Hrsg.)
Vernetzte IT für einen effektiven Staat
Gemeinsame Fachtagung
Verwaltungsinformatik (FTVI) und
Fachtagung Rechtsinformatik (FTRI) 2010

P-163 Markus Bick, Stefan Eulgem,
Elgar Fleisch, J. Felix Hampe,
Birgitta König-Ries, Franz Lehner,
Key Pousttchi, Kai Rannenberg (Hrsg.)
Mobile und Ubiquitäre
Informationssysteme
Technologien, Anwendungen und
Dienste zur Unterstützung von mobiler
Kollaboration

P-164 Arslan Brömme, Christoph Busch (Eds.)
BIOSIG 2010: Biometrics and Electronic
Signatures Proceedings of the Special
Interest Group on Biometrics and
Electronic Signatures

P-165 Gerald Eichler, Peter Kropf,
Ulrike Lechner, Phayung Meesad,
Herwig Unger (Eds.)
10th International Conference on
Innovative Internet Community Systems
(I^2CS) – Jubilee Edition 2010 –

P-166 Paul Müller, Bernhard Neumair,
Gabi Dreo Rodosek (Hrsg.)
3. DFN-Forum Kommunikationstechnologien
Beiträge der Fachtagung

P-167 Robert Krimmer, Rüdiger Grimm (Eds.)
4th International Conference on
Electronic Voting 2010
co-organized by the Council of Europe,
Gesellschaft für Informatik and
E-Voting.CC

P-168 Ira Diethelm, Christina Dörge,
Claudia Hildebrandt,
Carsten Schulte (Hrsg.)
Didaktik der Informatik
Möglichkeiten empirischer
Forschungsmethoden und Perspektiven
der Fachdidaktik

P-169 Michael Kerres, Nadine Ojstersek
Ulrik Schroeder, Ulrich Hoppe (Hrsg.)
DeLFI 2010 - 8. Tagung
der Fachgruppe E-Learning
der Gesellschaft für Informatik e.V.

P-170 Felix C. Freiling (Hrsg.)
Sicherheit 2010
Sicherheit, Schutz und Zuverlässigkeit

P-171 Werner Esswein, Klaus Turowski,
Martin Juhrisch (Hrsg.)
Modellierung betrieblicher
Informationssysteme (MobIS 2010)
Modellgestütztes Management

P-172 Stefan Klink, Agnes Koschmider
Marco Mevius, Andreas Oberweis (Hrsg.)
EMISA 2010
Einflussfaktoren auf die Entwicklung
flexibler, integrierter Informationssysteme
Beiträge des Workshops
der GI-Fachgruppe EMISA
(Entwicklungsmethoden für Infor-
mationssysteme und deren Anwendung)

P-173 Dietmar Schomburg,
Andreas Grote (Eds.)
German Conference on Bioinformatics
2010

P-174 Arslan Brömme, Torsten Eymann,
Detlef Hühnlein, Heiko Roßnagel,
Paul Schmücker (Hrsg.)
perspeGKtive 2010
Workshop „Innovative und sichere
Informationstechnologie für das
Gesundheitswesen von morgen"

P-175 Klaus-Peter Fähnrich,
Bogdan Franczyk (Hrsg.)
INFORMATIK 2010
Service Science – Neue Perspektiven für
die Informatik
Band 1

P-176 Klaus-Peter Fähnrich,
Bogdan Franczyk (Hrsg.)
INFORMATIK 2010
Service Science – Neue Perspektiven für
die Informatik
Band 2

P-177 Witold Abramowicz, Rainer Alt,
Klaus-Peter Fähnrich, Bogdan Franczyk,
Leszek A. Maciaszek (Eds.)
INFORMATIK 2010
Business Process and Service Science –
Proceedings of ISSS and BPSC

P-178 Wolfram Pietsch, Benedikt Krams (Hrsg.)
Vom Projekt zum Produkt
Fachtagung des GI-Fachausschusses
Management der Anwendungsentwicklung
und -wartung im Fachbereich Wirtschafts-
informatik (WI-MAW), Aachen, 2010

P-179 Stefan Gruner, Bernhard Rumpe (Eds.)
FM+AM`2010
Second International Workshop on Formal
Methods and Agile Methods

P-180 Theo Härder, Wolfgang Lehner,
Bernhard Mitschang, Harald Schöning,
Holger Schwarz (Hrsg.)
Datenbanksysteme für Business,
Technologie und Web (BTW)
14. Fachtagung des GI-Fachbereichs
„Datenbanken und Informationssysteme"
(DBIS)

P-181 Michael Clasen, Otto Schätzel,
Brigitte Theuvsen (Hrsg.)
Qualität und Effizienz durch
informationsgestützte Landwirtschaft,
Fokus: Moderne Weinwirtschaft

P-182 Ronald Maier (Hrsg.)
6th Conference on Professional Knowledge
Management
From Knowledge to Action

P-183 Ralf Reussner, Matthias Grund, Andreas
Oberweis, Walter Tichy (Hrsg.)
Software Engineering 2011
Fachtagung des GI-Fachbereichs
Softwaretechnik

P-184 Ralf Reussner, Alexander Pretschner,
Stefan Jähnichen (Hrsg.)
Software Engineering 2011 Workshopband
(inkl. Doktorandensymposium)

P-185 Hagen Höpfner, Günther Specht,
Thomas Ritz, Christian Bunse (Hrsg.)
MMS 2011: Mobile und ubiquitäre
Informationssysteme Proceedings zur
6. Konferenz Mobile und Ubiquitäre
Informationssysteme (MMS 2011)

P-186 Gerald Eichler, Axel Küpper,
Volkmar Schau, Hacène Fouchal,
Herwig Unger (Eds.)
11th International Conference on
Innovative Internet Community Systems
(I²CS)

P-187 Paul Müller, Bernhard Neumair,
Gabi Dreo Rodosek (Hrsg.)
4. DFN-Forum Kommunikationstechnologien, Beiträge der Fachtagung
20. Juni bis 21. Juni 2011 Bonn

P-188 Holger Rohland, Andrea Kienle,
Steffen Friedrich (Hrsg.)
DeLFI 2011 – Die 9. e-Learning
Fachtagung Informatik
der Gesellschaft für Informatik e.V.
5.–8. September 2011, Dresden

P-189 Thomas, Marco (Hrsg.)
Informatik in Bildung und Beruf
INFOS 2011
14. GI-Fachtagung Informatik und Schule

P-190 Markus Nüttgens, Oliver Thomas,
Barbara Weber (Eds.)
Enterprise Modelling and Information
Systems Architectures (EMISA 2011)

P-191 Arslan Brömme, Christoph Busch (Eds.)
BIOSIG 2011
International Conference of the
Biometrics Special Interest Group

P-192 Hans-Ulrich Heiß, Peter Pepper, Holger
Schlingloff, Jörg Schneider (Hrsg.)
INFORMATIK 2011
Informatik schafft Communities

P-193 Wolfgang Lehner, Gunther Piller (Hrsg.)
IMDM 2011

P-194 M. Clasen, G. Fröhlich, H. Bernhardt,
K. Hildebrand, B. Theuvsen (Hrsg.)
Informationstechnologie für eine
nachhaltige Landbewirtschaftung
Fokus Forstwirtschaft

P-195 Neeraj Suri, Michael Waidner (Hrsg.)
Sicherheit 2012
Sicherheit, Schutz und Zuverlässigkeit
Beiträge der 6. Jahrestagung des
Fachbereichs Sicherheit der
Gesellschaft für Informatik e.V. (GI)

P-196 Arslan Brömme, Christoph Busch (Eds.)
BIOSIG 2012
Proceedings of the 11th International
Conference of the Biometrics Special
Interest Group

P-197 Jörn von Lucke, Christian P. Geiger,
Siegfried Kaiser, Erich Schweighofer,
Maria A. Wimmer (Hrsg.)
Auf dem Weg zu einer offenen, smarten
und vernetzten Verwaltungskultur
Gemeinsame Fachtagung
Verwaltungsinformatik (FTVI) und
Fachtagung Rechtsinformatik (FTRI) 2012

P-198 Stefan Jähnichen, Axel Küpper,
Sahin Albayrak (Hrsg.)
Software Engineering 2012
Fachtagung des GI-Fachbereichs
Softwaretechnik

P-199 Stefan Jähnichen, Bernhard Rumpe,
Holger Schlingloff (Hrsg.)
Software Engineering 2012

P-200 Gero Mühl, Jan Richling, Andreas
Herkersdorf (Hrsg.)
ARCS 2012 Workshops

P-201 Elmar J. Sinz Andy Schürr (Hrsg.)
Modellierung 2012

P-202 Andrea Back, Markus Bick,
Martin Breunig, Key Pousttchi,
Frédéric Thiesse (Hrsg.)
MMS 2012:Mobile und Ubiquitäre
Informationssysteme

P-203 Paul Müller, Bernhard Neumair,
Helmut Reiser, Gabi Dreo Rodosek (Hrsg.)
5. DFN-Forum Kommunikationstechnologien
Beiträge der Fachtagung

P-204 Gerald Eichler, Leendert W. M. Wienhofen,
Anders Kofod-Petersen, Herwig Unger (Eds.)
12th International Conference on
Innovative Internet Community Systems
(I2CS 2012)

P-205 Manuel J. Kripp, Melanie Volkamer, Rüdiger
Grimm (Eds.)
5th International Conference on Electronic
Voting 2012 (EVOTE2012)
Co-organized by the Council of Europe,
Gesellschaft für Informatik and E-Voting.CC

P-206 Stefanie Rinderle-Ma,
Mathias Weske (Hrsg.)
EMISA 2012
Der Mensch im Zentrum der Modellierung

P-207 Jörg Desel, Jörg M. Haake,
Christian Spannagel (Hrsg.)
DeLFI 2012: Die 10. e-Learning Fachtagung
Informatik der Gesellschaft für Informatik
e.V.
24.–26. September 2012

P-208 Ursula Goltz, Marcus Magnor,
Hans-Jürgen Appelrath, Herbert Matthies,
Wolf-Tilo Balke, Lars Wolf (Hrsg.)
INFORMATIK 2012

P-209 Hans Brandt-Pook, André Fleer, Thorsten
Spitta, Malte Wattenberg (Hrsg.)
Nachhaltiges Software Management

P-210 Erhard Plödereder, Peter Dencker, Herbert
Klenk, Hubert B. Keller,
Silke Spitzer (Hrsg.)
Automotive – Safety & Security 2012
Sicherheit und Zuverlässigkeit für automobile
Informationstechnik

P-211 M. Clasen, K. C. Kersebaum, A.
Meyer-Aurich, B. Theuvsen (Hrsg.)
Massendatenmanagement in der
Agrar- und Ernährungswirtschaft
Erhebung – Verarbeitung – Nutzung
Referate der 33. GIL-Jahrestagung
20. – 21. Februar 2013, Potsdam

P-212 Arslan Brömme, Christoph Busch (Eds.)
BIOSIG 2013
Proceedings of the 12th International
Conference of the Biometrics
Special Interest Group
04.–06. September 2013
Darmstadt, Germany

P-213 Stefan Kowalewski,
Bernhard Rumpe (Hrsg.)
Software Engineering 2013
Fachtagung des GI-Fachbereichs
Softwaretechnik

P-214 Volker Markl, Gunter Saake, Kai-Uwe
Sattler, Gregor Hackenbroich, Bernhard Mit
schang, Theo Härder, Veit Köppen (Hrsg.)
Datenbanksysteme für Business,
Technologie und Web (BTW) 2013
13. – 15. März 2013, Magdeburg

P-215 Stefan Wagner, Horst Lichter (Hrsg.)
Software Engineering 2013 Workshopband
(inkl. Doktorandensymposium)
26. Februar – 1. März 2013, Aachen

P-216 Gunter Saake, Andreas Henrich,
Wolfgang Lehner, Thomas Neumann,
Veit Köppen (Hrsg.)
Datenbanksysteme für Business, Technolo-
gie und Web (BTW) 2013 –Workshopband
11. – 12. März 2013, Magdeburg

P-217 Paul Müller, Bernhard Neumair, Helmut
Reiser, Gabi Dreo Rodosek (Hrsg.)
6. DFN-Forum Kommunikationstechnologien
Beiträge der Fachtagung
03.–04. Juni 2013, Erlangen

P-218 Andreas Breiter, Christoph Rensing (Hrsg.)
DeLFI 2013: Die 11 e-Learning
Fachtagung Informatik der Gesellschaft
für Informatik e.V. (GI)
8. – 11. September 2013, Bremen

P-219 Norbert Breier, Peer Stechert,
Thomas Wilke (Hrsg.)
Informatik erweitert Horizonte
INFOS 2013
15. GI-Fachtagung Informatik und Schule
26. – 28. September 2013

P-220 Matthias Horbach (Hrsg.)
INFORMATIK 2013
Informatik angepasst an Mensch,
Organisation und Umwelt
16. – 20. September 2013, Koblenz

P-221 Maria A. Wimmer, Marijn Janssen,
Ann Macintosh, Hans Jochen Scholl,
Efthimios Tambouris (Eds.)
Electronic Government and
Electronic Participation
Joint Proceedings of Ongoing Research
of IFIP EGOV and IFIP ePart 2013
16. – 19. September 2013, Koblenz

P-222 Reinhard Jung, Manfred Reichert (Eds.)
Enterprise Modelling
and Information Systems Architectures
(EMISA 2013)
St. Gallen, Switzerland
September 5. – 6. 2013

P-223 Detlef Hühnlein, Heiko Roßnagel (Hrsg.)
Open Identity Summit 2013
10. – 11. September 2013
Kloster Banz, Germany

P-224 Eckhart Hanser, Martin Mikusz, Masud
Fazal-Baqaie (Hrsg.)
Vorgehensmodelle 2013
Vorgehensmodelle – Anspruch und
Wirklichkeit
20. Tagung der Fachgruppe
Vorgehensmodelle im Fachgebiet
Wirtschaftsinformatik (WI-VM) der
Gesellschaft für Informatik e.V.
Lörrach, 2013

P-225 Hans-Georg Fill, Dimitris Karagiannis,
Ulrich Reimer (Hrsg.)
Modellierung 2014
19. – 21. März 2014, Wien

P-226 M. Clasen, M. Hamer, S. Lehnert,
B. Petersen, B. Theuvsen (Hrsg.)
IT-Standards in der Agrar- und
Ernährungswirtschaft Fokus: Risiko- und
Krisenmanagement
Referate der 34. GIL-Jahrestagung
24. – 25. Februar 2014, Bonn

P-227 Wilhelm Hasselbring,
Nils Christian Ehmke (Hrsg.)
Software Engineering 2014
Fachtagung des GI-Fachbereichs
Softwaretechnik
25. – 28. Februar 2014
Kiel, Deutschland

P-228 Stefan Katzenbeisser, Volkmar Lotz,
Edgar Weippl (Hrsg.)
Sicherheit 2014
Sicherheit, Schutz und Zuverlässigkeit
Beiträge der 7. Jahrestagung des
Fachbereichs Sicherheit der
Gesellschaft für Informatik e.V. (GI)
19. – 21. März 2014, Wien

P-230 Arslan Brömme, Christoph Busch (Eds.)
BIOSIG 2014
Proceedings of the 13th International
Conference of the Biometrics Special
Interest Group
10. – 12. September 2014 in
Darmstadt, Germany

P-231 Paul Müller, Bernhard Neumair,
Helmut Reiser, Gabi Dreo Rodosek
(Hrsg.)
7. DFN-Forum
Kommunikationstechnologien
16. – 17. Juni 2014
Fulda

P-232 E. Plödereder, L. Grunske, E. Schneider,
D. Ull (Hrsg.)
INFORMATIK 2014
Big Data – Komplexität meistern
22. – 26. September 2014
Stuttgart

P-233 Stephan Trahasch, Rolf Plötzner, Gerhard
Schneider, Claudia Gayer, Daniel Sassiat,
Nicole Wöhrle (Hrsg.)
DeLFI 2014 – Die 12. e-Learning
Fachtagung Informatik
der Gesellschaft für Informatik e.V.
15. – 17. September 2014
Freiburg

P-234 Fernand Feltz, Bela Mutschler, Benoît
Otjacques (Eds.)
Enterprise Modelling and Information
Systems Architectures
(EMISA 2014)
Luxembourg, September 25-26, 2014

P-235 Robert Giegerich,
Ralf Hofestädt,
Tim W. Nattkemper (Eds.)
German Conference on
Bioinformatics 2014
September 28 – October 1
Bielefeld, Germany

P-236 Martin Engstler, Eckhart Hanser,
Martin Mikusz, Georg Herzwurm (Hrsg.)
Projektmanagement und
Vorgehensmodelle 2014
Soziale Aspekte und Standardisierung
Gemeinsame Tagung der Fachgruppen
Projektmanagement (WI-PM) und
Vorgehensmodelle (WI-VM) im
Fachgebiet Wirtschaftsinformatik der
Gesellschaft für Informatik e.V., Stuttgart
2014

P-237 Detlef Hühnlein, Heiko Roßnagel (Hrsg.)
Open Identity Summit 2014
4.–6. November 2014
Stuttgart, Germany

P-238 Arno Ruckelshausen, Hans-Peter
Schwarz, Brigitte Theuvsen (Hrsg.)
Informatik in der Land-, Forst- und
Ernährungswirtschaft
Referate der 35. GIL-Jahrestagung
23. – 24. Februar 2015, Geisenheim

P-239 Uwe Aßmann, Birgit Demuth, Thorsten Spitta, Georg Püschel, Ronny Kaiser (Hrsg.)
Software Engineering & Management 2015
17.-20. März 2015, Dresden

P-240 Herbert Klenk, Hubert B. Keller, Erhard Plödereder, Peter Dencker (Hrsg.)
Automotive – Safety & Security 2015
Sicherheit und Zuverlässigkeit für automobile Informationstechnik
21.–22. April 2015, Stuttgart

P-241 Thomas Seidl, Norbert Ritter, Harald Schöning, Kai-Uwe Sattler, Theo Härder, Steffen Friedrich, Wolfram Wingerath (Hrsg.)
Datenbanksysteme für Business, Technologie und Web (BTW 2015)
04. – 06. März 2015, Hamburg

P-242 Norbert Ritter, Andreas Henrich, Wolfgang Lehner, Andreas Thor, Steffen Friedrich, Wolfram Wingerath (Hrsg.)
Datenbanksysteme für Business, Technologie und Web (BTW 2015) – Workshopband
02. – 03. März 2015, Hamburg

P-243 Paul Müller, Bernhard Neumair, Helmut Reiser, Gabi Dreo Rodosek (Hrsg.)
8. DFN-Forum Kommunikationstechnologien
06.–09. Juni 2015, Lübeck

P-244 Alfred Zimmermann, Alexander Rossmann (Eds.)
Digital Enterprise Computing (DEC 2015)
Böblingen, Germany June 25-26, 2015

P-245 Arslan Brömme, Christoph Busch , Christian Rathgeb, Andreas Uhl (Eds.)
BIOSIG 2015
Proceedings of the 14th International Conference of the Biometrics Special Interest Group
09.–11. September 2015
Darmstadt, Germany

P-246 Douglas W. Cunningham, Petra Hofstedt, Klaus Meer, Ingo Schmitt (Hrsg.)
INFORMATIK 2015
28.9.-2.10. 2015, Cottbus

P-247 Hans Pongratz, Reinhard Keil (Hrsg.)
DeLFI 2015 – Die 13. E-Learning Fachtagung Informatik der Gesellschaft für Informatik e.V. (GI)
1.–4. September 2015
München

P-248 Jens Kolb, Henrik Leopold, Jan Mendling (Eds.)
Enterprise Modelling and Information Systems Architectures
Proceedings of the 6th Int. Workshop on Enterprise Modelling and Information Systems Architectures, Innsbruck, Austria
September 3-4, 2015

P-249 Jens Gallenbacher (Hrsg.)
Informatik allgemeinbildend begreifen
INFOS 2015 16. GI-Fachtagung Informatik und Schule
20.–23. September 2015

P-250 Martin Engstler, Masud Fazal-Baqaie, Eckhart Hanser, Martin Mikusz, Alexander Volland (Hrsg.)
Projektmanagement und Vorgehensmodelle 2015
Hybride Projektstrukturen erfolgreich umsetzen
Gemeinsame Tagung der Fachgruppen Projektmanagement (WI-PM) und Vorgehensmodelle (WI-VM) im Fachgebiet Wirtschaftsinformatik der Gesellschaft für Informatik e.V., Elmshorn 2015

P-251 Detlef Hühnlein, Heiko Roßnagel, Raik Kuhlisch, Jan Ziesing (Eds.)
Open Identity Summit 2015
10.–11. November 2015
Berlin, Germany

The titles can be purchased at:

Köllen Druck + Verlag GmbH
Ernst-Robert-Curtius-Str. 14 · D-53117 Bonn
Fax: +49 (0)228/9898222
E-Mail: druckverlag@koellen.de